LES MARQUES, CAPITAL DE L'ENTREPRISE

Créer et développer des marques fortes

DU MÊME AUTEUR

Les Chemins de la Persuasion, Dunod, 1990.

L'Enfant et la Publicité, Dunod, 1985.

Rumeurs, Seuil, 1987, Édition poche 1995.

La Marque, McGraw-Hill, 1989.

La Sensibilité aux Marques (avec G. Laurent), Les Éditions d'Organisation, 1992.

Rumors : Uses, Image and Functions, Transaction Publishers, USA, 1991.

Strategic Brand Management, Free Press, USA, 1994.

Strategic Brand Management (2nd Edition), Kogan Page, USA, 1997.

ISBN : 2-7081-2145-6

JEAN-NOËL KAPFERER

LES MARQUES, CAPITAL DE L'ENTREPRISE

Créer et développer des marques fortes

Troisième édition
Deuxième tirage 1999

Éditions d'Organisation

Sommaire

Deuxième partie – MANAGEMENT DE LA MARQUE

Préface à la troisième édition

Trois années séparent cette nouvelle édition de la précédente. C'est suffisant pour mener, non un travail de totale refonte, mais une nécessaire remise à jour. Tout bouge si vite en effet dans le domaine des marques.

Cette nouvelle édition approfondit nos analyses sur le défi essentiel de la marque : le temps. Dans un environnement en mutation accélérée, où de nouvelles formes de concurrence non conventionnelle ne cessent d'apparaître, faut-il revoir nos concepts, nos méthodes ? Comment concilier la nécessaire capitalisation et l'obligation pour la marque d'ouvrir de nouveaux marchés, de surprendre, si elle veut prendre le leadership ? Comment gérer l'équilibre entre identité et changement, entre territoire de marque et extension de marque ? Il faut introduire de nouvelles perspectives, de nouveaux concepts pour s'adapter à l'environnement d'aujourd'hui. Par exemple, au fond de marque il faut ajouter le front de marque, les marchés et les territoires de sens nouveau qu'elle veut conquérir.

En trois années la connaissance des marques de distributeurs s'est affinée, précisée. On doit désormais différencier la stratégie de reconquête selon le type de marque de distributeur auquel on est confronté. Des études récentes éclairent les stratégies.

L'extension de marque est plus que jamais nécessaire. Des cas récents illustrent à profit les risques dans sa mise en œuvre. La théorie de la structure interne des marques et du noyau central permet d'envisager des champs d'extension élargis. Plus que jamais enfin les entreprises réfléchissent sur la gestion optimale de leur portefeuille de marques, et des conséquences de sa rationalisation : transferts et fusions de marques. Des cas très récents permettent de tirer des leçons importantes.

Par rapport aux deux éditions précédentes, nous avons accentué le poids des cas, analysés en profondeur. L'actualité apporte son flot d'illustrations exemplaires : les vicissitudes de Mercedes dans sa démarche d'extension vers le bas à travers la Classe A, la vente projetée d'Orangina à Coca-Cola pour cinq milliards de francs, les pertes financières du Club Méditerranée liées au vieillissement de la formule, la mondialisation des marques comme Renault, Thomson Multi-Media etc... Nous les avons intégrés.

Pour conclure, cette nouvelle édition doit beaucoup au soutien du groupe HEC, où j'enseigne. Ce groupe leader de l'enseignement du management en France, et aux grandes ambitions européennes, fournit la stimulation requise pour l'avancement permanent des travaux sur le management des entreprises. Elle doit beaucoup aussi aux entreprises de tous secteurs, en France et en Europe, qui, m'ayant consulté sur leurs problèmes de marques, ont nourri ma réflexion et remis en cause certaines de mes opinions.

Introduction

LE CAPITAL DE MARQUE EN QUESTION

Après avoir porté les marques au pinacle, le marché a douté d'elles. La montée des marques de distributeur et des produits premier prix n'attestait-elle pas de la fragilité du capital de marque ? Le cimetière des marques n'est-il pas rempli de marques qui s'enorgueillissaient d'une belle notoriété la veille de périr ?

On a cru un temps que nos modèles de gestion de la marque devaient être changés, abandonnés. La réalité est toute autre : les principes sont toujours valides. C'est leur mise en œuvre qui se révélera plus difficile. En effet, les marchés sont matures, les acheteurs aussi et la concurrence provient soit des alliés mêmes de l'entreprise (ses distributeurs) soit d'acteurs pratiquant une concurrence non conventionnelle. Revenons un instant sur l'histoire récente de la marque

Les années quatre-vingt ont marqué un tournant dans la conception des marques. Les directions générales prirent conscience que le capital principal d'une entreprise était désormais ses marques. Dans la presse américaine ou européenne, on ne compte plus les articles qui furent consacrés à la découverte de la « brand equity » ou valeur financière de la marque. De fait l'introduction de la marque dans des secteurs *a priori* réfractaires ou étrangers à celle-ci (l'industrie, la banque, les services...) atteste de l'importance nouvelle de la marque. L'insistance avec laquelle les grands distributeurs promeuvent leurs propres marques en témoigne aussi.

Après avoir, pendant des décennies, mesuré la valeur d'une entreprise à ses immeubles et terrains, puis à ses actifs matériels, usines et machines, on vient tout juste de reconnaître que la vraie valeur résidait en dehors de l'entreprise elle-même : dans l'esprit des acheteurs potentiels. En juillet 1990, la raison avancée par le repreneur d'Adidas tint en une phrase : c'était la marque la plus connue au monde, après Coca-Cola et Marlboro.

De fait, ce qui était pris par beaucoup pour une boutade, est apparu dans toute sa réalité depuis 1985. Dans la vague de fusions et acquisitions, créée par le désir de prendre des positions sur le futur marché unique européen, les transactions atteignirent des prix sans rapport avec les normes établies : Nestlé acheta Rowntree presque trois fois la capitalisation boursière et vingt-six fois ses résultats. Le groupe Buitoni fut vendu à un prix équivalent à trente-cinq fois ses résultats. Jusqu'alors, les multiples habituels étaient de huit ou dix fois les résultats de la société achetée.

Paradoxalement, ce qui justifia ces prix et ces nouveaux standards était invisible et n'apparaissait nullement dans les bilans des sociétés. Les bilans des entreprises acquises ne comportaient à l'actif que des immobilisations matérielles, des machines et des stocks : nulle trace des marques, celles pour qui les acheteurs déboursaient des sommes bien supérieures à la valeur de l'actif net. Quant aux entreprises acquéreuses, elles comptabilisaient en général cette sur-valeur dans leurs comptes consolidés sous un vocable neutre : « goodwill » ou écart de première consolidation. L'objet réel de ces gigantesques flux financiers et des raids acharnés qui les précédèrent, était donc invisible, intangible, non écrit.

Ce qui avait changé, entre le début et la fin des années quatre-vingt, était une prise de conscience. Auparavant, lors des OPA, fusions et acquisitions, on achetait une entreprise « fabriquant des pâtes », « fabriquant du chocolat », ou des micro-ordinateurs ou des abrasifs. Désormais, on voulait mettre la main sur Buitoni, Rowntree (c'est-à-dire en fait KitKat, After Eight), Atari ou Norton. Ce qui fait la force d'une société comme Heineken, ce n'est pas de savoir brasser la bière, c'est que dans le monde entier des gens veulent boire une Heineken. Il en va de même pour Facom, Caterpillar, IBM, Sony, McDonald's, La Barclay's ou Dior.

En payant très cher des entreprises à marques, les acquéreurs voulaient acheter en fait une position dans l'esprit des clients potentiels, première loge ou strapontin. Notoriété, image, confiance, réputation durement acquises au fil du temps, étaient les meilleurs garants de revenus futurs et justifiaient les prix payés. La valeur des marques tenait à leur capacité à engendrer ces flux.

À peine cette révolution du management venait-elle de naître que des voix discordantes s'élevèrent, contestant la réalité et la pérennité de ce capital. Prenant acte de la montée systématique des marques de distributeurs, on argua que l'on avait exagéré la portée des marques. La baisse des prix de Marlboro aux États-Unis, en avril 1993 créa un vent de panique à Wall Street : tous les titres des sociétés de biens de grande consommation reculèrent. On vit alors fleurir les livres aux titres les plus alarmistes : la fin des marques, la mort des marques, sale temps pour les marques. Cela ébranla les convictions : la marque était-elle vraiment un capital ?

Ce mini Pearl Harbor fut salutaire. En pleine crise économique, on prit conscience que ce n'était pas la marque – signe déposé – en tant que telle qui était source de valeur ajoutée, mais la réalité de la politique de marque menée. Les clients n'achètent pas des marques *in abstracto*, mais des produits à marque, fusion de bénéfices tangibles et intangibles créés par les efforts des entreprises. Même si, avec le temps, le nom de marque encapsule un certain nombre d'associations, de qualités et différences, il ne résume pas à lui seul toute l'offre. On ne saurait prendre la carte pour le territoire.

De même qu'on avait exagéré la fameuse toute-puissance des marques, les clameurs inverses n'auront qu'un temps. La valeur des marques ne tient ni d'un droit acquis ni du miracle, mais dépend de leur capacité à maintenir une valeur ajoutée, tout en restant dans les prix du marché. Qui est le mieux placé pour mettre en œuvre les marques est une autre question. Il faut se garder en la matière de partis pris idéologiques. Il n'y a guère de marques de fabricants dans le marché du meuble – si ce n'est celles des stylistes italiens – mais chacun parle de Roche et Bobois ou d'Ikéa comme des marques dépositaires d'une offre à forte valeur ajoutée – style pour la première, prix et jeunesse pour la seconde. Elles sont des références du marché du meuble. Par ailleurs, il n'est pas sain que se développe impunément une économie de la copie, frisant la contrefaçon dans les rayons des grandes enseignes du commerce moderne. Par leurs investissements et innovations, les marques de fabricants sont porteuses de croissance économique. Se greffant dans le sillage de ces innovations, sans en supporter les coûts, bien des marques de distributeurs font œuvre de parasitisme économique, quels que soient les alibis employés pour les justifier. Ce qui est perçu comme inacceptable dès lors qu'il s'agit de contrefaçon des marques de prestige hors des frontières, ne saurait être légitime sous prétexte qu'il s'agit d'imitation de biens alimentaires ou de faible implication sur le marché domestique.

Bien que la marque soit un capital de l'entreprise, le management de la marque débute à peine. Pour l'instant, dans bien des cas encore, on gère plutôt des produits qui se trouvent avoir un nom. Or la gestion de marque relève de logiques et principes différents et spécifiques. C'est l'objet précis de cet ouvrage. Les livres de management et les bibles du marketing n'ont pas encore intégré la révolution des marques et le marque-ting qu'elle implique désormais.

Les livres de marketing insistent sur le processus de lancement des nouveaux produits : la marque n'y est qu'une décision tactique et terminale, relevant de la seule communication, comme la publicité, le packaging ou le graphisme. La réalité pourtant est bien différente. Désormais la question stratégique posée à l'entreprise est de savoir si sa croissance se fera sous ses marques existantes en développant leur champ d'action ou bien nécessitera de nouvelles marques (à lancer ou à acheter). Les modèles stratégiques classiques parlent de portefeuille de produits : la réalité est que les entreprises doivent gérer des portefeuilles de marques. Dans leur organisation elle-même, maintes entreprises ont des chefs de produit, peu ont des chefs de marque. Dans la mesure où une même marque est conduite à porter des produits de plus en plus nombreux et différenciés, cela revient à déléguer la gestion de la valeur commune à une multiplicité de centres de décision. Faute d'outils intégrateurs, des décisions sont prises, dont l'effet à moyen terme peut diminuer le capital de marque.

La marque n'est pas le produit : elle en est le sens, elle en définit l'identité dans le temps et dans l'espace. L'entreprise découvre que ce capital de marque doit être géré, nourri et contrôlé. Le marque-ting pose des questions nouvelles aux managers : combien de marques sont nécessaires ? Comment gérer le portefeuille des marques ? Quelle extension donner à la marque : quels produits ou services peut-elle et doit-elle recouvrir ? Au contraire, où ne doit-elle pas aller, même si un chiffre d'affaires en est attendu ? Cela fragiliserait le capital de marque. Comment gérer le temps et maintenir l'actualité de la marque, alors même que les technologies, les produits et les clients évoluent ? Comment changer tout en restant soi-même ? Comment gérer de façon cohérente et synergétique les multiples produits vendus sous une même marque ? Comment optimiser les flux d'image entre ces produits et la marque ? Quelle extension géographique donner à la marque ? La marque a-t-elle les potentialités pour devenir une géo-marque, homogène dans tous les pays ? Ou bien n'est-ce ni réalisable ni même souhaitable ? Maintes entreprises ayant le même nom que leur marque (Renault, Nestlé, IBM, BNP...), quelle différence y a-t-il entre la gestion de l'image de la marque, de l'entreprise ou de l'image institutionnelle ? Enfin puisque la marque a une valeur, comment la mesurer pour en suivre l'évolution et la contrôler ? Doit-on même l'inscrire au bilan pour révéler la vraie valeur économique de l'entreprise aux actionnaires, investisseurs et partenaires financiers ?

pts traités ds le livre

Toutes ces questions sont nouvelles et justifient chacune un chapitre de ce livre. Pendant longtemps, les réponses furent trouvées de façon intuitive et les décisions prises empiriquement. L'ambition de cet ouvrage est de fournir un cadre de pensée et d'analyse intégrateur, permettant d'y répondre rationnellement. Il présente les derniers modèles d'analyse et de décision, nés de la recherche, expérimentés dans le consulting, validés par la pratique. Comme en témoignent les nombreux cas étudiés, les modèles proposés concernent tout autant les marques industrielles, les marques de service, de luxe, de mode, de biens de grande consommation ou de distributeurs.

PREMIÈRE PARTIE

COMPRENDRE LA MARQUE

Chapitre 1

Les leviers de la valeur ajoutée

L'intérêt du monde économique pour les marques est un phénomène récent.

Certes, depuis longtemps, objectera-t-on, les agences de publicité et les directions du marketing s'évertuaient à répéter que les marques étaient le capital le plus précieux des entreprises. Mais leurs litanies tenaient plus de l'évocation ou de l'incantation. En effet, même si l'argument était plaisant, il n'était pas cru comme en témoignaient les « multiples » utilisés pour évaluer les sociétés à vendre : une entreprise peu profitable valait peu aux yeux des financiers. Tout changea entre 1980 et 1990, à l'occasion d'une vague de raids, de fusions, d'acquisitions de sociétés à marques par des géants tels que Nestlé, Philip Morris, Seagram, Lever ou Procter. On assista à une hausse des multiples (ou price-earnings ratio) dès lors que l'entreprise visée détenait des marques notoires, même si celle-ci perdait de l'argent. Les chefs d'entreprises et les directeurs financiers, guidés en cela par l'intuition et les pressentiments de quelques raiders fameux à la recherche de fortes plus-values, avaient pris conscience de la valeur des marques, comme concept séparé de la situation nette de l'entreprise. Et, même si la comptabilité ne les inscrivait pas encore au bilan des comptes sociaux, la perception de la valeur ajoutée apportée par une marque forte s'empara de maints secteurs industriels. Des experts, des cabinets d'audits et des banquiers proposèrent dès lors des méthodes d'évaluation financière des marques et des actifs intangibles en général, dont la marque est l'item principal dans les biens de grande consommation du moins. Depuis 1991, le mot à la mode est celui de « Brand Equity », ou valeur de la marque. Fleurissent aussi de par le monde des enquêtes comparant qui la notoriété, qui l'estime, qui la qualité perçue de centaines de marques locales ou internationales. Des hit-parades de valeurs financières sont publiés par de respectables institutions financières (Equitrend Index ; Financial World Index...), accolant des billions de dollars aux grands noms les plus connus, avec parfois des écarts frappants d'un évaluateur à l'autre.

Tableau 1.1. – *Une estimation de la valeur financière des marques*

Rang	Marque	Valeur (en milliards de dollars)
1	Coca-Cola	47,97
2	Marlboro	47,63
3	IBM	23,7
4	Mc Donald's	19,93
5	Disney	17
6	Sony	14,46
7	Kodak	14,44
8	Intel	13,27
9	Gillette	11,99
10	Budweiser	11,98
11	Nike	11,13
12	Kellogg's	10,6
13	A T & T	10,39
14	Nescafé	10,33
15	General Electric	10,28
16	Hewlett Packard	9,42
17	Pepsi-Cola	9,32
18	Microsoft	8,99
19	Frito-Lay	8,99
20	Levi's	8,16

Source : Financial World & Interbrand, 1997

À peine l'engouement du monde économique pour les marques avait-il commencé, relayé avec force échos par les médias, que des voix se levèrent pour mettre en doute cette frénésie collective. De fait l'arrivée de la crise économique, les séquelles de la guerre d'Irak et des mouvements profonds de retournement des tendances socioculturelles engagés dès la fin des années 1980 amenèrent maints chefs d'entreprise à déchanter : la montée des marques de distributeurs et plus tard des produits de hard discount ne témoignaient-ils pas de la fragilité des marques (sous-entendu, des marques de fabricants). Il n'en fallut pas plus pour déclencher une lame de fond inverse et morose, chaque journal économique y allant de son couplet sur la fin des marques ou sur l'avenir incertain de celles-ci. En réalité ce n'est pas de toutes les marques dont il était question mais bien de celles des fabricants. Les marques de distributeurs sont aussi des marques, à la fois sur un plan juridique et du point de vue des consommateurs. Dans une enquête récente menée en Grande-Bretagne on demanda aux interviewés de citer les dix premières marques qui leur venaient à l'esprit. On trouva dans l'ordre décroissant : Marks & Spencer, Cadbury, Kellogg's, Heinz, Rolls Royce,

Boots, Nescafé, BBC, Rowntree et Sainsbury. Or Marks et Spencer, Boots et Sainsbury sont des distributeurs. Dans une étude identique menée en France par l'auteur, Carrefour est désormais systématiquement cité comme marque venant spontanément à l'esprit, tous secteurs confondus. Il importe donc de clarifier les interrogations. Est-ce la marque qui serait menacée ou une de ses modalités juridiques et entrepreneuriales, la marque de fabricant ? Même au sein de celle-ci, sont-ce les marques leaders qui sont menacées ou bien les challengers ? Et pourquoi ?

Il faut pour répondre analyser en détail le fonctionnement de la marque et pourquoi il peut être source de croissance et de profitabilité. Si maints distributeurs n'ont de cesse de créer leurs propres marques c'est qu'ils ont identifié ces leviers de profitabilité. Ce même modèle explicatif devra rendre compte du phénomène inverse : la perte de valeur de certaines marques.

LE « GOODWILL », CONVERGENCE DE LA FINANCE ET DU MARKETING

Dans la compréhension du fonctionnement des marques, les années quatre-vingt auront donc été le témoin d'une révolution copernicienne. Avant cette date en effet, dans les fusions et acquisitions, il était habituel d'utiliser des « multiples » de l'ordre de sept ou huit, c'est-à-dire de payer les entreprises rachetées sept à huit fois leurs résultats. Après 1980 on a vu ces mêmes multiples croître pour atteindre des sommets : ainsi BSN acheta Nabisco Europe 2,5 milliards de dollars soit un multiple de 27. Nestlé de son côté acheta Rowntree Macintosh trois fois la capitalisation boursière et 26 fois ses résultats. Des multiples de 20 à 25 étaient devenus habituels. Même si aujourd'hui du fait de la crise économique, les évaluations financières sont désormais bien plus prudentes, la présence de marques fortes confère bien une réelle sur-valeur à leurs entreprises. Que s'est-il donc passé entre le début et la fin des années quatre-vingt ? Comment expliquer cette discontinuité frappante dans les pratiques d'acteurs – les financiers – peu suspects de sombrer dans l'irrationalité ? Certes la perspective du grand marché européen a joué un rôle non négligeable : les grands groupes ont cherché des marques « prêtes à l'emploi, clé en main », et si possible européennes voire mondiales. C'est ainsi que Nestlé mit la main sur Buitoni, Lever sur Boursin, L'Oréal sur Lanvin, Seagram sur Martell, etc. La hausse des multiples tiendrait alors pour partie aux surenchères opposant les grands groupes, désireux de s'approprier les quelques marques leaders dans leurs marchés et en vente. En fait, au-delà de ce facteur européen, ce qui a profondément changé est la vision que les acteurs ont portée sur les marques.

Avant 1980, on cherchait à acheter une usine de chocolats, de plats cuisinés. Après 1980, on désira acheter KitKat, ou Buitoni. Cette distinction est de taille : dans le premier cas il s'agit d'acheter une capacité de production, dans l'autre une part de l'esprit des consommateurs. Nous sommes passés d'une vision où seuls les actifs tangibles avaient de la valeur à une ère où l'on réalise que le vrai capital de l'entreprise est intangible, immatériel, et réside dans ses marques. Les actifs intangibles représentent ainsi 61 % de la valeur de Kellogg's, 57 % de Sara Lee, 52 % de General Mills. D'où le paradoxe des prix gigantesques atteints lors des rachats d'entreprises à marques notoires alors que les comptes des mêmes entreprises étaient déficitaires. En d'autres temps, jugeant que la valeur de la marque était incluse dans les résultats de l'entreprise, on aurait racheté celle-ci pour un franc symbolique. Désormais, la valeur de la marque est appréciée indépendamment de la valeur nette de l'entreprise. Elle est même parfois jugée cachée par les mauvais résultats économiques. Il est vrai que le résultat économique final d'une entreprise est la somme d'effets économiques soit positifs soit négatifs, l'effet marque étant un de ceux-ci. Olida perdait de l'argent en 1991 non parce que sa marque était faible, mais parce que ses sources d'approvisionnement étaient plus chères que chez la concurrence, du fait aussi de coûts informatiques trop élevés, etc. Des pertes ne signifient donc pas que la marque n'ait pas, elle, apporté un surplus positif. Paraphrasant les dirigeants du groupe américano-suisse Ebel-Jellinek lors du rachat la marque de Look : l'entreprise fait des pertes mais « la marque a gardé tout son potentiel ». Les bilans sanctionnent une gestion passée globale, la marque est source potentielle de bénéfices futurs. C'est à ce même titre que la Vie Claire, tout en accusant un déficit d'exploitation, fut vendue à un prix dont la moitié résulte de la valeur de la marque.

Il est symptomatique que les Anglo-Saxons appellent « goodwill » cette différence entre le prix payé et la valeur nette comptable de l'entreprise. Car que rémunère en fait ce « goodwill » comptable et financier ? Précisément du goodwill psychologique de la part des consommateurs et des distributeurs et de tous les membres de la filière (prescripteurs, etc.), c'est-à-dire au sens littéral de la « bienveillance », des « attitudes et prédispositions favorables ». Il y a donc une relation étroite entre l'analyse financière et l'analyse marketing de la marque. Le goodwill comptable (en français « survaleur ») est l'évaluation monétaire du goodwill psychologique que la marque a su, à force d'efforts et de temps, d'investissements et de constance focaliser sur son nom. On notera combien le terme anglais de « goodwill » couvrant les deux facettes du problème éclaire la source de valeur de la marque. Au contraire, le terme comptable français (« survaleur ») est idéologique : il laisse entendre implicitement qu'il y aurait une vraie valeur et un surajout du fait de la marque. Il est vrai que notre pays a toujours considéré d'un œil suspect la marque, longtemps assimilée à une « rente monopolistique » pour reprendre l'expression des économistes, et promue comme une « valeur ajoutée imaginaire » pour parler comme certains publicitaires. Dire que la marque est une valeur ajoutée imaginaire c'est laisser entendre que, imaginée, elle n'a donc pas de bases réelles, tangibles, rationnelles et que sa consommation est donc déraisonnable, *a fortiori* en ces temps de difficultés économiques.

En réalité, les Anglo-Saxons l'ont compris bien avant nous, la marque est « goodwill ». La hausse des multiples ne traduisit que la prise en compte financière de la valeur de ce goodwill lentement créé par la marque chez des millions de consommateurs et des dizaines ou centaines de distributeurs. Or ce goodwill-là est source de bénéfices supplémentaires par rapport aux bénéfices attendus de la même activité mais sans la marque. Qu'apporte en effet ce goodwill ?

- la bienveillance des distributeurs désireux de référencer la marque du fait de ses rotations attendues, même s'ils demeurent tout aussi demandants en termes de ristournes, remises arrière et autres péages devenus traditionnels désormais. En effet, si la grande marque ne fidélise pas au magasin car elle est par définition présente partout, son absence en revanche défidélise : certains consommateurs iront la chercher ailleurs. Cette bienveillance assure la présence au point de vente, ce qui, autant pour les biens durables que les biens de grande consommation, est la clé de l'achat.
- l'appui des grossistes et des revendeurs dans les circuits longs ou les marchés industriels, surtout lorsqu'ils jouissent localement d'une marque exclusive, à laquelle ils s'associent donc aux yeux de leurs clients.
- la prédisposition à acheter de la part des consommateurs ou utilisateurs finaux. Cette attitude favorable et dans certains cas même cet attachement voire fidélité à la marque sont la clé des ventes futures. Si la fidélité peut être mise en veilleuse par les consommateurs pendant un certain temps lorsque l'écart de prix se creuse au détriment de la marque, l'attachement à la marque ne s'évapore pas en un instant : il résiste au temps. Il est frappant ainsi de constater l'excellente réputation en France de la marque Arthur Martin alors que celle-ci cessa de communiquer pendant dix ans entre 1980 et 1990. La marque est bien une mémoire : elle ne s'efface pas d'emblée.

La marque est en effet le point d'ancrage de toutes les impressions positives et négatives formées par l'acheteur au fil du temps lors des rencontres avec les produits de la marque, le réseau de distribution, le personnel, la communication. D'autre part, en capitalisant tous ses efforts de marketing autour d'un nom unique, ce dernier en acquiert un halo d'exclusivité. Même lorsque les brevets tombent dans le domaine public, la marque continue de représenter – à court terme du moins – le référent de la qualité. Elle étend sur le plan psychologique la durée de vie des brevets. D'où l'importance par exemple des marques dans le secteur pharmaceutique.

C'est bien parce que la marque est une mémoire qu'elle réalise des fonctions économiques chez les consommateurs donc qu'elle affecte de façon durable l'activité des entreprises, qu'elles soient distributrices ou détentrices de la marque. C'est à ce titre aussi qu'elle a le statut d'actif, d'un point de vue comptable.

Si pour le juriste la marque est un signe qui distingue l'offre d'une entreprise et en certifie l'origine, n'acquérant de valeur que par le dépôt et l'agrément, le concept de marque a un sens bien plus large dans le monde économique, et dans cet ouvrage. La marque n'a de valeur que dans la mesure où ce signe acquiert une signification exclusive, positive et saillante dans l'esprit du plus grand nombre de clients. Elle n'est donc pas par exemple le simple crocodile cousu sur une chemise mais l'ensemble des significations auxquelles l'acheteur pense dès lors qu'il voit ce signe, renvoyant à des caractéristiques tangibles du produit et à des satisfactions plus immatérielles, plus psychologiques ou sociales. (voir aussi page 115)

connotations

Ces significations s'acquièrent (au sens littéral) par un investissement continu de l'entreprise en production pour maintenir un niveau supérieur de qualité, en recherche de nouveaux produits adaptés aux évolutions des consommateurs, en réseau de distribution, en force de vente en Europe, puis dans le monde entier, en dépenses de communication, en défense juridique face à la contrefaçon... Pour reprendre l'exemple de Lacoste, la marque est plus que le signe du crocodile et le nom, c'est la signification qu'ils ont acquise depuis 1933 dans la population aisée du monde entier. À ce titre, on doit donc reconnaître que la marque forte est un concentré d'information, qu'elle encapsule des significations quant aux bénéfices tangibles et intangibles dérivés de la consommation du produit de marque. À sa naissance, la marque ne vaut rien – si ce n'est le coût des dépôts juridiques et les honoraires des cabinets juridiques et de création de marques. À travers le temps, les investissements financiers et humains, la régularité de la qualité, l'adaptation aux nouvelles attentes et la proximité (par la distribution et la communication), le signe devient sens, concentré d'information durable et répandu. À la différence de la publicité qui s'oublie vite, la marque reste en mémoire avec les promesses qui lui sont attachées par le public. À ce titre, elle est « stockée » dans l'esprit des clients potentiels et constitue donc un actif de l'entreprise qui occupe, grâce à elle, une part des cerveaux, expression froide de ce que les Anglais appellent « share of mind ». Ainsi, c'est bien un actif au sens comptable dont il s'agit : en effet, il sert de façon durable l'activité de l'entreprise et ne se consomme pas par le premier usage.

Pour comprendre comment la marque forte (ayant acquis diffusion, notoriété et image) est un levier de croissance et de profitabilité, il faut d'abord rappeler les fonctions qu'elle joue auprès des consommateurs eux-mêmes, et qui sont à la source de ce goodwill ou prédisposition favorable qui vaut de l'or. Lorsque ces fonctions sont valorisées, les consommateurs recherchent les marques, y sont attachés voire fidèles et, prix de cette valorisation, sont prêts à payer plus cher le produit à marque. *A contrario*, lorsque ces fonctions, soit ne sont plus remplies, soit ne sont plus valorisées par le public, l'attraction du produit de marque décroît et sa prime de prix devient insupportable. Les copies de distributeur ou les produits premier prix dominent alors le marché.

LES FONCTIONS DE LA MARQUE POUR LE CONSOMMATEUR

Bien que ce livre soit consacré aux marques et à leur optimisation, il importe de préciser que la marque n'a pas vocation à exister dans tous les marchés. Même si des marques existent au sens juridique du terme, elles ne pèsent pas toujours dans les choix des acheteurs qui décident sur d'autres bases : les travaux sur la mesure de la sensibilité aux marques (Kapferer et Laurent, 1992) montrent bien que dans maintes catégories, les acheteurs ne regardent pas la marque pour choisir. Qui se soucie de la marque lorsqu'il achète un bloc-notes, une gomme, des feutres, des markers, du papier courant pour la photocopie ? Ni les particuliers, ni les entreprises. Il n'y a pas non plus de marques fortes dans les maillots de bain, les chaussettes masculines. En Allemagne, il n'y a pas de marque nationale de farine...

Fondamentalement, il y a marque quand il y a risque. *A contrario*, lorsque le risque perçu par l'acheteur disparaît, la marque perd de son utilité, elle n'est plus qu'un nom sur le produit : elle cesse d'être repère, guide et source de valeur ajoutée. Le risque perçu est d'autant plus grand que le prix unitaire est élevé ou que les conséquences d'un mauvais choix sont importantes. Ainsi, l'achat d'un bien durable engage sur longtemps, certains médicaments ne soulagent pas aussi vite que d'autres. De plus, l'homme étant un animal social, on nous juge sur certains de nos choix c'est pourquoi nous construisons notre identité par les signes et marques que nous arborons. Quant à l'alimentaire, il porte intrinsèquement en lui une part de risque comme tout ce qui s'ingère et pénètre dans notre corps. La fonction de la marque est de maîtriser ce danger, d'où la nécessité des marques dans les alcools forts par exemple, vodka, gin, etc.

marques distributeurs

L'importance du risque perçu comme levier de la légitimité de la marque est révélée par les catégories où dominent aujourd'hui les marques de distributeurs et demain les produits premiers prix si une situation à l'allemande se crée en France : conserves de légumes, lait UHT en briks, jus d'orange, pizzas surgelées, eaux de source plates, l'essuie-tout, papier hygiénique, essence automobile. À l'inverse, les marques de fabricants restent dominantes dans les catégories suivantes : café soluble torréfié, thé, céréales, dentifrice, déodorants, sauces froides, pâtes fraîches, aliments infantiles, produits de beauté, lessives, etc. Dans ces catégories, le consommateur est impliqué et il ne veut pas prendre de risques que ce soit physique, organoleptique ou psychologique.

marques fabricant

Rien n'est jamais acquis définitivement : le degré de risque perçu évolue avec le temps. Au fur et à mesure que la technologie se banalise, tous les produits accèdent à la qualité dans certains secteurs. On quitte donc une situation d'examen où certains produits échoueront, tandis que d'autres passeraient pour évoluer vers une logique de concours entre excellents concurrents dont certains seraient « plus excellents » que les autres. Le degré de risque perçu évolue selon les situations : l'achat d'un rhum pour faire un punch ou d'un whisky pour servir un whisky coca créent moins de risque perçu que le fait d'offrir un rhum ou whisky on the rocks à un ami. Enfin, tous les consommateurs n'ont pas la même implication. Les plus impliqués sont soucieux des petites différences entre produits et veulent optimiser leurs choix. D'autres, plus désimpliqués, se satisfont d'un produit de base, pas cher : un rhum ou un whisky même inconnus à condition qu'ils soient bon marché et vendus chez leur distributeur habituel. C'est pourquoi le whisky le plus vendu en hypermarché est William Peel, sans notoriété ni image. Le problème de l'acheteur qui ressent un certain risque et ne veut pas se tromper est que la plupart des produits sont opaques : on ne peut connaître leurs qualités intérieures qu'en les achetant et les consommant. Or, ce pas, beaucoup de consommateurs ne souhaitent pas le faire. Il faut donc que des indicateurs externes éclairent sur les qualités internes des produits opaques. Le plus efficient de ces indicateurs externes est la marque lorsqu'elle est réputée. D'autres indicateurs externes existent : le niveau de prix, les labels de qualité, l'enseigne où le produit est vendu et qui cautionne, le style ou design aussi.

À ce stade, il est intéressant de rappeler les classifications de Nelson (1974) et de Darby & Karni (1973). Ces auteurs distinguent trois types de caractéristiques d'un produit :

– les qualités appréciables par contact, avant l'achat ;
– les qualités appréciables uniquement à l'expérience, donc après l'achat ;
– les qualités de foi (en anglais « credence qualities »), que l'on ne peut vérifier même après consommation et qui donc doivent être crues sur parole.

Le choix des chaussettes pour homme relève presque exclusivement de qualités du premier type. On choisit en fonction de caractéristiques visibles : le dessin, la couleur, le style, puis la matière, le toucher, l'élasticité et le prix. Ce marché n'a pas besoin de marques : celles-ci d'ailleurs y occupent une place minoritaire visant les personnes qui recherchent des preuves de durée (difficilement évaluable avant l'achat) ou celles qui veulent signifier leur identité. C'est ainsi que les chaussettes Burlington signent le style BCBG. Il peut exister des marques de fabricants mais leur avantage différentiel par rapport à une marque d'enseigne (Brummel, Galfa, ou Tex) est faible, surtout si ces dernières ont un bon bureau de style et offrent une variété à un prix compétitif.

L'automobile relève largement du second type de caractéristiques. Certes, les performances, la consommation et le style sont accessibles avant l'achat, comme l'existence des options ou le volume intérieur. En revanche, la tenue de route, le plaisir de conduire, la fiabilité, la qualité ne peuvent pleinement s'apprécier lors d'un essai. L'image de la marque – c'est-à-dire la représentation collective façonnée par le temps, les expériences cumulées des proches, le bouche à oreille, et par la publicité – fournit la réponse.

Dans le marché automobile haut de gamme, le fait de se sentir « arrivé », d'avoir un certain sentiment de « plénitude », de « réussite personnelle » en achetant et possédant une BMW relèvent typiquement de la pure foi. Rien dans l'expérience de conduite post achat ne peut l'accréditer : c'est une croyance collective plus ou moins partagée par les acheteurs et les non-acheteurs. Le sentiment de virilité authentique et intérieure conféré par le fait de fumer Marlboro resulte de la même logique.

Cette classification des qualités recherchées en trois types situe bien le territoire spécifique de la marque : elle est un signe (donc externe) dont la fonction est de révéler les qualités du produit cachées, inaccessibles au contact (vue, toucher, ouïe, odorat...) et éventuellement celles accessibles par l'expérience lorsque cette dernière ne veut pas être faite par le consommateur pour ne pas prendre de risques. Enfin, la marque – lorsqu'elle est notoire – injecte son imaginaire de consommation : l'Amérique authentique et la jeunesse rebelle de Levi's, la virilité authentique de Marlboro, le chic anglais de Parker, le positivisme et l'hymne à la rationalité de Carrefour, le mythe californien d'Apple, la Provence de Ricard.

La fonction « informationnelle » de la marque recouvre, on le voit, un territoire très spécifique, variable suivant les catégories, les situations et les individus. Il n'y a donc pas nécessité de la marque. À l'inverse, quand le consommateur perd ses repères habituels, la marque devient nécessaire. C'est ainsi que l'on assiste à une croissance forte de la demande pour des marques de vin AOC. Trop de petits châteaux, aux productions limitées et à qualité variable n'assurant pas une présence continue, et de plus réservant de mauvaises surprises, ont découragé les consommateurs et fait le lit des AOC de marque tels que Malesan ou Cellier des Dauphins sans parler de Mouton-Cadet. Moins le produit est cher, moins il exhibe de signes extérieurs de la qualité. Le cas du vin de table est flagrant. Mais cela est vrai de tous les produits. Le consommateur ne sait plus qui représente le meilleur rapport qualité-prix. C'est pourquoi très astucieusement, Leclerc a appelé sa marque de distributeurs la marque Repère, rappelant ainsi la fonction première de la marque.

Comme on le voit, la marque est non seulement source d'informations (révélant donc les valeurs) mais réalise certaines fonctions-types, justifiant son attractivité et d'une contrepartie monétaire (prime de prix) lorsqu'elles sont valorisées par les acheteurs. Quelles sont ces fonctions ? Comment la marque crée-t-elle de la valeur chez le consommateur ? Le tableau 2 présente les huit fonctions d'une marque. Les deux premières sont mécaniques et concernent l'essence même de la marque : être un signe reconnu, pour faciliter le choix et le gain de temps.

Les trois autres fonctions réduisent le risque perçu. Les trois dernières sont de nature plus hédoniste. En ce qui concerne l'éthique, elle signale que les acheteurs attendent de plus en plus un comportement responsable de leurs marques.

Les Anglo-Saxons ont raison de distinguer les simples « trademarks » des « trustmarks ». Une enquête récente dans le domaine alimentaire, menée par le Groupe Danone, révèle bien que les marques ne sont pas toutes des « marques de confiance ». Évian recueille 82 % de votes de confiance, Danone 75,8 %, Nestlé 73,4 %, Kellogg's 44 %, Motta 42 % et Coca-Cola 30 %.

Ces fonctions ne sont ni des droits, ni des dus, ni automatiques : elles sont des conquêtes à défendre en permanence. Seules quelques marques y parviennent dans chaque marché, grâce à leurs investissements soutenus en qualité, en R & D, en productivité, en communication, en recherches pour mieux appréhender les évolutions prévisibles de la demande. *A priori* aussi, rien ne les limite aux seules marques de fabricant. Bien des marques de fabricant ne réalisent plus ces fonctions d'ailleurs. En Grande-Bretagne,

Marks & Spencer (St Michael) a le statut de grande marque et a su réaliser ces fonctions, comme Migros en Suisse.

Tableau 1.2. – *Les fonctions de la marque pour les consommateurs*

Fonction	Bénéfice consommateur
De repérage	Voir clair, se repérer dans l'offre, identifier rapidement les produits recherchés.
De praticité	Permettre le gain de temps et d'énergie par le rachat à l'identique et la fidélité.
De garantie	Être sûr de trouver une qualité stable partout quel que soit le lieu d'achat et le moment.
D'optimisation	Être sûr d'acheter le meilleur produit de sa catégorie, la meilleure performance pour un usage spécifique.
De personnalisation	Se voir conforté dans son self-concept ou dans l'image que l'on donne de soi aux autres.
De permanence	Satisfaction née de la familiarité et de l'intimité des liens à une marque que l'on a consommée depuis des années et qui dure.
Hédoniste	Satisfaction liée à l'esthétique de la marque, à son design, à ses communications.
Éthique	Satisfaction liée au comportement responsable de la marque dans ses rapports à la société (écologie, emploi, citoyenneté, publicité non choquante).

Suivant la catégorie de produits, ces fonctions n'ont pas la même utilité. Là où les produits sont transparents (leurs qualités intérieures sont accessibles par contact), il y a moindre besoin de signes de repérage ou d'extincteurs de risque. Là où l'implication est faible et l'achat vécu comme une corvée, la prime est au prix le plus bas et aux expériences qui ne coûtent guère : essayer de nouveaux rouleaux essuie-tout moins chers, de nouveaux papiers d'aluminium. Enfin, certaines formes de commerce visent précisément à répondre à certaines de ces fonctions. C'est le cas du Hard discount avec ses 650 références, un produit par besoin, sans marques, au prix le plus bas tout en proposant une excellente qualité pour ce prix (du fait d'un travail de réduction de tous les coûts non porteurs de valeur ajoutée, mené en partenariat avec le fournisseur). Cette formule offre une autre réponse aux cinq premières fonctions : repérage facilité, praticité, garantie, optimisation à ce niveau de prix, et personnalisation (refus du marketing des artifices et de l'excès). Le niveau de prix très bas compense l'absence des autres fonctions.

LA MARQUE : UN AVANTAGE CONCURRENTIEL

Pourquoi les financiers préfèrent-ils les entreprises à marques fortes ? Parce que le risque est moindre. Ainsi la marque fonctionne de la même façon pour le consommateur et pour le financier : la marque supprime le risque. Le prix à payer rémunère la certitude, la garantie, l'extinction du risque. En achetant très cher des entreprises à marques le financier acquiert des cash flows prévisionnels quasi certains.

Si la marque est forte elle jouit d'un fort taux de fidélité, donc d'une stabilité de ses ventes prévisionnelles. Ainsi chez Volvic 10 % des acheteurs, réguliers et fidèles, représentent 50 % des ventes. La réputation de la marque est source de demande et d'attraction durables. L'image de qualité supérieure, la valeur ajoutée de la marque justifient une prime de prix. Dominante, la marque est alors une barrière à l'entrée des concurrents car elle occupe le statut de référence de sa catégorie. Prestigieuse ou porteuse de style, elle peut être concédée sous licence, et engendrer de substantielles royalties : c'est ainsi qu'en 1993 Naf Naf avait reçu plus de cinquante millions de francs de redevances nettes. Enfin, quand elle est notoire, symbole de qualité et porteuse d'une promesse spécifique, la marque peut pénétrer d'autres marchés où cette promesse est valorisée. La douceur est devenue l'attribut de la marque Palmolive qui le décline hors du marché du savon dans les shampooings, les mousses à raser, le liquide vaisselle. Cette pratique dite d'extension de marque (cf. Chapitre 8) fait l'économie de la notoriété à créer si l'on avait dû lancer une nouvelle marque dans chacun de ces marchés.

Lorsqu'il établit la valeur financière de la marque, l'expert tient compte de ces sources de revenus supplémentaires apportés par la présence d'une marque forte. Par rapport à un produit identique en apparence mais dénué de marque, celle-ci apporte à l'entreprise un supplément d'acheteurs par son rayon d'attraction, sa notoriété, la singularité et la positivité de son image. Elle autorise une prime de prix si telle est la stratégie de l'entreprise et fournit une surmarge du fait des économies d'échelle et de domination des marchés. Elle promet des royalties et des effets de leviers importants résultant de son extension dans de nouveaux marchés. À cela, il faut soustraire les coûts de la politique de marque : coûts de la maîtrise de la qualité, des investissements en R & D, coûts d'une force de vente nationale voire internationale, coûts de publicité, coûts de dépôts juridiques, coût du capital investi... La différence entre ces surplus et ces coûts exprime la valeur financière de la marque, lorsqu'elle est actualisée sur plusieurs années à venir dans le cadre du business plan de l'évaluateur (le repreneur potentiel, le commissaire aux apports,...). Le taux d'actualisation retenu pour pondérer ces cash flows nets futurs exprime la confiance ou l'incertitude qu'a l'investisseur dans ses prévisions.. Or fait symptomatique : plus la marque est forte plus le risque est faible. Les prévisions des cash flows nets futurs sont entachées de bien moins d'incertitude lorsqu'elles portent sur une grande marque.

La figure 1.1. représente les trois leviers de profitabilité de la marque : niveau de la prime de prix acceptable, différentiel d'attraction et de fidélité et différentiel de marge. Ces effets de levier opèrent dans le marché d'origine de la marque, mais peuvent être déclinés ultérieurement dans d'autres marchés, d'autres catégories de produits soit que l'entreprise étende sa marque en direct, elle-même (c'est ainsi que Téfal est passé des poêles aux appareils ménagers puis à la téléphonie et désormais à la domotique) soit qu'elle en tire uniquement les royalties en concédant des licences – à l'instar de toutes les griffes du luxe.

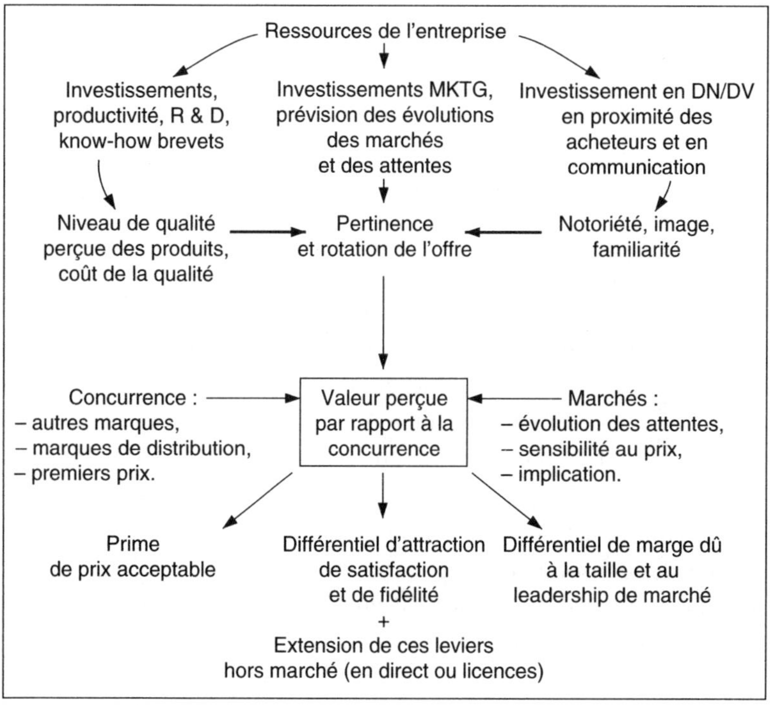

Figure 1.1. – *Les leviers de profitabilité de la marque*

Ce sont ces leviers qui, une fois mesurés en francs, yens, dollars ou toute autre monnaie servent de base à l'évaluation du profit marginal imputable à la politique de marque. Ils n'émergent que si l'entreprise a la volonté stratégique de différenciation de ses produits sur une base tangible et intangible, fonctionnelle et immatérielle. Cette volonté se traduit par trois types d'investissements concomitants et permanents :

– investissements en production, productivité, en Recherche et Développement, l'entreprise en tirant à long terme un know-how spécifique, un tour de main inimitable qui constitue aussi comptablement un actif immatériel. Parfois même l'entreprise acquiert le monopole provisoire de l'offre en déposant des brevets. C'est la base du marketing pharmaceutique (un brevet plus une marque) mais aussi d'entreprises telles que Ferrero dont les produits sont peu imités malgré leur succès. L'œuf Kinder est la première des confiseries pour enfants en Europe : il n'y a guère de copies et imitations du fait des brevets liés au processus de fabrication lui-même. C'est ainsi aussi que Polaroïd obligea Kodak à se retirer du marché de la photographie instantanée : Kodak avait dû employer des processus brevetés par son concurrent. Les brevets sont à juste titre aussi un actif immatériel : ils contribuent à l'activité bénéficiaire de l'entreprise de façon durable.
– investissements en recherche et études de marketing pour détecter, pressentir, anticiper les évolutions des acheteurs, consommateurs et des distributeurs eux-mêmes afin de définir les innovations fortes qui actualiseront ces mouvements de fond. La Twingo est l'exemple type de produit né d'une bonne anticipation des évolutions des attentes d'une partie du public qui prenait de plus en plus ses distances vis-à-vis de l'automobile. Il en va de même de la compréhension des attentes des distributeurs, levier essentiel de la proximité physique des produits et marques. La compréhension et l'adaptation à la logique des distributeurs nourrissent de bonnes relations avec les réseaux, devenues de nos jours une facette clé de l'actif de marque (encore qu'il faille en cas de cession de marque bien distinguer ce qui est dû à la puissance de l'entreprise et ce qui est dû à la marque elle-même).
– enfin investissements en référencement, en force de vente et de merchandising, en trade-marketing et naturellement en communication auprès des consommateurs pour promouvoir l'unicité de la marque et la doter de saillance (notoriété), différence perçue et estime. Sans la publicité de marque, les qualités intrinsèques cachées du produit ne seraient pas connues ni les valeurs immatérielles auxquelles sa consommation est associée. Sans une communication rapide au plus grand nombre, les investissements répertoriés ci-dessus ne pourraient être rentabilisés sur une période économiquement acceptable pour l'entreprise.

La valeur de la marque, donc la légitimité pour l'entreprise de suivre une politique de marque dépend de la différence entre les revenus marginaux issus des leviers de profitabilité et les coûts marginaux nécessités par la spirale vertueuse de la logique de marque : intégrer tous les progrès pour maximiser la satisfaction des consommateurs.

DES ACTIFS DE MARQUE À LA VALEUR FINANCIÈRE (BRAND EQUITY)

Dans une intéressante enquête menée par l'agence DDB auprès de responsables du marketing, on demanda quelles étaient selon eux les caractéristiques d'une marque forte, dotée d'un vrai « capital de marque ». Ceux-ci citaient dans l'ordre et spontanément :

- la notoriété (65 %) ;
- la force du positionnement, du concept, de la personnalité, une image précise, et distincte (39 %) ;
- la force des signes de reconnaissance par les consommateurs (logo, codes, packaging...) (36 %) ;
- l'autorité auprès des consommateurs, l'estime, le statut perçu de vraie grande marque, et la fidélité des consommateurs (24 %).

De fait on ne compte plus désormais les types d'études proposées par les instituts de recherche pour fournir aux responsables des marques une mesure de la valeur de celles-ci, ou pour reprendre le terme anglais, de la « brand equity ». Ceux-ci proposent le plus souvent des hit-parades nationaux ou internationaux établis sur une seule facette du capital de marque : soit la notoriété (mesurée de façon absolue, spontanée ou assistée suivant les instituts), soit la préférence, soit l'image de qualité, soit le prestige, soit l'intention d'achat en premier et en second choix au cas où la marque préférée serait absente, soit l'estime (en anglais « liking »)... Certains instituts combinent deux facettes : ainsi Landor a publié un indicateur de « puissance de la marque » fait de la combinaison de la notoriété assistée et de l'estime, facette affective de la relation des consommateurs à la marque. L'agence de publicité Young et Rubicam a réalisé une étude appelée « Brand Asset Monitor » qui positionne les marques sur deux axes : l'un cognitif est une combinaison de la saillance et du degré de différence perçue de la marque chez les consommateurs, l'autre affectif est une combinaison de mesures de familiarité et d'estime (cf. page 174). En France, la Sofres dans son étude Megabrand System compare les marques sur six paramètres : la notoriété, l'utilisation déclarée, la préférence déclarée, la qualité perçue, une note d'opinion globale et un item mesurant la « force d'évocation de la marque ».

Certains instituts estimant que la comparaison de marques de tous les horizons n'a guère de sens opérationnel, se concentrent sur une approche mono-marché et mesurent par exemple le différentiel de prix acceptable pour chaque marque. Ils procèdent soit de façon globale (quelle différence de prix peut exister entre un PC IBM et un PC Toshiba ou First Line ?) soit par une méthode de type trade-off de façon à isoler la valeur ajoutée nette du seul nom de marque. Face à une telle pléthore de propositions, les responsables de marketing ne peuvent que rester perplexes.

Du côté de la recherche académique, il n'y a guère plus de consensus. Après avoir analysé 49 études américaines et européennes portant sur le capital de marque (en anglais brand equity), H. Sattler (1994) ne répertoria pas moins de 26 mesures différentes de ce dernier. Celles-ci varient suivant plusieurs dimensions :

- la mesure est-elle monétaire ou non ? La grande majorité des mesures est libellée en termes non-monétaires (notoriété, attitude, préférence...).
- la mesure intègre-t-elle le temps, c'est-à-dire le futur de la marque dans son marché ? La majorité des définitions et des mesures n'intègre pas le temps mais donne une valeur mesurée à un instant t, donc à court terme.
- la mesure tient-elle compte de la concurrence, c'est-à-dire de la valeur perçue par rapport aux autres offres sur le marché ? La majorité ne le fait pas.
- la mesure intègre-t-elle le marketing mix de la marque ? Lorsque l'on mesure la valeur de la marque, doit-on n'évaluer que la valeur attachée au seul nom de marque ? La plupart des mesures n'intègrent pas le marketing mix (les investissements publicitaires passés, le niveau de distribution, etc.).
- la mesure de la valeur de la marque intègre-t-elle les bénéfices qu'un opérateur ou un acquéreur pourrait tirer des synergies avec son propre portefeuille de marques actuel (synergies de distribution, de production, de logistique...) ? La majorité ne l'intègre pas or c'est un point-clé. Ainsi Seagram a acheté cinq milliards de francs Martell pour, entre autres, son réseau de distribution en Asie, qui lui permettait de developper dans ce continent les ventes de ses autres marques telles que Chivas.
- La mesure du capital de marque intègre-t-elle les potentialités d'extension hors du marché d'origine de cette marque ? En général, non.
- Enfin, la mesure de la « brand equity » intègre-t-elle les potentialités d'extension géographique et de globalisation ? Ici encore, la réponse est majoritairement non.

L'analyse permit d'identifier les formes les plus courantes de mesure de la valeur d'une marque.

a – une mesure non monétaire, à court terme, n'incluant ni la concurrence, ni le risque, ni le marketing mix, ni les interactions et synergies, ni les potentialités futures d'extension. C'est ce que proposent en général les instituts de sondage qui ne présentent que ce qu'une enquête auprès des consommateurs peut fournir.

b – Une mesure monétaire, à court terme, incluant la concurrence mais n'intégrant ni le marketing mix, ni l'incertitude ou le risque, ni les interactions et synergies et les potentialités d'extension. La mesure type est celle cherchant à attacher une prime de prix à la marque, soit par une approche de type « dollarmetric » soit de type « trade-off ».

Pour clarifier ces questions, il convient de distinguer les actifs de marque et la valeur de la marque. Les actifs de marque sont mesurés auprès des acheteurs finaux et de la distribution. La valeur de la marque ou du capital marque pose une autre question : que valent ces actifs en termes monétaires, c'est-à-dire quelle profitabilité marginale l'entreprise peut-elle en tirer par rapport à une politique de non-marque ? Par actifs de marque, nous voulons dire :

- notoriété (capacité de la marque à symboliser la catégorie, à en être un prototype, le meilleur exemplaire ou représentant).
- niveau de qualité perçue par rapport à la concurrence.
- niveau de confiance, de pertinence, d'empathie, d'estime (« liking »).
- richesse et attractivité de l'imaginaire de marque, des valeurs immatérielles liées à la consommation de la marque.

Ces facteurs se combinent dans l'esprit du public pour déterminer la valeur perçue de la marque par rapport à la concurrence, source de son attractivité et de sa fidélisation.

Que valent ces actifs concrètement ? Rappelons que dans tous les pays, la comptabilité appelle actif la possession d'un élément affectant de façon durable la capacité bénéficiaire de l'entreprise. Il faut donc tirer les conséquences de cette définition et évaluer dans le temps l'apport net de la marque à la profitabilité. C'est pourquoi la méthode normale d'évaluation d'une marque consiste à mesurer cet apport, dans le contexte du business plan établi sur une période allant de 5 à 10 années, intégrant donc le temps, le risque, la concurrence, la logique spécifique de la distribution et de ses marques propres, la diffusion probable du know-how technologique, l'évolution des marchés et de la sensibilité aux marques, les projets d'extension hors catégorie et à l'international. Si l'évaluation est faite par un acquéreur éventuel, il doit y ajouter les gains résultant des synergies avec son propre portefeuille de marques. Le chapitre 14 sera totalement consacré à cette question.

Il est notable que le passage de la mesure non monétaire des actifs de marque (brand assets) à celle monétaire du capital-marque (brand equity) incorpore au passage d'autres actifs immatériels qui pèsent sur les prévisions : ce sont les brevets, l'exclusivité du know-how de l'entreprise, la qualité des relations avec les réseaux. La valeur financière de la marque encapsule donc tous les autres immatériels, la marque étant le réceptacle final de ces autres apports.

Tableau 1.3. – *Des actifs de marque au capital-marque*

Notoriété, familiarité,		
+ Qualité perçue		
+ Évocations, estime, etc.		
= Actifs de marque	→	Valeur ajoutée de la marque pour les consommateurs
	+	Autres actifs immatériels
	–	Coûts de la marque
	–	Coûts du capital investi
	=	Valeur monétaire de la marque pour l'entreprise (Brand equity)

Le tableau 1.3. synthétise le lien entre les différents concepts de l'analyse des marques. Elle permet de comprendre le désarroi de maintes entreprises à qui l'on avait fait miroiter force actifs de marque pour justifier des prix d'acquisition élevés : une fois dans la maison, les acquéreurs découvrirent que ces actifs n'avaient pas la valeur prévue aux yeux des acheteurs, des clients. Il ne suffit plus d'être connu, d'avoir une image, un capital d'estime. Maintes marques de champagne en ont fait les frais et ont vu leurs ventes s'effondrer. Les perspectives de rentabilisation de Lanvin et de Balmain s'éloignent jour après jour pour leurs acquéreurs. Plus prosaïquement, malgré sa notoriété, son excellente image dans le public, la marque Rivoire et Carret survivra-t-elle ? Certes La Vie Claire jouit encore d'une notoriété, mais cela suffit-il à justifier les 120 millions dont le Crédit Lyonnais s'était porté garant. Il en va de même de bien des marques de grande consommation Banga, Joker, Pam-Pam. Le cimetière des marques est plein de noms fameux et réputés en leur temps. Leurs actifs de marque subsistent encore mais ils n'ont plus de valeur aux yeux des consommateurs.

LA CRISE DE LA VALEUR AJOUTÉE

1994 aura été une date-clé dans l'histoire de Coca-Cola, parangon de la culture de marque. Pour la première fois, dans certaines enseignes, la marque de Cola du distributeur dépassa en ventes Coca-Cola, démonstration s'il en est qu'il n'existe pas de fidélité à tout prix. Un fort décrochage de prix, la caution de Cott's ou de Sainsbury, un emballage très ressemblant à la limite de la contrefaçon et un produit de qualité suffisante détournent les clients occasionnels de la marque. Les leviers de profitabilité de la marque examinés ci-dessus semblent mis à mal dans bien des secteurs. Certes la crise économique a modifié les comportements de consommation, mais ce qui a été appris ne sera pas oublié et par les consommateurs et par les distributeurs. En fait les principes qui expliquent les sources de profitabilité apportées par la marque, rendent tout aussi bien compte de la désaffection dont elle fait l'objet dans maints marchés.

En premier lieu, s'il est vrai que les trois leviers principaux de profitabilité de la marque sont le différentiel de prix qu'elle autorise par rapport au produit non marqué, le différentiel d'attraction et de fidélité et le différentiel de marge issu des économies d'échelle et des conséquences du leadership de marché quand tel est le cas, bien des marques ont privilégié le seul levier du différentiel de prix. C'est ainsi que, de l'aveu même des dirigeants de BSN (désormais Danone), « porté par la croissance de la consommation et masqué par une inflation forte, le producteur, pour reconstituer ses marges, a parfois eu tendance à trop augmenter ses prix ». (IREP, 1994, p. 35). Aux États-Unis, la baisse brutale du prix de Marlboro, lors du désormais fameux Marlboro Friday, ne fit que mettre fin à une hausse continue du prix de cette marque. Lorsque l'on privilégie le différentiel de prix, il faut soit disposer d'une nette supériorité du produit, due aux investissements en R & D (c'est le cas des ordinateurs, de la cosmétique ou des lessives) soit investir considérablement en publicité pour créer de l'immatériel. Or l'équilibre entre la valeur ajoutée tangible et la valeur ajoutée immatérielle n'est pas le même suivant les catégories de produit. Il y a peu de place pour de l'immatériel dans la catégorie des chaussettes : ce produit n'est pas investi de signification. En revanche, le marché des jeans fonctionne essentiellement auprès des jeunes sur le respect des valeurs mythiques et authentiques de l'Amérique jeune et rebelle de James Dean à Marlon Brando ou Marilyn Monroe. En France, pays privilégiant parfois le concept à l'action, on a trop cru à la prédominance du signe, des valeurs immatérielles. Peut-être abusés par le luxe, domaine type où les marques françaises excellent, on a étendu la logique de l'immatériel à l'excès. Or la marque de grande consommation n'est pas d'essence aristocratique : elle démocratise le progrès technique. Historiquement, les grandes marques sont nées lorsque l'industrie a pu créer de meilleurs produits, en grande quantité, de qualité constante et moins chers que les productions artisanales. La publicité annonçait ce progrès au plus grand nombre. S'il est vrai que la marque est un actif immatériel, c'est une erreur de croire que son image elle doive se concentrer sur l'immatériel.

Les produits courants, peu impliquants, laissent peu de place à l'imaginaire. Si on veut introduire ce dernier à coups d'investissements publicitaires, on fragilise la marque, car on va vendre 12 F ce qui vaut peut-être 10 F aux yeux des consommateurs, les deux francs correspondant à la part de la publicité. D'où un déséquilibre que l'image ne peut compenser.

Toutes les marques ne capitalisent pas sur le différentiel de prix : KitKat, Swatch et même Coca-Cola ont toujours veillé à être le plus accessibles possible en termes de prix. Comme le disait R. Goizetta, P-DG de Coca-Cola, Coke doit être en Chine au prix du thé ! Ce qu'il est d'ailleurs. Swatch a délibérément opté pour un prix bas, face à la concurrence japonaise et asiatique. Par le design, la variété, la mode et la qualité suisse, Swatch a maximisé le rapport qualité/prix en sa faveur d'où une considérable valeur d'attraction auprès des consommateurs.

La crise de la marque a commencé lorsque l'on a trop voulu être des sémioticiens et oublié les logiques industrielles. N'a-t-on pas limité la marque à sa définition juridique : un signe distinguant les biens d'une entreprise de ceux des autres entrepreneurs et en garantissant l'origine ? Bien des personnes ont cru que le signe à lui seul – dopé par la publicité – allait distinguer désormais les produits mais surtout légitimer une prime de prix, comme par miracle.

L'arrivée sur le marché de produits fonctionnellement équivalents et bien moins chers que les marques, a déséquilibré celles-ci. Lorsque l'on trouve des spaghettis importés d'Italie, signées d'un fabricant certes inconnu mais authentiquement italien et vendues à 4 F 20 le kilo, alors que les mêmes chez Panzani valent 7 F 20 le kilo, en promotion, le différentiel de prix se creuse – non du fait du management de Panzani – mais par l'arrivée d'acteurs externes capables de fournir une qualité identique bien moins chère. Les fonctions de praticité, de repérage, de garantie, de permanence que remplit la marque Panzani valent peut-être un différentiel d'un franc par kilo, mais pas de trois francs. L'écart de prix ne rémunère plus de valeur ajoutée, il est devenu sacrifice exorbitant aux yeux des consommateurs. Il est vrai que, interdits de publicité télévisée donc de rêve, les distributeurs se sont concentrés sur la réalité, sur les produits. Si les « produits libres » de 1976 étaient de qualité moyenne, les marques de distributeur n'ont eu de cesse d'améliorer leur niveau qualitatif. Mais elles-mêmes, se focalisant par excès sur les marques nationales ont suivi la hausse de prix de celles-ci, tout en maintenant un différentiel de prix de 20 %. Le choc est venu des hard discounters allemands, de type Aldi et Lidl. Cette formule de distribution née en 1948, a accompagné la reconstruction de l'Allemagne. Elle est donc une forme de distribution de pays riche. Entrée en France du fait de la crise économique, elle devrait se développer même lorsque cette dernière sera révolue. Or les produits des hard discounters allemands sont cinquante pour cent moins chers que les marques nationales. Serait-ce le fait d'impasses totales sur la qualité : Nenni ? Le café soluble d'Aldi est fabriqué par Nestlé. Un partenariat établi de longue date avec les grands industriels, une logique d'économies d'échelle poussée à l'extrême, la chasse à tous les coûts non porteurs de valeur ajoutée tout au long de la chaîne de valeur ont abouti à la mise sur le marché de 600 références imbattables en termes de rapport qualité/prix. Dans une récente comparaison des caractéristiques techniques et de la qualité de 50 produits, la société Nielsen trouva que les marques nationales étaient supérieures dans 25 % des cas, les articles des hard-discounters allemands supérieurs dans 20 % des cas et de qualité identique dans 36 % des cas. Quant aux produits dits premier prix présentés par les enseignes d'hypermarchés, pour se défendre, ils étaient inférieurs en qualité dans 55 % des cas. Un test de dégustation à l'aveugle mené par Nielsen sur cinquante cas, révéla des résultats identiques (Tableau 1.4.).

Tableau 1.4. – *Niveaux de qualité comparés de produits alimentaires (dégustation aveugle)*

Type de marque ou de produit	Classement moyen	Quels plus ?
Grande marque	Premier mais 4e dans 25 % des cas	Saveur et design
Article de hard discounter allemand	Deuxième mais 1er dans 20 % des cas	Couleur et texture
Marque de distributeur classique	Troisième mais 2e dans 45 % des cas	Texture et saveur
Article de hard discounter français	Quatrième mais 5e dans 25 % des cas	Odeur et couleur
Produits premiers prix des hypermarchés et supermarchés	Cinquième mais 2e dans 20 % des cas	Odeur

Source : C. Chain, Nielsen

Si des produits vendus moitié prix arrivent seconds dans un jugement sur la qualité, le surprix de la marque nationale rémunère plus un surcoût qu'une survaleur. Les aspects immatériels de l'image existent certes toujours un peu dans l'alimentation : tout ce que nous ingurgitons dans notre corps porte en lui inconsciemment une certaine dose de risque. Mais ce dernier peut être pris en charge par la réputation de l'enseigne qui cautionne sa marque de distributeur.

Le problème, à terme, est que les produits des hard-discounters peuvent devenir, pour les consommateurs, la référence de demain, en qualité et en prix, lorsque cette forme de commerce aura couvert le territoire national et occupé son positionnement naturel, celui de commerce de proximité, pour les achats courants (600 références par point de vente). Il faut maintenant justifier pourquoi, acheter une chemise pour homme deux fois plus cher qu'une Tex de qualité, la marque textile de Carrefour.

En Allemagne, Aldi représente plus de la moitié des ventes nationales de boissons à l'orange. À moins d'apporter une valeur ajoutée produit exceptionnelle ou d'être dotés, comme les soft drinks, d'un goût unique et d'une image forte (c'est le cas d'Orangina), il n'y aura plus de place pour les Oasis, Banga et autres fruités.

Le changement probable du référent fait que le différentiel de prix constaté en rayon par le consommateur ne sera plus de 20 % (comparé à une marque propre classique), mais de 45 % ou 50 %. Le rétrécissement de la demande est donc inéluctable, or c'est le second levier théorique de la profitabilité de la marque.

Ce dernier était d'ailleurs déjà fortement menacé par la diminution de la part du rayon consacré aux marques nationales. Les deux phénomènes précités sapent alors les gains de marge nés des économies d'échelle, de la courbe d'expérience et des avantages du leadership désormais perdu.

Dans maints marchés, l'avenir de la marque nationale est douteux (Tableau 1.5.). Mais peut-être faut-il considérer que dans ces catégories de produit, la marque a été un phénomène nécessaire mais transitoire. Lorsqu'une catégorie de produit émerge, il faut l'expliquer, l'insérer dans les systèmes de consommation, vaincre les préjugés. Comme le dit Claude Lévi-Strauss en parlant de l'alimentaire : « une nourriture doit être bonne à penser avant d'être bonne à consommer ». La publicité est le moteur de cette accoutumance culturelle. Avec le temps, le risque perçu diminue, les niveaux qualitatifs des acteurs sont équivalents, l'implication décroît. On peut certes encore améliorer le goût, mais les coûts marginaux d'une amélioration de 1 % du goût perçu sont démesurés et font sortir le produit de la zone de prix du marché de masse. Il eût mieux valu investir en productivité, pour améliorer le prix public à qualité constante. La micro-informatique en est l'exemple type.

Le scénario ci-dessus affecte en priorité les catégories de produits matures, à dominante fonctionnelle, et d'implication faible. Ce n'est pas un hasard si les hard discounters se concentrent sur 600 ou 650 références. Ce sont celles où il n'y a ni valeur ajoutée technologique, ni valeur ajoutée hédonique ou émotionnelle, ni valeur ajoutée sociale. Là est le territoire fort des marques de distributeur, et où, bien que taboue la question de la légitimité de la marque nationale, marque de fabricant peut se poser. À l'inverse, comme en témoigne le tableau 1.6., les grandes marques continuent de dominer – valeur ajoutée oblige – dans certains marchés spécifiques qui confirment bien les conditions de légitimité et de prosperité des marques définies ci-dessus.

Tableau 1.5. – *Part de marché des produits premiers prix, des marques de distributeur et des marques nationales*

	1994	2000 (prévision)
Eaux plates		
PP	36	40
MDD	7	5
MN	44	40
Autres...		
Lait UHT		
PP	49	55
MDD	24	20
MN	14,5	15
Autres...		
Pizza surgelée		
PP	16	20
MD	14,5	10
MN	48,5	45
Autres...		
Briks (jus d'orange)		
PP	38	45
MDD	36	30
MN	11	10
Autres...		
Margarine (barquette)		
PP	16	20
MDD	25	20
MN	54,5	50
Autres...		
Lessive (5 Kg, poudre)		
PP	11,5	13
MDD	2,5	2
MN	84	83
Autres...		

Légende : PP = Produits Premier Prix ;
MDD = Marque de Distributeur ;
MN = Marque Nationale ou Internationale.

Tableau 1.6. – *Meilleure part des marques nationales en volume (1993) en GMS (Source Nielsen)*

Aliments infantiles	100 %
Eaux de toilette	92 %
Thés	91 %
Téléviseurs, magnétoscopes	90 %
Produits de beauté	90 %
Poudres de lavage	90 %
Déodorants	90 %
Dentifrices	89 %
Potages	89 %
Shampooings	88 %
Produits de rasage	87 %
Savons de toilette	87 %
Plats exotiques	83 %
Barres céréalières	82 %
Eau de javel	81 %
Café soluble	81 %
Pâtes fraîches	81 %
Café torréfié	80 %
Whisky	80 %
Sauces froides	78 %
Céréales	80 %
Camembert	56 %

Pour tester leur pouvoir explicatif, outre les études statistiques sur les déterminants de la sensibilité aux marques (Kapferer et Laurent, 1992), il suffit de comparer deux autres marchés apparemment semblables : celui des collants féminins et celui des chaussettes pour homme. Dans le premier en 1995, les premiers prix représentent 5 % des ventes et les marques propres 14,4 %. Dans le second, sur le produit de cœur de marché (chaussettes en coton uni), les premiers prix représentent 57 % des ventes et les marques propres 16,5 %, ne laissant donc que 26,5 % aux grandes marques Olympia, Kindy. Ce n'est pas un hasard : le marché des collants ne cesse d'être bousculé par des innovations liées aux fibres, à la texture, au confort, à l'élasticité, à la résistance, au plaisir du toucher, à la brillance. De plus, la parure féminine ne se réduit jamais à de strictes considérations fonctionnelles : elle bâtit l'identité de la femme qui la porte.

Pour les marques de fabricants de produits de grande consommation, il n'y a que deux stratégies possibles.

– soit investir en créativité, innovations, en qualité, en R & D, pour conférer un avantage différentiel à leurs produits tout en communiquant largement pour maximiser le halo d'exclusivité et de référence qualitative attaché au nom de marque. C'est la stratégie gagnante de L'Oréal, Procter & Gamble, Michelin, Gillette, Sony, Ferrero, 3M, Philips...

– soit dominer par les coûts, grâce aux efforts de productivité, pour maintenir une pression sur les prix, tout en investissant en publicité sur la marque. C'est typiquement l'approche de survie par Besnier, pour sa marque Président. Poussant la logique industrielle jusqu'au bout, Besnier a concentré au fil du temps la production du camembert Président en une seule usine, fermant donc toutes les usines régionales. Ce camembert est emballé sous la marque Président, puis sous les diverses marques propres des enseignes d'hypermarchés en France. Sur le plan de la politique de marque la même logique s'applique. Besnier étend la marque au maximum : ombrelle, elle recouvre une multitude de fromages du carré de l'Est au Gruyère, en passant par le Brie, le Coulommiers sans oublier le beurre.
Ce faisant, on capitalise sur la notoriété et la réputation d'un seul nom ce qui n'oblige pas à communiquer sur chaque produit à la différence, par exemple, de la stratégie de Bongrain (cf. page 165). Le résultat est une nette domination par les coûts, qui permet à Besnier d'être leader et en marque nationale dans son segment de camembert pasteurisé et en marques de distributeurs dans ce même segment. Cette volonté d'économies d'échelle est aussi celle de Pepsi-Cola, de Bic, d'Andros, de Justin Bridou, Benetton. Ces marques maintiennent un prix bas qui décourage l'entrée des marques de distributeurs, tout en renforçant en permanence l'image grâce à une politique de marque ombrelle et d'extension de marque. Dans un tout autre marché, c'est la base du leadership de Legrand, dans le domaine de l'équipement électrique.

Au terme de ce chapitre, plusieurs conclusions émergent. Rester une grande marque, une référence des acheteurs, va désormais être plus difficile, plus coûteux, plus exigeant. Cela profitera aux grands groupes qui seuls peuvent investir en R & D, en productivité, en qualité totale, préempter le futur par la recherche marketing et investir en proximité physique dans les rayons de la distribution et en communication, pour consolider l'image forte et exclusive de leurs marques. La force des marques dépend de la force des entreprises qui les détiennent.

D'un autre côté, les primes de prix vont nécessairement se réduire, si les grandes marques veulent rester dans le ventre du marché et ne pas être marginalisées comme haut de gamme, à une époque où ce sont les distributeurs qui fixent les prix. Cela concerne tout autant le champagne, l'eau minérale que les fournitures de bureau de 3 M, l'appareillage électrique domestique ou la micro-informatique. C'est pourquoi, revenant à l'évaluation financière des marques, les multiples qui avaient atteint des sommets (25 ou 30), sont revenus à des niveaux plus modérés, traduisant en cela que les actifs de marque n'ont plus la même valeur en 1990 et aujourd'hui. L'effet de levier est moindre, comme le symbolise la figure 1.2. (ce point sera amplement développé dans le chapitre 14, consacré à l'évaluation financière et le traitement comptable de la marque).

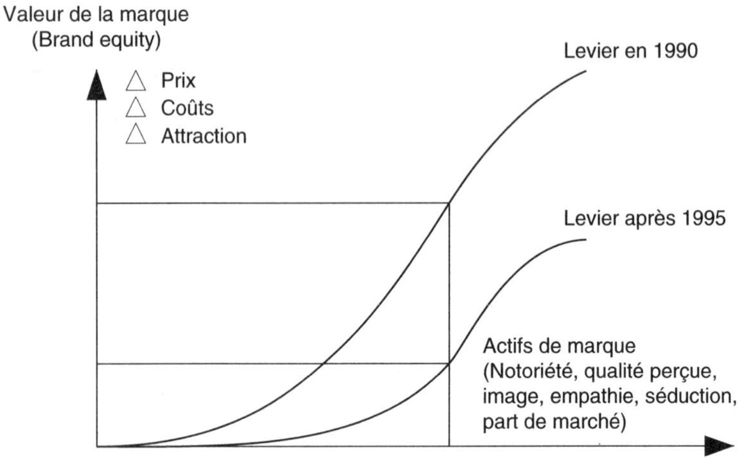

Figure 1.2. – *L'impact de la nouvelle donne concurrentielle sur la valeur des marques*

Prenons un exemple. Être la troisième ou quatrième marque du marché était hier une fierté. Aujourd'hui, cela ne permet guère d'accéder aux rayons des distributeurs. Ce phénomène est général. Ainsi, dans un autre marché, celui de l'hôtellerie, la prime à la part de marché s'est encore accentuée. General Electric ne veut plus travailler qu'avec un seul interlocuteur pour gérer tous les voyages de tous ses cadres, que ce soit aux États-Unis, en Asie, ou en Europe. C'est pour cela qu'il était vital pour le groupe Accor de pouvoir acquérir la chaîne Méridien, afin de pouvoir atteindre la part de marché critique, en tenant compte des hôtels Sofitel. La prestigieuse marque Apple a pris conscience que sa part de marché (10 %) n'intéressait désormais plus les développeurs de software. L'alliance avec IBM autour d'un standard commun était la condition de la survie. Les résultats de l'étude PIMS (Profit Impact of Market Strategy) témoignent bien de l'accentuation de la prime au leader. En moyenne, les marques leaders génèrent 12,1 % de rentabilité sur les ventes, les secondes 8,3 % et les troisièmes 3,5 % seulement.

Ainsi, la marque nationale est certes menacée dans bien des marchés, mais, pour une entreprise, la marque reste encore la meilleure façon d'être profitable. C'est pourquoi d'ailleurs les distributeurs eux-mêmes développent à leur profit une logique de marque. Mais, on l'a vu, être une marque, ce n'est pas être un nom sur un produit, mais c'est, par des investissements constants, avoir su devenir et rester la référence de la qualité au plus juste prix, porteuse d'une promesse forte tangible et immatérielle. Certaines marques de distributeurs sont sur cette voie, certaines marques de fabricants ont déjà quitté cette course. Pour le consommateur de toutes façons, il n'y a que deux types de marques : celles qui justifient leur prix et les autres, les bonnes marques et les marques médiocres.

Les études les plus récentes démontrent à l'envi que les chemins de la reconquête ne peuvent être que ceux de la qualité. Ainsi chaque point regagné en différence de qualité perçue entre la marque de fabricant et celle de distributeur contribue à accroître la préférence pour la première. Les résultats de la thèse doctorale de C. Lewi à HEC sous la direction de l'auteur en témoignent : les consommateurs étaient amenés à déguster (en test aveugle) un biscuit de marque (leader du marché) et une copie à marque de distributeur. Comme le montre le tableau 1.7., plus l'écart de qualité gustative perçue croît, plus la marque de fabricant est préférée.

Tableau 1.7. – *L'impact de la supériorité du produit sur les préférences*

Différence de qualité perçue entre la marque leader et la marque de distributeur	Préférence d'achat de la marque leader
– 3, – 2, – 1	8 %
0	34 %
+ 1	83 %
+ 2	97 %
+ 3, + 4, + 5	100 %

Source C. Lewi et J.-N. Kapferer (1996)

L'examen de l'effet croisé du différentiel de qualité perçue et de la prime de prix montre bien d'où vient la concurrence. Après avoir goûté une marque de distributeur de qualité inférieure sur le plan gustatif, la préférence pour la marque leader résiste bien aux écarts de prix croissants (– 20 %, – 35 %, – 50 %). En revanche, la préférence recule de façon significative en fonction de ces mêmes écarts de prix lorsque la marque de distributeur est à parité de qualité gustative (cf. figure 1.3.).

C'est ce constat d'une forte interaction entre le différentiel de prix et le différentiel de qualité qui explique la percée du Sainsbury Cola et du Virgin Cola en Grande-Bretagne, Virgin Cola étant sur le point d'y dépasser les ventes de Pepsi-Cola. Approvisionnés par le spécialiste canadien des colas MDD, le goût de leur cola est à parité avec Coke. Le différentiel de prix peut alors exercer ses effets, sans compter que et Sainsbury et Virgin y jouissent d'une bonne image. De même, face à la réduction de la différence de qualité avec les MDD et les petites marques, Kellogg's dut réduire tous ses prix aux États-Unis en mai 1996, suivant en cela l'exemple de Procter et Gamble ou celui de Barilla en Italie.

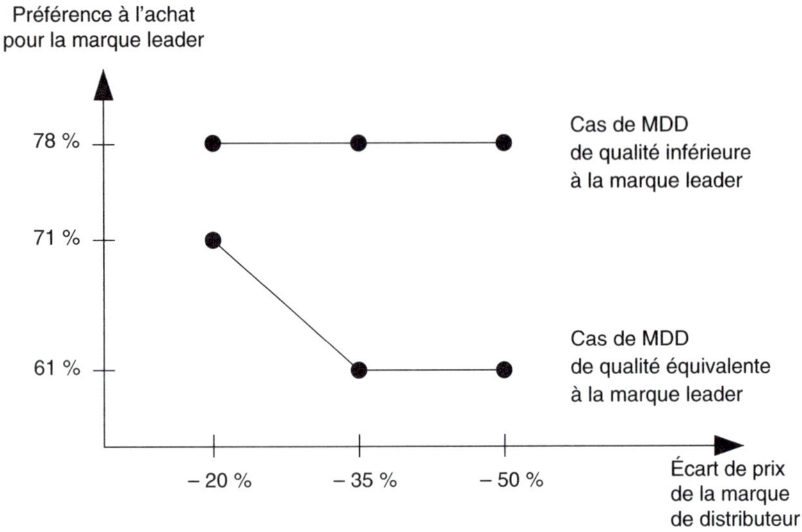

Source C. Lewi et J.-N Kapferer (1996)

Figure 1.3. – *L'impact du différentiel de prix des MDD dépend du niveau de qualité de celles-ci*

C'est en cela que la marque Cristaline est devenue une vraie menace dans le marché des eaux, et s'est hissée au rang de troisième marque du marché. Grâce à son approvisionnement par des sources multiples, sous le même nom de marque, elle a pu réduire un coût non porteur de valeur ajoutée : le transport. Vendue au tiers du prix d'Évian ou de Vittel, elle a séduit leurs clients. Cristaline, le nom, ne promet-il pas une eau de source pure ? Contrex résiste mieux car ses raisons d'achat sont spécifiques (la minceur, les vertus diurétiques).

Chapitre 2

La logique de marque

Maintes entreprises ont oublié le pourquoi de leurs marques. Une attention considérable est portée à l'activité de marquage elle-même, faisant appel aux designers, graphistes, aux agences de publicité. Cette activité devient une fin en soi et reçoit l'essentiel de l'attention. Ce faisant on oublie qu'elle n'est qu'un moyen. On fait du marquage l'apanage exclusif du marketing et de la communication sous-estimant le rôle des autres fonctions de l'entreprise dans la réussite de la démarche de marque.

Or le marquage, s'il est indispensable, est la phase terminale d'un processus, impliquant et focalisant les ressources de l'entreprise et toutes ses fonctions, au service d'une intention stratégique : créer une différence, seule façon pour l'entreprise de se démarquer des concurrents, en mobilisant toutes ses sources internes de valeur ajoutée.

QU'EST-CE QUE MARQUER ?

Marquer va bien au-delà du seul marquage, ce dernier signalant extérieurement qu'un produit ou service a reçu la marque, l'empreinte d'une organisation.

Marquer c'est transformer la catégorie du produit

La marque s'inscrit dans une logique de différenciation de l'offre. L'entreprise a l'ambition de mieux coller aux attentes d'une certaine clientèle et se focalise pour lui fournir de façon constante et répétée la combinaison idéale d'attributs tangibles et intangibles, fonctionnels et hédonistes, visibles et invisibles, dans des conditions viables économiquement pour elle-même. L'entreprise veut marquer le secteur de son empreinte, imprimer sa marque au produit. Ce n'est pas un hasard si l'équivalent anglais de marque est « brand » : dérivé de brandon, ce mot renvoie à un acte qui pénétrait la chair de l'animal ainsi marqué en même temps qu'il en signalait l'appropriation. Parler d'un micro-ordinateur Apple c'est en fait dire, il y a du Apple dans ce micro-ordinateur. Le premier travail de réflexion sur la marque consiste précisément à définir ce que la marque injecte dans le produit (ou le service), en quoi elle le transforme :

- Quels attributs s'y matérialisent ?
- Quels avantages s'y ensemencent ?
- Quels bénéfices s'y déposent ?
- Quelles obsessions s'y inscrivent ?

Ce sens profond de la marque est souvent oublié ou volontairement omis. Ainsi il est fréquent d'entendre dire par certains distributeurs : « Pour nous la marque c'est secondaire, pas besoin de mettre quelque chose sur le produit. » C'est réduire la marque à la superficie, à l'étiquette : marquer ce n'est pas être dessus, mais dedans. Le produit ou service ainsi augmenté doit bien être signalé si l'on veut qu'il soit repéré par l'acheteur potentiel et si l'entreprise veut récupérer les fruits de sa démarche avant qu'elle ne soit copiée par d'autres.

Il est d'ailleurs hautement significatif que l'objet démarqué conserve une valeur supérieure à celle du produit sans marque. Dans une logique assimilant marque à étiquette, à superficialité, il ne devrait plus rien valoir car il ne porte plus de marque sur lui. Certes, mais il continue de la porter en lui : une marque est passée et l'a transformé intimement. D'où la valeur des Lacoste sans Lacoste des Adidas sans Adidas. Elles valent plus que les contrefaçons car même invisible la marque est présente. Dans la contrefaçon au contraire, bien que visible la marque est absente.

Certaines marques témoignent par leur slogan qu'elles ont bien compris cette mission profonde : transformer la catégorie de produit. La marque n'est pas simplement un acteur du marché, elle doit en être un ordonnateur, mû par une vision, une mission, une conception de ce que doit devenir la catégorie. Ainsi en 1993 Candia, marque de lait, catégorie ô combien banalisée, abandonnait sa signature « Candia, rien que toi », nombriliste et gratuite, pour une signature exprimant sa raison d'être profonde : « Candia fait du bien au lait. » Cette signature exprime bien que la marque n'est pas le produit, mais une mise à distance par rapport au produit (Attali, 1993). L'erreur eût été d'opter pour des signatures du type « Candia, les bienfaits du lait » où l'apport de la marque à la catégorie, sa valeur ajoutée disparaissent. Trop de marques veulent absolument se confondre avec la catégorie de produit, croyant ainsi se l'approprier alors qu'en fait elles s'y dissolvent : Frigidaire, Klaxon, Cumulus, Caddy, Scotch, Kleenex sont ainsi devenus des noms génériques. À force d'être « Lesieur, l'huile d'arachide » où est la valeur ajoutée Lesieur ? Carrefour ou Casino aussi peuvent promouvoir une huile d'arachide.

La transformation de la catégorie selon la mission que la marque se donne passe par une prise de distance par rapport au produit. Concrètement cela signifie que la marque est faible lorsque le produit est transparent. Parler « d'huile d'olive de Grèce, première pression » par exemple c'est rendre le produit transparent, pratiquement défini dans son intégralité, et résumé dans ces seuls attributs. Or il existe des dizaines de marques pouvant mettre sur le marché une telle huile. À l'inverse il est significatif que le succès de Fruidor s'est accompagné d'une perte de contact avec le produit : l'emballage jaune opaque, certes protège l'huile de la lumière, mais crée structurellement cette distance vitale avec le produit. Le passage du vrac à l'emballage est symptomatique aussi de ce phénomène. La faiblesse des marques dans les produits frais sous vide tient pour partie à ce que, pour appâter, leur conditionnement présente par exemple toute la choucroute en barquette sous cellophane, recréant de la transparence. Il est significatif que Findus, Dim n'exposent pas le produit mais le mettent en valeur. C'est structurellement la cause de la faiblesse de la marque Essilor aux yeux des consommateurs. Ceux-ci ne visualisent pas comment Essilor transforme le produit, son apport, sa valeur ajoutée. Pour eux du verre c'est du verre auquel on peut, à l'instar de l'automobile ajouter des options (anti reflet, incassable, etc.). La valeur ajoutée semble ne résider que dans le style de la monture (d'où la floraison de griffes dans les lunettes) ou dans le service, palpable et tangible au magasin. Ce qui est invisible n'est pas perçu donc n'existe pas à leurs yeux. Néanmoins, l'exemple des eaux minérales est là pour rappeler que l'on peut toujours rendre opaque un produit transparent et ainsi le débanaliser. Les grandes marques d'eau minérale n'ont pu naître, croître et prospérer que parce qu'elles ont rendu visible l'invisible. On ne pouvait plus choisir son eau au hasard : l'équilibre et l'innocuité étaient apportés par Évian, la minceur par Contrex, et la vitalité par Vittel. La composition différente et invisible de ces eaux fondait ces positionnements. D'une façon générale tout ce qui complexifie la composition contribue aussi à créer de la distance avec le produit. De ce point de vue Coca-Cola a raison de maintenir secrète sa composition. La reprise d'Orangina par Pernod-Ricard s'est accompagnée d'une recomplexification de l'extrait. Antoine Riboud traduisait la même préoccupation lorsqu'il déclara « je ne fabrique pas des yaourts mais des Danone. »

La marque est un point de vue sur la catégorie de produit. Les grandes marques ont plus qu'un positionnement ou une position dominante dans le marché : elles ont une certaine position sur la catégorie de produit. C'est cette position, cette conception qui donne l'énergie à la marque et nourrit les transformations qu'elle opère sur les produits pour les rendre conformes à son idéal. C'est cette conception qui justifie l'existence de la marque, sa raison d'être sur le marché, et fournit un fil directeur à son évolution dans le temps. Or combien de marques sont aujourd'hui capables de répondre à la question cruciale suivante : « Que manquerait-il au marché si nous n'existions pas ? » La finalité de l'entreprise est certes de générer des profits, des emplois. Mais la mission de marque est d'un autre registre. Trop souvent l'on confond projet d'entreprise et projet de marque. Le premier aboutit le plus souvent à des truismes du type « mieux satisfaire les clients ». Spécifier la mission de la marque consiste à (re)définir la raison d'être de celle-ci, son impérieuse nécessité. La notion de mission de marque est absente de la plupart des manuels de marketing. De fait, elle est récente et traduit la conception émergente de la marque comme une force de proposition créative sur un marché. S'il y a force, il y a énergie. La marque puise ses ressources certes dans les moyens financiers et humains de l'entreprise, mais tire son énergie d'un point de vue qu'elle a sur la catégorie de produit. La marque part de ce point de vue fondateur. Si elle ne se sent pas habitée par une intense nécessité intérieure, elle n'aura pas de potentiel de prosélytisme, d'entraînement et d'énergie. En cela, elle diffère de l'entreprise.

La notion analytique d'image de marque ne cerne pas cette dimension dynamique nécessaire au management moderne de la marque : les traits d'image ne seront que la conséquence de la vision, de la mission.

Ainsi, maintes banques se définissent par l'image suivante : proche des clients, moderne, aux produits performants, avec un service personnalisé. Ces traits sont certes utiles aux hommes d'étude lorsqu'il s'agit de mesurer les perceptions renvoyées par le marché. Mais de quel programme dynamique sont-ils l'émanation, de quelle vision sont-ils l'expression ? Certaines banques l'ont spécifié : pour les unes c'est « changer le rapport des Français à l'argent », pour d'autres c'est rappeler que l'argent n'est qu'un « moyen au service du développement personnel ». Plusieurs banques ont récemment cherché à redéfinir leur raison d'être singulière. Toutes auront à le faire.

Les marques généralistes ont plus que toutes autres besoin de repréciser leur propre mission. L'exemple automobile est typique. La marque généraliste veut couvrir tous les segments du marché. Chaque modèle donne lieu à maintes versions pour en maximiser (en théorie) le nombre d'acheteurs potentiels : diesel, essence, bi-corps, tri-corps, break, coupé, cabriolet, etc. Le problème est qu'à force de devoir respecter les critères clés de chaque segment (le bas de gamme, le moyen-bas, le moyen-haut et le haut de gamme) et plaire à tout le monde en multipliant à l'envi les versions et en évitant de trop typer un modèle pour ne heurter personne, on aboutit à des marques caméléons. À part le signe sur le capot ou l'air de famille du dessin des voitures, on ne sent plus un dessein commun qui source ces automobiles et anime les forces créatives et productrices de l'entreprise. Le combat concurrentiel se fait alors sur le prix ou le nombre d'options proposées pour ce prix. Elles ne sont plus des marques mais des noms sur un capot ou sur les murs du concessionnaire. Ce mot est devenu largement vide de sens.

Les grandes marques peuvent être comparées à une pyramide (figure 2.1). À son sommet s'expriment la vision, la mission, la conception que la marque a de l'automobile, par exemple, du type d'automobiles qu'elle veut et a toujours voulu créer, le concept automobile qui est le sien et qui peut ou non être exprimé par un slogan. Cet étage nourrit l'étage du ton et des codes généraux de la marque. En effet la personnalité et le style de la marque s'expriment moins par des mots que par une façon d'être, de communiquer. Loin d'être livrés à la seule inspiration fluctuante des créatifs, ces codes doivent être spécifiés pour témoigner de l'unicité de la marque sans pour autant imposer un corset monolithique, impossible dès lors qu'il s'agit d'une marque généraliste et multi-produits. Le deuxième étage est celui des traits d'image stratégiques de la marque : au nombre de trois ou quatre ils découlent de la vision et s'incarnent dans les produits, la communication et les actes de la marque. On retrouve ici les axes de positionnement tels que par exemple pour Volvo sécurité, fiabilité, robustesse ou pour Peugeot dynamisme, style et fiabilité. Enfin le plan des produits, la base de la pyramide est celui des positionnements de chaque modèle dans son sous-marché.

Le problème est que les consommateurs regardent la pyramide d'en bas. Ils partent du réel, du tangible. Plus la base est large, plus l'incertitude croît quant au fait que toutes ces voitures émanent bien d'une même conception de l'automobile, qu'elles portent bien la marque, l'empreinte du même projet automobile. Le management de la marque consiste lui à partir du haut et à définir la conception que la marque a de l'automobile et qui permet de délimiter à partir de quand une voiture est ou n'est plus porteuse de cette conception, donc en toute logique ne devrait pas porter le nom de marque, est hors marque, hors de son territoire.

L'histoire de l'automobile étant faite de grands succès suivis de ressacs mal vécus, les grandes marques généralistes sont régulièrement saisies par le doute quant à leur vision. Ainsi après le phénoménal succès de la 205, de la 405, une série de déconvenues sur la 605 et le démarrage en douceur du couple 106/306 déstabilisèrent un peu la marque Peugeot en interne et en externe. La question fondamentale fut posée : les Peugeot sont-elles toujours des Peugeot ? La réponse supposait que l'on redéfinisse ce que l'on entend à long terme par « c'est une Peugeot », bref quelle conception durable la marque a de l'automobile.

C'est souvent aussi à l'occasion d'une recherche de slogans que l'on découvre un flottement en interne sur la marque. L'ère n'est plus aux slogans creux et gratuits de type « l'esprit automobile » qui ne disent en rien l'idéal automobile de la marque en question et ne servent pas de guide pour les concepteurs, créateurs, développeurs, producteurs, lorsqu'il s'agit de faire des choix très concrets entre des facettes qui s'excluent : confort et tenue de route, aérodynamisme et impression de robustesse, etc. Renault l'a bien compris avec son slogan riche de promesses : « les voitures à vivre ». Peugeot de même avec son engagement : « pour que l'automobile soit toujours un plaisir ».

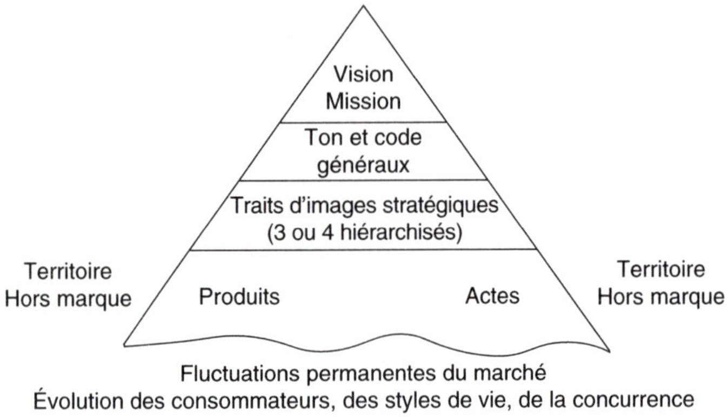

Figure 2.1. – *Le système de la marque*

Une différence toujours renouvelée

Il est souvent avancé que les produits de marques différentes sont parfois identiques. D'aucuns en déduisent que, dans ce contexte, la marque ne serait qu'un « coup de bluff », un artifice pour chercher à se démarquer sur des marchés où l'on trouve des produits qui ont du mal à se différencier.

Cette remarque oublie le facteur temps et la logique concurrentielle. La marque se manifeste par les produits qu'elle crée et apporte au marché. Toute innovation par la marque sécrète nécessairement le suivisme. Tout progrès devient vite un standard auquel les acheteurs s'habituent : les marques concurrentes doivent alors l'adopter si elles ne veulent pas être en retrait par rapport aux attentes du marché. Pendant une courte période, la marque innovante jouira d'un monopole fragile car vite contesté si l'innovation n'est pas brevetée ou brevetable. La fonction du nom est précisément de protéger l'innovation : c'est un brevet mental.

Ainsi, la marque Lu créa un nouveau concept de biscuit fondé sur les fibres et le naturel, très valorisés dans l'alimentation moderne. Compte tenu de son succès, d'autres fabricants produiront le leur. Si Lu avait appelé son biscuit de façon générique, biscuit naturel aux fibres, le consommateur aurait découvert quelques mois plus tard un biscuit naturel de l'Alsacienne, de Carrefour, de Casino. Le nom propre (Mukti) qui fut choisi rend le produit innovant spécifique : comme tout nom propre, il désigne un être unique. Le nom du produit donne à l'innovation une exclusivité et le protège contre les strictes imitations, ce qui n'est après tout que la juste rémunération de l'innovation, des efforts et du risque. Mais si l'entreprise innove en lançant hier Mikado et Sirtaki, demain Mukti, il n'y a pas de capitalisation de ses efforts : le créatif inventeur de ces biscuits originaux n'en tire aucune notoriété. On aura donc besoin en plus des noms de produits spécifiques, d'installer un nom de marque, en l'occurrence Lu. Grâce à sa présence sur ces innovations Lu va acquérir un capital de confiance, une image de créateur ludique de haute qualité, et ainsi tirer les bénéfices de son innovation répétée. La marque permet de capitaliser, aussi bien pour l'acheteur que pour le vendeur.

S'il est vrai que la photographie statique d'un marché révèle souvent des produits similaires, une vision dynamique rappelle qui a innové et par son succès entraîné les concurrents : la marque protège l'innovateur, lui confère une exclusivité provisoire et récompense son comportement de prise de risque. C'est donc l'accumulation au fil du temps de ces différences provisoires qui constitue le révélateur du sens de la marque et justifie sa fonction économique donc sa prime de prix.

La marque ne se réduit donc pas à un signe sur un produit, simple exercice graphique et cosmétique : elle signe un acte créateur qui délivre aujourd'hui le nouveau produit A, demain les nouveaux produits B, C, etc. Les produits naissent, vivent et disparaissent, mais la marque reste. Ce sont les constantes de cet acte créateur qui constituent le sens de la marque, son contenu et ses attributs. La marque exige du temps et de l'identité, pour que l'accumulation de ces innovations produise du sens.

La marque est une mémoire

La marque ne se manifeste que par ses actes (modèles, produits, communication, réseau...). Son contenu naît du cumul mémorisé de ceux-ci, dans la mesure où ils apparaissent gouvernés par un principe commun, un fil directeur. Il faut qu'il y ait cumul et non simple juxtaposition. De fait Lu ne signe pas n'importe quels produits : Sirtaki, Mikado, Mukti, Prince, Pim's portent bien les symptômes d'une marque commune révélateurs de ses valeurs, de ses attributs, de son intention. Ce sont des produits originaux, créatifs, sains, de notre temps, universalistes et d'une grande finesse de traité. La marque a du brio, de l'inventivité et une maestria qualitative.

L'importance de la mémoire dans la constitution de la marque explique les différences structurelles d'image entre les générations. Ceux qui ont connu Lu alors que, contraction de la raison sociale de l'entreprise Lefèvre-Utile, elle signait le fameux petit-beurre gardent une conception de la marque nécessairement différente de celle des jeunes adeptes de Figolu et Prince. Le point d'entrée dans la marque constitue un pôle mémoriel structurant les perceptions à venir. C'est là le problème de marques doubles telles que Citroën : l'image de marque de ceux qui l'ont découverte par la 2 CV, la Dyane ou la Méhari est aux antipodes de celle des découvreurs de la DS ou de la SM. Quant à ceux qui ont connu la fameuse traction, avant-guerre, ils s'en souviennent encore. Le facteur mémoriel explique aussi, pour partie, la pérennité des préférences individuelles : au sein d'une même génération, les marques aimées entre 7 et 18 ans le restent ultérieurement jusqu'à vingt années après (Guest, 1964 ; Fry et al., 1973 ; Jacoby et Chestnut, 1978).

C'est parce que la marque est la mémoire des produits qu'elle peut exercer sa fonction de repère stable et durable. À la différence de la publicité où le dernier messages vu est souvent le seul à rester à l'esprit, ce sont les premiers actes et messages de la marque qui laissent la trace la plus durable et structurent la perception à long terme. De ce point de vue la marque crée un filtre cognitif : ce qui est dissonant et atypique est décrété comme non représentatif, décompté puis oublié. C'est pourquoi les échecs nés de l'extension de marque sur des produits atypiques ne heurtent pas la marque (alors qu'ils ébranlent la confiance des investisseurs dans l'entreprise). L'échec de Bic dans les parfums en est un exemple.

Évacuant ce qui est atypique, dissonant, la marque est une mémoire sélective, d'où sa permanence. C'est pourquoi la marque est moins élastique que ses produits. Ce point fut à l'origine d'un conflit entre le créateur Daniel Hechter et son licencié la société Biderman. Sachant que la marque se construit par son discours d'origine, la marque Hechter a vite été associée à des produits à forte valeur ajoutée créative, des vêtements à la fois ville et décontractés, forts en style et en couleurs, conviviaux. L'homme Hechter, le reflet de la marque, apprécie l'anti-formalisme, l'épicurisme, le côté facile à vivre et la décontraction. Toute l'image de la marque Hechter est née du sportswear travaillé typique des premières années. L'image du créateur lui-même, Daniel Hechter, un peu flambeur, manager hédoniste et businessman esthète renforça la perception précise de l'identité de marque Hechter. Tout alla bien entre Hechter et Biderman jusqu'au jour où les croquis apportés par les créateurs dessinaient des lignes de plus en plus formelles et classiques, à moindre valeur ajoutée créative. Les produits s'écartaient donc de plus en plus de l'image de la marque. Certes les valeurs de marque sémantisent le produit, en proposent une certaine lecture, nous y reviendrons ci-après. Néanmoins, la marque ne peut transformer un produit en son contraire. Ce qui est formel n'est pas informel, ce qui est guindé n'est pas destructuré, ce qui est classique n'est pas mode. Loin d'attirer une clientèle nouvelle, qui s'est déjà fait une idée précise de la marque, cette évolution d'Hechter prenait le risque de décourager les fidèles. Ce qui amena Biderman à refuser cette évolution « hors marque » bien que signée Hechter. L'exemple de Newman dont les produits firent le grand écart avec le fond de marque illustre bien la différence de malléabilité entre les produits et la marque.

La marque est un programme

La marque est la mémoire et le futur des produits. L'analogie avec la mémoire génétique est au cœur de la compréhension de la marque. En effet la mémoire ainsi formée porte en elle le programme des développements futurs, les caractéristiques des modèles à venir, leurs traits communs, leur air de famille transcendant leurs diverses personnalités. Comprendre le programme de la marque permet de repérer son territoire de légitimité, le domaine où la marque peut s'étendre, en dehors des produits qui lui ont donné naissance. Le programme implicite de la marque indique le sens des produits passés et à venir.

S'il existe, ce programme est décelable à travers l'analyse des productions, communications et actes significatifs de la marque, depuis sa création. S'il existe un fil directeur, une permanence implicite, elle doit transparaître. Les études d'identité de marque ont donc toujours deux volets : l'analyse de la production de la marque et l'analyse de la réception, de l'image renvoyée par le marché. En effet, l'image est elle-même une mémoire, stable comme en atteste la difficulté de la faire évoluer à court terme. Cette stabilité est le produit de la perception sélective décrite plus haut. Elle a aussi une fonction : créer des repères durables pour s'orienter dans l'offre commerciale pléthorique. C'est ainsi que dans le prêt-à-porter, masculin ou féminin, chaque marque se voit étiquetée, cataloguée. C'est la raison pour laquelle il n'est jamais souhaitable de tourner le dos à son image, elle qui fut la source d'attraction des derniers acheteurs, des nouveaux acheteurs, c'est-à-dire les plus sûrs acheteurs de demain. Leur fidélisation implique un respect des facteurs qui les ont séduits. Si par relâchement, défaillance ou manque d'investissement, les produits ne sont plus à la hauteur des attentes des clients, il vaut mieux revenir à cette hauteur, plutôt que changer d'attentes. Pour fidéliser ses clients, la marque doit rester fidèle à elle-même et ainsi capitaliser.

S'interroger sur son passé, essayer de déceler le programme implicite de la marque ce n'est pas tourner le dos au futur mais mieux le préparer en lui donnant racines, légitimité et continuité. L'erreur est de pratiquer l'embaumement de la marque et de répéter au présent ses productions du passé. Or, soumises à concurrence, les productions de la marque doivent toujours être intimement de leur temps, mais à sa manière. Revitaliser Lanvin ou Balmain, c'est les réinsérer dans la modernité et non se figer dans le respect d'un brillant passé que l'on voudrait perpétuer.

La marque n'est donc pas une réalité figée. Après tout, les consommateurs n'achètent pas des marques mais des produits de marque. Ils doivent être de leur temps tant sur le plan technologique, écologique, ergonomique qu'hédonique. Ils doivent aussi s'insérer dans les normes toujours en progrès des prix moyens du marché : soit en bas, soit au milieu, soit en haut de la fourchette, mais jamais en dehors. Un constructeur automobile qui ne serait pas en mesure d'approcher le zéro défaut, la qualité totale tout en restant compétitif en termes de prix, ne pourrait subsister aujourd'hui.

La marque n'est pas une réalité figée. Elle doit s'adapter à son temps, aux évolutions des acheteurs et de la technologie. C'est ainsi qu'elle reste actuelle : par ses productions concrètes (les produits ou services) et symboliques (la communication). La marque se bâtit donc chaque jour et n'est pas inscrite une fois pour toutes. Le passé ne doit pas dicter le futur d'une façon étroite. Mais à évoluer dans tous les sens, la marque perd son sens et se vide de contenu.

La marque est le sens des produits

Les grandes marques ont un sens qui indique leur contenu et leur direction. Par exemple dans l'électroménager Siemens signifie durabilité, sérieux, confiance, on imagine le travail attentionné et méticuleux des travailleurs allemands. Brandt signifie praticité, absence de soucis, familiarité au sens d'un ami proche de la famille qui a vu grandir les enfants. Philips a acquis le sens d'innovation grand public, de technique mise au service du plus grand nombre. Sur tous les marchés on s'aperçoit ainsi que chaque marque notoire a un sens particulier. Il est très important pour l'industriel car il indique aux acheteurs dans quelle direction se font la recherche, l'innovation, les efforts de la marque. Ici durabilité, là praticité ou innovation. De même qu'un mot ne peut pas avoir deux sens à la fois, l'un dominant toujours l'autre, aucune marque ne cherche à concentrer sur elle tous les sens. Chacune trace son propre sillon, imprime sa marque.

L'existence de produits communs dans les gammes de plusieurs marques n'invalide pas celles-ci, si elle sait rester limitée. En effet la duplication sur certains modèles d'une gamme est inéluctable. Supposons que la marque A poursuive la durabilité, B la praticité et C l'innovation, cet esprit de marque va se manifester remarquablement sur certains produits. Dans chaque gamme, il existe ainsi des produits où la marque démontre sa valeur-guide, son obsession : ils sont porteurs du sens de la marque. Ainsi Citroën ne s'exprime jamais aussi bien que sur le haut de gamme, Nina Ricci sur les féeriques robes du soir, Sony sur le Walkman ou le camescope.

Cependant il existe aussi des produits de la gamme où l'intention de la marque, ses attributs ont plus de mal à se manifester. Dans l'automobile, les contraintes de coûts liées au bas de gamme sont telles qu'il est difficile de fabriquer un modèle très différent de celui du voisin. Mais pour des raisons économiques, les marques sont parfois contraintes d'être présentes aussi sur ce type de marché, en général très concurrentiel. De même, chaque banque dut bien produire son PEP, plan d'épargne populaire, identique à celui des autres banques. L'existence de produits communs correspond à une frange limitée de l'offre de chaque marque (figure 2.2.). Chacune n'en garde pas moins une direction qui la tire vers des produits hors du commun, le long d'un certain axe de développement. C'est pourquoi l'important est de communiquer sur ceux-ci car ils révèlent le sens de la marque. Ainsi, bien que les modèles de Peugeot et Citroën comportent des éléments identiques, les marques, elles, n'ont pas la même signification, la même identité.

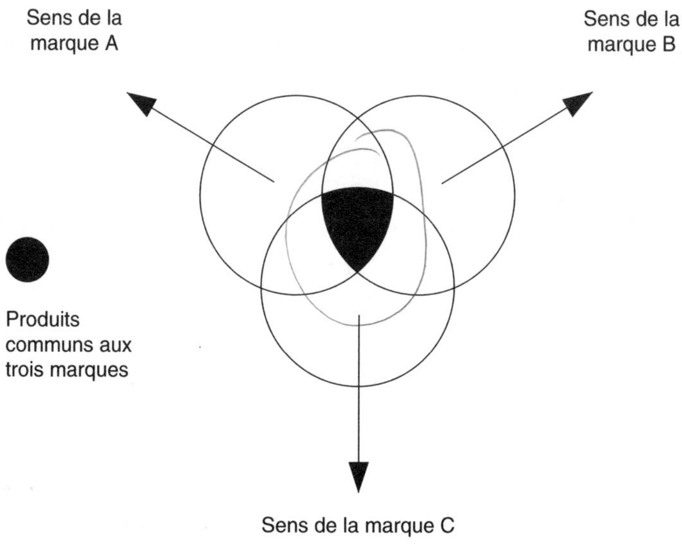

Figure 2.2. – *Marques et recoupement des gammes de produits*

Le problème naît quand l'intersection, la partie commune des marques est trop importante et empêche chacune d'exprimer son identité. Vouloir mettre les mêmes moteurs chez Peugeot et Citroën c'est handicaper Peugeot dont l'identité repose désormais largement sur le dynamisme automobile. Lorsque plusieurs marques vendent le même produit alors la marque devient caricaturale. Si sur un plan économique, pour concurrencer l'Espace Renault et le Voyager Chrysler, ni Peugeot, ni Citroën, ni Fiat, ni Lancia ne pouvaient prendre le risque de créer seul une usine, en revanche, la production d'un véhicule commun unique relègue la marque à l'état d'artifice extérieur. Le message d'identité se limita à la seule peau extérieure. En look, chacune des marques dut être caricaturale pour faciliter sa reconnaissance.

La marque sémantise les produits

Les produits sont muets, c'est la marque qui leur donne un sens. On décode les produits à travers le prisme de la marque, ses lunettes. Renault nous invite à lire en ces modèles des « voitures à vivre ». La marque oriente notre perception des produits. Elle retire alors d'eux un écho qui cautionne et construit l'identité de marque. L'automobile fournit la démonstration de ce fait : la plupart des innovations techniques s'y diffusent rapidement entre toutes les marques. Ainsi l'ABS se trouve aussi bien chez Volvo que chez BMW dont on ne peut dire qu'elles aient la même identité. Y a-t-il là incohérence de marque ? Non car l'ABS est un progrès qui s'impose à tous.

En revanche la marque ne se construisant que par une cohérence à long terme, source et témoignage de son identité, le même ABS n'aura pas la même signification chez l'un ou l'autre constructeur. Pour Volvo, apôtre de la sécurité totale, l'ABS est une nécessité au service des valeurs et obsessions de la marque : il matérialise les attributs de celle-ci. BMW, marque de performance ne peut parler de l'ABS en ces termes : ce serait renier son idéologie, le système de valeurs qui dynamise toute l'organisation et engendre les fameux modèles de la marque munichoise. BMW présente l'ABS comme le moyen d'aller plus vite. De la même façon comment la marque sécuritaire intégra-t-elle sa participation aux championnats d'Europe des voitures de tourisme : en disant « Mieux tester le produit pour qu'il dure plus longtemps. »

Le véhicule monospace commun à Peugeot, Citroën, Fiat et Lancia ne laisse plus aux marques que ce rôle : aider sa lecture donc son appropriation selon les valeurs propres de chaque marque : imagination et évasion chez Citroën, qualité de conduite, et fiabilité chez Peugeot, brio et standing chez Lancia, praticité chez Fiat.

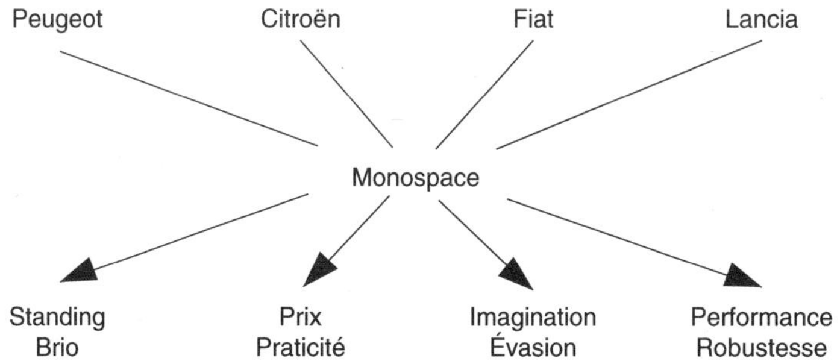

Figure 2.3. – *La marque donne son sens à l'innovation*

Ainsi l'identité de marque n'est jamais acquise à partir d'un détail, mais celui-ci, interprété, donne du poids à une stratégie plus large. Un détail ne peut laisser de traces dans la marque que s'il est en résonance avec elle, faisant écho et amplifiant les valeurs de la marque. C'est pourquoi les marques faibles ne parviennent à capitaliser sur des innovations : elles n'arrivent pas à leur imprimer un sens et à créer cet écho.

À l'inverse ne parler que de prix et d'une liste d'options offertes ne bâtit pas de capital de marque. La climatisation est certes intéressante à condition qu'elle nourrisse un concept, une valeur de marque.

La marque est donc un prisme de lecture des produits. Elle définit le type et le niveau des attentes vis-à-vis de ceux-ci lorsqu'ils portent son nom. Une innovation qui serait perçue comme très originale pour une Fiat sera perçue comme banale pour Citroën. En revanche, le recul des motorisations à essence qui seraient passées inaperçues chez maints constructeurs heurtent le socle identitaire de Peugeot et les attentes qu'il a suscitées, et qui font désormais partie de ce qu'il faut appeler son « contrat de marque ».

La marque est un contrat

Par l'obstination et la répétition la marque devient crédible. Avec le temps, le programme de la marque l'engage. Créateur de satisfaction et de fidélité il oblige la marque à être à la hauteur du quasi-contrat qui la lie au marché. En échange elle bénéficie d'un *a priori* favorable de la part de ce dernier en ce qui concerne les futurs produits à venir. Cet engagement réciproque explique que des marques dont les produits ont provisoirement défailli n'aient pas disparu pour autant. La marque se juge sur le long terme : un échec est toujours possible. L'attachement à la marque lui ouvre un répit pour se reprendre. Sans celui-ci, Jaguar aurait depuis longtemps disparu : toute autre marque n'aurait pas résisté à la baisse de qualité de ses automobiles pendant les années soixante-dix. C'est là un des bénéfices de la marque pour l'entreprise, outre les effets de capitalisation et de brevetage présentés *supra*.

Le contrat de marque est économique, il n'est pas juridique. En cela la marque diffère des autres signes de la qualité que sont les labels et les certifications. Les labels attestent officiellement et juridiquement qu'un produit possède un ensemble de caractéristiques spécifiques, préalablement fixées (par concertation entre les pouvoirs publics, les producteurs et les consommateurs), et établissant un niveau de qualité supérieure le distinguant des produits similaires. Le label est une marque collective détenue par un organisme certificateur, qui homologue les productions en fonction du respect d'un cahier des charges. Cette homologation n'est donc jamais définitive, et peut être retirée. Le label agricole national, Label Rouge garantit un niveau objectif de qualité supérieure. La Woolmark est un label particulier : c'est bien une marque collective mais gérée et détenue par un organisme privé (les producteurs de laine d'Australie qui seule a droit au label). Ni la marque (ni d'ailleurs l'appellation d'origine contrôlée) ne sont des garanties juridiques d'un niveau de qualité objectif. Donc, c'est la pratique de la marque qui en fait un contrat.

Les exigences du contrat de marque

Qui dit contrat dit contrainte. La logique de marque suppose en premier lieu une focalisation de l'organisation et de ses diverses fonctions : R & D, production, méthodes, logistique, marketing, finances. Il en va de même de la marque de service : certes les facettes R & D et production sont absentes, mais cela fait peser le respect de la continuité et de la cohérence sur les épaules des hommes et du personnel, acteurs essentiels de la relation avec la clientèle.

La logique de marque suppose un marketing autant interne qu'externe. La marque, à la différence du label, fixe ses propres standards. Elle doit donc s'y conformer et s'auto-dépasser en permanence sur ses produits même de base, pour être à la hauteur des attentes des clients qui s'habituent vite au dernier progrès de la marque. Elle doit aussi communiquer, se faire connaître à l'extérieur. Il s'agit d'une démarche solitaire, visant la différenciation et l'acquisition d'un halo d'exclusivité. Tous les coûts internes et externes ne seront supportés que par elle. Quels sont ces exigences et ces coûts ?

- Suivre de près les besoins et attentes des acheteurs potentiels : c'est le rôle des études de marché ;
- Répondre au progrès technique et technologique dès qu'il peut créer un avantage différentiel de coût et de performance ;

– Être capable d'assurer en même temps volume et qualité constante du produit (ou du service), seuls garants du renouvellement des achats ;
– La maîtrise des approvisionnements quantitatifs et qualitatifs ;
– La capacité de livraison aux intermédiaires (distributeurs) dans les délais, conditions et formats désirés par ceux-ci, de façon régulière dans le temps ;
– La capacité de donner un sens à la marque, d'indiquer au public-cible sa signification pour en faire à terme un signal et un repère de l'identité et de l'exclusivité de l'offre. C'est le rôle des budgets publicitaires.

La marque forte devient un signe de mobilisation interne et de ralliement externe. Panache de l'entreprise, elle en est le moteur. C'est pour cela que des entreprises se débaptisent et prennent le nom de leur marque fleuron : BSN devint Danone, CGE devint Alcatel-Alsthom. En cela, elle dépasse bien des projets d'entreprise. Ceux-ci ne vivent que pendant leur élaboration et sont oubliés après, ou débouchent sur des phrases grandiloquentes (la passion de l'excellence) affichées dans les couloirs. La marque, façade externe de l'organisation maintient son exigence et la nécessité d'un perpétuel dépassement.

La prise de conscience que la marque est un contrat est source de bien d'autres obligations trop oubliées. Comme le rappelle le différend entre Biderman et D. Hechter, le créateur même s'il souhaite évoluer personnellement ne doit pas trop s'éloigner de son contrat, c'est-à-dire de ce pourquoi il a été initialement connu, reconnu et enfin préféré. Cela crée de graves problèmes dans le management des marques internationales, car les pays vivent la marque à des vitesses différentes. Ainsi, la marque Polo Ralph Lauren typifie en France le style BCBG Bostonien. Entre-temps, M. Ralph Lauren a bien évolué aux États-Unis et lance le parfum Safari aux antipodes de ce style.

Le slogan, la signature de marque sont en théorie l'expression du contrat de marque. C'est pourquoi les bons slogans sont en général rejetés par les directions générales car ils engagent. Normalement, la signature est un repère clair et externalisé auquel on peut faire référence en cas de débat, d'hésitations concernant des décisions liées aux produits, aux services. Ce faisant, ils deviennent un outil de délégation, une ligne directrice clairement exprimée. Ces décisions ne sont plus alors le seul fait du prince. Il fallait du courage à des entreprises comme la SNCF pour avoir adopté des slogans porteurs d'un réel contrat (« Avec la SNCF, c'est possible », « Le progrès ne vaut que s'il est partagé »).

LA MARQUE ET LES AUTRES SIGNES DE LA QUALITÉ

Dans de nombreux secteurs, la marque cohabite avec d'autres signes de la qualité. Ainsi dans l'agro-alimentaire, à côté des marques on trouve les labels de qualité, les certificats de conformité à des normes, les appellations d'origine contrôlée. La multiplication de ces autres signes résulte d'un double objectif : protéger ou promouvoir.

- Les appellations d'origine (real Scotch Whisky), ont pour but de protéger une agriculture et des produits dont la qualité est éminemment liée à un terroir et un savoir-faire spécifiques. L'appellation d'origine s'inscrit dans une conception subjective et culturelle de la qualité, faite de mystère et de typicité liée au milieu. Elle segmente le marché en refusant l'appellation à tout produit non né dans une zone délimitée et élevé selon les usages traditionnels. Ainsi depuis la loi du 2 juillet 1990, le Roquefort est désormais une appellation contrôlée. Même si les groupes fromagers Bongrain ou Kraft étaient capables de produire ailleurs un « roquefort » que les acheteurs ne différencieraient pas des roqueforts faits au village de Roquefort, selon les modes ancestraux, il ne pourrait plus prétendre à s'appeler Roquefort.
- Les labels sont des instruments de promotion. Ils s'inscrivent dans une autre conception de la qualité, industrielle, scientifique. Pour elle, un fromage correspond à un savoir-faire objectif, un certain lait ensemencé avec une bactérie sélectionnée, etc. Le label établit une segmentation hiérarchique, correspondant à des paliers de qualité objective. Il ne s'agit plus de typicité mais de la correspondance à un réseau serré de critères objectifs.

À travers la garantie juridique de typicité, l'appellation contrôlée se distingue de la simple indication de provenance, qui n'implique aucune spécificité liée aux facteurs naturels ou sociaux, mais peut laisser croire à l'acheteur qu'il en existe une. De plus, brouillant les cartes du vrai ou du faux, plusieurs fromages modernes adoptent des noms pouvant être pris pour des noms de lieux ou de villages afin de se créer un imaginaire de rusticité et de typicité (le Saint Moret, le Chaumes par exemple). Quant au label, par sa garantie juridique de qualité objective, il vise à recréer un élément de transparence face à des noms de marque choisis pour évoquer l'excellence : ainsi le poulet de marque Duc de Bourgogne évoque par son titre ducal un haut niveau qualitatif alors qu'il n'est même pas « poulet fermier » et par sa région (Bourgogne), un halo d'excellence gastronomique, alors qu'il ne s'agit que d'une indication de provenance, n'impliquant aucune spécificité ou typicité.

La pérennité des signes qualitatifs officiels en Europe, au-delà de 1993 est l'objet d'âpres débats entre les pays du Nord (Royaume-Uni, Danemark...) partisans de la seule logique de marque et les pays du Sud (France, Espagne, Italie) défenseurs des signes collectifs officiels à côté des marques (Feral, 1989).

Pour les premiers, c'est aux marques et à elles seules de segmenter le marché et de construire une réputation d'excellence autour de leur nom, par le fruit de leurs efforts de production, de distribution et de marketing. Ces pays adhèrent plutôt à une conception objective de la qualité : peu importe que la feta préférée des Grecs soit fabriquée en Hollande ou dans l'Aveyron, ou que la vodka Smirnoff ne soit ni russe ni polonaise. Pour le second groupe de pays, les signes collectifs permettent à des petites entreprises de faire connaître leur niveau et/ou leur typicité, malgré l'absence de marque propre. Leurs produits étant muets, le label ou l'appellation les positionnent. Comme on le voit, derrière le futur débat européen concernant la cohabitation de marques privatives qui se forgent elles-mêmes leur réputation et de signes collectifs officiels de la qualité, se profile un débat plus fondamental entre les tenants de l'économie libérale et les partisans d'une intervention des pouvoirs publics pour en réguler le fonctionnement. Du point de vue de l'entreprise, le choix d'une logique de marque ou au contraire de signes collectifs relève de la stratégie et des moyens prêts à être engagés. La marque définit elle-même son propre standard : juridiquement elle n'est gage de rien, mais empiriquement elle devient promesse d'un faisceau spécifique d'attributs et de valeurs. Elle vise donc à devenir en elle-même une référence, si ce n'est la référence unique (comme c'est le cas pour Société, symbole par excellence du roquefort). Ainsi la marque est par essence différenciatrice et peu partageuse. La marque se démarque. Les marques fortes sont celles qui distribuent les valeurs et parviennent à réaliser par leurs propres moyens une segmentation du marché.

Sur un plan opératoire, la marque – rappelons-le – ne se résume pas à un fait publicitaire. Elle intègre une proposition allant des spécificités à long terme des produits qu'elle signe, à un prix attractif, une commercialisation efficiente et à la diffusion de l'identité de marque par la publicité. Il est plus aisé à une PME d'accéder à un label sur un des ses produits (grâce à des efforts qualitatifs très stricts) que de se lancer dans l'aventure contraignante de la marque, si exigeante en moyens financiers, humains, techniques et commerciaux. Même sans identité, le produit de la PME se débanalise en partie grâce aux indicateurs juridiques de la qualité.

L'accès à la marque nécessite souvent la mise en commun des efforts au sein d'un GIE pour exploiter et commercialiser les produits d'entreprises indépendantes sous une marque unique : c'est le cas de Yoplait. À la différence du label, la marque collective non seulement différencie l'offre, mais est bien indication de provenance c'est-à-dire assume les fonctions complètes de toute marque. Collective dans son aspect organisationnel, elle force à l'uniformisation des productions, des emballages, des services, des tarifs, des modes de livraison, en plus de la communication. La marque est une responsabilité totale, un engagement externe vis-à-vis des clients et des distributeurs : cet engagement conduit à une homogénéisation des pratiques de ceux qui participent à la marque. L'appellation collective ou le label sont bien moins contraignants car ils ne supposent des acteurs que le respect de critères spécifiques liés en général au produit ou service. Chacun continue à être libre de son marketing mix.

Les signes collectifs de segmentation sont une aubaine pour les PME : ils motivent leurs efforts qualitatifs et délivrent une information sur leurs produits, jusque-là muets, sans identité. Le signe collectif constitue un message palliant – en partie – l'absence de message de marque : il crée un palier de qualité (objective ou subjective) différenciant certaines productions de toutes les autres. Ce faisant, profitant à de nombreuses entreprises qui n'avaient pas les moyens d'une politique de marque, il affaiblit la marque forte car il permet aux sous-marques d'accéder à un palier de performance et de signification. Ceci explique l'attitude ambivalente des entreprises à grandes marques à l'égard des collectives de segmentation.

Puisque la marque transforme le produit, elle fuit tout ce qui la ramène au caractère générique de la catégorie de produit. Ainsi Société, paradoxalement, n'a rien à gagner du fait que le roquefort soit désormais une appellation d'origine contrôlée. Jusqu'à ce jour à force de constance, de respect de la tradition et d'obsession de la qualité, cette marque – la première historiquement, car créée en 1842 – est devenue la première en part de marché. Dans l'esprit du public et des connaisseurs, Société signifie l'authenticité du lieu et du savoir-faire (donc la typicité) et l'excellence du goût (donc la qualité). D'un seul coup, la segmentation qu'elle avait réussi à créer entre elle et toutes les autres marques est réduite par l'introduction d'un signe collectif de typicité : une partie de la différence entre la marque fleuron et ses concurrents est érodée par la législation. Cela contraint Société à devenir pour Roquefort ce que le Château Margaux est à Margaux, ce que lui contestera Papillon.

La marque forte est celle qui distribue ses valeurs et parvient à segmenter le marché selon ses propres normes. Elle cherche à imposer son standard, pour en devenir la référence. Elle prend donc ses distances par rapport aux segmentations collectives. Kriter a remarquablement réussi à dépasser les signes collectifs et restrictifs. Objectivement c'est une marque de mousseux et elle n'a pas le droit à l'appellation champagne. Subjectivement, son nom a réussi à signifier un produit unique, proche du champagne en goût et en tout cas en éthique. Il est vrai que le succès de Kriter résulte de deux facteurs : l'inconstance et la déception des champagnes bon marché ainsi qu'une intéressante politique de communication de marque, imitant celle des grands noms de champagne.

Certaines grandes marques voient dans les labels un tremplin utile et nécessaire. Elles commencent par y participer pour promouvoir un signe de qualité qui rejaillira sur certains de leurs produits. Puis lorsque leur poids dans le financement de la promotion du label collectif grossit, elles préfèrent réserver ces sommes importantes à l'édification de leur propre marque et sa différenciation par rapport à la concurrence. La marque doit être plus avancée que le label, prometteuse d'un palier encore supérieur qu'elle est seule à signifier. Ainsi les volailles de Loué ont d'abord bâti leur réputation sur le « label rouge » – signe collectif de haute qualité objective – avant d'investir sur leur propre marque (Birol et Kapferer, 1991).

L'exemple de Fleury-Michon est révélateur aussi. Cette marque ambitionnait de devenir le grand traiteur qualitatif et avait besoin d'un changement d'image. Face à l'incrédulité et au doute systématique des clients de charcuterie pré-emballée, Fleury-Michon décida de s'accrocher à tous les éléments positifs attestant de la qualité et par conséquent collabora aux campagnes publicitaires collectives pour développer la notoriété du « label rouge ». Mais cette participation avait avant tout une vocation interne : elle servait d'aiguillon et de contrainte à l'élévation effective de la qualité au niveau des produits. Sur le plan externe, la présence du label rouge sur les produits cautionna l'évolution qualitative de la marque tant auprès de la distribution que des consommateurs. Fleury-Michon utilisa aussi ces produits innovants labellisés dans sa publicité. Mais la marque va plus loin que le label et en dépasse désormais les normes. Le label sanctionne un niveau de qualité réactualisé : la marque est une focalisation sur la performance, affirmant un standard qu'elle veut toujours pousser plus loin.

L'ambivalence des relations entre marque et signes collectifs peut être étendue aux campagnes collectives elles-mêmes, visant à modifier l'image du secteur ou de la catégorie de produit dans son ensemble. Il arrive qu'un secteur tout entier soit menacé. Habituées à la lutte concurrentielle entre elles, parfois aucune marque ne veut prendre en charge la défense du secteur. C'est le cas lorsque le « leader » a en réalité une faible part de marché relative. En ce cas, la campagne collective est nécessaire, porteuse d'un message différent de celui des marques. En revanche quand une marque est dominante, elle peut avoir intérêt à incarner le secteur dans son ensemble en prenant la parole en son nom. Sous un discours de marque, elle fait un travail profitant à l'image du secteur, mais retombant en priorité sur elle.

LE CO-BRANDING

Les alliances sont désormais de mise dans de nombreux projets industriels et commerciaux. Ariane est née de la mise en commun des ressources et du savoir-faire d'entreprises telles Aérospatiale, Daimler-Benz, etc. Pour donner un avantage concurrentiel à son soft drink à base de thé, Nestea, entré tardivement sur ce marché, Nestlé a passé un accord de distribution avec Coca-Cola. Les moteurs BMW équipent Rolls-Royce. Le co-branding est une alliance rendue visible par la mention concomitante des deux marques. Or toutes les alliances ne donnent pas lieu à co-branding. Weight Watchers a choisi l'entreprise Fleury-Michon pour fabriquer ses plats cuisinés frais allégés : la marque Fleury-Michon n'apparaît pas sur les produits. Ni la marque d'ultra-frais Senoble sur les yaourts allégés de Weight Watchers. Dans quelles situations des entreprises trouvent-elles opportun de diviser l'attribution d'un produit, en le signant explicitement avec deux marques ou plus ?

Pour accroître les chances de succès de leurs extensions de marque hors de leur marché d'origine, les entreprises cherchent parfois le support d'autres entreprises dont la réputation dans les nouveaux marchés peut être décisive. Ainsi aux États-Unis, Kellogg's signa explicitement ses céréales destinées au segment des adultes concernés par la santé avec la marque Healthy Choice, très connue déjà dans ce segment. Danone et Motta unirent leur savoir-faire pour créer et lancer « Yolka », une glace au yoghourt : ce nouveau produit portait donc les deux marques. C'est aussi le cas du jus de fruit réfrigéré Minute-Maid Danone. De même Mattel et Compaq mirent en commun leur expertise, le premier du jouet et du grand public, le second de la micro-informatique pour créer une ligne de jouets interactifs, high tech.

De nombreuses extensions de gamme capitalisent sur la réputation d'une autre marque. Häagen Dazs par exemple a lancé une glace au goût de Bailey's, la fameuse marque d'« Irish Cream ». Côte d'Or signe les mousses au chocolat de Yoplait.

Le co-branding peut faciliter l'accroissement des quantités consommées par individu. En Europe par exemple on a vu à maintes reprises des affiches de Bacardi et Coca-Cola. Cette alliance publicitaire sert les intérêts de chacun. Bacardi aide Coke à se positionner comme le mixer idéal, avec l'alcool, en fait un produit indispensable de la nuit et de la consommation adulte. Au contraire Coke aide le rhum Bacardi peu implanté en France à développer sa notoriété et surtout la connaissance de son mode de consommation (le Cuba Libre !).

Le co-branding des ingrédients est désormais classique. Intel finance la moitié du coût des publicités des marques de micro-ordinateurs qui mentionnent explicitement Intel Inside. Cette démarche vise à créer une segmentation du marché, la présence de la marque « Intel Inside » signalant que le matériel est de qualité supérieure. Il en va de même de Lycra, Woolmark, Tactel, Nutrasweet. Il est difficile désormais à une marque textile de ne pas mentionner Lycra, la griffe mondiale de l'élasticité et du glamour. Pendant un temps, Dim préféra ne mentionner que le nom générique de la fibre en question (élasthane). Les consommatrices virent en l'absence de l'étiquette Lycra l'aveu d'une baisse de qualité. Dim dut donc réutiliser la marque Lycra et cela de façon visible.

Le renforcement d'image est un des autres objectifs du co-branding. Dans l'automobile par exemple les constructeurs recommandent telle ou telle marque d'huile. Les marques de lessive ont longtemps utilisé la recommandation des constructeurs de machines à laver, dans leurs publicité. Ariel et Whirlpool allèrent même jusqu'à entreprendre une campagne publicitaire commune (« L'Art du lavage ») illustrée par un tableau fameux de Renoir, peint en 1914. Cette campagne quasi-institutionnelle renforce le statut de leader de la marque Ariel. Quant à Whirlpool, toujours en phase de création d'image en Europe, cela dope sa notoriété et lui confère une tonalité de marque attentionnée. Dans un autre registre, pour se rapprocher des adolescents, Orangina lança une série de boîtes spécialement dessinées, portant chacune une marque connue et aimée des jeunes (Lee Cooper, Kookaï). Pour sa part, Renault utilisa très tôt le co-branding pour renforcer le positionnement innovateur et créatif de Twingo. En effet, alors que les séries limitées caractérisaient d'habitude la phase de déclin dans le cycle de vie de la marque, Renault les utilisa dès la phase de croissance et de consolidation. On vit donc les séries limitées Twingo Kenzo, Twingo Easy (Kickers).

Le co-branding accompagne souvent une opération de trade-marketing. Par exemple Danone a créé un yoghourt spécial pour la chaîne de restauration Quick, concurrente européenne de Mc Donald's. Le produit porte les deux signatures.

C'est la force des groupes multi-marques de pouvoir mener des opérations promotionnelles communes à toutes ou partie de leurs marques. Ainsi Nestlé désire modifier les habitudes alimentaires des Français au petit déjeuner. Cela passe par une campagne publicitaire regroupant les produits suivants : les yoghourts Nestlé, le Nescafé, Nesquick, le jambon Herta, les céréales Nestlé...

Le licensing enfin est une technique juridique et financière liée au co-branding. Partenaire de Disneyland Paris, Nestlé peut en exclusivité utiliser les personnages et la marque Disney. C'est un levier puissant pour séduire les enfants dans le cadre de promotions spéciales. Ce fut aussi la seule façon pour Nestlé de concurrencer réellement l'œuf Kinder et son cadeau magique : en offrant des personnages Disney en guise de cadeau.

Nous aborderons au chapitre 7 une question qui s'apparente structurellement au co-branding : doit-on signer les produits du nom de l'entreprise. Par exemple faut-il signer de la marque Bel tous les produits de cette entreprise fromagère, de la Vache-qui-Rit au Munster les Petits Amis, de Kiri au Rouy ou au Cousteron, sans parler des A.O.C. fromagères espagnoles, portugaises ou italiennes ou des spécialités américaines ? De même, Adidas ayant racheté en 1997 le groupe de sport Salomon (doté des marques Salomon, Mavic, Taylor Made, Bonfire), faut-il doter ces marques du symbole visuel notoire d'Adidas pour rappeler leur filiation et en même temps accroître la notoriété de ce symbole, face à l'omniprésent « swoosh » de Nike ? Nous réserverons la notion de co-branding au domaine des alliances entre entreprises séparées.

Quelles sont les limites du co-branding ? Tout d'abord c'est une illusion de croire que les deux marques tirent toujours un profit équivalent de leur signature. Quand deux noms signent un produit le public mémorise l'un plus que l'autre. Surtout, la question de fond est celle de l'opportunité du co-branding. Toutes les alliances doivent-elles être manifestes sur les produits ? Après tout, les voitures Rover ne portent pas l'emblème de BMW, leur maison mère. Bien des photocopieurs Canon sont en fait fabriqués par Ricoh. Fallait-il que la Smart, petite voiture citadine révolutionnaire lancée en 1998, fruit de l'alliance entre SMH (Swatch) et Mercedes, porte l'étoile de la célèbre marque automobile ? La coïncidence du lancement de cette automobile avec celui de la Classe A (voir page 335) pesa pour beaucoup dans la décision.

OBSTACLES À LA LOGIQUE DE MARQUE

Au sein même de l'entreprise, la logique de marque se heurte souvent à d'autres logiques. Non écrites, implicites, elles sont considérées comme neutres, alors qu'en réalité elles font obstacle à une réelle politique de marque.

La comptabilité des entreprises, dans son état actuel, ne favorise pas la marque. En effet, la comptabilité est gouvernée par le principe de prudence : la conséquence est de comptabiliser comme charge et non comme actif toute dépense dont on ne peut être sûr qu'elle va donner lieu à récupération future. C'est le cas des investissements en communication, qui signalent au plus grand nombre et affirment la différence de marque. Faute de pouvoir mesurer avec précision quelle part du budget annuel engendre des retours immédiats, ou dans une, deux ou n années, l'ensemble est considéré comme une charge d'exploitation et vient donc en déduction des résultats nets de l'exercice annuel. Or la publicité comme les investissements en machines, hommes de talent, R & D, contribuent à créer le capital de marque. Ainsi la comptabilité introduit un biais qui handicape les entreprises à marques, car elle donne d'elles une image sous-évaluée. Considérons en effet une entreprise A investissant lourdement pour développer la notoriété et la réputation du nom de la marque. Devant comptablement enregistrer cet investissement en charges, cela entraînera de faibles profits annuels et son bilan ne montrera qu'un maigre actif. Cela à une période critique du développement de la société, où elle peut avoir besoin du concours extérieur d'investisseurs et de banquiers. Comparons avec une société B, investissant les mêmes sommes en machines et en production et aucunement sur le nom, l'image et la réputation. Étant autorisée à comptabiliser ces investissements corporels en actifs et à les amortir graduellement chaque année, B pourra publier de plus hauts profits et son bilan sera plus flatteur, disposant d'un actif élevé. B aura donc une meilleure image comptable, alors que A est en fait en meilleure posture pour différencier ses produits.

Le principe d'évaluation comptable annuelle des produits freine aussi la logique de marque. Chaque chef de produit est jugé sur ses résultats annuels, la contribution nette dégagée par son produit. Ceci conduit à un « court-termisme » dans l'évaluation des décisions, privilégiant celles dont les retombées seront vite mesurables à celles qui bâtissent un capital de marque, plus lentement certes, mais meilleur garant de l'avenir. De plus, la logique des comptes par produit fait que les chefs de produits ne veulent pas prendre en charge un supplément de publicité dont la fonction essentielle est de servir et de nourrir la marque, lorsque celle-ci est ombrelle et signe d'autres produits. Ils ne voient qu'une chose : cette surpression à intérêt collectif va être imputée sur leur compte d'exploitation individuel. À titre d'exemple, Palmolive est une marque signant plusieurs produits : liquide vaisselle, shampooing, mousse à raser... La marque pourrait décider de ne communiquer que sur un de ceux-ci, très porteur d'image, donc avec un montant d'investissement supérieur à ce qui serait légitime au seul vu des ventes attendues sur ce produit spécifique, sur lequel l'image collective prendra appui pour s'élever. Cette surpression sera toujours considérée comme charge et affectée au produit en question alors que sa finalité est collective et profitera à tous les produits sous l'ombrelle.

C'est pour réagir contre le biais court-termiste introduit par la comptabilité et la sous-évaluation de la valeur reflétée par les bilans, que des entreprises à marque britanniques ont commencé à inscrire la valeur de leurs propres marques, à l'actif du bilan. Ceci a déclenché un débat de fond sur la validité de pratiques comptables nées à l'époque des « commodités », où le capital essentiel résidait dans les terrains, les immeubles et les machines. Or à ce jour, les actifs immatériels sont ceux qui font la différence à long terme (savoir-faire, brevets, réputation). Au-delà d'un débat ouvert sur le plan européen et mondial sur la comptabilisation des marques (voir chapitre 14), il n'en reste pas moins nécessaire d'introduire au sein des entreprises une comptabilisation des avantages et inconvénients à long terme des décisions à court terme concernant la marque. Cela est d'autant plus nécessaire que les décisionnaires des marques eux-mêmes tournent très (trop ?) souvent.

L'organisation des différents prestataires de service en communication, elle-même, ne coïncide pas avec les exigences d'une saine logique de marque. En effet, même lorsque l'agence de publicité s'est dotée d'un réseau de prestataires en recherche de nom, en packaging, identité graphique, communication d'entreprise, événementielle ou promotionnelle, s'érigeant en groupe de communication intégré, la réalité est que l'agence de publicité reste le cœur du système. Or celle-ci ne pense qu'en termes de campagnes et fonctionne sur un horizon temporel court, un an. La logique de marque est autre : elle se construit sur une longue période et nécessite que tous les moyens soient envisagés en même temps, de façon totalement intégrée.

Force est de reconnaître qu'à l'intérieur des groupes dits de communication, les entreprises ne trouvent pas d'interlocuteurs chargés de réfléchir et recommander d'une façon intégratrice, sans privilégier la publicité, sans se sentir obligés de vendre une campagne. De plus, l'agence de publicité ne peut répondre à des questions stratégiques telles que, par exemple, le choix du nombre optimal de marques à conserver dans un portefeuille. Dans la mesure où la réponse va affecter la survie des marques dont elle gère la publicité, on comprend la difficulté d'être juge et partie. C'est pourquoi un nouveau métier est né : celui de conseil en gestion stratégique des marques. Il était temps que les entreprises trouvent en face d'elles des interlocuteurs ayant une vision à moyen terme, non liés à une technique particulière et capables de présenter des schémas de développement cohérent et intégré du portefeuille de marques.

Le changement des hommes nuit à la nécessaire continuité de la marque. Or, dans leur fonctionnement actuel, les entreprises organisent la rotation du personnel sur les marques ! Ainsi, les marques sont confiées aux jeunes diplômés sans expérience, fraîchement sortis de leur école, fût-elle grande. Ceux-ci attendent une promotion dont la manifestation est d'être affectés à une autre marque ! Le chef de marque doit donc produire des résultats visibles à court terme. Ceci explique probablement en partie nombre de changements de stratégie ou d'exécution publicitaire, de décisions d'extensions de marque, de promotions ou de remises. Leur cause réelle est le changement d'hommes.

Il est significatif que les marques ayant eu un discours continu et homogène émanent d'entreprises où les décisionnaires de marques sont stables. C'est le cas des marques de luxe : la présence du même créateur ou du fondateur crée les conditions d'une saine gestion à long terme. C'est aussi le cas des enseignes de la distribution, dont les patrons changent peu et font souvent eux-mêmes la communication ou en tout cas décident ultimement. Pour atténuer les effets de la trop grande rotation des chefs de marque, outre l'introduction de la valeur de marque dans la comptabilité, les entreprises tentent de créer une charte d'image à long terme, un prisme de l'identité de marque. Ce dernier introduit un nécessaire garde-fou et un instrument de continuité.

L'organisation des entreprises est parfois un obstacle à la marque. Ainsi pour être plus efficaces commercialement, les sociétés de services en informatique sont organisées en divisions : chacune vise à épouser les problèmes d'un secteur ou d'une fonction particulière, pour mieux y répondre. Avant d'être racheté par ADP, GSI, par exemple, comportait une division Tourisme, Transports, Économie et Finances, Gestion des Ressources Humaines, Marketing... Le problème est qu'il était alors difficile de procéder à des investissements collectifs sur le nom commun GSI. La logique organisationnelle le permettait difficilement : chaque patron de division étant évalué sur son propre compte de résultats, cherchait tout naturellement à l'optimiser.

Un autre syndrome classique est la création d'une marque non soutenue par une organisation spécifique, capable de lui donner un corps, une consistance, donc une cohérence. Ce fut le cas de la marque France Telecom International : cette marque devait fédérer l'ensemble des activités de France Telecom à l'international. Hélas l'organisation continuait à être verticale et cloisonnée. Il n'y avait pas à proprement parler de structure horizontale derrière la marque. Le client potentiel était renvoyé à des divisions ou filiales ayant chacune leur identité (Télé-Systèmes, France Câble Radio...).

Le troisième syndrome concerne les rapports entre la production et la vente. Ainsi dans le groupe Électrolux, les unités de production sont spécialisées par produit. Elles sont mono-produits et multimarchés, vendant ce produit aux unités commerciales qui elles, au contraire, sont mono-marché multi-produits (regroupés sous une marque ombrelle). Le problème est que ces divisions commerciales autonomes – ayant chacune leur marque – veulent toutes bénéficier de la dernière innovation créée par la division de production, pour maximiser leurs résultats individuels. Il manque une structure de gestion et d'allocation des innovations en fonction d'une vision cohérente et globale du portefeuille des marques. On le verra, cela ne sert à rien de conférer une innovation forte à une marque faible. En outre cela détruit le fondement même de la logique de la marque : la différenciation.

Enfin, si les mots ont un sens, le directeur de la communication doit être capable d'empêcher des actions contraires à l'intérêt de la marque. Ainsi, Philips n'a jamais réussi à tirer pleinement parti de sa signature de marque : « Philips, c'est déjà demain. » Pour cela, il eût fallu interdire toute publicité sur les piles électriques ou sur les ampoules électriques, qui banalisent la déclaration, voire la démentaient ou la reléguaient à l'état d'emphase publicitaire. On aurait aussi pu ne communiquer que sur les ampoules du futur et non sur les meilleures ventes actuelles. Hélas, personne dans l'organisation n'avait le pouvoir (ou le désir) d'imposer ce type de contraintes. Lorsque Whirlpool fut créé, les managers issus de Philips se dotèrent des moyens organisationnels d'une vraie politique de marque : la direction de la communication dépendait de la direction générale et put de ce fait créer une situation optimale pour le lancement de la marque Whirlpool en interdisant pendant trois ans :

– toute communication sur un produit banalisant ;
– toute communication sur un produit best-seller.

La non-gestion des innovations produit des effets très négatifs sur le capital de marque. En laissant chaque division commerciale s'approprier la même innovation, en même temps, Électrolux a contribué à l'effondrement de sa marque Arthur Martin, affaiblie par sa marque sœur dans le groupe : Faure. Cette dernière marque d'attaque des grandes surfaces spécialisées était positionnée sur un prix bas. Or elle reçut les mêmes innovations techniques qu'Arthur Martin, positionné plus haut de gamme, donc plus cher. Si la marque veut avoir un sens, ce dernier doit aussi constituer le fil directeur de l'allocation des innovations.

Bien que les vendeurs crient au scandale quand on la leur refuse, c'est une erreur de mettre une innovation forte sur une marque faible, surtout dans les groupes multi-marques. En effet, s'agissant d'une marque faible, on doit inciter la distribution au référencement par un prix très incitatif (100). Mais, comme les consommateurs de la marque n'attendent pas cette innovation (chaque marque définit son type et niveau d'attentes), la rotation du produit est insuffisante. Quant aux non-clients, cette marque-là ne les rassure pas. Si quelques semaines plus tard l'innovation sort sous la marque leader, les distributeurs refusent de la payer avec la prime due au leader (150) car ils l'ont achetée 100 quelque temps plus tôt à la même entreprise. On doit donc diminuer le prix de cession sur la marque forte elle-même.

Véritable pépinière de marques fortes, L'Oréal attribue les découvertes aux différentes affaires en fonction de la force des marques. L'innovation va en premier aux marques de prestige vendues en circuit sélectif, pour amortir les coûts de recherche grâce au prix élevé des produits. C'est ainsi que les liposomes furent d'abord exploités par Lancôme, et le nouveau filtre solaire

Mexoryl SX par Vichy. Puis l'innovation est diffusée aux autres circuits et enfin à la grande distribution. À ce moment les marques du circuit sélectif ont déjà mis sur le marché une autre nouveauté pour se distinguer.

Ce schéma est néanmoins perturbé par le fait que l'innovation n'appartenant pas à une seule entreprise, elle se diffuse vite chez les concurrents eux-mêmes, ce qui oblige à réagir : c'est pourquoi Plénitude (marque de grandes surfaces) eut vite accès aux liposomes. Lorsque pour des raisons concurrentielles, deux marques du groupe se partagent la même innovation, elles doivent cependant la valoriser chacune selon le point de vue qui leur est propre, leur prisme de lecture. Ainsi, L'Oréal ne fut par le premier à mettre sur le marché les AHA (alpha hydroxy acides), copies cosmétiques de la vitamine A Acide prescrite par les dermatologues pour atténuer les rides. Estée Lauder fut l'innovateur. L'Oréal ne souhaita pas riposter en utilisant Lancôme, car ces produits sont agressifs et ne correspondent pas à l'image de douceur de sa marque vedette. Il commercialisa une version AHA en pharmacie sous Vichy, cette dernière communiquant sur l'innocuité du produit prénommé Novactia, conformément à son identité de marque. L'Oréal n'hésita pas à proposer au même moment une crème aux AHA chez Plénitude dans le circuit des grandes surfaces. Cela affaiblit un peu la singularité de Vichy, mais aussi celle de Lauder. Comme on le voit, la logique concurrentielle perturbe régulièrement celle du capital de marque.

Dans le même ordre d'idées, lorsque des producteurs fournissent à une marque de distributeur un produit identique à leur propre marque, il s'agit d'une démarche érodant à terme le capital de marque et plus généralement la respectabilité même du concept de marque. En effet, cela signifie que la différence de prix payée par les clients ne rémunère qu'un nom et rien d'autre. À dissocier la marque du produit augmenté qu'elle identifie et signale, on en fait un acte superficiel et artificiel, donc n'ayant pas de légitimité rationnelle. Ceci se paye ultérieurement par l'érosion des ventes et la capacité offerte à la distribution de clamer publicitairement que la marque nationale asservit les consommateurs et qu'il faut donc les en libérer grâce aux produits à marque de distributeur (c'est le discours officiel de Carrefour depuis 1976). Ceci légitime aussi l'indolence des pouvoirs publics face à la montée de la contrefaçon au sein des marques de distributeurs. Ceci conduit enfin à une représentation collective erronée de la marque, même chez les leaders d'opinion, laissant se développer une rumeur selon laquelle désormais tous les produits se valent !

Les représentations associées à la marque au sein même de l'entreprise en font alors un acte qui ne relève que de la communication. Cela permet à la fonction marketing de s'approprier la marque et sous-évalue, ce faisant, l'importance des autres fonctions de l'entreprise, donc la nécessité d'une gestion et de structures pluridisciplinaires. Il est d'autre part frappant de constater combien les publicitaires eux-mêmes sont perméables et porteurs de l'idéologie selon laquelle tous les produits seraient égaux. Outre que cette vision, vraie à un moment, néglige le facteur temps et la dynamique de l'innovation, elle contribue souvent à ne plus parler dans la publicité des différences du produit alors même qu'elles existent, ou à les cacher derrière le spectaculaire. Que l'on ait pu lancer la petite AX de Citroën sous le concept vide de « Révolutionnaire » et une communication totalement « gratuite » sur la muraille de Chine relève de ce syndrome. Il fallut attendre deux années avant que la maniabilité et l'urbanité de cette voiture apparaissent enfin dans sa publicité. On comprend que la marque veuille rattraper le temps perdu et dise dans sa signature « vous n'imaginez pas tout ce que Citroën peut vous offrir ».

La maximisation des résultats commerciaux à court terme est souvent contraire à la logique de marque, que l'on déclare par ailleurs suivre *urbi* et *orbi*. Ainsi le Crédit Lyonnais exprima sa spécificité et sa valeur-sens dans le slogan désormais fameux et différenciateur « Le pouvoir de dire oui. » Celui-ci véhiculait la volonté de l'organisation de donner de plus amples pouvoirs au personnel au contact de la clientèle, pour que sa fonction de conseil ne soit pas purement de façade, mais soit relayée par une capacité d'action immédiate. Pas de vrai conseil sans pouvoir décentralisé. Ce positionnement de conseil était-il compatible avec les ordres donnés à tous les agents du Crédit Lyonnais de maximiser la part du marché sur le PEP, Plan d'Épargne Populaire rigoureusement identique à ceux des autres banques ? Pour certains clients, le PEP est décommandé, ou en tout cas a peu d'intérêt. Une réelle vocation de conseil est incompatible avec la diffusion du PEP à tous, indistinctement. Cela traduit le fait que dans la banque en l'occurrence, on conçoit encore la marque comme une différence de discours sans plus. Elle ne pénètre pas assez les fonctions productives et distributives de la banque. Or, rappelons-le, la marque structure l'amont et l'aval de la filière et imprime son sens tant à la production qu'à la distribution, jusqu'au rayon ou au comptoir.

IMPLICATIONS DU CONCEPT DE CAPITAL DE MARQUE

S'il est désormais acquis que la marque est le capital de l'entreprise, on n'a pas assez tiré les conséquences de cette prise de conscience. Comme souvent, les phrases telles que « les marques sont notre capital » deviennent des leitmotive dans l'entreprise et semblent égrenées dans un but exclusivement incantatoire. En réalité, prise à la lettre, cette conscience de la « marque capital » produit une révolution dans le marketing opérationnel. Nous en abordons les facettes les plus significatives ci-dessous.

L'implication au plus haut niveau

Un premier changement notable tient à ce que la marque est désormais l'objet d'un intérêt soutenu de la direction générale elle-même. Alors qu'elle fut d'abord un simple problème de communication puis l'apanage exclusif des directions marketing, la marque est considérée par les dirigeants eux-mêmes comme de leur ressort. Y. Barbieux, alors président de Nestlé France, ne déclara-t-il pas : « On ne pourra plus confier la marque aux gens de marketing. » Il y a donc eu d'une certaine façon une désappropriation, le marketing n'ayant plus le monopole de la réflexion sur la marque. S'y mêlent désormais la direction financière, comptable, technique, juridique et bien sûr la direction générale. La marque est un thème transversal de l'entreprise. Une autre conséquence de cet état de fait est la position nouvelle des directions de la communication dans les groupes multi-marques. Loin d'être un élément dépendant du marketing, elles sont directement liées à la direction générale. C'est le cas chez Whirlpool France : cette position permet de gérer l'allocation des fonds pour la création de la nouvelle marque indépendamment des contraintes de parts de marché ou des forces relatives des différentes marques du groupe (Whirlpool, Laden, Radiola, Bauknecht, Ignis).

Sur le plan de l'organisation, les entreprises ont pris conscience que leurs structures étaient trop éphémères pour bien gérer les marques. Il faut dans une entreprise des personnes garantes de la continuité. et qui puissent faire respecter les attributs intangibles de la marque, une fois définis. D'autre part, les entreprises ont pris conscience que la marque peut recouvrir plusieurs technologies. Ainsi Buitoni est marque de surgelés, d'apertisés et de sous-vide, donc produits par des sociétés différentes et vendus par des forces de vente différentes. Il y a eu donc nécessaire création d'un responsable transversal de la gestion de la marque. Enfin, la classique structure pyramidale des départements marketing a trop produit de dilutions de responsabilité et de cadres de plus en plus spécialisés sur une des facettes de la marque. C'est pourquoi Danone décida de passer de quatre niveaux hiérarchiques à trois, avec un brand marketer, un brand marketing manager responsable complet de la marque et le directeur de marketing, opérant la synthèse de l'ensemble et particulièrement responsable des « méga-marques ».

La fin de la dispersion

En dehors de ce nouvel environnement interne de la marque, l'idée de capital de marque débouche sur la nécessité de gérer la valeur de ce capital. Le maître mot de la gestion de cette valeur de marque est capitaliser. Or on ne peut capitaliser sur plusieurs marques à la fois, à moins d'être une multinationale puissante. La plupart des entreprises réduisent donc leur portefeuille de marques pour se concentrer sur une ou quelques marques seulement. De fait, les portefeuilles de marques sont souvent pléthoriques et le résultat d'acquisitions successives plus que d'une réflexion avancée sur la fonction de chaque marque soit vis-à-vis des consommateurs (à travers leur positionnement) soit vis-à-vis des canaux de distribution (pour éviter les conflits). En milieu industriel, c'est encore plus le cas, les entreprises ayant poursuivi leur croissance par rachats d'autres entreprises se retrouvent avec un imbroglio de marques locales, marques de produits, de gammes, marques-entreprises et une problématique à laquelle elles ne sont pas préparées. À ce titre Legrand fait figure de précurseur : toutes les entreprises rachetées deviennent de simples noms de gammes dans le catalogue général avant de perdre définitivement leur nom spécifique et devenir à part entière produit d'outillage électrique Legrand.

La cure d'amaigrissement est imposée par les coûts de soutien publi-promotionnel d'une marque, au niveau national et *a fortiori* au niveau européen. Le groupe Saupiquet avec un chiffre d'affaires d'un milliard huit cent millions ne pouvait longtemps soutenir la marque Saupiquet et la marque Cassegrain. La cession de cette seconde a libéré les énergies qui se concentrent désormais enfin sur la seule marque Saupiquet, à tous les niveaux de l'entreprise. Cela concerne aussi Danone qui a supprimé l'Alsacienne, Vandamme et Gringoire pour capitaliser sur Lu. Dans l'ultra-frais depuis le début 1993, Gervais-Danone ne s'appelle plus ainsi mais Danone. Gervais perd sont statut de marque-caution, à parité avec Danone, pour rétrograder au rang de marque-gamme, sous Danone ! Le soutien de Danone justifiait que l'on modifie l'équilibre des marques au sein de l'entreprise.

Cela ne va pas sans frustrations. En effet Danone étant la méga-marque de l'ultra-frais, il y a désormais une ligne budgétaire de soutien publicitaire du nom ombrelle/caution Danone, ce qui n'existait pas jusqu'alors. Cela a conduit à faire passer de 18 à 10 le nombre de produits soutenus en publicité, afin de pouvoir dégager les ressources nécessaires à la promotion de Danone en tant que telle.

La réduction des portefeuilles de marques a pour corollaire que moins de marques vont désormais recouvrir plus de produits. En effet, les produits des marques supprimées doivent être alloués aux marques existantes. Ainsi Danone recouvre plus de 100 références. Cela oblige à créer des marques-gammes, intermédiaires, pour structurer l'offre Danone : ce sont Taillefine, Charles Gervais, Kid, Bio, Petits Musclés, etc. Chaque marque-gamme a sa cible et son positionnement et a pour vocation de regrouper plusieurs produits. L'ère de la marque-produit est bien révolue chez Danone. L'offre est structurée de façon pyramidale sous Danone et sous les différentes marques-gammes. Pour assurer que l'édifice profite à Danone et ne soit pas un patchwork, chaque marque-gamme poursuit des objectifs d'image spécifiques mais toutes ont en commun deux traits constitutifs du noyau de l'image voulue pour Danone : proximité et santé.

L'impossibilité de capitaliser réellement sur plusieurs marques à la fois conduit à des paradoxes : il arrive que – en faisant le bilan des potentialités de chaque marque – les acquéreurs d'une marque soient amenés à sacrifier leur propre marque au profit de la marque achetée. Le groupe italien Merloni (Ariston), ayant mis la main sur Indésit, dut se résoudre à faire de celle-ci son fleuron pour l'européanisation alors qu'Indésit certes très connue a une image médiocre et qu'Ariston la marque originelle du groupe est peu connue mais de moyen/haut de gamme. Il fallut se rendre à l'évidence. Les coûts d'accès à la notoriété rendaient impossible le lancement d'Ariston au niveau européen.

capitaliser : on additionne les marques.

La fin de la prolifération des marques nouvelles

La volonté de capitaliser met donc fin à la prolifération des marques et des désignations de produit dont ont souffert jusqu'à présent tous les grands groupes. Il est vrai que tout chef de produit chargé de lancer un nouveau produit est tenté de lui donner un nom propre, une marque. Ceci est encore plus vrai en milieu industriel. Cela confère à sa tâche une visibilité forte dans l'entreprise : seul ce qui est baptisé a une existence reconnue de tous. C'est pourquoi, encouragé en cela par l'idéologie Proctérienne classique de la marque-produit, les entreprises ont déposé à tour de bras des dizaines de marques pour dénommer leurs nouveaux produits. Cette ère est révolue. Non seulement cela s'avérait coûteux (Air Liquide dépense plus de deux millions de francs pour l'entretien des dépôts juridiques de toutes ses désignations de produits sur un plan international), mais en plus suicidaire : parmi ces noms, la plupart restaient inconnus et n'étaient marques qu'au plan juridique, mais n'avaient guère de sens pour les acheteurs. Il valait mieux prendre deux ou trois noms, les plus connus, et les décliner comme marques-ombrelles. Ainsi seulement peut-on capitaliser.

Soumis au même syndrome, Nestlé décida de créer une direction des marques à Vevey, seule habilitée à autoriser la création de marques nouvelles où que ce soit dans le monde. Les effets furent radicaux : en 1991, Nestlé lança près de cent nouveaux produits dans le monde, mais ne créa que cinq marques nouvelles. Ainsi quatre-vingt-seize innovations furent lancées sous l'ombrelle ou la caution des marques déjà existantes ! Par exemple, les céréales cacaotées ont été lancées sous le nom de Nesquik car elles correspondent à la même fonction : servir d'alibi aux mères pour faire boire du lait à leur enfant. Pour ne pas faire de cette direction des marques un organisme perçu comme censeur et arbitraire, 3M a diffusé largement en interne, dans tous les pays, un manuel dans lequel sont spécifiées les conditions de marché pouvant autoriser la création d'une marque nouvelle (comme Post'it), et celles – largement prévalantes – où l'innovation doit être nommée soit de façon générique et dotée de la seule marque 3M (cassettes ou rétroprojecteur 3M), soit dotée d'un prénom mais sous une marque-gamme déjà existante (Magic Tape de Scotch) soit encore nommée de façon générique sous une marque gamme (cassettes-vidéo de Scotch). Ce document appelé « Brand Asset Management » – Gestion de l'actif marque – a permis d'internaliser les principes de gestion (cf. page 256). C'est pourquoi alors qu'il y avait eu 244 demandes de créations de marques en 1981, il n'y en eut plus que 70 en 1991. Seules quatre furent acceptées cette année-là, contre 73 en 1989. C'est ainsi que 3M a aussi réduit son portefeuille de 1 500 à 700 marques ! Chez 3M toute marque a pour vocation d'être globale, mondiale : aussi la création de marques locales est désormais interdite. Les grattons bleu, rouge, jaune ou vert de Scotch-Brite en France sont donc une espèce en voie de disparition. La seule condition ouvrant la possibilité de créer une marque nouvelle est la découverte d'une nouvelle demande primaire : ce fut le cas de Post'it. Quant à la création d'une nouvelle marque-prénom (sub-brand) telle que Scotch « Magic » elle n'est possible que si le nom de marque (ici Scotch) utilisé seul ne permet pas assez la différenciation des produits.

Nourrir les marques par les innovations

De l'extérieur ces règles peuvent paraître contraignantes et castratrices pour la créativité. De l'intérieur elles seules permettent en réalité d'entretenir les marques existantes, d'augmenter leur valeur et leur rayonnement. En effet une marque ne croît que si elle se renouvelle en permanence et que les nouveaux produits représentent une part significative de son chiffre d'affaires. Elle prouve son actualité et sa pertinence par sa capacité à mettre sur le marché des produits nouveaux répondant aux besoins de son temps. Or, le plus souvent, les chefs de produit n'ont qu'une envie : lancer l'innovation sous sa propre marque, nouvelle. Ceci aboutit à priver les marques existantes du flux d'image moderne né de ces produits. En lançant la purée instantanée sous le nom Mousline et non comme purée de Maggi, on donna un coup de vieux à Maggi, l'une des quatre Méga-marques du groupe Nestlé. La perspective de la capitalisation amène donc à inverser les questions : on ne se demande plus quel nom choisir pour ce nouveau produit mais quels nouveaux produits lancer sous cette marque existante. Ce n'est pas la publicité qui rajeunit les marques mais leurs nouveaux produits. C'est pourquoi Cadbury-Schweppes ne laissa pas la France lancer un nouveau soft-drink sous le nom de Wipps : il devint Dry de Schweppes. Wipps (pour jeunes) eût définitivement fait de Schweppes la marque des parents, donc une marque vieillie prématurément. Dry de Schweppes remettait au moins la marque en contact avec les nouveaux consommateurs et assurait donc mieux le futur de Schweppes en tant que marque. Aujourd'hui Coca-Cola n'aurait pas lancé sa version light sous le nom de Tab (1964) mais l'aurait fait de suite sous le nom de Diet Coke, sans attendre 1981. Entre temps, Pepsi-Cola avait réagi à Tab en lançant Diet Pepsi dont il retira une image de modernité et santé. Plutôt que de se disperser en petits noms tels que Caranougat, Caramfruit, Caramou..., il aurait fallu d'emblée capitaliser sur Carambar en lançant une variante au nougat, aux fruits, etc.

Gérer l'attribution des innovations

La notion de capitalisation a aussi des conséquences pour l'allocation d'une innovation lorsque l'entreprise a un portefeuille multi-marques. On l'a vu, en ne gérant pas l'attribution des innovations, on érode en réalité la prime de marque forte, sans pour autant vendre plus sous la marque faible.

Ce n'est donc pas aux chefs de marques de décider si leur marque doit ou non disposer d'une innovation. Le responsable du portefeuille des marques – ayant une vue claire des territoires et limites de chaque marque – peut seul allouer l'innovation en fonction de ces positionnements. Cela contribue à clarifier la perception de chaque marque et de sa mission dans le marché, tant pour les consommateurs que pour la distribution. Cela augmente aussi la profitabilité. Le problème est que, issues de l'histoire, héritées lors de fusions ou acquisitions, maintes marques ne savent plus pourquoi elles existent. Elles ont certes une image, plus ou moins nette, mais leur positionnement, leur rôle dans le marché en relation avec les autres marques du groupe n'a jamais été clairement énoncé. Or on ne peut capitaliser que si l'on sait où l'on va, sur quel axe on se bat. C'est pourquoi les états-majors bâtissent tous des chartes de marques visant à préciser une fois pour toutes les valeurs de la marque, ses traits spécifiques, sa singularité, son métier.

L'identité plus que l'image

La gestion de la marque a jusqu'à présent été gouvernée par les études d'image. La préoccupation est de savoir comment l'on est perçu. Le marque-ting, au contraire, fait de l'identité le concept central de la gestion de marque : avant de savoir comment l'on est reçu, il faut savoir qui l'on est. Seule l'identité fournit un cadre de cohérence (multi-produits, multi-pays), et de continuité temporelle, source de capitalisation. Ce n'est pas au consommateur de définir la marque et son contenu, c'est à l'entreprise. Aujourd'hui, trop de personnes, en interne comme en externe, participent à la gestion de la marque. Plus il y a d'intervenants, plus se multiplient les dérives, les interprétations ainsi que les touches personnelles. Or si la marque démocratise le progrès en l'amenant au marché, sa gestion, elle, ne doit pas être démocratique mais relever du despotisme éclairé. Quelqu'un doit être le patron, le dépositaire de sa continuité, de son identité. Ce gardien, on l'a rappelé ci-dessus, se situe désormais au plus haut niveau pour pouvoir résister aux pressions quotidiennes, porteuses peut-être de chiffres d'affaires à court terme, mais surtout pleines de menaces à moyen terme. Par exemple, il faut savoir refuser d'alléchantes propositions d'extension sous licence, si elles ne sont pas conformes à l'identité profonde de la marque. Celle-ci se bâtit par la continuité et le temps. Elle s'accommode mal du turn-over actuel des managers du marketing. C'est pourquoi il faut une charte de la marque, prisme de son identité, garante de la permanence, de la cohérence, et qui s'impose à travers les produits qu'elle signe, les pays et les managers. Seule la connaissance intime du projet de la marque permet de le faire partager en interne et en externe et de se projeter dans le futur.

Exploiter le capital de marque

S'il est souhaitable de capitaliser, il est aussi légitime de tirer parti des fruits du capital de valeur et de valeurs ainsi accumulé dans une marque. C'est la fonction de l'extension de marque. Pendant des décennies le marketing a suivi le modèle de gestion de marque de Procter & Gamble. Ce temps est révolu. Restreindre la marque à un produit et un seul en limite le capital et menace la marque car tout produit meurt à terme, risquant d'emporter avec lui la marque. C'est ce qui faillit arriver à Damart ou à Gauloises. L'association trop longtemps exclusive de Damart à la fibre Thermolactyl liait trop le destin de la marque au cycle de vie de cette fibre. Or tous les produits ont un jour une phase de déclin. De même Gauloises sut quitter le déclinant marché des brunes et transférer son image au marché des cigarettes blondes. L'extension de marque est désormais de mise. Nivea est un exemple : c'eût été une erreur d'associer Nivea au seul mono-produit bien connu (la crème) mais dépassé. Les valeurs attachées à une marque permettent souvent de segmenter d'autres marchés que celui dans lequel la marque est née. Ainsi Bic signifie « pas cher, vie décontractée, produit simple, pratique ». Ces valeurs incarnées d'abord dans le fameux stylo-bille ont aussi prouvé leur pertinence pour les briquets jetables et les rasoirs jetables. L'extension était légitime, renforcée par la similitude des canaux de distribution. En revanche, ces valeurs ne segmentent pas le marché du parfum personnel. Cette extension fut un échec, mais eût bien convenu aux désodorisants d'atmosphère. L'extension de marque tire donc parti du capital de notoriété et d'image bâti ici pour acquérir une part de marché significative là, en minimisant les coûts d'entrée. C'est ainsi qu'Essilor est désormais menacé par deux nouveaux entrants inattendus dans le verre correcteur : Seiko et Nikon. Les valeurs de précision, minutie, et haute technologie associées mondialement à la marque Seiko rendent celle-ci pertinente dans cet énorme marché mondial jusque-là dominé par Essilor. Comme on le voit les valeurs de la marque sont sources de valeur de marque, de justification du prix.

Capital de marque et guerre des prix

Au moment où la crise économique bat son plein, il est devenu fréquent d'entendre parler de déroute des marques, d'effondrement des marques. Ces déclarations alarmistes concernent surtout les biens de grande consommation et moins les services ou les biens industriels. Néanmoins elles posent le problème de la valeur des marques dans maints marchés. De fait la part des marques de distributeurs et des produits premier prix avoisine 40 % dans bien des linéaires des grandes surfaces. Ceci est un fait durable qui pose la question de la survie de bien des marques nationales. À quoi tient l'érosion constatée de l'attraction des marques ou, en tout cas, de certaines marques notoires ?

Le principal facteur, le déséquilibre entre prix et valeur, est imputable aux fabricants eux-mêmes. Trop d'entre eux ont pris le concept de capital de marque comme une rente. Négligeant leur travail de maintien de la différence perçue, ils ont systématiquement rehaussé les prix de vente depuis 1980. Ceci passa inaperçu en périodes d'inflation. Les baisses de TVA ne furent pas répercutées aux consommateurs ni les gains de productivité. En somme, on tira le prix de plus en plus haut, entraînant derrière soi les marques de distributeur classiques à vocation très qualitative. Ce faisant on laissa naître un segment inexploité : celui des acheteurs soucieux d'acheter le moins cher possible. Or il n'existe pas de fidélité à la marque à n'importe quel prix. Les hausses répétitives du prix de Marlboro devaient un jour ou l'autre atteindre le seuil limite. Le prix est largement un concept relatif : l'arrivée de nouveaux entrants dans le marché des cigarettes 40 % moins chers rendit totalement exagérée la perception du prix de cette marque comme celle de biens des marques de produits de grande consommation. En effet, produits à premier prix ne signifie plus produits de mauvaise qualité. L'écart de prix ne rémunérant plus une différence perçue de qualité déséquilibre totalement la marque. L'élasticité du prix aux seules valeurs immatérielles trouve vite ses limites désormais.

Quelles stratégies alors retenir pour les marques ? On doit distinguer selon deux types de marques. Celles qui ont un fondement technologique (cosmétique, hygiène, beauté, détergents...) doivent investir en R & D, recréer un écart de performance et en nourrir la marque par la publicité. Les autres n'ont d'autre choix que de préserver les volumes pour couvrir leurs coûts fixes. La baisse des prix est donc nécessaire à ce maintien.

Il existe néanmoins deux dérives dangereuses dans lesquelles certaines marques sont engagées. La première consiste à croire qu'elles doivent s'aligner sur les produits premiers prix. Outre qu'une telle baisse déstabiliserait à long terme la crédibilité de cette marque auprès de ses acheteurs fidèles et poserait le problème de sa valeur réelle, elle ne serait pas fondée. En effet, le fonctionnement des marchés peut être comparé à une crémaillère (Degon, 1994). Comme le montre la figure 2.4. il existe une hiérarchie de segments dans chaque marché. La concurrence réelle est d'abord intra-segment. Aujourd'hui il existe certainement une prime au moins cher de chaque segment. De fait, eux seuls en général voient leurs volumes croître. La démarche consiste donc à évaluer le différentiel de prix réaliste par rapport à ceux-là, eu égard à l'image et à la notoriété de la marque. La deuxième dérive consiste à opter pour des publicités ne parlant plus que du produit nu. Certes en France, pendant les années 80, du fait que la marque était un intangible, certaines agences ont trop vite déduit que la publicité se devait de ne communiquer que l'immatériel, l'imaginaire, s'éloignant alors totalement de la réalité physique, tangible qui est le support de la marque. L'excès inverse nuit au capital de marque. En effet, c'est dans les catégories de produit où la publicité a créé une image autour du produit que la différence perçue, base de la sensibilité aux marques, est la plus forte. (Kapferer, Laurent, 1992).

Pâtes	Marques	% évolution volume avril-mai 93	Prix (francs) avril-mai 93
Aux œufs	Barilla	+ 2,1	23,69
	autres fabricants	+ 6,4	18,87
	Lustucru	– 7,5	15,94
	distributeurs	+ 22,3	15,12
	Panzani	+ 43,1	14,07
Qualité supérieure	Barilla	+ 4,3	14,57
	Rivoire & Carret	– 5,4	11,54
	Panzani	– 8,7	10,36
	distributeurs	– 0,9	7,90
	autres fabricants	+ 12,9	6,95

Source : Nielsen/Degon

Figure 2.4. – *Une illustration du modèle de la crémaillère : la relation prix-croissance*

Capital de marque et marque de distributeurs

La logique du capital de marque a des incidences directes sur l'attitude à tenir vis-à-vis de la question-clé posée à chaque fabricant : faut-il fabriquer pour les marques de distributeurs ?

En premier lieu, le segment des premiers prix et celui des MDD représentent désormais un volume trop important pour être négligé. Ils vont durer et se développer. Il devient déraisonnable pour Nestlé ou Danone d'être absent en tant que fabricant de ces deux segments. De plus, se retrouvant souvent à deux dans un segment, aucun ne saurait laisser l'autre prendre un avantage économique. La logique de marque conduit cependant aux exceptions et précautions suivantes :

- les marques à fondement technologique n'ont aucune raison de céder leur technologie. À ce titre l'Oréal ne fournit pas les marques de distributeur. Tout l'avantage concurrentiel des marques de l'Oréal repose sur la R & D et la publicité. Il est légitime de vouloir le conserver exclusivement.
- les fabricants notoires ne doivent pas investir pour fabriquer des MDD. En effet, le caractère fluctuant des choix de fournisseurs par les distributeurs rendrait trop risqué tout investissement industriel spécifique.
- les fabricants ne doivent pas céder leur meilleure technologie mais celle sur laquelle l'écart de qualité avec les autres fabricants est nul ou faible.
- l'activité MDD doit être intrinsèquement rentable. Aussi faut-il cesser de raisonner en coût marginal, compte tenu des volumes croissants impliqués par cette activité. Le cash-flow résultant peut être alloué alors à la défense des marques et au maintien de leur compétitivité.

Telles sont quelques-unes des facettes de la révolution du management apportée par la prise de conscience que les entreprises doivent créer, entretenir et exploiter ce capital précieux que sont leurs marques. Cette révolution ne fait que commencer. L'obsession de ce qu'il faut appeler désormais le « marqueting » est de capitaliser sur les meilleures marques. C'est à peu près l'inverse de ce qui se fait aujourd'hui. Une majorité d'entreprises passe encore bien plus de temps sur ses marques faibles, hésitantes, à l'avenir incertain, que sur ses marques fortes, celles qui portent le futur de l'entreprise. Il est révélateur à cet égard qu'Edwyn Artzt, CEO de Procter et Gamble, ait été surnommé « Terminator » pour avoir mis fin à maintes marques incapables de produire de la survaleur : le jus d'orange Citrus Hill, la lessive Solo, le papier White Cloud. Partout où le différentiel de prix couvre tout juste les coûts de marketing et publicité nécessaires à l'entretien de la marque, celle-ci n'a plus de raison d'être.

LES MARQUES DE SERVICE

Le droit ne différencie pas les marques de fabrique, de commerce ou de service. Ce sont des distinctions économiques mais non juridiques. Se cantonnant au marquage, c'est-à-dire au signe lui-même, le droit n'aide guère à comprendre le fonctionnement de la marque, le marquer lui-même et ses spécificités entre les acteurs.

Les marques de service existent : Eurostar, Hertz, Adecco, Manpower, Visa, Club Méditerranée, Hilton, Méridien, HEC, Harvard, ISA... Chacune identifie un faisceau spécifique d'attributs matérialisés dans un service concret bien qu'intangible : la location de voiture, le travail intérimaire, le service informatique, le loisir, l'hôtellerie, l'enseignement supérieur. Certains secteurs du service pourtant semblent à l'aube de la marque. Ils ne s'envisagent pas encore comme tels ou débutent à peine. Cette mutation est passionnante à observer car elle révèle ce que passer à une logique de marque veut dire, et démontre la spécificité de la marque d'une prestation intangible.

Le secteur bancaire est exemplaire en cela. Si l'on devait interroger des clients en leur demandant quelles marques bancaires ils connaissent, ceux-ci répondraient probablement par le doute ou l'incompréhension. Ils connaissent des noms de banques mais pas des marques bancaires. Cela est révélateur : pour le public ces noms ne sont pas des marques – identifiant une prestation spécifique – mais des raisons sociales d'entreprises ou des enseignes attachées à un lieu déterminé.

Il est vrai que le nom des banques a jusqu'à présent désigné soit le propriétaire de l'entreprise, celui à qui on confiait ses fonds (Hervet, Lazard, Vernes, Rothschild) soit un lieu donné (Banque Nationale de Paris, Crédit Lyonnais) soit enfin une clientèle spécifique (la Banque Populaire, le Crédit Agricole Mutuel). L'émergence d'une logique de marque se décèle en général, de l'extérieur, par la contraction du nom. Ainsi la Banque Nationale de Paris devient BNP, la Banque de Paris et des Pays-Bas devient Paribas, etc. D'aucuns ont vu en cela une volonté de simplification graphique et un tribut payé à l'économie de la mémoire et de la publicité. Les signatures courtes facilitent le repérage de l'émetteur. Sans nier que cela eût une incidence, ce serait limiter la marque au marquage et à la sphère de la communication.

Plus fondamentalement, en contractant leur nom, ces banques en font un contrat. Certaines d'entre elles étaient jusqu'alors la banque du lieu. Leur nom désignait ce dernier sans plus de signification, au même titre que l'enseigne (étymologiquement *in signum* le signe dans) renvoie exclusivement à une aire de surface délimitée. La prééminence de la perception bancaire en tant que lieu ou personne (M. Lazard, M. Vernes, M. Dreyfus) faisait de ces noms des noms propres, c'est-à-dire des désignateurs rigides d'une réalité délimitée dans le temps et l'espace. La marque au contraire est atemporelle et aterritoriale (exception faite des marques de distributeurs) : elle identifie un faisceau d'attributs, elle s'engage sur une différence à long terme dans la prestation bancaire elle-même. En cela on peut parler de contrat de marque. Bien que nom, la marque fonctionne comme un qualificatif ou un verbe, indiquant en quoi la prestation de service est transformée, de quels attributs elle hérite, par quelles valeurs elle est gouvernée.

En se contractant, le nom de banque ne désigne plus une personne ou un lieu, rigidement, mais une certaine relation. Celle-ci peut éventuellement se matérialiser par des « produits bancaires » pour lui donner une visibilité (ou des contrats-types dans le cas des assurances). Ce ne sont pas des produits visibles et imitables qui expliquent et justifient le passage à la marque. Ils n'en sont que la matérialisation visible. Les banques et assurances ont saisi l'essence de leur différence : la relation. Celle-ci se déroule entre le client et le banquier sous l'égide de la marque.

Enfin une spécificité de la marque de service, par rapport à la marque de produit est que le service est invisible. Que peut montrer une banque si ce n'est un client ou un conseiller ? La mise en images de la marque de services est structurellement handicapée. C'est pourquoi celle-ci s'exprime par slogans. Ce n'est pas un hasard : le slogan passe par la voix, il est la *vocatio*, c'est-à-dire la vocation de la marque. C'est un commandement relationnel interne et externe. À travers lui, la marque définit des repères comportementaux. Ce sont eux qui justifient l'insatisfaction de la clientèle lorsque la prestation vécue semble en sortir. Ce n'est pas tout de se réclamer la banque du sourire, ou de l'écoute. Faut-il encore que ces attributs soient intégrés chez ceux qui font la prestation et délivrent le service. La variabilité intrinsèque et irréductible des hommes est le challenge de la logique de marque dans le domaine des services.

LUXE, MARQUE ET GRIFFE

Il y a une spécificité forte de la marque de luxe. Pourtant, bien que la France soit le pays du luxe et associé comme tel, à l'étranger, à des marques de luxe célèbres, un certain flou n'en subsiste pas moins sur les concepts de luxe, de marque de luxe, pour ne pas parler du concept de griffe, intraduisible en anglais et dans la plupart des autres langues. Certes, chacun ressent bien ce dont il est question et peut citer un exemple typique de chacun de ces concepts. En revanche, pressés d'en donner une définition, la plupart des interlocuteurs, même parmi les professionnels du luxe, hésitent.

L'objet du débat va bien plus loin qu'une simple quête de définitions et de conditions nécessaires ou suffisantes pour qualifier telle ou telle maison de « griffe » ou de « marque de luxe » ou au contraire de ni l'une, ni l'autre. En réalité, le flou définitionnel du luxe ne fait que préfigurer la disparition de certaines différences essentielles entre le management d'une marque de luxe et le management d'une marque, disons d'une grande marque. À un moment où la plupart des maisons de luxe perdent leur indépendance et entrent dans le giron de grands groupes industriels pratiquant de longue date le marketing de masse, il importe de rappeler le sens des concepts et catégories car il débouche sur la prise de conscience des limites et dangers de l'extension simple des méthodes classiques du marketing au management du luxe, tout en reconnaissant que le luxe est désormais bel et bien un business chargé de maintenir un niveau élevé de profitabilité.

La marque de luxe, plus que toutes les autres marques, témoigne d'un projet intérieur. Elle n'est pas une réponse à une demande mais l'expression d'une volonté créative. Les conséquences pour la gestion de la marque sont importantes et seront explicitées ci-dessous.

Qu'est-ce que le luxe ?

Le problème du mot luxe est qu'il est à la fois un concept (une catégorie), un sentiment subjectif et un terme porteur d'une critique sous-jacente, d'une contestation sur le plan moral. Ainsi ce qui est luxe pour les uns est banal pour les autres, certaines marques se voyant étiquetées de marque de luxe par une partie de l'opinion et de grande marque tout simplement par une autre partie. De même, dans le contexte économique de la crise, il est devenu malséant de dire aimer le luxe ou de poursuivre une quête de luxe. Non que les vraies marques de luxe aient perdu leur attirance, mais le terme lui-même de luxe voit son image ternie par la grisaille et la morosité durables dans lesquelles les pays industrialisés semblent s'être installés. Cette usure des mots n'est pas sans poser des problèmes aux hommes d'études lorsqu'ils veulent mesurer la sensibilité des consommateurs au luxe.

Une approche économique qualifierait de luxe les objets dont le rapport prix-qualité serait le plus élevé du marché. Par « qualité », l'économiste entend ce qu'il sait mesurer, c'est-à-dire des fonctionnalités tangibles. Ainsi, le rapport Mc Kinsey sur les marques françaises de luxe définit les marques de luxe comme celles qui « ont pu justifier dans la durée un prix élevé, c'est-à-dire sensiblement supérieur au prix de produits aux fonctionnalités tangibles comparables ». Cette approche exclusivement économique de la définition d'une marque de luxe ne fait pas intervenir de notion de seuil mini absolu. Ce qui compte ce n'est pas le prix absolu, mais l'écart de prix par rapport à des produits aux fonctionnalités comparables. Ce prix peut aller de 100 francs pour une marque d'eau de toilette à des centaines de milliers de francs (figure 2.5.).

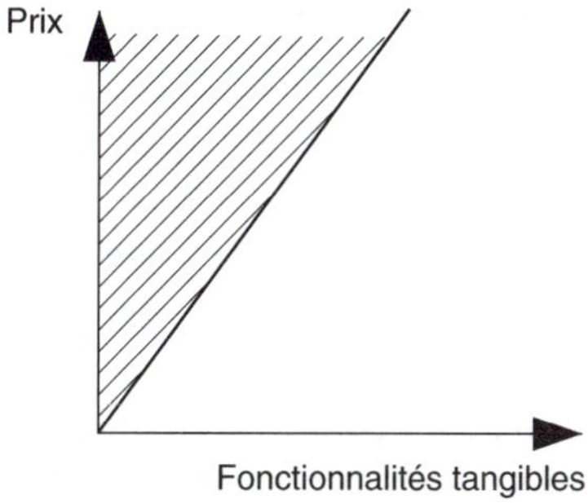

Figure 2.5. – *Le domaine du luxe selon McKinsey*

Comme on le voit, cette perspective strictement économique ne permet pas de distinguer la marque de haut de gamme, la marque de luxe et *a fortiori* la griffe. D'autre part, alors qu'une Jaguar a toujours été moins chère qu'une Porsche, à fonctionnalités tangibles comparables, Jaguar n'en a pas moins une plus forte image de luxe que Porsche, cette dernière étant plutôt perçue comme une marque de sport très technique. Enfin, cette approche maintient la confusion car elle repose sur l'idée dichotomique selon laquelle une marque est ou n'est pas « de luxe ». Or, nous le verrons ci-dessous, il est temps de reconnaître que Dior est griffe pour une partie de ses activités, marque de luxe pour une autre et enfin marque haut de gamme pour une troisième. À vouloir étiqueter une fois pour toutes la marque, on en oublie de distinguer selon ses activités et ses modes de fonctionnement. C'est le management de ces trois modes d'action de la même marque, en simultané, qui constitue le challenge moderne du luxe.

Que recouvre en réalité le concept de luxe ? Quelles sont les dimensions essentielles de cette catégorie des objets dits « de luxe » ? Comme toujours, l'étymologie permet de clarifier les concepts. Luxe vient de *lux*, la lumière. Cela explique les traits typiques des objets dits de luxe. Ainsi le luxe brille, et a un penchant pour l'or, les pierres, les brillants, par extension chaque objet devient presque un bijou en soi. L'aspect visible du luxe est aussi essentiel : le luxe doit se voir, à la fois par soi-même et par les autres. C'est pourquoi l'extériorisation des signes de la marque fait partie du luxe : le sceau de la marque doit s'afficher et être reconnaissable sur celui qui porte la marque. La marque de luxe brille aussi par son aura et telle un phare on doit mesurer sa puissance à sa visibilité. L'extension géographique du luxe s'inscrit dans son code génétique. Chercher à briller de Ginza à New York est l'apanage de la marque de luxe. Enfin brille ce qui émerge : portés au niveau ultime de la perfection, les objets de luxe se distinguent et définissent les idéaux que l'on contemple de loin. Le luxe définit le beau, il est art appliqué aux objets fonctionnels.

Lumière, le luxe est une source d'éclairement (la critique dira d'aveuglement). Les marques de luxe forment les repères tangibles du goût d'une époque dans ce qu'il a de plus élevé. En tant que telles ces marques sont toutes implicitement porteuses d'une culture, d'une éthique de vie qui leur est propre : en cela Saint Laurent n'est pas Chanel. Elles proposent plus que des objets mais une référence du goût, un habitus pour reprendre l'expression de P. Bourdieu. C'est pourquoi le luxe ne se manage pas en demandant uniquement aux consommateurs ce qu'ils attendent : la marque de luxe est habitée par son programme intérieur, sa vision du monde, son système de goût qu'elle promeut, et la poursuite de ses propres standards hors normes. Autant le haut de gamme est matériel, lié à une catégorie de produit particulière, autant le luxe est immatériel, lié à des valeurs, à une éthique.

Sur un plan symbolique, la lumière est la vie, la fécondité. Au luxe est donc associée la création, le souffle vital de l'inspiration. De fait, la plupart des maisons du luxe furent fondées par un créateur de génie, dont l'inspiration toujours renouvelée marquait le tempo de l'attention des classes dirigeantes, des élites. L'accès au luxe suppose en effet et les moyens monétaires liés au prix de la qualité et un goût permettant d'apprécier la dimension artistique de l'objet, créative, sensuelle, tout ce qui va au-delà de la simple fonctionnalité. L'objet de luxe est source de plaisir ajouté, il flatte tous les sens à la fois.

L'étymologie n'est pas la seule voie d'accès aux mystères du concept de luxe. La sociologie et l'histoire les éclairent aussi. Le luxe est l'apanage des classes dirigeantes : il est devenu commun de reconnaître au luxe cette fonction distinctive par laquelle un groupe restreint se reconnaît et marque ses distances (de prix et de goût) par rapport au reste de la société. En cela, les marques de luxe ne font que perpétuer et ériger en modèle les signes et comportements de feu l'aristocratie. N'est-il pas paradoxal que le luxe ait précisément fleuri là ou l'on a décapité l'aristocratie mais non pas supprimé son idéal social imaginaire. Le luxe ennoblit l'objet et son porteur. Les armoiries ont disparu mais les blasons et sceaux de marques sont portés ostensiblement. Les supports du luxe ne sont pas légion : ils correspondent aux privilèges de cette ancienne classe de loisir – au sens de T. Veblen – qu'était l'aristocratie, dégagée des contraintes du travail, de l'argent, du temps et de l'espace. C'est pourquoi le cheval fonctionne si bien comme mythe fondateur d'Hermès : tout ce qui touche de près ou de loin le cheval a un parfum d'élégance. C'est aussi pourquoi le luxe moderne a produit des carrosses tels que Jaguar et Rolls Royce. Tout y est fait pour faire oublier la fonctionnalité : le cuir, la loupe d'orme, le silence, les mille et uns détails transfigurant l'objet en salon. À ce titre, Ferrari ou Porsche sont plus des marques de sport prestigieuses que des exemples typiques du luxe. Créées par un ingénieur de talent, elles s'inscrivent dans la quête certes mythique de la vitesse, mais malgré tout dans la droite ligne de la fonction automobile, la mobilité.

De même l'aristocratie n'avait de cesse d'échapper aux contraintes du temps : cultivant le loisir, masquant les effets du temps par les perruques et fards de visage. Quant au parfum, il distinguait aussi de l'homme du peuple. Il est symptomatique comme on le voit que les marques modernes de luxe aient jeté leur dévolu sur le secteur cosmétique et la parfumerie, sans parler de ces attributs de classe essentiels que sont le vêtement et la parure.

Marque et griffe

Une grande confusion existe quant à ces deux termes et surtout aux relations qu'ils entretiennent. Beaucoup emploient le mot griffe dès lors que la marque, dotée d'un certain prestige, signe de nombreux produits différents. D'autres parlent de marques devenues griffes.

En réalité marque et griffe doivent être différenciées dans leur territoire et leur fonctionnement. La confusion tient à ce que certains grands noms, Dior par exemple, sont griffes sur une partie de leur production et marques sur une autre. Une griffe peut ainsi devenir marque, mais pas l'inverse.

Le droit n'éclaire guère sur les différences entre marque et griffe : pour lui, la griffe est une image fixe de signature, figée pour faire œuvre de marque. Heureusement l'auscultation du mot même de griffe révèle les clés du concept. La griffe est de l'ordre de l'instinct, de la violence, de l'éclair : elle évoque l'imprévisible, l'impression forte créée par la trace de la griffe, le jaillissement. La griffe est la patte de quelqu'un, créateur inspiré et instinctif. Enfin, la griffe, étymologiquement dérivée de « graphie », renvoie à la main. Le territoire spécifique de la griffe est clair : celle-ci est création pure. Son univers de référence est l'art, son mode de production est la main, son obsession est de faire une œuvre de perfection insurpassable, perfection qui saute aux yeux. Le mot « œuvre » est essentiel : l'idéal de la griffe reste l'œuvre d'art, unique, que l'on ne fera qu'une seule fois. Yves Saint Laurent est griffe lorsqu'il signe ses robes de haute couture, modèles uniques et marque de luxe dans sa boutique de la rue Saint-Honoré. Nina Ricci n'est plus griffe, dès lors que sa visibilité dans le cercle restreint de la haute couture a décliné.

On comprend alors pourquoi Dunhill, Dupont, Montblanc, Kenzo ou Boss ou Armani ne sont pas des griffes mais des marques. Leur berceau n'est pas l'atelier mais l'usine, leur focalisation n'est pas l'œuvre unique mais la série – limitée certes, et encore pas pour toutes ! –. Leur mode de production n'est pas l'instinct mais la rationalisation des méthodes. L'atelier peut s'industrialiser passer à la série, puis au grand nombre. On n'a jamais vu l'inverse.

On doit donc reconnaître que l'industrie du luxe comporte trois niveaux.

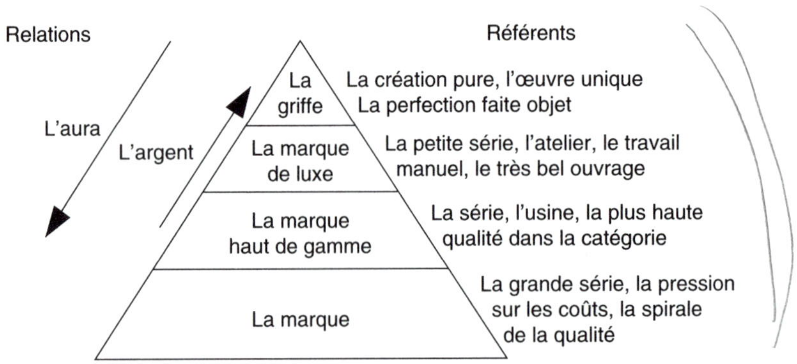

Figure 2.6. – *Le système classique du luxe et de la marque*

En haut de la pyramide se situe la griffe – signature du créateur s'apposant sur des œuvres uniques – c'est pourquoi la hantise de la griffe est la copie, alors que la hantise de la marque est la contrefaçon. Le second niveau est celui de la marque de luxe lorsqu'elle s'appose sur de petites séries et que son mode de production de référence est encore quasiment l'atelier, la « manufacture » au sens étymologique, seule garante de la « bien-facture ». C'est le cas d'Hermès, de Rolls-Royce ou Cartier. Le troisième niveau est celui de la production rationalisée en série : c'est à ce niveau que l'on trouve la cosmétique ou les parfums Dior, Saint Laurent, ou le textile Saint Laurent Diffusion. À ce niveau, qui est celui d'une véritable industrie, le renom de la marque est source de valeur ajoutée pour des objets certes chers et de très haute qualité, mais malgré tout devenus plus comparables les uns aux autres.

Tout le problème du management du luxe réside dans l'articulation de ces trois niveaux. La pérennité des griffes dépend de leur insertion dans des groupes industriels capables de fournir les moyens financiers et techniques (Recherche et Développement) pour lancer des produits au niveau mondial au niveau trois (Sanofi-Elf pour la cosmétique, L'Oréal pour les parfums). C'est à ce niveau que réside le profit, seule condition de survie de ce gouffre financier qu'est le maintien du potentiel de rayonnement et de création de la griffe. Mais cette dernière viendrait-elle à s'éteindre, c'est le niveau de profit du bas de la pyramide qui sera atteint car le nom de marque perdra son renom. Or plus on exploite le capital de marque plus il faut le recréer : c'est pourquoi les groupes industriels ayant payé très cher les marques de luxe auraient tort de vouloir couper dans les dépenses de prestige liées à la haute couture et à la création pure. Ce sont ces dépenses qui recréent du capital de rayonnement et de rêve. Or, par la diffusion en série introduite au niveau trois, celui de la marque haut de gamme, on exploite ce capital. Le réel use le rêve : plus on achète une marque de luxe moins on en rêve. Paradoxalement donc, plus la marque de luxe est achetée, plus il faut maintenir son rayonnement, certes en veillant à ce que sa notoriété dépasse largement sa pénétration, mais surtout par le maintien du potentiel créatif et du prestige.

+ on achète du luxe et - on en rêve car on a atteint son rêve.

La concurrence du nouveau luxe

Les marques américaines de luxe ne sont pas seulement une nouvelle concurrence au sens temporel (elles sont récentes), mais leur succès même démontre qu'elles sont gérées suivant un autre modèle, un autre système que celui pyramidal qui a fondé les marques de luxe françaises.

Dans le système pyramidal le temps est essentiel. La haute couture, la griffe, est l'expression d'un créateur, d'un artiste. Il bâtit la réputation, la renommée mondiale lors des grands défilés de la mode, où l'on présente des œuvres uniques achetées par une minorité. Le système se rentabilise par les sous-produits de la griffe, les lignes boutique, et celles à diffusion de plus en plus larges. Il y a clairement une hiérarchie dans le modèle pyramidal : la création est considérée comme le sommet du système, elle est donc « supérieure » à toutes les autres productions de la marque.

La rapidité du succès d'un Calvin Klein ou d'un Ralph Lauren dans le monde entier révèle que l'on peut créer un luxe sur d'autres bases, ni hiérarchiques, ni historiques (le legs de la tradition). En réalité c'est la communication qui crée et impose leur histoire au monde entier. De plus cette communication porte sur tous les produits, sans que certains soient supérieurs aux autres. Comme le remarque aussi M.C. Sicard (1998), « il n'y a pas supériorité, mais antériorité d'une première activité (le vêtement) par rapport aux autres ». Loin de considérer le parfum, le sportswear, la maroquinerie, la vaisselle comme des sous-produits de la marque textile Ralph Lauren, elles en sont d'autres expressions, au même titre que le textile fondateur.

La publicité joue un rôle-clé dans ce système car c'est elle, plus que le sacro-saint produit qui crée l'histoire, le mythe de marque. D'où la rapidité d'émergence de ces marques : mondiale, la publicité crée une rumeur planétaire. Le succès d'Absolut, pur produit du marketing, et désormais premier concurrent de la vodka Smirnoff, est une autre illustration de ce nouveau paradigme.

L'extension des marques de ce nouveau type est aussi très différente de celles des marques françaises : celles-ci se diffusent par le bas de la pyramide. Concrètement ce « par le bas » signifie moins d'art, moins de création, moins de valeur. Examinons au contraire Calvin Klein. Parti du textile et du sous-vêtement, il crée Obsession puis rebondit sur l'idéalisme de la vie familiale avec Eternity avant de lancer CK One. Où est la cohérence dira-t-on ? La cohérence est trop souvent interprétée comme la répétition à l'infini du même thème. À force de se répéter la marque signale qu'elle n'est plus créative. Hors du luxe aussi, si toutes les Peugeot se ressemblent, variations homothétiques de la 106 à la 605, où est le dynamisme, surtout comparé à Renault. L'air de famille, le lien peut aussi exister dans un ensemble où chaque élément a un trait commun avec un autre élément sans que ce soit le même trait d'un élément à l'autre. À l'instar des familles où les enfants se ressemblent non tels des clones, mais chacun par un élément particulier, le modèle de l'extension de la marque serait celui de la chaîne dynamique : les extensions seraient latérales et égalitaires. Ralph Lauren fournit un exemple de structure dite en « galaxie ».

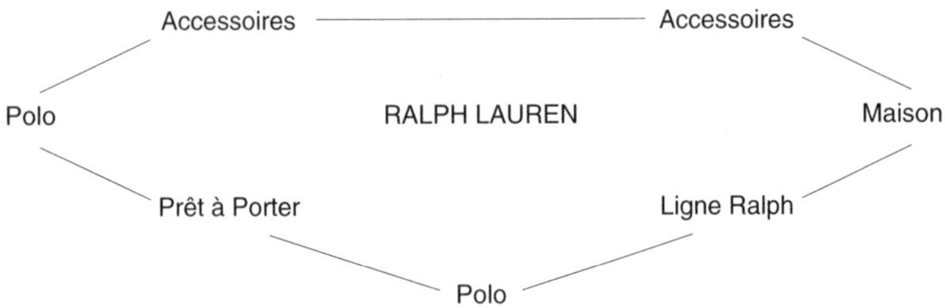

(Source : CB News, n° 446, 1996)

Figure 2.7. – *Un exemple de structure en galaxie : Ralph Lauren*

Que penser de cette représentation de la marque ?

Si sur le papier une marque semble avoir une telle structure, la réalité est cependant différente. Rappelons en effet, que même si antériorité ne veut pas dire supériorité, les premières manifestations de la marque jouent un rôle déterminant dans sa perception à long terme : elles structurent celle-ci. Polo a donc *de facto* joué le rôle de « prototype » (cf. page 123). La sémantique du prototype (Kleiber, 1990) nous rappelle qu'une marque est moins définie par ses frontières que par son ou ses noyaux. Les frontières d'une marque sont extensibles. Son « noyau » est donné. En revanche une marque peut évoluer en acquérant de nouveaux « noyaux » ou « prototypes ». La figure ci-contre fait fi des différences parfois gigantesques d'emphase publicitaire selon les produits de la marque. Or ce sont ces emphases qui contribuent à faire d'un produit le prototype de la marque. Toutes les manifestations de la marque ne sont donc pas égales : certaines ont pour but d'être plus marquantes que d'autres.

Principes de gestion du luxe

Il ressort de la compréhension historique et sociale du luxe quelques principes essentiels de gestion de la marque de luxe comme par exemple la nécessité de protéger les clients des non-clients, en créant une distance, une zone de non-mélange, ou pour reprendre un terme économique des barrières à l'entrée de ceux que l'on ne vise pas. Cela se fait par le prix, la distribution sélective et exclusive, la dimension esthétique des produits (le goût en effet segmente). Mais pour que le signe de distinction fonctionne, il faut qu'il soit connu de tous. Paradoxalement on doit donc rendre la marque de luxe désirable par tous et non atteignable par la majorité. Cette dialectique de l'ouverture et de la fermeture se traduit par une certaine visibilité médiatique allant de pair avec une diffusion très restreinte. C'est pourquoi la notoriété des marques de luxe doit être bien supérieure à leur pénétration. C'est l'écart entre le nombre de personnes connaissant la marque et le nombre de ceux qui l'achètent qui est un levier essentiel du désir. La marque de grande consommation fonctionne sur un principe rigoureusement inverse : on ne communique que lorsque l'on a la diffusion. Cette dialectique explique aussi la logique des accessoires, boucles d'oreilles de Chanel à 800 francs ou du foulard Hermès.

La dérive naît lorsque précisément la marque de luxe ne protège plus ses clients des non-clients. Dans les sociétés démocratiques et ouvertes, les groupes cherchent à recréer des cloisonnements de tous ordres. La distribution de marques de prestige en hypermarché décloisonne. La multiplication infinie des sacs Vuitton (sans compter les contrefaçons) nuit aussi à la fonction distinctive. De même, les t-shirts Chanel ont multiplié à l'excès le nombre des porteuses au-delà de la cible réelle. Non seulement on associait ainsi Chanel à trop de femmes, de plus – ce t-shirt étant somme toute banal – on oubliait que l'objet doit toujours être à la hauteur de la marque et non un simple support de son nom. La vraie marque de luxe veille à ce que le dessus vaille le dessous, le dedans le dehors. En déconnectant les deux la marque de luxe entre dans le simulacre et prête le flanc à la contrefaçon. Si elle-même ne croit plus à l'objet mais à la seule mise en scène du signe, elle encourage l'achat conscient des contrefaçons où l'on n'achète en fait que le halo encore vivace de la marque, l'objet lui-même n'étant qu'un support publicitaire sans aspérité et banal. Il est rentable à court terme de multiplier les licences et d'étendre la marque de luxe sur moult produits communs (pantalons, chaussettes, ceintures), ce faisant on fait plus que démocratiser la marque de luxe, on la banalise. Or, tout au contraire, le luxe se doit toujours d'être légèrement excessif : excès de détail, excès de soin, excès d'honneur, de précautions, témoignages d'une façon de faire presque révolue à l'époque de la standardisation et de la minimisation des coûts des séries. Ce qui ne veut pas dire s'enfermer dans le passé, travers de certaines marques de luxe françaises qui périront avec leurs clients vieillissants, à force de ne cultiver que la tradition. Le challenge du luxe moderne est de séduire et de conserver les consommateurs d'aujourd'hui. La stricte référence explicite au passé enferme. Cartier l'a bien compris en introduisant l'acier dans ses montres, mais en le travaillant comme un métal précieux. De même, la valise Hermès hier en crocodile, puis en cuir est aussi proposée en fibre de carbone tout en maintenant un intérieur fait de mille détails personnalisants et de cuir souple et sensuel.

La marque de luxe moderne doit être celle des triomphants modernes. Leur référentiel n'est plus la terre et le château mais la mobilité. Si l'excès de fonctionnalités nuit au produit de luxe – en cela les Seiko et Sony échappent au luxe – à l'inverse le déficit de fonctionnalités signe l'obsolescence de la marque, lentement décrochée de son temps. La marque de luxe ne peut faire fi de la menace des marques simples, tournées vers la seule fonctionnalité, car par l'amélioration permanente qualitative de leur produit elles définissent les standards toujours croissants de la qualité « normale ». Quel que soit le prestige de Jaguar et le potentiel d'attraction de la marque, la défaillance des moteurs ou des composants élémentaires signait la mort à terme de la marque. À trop reposer sur la seule valeur ajoutée symbolique on diminuait en fait la valeur globale de la marque de luxe, et son attractivité. Sa légende était derrière elle et non plus devant.

La marque « normale » a pour vocation de démocratiser le progrès, par le biais d'une spirale vertueuse et de la concurrence, remettant toujours en cause le niveau qualitatif atteint et cela au meilleur prix grâce à la production en série. La marque de luxe, elle, débarrassée en partie des contraintes du prix, perpétue un niveau qualitatif hors du commun où le polysensuel compte autant que le fonctionnel, faisant appel aux matériaux les plus nobles, poussant la personnalisation à l'extrême – signe de la reconnaissance de l'individu – ce qui condamne la grande série et fait du service une partie intégrante de l'offre. Tout ce qui est optionnel ou compté en plus dans le cadre d'une marque « normale », fait partie du normal dans la marque de luxe, car l'extra y est ordinaire. C'est ce qui empêchera définitivement une Safrane Baccarat de concourir dans le segment du luxe. Mais ce serait une erreur de s'estimer de ce fait à l'abri. En effet le luxe ne doit pas être toujours exorbitant : or les progrès des technologies de production automobile par exemple rendent celle-ci de plus en plus flexible, donc à même d'intégrer une personnalisation de plus en plus poussée, et cela sans affecter les coûts. L'écart de personnalisation est donc menacé désormais au moment où du fait des modes de production volontairement différents, les coûts eux creusent l'écart. La rareté de l'objet et la force de l'image de marque ne pourront plus à eux seuls légitimer les écarts de prix. Comme on le voit le luxe définit donc l'idéal de personnalisation et de sublimation de l'objet, vis-à-vis des marques simples. À leur tour celles-ci challengent le luxe par le progrès technique qu'elles ne cessent de développer et de proposer au prix le plus bas. Ainsi, même si les montres de luxe ont longtemps voulu perpétuer les mouvements mécaniques, la technologie du quartz développée dans le marché de masse a fixé de nouveaux standards de précision et de fiabilité, qu'aucun mouvement mécanique ne peut approcher – si l'on veut rester dans des coûts de fabrication réalistes – . La renommée des marques horlogères de luxe étant associée à des garanties à vie, on imagine le coût économique de cet écart de qualité, sans parler de l'atteinte à l'image.

La notoriété et le désir

Nous avons indiqué ci-dessus une des conséquences méconnues de la nécessaire dialectique de l'ouverture et de la fermeture des marques de luxe : maintenir toujours un écart entre la notoriété de la marque et sa diffusion. En effet, l'achat, le réel usant le rêve, il faut le renourrir par ailleurs. Or, R. Girard nous l'a appris, le désir se nourrit du regard des autres. Il faut donc que les personnes connaissant la marque et sa signification soient toujours plus nombreuses que celles qui l'achètent. Cette perspective est confirmée dans une étude récente menée par RISC sur le plan européen, auprès de 12 500 personnes de 15 ans et plus. On leur présenta une liste de grands noms en leur demandant s'ils les connaissaient (notoriété), s'ils en rêvaient (séduction) et s'ils avaient déjà acheté quoique ce soit de ces marques. À ce titre acheter des cigarettes Cardin suffit. Or, comme le montre le graphe suivant, il existe une forte relation entre le potentiel de rêve de la marque et non pas sa notoriété mais l'écart entre le nombre de personnes qui la connaissent et celles qui en ont déjà consommé. Aussi, toutes les marques au-dessus de la ligne ont un potentiel de rêve supérieur à ce qu'elles auraient dû avoir – vu leurs chiffres de notoriété et d'usage. Toutes les marques en dessous de la ligne souffrent d'un déficit de rêve.

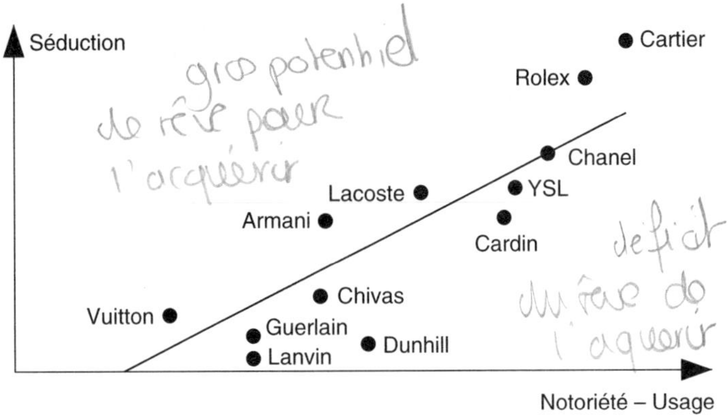

(Source : Risc)

Figure 2.8. – *Le potentiel de séduction des marques de luxe en Europe*

Si l'on analyse pour chaque marque, parmi ceux qui la connaissent, comment se décomposent les acheteurs et les rêveurs, on peut établir quatre cas de figure, quatre types de consommateurs :

1. Les acheteurs qui en rêvent encore sont les passionnés. Ce sont les prosélytes de la marque. Il faut les encourager et récompenser leur fidélité.
2. Les acheteurs ayant perdu le rêve de la marque sont blasés. Il faut recréer le désir auprès d'eux.
3. Les non-acheteurs qui rêvent de la marque ne parviennent pas à passer à l'acte. Il faut les encourager soit par une politique de produit/prix plus appropriée, soit par une ouverture de la distribution.
4. Enfin, les non-acheteurs qui ne rêvent pas de la marque sont indifférents et hors cible.

Si l'on prend une marque comme Armani, connue par 46 % des Européens, chacun des types représente respectivement 6 %, 5 %, 12 % et 23 %. Il y a donc un énorme potentiel de non-acheteurs qui rêvent de la marque. La ligne Emporio Armani et ses magasins spécifiques ont pour but de leur permettre de réaliser enfin leur désir. En revanche, si l'on prend le cas de Givenchy, les chiffres sont de 2 %, 6 %, 3 % et 30 %. Le petit nombre de passionnés prosélytes et le très grand nombre d'indifférents signent la dérive de ce nom.

Du créateur à la marque

Issues de la création, la plupart des maisons du luxe portent tout naturellement le nom de leur créateur. Il en va ainsi de Cardin, Saint Laurent, Ricci,

Armani, Chanel, Lanvin, etc. Cette situation aboutit au paradoxe suivant : la marque de luxe ne naît vraiment que lorsque le créateur disparaît. Tant que celui-ci existe et dirige la maison, le destin du nom est totalement confondu avec les projets personnels de l'homme ou de la femme qui le porte. C'est ainsi que maintes personnes critiquent la politique de licences menées par Cardin, l'extension extrême de ce nom dans les catégories de produits les plus variées. En réalité, cette politique ne fait que traduire l'intensité de la curiosité intellectuelle et l'appétit de découverte de l'homme Pierre Cardin. On ne soumet pas un créateur à des directives de management, à des limites d'expression de soi-même. Ce créateur porte en lui le dessein de la marque, inséparable de son propre destin. Aussi la marque reste-t-elle du vivant du créateur largement non explicitée. Point n'est besoin de chartes en éclairant le projet, le positionnement, la nécessité créative profonde. L'existence du créateur sert à elle seule de réponse, de ciment de l'entreprise et de moteur du prosélytisme.

C'est lors de la disparition du créateur que la marque devient enfin sujet. C'est désormais d'elle dont émanent les produits, les fragrances, les manifestations. C'est à son ordre que se soumettent les créateurs appelés pour succéder au fondateur. Mais alors que celui-ci était l'ordre, les nouveaux venus doivent eux se mouler en partie dans le projet de la marque, devenue sujet souverain. D'ailleurs, il est révélateur que les couturiers de renom au service de la griffe ont conservé une boutique en leur nom propre où s'exprime leur style personnel, libéré des obligations liées à la nécessaire adaptation à la griffe. Ainsi en fut-il de Montana lorsqu'il travailla pour Lanvin, de Lolita Lempicka lors de son passage chez Cacharel, de K. Lagerfeld et G. Ferré, parmi d'autres.

La fin du créateur pose en général un problème immédiat aux héritiers du nom ou aux gestionnaires repreneurs de la maison. Puisque le nom cesse d'être patronymique mais devient le sujet dont tout émane, encore faut-il connaître son projet spécifique, son système de valeurs, son éthique, en somme son identité profonde. Or, de fait, bien des marques de luxe ne savent pas qui elles sont. Resté implicite et porté par le créateur, le dessein de la marque était non-dit mais porté par les créations. Désormais, il faut le rendre explicite si l'on veut pouvoir le faire partager et y faire adhérer tous les acteurs du monde de la marque : les employés, les nouveaux créateurs, les réseaux de distribution partout dans le monde.

Confrontés à ce vide lors de la disparition de M. Ricci, les nouveaux dirigeants de Nina Ricci commencèrent donc par mener une étude d'identité pour mettre à nu le programme génétique de la marque naissante. Or, le concept d'identité profonde, de chair et corporalité de la marque ne saurait être confondu avec les études d'image qui ne font que refléter la vision qu'en ont les différents consommateurs de par le monde. De plus, chaque continent a, en général, de la marque une image différente. Moins que toute autre, la marque de luxe ne se gère pas de façon démocratique en demandant par exemple aux Japonais, aux Américains ou aux Allemands comment ils aimeraient que Nina Ricci soit et évolue dans le futur. On le sait, les images renvoient un miroir fragmenté, non homogène. Or la marque est unique : il n'y a pas un Balmain pour le continent asiatique et un Balmain pour les États-Unis. Balmain est Balmain. On le voit, le concept d'identité est essentiel à la gestion de la marque de luxe car lui seul fournit la base de la capitalisation dans le temps, du respect du sillon spécifique de la marque et de la nécessaire homogénéité internationale. Lorsque l'on sait les pressions au changement, à la discontinuité, émanant des innombrables parties impliquées dans la diffusion de la marque sur un plan international, on ne peut que prôner d'être très ferme sur le système de valeurs de la marque, ce qui fonde son identité dans le temps. La marque étant une mémoire, pour gérer le futur il convient d'en connaître le moteur, c'est-à-dire le code génétique. La vérité d'une marque est en elle-même. Les études d'identité de marque consistent à essayer de le déceler à travers les productions les plus marquantes de celle-ci, celles qui ont fait trace. Les productions symboliques de la marque sont auscultées à travers le temps : de quel programme semblent-elles émaner ? Pourquoi la haute couture de Nina Ricci brilla-t-elle de fabuleuses robes du soir ? Pourquoi M. Ricci trouva-t-il dans le traité voilé du photographe anglais David Hamilton une sorte de révélation, au point de signer un contrat de longue durée et d'exclusivité avec ce dernier ? Quel rapport existe-t-il entre ces robes, l'Air du Temps, et D. Hamilton ? Ces mêmes questions furent, elles aussi, nécessaires à la revitalisation de Caron, de Lanvin et de Balmain.

Chapitre 3

L'identité de marque

Peu de marques savent qui elles sont au fond, en quoi réside leur unicité, leur identité. L'occasion de s'en rendre compte est en général fournie lorsque l'entreprise décide d'adjoindre aux campagnes publicitaires sur les produits, une campagne de marque. Ainsi, après quinze années de publicités vantant un jour les mérites des « plats cuisinés » Findus, un autre jour ceux de la gamme « cuisine légère », un autre encore ceux des « poissons panés » Findus, la marque ressentit le besoin de prendre directement la parole. Force fut alors de constater que l'accouchement de la campagne de marque était malaisé. Il n'existait pas de réel consensus sur ce qu'était vraiment Findus. Certains managers répondaient en termes d'image désirée : comment ils souhaitaient Findus. Hélas, si à la naissance d'une marque tout est possible car tout est à construire, près de quinze années après, beaucoup de degrés de liberté ont disparu. La marque a acquis une existence propre, une autonomie, une identité. Elle est inscrite dans la mémoire du public. D'autres managers répondaient en partant des études d'image de Findus. Mais l'image mesure ce qui est reçu : la vraie question n'est pas « comment la marque est-elle perçue ? » mais qu'est-ce que cette marque, quel est son fond, son unicité ? Ce n'est pas au public de dire ce que doit être la marque : la marque doit avoir sa propre identité.

Les outils publicitaires classiques n'aident guère à répondre à ces questions. Certes chaque campagne publicitaire est précédée par une synthèse stratégique (la *copy stratégie*), variable de campagne en campagne. Mais bien peu de marques ont une vraie charte de marque, document établissant pour le moyen terme ce qu'est la marque, en quoi réside son unicité et les différentes facettes de celle-ci. Les chartes graphiques ne répondent pas à cette question non plus. Elles se focalisent sur les codes de l'apparence extérieure. Or savoir ce que la marque est vraiment, n'est pas un exercice gra-

pour savoir qui elle est ?

phique. C'est une investigation sur le fond, sur les facettes de ce qui fait l'identité de cette marque. Le but de ce chapitre est d'explorer ces facettes et de proposer les bases d'une charte de la marque.

Définir le contenu de la marque permet de répondre à de nombreuses questions posées quotidiennement : la marque peut-elle sponsoriser tel événement, tel sport ? Cette campagne de publicité est-elle conforme à la marque ? Cette opportunité de nouveau produit est-elle dans le territoire de la marque ou hors de celui-ci ? Comment faire évoluer le style des messages tout en restant soi-même ? Comment décentraliser les décisions de communication en régions ou au niveau international, en restant sûr qu'elles bâtiront bien une seule et même marque ? Toutes ces décisions posent le problème de l'identité de la marque, de sa définition, indispensable préalable à sa bonne gestion. Si le projet, la vision fondent la marque, comme on l'a vu au chapitre précédent, l'identité en dessine les contours à moyen terme.

L'IDENTITÉ DE MARQUE : UN CONCEPT NÉCESSAIRE

Comme les notions de vision, de mission de marque, l'identité de marque est un concept récent. Dans le milieu de la communication, très sensible aux courants, aux modes, ce concept n'est-il qu'un avatar dû au renouvellement du langage ou cerne-t-il en réalité un aspect essentiel de la marque ?

Qu'est-ce que l'identité ?

Pour appréhender le sens de ce concept déterminant pour le management de la marque, nous commencerons par passer en revue les multiples façons dont il est employé dans le langage courant.

Ainsi, on parle de « carte d'identité », document personnel, incessible, répondant en quelques lignes à la question : qui suis-je, quel est mon nom, mon prénom ? Quels sont mes signes particuliers immédiatement reconnaissables ? On parle également « d'identité d'opinion » entre plusieurs personnes, signifiant par là qu'elles ont des points de vue identiques, qu'elles partagent le même point de vue. En termes de communication, ce second usage du mot identité suggère que l'identité est ce qui, à travers la multiplicité des produits, des actes, des messages, apparaît comme issu d'un émetteur unique. Ceci est important car plus la marque s'étend, se diversifie, plus les acheteurs ont parfois le sentiment qu'ils ont affaire à des marques différentes et non à un émetteur unique. Si chaque produit, chaque acte de communication laissent un sillon, l'ensemble de ces sillons ne semble pas émaner d'un même projet, d'une même marque.

Parler d'identité de point de vue, c'est aussi poser le problème de la permanence, de la continuité. Les cartes d'identité s'actualisent : les individus changent dans leur état civil et leur apparence extérieure. Mais c'est toujours la même empreinte. L'identité pose la question de l'unicité et de la permanence de l'émetteur, de la marque ou de l'enseigne dans le temps. D'ailleurs, les psychologues de l'adolescence parlent de « crise d'identité ». N'ayant pas encore de base structurée, de pivot stabilisant, les adolescents passent d'un modèle d'identification à un autre. Après avoir voulu ressembler à James Dean, Marlon Brando puis Jim Morrison, l'adolescent ressent un manque. Ces changements successifs créent un vide et une interrogation de base : « quel est mon moi réel ? ».

Enfin, lorsque l'on étudie les groupes sociaux ou les minorités, on parle souvent « d'identité culturelle ». Par exemple, la Région Île-de-France est une région sans identité : elle est le fruit d'une décision administrative regroupant huit départements. Mais, à la différence des Alsaciens, des Bretons, des habitants de la Région Provence-Côte d'Azur et *a fortiori* des Corses, les franciliens n'ont pas d'autre lien entre eux qu'une proximité géographique. Ils ne sont liés ni par une histoire, ni par des valeurs, ni par un sentiment de participer à un même dessein. Si les minorités ont au contraire une forte identité, leurs enfants sont eux en « recherche d'identité ». Par exemple, les immigrés nés en France ne se sentent ni complètement Français ni membres de leur pays d'origine. En se cherchant une identité, ils cherchent une assise, un vrai pivot pour spécifier et affirmer leur différence, mais aussi leur appartenance à un univers culturel.

Si l'identité de marque est une notion récente, maints chercheurs ont exploré l'identité des organisations des entreprises (Reitter et Ramanantsoa, 1985 ; Schwebig, 1988). Dans une entreprise, la manifestation verbale la plus simple de l'identité consiste à dire « Ah oui, mais chez nous, ce n'est pas pareil ! ». En d'autres termes l'identité d'une entreprise est ce qui permet à l'organisation ou une partie de l'organisation d'avoir le sentiment d'exister en tant qu'être cohérent et spécifique, assumant son histoire et ayant sa place par rapport aux autres.

Tirant les leçons de ces différents éclairages, avoir une identité, c'est exister en tant que soi, être doté d'un projet personnel différent et stable. On aura donc cerné l'identité d'une marque lorsque l'on aura répondu aux questions suivantes. Quelles sont :

- Sa vision, son projet, son impérieuse nécessité ?
- Sa différence ?
- Sa permanence ?
- Sa ou ses valeurs ?
- Ses signes de reconnaissance ?

Ces questions définissent la marque et pourraient constituer la charte de celle-ci, c'est-à-dire le document permettant de gérer la marque à moyen terme, aussi bien dans le fond que dans la forme, pour traiter les problèmes de communication et d'extension. Les outils de communication comme la *copy strategie* sont en effet liés à des campagnes, c'est-à-dire au court terme. Il faut un fil directeur pour s'assurer que l'on bâtira bien, par sédimentation accumulation, une seule et même marque. La charte d'identité sert à cette fin.

Identité et chartes graphiques

Maints lecteurs objecteront que, dans leur entreprise, ou pour leurs marques, il existe déjà des chartes ou bibles d'identité graphique. De fait, dans les entreprises nous trouvons de nombreuses chartes graphiques, cahiers des normes, bibles d'identité visuelle. Pressées par les cabinets d'identité graphique, les entreprises ont, à juste titre, voulu donner une allure commune aux messages issus de leurs marques. Ces chartes définissent les normes de reconnaissance signalétique : quelles couleurs de marque ? Quels graphismes ? Quelle typographie ?

Ce premier pas, s'il est nécessaire, est insuffisant. De plus, il met la charrue devront les bœufs. En effet, le problème n'est pas : quelle allure graphique adopter ? La vraie question concerne le fond de ce que l'on veut signifier. Les aspects formels, l'allure extérieure, le look sont des conséquences du fond de la marque, de son identité profonde. Le choix des signes présuppose une claire définition du sens de la marque. Or s'il existe à ce jour beaucoup de chartes graphiques, il existe encore bien peu de définitions explicites de l'identité de la marque. Pourtant, ce n'est qu'une fois définies les réponses aux questions de fond ci-dessus (quelle identité communiquer) que l'on pourra aborder les moyens pour communiquer celle-ci, et définir les codes de sa reconnaissance extérieure ? Les valeurs profondes de la marque doivent en effet donner lieu à leur reconnaissance externe, du premier coup d'œil. C'est l'identité de la marque Citroën – autour d'un idéal d'ingénieur – qui produit le design si caractéristique de ses voitures (DS, SM, CX, XM...). L'air de famille des BMW traduit une forte identité, mais il n'est pas l'identité. L'identité de cette marque, son fond est la réponse aux questions sur sa différence, sa permanence, sa valeur, sa vision personnelle de l'automobile.

C'est parce que beaucoup de marques ont acheté une charte graphique avant d'avoir défini leur identité qu'elles se figent dans leur communication. En effet, faute de savoir qui elles sont dans le fond, elles perpétuent des codes purement formels, érigeant en obligation par exemple des traités photographiques. Ainsi, l'identité de Nina Ricci n'obligeait pas forcément à perpétuer systématiquement le style Hamiltonien de sa communication publicitaire. Combien de fois n'entend-on pas la question inquiète : « qu'est-ce qui fait code ? ». Regardant un projet de publicité de marque, on se demande quels aspects de celui-ci doivent se retrouver dans tous les messages futurs : s'agit-il de la couleur, du ciel sans nuages, de la posture du personnage, d'un mouvement particulier ? Très vite, tout devient code et la communication se crispe. Elle devient dogmatique et fige la marque.

La connaissance de l'identité, paradoxalement, redonne une certaine liberté d'expression car elle rappelle la prééminence du fond sur les stricts aspects formels. L'identité de marque définit ce qui doit rester permanent et ce qui peut évoluer, varier, les figures libres et les figures imposées.

L'identité : un concept d'aujourd'hui

L'émergence d'un nouveau concept – l'identité – alors que la communication connaissait déjà l'image de marque et le positionnement, n'est pas un hasard. Les problèmes qui se posent aujourd'hui sont plus complexes que ceux d'il y a dix ou vingt ans. Il faut donc des concepts plus fins pour permettre une meilleure prise sur la réalité.

En premier lieu, on n'insistera jamais assez sur l'état de surcommunication dans lequel nous vivons actuellement. Aujourd'hui tout le monde veut communiquer. Toute PME, toute association, tout ministère ou secrétariat d'État se met à émettre dans le concert publicitaire. Il suffit pour s'en convaincre de suivre l'augmentation du volume des publicités dans les grands médias et dans les revues professionnelles, elles-mêmes en nombre croissant. Dans le brouhaha ainsi créé, il devient très difficile d'exister, d'arriver à signaler son identité. Car communiquer ce n'est pas uniquement émettre, c'est être reçu. La communication n'est pas une technique, aujourd'hui c'est une prouesse.

Le deuxième facteur expliquant le besoin aigu d'identité est lié aux contraintes pesant sur la marque. Nous sommes entrés dans l'ère du marketing de la ressemblance. Quand une marque innove elle crée un nouveau standard : les autres marques doivent s'aligner si elles ne veulent pas être distancées, d'où la multiplication des produits « me too », aux caractéristiques proches sans parler des copies de distributeur. Les réglementations créent aussi de la ressemblance : celles qui pèsent sur les banques par exemple contribuent fortement à empêcher celles-ci de manifester pleinement leurs différences, leur identité. Les études de marché produisent de l'homogénéité dans un secteur : souscrivant aux mêmes études de style de vie, les entreprises en tirent les mêmes conclusions, ce qui donne lieu aux mêmes campagnes quand ce ne sont pas les mêmes mots. Dans les années

1980, combien de campagnes bancaires n'ont-elles pas arboré le mot « vie » ? S'il ne reste qu'un code graphique pour différencier ces émetteurs, l'identité de chacun d'eux a peu de chances d'être perçue.

Enfin, les technologies exercent une pression à la ressemblance. Pourquoi les voitures se ressemblent-elles toutes de plus en plus, malgré des marques différentes : le souci du CX, des contraintes d'habitabilité, de motorisation, et d'économie ne débouche pas sur une infinité de solutions, tout au contraire. *A fortiori*, quand deux marques automobiles telles Peugeot et Citroën, partagent de nombreuses pièces communes (châssis, moteurs, boîte de vitesses), pour des raisons de productivité et compétitivité, il ne reste que l'identité de marque pour faire avec le reste deux automobiles différentes.

La diversification crée aussi de graves menaces sur l'identité. Les marques produisent des produits nouveaux, pénètrent des marchés nouveaux, des cibles nouvelles. Or non seulement cela crée une communication saupoudrée, mais cela engendre souvent une image patchwork. On perçoit éventuellement les différents bouts de la marque, mais pas une forme cohérente et intégratrice. Désirant adopter les codes propres à chaque marché, la marque Cacharel est jeune et tonitruante en chemiserie, sérieuse en eau de toilette pour l'homme, romantique en parfums et légère en lingerie. La marque devient caméléon : elle perd son unité, son identité. Malgré la signature de marque commune, s'agit-il bien du même émetteur ?

IDENTITÉ ET IMAGE

Qu'apporte la notion d'identité par rapport à celle d'image de marque ou d'image d'enseigne ? Après tout, les entreprises dépensent des sommes importantes pour mesurer les images de leurs marques et enseignes.

Pourquoi parler d'identité aujourd'hui et non d'image ?

L'image est un concept de réception. Les études d'image portent sur la façon dont certains publics se représentent un produit, une marque, un homme politique, une entreprise, un pays. L'image porte sur la façon dont ce public décode l'ensemble des signes provenant des produits, des services et des communications émises par la marque.

L'identité est un concept d'émission. Il s'agit de spécifier le sens, le projet, la conception de soi de la marque. L'image est un résultat, un décodage. Sur un plan managériel, l'identité précède l'image. Avant d'être représenté dans l'esprit du public il faut savoir ce que l'on veut présenter. Avant d'être reçu il faut savoir émettre. Comme le montre la figure 3.1., l'image est le résultat de la synthèse faite par le public de tous les signes émis par la marque (nom de marque, symboles visuels, produits, publicités, sponsoring, mécénat, retombées rédactionnelles...). L'image est un décodage, une extraction de sens, une interprétation des signes.

D'où viennent ces signes ? Plusieurs sources peuvent les produire : l'identité de la marque mais aussi des facteurs parasites, des intentions qui, s'éloignant de l'identité de la marque, n'en prennent pas moins la parole en son nom et produisent donc du sens. Quelles sont ces sources parasites ?

En premier lieu, faute d'avoir une conception claire de l'identité de leur marque, certaines entreprises pratiquent le mimétisme. Elles se focalisent sur leurs concurrents et en imitent les communications. D'un seul coup on vit plusieurs banques jouer les thèmes du recentrage, ou de la réalisation de soi (la Banque de ma vie, la Banque de mes projets, etc.).

En second lieu, une préoccupation exclusivement centrée sur la nécessité d'acquérir une image qui plaît, sur la réception, conduit à coller aux attentes du public. La marque s'engage dans une course à la séduction : elle surfe sur la moindre évolution des courants et tendances socio-culturelles du public. Hier glamour, la marque est aujourd'hui adepte du cocooning et demain d'on ne sait quoi. Opportuniste et démagogique, la marque n'a alors pas de fond. Elle n'est qu'un look, un fard cosmétique. Elle n'a pas de sens en elle-même.

La troisième dérive est celle de l'identité fantasmée : la marque telle qu'on aimerait idéalement, mais telle qu'elle n'est pas. Cela débouche sur des communications qui, on ne le remarque que plus tard, ne restent pas attachées au souvenir de la marque, comme si elles en étaient trop éloignées, ou au contraire suscitent l'incrédulité totale, si ce n'est le rejet.

La primauté nouvelle reconnue à l'identité vise à éviter ces trois dérives de la communication. Citroën n'est pas une marque tournée vers la motorisation comme sa marque sœur Peugeot, longtemps maîtresse des rallyes et des raids : elle est donc étrangère au monde des chevaux libres que sa communication publicitaire présenta un moment ou à celui du rallye Paris-Dakar, et cela malgré ses victoires.

Ainsi le concept d'identité vient rappeler que si, à la naissance une marque n'est souvent que le nom d'un produit, elle acquiert avec le temps une autonomie, un sens propre. Mémoire des communications et produits passés, la marque ne s'efface pas : elle délimite un champ de compétence, de potentialités, de légitimité. Mais elle s'exclut aussi d'autres champs. On ne peut pas demander à la marque d'être autre chose qu'elle-même. Citroën est fluidité, confort, sécurité et puissance : sa présence au Paris-Dakar tient de l'artifice ou du mimétisme. Ses territoires d'expression sont ailleurs.

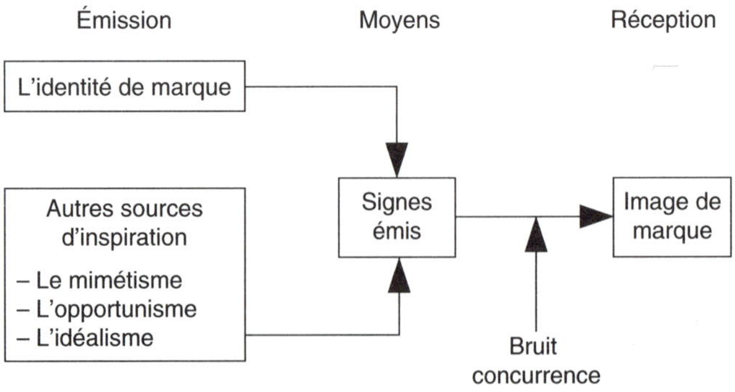

Figure 3.1. – *Identité et image*

Certes la marque ne doit pas se figer et se couper du public : mais l'obsession de l'image conduit à privilégier le paraître à l'être. Heureusement, les chevaux sont retournés dans leur Camargue, et Citroën a retrouvé son identité dans la très technologique et élégante Xantia.

Les limites du positionnement

Traditionnellement on repère aussi les marques par leur positionnement. Par positionnement on veut dire la mise en avant de caractéristiques distinctives par rapport à la concurrence et motivantes vis-à-vis du public. Il s'agit d'une démarche analytique visant à répondre à quatre questions :

- La marque pourquoi ? C'est l'angle de la promesse, du bénéfice consommateur : Orangina a de la vraie pulpe d'orange, Le Chat respecte l'environnement (?), Kronenbourg réunit, Volvo est solide, le Crédit Mutuel écoute mieux, Lapeyre vous aide ; Twix coupe la faim ;
- La marque pour qui ? C'est l'angle de la cible. Pendant longtemps Schweppes fut le drink des gens raffinés, Perrier le soft drink des adultes et Coke celui des adolescents. La Banque Populaire est celle des entreprenants ;
- La marque pour quand ? C'est l'angle de l'occasion d'utilisation : J & B est le whisky de la nuit ;
- La marque contre qui ? Dans un contexte concurrentiel cette question définit le ou les concurrents prioritaires, ceux dont on pense capter une partie de la clientèle. Pacific est concurrent du jus de tomate, du Perrier ou du Schweppes. Absolut est concurrent du whisky.

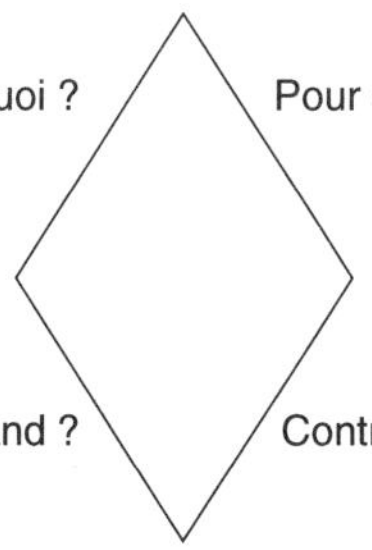

Figure 3.2. – *Le positionnement*

Le positionnement est un concept nécessaire. Il rappelle que pour le consommateur tout choix est comparatif : un produit ne peut être considéré que s'il est clairement situé dans une problématique de choix. D'où les quatre questions permettant d'ancrer, de faire immédiatement percevoir l'apport du nouveau produit ou de la nouvelle marque. Le positionnement procède en deux temps :

– en premier lieu, indiquer à quelle catégorie on veut être lié, comparé ;
– en second, quelle est vis-à-vis des autres produits ou marques de cette catégorie la différence essentielle, la raison d'être de notre marque.

Le choix de la catégorie d'appartenance est inéluctable. S'il est aisé pour un nouveau dentifrice de la déterminer, l'écueil est de taille pour des produits singuliers, très originaux, comme Pacific, Suze ou Steaky. Ce dernier produit, lancé par Fido, est un aliment semi-déshydraté se présentant sous la forme d'une viande hachée rouge. En plus, à la différence d'un aliment en boîte, cela se conservait hors du réfrigérateur et n'entraînait aucune des odeurs des boîtes une fois ouvertes. À ce stade plusieurs positionnements étaient possibles, comme par exemple :

– Attaquer le marché des boîtes en s'adressant aux possesseurs de chien aisés. L'axe de communication serait : la boîte sans la boîte. En d'autres termes, la viande sans les inconvénients de la viande pour le maître (odeur, conservation...) ;
– Attaquer le segment des produits déshydratés (les boulettes sèches) en proposant enfin un produit qui déculpabilise les maîtres, refusant de servir de la viande au profit de la praticité d'usage. L'allure de viande hachée pouvait justifier cet axe ;
– S'adresser aux propriétaires donnant des restes à leur chien pour leur proposer un complément énergétique complet, une sorte de Wynn's du chien (et non plus un repas principal comme pour les deux stratégies ci-dessus) ;

– S'adresser à tous les propriétaires et faire de ce produit une récompense énergétique, une sorte de Mars du chien.

Le choix entre ces stratégies se fit en soumettant chacune d'elles au filtre de dix critères mesurables :

– Dans sa forme ou composition actuelle le produit permet-il ce positionnement ?
– Quelle est la force de la motivation supposée par ce positionnement ?
– Quelle taille de marché correspondrait à ce positionnement ?
– Ce positionnement est-il crédible ?
– Quels moyens financiers ce positionnement réclame-t-il ?
– Ce positionnement est-il spécifique et distinctif ?
– Ce positionnement exploite-t-il la richesse principale du produit ?
– Ce positionnement est-il durable et non imitable par la concurrence ?
– Ce positionnement laisse-t-il une possibilité de repli en cas d'échec ?
– Ce positionnement peut-il justifier une prime de prix ?

La firme lança ce produit selon le premier positionnement, et lui donna pour nom Steaky de Fido.

Qu'apporte la notion d'identité à celle de positionnement ? Pourquoi a-t-on besoin d'un concept autre ?

En premier lieu parce que le positionnement est plutôt une réflexion portant sur un produit. Il fallait donner à Steaky une affectation précise sur le marché. Mais Fido recouvre bien d'autres produits que Steaky : que signifie alors la notion de positionnement pour cette marque multi-produits ? Comment répondre aux quatre questions du positionnement si l'on ne parle pas d'un produit particulier ? On sait positionner les différents tampons abrasifs Scotch-Brite et les cassettes vidéo Scotch, mais que signifie positionnement pour la marque Scotch elle-même ? Le concept d'identité de marque est ici préférable.

En second lieu, le positionnement asphyxie la richesse de sens de la marque, il ne rend pas compte de toutes ses potentialités. La marque étouffe dans ce losange. Le positionnement ne permet pas de différencier Coca-Cola et Pepsi-Cola, les Banques Populaires du Crédit Mutuel, Prisunic de Monoprix, c'est-à-dire des marques à stratégies voisines. On voit bien ce qui différencie Casino d'Auchan, mais qu'en est-il de Leclerc et Intermarché ? Les quatre questions du positionnement ne parviennent pas à capter ces nuances. Elles ne permettent pas de faire le tour de l'identité, de la singularité de ces marques ou enseignes.

Fait plus problématique, le positionnement laisse la forme de la communication ouverte aux seules inspirations de la créativité et aux modes du moment. Le positionnement est muet sur le ton, le style, la forme de la communication. C'est une lacune car la marque est un être de discours. Elle énonce les qualités objectives ou subjectives du produit. Ce discours – à l'ère de l'audiovisuel – est fait de mots mais surtout d'images de sons, de couleurs, de mouvements, de style. Le positionnement gère les mots : il laisse le reste aux hasards du saut créatif et aux aléas du prétest. Or on ne saurait confier à la seule créativité le langage de la marque.

Le saut créatif n'est utile que s'il retombe dans le territoire de la marque. Les publicités inter-galactiques du Crédit Mutuel méconnaissaient l'identité du Crédit Mutuel. Le retour à la jungle angoissante que fit la publicité de Vittel entre 1986 et 1989 oubliait l'identité optimiste de Vittel. De même, s'il est nécessaire d'évaluer par les prétests la bonne réception du message, ce n'est pas au public de dicter le langage de la marque : celle-ci trouve en elle-même le ton qui lui convient. Les attentes du public oublient la spécificité de la marque et la ramènent vers une moyenne où elle risque alors de se perdre.

La forme d'un message est le fond qui remonte à la surface. On ne saurait désormais dissocier le fond de la marque et la forme de celle-ci, son mode d'expression écrit, visuel et sonore. L'identité de marque fournit le cadre de cohérence de la marque dans sa globalité. Elle est un concept pour pallier les limites du positionnement, guider les modes d'expression de la marque, assurer l'unité et la permanence de celle-ci.

LES FACETTES DE LA DIFFÉRENCIATION

Chaque condition de marché suscite les concepts et outils propres à la dominer. Quand les produits étaient rares, l'USP suffisait (Unique Selling Proposition). Après l'ère de l'image, du positionnement, de la personnalité de marque, nous sommes à l'ère de l'identité de marque.

Pour devenir ou rester forte, une marque se doit en quelque sorte d'être fidèle à son identité. L'image de marque est une notion volatile et changeante : elle se préoccupe trop du paraître et pas assez de l'être de la marque. La notion d'identité de marque (comme celle d'identité d'enseigne), traduit une volonté de l'homme de communication d'aller au-delà du superficiel vers les racines profondes de la marque. Le concept d'identité répond à une triple exigence : la permanence dans le temps, la cohérence des signes émis et le réalisme. Il évite les pièges de l'image idéalisée, girouette ou opportuniste.

Le prisme d'identité

On peut représenter l'identité de marque par un prisme à six facettes :

1. Une marque, c'est en premier lieu un « physique », un ensemble de caractéristiques objectives saillantes (qui viennent immédiatement à l'esprit quand la marque est citée dans une enquête) ou au contraire latentes, émergées.

La Vache-qui-Rit évoque une pâte, une boîte ronde rouge et bleue, des portions en aluminium. Président évoque spontanément le beurre et le camembert. William Saurin fait penser à un cassoulet. La base de Hermès est le cuir et la soie. À Brandt sont associées les machines à laver, à Laden le froid. Peugeot renvoie à la 205, à la performance, au moteur, à la résistance et durabilité. Citroën renvoie à la suspension très technologique, à des formes originales, à l'audace.

Le physique est la base de la marque, sa valeur ajoutée tangible. Pour prendre une analogie c'est la tige de la fleur marque. Sans la tige la fleur meurt : elle est son support objectif tangible. C'est le registre traditionnel de la communication : il correspond au « savoir-faire », au positionnement classique. Il s'appuie sur certains produits-pivots ou certaines qualités de la marque. Le physique est nécessaire mais non suffisant. La marque se bâtit en se construisant d'abord un physique.

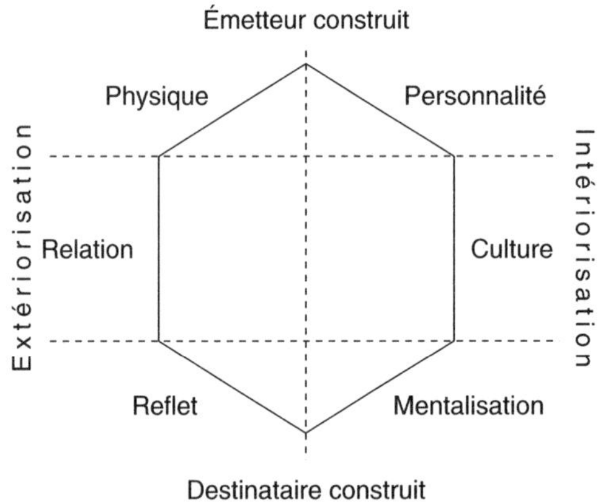

Figure 3.3. – *Prisme d'identité de marque*

C'est pourquoi la petite bouteille ronde est si importante pour chaque lancement d'Orangina, dans un pays nouveau. Le premier format lancé est toujours cette petite bouteille : elle positionne d'emblée Orangina comme un soft drink supérieur, par sa forme si caractéristique et la vision de la pulpe d'orange. Plus tard viendront les grands volumes en bouteilles PET classiques ou en boîtes. Il est symptomatique que Coca-Cola ait fait figurer désormais l'image de sa fameuse bouteille sur toutes les boîtes de Coke. Il est vrai que les formats modernes banalisent la marque, la font rentrer dans le moule commun à tous. En refaisant figurer la bouteille emblématique, la marque rappelle ses racines.

Certaines questions épineuses concernent le physique. Par exemple, la couleur noire est-elle partie de l'identité de Coke ? Si oui, alors il ne peut exister un Crystal Coke, même si Crystal Pepsi existe. De même pourrait-on concevoir un Orangina au pamplemousse (rond lui aussi) ? Les fromageries Bel ont supprimé la mention Vache-qui-Rit de leur produit Toastinette (tranches pour toasts ou cheese burgers) : l'identité physique de la marque est en effet liée à une pâte. Or Toastinette n'a pas cette consistance. Meccano quant à lui ne s'est pas identifié au seul métal et signe des jeux d'assemblage de pièces en plastique. De même, les Menuiseries Lapeyre ne sont plus exclusivement liées au bois, matériau pivot de l'enseigne, mais couvrent le PVC et le métal.

Bien des marques ont des difficultés sur la facette physique soit que leur valeur ajoutée fonctionnelle est faible, soit qu'elles ne parviennent pas à se définir. Il est révélateur par exemple que Malibu ait abandonné la mention certes évocatrice mais peu dénotative Caribean Light Drink pour la nouvelle mention Caribean White Rhum qui identifie mieux ce dont il est question. C'est aussi la difficulté de Pacific que de spécifier son physique : « boisson rafraîchissante à l'anis » ne donne pas les clés d'une compréhension immédiate.

2. Une marque a une « personnalité ». Dès lors qu'elle communique, elle acquiert un caractère. Sa façon de parler des produits ou des services laisse filtrer, entre les lignes, quel type de personne elle serait si l'on veut comparer la marque à une personne, comme dans les portraits chinois. La Vache-qui-Rit est bienveillante et généreuse. Marlboro est serein. Citroën est idéaliste. Ricard est bon vivant, optimiste, gai, épanoui. Opel jusqu'à ce jour n'a pas de personnalité très nette : elle n'a pas d'épaisseur psychologique.

La facette personnalité a été l'emphase de la publicité des marques depuis 1970. De nombreuses agences américaines en ont fait un préalable à toute communication : chez Ted Bates, il fallait définir une nouvelle USP (l'unique selling personality désormais), chez Grey la personnalité de marque. L'agence Euro-RSCG fait du physique et de la personnalité de la marque les deux piliers essentiels de toute la communication de celle-ci et la source de son style.

Ceci explique la floraison de personnages de marques à laquelle nous avons assisté : la voie facile pour doter la marque d'une personnalité est de lui trouver un porte-parole, une effigie réelle ou symbolique.

Ainsi Patrick Sébastien a joué un rôle considérable dans la création de la marque Justin Bridou : il lui a conféré notoriété, sympathie et sa personnalité forte et de bon vivant. Legal a aussi beaucoup bénéficié de l'apport de Johnny Hallyday. Gérard Depardieu cautionna Barilla, marque installée, plus qu'il ne lui conféra sa personnalité. La marque Vedette a été totalement identifiée à la mère Denis, comme Guy Degrenne à l'enfant espiègle mais déjà si créatif, le jeune Guy Degrenne. À ce sujet, il est intéressant que le vrai Guy Degrenne, président de la société, se soit effacé devant le personnage fictif, la représentation non véridique que l'on a donnée à dessein de lui. À la différence des enseignes, où il est de tradition de montrer le commerçant (M.-E. Leclerc, A. Afflelou...), c'est le personnage mythique qui intéresse la marque. On verra ultérieurement, dans le chapitre consacré à la durée de vie des marques qu'il faut savoir abandonner un personnage lorsqu'il a accompli sa fonction. Ne pas le faire accélère le vieillissement de la marque qui a privilégié un code au fond. C'est ce qui est arrivé à Vedette.

3. La marque est un univers culturel. Tout produit est en effet le produit d'une culture. Il en est la concrétisation physique et le support (au sens média). Par culture il faut entendre un système de valeurs, source de l'inspiration de la marque. La facette culturelle est celle des principes fondamentaux qui gouvernent la marque dans ses manifestations (produits et communications). Elle est une facette profonde, pivot de la marque. Apple est le produit d'une culture californienne au sens où cet état représente une éternelle nouvelle frontière sur le plan symbolique. Il ne s'agit plus de s'étendre géographiquement mais de changer la société – à l'inverse des marques bostoniennes et de la côte Est. Tout se passe comme si, même en l'absence des dirigeants fondateurs de l'entreprise Apple, la marque Apple était toujours porteuse d'un projet révolutionnaire pour les entreprises et plus largement pour les hommes. Cet imaginaire, source d'inspiration vitale, s'enracine alors dans ses produits et services informatiques très originaux mais aussi dans une façon de parler.

Les grandes marques semblent mues par et porteuses d'une culture (Benetton, Coca-Cola, Citroën...). La publicité en se focalisant trop sur la facette personnalité a négligé cette facette essentielle (nous le verrons aussi pour les enseignes de distribution : certaines enseignes n'ont qu'une personnalité, d'autres ont une culture, ce sont les enseignes fortes). Le fond culturel de Citroën est l'idéal de l'ingénieur : le progrès par l'application de la science. Si Léonard de Vinci existait aujourd'hui, il serait Citroën : fusion intime de l'art et de la technique, obsession du progrès, de l'élévation. Mercedes incarne les valeurs de l'Allemagne : l'ordre y domine. Même à 260 km/h, une Mercedes ne bouge pas. Le monde peut défiler à cette vitesse, l'automobile reste stable, impassible. La symétrie domine cette marque : les automobiles ont une caisse tri-corps caractéristique du physique de la marque. L'ordre émane aussi du symbole de marque fiché à l'avant de toute Mercedes.

La facette culturelle de la marque est essentielle. Sa prise en compte est récente : elle résulte d'une prise de conscience de la relation entre la marque et le produit.

La marque ne se contente pas d'énoncer des produits, elle les légitime, elle clame leur droit de cité au nom d'un nouveau système comportemental, d'une nouvelle culture qu'elle incarne. Ainsi, Findus n'est pas tout simplement le nom donné à une gamme de surgelés : ce fut le haut-parleur d'une culture en opposition avec les deux sources de légitimation des habitudes alimentaires : la religion et la classe sociale. En parlant publicitairement à voix haute, Findus affirma en fait le droit des femmes à ne plus être des ménagères, des femmes au foyer. Sans ce travail de légitimation d'une nouvelle culture, le « produit objectif » (surgelé) se serait-il imposé ? La marque par ses investissements publicitaires, par sa notoriété, joua son rôle de force sociale et autorisa par son poids de nouveaux comportements. Elle s'inscrivait dans une culture de libération de la femme. En ce sens on peut dire comme Fourcade et Cabat (1981) que la marque parle en fait moins des objets que de leur codification sociale qu'elle légitime par sa notoriété. La marque sémantise les objets et les comportements.

Les pays d'origine sont des réservoirs culturels pour la marque : Coca-Cola c'est l'Amérique, IBM aussi. On peut décider de les occulter : ainsi Mars est une marque totalement internationale. Canon, Technics nient leur origine japonaise. Mais Mitsubishi le porte sur soi, comme Toyota ou Nissan. À l'étranger Évian ou Perrier deviennent porteurs aussi de la culture française, c'est une des bases de leur valeur ajoutée. Mais ce n'est pas la seule : les Américains ne payent pas en Perrier ou Évian la seule facette culturelle, mais l'ensemble des six facettes. La marque Hollywood Chewing-Gum s'approprie un imaginaire de nature et sportivité à l'américaine. Chevignon s'approprie l'univers américain des fifties et les valeurs qui lui sont associées.

C'est par la facette culturelle que la marque se relie à l'entreprise surtout lorsque marque et entreprise portent le même nom (Peugeot, Citroën, Renault mais aussi Michelin, Legrand). Nestlé ne parvient pas totalement à être une marque de plaisir, de gourmandise, sa culture ne l'y prédispose pas : émanation d'une entreprise que l'on sent puritaine et austère, elle ne peut être autre. La culture d'entreprise réduit les degrés de liberté de la marque car celle-ci en devient la facette extérieure la plus communiquante. Ce n'est pas un hasard si la marque Renault bâtit son identité sur des valeurs d'habitabilité, de vie, d'intérieur, de confort (d'où le slogan de marque « des voitures à vivre »). Ce n'est pas le résultat d'une étude de marché ayant décrété que telles étaient les attentes d'une large fraction des automobilistes. Émanation d'une entreprise semi-publique jusqu'en 1996, laboratoire social de la nation, la marque naturellement penche plus vers des valeurs de relations humaines que vers des valeurs de dépassement de soi (Porsche) ou de compétition et de performance (BMW). La présence de Renault en Formule 1 vise à rééquilibrer ce penchant : mais fondamentalement la marque Renault est porteuse d'autres valeurs.

La facette culturelle est essentielle dans le lancement d'un alcool. En effet, comme tout psychotrope, l'alcool est porteur de risques. Ceux-ci sont à la fois recherchés (le plaisir de l'ivresse) mais aussi craints. Il faut donc pouvoir rassurer implicitement. Les marques notoires et globales n'ont plus à le faire : par leur notoriété elles témoignent que des millions de buveurs s'y adonnent de par le monde. Pour lancer une nouvelle marque, il faut souvent lui trouver une histoire pour l'ancrer, lui donner des racines. Elle doit avoir l'air vraie et non un produit du marketing. C'est en partie aussi pour cette raison que la communication de Malibu s'est récemment située dans les Caraïbes elles-mêmes.

Cette facette est celle qui différencie le plus les marques de luxe car elle renvoie à leurs sources, leurs idéaux fondateurs, leur système de valeurs. Elle fonde largement les marques bancaires, car choisir sa banque c'est opter pour un certain rapport à l'argent. Alors que leurs prestations sont voisines (le physique), la carte Visa Premier et la carte American Express Gold ne relèvent pas du tout du même système culturel. L'American Express Gold reflète le capitalisme triomphant, en mouvement. L'argent est montré presque exhibé. La Visa Premier serait plutôt émanation d'un capitalisme avançant sans bruit, feutré, à l'allemande. L'argent traité est un argent efficace pudique, sans être timoré, surtout pas un argent flambeur.

4. La marque est une relation. En effet, les marques sont souvent l'occasion d'une transaction entre personnes, d'un échange. Cette facette est essentielle pour les marques de service et les enseignes aussi, nous y reviendrons ultérieurement. Yves Saint Laurent est une marque de la séduction : à travers ses produits et sa communication (même si aucun homme n'y figure), une relation homme-femme sensuelle est implicite. Dior est porteur d'une autre relation faite d'apparat, un peu show-off (sans connotation négative), teintée d'exhibition, de volonté de briller – comme l'or. La Vache-qui-Rit est au cœur d'une relation mère-enfant. Carambar était une marque de transgression : les enfants faisant les courses détournaient cinq ou dix centimes pour s'acheter cette confiserie interdite. Nike, dont le nom grec atteste du système culturel, du sourçage dans les Jeux olympiques, dans le culte du

corps propose une relation particulière, faite de provocation. Nike entraîne au défoulement (« Just do it »). IBM est porteur d'ordre, Apple de convivialité. La facette relationnelle est fondamentale pour les banques et les marques bancaires, depuis le très célèbre « Votre argent m'intéresse » de la BNP au « pouvoir de dire oui » du Crédit Lyonnais ou au « Conjuguons nos talents » de la Société Générale ou « Une banque à qui parler » du Crédit Mutuel.

5. La marque est un reflet. Interrogés sur telle ou telle marque automobile, les interviewés leur attribuent immédiatement un destinataire, un conducteur type : c'est une marque pour VRP ! pour pères de famille ! pour frimeurs ! pour vieux beaux ! Par sédimentation de sa communication et de ses produits les plus « marquants », la marque bâtit toujours un reflet, une image de l'acheteur ou de l'utilisateur auquel elle semble s'adresser.

Fréquemment on confond le reflet et la cible. La cible est la description des acheteurs et utilisateurs potentiels de la marque. Le reflet n'est pas la cible, il est l'image extérieure que la marque donne de cette cible. C'est un modèle d'identification. La marque Hollywood Chewing-Gum touche une clientèle très large alors que son reflet est étroit (l'adolescence entre 15 et 18 ans). Comment expliquer ce paradoxe ? Auprès des plus jeunes (8-13 ans), les personnages de Hollywood Chewing-Gum représentent un idéal, ce que l'on souhaite devenir et faire dès que l'on sera plus âgé (donc sorti de la relation de tutelle avec les parents) : liberté, sportivité, convivialité seront alors possibles. Ces personnages font office de modèle d'aspiration. Quant aux adultes, ils voient en eux un système de vie et de valeurs et non une tranche d'âge particulière et restrictive. La marque permet de manifester en mâchant son adhésion à ce style de vie, même si l'on a trente ou quarante ans.

La confusion entre reflet et cible est encore fréquente et source de problèmes. Combien de managers n'exigent-ils pas que la publicité montre la cible telle qu'elle est, oubliant que celle-ci souvent n'y tient pas mais achète aussi dans la marque (ou l'enseigne de distribution) une valeur-signe, qui lui permet de se construire, de bâtir sa propre identité. La cigarette Flint a lourdement payé cette confusion.

Née après les événements de Mai 1968, cette cigarette voulait révolutionner le monde et présenter les consommateurs non d'une façon idéalisée (comme le fait Marlboro) mais tels qu'ils sont. Aussi la publicité de lancement montra-t-elle un fumeur légèrement bedonnant, barbu, repassant un blue-jean par terre, dans ce que l'on devinait être un F3 à Créteil. La cigarette fut retirée du marché quelques mois après son coûteux lancement : on avait confondu cible et reflet. Or on le sait bien, les foulards Hermès ne sont pas vendus aux seules égéries diaphanes regardant, distantes, la côte défiler depuis un Riva véloce. Mais c'est ce reflet qui fait vendre. Beaucoup de femmes aimeraient être cela.

Toute marque doit gérer son reflet. À force de laisser dire que Porsche est pour frimeurs, la marque s'affaiblit. Pendant longtemps Brandt tomba dans la tentation de montrer ses acheteurs tels qu'ils sont : elle risquait de devenir une marque moyenne. Une marque doit toujours renvoyer un reflet valorisant de ses clients.

6. La marque enfin est une mentalisation. Si le reflet est le miroir externe de la cible, la mentalisation en est le miroir interne, vis-à-vis d'elle-même. En effet, à travers notre consommation de certaines marques (ou enseignes) nous entretenons un certain type de relation avec nous-mêmes.

Par exemple, maints acheteurs de Porsche veulent, à travers cet achat, se prouver qu'ils le peuvent. En fait, cet achat est en avance par rapport à leur carrière et d'une certaine façon un pari sur leur croissance. La marque fonctionne alors comme une obligation d'auto-dépassement (d'où sa signature publicitaire : la course avec soi, la seule course qui ne finit jamais). Comme on le voit, le reflet de Porsche est différent de sa mentalisation : c'est une lézarde dans la marque d'avoir laissé se bâtir un reflet négatif.

Même s'il ne fait pas de sport, le client Lacoste s'auto-analyse (les études le montrent bien) comme membre d'un club à base sportive, un club ouvert sans distinction de race, de sexe et d'âge (figure 3.4.). Car le sport dépasse les clivages. Une des caractéristiques des acheteurs de Gerblé est qu'ils se mentalisent non comme des consommateurs mais comme des adeptes. Rencontrant un autre consommateur, la conversation s'établit de suite, comme s'il s'agissait de membres d'une même confession. L'adhésion à la marque signe une allégeance, une communauté d'esprit, de mentalisation, ce qui facilite voire encourage la communication. Les clients de Carrefour eux « positivent ».

Ce sont ces six facettes qui définissent l'identité de la marque, son territoire de potentialités. Le prisme d'identité de marque rappelle que ces facettes forment un tout structuré. Le contenu de l'une fait écho à une autre facette. La structure du prisme naît d'un constat de base : la marque est un être de discours. La marque n'existe que si elle communique. D'ailleurs une marque qui resterait trop longtemps muette et inutilisée serait déchue. Si la marque est discours (pour parler des produits qu'elle sécrète, pour signer les produits qui l'illustrent), elle peut donc être analysée comme tout discours, toute communication.

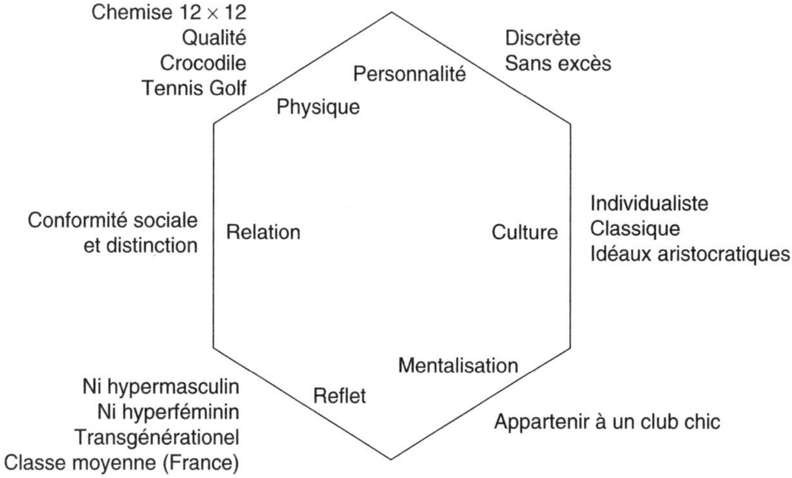

Figure 3.4. – *Prisme d'identité de Lacoste*

Or la sémiologie nous enseigne que toute communication construit un émetteur. Même en parlant des produits ou des magasins elle donne à imaginer celui qui parle, l'émetteur. C'est une construction au sens où cet émetteur n'a pas d'existence physique dans le cas de la marque (à la différence de la communication d'entreprise). Quoi qu'il en soit, les acheteurs, lorsqu'on les interviewe n'hésitent pas à décrire l'émetteur de la marque, celui qui porte son nom. Les facettes physique et personnalité cernent cet émetteur construit (figure 3.3.).

Toute communication construit également un destinataire : tout se passe comme si, en parlant, on semblait s'adresser à un certain type de personne, d'auditoire. Les facettes du reflet et de la mentalisation cernent ce destinataire construit qui fait partie de l'identité de marque. Les deux dernières facettes, la relation et la culture, sont les ponts entre l'émetteur et le destinataire.

Le prisme d'identité donne aussi lieu à une césure verticale (figure 3.3.). À gauche les facettes physique, relation et reflet sont les facettes sociales de la marque, celles qui l'extériorisent. Le physique est visible, le reflet et la relation aussi. À droite, les facettes de la personnalité, de la culture et de la mentalisation sont les facettes d'intériorisation de la marque.

UNE IDENTITÉ FORTE : LE CAS CARREFOUR

Le prisme d'identité permet d'ausculter la marque et d'en déceler les forces et faiblesses. Il interroge la marque sous toutes ses facettes et débouche sur des diagnostics que l'énumération athéorique de dizaines d'items d'image ne permettait pas d'obtenir.

Carrefour, qui est aussi aujourd'hui une marque, a une identité dont les racines remontent à 1975, année de lancement des fameux produits libres. Pourquoi les Produits Oranges de feu Euromarché ne connurent-ils pas le même succès que les Produits Libres de Carrefour ? Pourtant leur positionnement était le même : ils déclaraient[1] dans leur publicité « aussi bons que les grandes marques, moins chers ». Leur niveau de prix était identique, de 15 à 30 % inférieur à des produits de marque. Leur contenu physique était identique : souvent il s'agissait du même fabricant (par exemple Cantalou pour les chocolats, la Célatose pour les cotons et couches).

Tout était identique sauf le plus important, leur identité. Toute communication bâtit une identité, inéluctablement. Le problème est donc de la gérer. Carrefour sut le faire. Sans le savoir Euromarché dota ses mêmes produits d'une identité négative, handicapante (tableau 3.1.). En effet, la couleur blanche, ascétique des produits drapeaux de Carrefour, ainsi que le nom de marque retenu « Produit Libre » ne relèvent pas du hasard. Ils donnent un sens à ces produits que l'on a à tort critiqués comme anonymes.

Car ce qui compte n'est pas d'avoir un nom mais d'avoir un sens, c'est-à-dire d'être l'émanation d'une valeur qui s'enracine dans ces produits et qui précisément leur donne de la valeur.

Le positionnement « aussi bons et moins chers » ne révèle pas ce sens. Il décrit l'offre dans son contexte concurrentiel. Le positionnement est statique. Toute la différence entre les deux familles de produit est qu'elles n'avaient pas le même sens. Le blanc, couleur de pureté conférait sérénité et optimisme à la démarche. À travers ses produits, la marque cherchait à établir une relation libératoire – c'est-à-dire affranchir les consommateurs du joug (supposé) des marques de fabricants. Cette démarche s'inscrivait dans une culture opposant le vrai (besoin) au faux (caprice) ou au superficiel (la publicité). Cette culture est d'essence humaniste car elle prône l'élévation de l'homme. Loin d'apparaître comme mû par un souci d'économie, le reflet de « Produits Libres » était celui d'un innovateur. Quant à la mentalisation, elle était celle de quelqu'un qui manifeste son intelligence et qui s'élève de ce fait.

1. Il s'agissait à l'époque plus d'une déclaration que d'une réalité. Les grandes marques ont un savoir-faire technologique qui ne se copie pas aisément, sauf quand elles le proposent elles-mêmes aux distributeurs.

Tableau 3.1. – *Identité comparée des Produits Libres et des Produits Orange*

Facettes de l'identité	Produit libre	Produit orange
1. Physique	Aussi bons, moins chers, blancs	Aussi bons, moins chers oranges
2. Personnalité	Sereine, optimiste	Datée
3. Relation	Libération	Assistance
4. Culture	Humaniste	Paupériste
5. Reflet	Innovateur	Choix subi
6. Mentalisation	Être plus intelligent	Économiser

Quel contraste avec l'identité de « Produits Orange ». Non seulement la couleur orange est datée (ce fut la couleur de tous les pressings nés dans les années soixante). De plus elle a acquis, dans le contexte des prix bas, une connotation sociale, teintée de paupérisme (la carte orange). Nous ne sommes pas ici dans une relation de libération mais d'assistance. Quant au destinataire construit, il semble venir à ces produits plus parce qu'il n'a pas le choix, par contrainte que par élection : il doit économiser à tout prix.

Dans le cas présent, l'identité de marque passait par le refus de la dénomination « marque ». Aussi le nom de marque fut-il « Produit Libre » ou « Produit Orange ». Mais alors que ce premier nom s'inscrivait dans une logique cohérente, le second n'en fut que l'imitation. L'identité « libertaire » exprimait cette valeur-source de toute la démarche, bain de légitimation pour le positionnement (aussi bons et moins chers), de valorisation pour les acheteurs. L'imaginaire de marque s'enracinait dans les caractéristiques des produits et dans leur apparence extérieure. La valeur source était source de valeur. « Produits Orange » était porteur d'un autre sens : ce drapeau-là ralliait moins les cœurs.

Le cas ci-dessus est remarquable en ce que la marque « Produit Libre » a bâti son succès en fustigeant une démarche qu'elle continuait cependant à pratiquer (donner du sens aux produits). En décrétant que seul le produit comptait, on créa en fait une identité de marque.

En 1988, Carrefour changea de campagne publicitaire. La nouvelle tournait autour du concept et du slogan « je positive ». Comme pour chaque nouvelle campagne de cette enseigne majeure de la grande distribution, les interrogations fusèrent : que voulait donc dire Carrefour cette fois-ci ?

En réalité Carrefour ne disait rien de plus que ce qu'il dit depuis 1975. Peu d'enseignes sont aussi cohérentes dans leur identité. Les campagnes peuvent changer, pour tenir compte des aspérités du terrain concurrentiel.

Mais l'identité Carrefour reste dominée depuis sa création par une même valeur de base, pivot de l'enseigne : le positivisme. Le fait que cette valeur ait émergé explicitement dans le dernier slogan ne doit pas abuser. Toutes les communications de l'enseigne depuis 1975, l'ère des Produits Libres, sont marquées par la facette culturelle de l'enseigne, et le positivisme.

Que disait déjà Carrefour en 1975 ? Les Produits Libres, drapeau de l'enseigne, étaient la concrétisation d'un idéal de l'enseigne : faire le tri entre les vrais et les faux besoins. Cette campagne opposait la réalité du produit vrai – de la chose physique – au monde suspect des apparences, des signes, de la publicité. Fondamentalement le prisme d'identité de Carrefour est déterminé par cet idéal rationaliste. Le caractère de Carrefour est optimiste et serein, il n'est ni agressif ni bateleur. Il y a un zeste éducatif et tutélaire dans la relation que l'enseigne propose à sa clientèle, ce que traduit le contenu informatif du journal que celle-ci reçoit. « Je positive » exprime la mentalisation du client Carrefour : celui-ci manifeste son intelligence en fréquentant l'enseigne. Il accède à la lumière en achetant sa marque de qualité.

IDENTITÉS D'ENSEIGNES

Leclerc n'est pas la seule enseigne à parler de prix. Cora le fait, Continent, Mammouth aussi. Mais ces dernières enseignes n'ont pas une identité forte qui crédibilise, authentifie la déclamation du prix. Toute l'identité Leclerc tient dans cinq mots : « je me bats pour vous ». Cette relation est le pivot de l'identité de l'enseigne Leclerc. Ce combat n'est pas simplement marchand, il est politique. Il s'agit de faire tomber les murailles qui bloquent la société (corporations, lobbys, ententes...). Le slogan « Le Parti Prix » résume cette dimension militante qui authentifie le discours sur les prix. Cette identité d'enseigne est spontanée : elle est l'expression même d'Édouard Leclerc et de son fils.

Intermarché est aussi une enseigne à forte identité. Celle-ci est exprimée par le surnom Les Mousquetaires de la Distribution. Si Leclerc se bat, les Mousquetaires s'unissent pour défendre. Ici encore c'est la relation qui constitue le pivot de l'identité. La dimension politique est absente mais il reste la mobilisation et l'enthousiasme, trait caractéristique de la personnalité de cette enseigne. La proximité des identités de Leclerc et Intermarché n'est pas un hasard : la seconde fut créée par des transfuges de la première. L'identité Intermarché s'enracine jusque dans l'organisation : chaque directeur de magasin est son propre patron. Mais collectivement, tous unis (un pour tous, tous pour un) comme les cinq cents mousquetaires du roi, ils bataillent pour fournir le meilleur service et le meilleur prix.

Ces trois identités d'enseigne sont fortes : elles ont une épaisseur psychologique. Maintes enseignes ne sont qu'un physique (Cora, Géant) ou un caractère (Atac, But, Mammouth). Elles créent certes un émetteur mais leur culture est vide, leur relation plate. Pendant longtemps on a cru que le physique et le caractère suffisaient à la marque et à l'enseigne. Il lui manque alors une source d'inspiration et une facette relationnelle, ce qui est la moindre des choses dans le domaine des services et *a fortiori* de la distribution.

Dans le domaine des grandes surfaces spécialisées Darty s'oppose à la FNAC. Cette opposition n'est pas seulement marchande : leurs identités sont aux antipodes l'une de l'autre (Figure 3.5.).

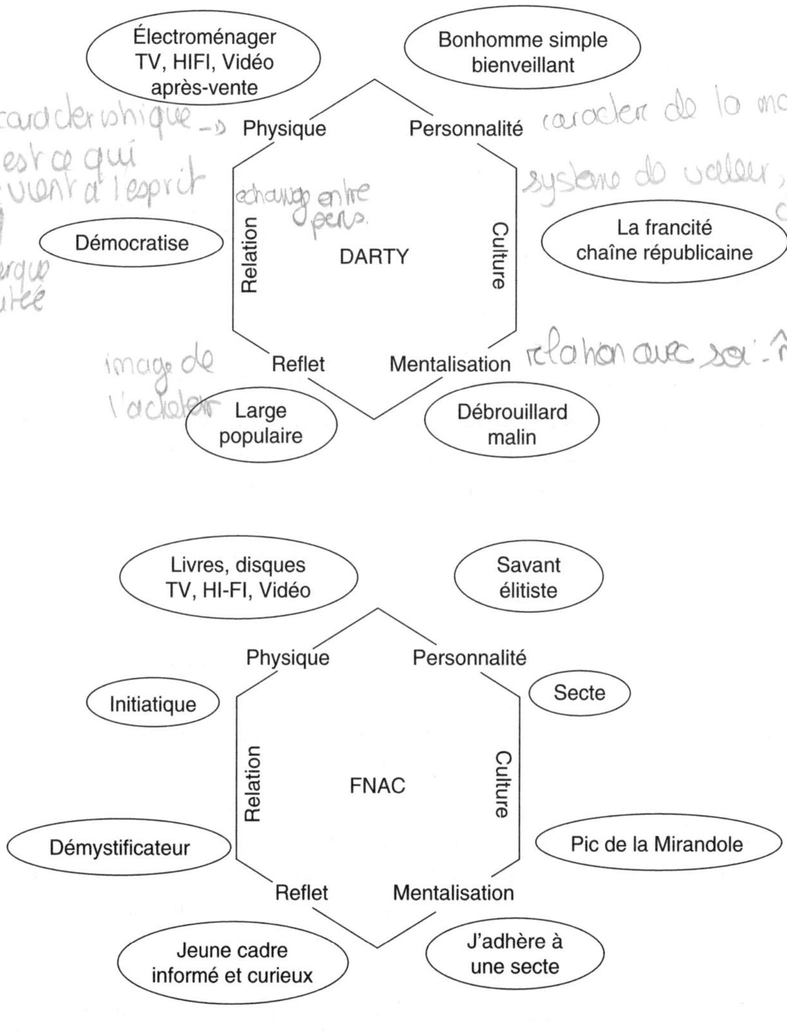

Figure 3.5. – *Identités comparées des deux enseignes DARTY et FNAC*

L'identité de Darty tire sa cohérence et sa sympathie d'une certaine « francité » qui en constitue le pivot, l'ancrage. Darty est une « chaîne républicaine » dont la devise – non écrite – est manifestement liberté, égalité, fraternité. En effet, que propose Darty ?

Il se multiplie en points de vente pour être accessible au plus grand nombre. Il se multiplie en marques pour proposer le plus vaste choix. Il se bat sur les prix. Quant à l'avant-vente, elle est réduite au minimum : les consommateurs n'ont pas à subir l'agression d'un vendeur dès leur arrivée dans le magasin. Ces facteurs s'inscrivent dans une volonté de créer une liberté de consommation.

Darty prône l'égalité des produits : rangés les uns à côté des autres sans plus de différences qu'une fiche descriptive. Enfin Darty exalte la fraternité entre distributeur et consommateur : le contrat de confiance en atteste, mais aussi le ton spécifique de la communication – simple, populaire et humoristique. Darty invite à la fraternisation autour de la liberté de consommation. Il n'est pas étonnant alors que cette enseigne suscite une identification large dans l'opinion publique. L'émetteur construit, le M. Darty imaginé est un véritable petit père du peuple exaltant les bonnes vieilles valeurs françaises de débrouillardise, de travail, de famille, de maison. Darty est un démocrate, il aime le peuple et pour cela démocratise les marques.

Fondamentalement la FNAC est une secte. Le paradoxe est que Darty, enseigne capitaliste et privée, paraît plus républicaine et démocratique que la FNAC, pourtant issue du giron mutualiste. Celle-ci se vit, se pense comme un temple du savoir, presque une secte maçonnique dédiée à l'élévation de l'homme. La FNAC ne démocratise pas, elle initie (d'où la géographie intérieure du magasin qui en fait un temple, une ruche feutrée ; d'où aussi les séminaires, les séances de formation, les tests comparatifs, les journaux). La culture de la FNAC est humaniste : l'art, la littérature, les sciences et les techniques y fusionnent. La FNAC magnifie les objets jusqu'à leur donner une dimension culturelle.

Comme toute secte, elle a ses prêtres (les vendeurs professionnels et spécialisés). Ceux-ci tentent d'éclairer le monde, de démystifier les produits, les gadgets, les fausses innovations. Comme toute secte élitiste, le reflet est naturellement plus étroit qu'une enseigne démocratique. Mais rappelons-le, le reflet n'est pas la cible : il en est le modèle d'identification. À la FNAC, on attend du client plus qu'un achat, mais une véritable adhésion.

Ces deux identités sont fortes et cohérentes. Elles sous-tendent les décisions stratégiques depuis les styles d'aménagement de magasin, les choix de produits, le type et le niveau de service, le profil des vendeurs jusqu'au ton des communications. Pendant longtemps, la FNAC ne fit pas de publicité : le prosélytisme devait suffire. Elles expliquent aussi l'impression de permanence de ces enseignes qui pourtant ne cessent de se renouveler. Loin d'être une simple enseigne graphique signalant un magasin, Darty, FNAC (mais aussi Virgin, Carrefour, Leclerc, GO Sports, Décathlon, pour ne citer qu'eux) affirment un projet : ce sont des distributeurs volontaristes, animés par une morale, une utopie. L'acte marchand n'en sort que plus légitimé.

LES SOURCES DE L'IDENTITÉ

Comment cerner l'identité d'une marque ? De quoi est fait son capital ? Comment en repérer les contours, les zones de force et les limites ? Toute personne responsable d'une marque ayant déjà une longue existence sait bien que la marque, au fil du temps, a acquis une certaine autonomie, un sens spécifique. Si à sa naissance, tout était possible, la marque n'étant alors que potentialités, avec le temps la marque a perdu en degrés de liberté mais gagne en degrés de conviction. Ses facettes se précisent, dessinant un territoire de légitimité. Les tests révèlent cette mue : certains concepts de produit ou de communication semblent désormais étrangers à la marque. D'autres concepts au contraire semblent en résonance avec la marque, comme si la marque leur donnait raison donc force de conviction.

Les études d'image ne fournissent pas une réponse satisfaisante à ces questions. Encore moins le fait de demander aux acheteurs ce qu'ils attendent de la marque. En général, ils n'en savent rien. Ou bien, ils répondent par rapport à la marque présente, dans son état actuel. Ainsi au Danemark ou en Allemagne les acheteurs de Citroën sont une minorité : la marque est peu diffusée, son réseau commercial débute. Aussi pour un possesseur Danois ou Allemand, Citroën est le signe non de l'étranger mais de l'étrangeté. Interrogés sur leurs attentes vis-à-vis de la marque, ils vont la confiner dans une mission visant à perpétuer ce culte de l'étrange et par là même renforcer la différenciation qu'elle confère à cette minorité d'acheteurs marginaux, soucieux d'apparaître comme tels. On conçoit aisément ce que le respect de telles attentes auto-justificatrices aurait de contraignant pour la part de marché de la marque Citroën.

On interroge souvent les consommateurs et les prospects sur la marque idéale, et les caractéristiques qu'elle devrait avoir pour rallier tous les suffrages. Outre qu'elle méconnaît la segmentation des attentes, cette approche produit un profil de marque idéale moyen. En matière bancaire on attend typiquement de la marque qu'elle signe expertise et écoute, disponibilité et compétence, proximité et savoir-faire. Ces attentes sont idéales au sens où elles sont souvent incompatibles. La poursuite de celles-ci aboutit à une perte d'identité et une régression vers la moyenne. Voulant à tout prix ressembler à la marque idéale exprimée par les consommateurs (ou acheteurs industriels), les marques commencent en général par gommer leurs différences. On veut faire de la Banque Populaire une banque haut de gamme et de Paribas une banque ouverte et démocratique.

L'erreur consiste à poursuivre « l'idéal » du marché : chaque marque doit poursuivre son idéal. Celui de la Banque Populaire ne peut (et ne doit) être le même que celui de Paribas ou de la BNP. Une marque impose sa marque, elle est fidèle à ses valeurs et en fait la promotion. Naturellement, l'exigence commerciale impose de rester en phase avec le marché. Aucune marque ne souhaite avoir le destin de Van Gogh méconnu de son vivant et richissime à titre posthume. Mais la dominance actuelle de méthodes de gestion de marques où le consommateur est censé détenir les clés de la marque, de son identité et de sa stratégie alors qu'il en est bien incapable commande un rééquilibrage vers une réflexion portant sur l'émission de la marque et non sur sa réception.

La recherche de la spécificité d'une marque, de son contenu et de ses valeurs propres procède tout naturellement de la compréhension de ce qu'est une vraie marque. Une marque est un dessein une vision, un projet. Ce dessein n'est souvent écrit nulle part (exception faite des quelques marques qui ont une charte de marque). Il faut donc l'inférer à partir des traces de la marque : les objets qu'elle marque de son empreinte et les signes qu'elle choisit pour se présenter. Les sources de l'identité de marque, celles qui font sa spécificité et son unicité, constituent les meilleurs indices pour une compréhension de ce qu'est cette marque. Aussi étudiera-t-on les produits (ou services) que la marque a signés, son nom, son éventuel personnage de marque, son logo, son pays d'origine, sa production publicitaire, ses packagings. Il s'agit de mener une sémiologie de l'émission en tentant de retrouver le dessein à l'origine de cette production d'objets, de produits et de symboles. Le plus souvent ce dessein était inconscient, écrit nulle part, rarement formulé explicitement. Il s'écrivait dans l'action, dans les décisions quotidiennes. Même les créateurs de marque (C. Lacroix, Y. Saint Laurent, J.F. Ferré ou J. Bousquet, etc.) n'en ont pas conscience : interrogés sur son dessein, ils parviennent rarement à le rendre explicite mais n'hésitent pas à dire ce qui est et ce qui n'est pas dans la marque. Celle-ci se confond avec eux-mêmes. Paradoxalement on peut donc dire que la marque ne commence vraiment à exister que lorsque son fondateur disparaît. Elle n'est plus corps ni instinct, elle devient programme et dessein.

Il peut aussi arriver, dans cette démarche inductive, que plusieurs desseins émergent. L'histoire d'une marque reflète les décisions des hommes chargés de la gérer, sans forcément de continuité. Plutôt que de chercher une impossible cohérence pour fédérer des contraires, la gestion de la marque consiste alors à privilégier un de ceux-ci si l'on estime qu'il est le plus porteur pour la marque dans le marché auquel on la destine. Enfin, lorsque la marque est faible, aucun dessein cohérent ne semble émerger : la marque est plus un nom sur des produits qu'une force de proposition. On se retrouve alors quasiment en phase de création de marque : la marque est pleine de potentialités, peu de portes lui sont fermées, même si elle a déjà ensemencé dans la mémoire du marché des racines potentielles de son identité.

Les produits typiques de la marque

Le produit est la première source d'identité de la marque. Par le choix des premiers produits (ou services) qu'elle signe, la marque révèle son dessein, son unicité. La vraie marque ne se contente pas d'être un simple nom marqué sur un produit, à la fin du processus de production ou distribution, un simple artifice graphique. Elle inspire ce processus de production et de distribution : elle injecte ses valeurs dans les produits et les services qui les accompagnent au point de vente. Les valeurs de la marque doivent donc se retrouver dans les produits les plus représentatifs de celle-ci. Cette dernière phase mérite attention. La psychologie cognitive nous a révélé que certaines catégories semblaient plus facile à définir par leurs membres les plus typiques que par une définition spécifiant les traits nécessaires et suffisants pour qu'un objet fasse ou non partie de la catégorie. Reprenant l'exemple de Wittgenstein, il est très difficile de définir le concept de « jeu », d'en spécifier les traits permettant d'identifier à coup sûr quand on a affaire à un jeu ou non. Pour les catégories abstraites, recouvrant des objets hétérogènes, la difficulté est encore plus grande. La marque en est un exemple dès lors qu'elle n'est pas le désignateur d'un seul produit. Ainsi qu'est-ce que Danone ? Quand un produit mérite-t-il d'être appelé Danone, quand ne l'est-il pas ?

Les consommateurs parviennent aisément à répondre à cette question. Ils peuvent ranger une série de produits en fonction de leur typicalité, de leur capacité à être tout à fait représentatifs de la marque Danone, à en être un très bon exemple, comme en témoigne le tableau 3.2. qui compare l'ordre des produits jugés les plus typiques de Danone, de Yoplait et de Chambourcy. Le produit plus représentatif est appelé prototype de la marque, non pas au sens d'une ébauche comme pour un avion ou une automobile, mais comme dépositaire le plus complet du sens de la marque. De ce point de vue Danone a deux produits prototypes : le yaourt nature et Danette. L'école cognitiviste autour de E. Rosch a promu l'idée selon laquelle le prototype donnerait en fait partie de ses traits à la catégorie (Kleiber, 1990). En d'autres termes, s'il n'existe pas de définition de ce qu'est Danone, le public s'en façonnerait une à partir des traits de ses produits les plus représentatifs : c'est ce qu'on appelle la sémantique du prototype. Il est vrai que pour chaque marque il nous vient spontanément à l'esprit des produits, certains avant d'autres, des actes, des communications. Ces produits prototypes sont dépositaires des facettes de l'identité. Pour certains psychologues cognitivistes, ils en seraient même les sources et non les dépositaires. C'est à travers eux que le public répondrait lorsqu'il est interrogé sur l'image de marque de Danone.

De fait, historiquement, il n'est pas neutre que Danone se soit fait connaître par le yaourt nature, produit jusqu'alors vendu comme médication, en pharmacie. La connotation de santé de Danone y prend sa source. Celle-ci est d'ailleurs réactualisée par la création de la Fondation Danone. Mais la dualité de prototypes a en même temps adouci l'image de Danone : Danette est hédonisme, plaisir, opulence. L'identité de la marque est donc elle-même duale : santé et plaisir (Tableau 3.2.).

Si la théorie est fondée, cela pose une autre question : qu'est-ce qui dans le produit typique est porteur de sens. Les valeurs de marque n'ont de sens que si elles se retrouvent au cœur du produit. L'imaginaire et le réel doivent être liés : le premier inspire le second. Le second rend concret le premier.

Tableau 3.2. – *Les produits les plus typiques de deux méga-marques.*

Produits	Danone	Yoplait
Danette	9.33 (1)	4.04
Yaourt nature	9.16 (2)	8.93 (1)
Yaourt aux fruits	8.64 (3)	8.39 (5)
Yaourt lait entier	8.55 (4)	8.88 (2)
Yaourt liquide	8.54 (4)	8.51 (4)
Yaourt velouté	8.44 (6)	6.76
Petits Suisses	8.13 (7)	7.98
Fromage blanc	8.11 (8)	8.66 (3)
Liégeois	8.07 (9)	7.6

Base : notation 0 à 10 (ordre entre parenthèse si note > 8)
Source : Kapferer et Laurent, 1996.

C'est ainsi que le point d'ancrage de l'identité de la marque Benetton est la couleur. La couleur n'est pas un thème publicitaire. C'est le fondement imaginaire et industriel de la marque. En effet, celle-ci a construit son avantage concurrentiel autour de la capacité de coller au plus près à la mode, c'est-à-dire aux couleurs qui feront la saison. Une chose est de le dire : le plus dur est de le faire. À la différence de ses concurrents, Benetton innova en faisant colorer les pull-overs après qu'ils eurent été faits et non avant, ce qui permit de gagner du temps précieux. En retardant le moment où l'on décidait des couleurs on collait mieux aux aléas de la mode et aux fluctuations du dernier moment. S'il se révélait que l'été serait fuchsia, Benetton pouvait réagir et coller à la tendance. Mais la couleur, aspérité fondamentale sur laquelle se bâtit l'identité de la marque, ne se résume pas à un problème de physique (dans le prisme d'identité). La couleur rayonne sur les autres facettes du prisme et en particulier sur celle qui fait de certaines marques une véritable religion : la facette culturelle.

Loin d'être un strict élément de positionnement (la marque de la couleur), la couleur devient la partie visible, émergente d'une idéologie, d'un système de valeurs, d'une culture de marque. En signant « United Colors of Benetton », en montrant ensemble dans ses affiches un bébé blond et un bébé noir, la marque exprime son inspiration, sa vision idéaliste d'un monde uni où toutes les couleurs cohabitent et vivent de concert. La couleur cesse d'être une simple différence de fabricant elle est un drapeau, un signe d'allégeance. L'hymne à la couleur est chanté par la jeunesse en portant celle-ci. La fraternité, la tolérance culturelle sont les valeurs de la marque. C'est pourquoi le style provocateur des publicités récentes de Benetton heurte tant : on ne retrouve plus le fond de marque bâti à ce jour. D'autres peuvent copier Benetton, ils ne peuvent qu'imiter son physique, pas la signification désormais attachée au nom.

Orangina est un cas de marque en recherche d'identité, de profondeur, et d'épaisseur psychologique. Pendant des années Orangina signifiait un physique, une particularité produit : un soft drink gazeux à l'orange. Sa spécificité, son aspérité-produit est la pulpe d'orange, encore présente dans le liquide. Cette importance de l'orange pour la marque se matérialisait par une bouteille exclusive reproduisant la rondeur de l'orange et par une publicité rappelant la nécessité de bien secouer cette bouteille pour disperser la pulpe. Puis la publicité dota la marque d'une personnalité en empruntant les codes du clip moderne haché et tressautant, très en faveur chez les jeunes. La dernière étape, celle de l'accès au sens plein de la marque consiste à inverser le rapport de la marque au produit. Jusqu'alors Orangina était le nom du produit à la pulpe d'orange : l'adoption d'un code moderne ne changeait pas structurellement ce rapport. Aujourd'hui la question posée est inverse : de quelles valeurs un soft drink pulpeux à l'orange pourrait-il être la matérialisation ? En effet, on ne lutte pas contre Coca-Cola auprès des 13-18 ans à coups de physique et de personnalité seuls. Coca-Cola est une marque d'allégeance à un modèle culturel américain. Orangina doit trouver la source d'inspiration, le modèle dont le produit enracine les valeurs. Cette recherche part d'un des axiomes de la gestion de marque : la vérité d'une marque est en elle-même. Ce n'est pas en commençant par interroger les consommateurs ou en interrogeant les oracles des flux socioculturels que la marque découvrira qui elle est. Les flux passent, les racines restent.

En puisant dans les valeurs de la marque Orangina depuis sa création, on trouve spontanéité, humour et sympathie. Le produit, l'Orangina est une boisson saine, naturelle, mélange de pulpe et d'eau. Il est symbolique du soleil, de la vie, de la chaleur, du dynamisme. Sous-jacent, immergé on devine un dénominateur commun : le modèle du Sud. Le mot « modèle » rappelle qu'une marque est toujours le produit d'une certaine culture, donc d'un système de valeurs qui se donne en modèle. L'imaginaire du Sud semblait proposer une alternative au système de valeurs Nord-Américain. Être au sud c'est une autre façon de voir le monde et de le vivre. Hélas le concept de Sud déboucha vite sur une interprétation hispanisante, limitative. De plus le mot Sud n'a guère de sens pour les gens de l'hémisphère-sud, ou en Asie, terres de conquête pour l'internationalisation d'Orangina.

Le problème de Brut de Pomme est que son destin est doublement lié au produit-pomme. D'une part c'est à la pomme, d'autre part le nom confine la marque dans une forte proximité de la pomme. La marque est handicapée par ce fruit dont l'image est ambivalente. Or faute de moyens et de concurrents, elle ne peut à elle seule faire évoluer le vécu collectif national de la pomme, et pâtit donc pleinement de ce dernier.

La chemise Lacoste ne représente plus que 30 % des ventes mondiales de Lacoste. Elle est néanmoins un produit pivot, car porteur des valeurs dont la marque est dépositaire. Cette chemise est en effet née à une époque où l'on jouait au tennis en pantalon et en roulant les manches de sa chemise. René Lacoste demanda à son ami André Gilliet de lui fabriquer une fausse chemise – ayant l'allure extérieure d'une chemise (afin de ne pas heurter la reine d'Angleterre à Wimbledon) – mais plus pratique – donc aérée (d'où la maille), solide, et à enmanchement droit. Ainsi dès le départ et par accident la chemise de René Lacoste était porteuse d'un idéal individualiste aristocratique où le courage et l'élégance vont de pair. Lacoste est toujours présentable, conforme aux règles sociales qu'on ne transgresse pas tout en ne les respectant pas non plus à la lettre. Situé ni dans l'éphémère et la mode, ni dans l'ordre figé, Lacoste signe le toujours présentable.

Toutes les grandes marques ont ainsi un produit pivot, un cœur porteur du sens de la marque. Chanel a sa chaîne, Chaumet a ses perles, Van Cleef un brevet pour monter des rangées de pierres dans des rainures invisibles. Loin d'être de simples caractéristiques des produits elles sont la matérialisation, le support des valeurs de ces marques. En revanche Dupont semble dépositaire de peu de choses : la marque signe certes de superbes briquets, mais on ne sent pas vibrer un concept au-delà de ces briquets. Dans le domaine du prêt-à-porter, le 501 est le cœur de Levi's et de l'idéologie dont la marque est porteuse (faite de rupture par rapport aux conventions sociales). À cet égard, il n'est pas neutre de constater que le produit le plus porté avec la chemise Lacoste est le jean. À l'inverse, des marques comme Newman souffrent de ne jamais avoir eu de réel produit pivot, exclusif de la marque et support de son identité.

Citroën illustre le cas d'une marque dont certains produits seuls sont représentatifs. Le génie créateur de la marque s'exprima pleinement dans la DS, la mythique SM, puis la CX et la récente XM. L'Ami 6, la Visa, la BX, fussent-elles de bonnes voitures, semblaient mues par une autre intention, une autre source d'inspiration. Quant à la 2 CV dont la clientèle jeune a gardé le souvenir et par là même une certaine idée de Citroën, elle traduisait la capacité de la marque à résoudre des problèmes comme un ingénieur sait le faire : c'est-à-dire d'une façon abstraite, mathématiquement correcte mais esthétiquement problématique. Cette capacité à s'abstraire des exigences du réel (faire beau, répondre aux besoins narcissiques de l'automobiliste) au profit d'une préoccupation utilitariste poussée à l'extrême (la 2 CV) est un des traits de la marque et fait partie de son identité aussi. Gérer la marque c'est veiller à ce que cet extrême ne survienne pas trop souvent. L'identité ne se subit pas, elle se gère.

Les exemples ci-dessus illustrent un principe-clé pour la crédibilité d'une marque et sa résistance au temps. Les facettes de l'identité doivent être intimement liées et l'on doit pouvoir ancrer les facettes immatérielles dans le physique des produits. Ce processus, appelé en anglais « laddering » (du mot ladder, échelle) est illustré par le cas Brut de Pomme. Le positionnement actuel comme soft drink capitalise sur la facette physique de l'identité et les significations positives de la pomme pour les adolescents.

- ATTRIBUT PHYSIQUE : Pomme
- BÉNÉFICE OBJECTIF : Une boisson désaltérante plus efficace et plus tonifiée
- BÉNÉFICE SUBJECTIF : La boisson de ceux qui se dépassent
- VALEUR : La « fureur de vivre »

Le prisme d'identité de Lacoste est lui-même (cf. page 115) indissociable de la démarche à l'origine de la création de la célèbre chemise, mais aussi du système de valeur de son sport prototypique le tennis. De même l'identité de la marque Salomon est le produit des valeurs du ski alpin, du produit prototype (la fixation) et du caractère de l'homme, Georges Salomon. C'est pourquoi Salomon n'a pas du tout la même identité que Rossignol.

Le pouvoir du nom

Le nom de marque est souvent dépositaire des intentions de la marque. Cela va de soi lorsque, à sa création, le nom fut choisi précisément pour véhiculer certaines caractéristiques objectives ou subjectives de la marque. Mais le potentiel des noms à délimiter et indiquer le territoire de légitimité de la marque concerne aussi les noms choisis subjectivement, sans apparente rationalité ou en tout cas sans démarche explicite rationnelle. Ainsi pourquoi Steve Jobs et Steve Wozniak choisirent-ils Apple pour nom de marque ? Ce nom ne sortit pas d'une étude de créativité ou d'un programme informatique de production de noms de marque. Il fut le nom qui parut évident aux deux créateurs de génie. C'est donc qu'il était porteur des mêmes valeurs que celles qui les poussèrent à créer une révolution informatique.

En effet, ce qu'il faut expliquer c'est pourquoi les deux créateurs ne choisirent pas le style des noms dominant à l'époque comme International Computers ou Micro Computers Corporation ou même Iris. La majorité des entrepreneurs aurait choisi ces formes de noms. En décidant de s'appeler « pomme » (apple), Jobs et Wozniak signifiaient le non-conformisme de la nouvelle marque. Loin de se prendre au sérieux, celle-ci se représentait par un nom de fruit (et un symbole visuel de pomme croquée). Par ce choix la marque témoignait de ses valeurs : refusant de mettre l'informatique sur un piédestal, Apple préparait une inversion du rapport homme-machine. Celle-ci allait devenir objet non de vénération ou de terreur, mais de plaisir. Ainsi, le nom de marque portait en lui les germes de ce qui devait apparaître évident plus tard : une nouvelle norme était née. Ce qui est vrai d'Apple ne l'est cependant pas d'Apricot. Il y a une différence entre l'injection spontanée des valeurs dans le nom et le mimétisme ne retenant que le principe de dénomination (par un fruit) faute de pouvoir recréer ces valeurs.

Ainsi le nom est une des sources les plus fortes d'identité. Lorsque la marque s'interroge sur son identité, il convient d'en ausculter le nom afin de retrouver la logique qui aurait pu présider à la sélection de ce nom. Alors on retrouve l'intention de la marque, son programme. *Nomen est omen* dit l'adage : le nom est présage. Interroger le nom c'est chercher à identifier ce présage, c'est-à-dire le programme de la marque, son champ de légitimité, de savoir-faire, son territoire de compétence. Est-ce un hasard si l'eau des bébés se nomme Évian (Ève-vie-an) ? Si l'eau contre le grossissement s'appelle Contre-X ? Président ne renvoie pas à une région ou un terroir particuliers, mais à une ambition : seul le meilleur dans sa catégorie mérite un tel nom. C'est la raison pour laquelle cette marque ne signa pas d'emmenthal tant que l'entreprise Besnier ne sut produire un emmenthal hors du commun. La marque, rappelons-le, est un contrat. Il engage la société à être à la hauteur des caractéristiques sous-tendues par le nom de marque.

Beaucoup de marques s'évertuent à chercher à acquérir des vertus que leur nom de marque exclut ou en tout cas n'évoque pas. Abeille essaya en vain de rentrer sur le segment des aérosols dépoussiérants : ce segment correspond à des produits légers, pour un travail vite fait, bien fait. Abeille évoque l'inverse : le labeur, la ruche, l'organisation, la cire. Chronopost a un nom qui est un handicap pour lutter contre Jet Services, DHL, sur les envois internationaux. Lié à La Poste, son nom évoque les plis et non les colis, le national et non l'international, le temps et non le service. Il lui faut donc créer des produits et les doter de noms de marques eux-mêmes, pour compenser ce handicap.

Beaucoup de marques raisonnent en oubliant leur nom. La tentation de faire fi de son nom tient à une interprétation hâtive du principe d'autonomie de la marque. En effet, l'expérience apprend que la marque acquiert une autonomie : elle se délexicalise ; en d'autres termes, elle donne un autre sens aux mots. Ainsi lorsque l'on parle des skis Rossignol personne ne pense à l'oiseau ou au mot d'argot. Il en va de même de la marque Bosch. Mercedes est un prénom espagnol : la marque en a fait un nom symbole de l'Allemagne. Cette faculté n'est pas l'apanage de la seule marque elle caractérise les noms propres. Ainsi personne ne pense à mal en écoutant le nom de Sean Connery. De même, on ne pense plus aux bois en parlant de M. Dubois. Les marques fortes imposent leur sens au lexique : elles donnent un autre sens aux mots.

Cette réalité ne saurait être niée mais elle prit plus ou moins longtemps selon la difficulté de la tâche. Casino ne renvoie plus à un casino mais à des grandes surfaces ou supérettes. Omo évoque une lessive et pas son homonyme. On peut raisonnablement douter que l'on puisse jamais se départir du sens des mots Banque Populaire ou Crédit Mutuel. Le territoire de compétence de ces deux marques bancaires est inscrit dans leur nom. Elles ne doivent pas chercher à ressembler à la BNP ou la Société Générale, leur programme est ailleurs : leurs noms signifient ouverture, écoute, partenariat, réel souci du public. Plutôt que de lutter à contre-courant, il vaut mieux exploiter les résonances implicites de ces noms et développer au mieux ce pour quoi ces banques semblent avoir été créées. Quant au Crédit Mutuel, on attend de lui qu'il soit une banque hors pair(s). En effet, non seulement il ne s'appelle pas Banque comme les autres mais Crédit, de plus son attribut « mutuel » l'oblige à faire mieux au service du public.

Le nom, comme l'identité, se gère. Certains noms peuvent avoir un double sens. Le but de la communication est de rendre l'un de ceux-ci émergé et de refouler l'autre. Ainsi, par la présence de son symbole visuel la marque Shell évoque en anglais un coquillage et non le second sens du mot (obus, explosif !).

Une des fragilités potentielles de la marque de Roquefort Société est son nom. Paradoxalement la marque Société, détenant 56 % du marché a réussi malgré son nom. En effet, la légitimité d'un roquefort se situe dans le mythe du respect de la nature. Aussi, la marque Papillon jouit d'un nom qui renvoie à des évocations de nature, de pureté. Le nom Société ne renvoie pas à la nature, mais à la société c'est-à-dire le monde organisé : il est donc décalé par rapport à l'imaginaire idéalisé du produit. Par son nom, la marque peut faciliter l'adhésion à des rumeurs – distillées par certains concurrents ou des crémiers furieux de voir Société vendu en grandes surfaces – selon lesquelles Société serait désormais loin du roquefort authentique et proche du roquefort industriel, le rachat par l'industriel Besnier ne faisant que renforcer ces rumeurs. Le rôle de la communication sera de rendre saillantes d'autres évocations latentes du nom Société (la société secrète, la secte de connaisseurs ou la signification originelle « Société des Caves » créée en 1842, les maîtres affineurs), révélées par l'analyse des potentialités (cf. page 138).

Sans aller jusqu'au complet changement de nom, on peut faire évoluer le programme de la marque en modifiant son nom. Dans l'univers de l'ultra-frais le nom Nova n'ajoutait que froideur et déshumanisation : en 1982 on en fit Mamie Nova ce qui changea radicalement l'esprit de la marque. De même, l'antique marque Motobécane devint moderne et technologique en se réduisant à MBK. Le Crédit Agricole lui-même ne s'appela pas toujours ainsi : son nom originel était Crédit Agricole Mutuel. Pour prospérer et se développer pleinement dans le monde de l'argent, on préféra ôter le qualificatif Mutuel – trop lié à des valeurs refusant précisément l'argent. Quant à agricole, la communication a su en refouler les connotations rustiques et rurales pour en exploiter et exalter la vertu fondamentale : le bon sens.

D'une façon générale, il faut aller dans le sens de la marque, de l'identité qu'elle sous-tend, chaque fois que cela est possible. Tout Hugo Boss est dans le nom international Boss : il évoque la conquête, la réussite professionnelle, la conformité, la ville. Rexona est un nom dur dans tous les pays, de par son attaque en R, et le X : cela sous-tend une promesse d'efficacité.

Les personnages de marque

Si la marque est le capital de l'entreprise, l'emblème est un capital de la marque. L'emblème est une représentation symbolique de l'identité de la marque au travers d'une figure visuelle, distincte du nom de la marque. Ses fonctions sont multiples :

- aider au repérage, à la reconnaissance. Avant de signifier, l'emblème identifie. C'est important dans le marketing visant les enfants, qui privilégient l'image au texte, ou encore à l'international (tous les whiskies ont leur emblème).
- il est signature de garantie.
- signe permanent, il pérennise et permet de capitaliser. Ainsi Hermès décline son cheval en Équipage, Amazone, Calèche.

– il permet de différencier et personnaliser : l'emblème confère sa personnalité à la marque. En cela, il la valorise. Mais il permet aussi un processus d'identification de la part du consommateur.

La présence d'animaux comme emblèmes répond à cette dernière fonction. L'animal permet de symboliser la personnalité de la marque. Il est symptomatique que l'horoscope chinois ou occidental représente les caractères humains par des animaux. Le culte des animaux chez les Égyptiens reflétait aussi leur conception d'un mystérieux intérieur. Allégorie du caractère de la marque, l'animal emblème permet aussi l'identification psychologique de la cible. Le faucon de Clan Campbell signe l'indépendance, l'esprit libre du buveur de ce whisky. Le tétras rouge symbole de l'Écosse, oiseau rare du whisky Grouse reflète l'aspiration esthétique de ses adeptes.

L'emblème condense en lui plusieurs facettes de l'identité de la marque, ce qui en fait un pivot du capital identitaire. La multitude d'animaux sauvages, rares, durs à apprivoiser dans l'univers des whiskies atteste de la naturalité, de la pureté et authenticité de ces alcools, donc en diminue le risque perçu. Ils témoignent, on l'a vu ci-dessus, aussi de la personnalité de marque : le tétras rouge est connu pour la noblesse de son allure et de son maintien. La dinde sauvage (Wild Turkey) animal têtu et malicieux, est aux États-Unis le symbole de l'indépendance. Ces animaux témoignent aussi du système de valeurs de la marque, sa facette culturelle, soit qu'ils soient des symboles géographiques (la Grouse pour l'Écosse, la dinde sauvage pour les USA) soit qu'ils évoquent le système d'existence de la marque. Par exemple le faucon violent de Clan Campbell est une métaphore des valeurs de destruction, de force instinctive qui se libèrent la nuit. Ce n'est pas neutre lorsque l'on veut être le whisky de la nouvelle génération. Cette identité est conforme à la fonction initiatique de l'alcool.

Maintes autres marques ont choisi d'être représentées durablement par un personnage. Celui-ci peut symboliser le créateur caution de la marque (le professeur Tournesol pour Fruidor, George Killian pour la bière rousse) ; le personnage peut être aussi une caution de marque quand il n'est pas son créateur (Germaine pour Lustucru ou Depardieu pour Barilla). D'autres sont le symbole des qualités de la marque (l'Ours de Cajoline, Monsieur Propre, Bibendum Michelin, le Gringo de Jacques Vabre). Certains personnages servent de relation, de lien entre la marque et son public, lien affectif ou prescripteur (l'ours Prosper, le petit Pépito, la grenouille Smacks, le petit pâtre d'Andros, Patrick Sébastien pour Justin Bridou). D'autres enfin sont le reflet de la marque : Isabella Rossellini, bien qu'italienne, représenta la beauté à la française promise à toute femme par Lancôme.

Ces personnages en disent long sur l'identité de la marque. En effet, ils furent choisis comme portraits de marque, c'est-à-dire au sens étymologique pour traits de marque. Ils ne sont pas la marque, mais la façon dont celle-ci matérialise ses traits. Par analogie, ni Brigitte Bardot ni Catherine Deneuve ne sont la République, mais en ayant prêté leur visage, leurs traits pour figurer le buste de Marianne, elles permettent d'appréhender la façon dont la République se conçoit à une époque donnée.

Lorsque le personnage a longtemps été associé à la marque, il est devenu partie intégrante de celle-ci. Les enfants ne consomment pas du fromage fondu en portions mais de la Vache-qui-Rit. Ils aiment bien le pain d'épices à condition que cela soit du Prosper. Le personnage, on le voit, en dit long sur la personnalité de la marque et sur la relation qu'elle construit avec le public. Prosper est balourd et permissif : il est le grand oncle avec lequel on découvre et on s'amuse. Pépito est un modèle d'identification : à travers lui on vit des expériences.

Les enseignes ont fait largement usage de personnages, avec plus ou moins de bonheur. En effet, certains personnages expriment bien la spécificité de l'enseigne, d'autres limitent celle-ci voire l'enferment. Ainsi Mammouth signifie grosseur et écrase les prix. Ce sont deux attributs génériques de tout hypermarché. Utile à l'époque où les enseignes d'hypers se créaient, le Mammouth ne permet guère de s'adapter aux conditions présentes du marché : aussi le groupe l'a-t-il réduit au silence et renvoyé à une nouvelle glaciation. L'animal figure encore sur l'enseigne mais il n'est plus porte-parole des « centres de vie ». Le Castor au contraire est le parfait archétype du bâtisseur débrouillard, malin et sympathique. Plutôt que s'appeler d'un nom sans aspérité aucune (comme Brico-Jardin), l'enseigne Castorama a trouvé dans cet animal une source d'identité très forte. Constatant que son nom – Intermarché – était d'une totale platitude et ne véhiculait rien de plus qu'une promesse générique (ici : grande surface), cette chaîne s'est depuis lors représentée par des mousquetaires. D'aucuns voient dans ces mousquetaires une astuce créative et graphique. Ils se trompent : toute la richesse, l'organisation et l'identité d'Intermarché sont symbolisées par ces personnages et leur signature « Les Mousquetaires de la Distribution. » On l'a vu, le mousquetaire est à la fois le miroir interne des gens qui font Intermarché (des indépendants qui s'unissent) et aussi une promesse de relation au public faite de courage, de mobilisation, de dépassement et de fraternité. Enfin, le mousquetaire enracine cette enseigne dans les vertus idéalisées de la France et en fait une chaîne très consensuelle.

Symboles visuels et logotypes

Qui ne connaît l'emblème de Mercedes, le losange de Renault, les chevrons de Citroën, le nid de Nestlé, la petite fleur de Yoplait, le +X des

Banques Populaires ou l'arbre de Bull. Ces symboles éclairent sur la personnalité et la culture de la marque. D'ailleurs ils sont choisis comme tels : les cahiers des charges servant à guider les cabinets de design et d'identité graphique comportent essentiellement des traits de personnalité ou l'adhésion à certaines valeurs.

Ce qui est important dans ces symboles et logos est moins que la marque se reconnaît par eux mais plutôt qu'elle se reconnaît en eux. D'ailleurs, les changements de logos signalent toujours une mutation de l'entreprise ou de la marque : ne se reconnaissant plus dans leurs anciennes signatures, elles souhaitent donc les faire évoluer. À l'inverse pour se revitaliser, retrouver leur identité, certaines marques puisent dans l'emblème de la marque – oublié jusqu'alors – l'énergie et l'agressivité nécessaires à leur mutation. De même qu'une signature révèle le caractère de son auteur, les signes de marque permettent d'accéder à son être, à la conception qu'elle a d'elle-même. Il n'est pas neutre que l'on soit passé des Banques Populaires à Banque Populaire. De même, bien qu'il soit muet en communication, le symbole de cette marque, +X en dit long sur sa philosophie implicite : plus et mieux. En dépit de son nom la Banque Populaire ne se vit pas comme populiste. En revanche, elle adhère à une éthique de multiplication des talents, sans distinction de sexe, de race, d'âge ou de classe sociale. Elle est la banque des gens entreprenants (ce qui ne veut pas dire la banque des cadres et entreprises : il fallut garder une marque spécifique pour eux, la BRED). C'est là son âme, sa raison d'être. Cette identité profonde légitimait des concepts publicitaires tels que « l'énergie » au sens où la Banque Populaire apporte son énergie à ceux qui en ont pour la démultiplier (hélas, la représentation visuelle de ce concept, mettant l'accent sur les manches retroussées, réactivait les latences laborieuses liées au nom de marque). On retrouve cette même identité derrière les campagnes qui succédèrent au concept d'énergie.

Racines géographiques et historiques

L'identité de Swissair est indissociable des facettes de l'identité de la Suisse. Il en va de même d'Air France à l'étranger ou de Barclay's Bank. Chrysler est la marque des voitures du Nouveau Monde, les États-Unis. Certaines marques portent en elles l'identité du pays d'origine. D'autres sont totalement internationales (Ford, Opel, Mars, Nuts). D'autres encore ont tout fait pour gommer leur identité nationale : Canon ne fait jamais référence au Japon. Technics s'est doté d'une identité anglo-saxonne – bien que l'entreprise créatrice soit japonaise. Hollywood Chewing-gum fait américain, mais est une marque déposée en France, comme Chevignon.

Certaines marques puisent dans leurs racines géographiques la source de leur identité, de leur spécificité. C'est un choix volontaire. Ainsi, que pouvait apporter une marque finlandaise de téléviseurs, Salora (de Nokia) ? Les évocations liées à la Finlande dessinent d'emblée un territoire de compétence et de spécificité. Comme son nom le suggère, la Finlande est le pays où la terre finit, pays lointain, froid, austère, où le soleil rase le sol (il n'y a qu'un pas entre sol-à-raz et Salora). Cet imaginaire spontané nourrit et cautionne une marque technologique futuriste, liée au sidéral, à la télécommunication, aux satellites, au design, aux formes épurées. Si tel est vraiment le cas des produits Salora, il y a là un potentiel de marque forte, car dotée d'une identité et d'un imaginaire qui s'enracinent dans les produits. Si, au contraire les produits sont banalisés, ce contrat implicite de marque sera rompu, et la marque gâchée.

La marque peut aussi se nourrir des valeurs liées à sa source régionale. Apple s'approprie les valeurs californiennes de progrès d'innovation tant dans la technologie que dans les rapports sociaux. Il y a des latences « d'alternative culture » dans cette marque venue de Californie (ce qui n'est pas vrai de toutes les marques issues de la Silicon Valley, comme Atari par exemple). IBM intègre l'ordre la puissance et le conservatisme de la côte Est. L'imaginaire d'Évian est lié aux Alpes ou plutôt à l'idée que l'on en a donné. Volvic puise dans le Massif Central des potentialités latentes à même de rejaillir positivement sur les caractéristiques perçues de l'eau de Volvic. L'enracinement est très important dans le monde des alcools : Glenfiddich veut dire Vallée des Cerfs, Grouse est le fétiche de l'Écosse. Au contraire, Malibu n'a jamais précisé ses sources : ce n'est que récemment que la publicité a ancré cette boisson dans les Caraïbes. Quant à Pacific, il manifeste sa rupture avec le pastis de la Provence, des grillons et de la pétanque, univers culturel prisé par les parents mais guère par les adolescents. Dans la banque, Suez bâtit son identité sur un lieu qui est aussi une époque mythique : celle du début du capitalisme, de l'expansion coloniale des grands travaux et des banques créées pour les financer. En s'adressant pour la première fois au grand public lors de sa privatisation, cette banque rappelait que seuls ceux qui ont un tel passé peuvent envisager l'avenir avec une telle sérénité.

L'histoire de la marque source ainsi son identité. Paraphrasant S. Tchakhotine, l'histoire révèle et crée des mythes fondateurs. Elle est le terroir des valeurs qui fondent le projet, la vision de la marque, ceux-ci s'exprimant éventuellement par un slogan. Examiner l'histoire d'une marque ou d'une enseigne ou d'une entreprise ne relève pas d'une préoccupation académique et factuelle. Il s'agit en fait de recherche d'identité tournée vers l'action, de quête des chromosomes personnels, afin de comprendre les ressorts de cette marque ou entreprise, et leurs facteurs de succès. Ainsi après des années d'hésitations et de concepts publicitaires, Monoprix s'est rappelé sa mission historique. Monoprix n'est pas en centre ville par hasard. Monoprix ne porte pas ce nom par hasard. La mission de l'enseigne est de démocratiser les plaisirs. Elle amène au centre des villes aux prix les plus bas les produits et plaisirs jusqu'alors inaccessibles. La matérialisation de cette identité retrouvée passe par la création de très nombreuses marques propres aussi bien en alimentation (la ligne Gourmet, la Forme, Vite Fait...) en textile (la ligne Laurène M.) venant s'ajouter aux marques de cosmétique Miss Helen et autres marques déjà existantes de Monoprix. Cette enseigne avait oublié sa raison d'être. L'histoire la lui rappela.

Les créateurs de la marque

L'identité de la marque est indissociable de celle de son créateur. Il y a encore du Georges Salomon dans l'identité de la marque Salomon, alors même que l'homme ou sa famille ne sont plus aux commandes de l'entreprise. Inspirée par son créateur, l'identité de marque d'Yves Saint Laurent est celle d'une féminité assumée, d'une femme de trente ans qui bouscule. La marque YSL est hymne au corps, à la séduction, à l'abandon, teintée d'exhibition et d'indécence. La latinité violente de Paloma Picasso rejaillit sur sa marque de parfums et explique son succès en Amérique du Sud, dans le Sun Belt américain (Floride, Texas, Californie) et en Europe (Espagne, France, Allemagne). Si cela va de soi aussi lorsqu'il s'agit d'enseignes commerciales où le commerçant est lui-même l'objet publicitaire, l'argumenteur (A. Afflelou, M.-E. Leclerc), le rapport entre la marque et son créateur perdure même après la disparition de son créateur, Chanel en est un exemple typique. K. Lagerfeld ne chercha pas à imiter le style de Mademoiselle Chanel, mais à en donner une interprétation moderne. Le monde change : il faut respecter les valeurs et les incarner dans notre époque.

Avec la disparition du créateur, la marque prend son autonomie et se sépare du patronyme, qu'elle domine désormais. La marque est le nom pris par le système de valeurs, d'inspiration. Elle ne peut plus être utilisée par un membre de la famille du créateur. C'est ce que confirmèrent les tribunaux en 1984 lorsqu'ils interdirent à Olivier Lapidus, fils du fondateur de la marque Ted Lapidus, d'utiliser le « vocable Lapidus ». Les liens de sang n'autorisent pas à l'exploitation du capital de marque patronyme dans le même domaine. Olivier partit au Japon pour lancer la marque Olivier Montagu. De retour en France, il ne put faire usage de son nom qu'en rachetant la Maison et la marque de son père. Cela n'alla pas sans créer un délicat problème de gestion des deux identités : Ted Lapidus et Olivier Lapidus.

La publicité : le fond et la forme

Ne l'oublions pas, c'est la publicité qui écrit l'histoire de la marque, de l'enseigne ou de l'entreprise. Darty est désormais indissociable de la saga publicitaire qui accompagna son développement. Dim ou Marlboro aussi. Cela est logique : la marque est un être de discours. Elle n'existe que par la communication. Puisque la marque énonce les produits ou services, il faut nécessairement qu'elle prenne la parole.

Or, en communication on en dit toujours bien plus que ce que l'on croit dire. Toute communication véhicule implicitement un message sur l'émetteur (qui parle ?), sur le destinataire à qui l'on semble s'adresser, sur la relation que l'on tente d'installer entre eux. Le prisme d'identité de marque repose sur ce constat inéluctable.

Quel est le vecteur de ce message implicite, glissant à travers les lignes ? Tout simplement le style. Or, à l'époque des médias audiovisuels, trente secondes de spot télévisé en disent autant sur le style de la marque parlant et du destinataire à qui elle paraît s'adresser que sur les caractéristiques et bénéfices du produit énoncé. Gérée ou pas, planifiée ou non, désirée ou subie, toute marque acquiert au travers de l'accumulation de ses communications une histoire, une culture, une personnalité, un reflet, etc. Gérer la marque c'est diriger cette sédimentation progressive dans le sens choisi, plutôt qu'hériter une image de marque.

Cet héritage peut parfois être heureux. Autant Volkswagen a un marketing dirigiste, autant il délègue totalement la communication à son agence. Ainsi toutes les automobiles de Volkswagen sont lancées sous le même nom, quel que soit le pays. Même si en France, le nom Passat traînait encore en lui des références négatives liées à l'ancien modèle Passat, en dépit des recommandations de V.A.G. France, la nouvelle Passat y fut lancée sous ce nom. En revanche, le style de la marque fut hérité du génie de Bernbach qui sut imposer au réseau international de DDB de suivre la ligne stylistique définie par lui. Au travers des campagnes anthologiques sur la Coccinelle, un style de marque se dessinait, en même temps que se construisait le territoire de communication de la marque Volkswagen.

Tant dans les films que dans les annonces publicitaires, la marque s'est toujours permis de jouer visuellement avec la voiture voire avec le logo. Le registre d'expression de la marque est celui de l'humour, et exclusivement de l'humour. Cela se manifeste soit par une auto-dérision, une certaine fausse modestie, soit par une touche d'impertinence vis-à-vis de la concurrence, et l'utilisation du paradoxe. Les communications Volkswagen bâtissent ainsi une relation très forte de complicité. Elles s'adressent à l'intelligence du consommateur et construisent un reflet de consommateur pragmatique, privilégiant l'essentiel au superflu.

Le paradoxe de Volkswagen est d'avoir toujours su parler d'un produit populaire avec une tonalité presque élitiste, mais rendue complice par l'humour. Celui-ci permit à Volkswagen de présenter comme des évolutions majeures des modifications mineures. En ce qui concerne le fond du discours, ce dernier s'est toujours appuyé sur des arguments très factuels et sur certaines valeurs dont la marque est porteuse depuis sa création (la qualité de fabrication, la longévité, la fiabilité par tous temps, le prix d'achat peu élevé et la valeur de revente...).

Bien que créé en dehors de l'entreprise, le registre d'expression n'a pas été plaqué sur la marque. En effet, comment pouvait bien être le créateur d'une automobile monstrueuse – s'appelant de surcroît le cafard en américain – allant complètement à contre-courant des tendances automobiles de l'époque aux États-Unis ? Il ne pouvait s'agir que d'une démarche foncièrement authentique émanant d'un créateur honnête, visionnaire, travaillant sur la durée et ayant le temps pour lui. Pour aider ses propres acheteurs, la marque se devait de les valoriser, de flatter leur intelligence d'avoir su s'extraire un instant des réflexes automobiles nord-américains. Par le clin d'œil, la marque réussit à faire passer ses valeurs, sa culture. Ce style Volkswagen est Volkswagen, fût-il créé par B. Bernbach. Au contraire, le style publicitaire extravagant de Citroën entre 1980 et 1989 n'était pas Citroën, mais plaqué sur cette marque visionnaire dont on oublia alors l'identité profonde. Cela fit des films dont on parla mais qui restèrent en dehors de la marque, comme les études le montrèrent. Le registre d'expression d'une marque découle du fond de cette marque (voir aussi page 108) dans le cas de Citroën on avait inventé un code sans lien avec le fond de la marque, son système de valeurs.

La rencontre entre David Hamilton et Nina Ricci produisit un style publicitaire continu entre 1970 et 1990. Peut-on dire que D. Hamilton ait imposé son style à Nina Ricci ? L'examen des communications de la marque depuis sa création en 1932 révèle plutôt que la marque a trouvé dans ce style le registre d'expression qu'elle cherchait inconsciemment. En effet, depuis ses débuts, la marque décline un voile symbolique (sur les cheveux, sur le visage) c'est-à-dire fondamentalement l'hymen et la pureté. Or le traité Hamiltonien constitue un voile généralisé. L'accent du photographe sur des adolescentes non encore entrées dans le monde de la féminité renforçait la communion spirituelle entre le traité stylistique et la marque de Nina Ricci. Curieusement, le même phénomène d'osmose eut lieu chez la marque très proche, Cacharel, avec la photographe Sarah Moon. Une partie de l'identité actuelle de ces marques a intégré cette enveloppe comme une seconde nature.

L'ANALYSE DES POTENTIALITÉS D'UNE MARQUE

Dans le travail d'analyse du socle identitaire d'une marque, préalable soit à un repositionnement crédible, soit à une revitalisation, toutes les facettes de l'identité n'ont pas le même niveau de saillance. Certaines sont très présentes à l'esprit, émergées, d'autres sont latentes et contenues dans certains signes dormants de la marque. Les marques riches dotées de nombreuses sources d'identité, ne les exploitent pas toutes. Le capital de marque latent est typiquement celui qui n'est pas exploité, mais pourrait l'être si l'on décidait de l'activer, c'est-à-dire de le rendre actif. Ce capital émergé et latent peut être soit positif, donc source de valeur ajoutée, soit négatif et source de handicap. Le croisement de ces deux dimensions (émergé/latent ; positif/négatif) permet de représenter les potentialités de la marque (cf. figure 3.6.). La revitalisation d'une marque consiste à rendre émergé ce qui est à l'heure actuelle latent et positif, il consiste aussi à rendre latent ce qui est émergé et négatif (en le passant sous silence ou en défocalisant l'attention sur ce point). La revitalisation – dont nous reparlerons au chapitre 11 – consiste aussi à puiser dans les potentialités latentes les meilleurs pivots identitaires susceptibles de renourrir le discours et les actions de la marque. Prenant le cas par exemple de la Suze, quatrième marque d'alcool en France par les quantités vendues, celle-ci dispose de fortes potentialités latentes liées à sa composition (des plantes naturelles), à son histoire (amie des artistes de la Belle Époque), à son goût (différent, affirmé, de caractère...), à sa bouteille (élégante, haute, de fait la plus grande de tous les long drinks), etc. Le socle identitaire est le fondement de la marque. Le choix d'un positionnement pour la marque nouvelle, ou d'un repositionnement pour la marque ancienne prennent forcément appui sur lui, ou sur une partie de ce dernier.

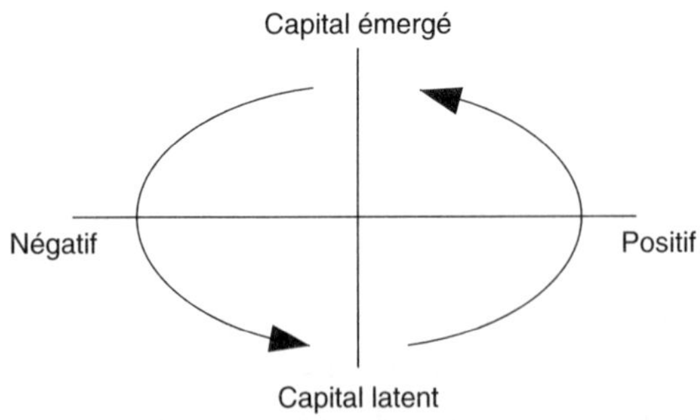

Figure 3.6. – *Analyse des potentialités de marque*

DEUXIÈME PARTIE

MANAGEMENT DE LA MARQUE

Chapitre 4

Lancement de la marque

Toutes les grandes marques examinées précédemment Renault, Lacoste, Apple, Banque Populaire, la Vache-qui-Rit, Ariel... furent elles aussi, au début de leur vie, des marques nouvelles. Au fil du temps, et souvent par intuition, hasard ou accident, elles sont devenues des grandes marques, des marques leaders, des marques fortes.

Ayant toutes été, nécessairement, des marques nouvelles, on peut se demander ce que les marques établies ont ou ont fait que les autres marques n'ont pas fait. Dans les chapitres précédents nous avons procédé à la radioscopie des grandes marques et des grandes enseignes. Chacune avait une identité forte : un métier bien identifié, une vraie valeur ajoutée, une personnalité de marque, un système de valeurs c'est-à-dire une vraie culture de marque, etc. Chacune de ces marques établies semblait avoir un sens précis, c'est-à-dire être mue par une source d'inspiration précise et savoir où elle allait en termes de produits ou services qu'elle n'hésiterait pas à signer.

Toutes les clés de lancement d'une marque nouvelle sont là. Ce qui fait la réussite d'une nouvelle marque c'est d'agir comme une marque ancienne ! En d'autres termes, au lieu de se préoccuper des façons de lancer des marques nouvelles, on devrait plutôt se demander comment inventer une marque établie, une marque réputée. Cette façon de voir est encore à cent lieues de certaines pratiques l'on continue à confondre lancement de produit nouveau et lancement de marque.

NE PAS CONFONDRE LANCEMENT DE MARQUE ET LANCEMENT DE PRODUIT

Les livres de marketing consacrent des chapitres à la définition des nouveaux produits mais pas au lancement de nouvelles marques ou alors ils limitent le propos au choix du nom du produit nouveau. L'incapacité à distinguer le produit et la marque tient à ce que l'on a découvert la marque par hasard. La plupart des marques réputées, chargées de sens et de valeurs, ont commencé comme un simple nom d'un nouveau produit supérieur à la concurrence. Ce nom fut en général choisi totalement au hasard, sans aucune étude ou réflexion : Coca-Cola reflétait la composition du nouveau produit, Mercedes était le prénom de la fille de M. Daimler, Citroën était un nom patronymique, Adidas est une déformation d'Adolphe Dassler, Lip de Lippman et Harpic d'Harry Picman. Il fallait bien nommer ce produit nouveau pour pouvoir faire de la publicité. Celle-ci présentait alors les avantages du nouveau produit, les bénéfices que l'acheteur pouvait en attendre.

Avec le temps, le produit nouveau est imité et doit être remplacé par un nouveau produit plus performant, héritant de la réputation et notoriété déjà acquises du nom existant. Les produits changent, les marques restent. Ainsi, au départ, la publicité vanta la supériorité du nouveau produit dont le nom était X. Avec le temps et l'obsolescence structurelle des produits, c'est X qui annonce qu'il se renouvelle, se dépasse, se transforme en accueillant sous son nom un produit plus performant. Une marque est alors née et, comme on le constate, ce n'est plus la publicité qui vend alors les produits c'est la marque.

Au cours du temps encore, par sa façon de parler (des produits), de s'adresser (au public), de se comporter, la marque va acquérir de plus en plus d'autonomie et se détacher de son sens originel (nommer le créateur de l'entreprise ou une caractéristique du produit). Peu d'Anglais pensent à « clean » en disant Kleenex, peu de Français pensent à la feuille de lotus en disant Lotus. Le nom de produit est devenu un nom propre, non dénotatif, mais chargé d'associations acquises du fait de l'expérience des produits et services, du bouche à oreille et de la communication. Celle-ci donne à voir et à imaginer qui est vraiment cet énonciateur, ce X, qui parle ainsi : quel est son métier, son projet, sa référence culturelle, son système de valeurs, sa personnalité, à qui semble-t-il s'adresser ? Avec le temps X a changé de sens : il n'est plus le nom d'un produit, il est le sens des produits, présents et à venir. X, la marque réputée, est devenue porteuse de valeurs dont elle fait bénéficier les produits qu'elle signe (dès le processus de production).

En termes de création de marque, la leçon à tirer est simple et unique : si la nouvelle marque n'est pas porteuse de valeurs dès sa création, dès son lancement, il est peu probable qu'elle réussira rapidement à s'établir comme une grande marque.

Sur un plan opérationnel cela signifie que, pour lancer une nouvelle marque, le choix de la référence imaginaire est aussi important que le choix de son produit de référence. Rappelons-nous l'exemple des Produits Libres. Ce qui fit leur force de persuasion ne fut pas tant les produits eux-mêmes (identiques à ceux des Produits Oranges, ou de ceux Continent, Casino...) mais le choix de la référence imaginaire, la source d'inspiration de ceux-ci : le mythe de l'élévation un idéal positiviste social, une volonté d'éclairer le public dans ses choix.

Lancer une nouvelle marque oblige à se comporter dès le départ comme une vraie marque, et non comme le nom du produit dont la publicité parle. Lancer une nouvelle marque conduit à ne pas attendre qu'avec le temps, dans le long terme, le nom de produit devienne – peut-être – signe de marque, doté d'un sens qui va bien au-delà des produits. Le management moderne doit produire des résultats plus tôt. La nouvelle marque doit être pensée dès le départ dans sa totalité, c'est-à-dire dans les valeurs fonctionnelles et non fonctionnelles qu'elle porte en elle. Lancée avec un produit supérieur, allant dans le sens des attentes du public pour plus de crémeux, la marque Cœur de Lion a su d'emblée encapsuler une promesse-produit (fait à cœur), une authenticité et un héritage, bousculant en deux ans Président la référence du marché du camembert jusqu'alors. Créer une marque, c'est se comporter dès le départ en marque établie, riche de significations. Quelques principes jalonnent cette démarche.

DÉFINIR LA MISSION DE LA MARQUE

Le lancement d'une marque, à la différence d'un lancement de produit, s'inscrit d'emblée dans la durée. La démarche bouscule donc l'ordre établi, les valeurs actuelles, les parts de marché. Elle vise à imposer un autre ordre, à imposer de nouvelles valeurs et marquer le marché de son empreinte sur une longue période. Il faut pour ce faire, au départ, toute l'énergie provenant du sentiment de l'intime nécessité de la marque. Pour mobiliser à long terme les employés, les cadres, les banquiers, les clients, les leaders d'opinion, les vendeurs, il faut être mû par un vrai projet de marque, une vraie vision qui justifie en interne comme en externe l'émergence de la marque, sa raison d'être.

La création d'une marque commence donc par l'écriture de la plate-forme de la marque, base invisible de son identité à long terme, tremplin de son énergie. Cette plate-forme reprend les catégories principales analysées au chapitre 2. Le tableau 4.1. en présente un exemple.

Tableau 4.1. – *La plate-forme de marque : Définition du programme de la marque*

1. Pourquoi cette marque doit-elle exister ?
   Que manquerait-il aux consommateurs si la marque n'existait pas ?
2. Point de vue
   Quel est le point de vue d'où la marque s'exprime ?
3. Vision
   Quelle vision la marque a-t-elle sur la catégorie de produit ?
4. Valeurs
   Quelles valeurs nous animent ?
5. Mission
   Quelle mission la marque se donne-t-elle dans son marché ?
6. Savoir-faire
   Quel est le know-how spécifique de la marque ?
7. Territoire
   Où la marque est-elle légitime pour accomplir cette mission, dans quelles catégories de produits ?
8. Produits ou actes typiques
   Quels produits ou quels actes incarnent le mieux ces valeurs et cette vision, en sont les meilleurs exemples ?
9. Style et langage
   Quels éléments de style sont typiques de la marque ?
10. Reflet
    À quel destinataire nous adressons-nous ?
    Quelle image veut-on donner du client lui-même ?

Bien des marques ne savent plus quelle est leur raison d'être et ne pourraient répondre aux questions fondant la plate-forme de marque. Celles-ci relèvent d'une conception volontariste de la marque et s'opposent à la conception tacticienne du créneau. Il faut être mû par un grand projet intérieur pour se lancer dans la longue aventure de la marque.

Certes ce projet devra s'ancrer dans ce qu'il est convenu d'appeler des axes d'image stratégiques, mais il ne se résume pas à ceux-ci. Il en est la source. Dans l'univers automobile on sent bien qu'on ne saurait résumer Peugeot à des items d'image tels que dynamisme automobile, fiabilité et hédonisme. Ces traits définitoires différencient bien Peugeot de Renault, positionné lui sur des items de confort, quiétude et qualité (d'où son slogan « des voitures (faciles) à vivre »). Mais l'une et l'autres marques obéissent chacune à un projet automobile profond, à deux philosophies différentes qui font d'ailleurs que Renault parle de voitures et Peugeot d'automobiles. Enfin sans expertise industrielle, marketing, commerciale et moyens financiers le projet reste lettre morte.

La définition préalable de l'identité de marque ne se pose pas dans les mêmes termes pour les marques-entreprises et les marques déconnectées de l'entreprise. Aujourd'hui en effet maintes entreprises font marque. Alcatel est entreprise et marque. Siemens aussi, comme Schneider, Legrand, Elf, Péchiney, Rhône-Poulenc, IBM... En revanche, Technal est une des marques d'Alcan, Mir est une des marques d'Henkel, Ariel de Procter et Gamble... Les entreprises prennent conscience que leur nom fait marque lorsqu'elles observent que l'acheteur, l'utilisateur est aussi important que l'analyste financier, dans les marchés où elles opèrent.

Sur le plan opérationnel, la création d'une marque disjointe de l'entreprise offre plus de degrés de liberté : tout est possible, ce qui ne veut pas dire que tout est pertinent, ou plus facile pour autant. Mais on peut créer de toutes pièces l'identité de la marque.

Dans le cas des marques-entreprises, la marque devient le porte-parole public le plus visible de l'entreprise. Il doit donc y avoir une relation entre elles deux, entre l'identité de marque et l'identité d'entreprise. L'identité de marque a moins de degrés de liberté que dans le cas précédent. En effet, la marque-entreprise est la façade externe de l'entreprise : elle devient l'émetteur qui construit auprès d'un public élargi l'histoire de l'entreprise. Il est vital que l'intérieur de l'entreprise se reconnaisse en cette marque, qu'il adhère à ce porte-parole nouveau (distinct du porte-parole de l'institution : le P-DG). Aussi constate-t-on que les marques-entreprises ont la même culture que les entreprises dont elles émanent.

Ce n'est pas un hasard si le concept de marque Renault est « des voitures à vivre ». L'entreprise Renault fut, rappelons-le, le laboratoire social de la France. Les valeurs de l'entreprise sont humanistes et sociales : elles privilégient l'homme sur la machine. Toute l'idéologie de l'entreprise Renault est l'accès à la qualité de la vie (c'est Renault qui ferma la première au mois d'août pour donner des vacances à ses ouvriers). Cette valeur a transité du côté de la marque. L'emphase actuelle de Renault sur la Formule 1 n'y change rien : il s'agit là d'une action visant à renforcer l'image de dynamisme et de performance de motorisation. Mais l'identité de marque prend sa source ailleurs, dans un souci de faire des voitures « à vivre ».

Nestlé ne peut pas être une marque exubérante et ludique, gourmande et permissive. En effet, elle porte le même nom que l'entreprise Nestlé, dont l'identité n'a rien d'exubérant et ludique. Même si le grand public ne connaît pas cette entreprise, la marque Nestlé subit l'influence du surmoi

Nestlé-entreprise. L'entreprise est celle qui en dernier ressort accepte ou non l'identité de marque. Si elle ne se reconnaît pas en elle, cette identité de marque sera modifiée pour être plus en phase avec celle de l'entreprise. Cela ne signifie pas que les deux coïncident, loin de là, mais qu'un pontage existe entre elles.

C'est par la facette culturelle que ce pontage s'opère en général (figure 4.1.). Il existe une raison théorique à cela : l'identité d'une entreprise se traduit par la focalisation de celle-ci sur une ou deux valeurs-clés, mobilisatrices et fusionnelles (Schwebig, 1985). Ce sont ces valeurs qui nourrissent la marque, lui donnent sa perspective sur le monde, inspirent sa volonté de transformer la catégorie de produit. Cette « valeur-source » donne son sens à la marque. Derrière la rigueur de Peugeot et la qualité qui en découle, il y a toujours eu la volonté de dépasser le strict fonctionnel pour procurer un réel plaisir aux automobilistes..

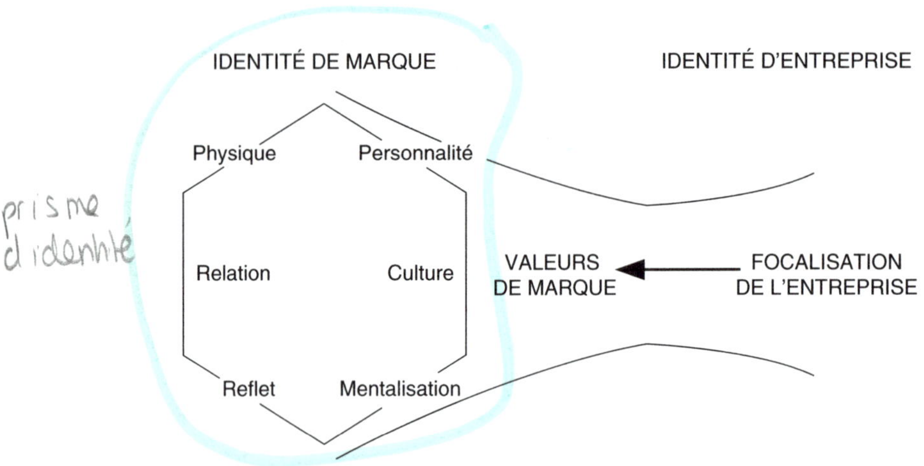

Figure 4.1. – *Transfert entre identité d'entreprise et identité de marque, quand l'entreprise fait marque*

Avec le temps, les relations entre la marque et l'entreprise s'inversent. La façade publique rejaillit sur l'interne, et devient bien plus mobilisatrice que tous les « projets d'entreprise » qui une fois définis sont vite oubliés. C'est pour bénéficier de ce flux en retour que maintes sociétés en viennent à se débaptiser pour prendre le nom de leur marque fleuron. La Tokyo Tsuhin Kogyo est devenue par exemple Sony Inc. ; la Tokyo Denki Kagaku a pris pour nouveau nom celui de sa marque notoire TDK. En France, lassé de voir sa marque nulle part alors qu'elle était partout, CGE annonça le mardi 10 avril 1990, à grands renforts de publicité, que CGE allait se débaptiser pour prendre le nom de ses deux marques notoires : Alcatel-Alsthom, et ainsi rendre visibles sa stratégie (communication et énergie), son envergure, sa personnalité et sa culture. De même BSN est devenu Danone.

L'identité de la marque forte nous rappelle que celle-ci ne se réduit pas à des attributs fonctionnels. C'est pourquoi, lors de la création d'une marque, le choix de la référence imaginaire est aussi important que le choix des produits de référence. Gerblé devait-il s'inscrire dans une référence rurale de champs de blés qui ondulent au gré des vents (imaginaire des bienfaits de la nature saine retrouvée des produits Gerblé) ou au contraire dans l'univers des bio-technologies, de l'intelligence alimentaire, plus moderne et en phase avec les sensibilités urbaines ? Apple inscrivit ses produits dans une référence californienne faite de hi-tech et de « counter-culture ». Atari vanta ses produits mais ne les situa dans aucune référence particulière. On ne sentit pas une profondeur de marque, un point de vue qui lui soit propre sur la catégorie de produit, la micro-informatique. Mitsubishi vend des voitures mais n'est pas encore une marque au sens plein : on ne sent pas ses valeurs, sa source d'inspiration, son projet, où elle va, où elle nous mène. Elle est un nom sur un produit, une réassurance liée aux connotations de puissance industrielle du groupe Mitsubishi. Elle est marque de fabrique, un dessin sur une calandre, mais pas encore un dessein.

Concrètement comment identifier ce dessein ? Partant du credo que la vérité d'une marque est en elle-même, les sources d'information internes sont privilégiées : ce n'est pas aux enquêtes d'opinion de dicter une identité de marque. Celles-ci comptent en revanche pour évaluer la façon dont cette identité se manifeste (valeur des produits, qualité des services et des actes de communication) et sa valeur ajoutée perçue par rapport aux marques déjà existantes. Le cas de la Banque Populaire illustrera la démarche. Dans sa recherche d'un positionnement bancaire, la première étape consista à définir le capital de valeurs et de traits de la Banque Populaire. Quels sont ses traits spécifiques. L'analyse, l'expérience et une enquête interne révélèrent ainsi une matrice de douze traits propres à la Banque Populaire. Par exemple, la Banque Populaire fonctionne sur le principe coopératif ; la Banque Populaire est gérée par des entrepreneurs, des gens qui ont l'esprit d'entreprise et aiment les responsabilités ; la Banque Populaire vit en interaction avec ses clients ; comme son nom l'indique la Banque Populaire est ouverte à tous ; etc.

Ces douze traits ne définissent pas un projet, une mission de marque mobilisatrice à long terme. Aussi la deuxième étape de la démarche consista à produire trois ou quatre projets ou scénarios, pouvant sourcer la démarche volontariste de la Banque Populaire. Tous ces scénarios émanent de la matrice des valeurs et traits, mais chacun d'eux met en fait en avant certaines valeurs et certains traits, les autres restant secondaires ou latents. Le premier scénario envisagé s'énonçait ainsi :

– « La Banque Populaire se donne pour mission de réconcilier les Français avec l'univers bancaire en leur donnant les moyens de mieux le comprendre et mieux l'utiliser. » ;

– le type de signature associé à cette conception de la Banque Populaire serait « La Banque qui fait aimer la Banque » ;

– les quatre atouts saillants sur lesquels reposerait cette identité de la banque seraient : 1) La Banque Populaire offre une relation originale à ses clients en les associant à sa gestion. 2) La Banque Populaire fonctionne sur le principe coopératif. 3) Son nom, lié à la tradition humaine de la Banque Populaire, la crédibilise sur cette mission. 4) La Banque Populaire assure tous les services d'une banque.

Le deuxième scénario proposé à la direction générale s'énonçait quant à lui ainsi :

– « La Banque Populaire se donne pour mission d'être l'outil bancaire le plus performant au service de toutes les initiatives. »

– La signature serait alors du type « La banque de l'action, de l'initiative. »

– Les atouts spécifiques crédibilisant cette mission, lui donnant profondeur et légitimité sont nécessairement différents des précédents. Ce serait en premier le fait que la Banque Populaire est gérée elle-même par des entrepreneurs, des gens qui ont l'esprit d'entreprise et aiment les responsabilités. En second lieu, chaque Banque Populaire est en prise sur sa région, etc.

La troisième étape consista à évaluer les scénarios ainsi proposés, tant en interne, qu'en externe. Quelles sont leurs incidences en termes de réseau, de produits, de type et de niveau de service, de moyens financiers ? Quelle capacité de mobilisation chaque projet a-t-il ? Ses valeurs sous-jacentes sont-elles porteuses pour demain ? Le résultat de ce processus en trois étapes est l'adhésion à un projet de marque spécifique, propre à mobiliser l'énergie des acteurs qui façonnent chaque jour le vécu de la marque bancaire.

CHOISIR LES PRODUITS PORTEURS DE SENS

Plus l'ambition de la marque est forte, comme son système de valeurs, plus est déterminant le choix du produit ou service énoncé lors de la campagne de lancement de cette marque. Il faut retenir le produit le plus représentatif de l'intention de la marque, celui où la marque déploie son potentiel transformateur. De même en matière de nom, seuls les produits porteurs du projet doivent porter le nom de la marque. Aussi cette dernière ne sera utilisée qu'en valeur de caution sur les produits plus atypiques.

Les produits d'une marque ne sont pas tous représentatifs de celle-ci. Seul celui qui manifeste l'empreinte de la marque doit servir d'appui lors des campagnes de lancement. Idéalement, cette empreinte devrait être visible. Les grandes marques automobiles le savent bien. Le dessin de l'automobile doit être la manifestation extérieure du dessein de la marque. Ce n'est pas un hasard si les grandes Citroën (DS, CX, XM) sont fuselées et à mi-chemin entre l'espèce-automobile et l'espèce-fusée. Le design des produits est une des manifestations de l'identité. La ressemblance extérieure de bien des automobiles dans le marché signale la perte d'identité de leurs marques.

Les caractéristiques du produit servent aussi d'appui aux thèses de la marque. Toshiba-informatique manifeste tout son sens lorsque cette marque parle de portables. Atari a trouvé dans le minuscule Portfolio le meilleur soutien de son idéologie. Mais qu'en est-il alors en matière de services ? Il est vrai que les marques de services signent une prestation intangible : il n'y a rien à visualiser, si ce n'est un acheteur et le prestataire de services. Or de l'invisible à l'inexistant il n'y a qu'un pas, que maints consommateurs ou acheteurs franchissent. Pourtant la logique reste la même : choisir le terrain qui illustre le mieux la marque. L'originalité du Crédit Mutuel se démontre pleinement sur certains sujets qui divisent actuellement le monde bancaire : la rémunération des comptes courants et le paiement des chèques, le surendettement des familles, l'écart entre les taux d'emprunt et le taux d'inflation devenu voisin de 1 % depuis quelques années. Il faut saisir ces occasions quand elles se présentent pour manifester la spécificité du point de vue du Crédit Mutuel.

L'autre approche consiste à rendre visible l'invisible en créant de véritables « produits de communication », c'est-à-dire en « packageant » des services intangibles (en leur donnant un nom de service, un habillage, une existence physique sur les lieux de prestation de services). La confiance est une des valeurs-sources de Darty. Elles se démontre nulle part mieux que dans les clauses du « Contrat de Confiance », créé pour matérialiser et rendre visualisable, tangible ce que certains pourraient ne prendre que pour une promesse strictement publicitaire. Si le Crédit Mutuel est un guide (facette de sa relation profonde au public), il devrait diffuser largement les excellents guides qu'il édite déjà pour sa clientèle. Le sponsoring réfléchi et le mécénat sélectif sont aussi des manifestations claires de l'esprit de la marque.

CAMPAGNE DE MARQUE OU CAMPAGNES-PRODUITS ?

Volkswagen n'a jamais communiqué sur autre chose que ses produits. Depuis le début, ses publicités dans la presse ont suivi un parti pris privilégiant des visuels de voiture sur fond blanc et une grande pureté visuelle. Même si la marque parlait avec distance, humour, impertinence et paradoxe des arguments rationnels, l'automobile était le héros de l'annonce. Renault de temps en temps signe des campagnes dites « campagnes de marque » où elle explicite son slogan de marque. On se souvient aussi des campagnes sur les chevrons sauvages de Citroën, pur-sang camarguais en liberté dessinant le symbole visuel de la marque. Lors de toute création de marque, l'alternative stratégique est posée : faut-il communiquer directement le sens de la marque, ses références imaginaires, son dessein ou l'induire à partir de la vedettarisation d'un produit porteur de sens ?

La réponse à cette question dépend de la capacité à isoler un produit qui communique pleinement le sens de la marque. Ce n'est pas un hasard si Volkswagen privilégia la seconde voie. La Coccinelle démontrait visuellement la touche d'un créateur original, visiblement hors courants, et porteur d'une culture automobile différente.

La prédilection des banques pour les campagnes de marque est logique. En tant que sociétés de services, elles n'ont rien à montrer. Elles ne peuvent que symboliser leurs valeurs, leur identité. D'autre part, elles encapsulent leur vérité profonde sous forme de slogan, pour trouver dans la mémoire un appui que l'absence de produits visibles leur interdit.

En 1997, L'Oréal décida de lancer une grande campagne fédératrice sur son nom. En effet, L'Oréal marque-mère était trop cachée par ses produits, devenus des marques eux-mêmes.

LANGAGES DE MARQUE ET TERRITOIRES DE COMMUNICATION

Le vocabulaire aujourd'hui n'est plus uniquement verbal, il est même à dominance visuelle. À l'ère de la télévision, des quelques secondes passées par page publicitaire dans les magazines, les images priment sur les mots. La marque se crée un territoire de communication, en s'attribuant un ensemble de mots et de visuels. Ils sont devenus sa façon de s'exprimer ; à leur vue, on sait qui parle. Les repères de la marque sont aussi son repaire. Il y a désormais un grain de folie chez Orangina et dans toute sa communication.

Un territoire de communication ne s'invente pas, ne se plaque pas sur la marque. Le langage de marque permet de libérer le discours de la marque.

Trop souvent, par manque de langage propre, on enferme les communications dans un corset d'obligations contraignantes : faute de savoir quel langage parler on répète des blocs de mots ou des blocs de visuels : ce faisant on fige le fond. D'une campagne à l'autre, on se focalise tellement sur le désir de créer une homogénéité, une ressemblance, un esprit communs que ces campagnes paraissent être la répétition d'une même campagne. Le message spécifique de chacune d'elles est masqué par un souci excessif de retrouver un code !

Le code est toujours un peu artificiel, le langage est naturel : il exprime la spécificité de l'émetteur, sa personnalité, sa culture, ses valeurs, et lui permet d'énoncer ses produits ou services et de séduire. Ainsi chaque campagne de Dim est au service d'un produit différent, cela se voit. Néanmoins, chacune est typiquement Dim : la musique de marque y contribue mais cette identité générale d'apparence ne saurait être réduite à cet artifice. Le reflet de Dim est « la Parisienne », comme celui de Marlboro est l'homme intact, solitaire et mythique. Dim accompagne l'évolution de la femme – anticipée par la parisienne – par ses produits (le collant libérateur) et par ses valeurs (d'où le nécessaire changement de nom, de bas Dimanche à collants Dim). Brandt au contraire est la marque qui accompagne et simplifie la vie quotidienne de la famille. Cela conduit à un territoire de produits marqués par la solidité (durer pour accompagner) et l'absence de gadgets (simplifier la vie). Sur le plan du registre d'expression, les publicités de Brandt se situent toutes dans l'univers de la famille et du quotidien, avec une permanente pointe d'humour caractéristique de la relation que Brandt entretient avec son public : la complicité d'un ami de longue date. La communication de Darty est désormais reconnaissable entre mille. Outre sa structure narrative fixe (au cinéma), elle est une permanente exaltation des vertus mythiquement françaises : la débrouillardise, la bonhomie, la famille, la maison, l'impertinence, l'humour.

Le langage de marque est enfin un outil de décentralisation des décisions. Dotées d'un même guide d'expression, les différentes unités communicantes peuvent adapter le thème de leurs messages aux contraintes locales de marché et de produit tout en respectant l'unité et le caractère indivisible de la marque, du fait du langage commun. L'identité de marque doit concilier liberté et cohérence : c'est le rôle des guides d'expression (aussi appelés chartes de marque) d'y contribuer. Ceux-ci ne sauraient se limiter à des contraintes signalétiques – la place de la marque dans la page, etc. Ils spécifient :

- les traits dominants du style. Par exemple le Crédit Mutuel parle dans un registre réaliste cohérent avec son identité et son désir de parler vrai et de transparence. Renault communique de façon tranquille, à la façon du cinéma vérité ou de FR3 ;

– les ancrages visuels ou sonores, par exemple un geste, un plan serré sur le visage d'un client, une musique de marque ;
– les codes graphiques, de mise en pages ou de structure narrative ; les codes couleur de la marque ;
– les principes gérant l'usage de la marque et de sa signature si elle en a une. Ainsi, la signature du Crédit Mutuel est « une banque à qui parler ». Elle fut d'abord une accroche lors de son installation. Il importe que cette phrase ne soit pas amoindrie dans sa portée par l'usage de verbes ou de compléments. En effet, « une banque à qui parler » signe l'autorité et la compétence. En revanche lire « j'ai rencontré une banque à qui parler » et *a fortiori* « j'ai trouvé une banque à qui parler de ma maison » renvoie plus au dialogue, au discours, à la parlote qu'à la compétence et à l'autorité. Ces éventualités doivent être prévues et gérées par le guide d'expression.

QUEL NOM POUR UNE MARQUE FORTE ?

Les producteurs fabriquent des produits, les consommateurs achètent des marques. Les laboratoires pharmaceutiques fabriquent des molécules, les médecins prescrivent des marques. Dans un système économique où demande et prescription portent sur des marques, le nom de marque revêt naturellement un rôle prééminent. Car si la notion de marque englobe tous les signes distinctifs (nom, logotype, symbole, couleurs, personnage et même slogan), le nom de marque est ce qui fait l'objet des discours, des demandes, des prescriptions. Il est donc normal que nous consacrions une attention particulière à cette facette du processus de création d'une marque : le choix de son nom.

Quel nom retenir pour bâtir une marque forte ? Existe-t-il un type de nom qui favorise un tel destin ? L'examen de marques dites fortes permet de répondre à cette fréquente question : Coca-Cola, IBM, Marlboro, Perrier, Dim, Kodak, Schweppes. Qu'y a-t-il de commun entre ces noms de marque : Coca-Cola signifiait la composition du produit lors de sa création, le sens d'IBM s'est perdu (International Business Machines), Schweppes est un nom imprononçable, Marlboro est un endroit, Kodak une onomatopée. La conclusion de ce rapide survol est rassurante : pour faire une marque forte, on peut prendre n'importe quel nom (ou presque), et faire preuve de constance dans le temps pour donner un sens à ce nom, le sens propre de la marque.

Est-ce à dire que l'on n'a guère besoin de trop réfléchir au nom de marque, en dehors des stricts problèmes de vérification de la déposabilité de ce nom ? Non, car le choix d'un nom approprié, le respect de certains principes de sélection permettent de gagner du temps, de gagner quelques années dans le développement d'une marque pour devenir une grande marque. Ce problème du temps est crucial : la marque a un territoire propre à conquérir. Elle doit donc intégrer dès le départ ses possibles évolutions. Le nom de marque doit être pensé en fonction du futur de la marque, de son destin et non en fonction de l'état du marché et du produit à l'époque de sa création. Comme la demande de noms par l'entreprise aboutit en général à faire l'inverse, il paraît plus qu'opportun de mettre en garde contre les réflexes habituels en matière de choix de nom et de rappeler certains principes.

Nom de marque ou nom de produit ?

Le choix d'un nom dépend du destin que l'on assigne à la marque. Il convient donc de distinguer les recherches portant sur la création d'une marque au sens plein – destinée à connaître des extensions internationales, à supporter une large gamme de produits et à durer dans le temps – et celles portant, à l'inverse, sur le nom d'un produit, à vocation territoriale et temporelle limitée. L'emphase, le temps passé et les investissements financiers ne sauraient être les mêmes.

Les dangers des noms descriptifs

Dans 90 % des cas, les fabricants souhaitent que le nom de marque soit une description du produit que la marque va signer. Ils aiment quand le nom décrit ce que le produit fait (une aspirine qui s'appellerait Céphaline) ou est (une marque de biscuits qui s'appellerait Biscuito, une banque sans guichet qui s'appelle Banque Directe). Cette demande pour des noms dénotatifs reflète la mauvaise compréhension de ce qu'est une marque, et de la vocation du nom de marque. Rappelons-le, la marque ne décrit pas le produit, elle le distingue.

Choisir un nom descriptif c'est aussi ne pas exploiter les possibilités de la communication globale. Les qualités et caractéristiques du produit seront connues de son public-cible grâce à la publicité, aux vendeurs, au marketing direct, aux articles des revues spécialisées, aux études comparatives des mouvements de consommateurs. Il serait du gâchis de demander au nom d'être redondant avec tous ces vecteurs plus performants et plus complets. Il faut au contraire exploiter le nom pour délivrer du sens supplémentaire, l'esprit de la marque. Car les produits sont mortels : leur cycle de vie est limité. On ne saurait confondre le sens du nom de marque et les caractéristiques du produit qu'elle présente lors de sa création. Les dirigeants d'Apple en eurent bien conscience. En quelques semaines le marché saurait bien qu'Apple fabrique des micro-ordinateurs. Il était donc inutile de tomber dans la tentation de noms tels Micro-Computers International ou Computer Research Systems... En s'appelant Apple, en revanche, on véhiculait d'emblée la spécificité durable de la marque (et non les caractéristiques du provisoire Apple-1) : cette spécificité tient aux autres facettes de l'identité de la marque que son physique (sa culture, sa relation, sa personnalité, etc.)

La marque n'est pas le produit. Le nom de marque ne doit donc pas décrire ce que fait le produit mais révéler ou suggérer une différence. Il est significatif qu'Intermarché soit désormais inséparable du symbole et surnom « Les Mousquetaires de la distribution ». En effet, Intermarché est un nom physique : il se contente de décrire ce que chacun pourra constater. Il n'apporte rien. Il ne véhicule rien quant aux intentions, à l'inspiration, à l'esprit aux valeurs, à la personnalité de l'émetteur. Il fallut donc vite trouver un autre nom, un nom supplémentaire, qui lui éclaire sur la différence profonde entre Intermarché et Leclerc ou Carrefour. La première banque sans guichet en Grande-Bretagne a eu au moins la sagesse de se différencier de toutes celles qui viendront, en s'appelant First Direct, c'est-à-dire la Première.

Intégrer le phénomène de copie

Toute marque forte donne lieu à copie quand ce n'est à contrefaçon. Cela est inéluctable. En premier lieu, les brevets de fabrication tombent dans le domaine public. Que reste-t-il pour prolonger l'avantage différentiel et la rémunération légitime de la firme qui investit en recherche, en développement et qui innove : le nom de marque. Rien n'est plus exemplaire que l'industrie pharmaceutique. Celle-ci vit désormais à l'ère des produits génériques qui se multiplient dès qu'un brevet tombe dans le domaine public et que des laboratoires produisent sans coûts de recherche et de développement la molécule en question. Or, lorsque l'on choisit un nom de marque descriptif du produit, c'est-à-dire générique de la fonction du produit, il ne distingue plus la marque lors de l'arrivée des copies, des produits génériques sur le marché. Choisir un nom descriptif c'est à terme faire de la marque un produit générique. C'est le piège dans lequel tombèrent les premiers antibiotiques ; on leur donna des noms qui indiquaient qu'ils étaient à base de pénicilline : Vibramycine, Terramycine, etc.

Aujourd'hui au contraire, l'industrie pharmaceutique a pris conscience que le nom est en soi un brevet, qui protège contre les copies. Ce nom doit donc être différent du produit générique : en devenant distinctif et unique, il devient inimitable. Ainsi le laboratoire Glaxo-Roche découvrit un agent anti-ulcéreux qu'il nomma la « ranitidine ». Mais le nom de marque est « Azantac ». Son concurrent, le laboratoire Smith, Kline and French, isola un agent anti-ulcéreux qu'il nomma « cimetidine » vendu sous la marque Tagamet. Cette politique de nom freine les copies et contrefaçons. Le médecin a le sentiment que la Vibramycine vaut bien la Terramycine. Le Tagamet paraît unique. L'Azantac aussi. Les inéluctables génériques qui viendront exploiter le brevet de cimetidine ou de ranitidine ne seront ni le Tagamet ni l'Azantac.

Un nom original protège la marque car il étend sa sphère de protection contre les imitations frauduleuses du nom. Ainsi le nom de parfum Kerius fut considéré comme une contrefaçon de Kouros : dans les litiges, les juristes n'apprécient pas les similitudes sur leur caractère littéral mais sur des ressemblances. Aussi Kerius devint-il Xerius. Le nom descriptif n'accomplit pas sa fonction de brevet. La sphère de protection d'une marque qui s'appellerait Biscuito serait très faible : on ne pourrait protéger que le o, et donc empêcher quelqu'un de s'appeler Biscuita ! Coca-Cola lui-même ne put empêcher le nom Pepsi-Cola ! Quickburger, Love Burger, Burgerking se ressemblent par le nom : Mc Donald's rend son nom inimitable.

La faiblesse de protection des marques descriptives a été largement exploitée par les marques de distributeur. Voulant détourner à leur profit une partie de la clientèle créée par les marques fortes, les distributeurs ont choisi des noms pour leurs contremarques, qui ressemblent aux noms des grandes marques visées, rendant possible la confusion par les consommateurs : Ricoré de Nestlé est copié par Incoré, Le P'tit Grillé d'Heudebert par Petits Pains Grillés, Studio Line de L'Oréal par Microline, etc. L'imitation de l'allure extérieure des packagings (Incoré est dans une boîte jaune comme celle de Ricoré, avec une tasse et une disposition de table inspirées de celles de Ricoré...) est également source de confusion dans des rayons où le consommateur se repère par des signes visuels. De fait, les recherches récentes démontrent des taux de confusion supérieurs à 40 % (Kapferer, Thoenig, *et al.*, 1991). D'où l'importance de l'évolution du design des packagings : il faut savoir rester une cible mobile.

L'attitude de l'industrie pharmaceutique, confrontée au problème des copies, offre un dernier avantage de taille pour l'avenir de la marque. En créant en même temps un nom de produit (de molécule) et un nom de marque, on évite le syndrome Frigidaire, Scotch, Cumulus, Klaxon, Carte Bleue, Caddie et Mousline. Ces noms propres se lexicalisent, ils tendent à devenir des noms communs, utilisés pour désigner le produit. On dit un « frigidaire Brandt » ou du scotch (sans penser à la marque Scotch en particulier). Pour éviter ce risque de génériseme, il faut donc créer une marque adjective (le baladeur Walkman) et non une marque substantive (le walkman). Cela passe si nécessaire par la création concomitante d'un nom pour le produit lui-même.

Intégrer le temps

Beaucoup de noms se révèlent être des carcans et des handicaps pour l'évolution naturelle de la marque au fil du temps :

- Le nom Europ Assistance freine l'extension territoriale de cette marque et a facilité l'arrivée de Mondial Assistance.
- Calor renvoie à la technologie du chaud (fer à repasser, sèche-cheveux) et exclut les réfrigérateurs. Radiola ne convainquit jamais dans le domaine électroménager : son nom de marque est trop lié à un secteur.
- Au fur et à mesure que les années passent, Sport 2000 fait de moins en moins futuriste et moderne.
- Silhouette enferme dans un bénéfice consommateur restrictif (la minceur) qui perd son attrait avec le temps. Cela conduisit Yoplait à remplacer cette marque, sur laquelle on avait investi plus de 100 millions de francs de publicité depuis 1975, par Yoplait 0 %.
- Chronopost évoque trop la Poste, donc le courrier et pas assez les colis, les objets ni *a fortiori* l'international.

Penser international

Toute marque doit être dotée des capacités à devenir internationale si elle le souhaite. Combien de marques découvrent assez tard les limites de leur nom pour la pénétration de marchés étrangers : Suze veut dire doux en allemand, littéralement. Nike n'est pas déposable dans certains pays arabes. La marque Commercial Union (C.U.) pose des problèmes en France, comme le nom de voiture, MR2 de Toyota. La puissante CGE n'est pas protégeable aux États-Unis face à la marque notoire G-E (General Electric). L'internationalisation des marques commande donc de veiller à la prononciabilité, aux évocations des noms dans le monde, sans parler de leur dépôt préalable. Ces nouvelles exigences expliquent pourquoi les 1300 mots identiques dans les 7 langues de la Communauté européenne intéressent tant. D'ailleurs, beaucoup ont déjà fait l'objet de dépôts. Cela explique aussi la tendance vers les noms abstraits qui n'ont pas de sens initial, donc peuvent en acquérir un le leur.

Enfin, paradoxalement, l'internationalisation des marques aura un impact sur les noms de marques à vocation nationale. Le cas du *Temps de la Finance* est exemplaire : ce journal à vocation purement française dut changer de nom car celui-ci évoquait par trop une traduction française du nom notoire Financial Times.

Quelle facette communiquer par le nom ?

Le processus de création de nom de marque suit une logique multi-étapes. La première consiste à définir à l'avance le destin prévisible de la marque, à quoi on la destine. La seconde étape précise quelles facettes de l'identité de marque le nom devrait véhiculer en particulier. L'exemple des saucisses sèches de Justin Bridou illustre cette étape cruciale. La saucisse sèche est une saucisse en forme de colimaçon dont le charcutier coupe des anneaux, d'où sa forme caractéristique. Pour marquer la spécificité de sa saucisse sèche, Justin Bridou décida de lui trouver un nom. Avant même de rencontrer une société spécialisée en créations de noms, il fallait décider de la stratégie : cette saucisse sèche serait positionnée comme un produit convivial, à partager entre amis. Mais quelle facette de l'identité le nom devait-il communiquer ?

- le physique (avec un nom évoquant la forme caractéristique de cette saucisse, comme par exemple la Crosse, le Fer à Cheval de Justin Bridou) ?
- la relation (base du positionnement) en l'appelant par exemple la Tournée de Justin Bridou ? (Hélas, le syndrome du nom descriptif frappa encore puisque le nom retenu fut : la juste sèche).

Une fois définies les missions du nom, on est alors en mesure de « briefer » la société de recherche de nom. Celle-ci dispose aujourd'hui, outre les outils de la créativité, des apports des logiciels combinatoires et surtout d'émulation (Botton et Cegarra, 1990). Néanmoins, comme en matière de création publicitaire, la définition claire et précise de la stratégie et de l'identité de marque sont les préalables indispensables à la recherche d'un nom.

L'ACCÈS À LA NOTORIÉTÉ

La force d'une marque se mesure en partie par sa notoriété : combien de personnes la connaissent de par le monde, ne fût-ce que par son nom ? Cela est normal, la marque est un signe. La notoriété mesure le nombre de personnes qui en connaissent la signification, qui ont conscience de ce que ce signe promet, et en premier lieu de son territoire de compétence (les produits et services qu'il s'attribue). Une marque sans notoriété n'est qu'une aspérité sur un produit, vide de sens, muette. La fonction de l'investissement publicitaire est de révéler le sens de la marque et de le diffuser au plus grand nombre pour encourager l'essai du produit qu'elle présente. On a coutume de distinguer trois types de notoriétés :

- la notoriété « top of mind » mesure si la marque est la première venant à l'esprit lorsque les interviewés sont interrogés sur les marques d'une certaine catégorie de produit ;
- la notoriété spontanée mesure la saillance de la marque, son degré d'association spontanée avec la catégorie de produit ;
- la notoriété assistée consiste à demander au public-cible s'il a déjà entendu parler de certaines marques, s'il les connaît ne fût-ce que de nom.

Comme on le constate, chacune de ces notoriétés représente un degré croissant de difficulté, du plus accessible – la notoriété assistée – au plus coûteux – la notoriété « top of mind ». On déduit souvent de cette hiérarchie que la notoriété « top of mind » devrait être l'objectif de toute marque. C'est une erreur. Chacune de ces notoriétés correspond à des fonctions différentes, exerce une influence spécifique. Selon les marchés, il est ou non légitime d'investir pour atteindre un taux élevé de notoriété « top of mind ».

La notoriété assistée exerce une fonction de réassurance – on en a déjà entendu parler. La marque n'est pas totalement inconnue : les vendeurs peuvent donc s'y référer dans leur argumentaire face à un client potentiel qui hésite. La notoriété spontanée regroupe les quelques marques venant à l'esprit immédiatement : elle donne un avantage à ces marques si l'acheteur ne veut pas trop s'investir dans le choix et puise dans sa mémoire immédiate par commodité. En marketing industriel, elle est la base des marques que l'on consultera. Elle est la nacelle de départ des marques qui feront l'objet d'une analyse ultérieure approfondie. La notoriété « top of mind » avantage la marque dans tous les cas où l'acheteur doit se décider très vite (comme pour les commandes au café lorsque le garçon arrive) ou veut se décider sans trop s'investir (par manque d'implication), comme c'est le cas pour les produits domestiques (Kapferer et Laurent 1983). Elle est vitale enfin lorsque la marque et la catégorie de produit ne font qu'un. Suze est une marque et une catégorie. Alors que l'on peut vouloir un whisky et décider ensuite de la marque, il faut obligatoirement penser à Suze si l'on veut l'acheter.

La conséquence de ces différences est que la poursuite d'un type de notoriété se décide en fonction des caractéristiques du processus de décision des acheteurs et de leur profil d'implication. Les investissements requis par le désir d'acquérir une forte notoriété spontanée ne sont pas tous justifiés : la part de marché d'une marque d'électroménager ne double pas si sa notoriété spontanée double. En revanche, un niveau satisfaisant de notoriété assistée permet d'étendre la couverture des points de vente et augmente les probabilités que la marque soit évaluée dans le point de vente. En effet, pour les produits durables, achetés de façon rare, les clients ne connaissent pas l'offre, ni les critères qu'ils doivent utiliser pour choisir. Ils se décident en magasin, après d'intenses comparaisons entre les produits exposés. Le fait que la marque évoque une résonance suffit alors à légitimer que ses produits soient évalués dans ce long safari. Ainsi Hoover a une faible notoriété spontanée, mais sa notoriété assistée est très élevée. L'objectif de Whirlpool avant de faire disparaître la marque Philips des produits était d'atteindre deux tiers de la notoriété assistée de Philips (voir aussi page 390).

Pour les produits d'implication faible, la notoriété spontanée pèse plus sur les choix, car le risque perçu est faible comme le désir de passer du temps pour choisir. Or, l'expérience prouve que dans certaines conditions de marché, l'accès à la notoriété spontanée devient presque impossible. La notoriété assistée de la marque croît mais pas sa notoriété spontanée : pourquoi ?

- La notoriété spontanée a une dimension affective. On le constate car il existe une corrélation entre la notoriété et les préférences ou les évaluations globales. La notoriété ne résulte donc pas d'un simple effort de « matraquage », mais traduit un effet de séduction, d'intérêt. Une marque antipathique aura plus de difficultés à devenir saillante du fait des processus bien connus de mémorisation sélective.

Tableau 4.2. – *Comment l'affectif dope la notoriété*

	Écart de notoriété spontanée entre 1989 et 1993	Écart d'image globale entre 1989 et 1993
NISSAN	+ 6	+ 0,4
TOYOTA	+ 5	+ 0,5
CITROËN	+ 4	+ 0,1
RENAULT	+ 3	+ 0,2
MERCEDES	+ 2	=
AUDI	+ 2	+ 0,2
VW	+ 1	+ 0,2
PEUGEOT	+ 1	+ 0,1
MAZDA	+ 1	+ 0,2
OPEL	=	+ 0,1
BMW	– 1	=
FORD	– 1	+ 0,2
ALFA	– 2	– 0,3
FIAT	– 2	– 0,2
VOLVO	– 3	– 0,2

Source : Europanel, PSA.

– La notoriété spontanée s'acquiert toujours au détriment d'une autre marque. Si une marque croît en notoriété, une autre baisse nécessairement. Cette constatation tient à une régularité observée dans la plupart des marchés : les interviewés citent en moyenne de trois à quatre marques en spontané. Si le nombre de marques citées spontanément est fini voire faible, l'inclusion d'une marque nouvelle dans ce club étroit implique qu'une autre ne soit plus citée. La conséquence de cet état de fait est que lorsque dans un marché donné trois marques accèdent à une forte notoriété spontanée, elles ferment pratiquement l'accès des autres marques à la notoriété spontanée (Laurent, Kapferer, Roussel, 1988). On dit que ces marchés sont « bloqués », et la relation entre la notoriété assistée et la notoriété spontanée correspond à la courbe très coudée de la figure 4.2.A.

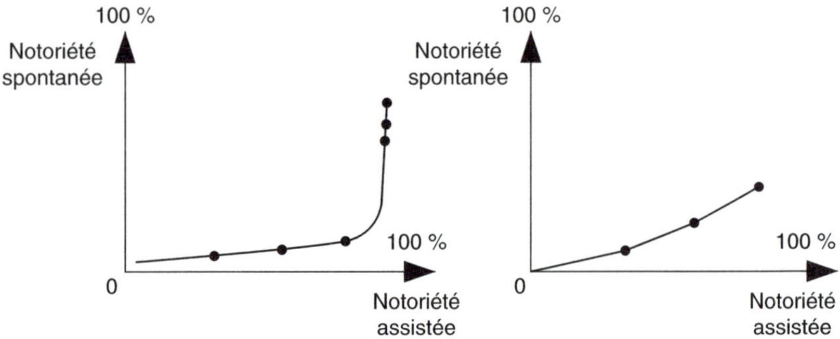

(A : cas de marché bloqué) (B : cas de marché ouvert)

Figure 4.2. – *Dynamique de la notoriété de marque.*

Dans les marchés nouveaux, où aucune marque n'a de forte notoriété spontanée ce phénomène de blocage mémoriel n'existe pas. La notoriété spontanée est non seulement accessible en investissant publicitairement en part de voix, mais elle devient même souhaitable dans une perspective concurrentielle car, outre le mécanisme bloquant ainsi décrit, elle permet d'exploiter les avantages du pionnier (Carpenter et Nakamoto, 1990 ; Nedungadi et Hutchinson, 1985).

Dans les marchés jeunes, au début du cycle de vie de la catégorie, la marque entrant la première sur le marché et communiquant largement, bénéficie de ce qu'il est convenu d'appeler l'avantage du pionnier : la plupart des marques dominant un marché à sa création le dominent encore plusieurs décades après, même dans les marchés où l'avantage concurrentiel ne repose pas sur un savoir-faire technologique, la courbe d'expérience ou un gain de productivité. C'est le cas de Coca-Cola, de Mousline, de Soupline, etc. L'explication psychologique tient à ce que, à la naissance d'un marché, les acheteurs n'ont pas de système de préférences, pas de critères de choix stabilisés. La première marque parvenant à être connue dans ce marché en devient le prototype, le référent. En d'autres termes c'est elle qui définit la marque idéale, c'est-à-dire la combinaison d'attributs à l'origine de la satisfaction engendrée chez les acheteurs. C'est cette marque qui définit les valeurs. C'est pourquoi les entrants ultérieurs sont handicapés. Comme ils suivent en général une approche dite « me too » et veulent ressembler au pionnier, ils perdent en caractère distinct et sont donc moins perçus : de là provient leur handicap structurel en notoriété.

L'avantage structurel du pionnier n'existe, faut-il le souligner que si ce pionnier donne satisfaction, si son produit ou service est performant. Si tel n'est pas le cas il vaut mieux éviter de communiquer pour ne pas subir le même sort que Jacques Borel. Cette chaîne de restaurants bon marché ni pire ni meilleure que ses concurrentes fut la première à communiquer largement pour acquérir une forte notoriété spontanée, ce qu'elle obtint effectivement. Hélas, comme cette forme de restauration laissait ses consommateurs très insatisfaits, voire critiques, Jacques Borel – la seule enseigne connue – devint le stéréotype de « malbouffe », c'est-à-dire non l'enseigne idéale, mais celle que l'on rejette.

INTÉGRER LE FACTEUR DISTRIBUTION

Dans le domaine des biens de grande consommation, d'implication faible, ce n'est plus le consommateur qui fait le succès ou l'insuccès des marques nouvelles, mais le distributeur. C'est lui qui en décidant ou non de référencer peut faire avorter la marque nouvelle. C'est encore lui qui, faute de rotations suffisantes à ses yeux en précipite la disparition prématurée. Bien des projets fondés sur d'excellents concepts, de bons produits, assis sur de bonnes communications n'ont pu survivre de ce fait. La marque nouvelle se bat désormais contre la marque du distributeur, auquel ce dernier tient pour des raisons de rentabilité. Cela freine son acceptation par la distribution. Si l'acquisition de la D.V. (distribution valeur) est lente, les investissements publicitaires ne peuvent produire leurs effets. S'ils sont étalés ou retardés, les produits en place ne tournent pas assez et sont alors déréférencés au bout de quelques mois. Cet effet de cliquet de la distribution commande d'intégrer très fortement ce facteur dans l'évaluation des chances de la marque. L'exemple de Sironimo est symptomatique.

Cette nouvelle marque de sirops, lancée par le Groupe Pernod Ricard apporte une innovation, une réelle valeur ajoutée. Elle propose aux enfants de 7 à 11 ans la première gamme de sirops à bouteilles ludiques, collectionnables et ergonomiques, pensées, calibrées pour eux à la différence des gros bidons de Teisseire leader du marché ou de ceux des marques de distributeur : la gamme de six parfums ressemblait à des quilles, chacune symbolisée par un animal. Les tests auprès des consommateurs plébiscitèrent cette innovation tant en France qu'à l'étranger, Grande-Bretagne par exemple. Une campagne publicitaire très créative, séduisante et ciblée fit de Sironimo la marque leader en notoriété spontanée chez les enfants de 6 à 11 ans. Hélas la distribution ne référença pas assez Sironimo. En effet, cette marque par son concept même (une collection de 6 quilles) nécessite de nombreux facings et doit donc les prendre soit sur ceux du leader Teisseire, soit sur ceux du sirop de distributeur source de profit pour ce dernier. Faute de ces facings le concept de la gamme ne peut s'exprimer avec force. De plus, sur les six parfums, certains tournent plus vite que d'autres et sont donc plus souvent en rupture si la rotation des vendeurs n'est pas suffisante pour alerter sur le phénomène. Autant de facteurs qui handicapèrent fortement le démarrage de Sironimo, et conduisirent le groupe Pernod-Ricard à vendre la marque à Teisseire lui-même.

Dans un tout autre secteur, le groupe italien Merloni eut des difficultés à lancer sa marque nouvelle de chauffe-eaux électriques appelée « Dry Tech ». Celle-ci pourtant prétendait apporter aux consommateurs finaux les avantages des chauffe-eau haut de gamme (dits à stéatite) à un prix proche des chauffe-eau ordinaires (dits blindés). Mais cela obligeait les grossistes à avoir trois stocks désormais au lieu de deux, car les cahiers des charges du bâtiment stipulent toujours soit blindé soit stéatite. Plus généralement, les innovations en matière de chauffe-eau doivent être pensées en fonction des critères de choix des installateurs eux-mêmes et des grossistes : ne miser que sur les consommateurs c'est s'exposer à des risques de non-accès à la distribution.

Cela explique pourquoi la seule chance de survie des innombrables petits châteaux bordelais dans le secteur du vin est le regroupement. Seuls ils ne peuvent fournir une quantité suffisante pour assurer l'approvisionnement d'une centrale d'achat, de façon continue sur l'année, avec une qualité régulière. Surtout ils ne peuvent financer une force vente nationale, capable d'animer le produit en linéaire, de veiller à sa visibilité, ses mises en avant. Il ne peut y avoir de marque nationale forte sans force de vente nationale. C'est ce qui explique le succès de l'entreprise W. Pitters dans le marketing des marques de vins, A.O.C. : le caractère très inégal des centaines de petits châteaux bordelais a fait le lit de la marque Malesan.

Chapitre 5

Facteurs de pérennité de la marque

Maintes marques apparemment modernes et actuelles sont en réalité très anciennes : Coca-Cola est né le 29 mai 1887, le Bibendum Michelin apparut en 1898, Gitanes et Gauloises en 1910, Camel en 1913, Danone en 1919, La Vache-qui-Rit en 1921, Spontex en 1932, Orangina en 1936 et Marlboro en 1937, entre autres exemples. Ce sont des marques qui ont survécu : les autres ont disparu du marché, même si leur nom évoque quelque résonance dans notre mémoire.

Leur pérennité rappelle que si les produits sont mortels, régis par un cycle de vie plus ou moins long, retardable mais inéluctable, les marques peuvent échapper au temps. C'est d'ailleurs cette résistance au temps qui conduit certains pays à considérer que, sur le plan comptable, l'inscription de la marque à l'actif du bilan ne donne pas lieu à amortissement. Néanmoins la disparition des marques existe aussi. Mal gérées, toutes les marques sont mortelles. Ce phénomène a existé bien avant la crise économique, cette dernière accentuant les facteurs de déclin.

D'autre part, dans tous les pays développés, les marchés arrivant à maturité, comme les consommateurs, on assiste à la montée des marques de distributeurs, forme aiguë de concurrence. Celles-ci ne concernent pas uniquement le secteur alimentaire ou d'entretien, les biens de grande consommation, mais se développent dans l'équipement de sport ou l'électroménager, les téléviseurs et magnétoscopes, le textile, les services bancaires. On trouve désormais aussi les marques de distributeur dans la vente aux entreprises elles-mêmes. Par exemple les fournitures de bureau sont dominées par les marques de distributeur et ce n'est pas le moindre des paradoxes de voir les fabricants de grandes marques alimentaires se fournir chez Guilbert, un des deux plus gros distributeurs de fournitures de bureau en France, dont l'essentiel de l'offre est signé de sa marque-enseigne. Il y a des marques de distributeur dans les circuits longs : les grossistes en équipement automobile et pièces de rechange développent les leurs. Elles apparaissent dans l'équipement électrique et empiètent sur le leadership de l'entreprise Legrand. Cette nouvelle forme de concurrence qui acquiert *de facto* une part du linéaire rend encore plus âpre la lutte pour la partie rémanente, forcément plus congrue. Bien des grandes marques très connues ont disparu : l'Alsacienne, Talbot, Calines, Ala, Olida. D'autres sont soumises à rude épreuve : Rivoire et Carret, Astra, Rodier, Banga, Pam-Pam, Joker, Balmain, Lanvin, Chevignon. Pourquoi certaines marques résistent-elles au temps et affichent-elles une éternelle jeunesse et d'autres non ?

Le temps n'est qu'une variable de façade, indicateur commode des changements qui traversent la société et les marchés, faisant planer en permanence sur la marque le risque d'une double obsolescence : technologique et culturelle. Avec le temps la technologie se diffuse, se partage et de nouveaux entrants moins chers viennent déséquilibrer la valeur ajoutée des marques établies, obligeant celles-ci à une course qui ne finit jamais : se dépasser. Avec le temps, les consommateurs soit se sophistiquent et attendent des propositions plus personnalisées soit deviennent blasés et préfèrent une offre simplifiée moins chère. Le temps désigne aussi l'évolution culturelle des valeurs, des mœurs, des habitudes de consommation. Le temps vieillit les clients actuels et amène de nouvelles générations sur lesquelles le travail de conquête doit être repris à zéro. Enfin le temps use les signes, les mots, les symboles, les signifiants des marques.

Existe-t-il un fil directeur à la pérennité des marques ? Par commodité, on pourrait dire que la compréhension de la logique de marque, abordée dans un chapitre précédent, offre le meilleur rempart contre le déclin, le déclassement et la disparition. Des formules amples peuvent aussi résumer la démarche : « Défendre une valeur ajoutée qui est sans cesse minée par la concurrence. » On attribue à Antoine Riboud une phrase qui synthétise avec force la problématique : « Je ne crois pas à la toute-puissance des marques, mais au travail. » La marque n'est pas une rente, mais bien l'objet d'un travail permanent de reconstruction de valeur ajoutée. Il faut sans cesse adapter le produit actuel à la demande qui évolue et en même temps inventer les nouveaux concepts de demain qui porteront la croissance de la marque.

L'analyse de nombreuses grandes marques affichant malgré les crises une pérennité et une longévité permet d'identifier les facteurs-clés de cette spirale virtueuse. C'est l'objet du présent chapitre.

L'ÉQUILIBRE FRAGILE DE LA VALEUR AJOUTÉE

S'inscrivant fondamentalement dans une logique de différenciation des produits, la marque est une valeur ajoutée proposée au marché. Celle-ci peut avoir des bases tangibles (le produit supérieur ou le « produit augmenté ») et intangibles immatérielles. Ce sont ces dernières qui font que l'on se sent obligé d'aller chez Mac Donald's même si le Big Mac n'est pas meilleur que le Giant de Quick, ou que l'on déroge en n'achetant pas un Levi's, même si ce dernier est assez inconfortable. C'est la valeur ajoutée qui justifie la différence de coût pour le consommateur. Soit l'on veut des yaourts, soit l'on veut des Danone ! Il y a aussi un naturel équilibre entre valeurs ajoutées matérielles, valeurs ajoutées intangibles et prix. C'est cet équilibre qui explique, par exemple, la croissance forte de l'entreprise Bongrain jusqu'en 1990. Cette entreprise fromagère est connue pour sa stratégie de marque : elle lance des produits nouveaux chacun en les dotant d'une identité et d'une marque fortes. Parmi les très nombreuses marques-produits qu'elle a créées, on trouve Chaumes, Caprice des Dieux, Vieux Pané, Saint Albray, Haut Ségur...

Le système Bongrain est un exemple typique de la démarche de marque. L'entreprise choisit une catégorie générique et lui apporte un plus qualitatif tangible. Par exemple le Caprice des Dieux offre fondant et régularité, ce que ne proposent pas tous les camemberts dont la qualité fluctue par trop. À cela, l'entreprise ajoute un fort plus en termes d'image pour asseoir l'exclusivité de la proposition et maximiser son attractivité. Ces deux éléments justifient une prime de prix élevée qui, multipliée par le volume des ventes, nourrit à long terme un fort taux de profit, en partie réinvesti dans les usines et la recherche d'innovations de qualité d'une part et dans la publicité de la marque d'autre part. La figure 5.1.A résume la démarche de marque caractéristique de ce type d'entreprise.

Dans une saine logique de marque, le rôle de la publicité est d'accélérer la diffusion d'un produit qui se vend déjà bien, sans publicité. Dans le fromage le différentiel de qualité peut s'exercer sur l'une des quatre facettes suivantes : organoleptique, diététique, pratique ou esthétique. L'image quant à elle émane de ce qui est visible : le nom de la marque, l'aspect visible du produit, le niveau de prix et la publicité (figure 5.2.). Chez Bongrain, la marque doit pouvoir tourner sans publicité, signe que la valeur ajoutée de la marque est perceptible au rayon. Dans cette logique, la publicité communique d'une part sur tout ce qui ne se voit pas et dope de valeurs ajoutées immatérielles. C'est pourquoi l'image est faite de valeurs tangibles et intangibles (cf. figure 5.1.A).

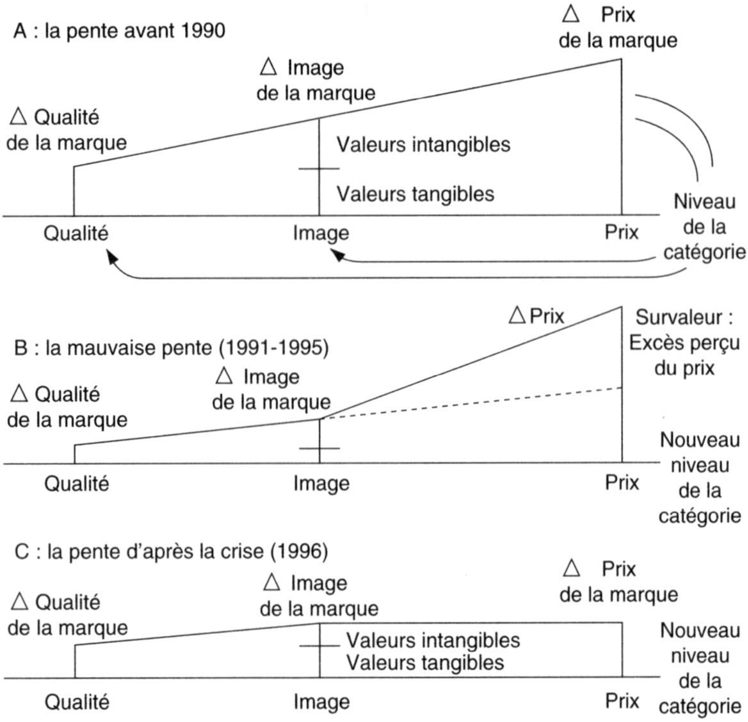

Figure 5.1. – *Marque et valeur ajoutée*

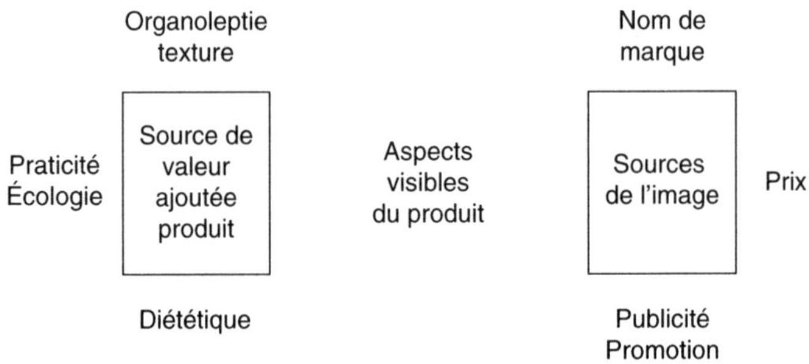

Figure 5.2. – *Les sources de valeur ajoutée de la marque alimentaire*

Le problème est que la concurrence ne reste pas inactive. Le niveau de base de l'ensemble du secteur progresse, en tout cas sur la qualité, ce qui érode le différentiel de qualité perçue de la marque (figure 5.1.B), mais il s'améliore aussi en image du fait par exemple des progrès de la présentation des marques de distributeur (frisant parfois même l'imitation servile). Malheureusement le différentiel de prix restant ce qu'il est (lorsqu'il n'est pas accru par l'arrivée de bons produits moins chers sur le marché), l'équilibre de la valeur ajoutée est rompu : on assiste à un effondrement du volume, de la demande finale. L'entreprise réagit alors en réduisant fortement la publicité donc le différentiel d'image. Le coût ajouté de la marque persiste mais ne rémunère plus de valeur ajoutée ! C'est le syndrome qui toucha Bongrain pendant la crise, et l'obligea à cesser de soutenir publicitairement des marques-produits telles Saint Moret.

LA CONCURRENCE DES MARQUES DE DISTRIBUTEUR

La montée des marques de distributeur est un des phénomènes les plus marquants de ces vingt dernières années. Longtemps limitées à l'alimentaire ou aux produits de grande consommation, les marques de distributeur apparaissent dans tous les secteurs : l'électroménager, le multimédia, l'informatique, la bureautique, l'équipement de sport, les produits industriels ou ceux destinés aux entreprises agricoles, les fournitures de bureau ou automobiles, demain la parapharmacie, voire la pharmacie.

On ne compte plus les études et recherches dont le but est d'expliquer cette montée des marques de distributeurs, en isolant les variables causales ou corrélées au phénomène. Le bilan des recherches permet d'identifier huit facteurs accélérateurs de la pénétration des marques de distributeur.

1. Le nombre de magasins offreurs est le premier levier de la pénétration. Même dans l'alimentaire, toutes les enseignes n'accordent pas la même emphase à leurs marques de distributeur. Conséquence inattendue de la loi Galland, certaines enseignes restées jusqu'à ce jour en dehors du phénomène voient désormais la marque de distributeur comme un de leurs axes stratégiques de développement. C'est le cas par exemple de Leclerc.

2. La qualité perçue de la MDD est corrélée à sa pénétration. comme l'ont montré par exemple Hoch et Banerjee (1993) plus les consommateurs jugent élevée la qualité de la MDD plus la part de marché de celle-ci est élevée. De fait les MDD sont souvent de qualité comparable, voire supérieure à certains produits à marque. Le cas extrême est celui de l'essence des distributeurs, fournie et livrée par les grands pétroliers eux-mêmes, dans leurs propres camions-citernes.

3. Qu'est-ce qu'une marque si ce n'est la promesse, attachée à un nom, d'une qualité constante. De fait moins les marques de distributeurs ont de variabilité en termes de qualité, plus leur pénétration est forte.

4. Quoique contraire à l'intuition, le bilan des études liées au rôle du prix et surtout de l'écart de prix entre MDD et marque nationale est ambigu. Pendant longtemps la Grande-Bretagne fut citée en exemple : les enseignes telles que Marks et Spencer ou Sainsbury, les plus portées sur les MDD affichaient des prix voisins de ceux des marques nationales. On trouvait donc une pénétration forte des MDD dans des secteurs ou pays avec ou sans écart de prix entre les MDD et les marques nationales. Les recherches menées au niveau individuel (et non au niveau agrégé comme ci-dessus) révèlent quant à elles une préférence liée à l'écart de prix.

5. Plusieurs recherches ont porté sur le comportement même des acteurs du marché. Ainsi la pénétration des MDD est-elle corrélée à la faiblesse du taux d'innovation du secteur. L'innovation est ainsi un rempart. Néanmoins, dans le secteur alimentaire, en Grande-Bretagne, sur plus de 4600 « nouveaux produits » ou « nouvelles références » lancés par an, plus de la moitié le sont désormais par les marques de distributeurs elles-mêmes.

6. La faiblesse de l'intensité publicitaire favorise les marques de distributeur. À l'inverse, plus on est exposé à la publicité moins on achète de marques de distributeurs. Ce dernier résultat est vrai même après contrôle des variables socio-démographiques habituellement liées à la fréquentation de la télévision.

7. Le taux de concentration du secteur est lié significativement au phénomène de marque de distributeur. Plus l'industrie est concentrée, moins forte est la pénétration des MDD. On sait en effet que les marques fortes sont adossées à des entreprises fortes.

8. Enfin, maints chercheurs ont voulu isoler les variables socio-démographiques liées à l'achat fréquent de marques de distributeurs. La multiplicité des catégories de produits rend difficile la recherche de lois générales. En revanche le facteur d'implication des consommateurs est lui très prédictif. Les marques de distributeur attirent les consommateurs moins impliqués, moins exigeants : les recherches sont formelles à cet égard (Kapferer et Laurent, 1992).

En réalité, peut-on parler de marque de distributeurs comme d'un ensemble homogène ? Il y a des types de MDD, traduisant des objectifs différents selon les enseignes. Ceux-ci se reflètent dans des marketing mix différents, d'une enseigne à l'autre. Ainsi les MDD se distinguent les unes des autres en termes de :

– niveau de qualité-produit

– politique de marque (signe-t-on du nom de l'enseigne ?)
– politique de packaging (a-t-on un packaging différencié ou copie-t-on celui de la marque leader ?)
– politique d'écart de prix par rapport à la marque leader et au produit hard discount
– largeur et emplacement du linéaire attribué
– situation en rayon par rapport aux concurrents

Il est devenu irréaliste de poser les problèmes en terme général de « MDD ». Celles-ci renvoient à un ensemble hétérogène sur le terrain et à un concept pas forcément perçu par les consommateurs. Il faut désormais rechercher comment le marketing mix spécifique d'une MDD influence les préférences des consommateurs. Certains types de MDD sont plus une menace pour la marque leader que d'autres.

Une recherche récente (Lewi & Kapferer, 1998) examina l'impact de différents types de MDD variant selon 4 critères :

1. l'écart de qualité-produit (révélé par des blinds tests). Deux niveaux de qualité furent utilisés dans la recherche :
   – MDD équivalente au leader ;
   – MDD très inférieure au leader.

2. l'écart de prix avec la marque leader. Trois niveaux furent retenus (– 20 %, – 35 %, – 50 %).

3. la politique de marque elle-même. Signe-t-on la marque de distributeur du nom de l'enseigne du magasin ou d'un nom propre.

4. le degré de similarité du packaging de la MDD avec celle du leader. On sait en effet que les MDD appelées contremarques cherchent souvent à créer la confusion chez le consommateur d'attention moyenne en imitant les codes, couleurs, signes et dessins du packaging de la marque leader. Ils y parviennent d'ailleurs bien : les recherches sur ce sujet ont établi que le taux de confusion chez les consommateurs pouvait dépasser 40 % chez ceux-ci. Pour manipuler cette variable on présenta soit un packaging copiant le leader soit un packaging différencié.

Quels sont les principaux enseignements de la recherche ?

A) La qualité objective de la MDD pèse sur les préférences, comme le montre le tableau 5.1., ci-dessous. Or dans maints marchés, il est possible à de petits fabricants de fournir un produit de qualité équivalente à celle du leader. C'est *a fortiori* vrai lorsque c'est le leader lui-même qui fabrique les MDD, souvent en se contentant de ne changer que l'emballage pour les différencier de sa propre marque.

Tableau 5.1. *La qualité de la marque de distributeur pèse sur les choix*

	Qualité de la MDD		
	Égale au leader (1)	Très inférieure (1)	
Taux de préférence pour la MDD lorsqu'il s'agit d'acheter	34 %	16 %	$p < 0.01$
(1) = base blind test			

Source : Lewi & Kapferer 1998

B) La politique de marque suivie par la MDD pèse sur les préférences. Comme le montre le tableau 5.2., la marque enseigne conduit à un taux de choix supérieur.

Tableau 5.2. – *La politique de marque de la MDD impacte les choix des consommateurs*

	Signature par marque-enseigne	Pas de signature d'enseigne	
Taux de préférence pour l'achat de la MDD	30 %	20 %	$p < 0.05$

Source : Lewi & Kapferer, 1998

C) Chaque type de marque de distributeur a sa propre élasticité au prix. Comme le montrent les résultats, selon le type de marque de distributeur (caractérisé par une politique de marque, de packaging, etc.), accroître l'écart de prix avec la marque leader ne produit pas les mêmes effets : ils sont croissants (en termes de demande des consommateurs) dans certains cas et décroissants dans d'autres. Le caractère significatif de la triple interaction (cf. tableau 5.3.) montre bien combien il faut cesser de prendre les MDD comme un tout homogène, les clients eux-mêmes ne le font plus.

Comme on le constate la marque-enseigne est la vraie menace, lorsqu'elle joue une vraie politique de marque (qualité, différenciation). Elle obtient alors le plus fort taux de préférence même lorsque son différentiel de prix n'est que de 20 %.

La crise récente traversée par les marques et qui a conduit à la disparition de bon nombre d'entre elles a fait plus que bousculer les linéaires. Elle a

Tableau 5.3. – *L'impact de l'écart de prix dépend du type de marque de distributeur*

	Taux de préférence pour la MDD selon l'écart de prix vs leader		
	– 20 %	– 35 %	– 50 %
Marque-enseigne différenciée	38 %	38 %	28 %
Marque-enseigne copie	17 %	28 %	38 %
Contremarque	26 %	31 %	27 %
Marque propre différenciée	21 %	24 %	31 %
(Triple interaction p = 0.02)			

Source : Lewi & Kapferer, 1998

ébranlé les convictions. Plus grave, certains marketeurs en viennent à se demander si les modèles utilisés pour gérer les marques ne doivent pas être changés voire abandonnés. Ainsi d'aucuns ont parlé de « mort des marques », de « déroute des marques » ou de « sale temps » pour celles-ci. L'examen des données de recherche permet de prendre le recul nécessaire. Les règles du management des marques n'ont pas changé : c'est leur application qui est désormais plus difficile, plus exigeante. Examinons-les, une par une.

LES MOYENS DE LA RECONQUÊTE

En premier lieu, revenir au métier. La marque de fabricant doit briller par la fabrication. Cela passe par une réanalyse complète de la production, de l'usine, et l'analyse de la valeur. Il faut traquer toutes les sources de coût non valorisées par le consommateur, non productives de valeur ajoutée, tous les gaspillages qui alourdissent la prime de marque. Le benchmarking et le reengineering trouvent ici un terrain propice. Les gains de productivité proviendront aussi de la suppression de nombreuses références marginales d'extensions de ligne mal contrôlées et des coûts induits par de trop nombreuses promotions (coûts de logistique, de complexité, de gestion).

L'exemple de Procter et Gamble est révélateur. Entre 1992 et 1993 Procter et Gamble s'est lancé dans un gigantesque programme de productivité :

– En premier lieu, il a supprimé les marques faibles (Citrus Hill en jus de fruit, Clarion en cosmétiques) ou fusionné d'autres (ainsi l'huile

Puritan fusionna avec Crisco, et le papier hygiénique White Cloud fusionna avec la marque plus forte Charmin). En outre, les fameuses couches Luvs virent disparaître 7 de leurs 17 variétés, de même que Camay (1/3 des variétés abandonnées).

- En second lieu, la société adopta une politique baptisée EDLP (Every Day Low Price), préférant un prix bas et constant toute l'année à une multitude d'opérations promotionnelles, sources de coûts induits et de complexification de la gestion.
- En troisième lieu, Procter entreprit des réductions d'effectifs, et du nombre d'usines (fermant trente d'entre elles sur trois ans).

L'ensemble des économies, plusieurs centaines de millions de dollars, servit à réaliser de spectaculaires baisses de prix à la distribution (cf. LSA, 30 juin 1994) : 33 % sur les savons Camay, 26 % sur les couches Luvs, 16 % sur Pampers, etc. Ce faisant, ces marques purent réintégrer le cœur du marché, dont elles étaient progressivement sorties, poussées par l'accroissement du différentiel de leur prix. Mais ce serait une erreur de croire que les économies de productivité furent toutes transférées à la distribution. On ne bâtit pas à long terme une fidélité à la marque par la baisse des prix mais par la création et l'injection de valeurs ajoutées. L'essentiel des gains de productivité doit servir à réinvestir en recherche et en lancement d'innovations ou de rénovations des produits existants, pour les recharger en attractivité *via* la publicité et une valeur ajoutée accrue. Entre 1992 et 1995, Procter a accru son effort en matière de nouveaux produits de 30 %. Chez Bongrain aussi, la relance passe par le réinvestissement d'une partie importante des gains de productivité sur les marques. Les concéder à la distribution qui en France les transmettra directement aux consommateurs, engagée qu'elle est dans une dérive de vente à perte et de discount absolu, eût été une erreur. Un prix plus bas ne résout en rien la quête de tremplins de valeur ajoutée.

La difficulté spécifique au marché des fromages et à la stratégie de Bongrain (créer des spécialités) est que l'amélioration du différentiel de qualité revient en fait à fabriquer un autre produit. À force d'améliorer Caprice des Dieux, est-ce encore Caprice des Dieux ? Les consommateurs fidèles, base de la « Brand equity » s'en rendent compte et se plaignent, lorsqu'ils n'abandonnent pas la marque. On se souvient de l'émoi créé en 1985 par l'abandon de la formule classique du Coke et son remplacement subit par un goût nouveau, celui de New Coke. L'objectif était de se rapprocher du goût de Pepsi-Cola dont tous les tests aveugles révélaient qu'il était désormais préféré aux États-Unis. Face au tollé des consommateurs relayé par les média, la société Coca-Cola dut faire marche arrière et mettre fin à son expérience en remettant dans les magasins le Coke classique, essence de l'Amérique.

L'INNOVATION PERMANENTE

La marque est le nom que prend le progrès pour arriver au marché. Le progrès des enzymes dans les détergents s'appelle Ariel ou Skip. Le progrès en termes de praticité pour le café s'appelle Nescafé. Or le progrès ne s'arrête pas. Le dernier niveau de qualité ou performance est vite intégré par le marché et devient un standard. On le retrouve bientôt dans les marques de distributeur. L'innovation permanente, mais désormais sélective est le destin de la marque. Cela concerne aussi les produits à forte valeur ajoutée immatérielle : la marque d'eau de toilette Eau Jeune ne peut survivre que si elle lance de nouvelles versions captant chaque fois le nouvel air du temps. Cela concerne tout autant les marques de style, de créateurs textiles ou les marques de luxe qui doivent en permanence renouveler non leur art mais leurs produits. Le luxe doit être de son temps s'il ne veut pas être embaumé.

L'exceptionnelle durée de vie et le leadership de marché de Nescafé ne s'expliquent pas autrement. Créée en 1945, la marque n'a cessé d'innover soit par petites touches imperceptibles mais dont l'accumulation produit un café soluble dont le goût ne cesse de s'améliorer soit par des ruptures technologiques. Le produit n'a jamais cessé d'évoluer soit dans son goût, soit dans sa praticité (l'emballage fer passant en 1962 au pot de verre), soit dans son aspect écologique (introduction des recharges) soit enfin dans son aspect. Ainsi pour signaler la rupture technologique et le progrès de goût apporté par la lyophilisation en 1966, le Nescafé se présente en granules sous la marque « Spécial Filtre ». En 1981 on retrouva l'arôme des différents crus de café, ce qui se signala par la création d'une vraie gamme (Alta Rica, Cap Colombie), et une nouvelle publicité axée sur l'Amérique du Sud. En 1992 un nouveau procédé de fabrication dit « plein arôme » permet de capter encore plus l'arôme du café fraîchement torréfié. Innovations et publicité sont les deux pivots du succès durable de cette marque.

Le leadership de Gillette suit la même logique. En 1993, 37 % des ventes de cette multinationale furent réalisés avec des produits lancés depuis moins de cinq années. En lançant de nouvelles innovations alors même que les précédentes sont à peine installées, Gillette garde une longueur d'avance, justifie une prime de prix confortable et cantonne les marques de distributeurs à la portion congrue (18 % en volume sur le seul segment des jetables). D'ailleurs la figure 5.3. le démontre bien : il existe une relation linéaire forte entre le taux d'innovation dans un secteur et la pénétration des marques de distributeurs. Là où les marques deviennent paresseuses, les copies moins chères s'installent. C'est le cas dans le marché des sirops ou des fromages par exemple. Il est significatif que chaque année, sur 250 références du catalogue Lego, 80 soient des nouveautés. Dans maints secteurs, dès que le taux d'innovation de l'entreprise baisse, celle-ci décroche. Ainsi en 1995, interrogée sur les mauvais résultats de Moulinex, la direction répondit que l'offre de la société ne proposait que 10 % d'innovations, alors que la moyenne du secteur était de 26 % !

L'innovation, relais de la croissance et de la compétitivité de la marque ne naît pas sans efforts. Là encore il n'y a guère de miracles. Les entreprises qui innovent le plus telles que Procter et Gamble, l'Oréal ou Gillette consacrent 3,2 % en moyenne de leur chiffre d'affaires à la Recherche et au Développement. La fragilité des entreprises alimentaires face aux marques de distributeurs et aux premiers prix ne tient-elle pas au fait que les grands de l'agro-alimentaire dépensent eux bien moins en Recherche et Développement. Ainsi, Unilever consacre 1,8 % de son C.A. à la Recherche et au Développement, Nestlé 1,2 %, Kraft General Foods 0,8 %, Cadbury-Schweppes 0,4 % (Ramsay, 1992).

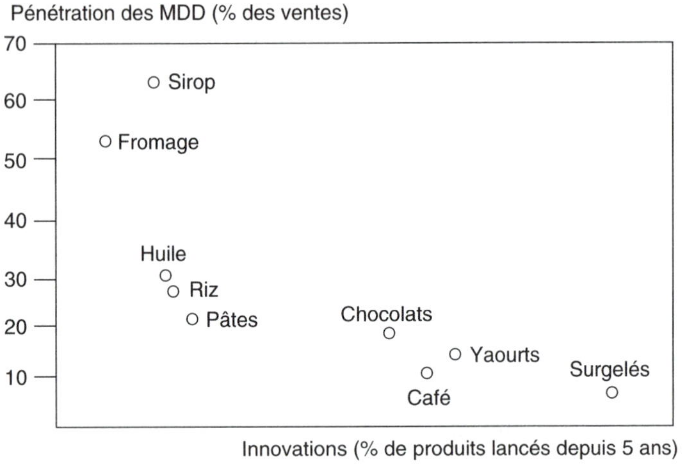

Source : Nielsen, U.K.

Figure 5.3. – *Pénétration des MDD et innovation*

L'innovation n'a pas besoin d'être une rupture technologique. Gillette est un cas extrême : le Sensor nécessita dix années de recherche et donna lieu à 22 brevets, le Sensor Excel 5 années et 29 brevets, Sensor Pour Elle 5 années et 25 brevets. Bien des innovations peuvent se porter sur le service rendu par la marque, dans son packaging par exemple.

On a ainsi coutume d'expliquer le leadership d'Oasis sur Banga dans le marché des boissons aux fruits par leur stratégie publicitaire. Il n'en est rien. Oasis fut le premier à abandonner la bouteille en verre. Banga ayant au contraire investi dans une nouvelle usine d'embouteillage fut pris à contre-pied et attendit plusieurs mois avant d'effectuer cette révision déchirante. C'était trop tard : la distribution avait fait son choix et ne voulait plus de bouteilles de verre, lourdes, cassables. L'avance prise par Évian sur Contrex et Vittel tient largement aux micro-services qu'elle sut, la première, rendre aux consommateurs. Ces services ne sont certes pas spectaculaires et publicitaires, mais ils font gagner 0,5 % de part de marché, ce qui, vu les volumes, est gigantesque. C'est ainsi qu'Évian fut la première à supprimer la capsule de métal qui fermait la bouteille et qu'on déchirait une fois sur deux. Cette année-là ses ventes firent un bond de 12 % alors que le marché ne croissait que de 7 %. La marque introduisit aussi très tôt la poignée permettant de porter le lot de six bouteilles.

Sur les produits d'implication faible, ces bénéfices liés au service sont appréciés par les consommateurs, les distributeurs amplifiant le mouvement si les concurrents ne réagissent pas vite : ils privilégient l'innovateur.

Soucieux de débanaliser le lait et de freiner la montée des produits premier prix, Candia a multiplié les innovations, chacune recevant un nom propre pour accentuer la différenciation et un fort soutien publicitaire : Viva (lait vitaminé), Grand Lait (lait enrichi), Grand Vivre, Croissance (pour les enfants), Future Maman. Ces marques-filles de Candia ont enrayé la progression des premiers prix. Cela a permis aux distributeurs de travailler avec des produits à fortes marges et importantes rotations. Il ne s'agit pas d'innovations majeures telles que le système Polaroïd, le Post'it, la découverte du Teflon, du Nylon ou de l'ABS, mais d'adjonctions de vitamines, sels minéraux, etc. pour mieux répondre aux attentes de clients exigeants. Ce faisant, Candia a fait progresser toute la catégorie. En réalité, aujourd'hui Viva est peu acheté pour ses vitamines, mais pour la marque et ce qu'elle signifie (dynamisme, plein de vie, de jeunesse). Ce produit au départ évolué (premium) devient la base du lait, la référence. Candia a donc contribué à rehausser le niveau de référence du lait.

Il est notable que la marque de café Carte Noire ayant choisi une stratégie premium pour elle-même a elle aussi amené tout le marché à augmenter son niveau d'exigence.

Pour conclure, il est fréquent d'entendre citer Coca-Cola comme la stratégie inverse qui réussit sans innovations, le produit étant apparemment le même depuis sa création il y a plus d'un siècle. En réalité, loin d'imposer de façon intégriste un produit unique à tout le monde, Coca-Cola n'a cessé de se segmenter pour mieux répondre aux attentes des nouveaux marchés : Coke sans caféine, sans sucre, Coke Light. D'autre part, Coca-Cola développe de nouveaux usages ou circonstances de consommation par le biais de nouveaux formats (boîte pour les distributeurs automatiques, pre-mix, post-mix, bouteilles en PVC, puis PET). Dans le domaine des soft drinks, les introductions de nouveaux formats ont des effets importants sur les consommateurs. Elles sont considérées par les entreprises comme de véritables lancements.

LE RETOUR AU PRODUIT

Il n'y a pas de grande marque sans grand produit !

Dans l'étude empirique des facteurs explicatifs de la sensibilité aux marques, menée avec G. Laurent dans vingt marchés contrastés, le facteur le plus explicatif est de loin la perception d'une différence entre les marques. C'est ainsi d'ailleurs que, il y a quarante ans, BSN transforma le marché de l'eau du statut de marché de vrac à celui du marché de marques : en révélant l'invisible, tout ce qui faisait qu'Évian n'avait pas le même bénéfice pour le consommateur que Vittel ou Contrex. Les investissements publicitaires méritent bien leur nom même si comptablement on les traite comme des dépenses. Ils ont conféré une notoriété puis un positionnement aux marques, délimitant leurs territoires et révélant leurs différences. En outre, par leur présence massive en distribution, et quotidienne sur la table ou sur les écrans publicitaires, les marques sont devenues familières, sympathiques, proches, sources d'empathie, voire de fidélité ou d'attachement. Pour maintenir la force des marques, il est vital de nourrir les deux pivots de la relation à la marque : l'un cognitif, l'autre affectif. L'innovation sert précisément à cela. Elle permet à la marque de se différencier objectivement et d'attirer à nouveau sur elle l'attention du marché.

Avec le temps, on constate que la différence perçue s'effrite plus vite que la relation affective. La sympathie perdure même si la marque n'a plus à nos yeux le monopole de la performance : c'est ainsi qu'agit avec retard toute la force des liens tissés pendant des années avec la marque. L'étude américaine de l'agence Young et Rubicam rappelle cette réalité psychologique. L'enquête, appelée Brand Asset Monitor, menée sur 2 000 marques dans le monde entier, permet de situer celles-ci sur les deux facettes de leur relation : cognitive et affective sachant que dans la phase d'installation de la marque, la première facette précède l'autre. On apprend par la communication et la distribution l'existence d'une marque, puis l'on saisit sa différence, tremplin de sa pertinence. Entre-temps se sont tissés des liens de familiarité et d'estime. Ceci n'est pas sans rappeler que la notoriété assistée est un préalable à la notoriété spontanée et que celle-ci est corrélée à l'évaluation affective. Les marques venant spontanément à l'esprit, appartenant à l'ensemble évoqué, sont aussi nos marques préférées.

Comme le montre la figure 5.4., le déclin de la marque en revanche commence par une baisse du niveau de performance perçue, comparée à la concurrence et en particulier auprès des leaders d'opinion de la catégorie de produit. L'estime, la relation affective sont encore vivaces et stables, mais le consommateur a conscience que l'écart de qualité s'est résorbé entre la marque et la concurrence.

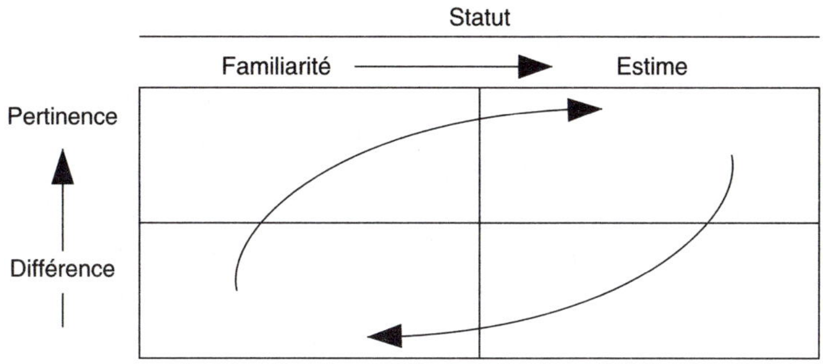

Source Y&R Brand Asset Monitor

Figure 5.4. – *Croissance et déclin de la marque*

L'intérêt de cette enquête est de souligner que la baisse de la différenciation signale un début de déclin, quelle que soit la force des scores d'agrément. Or maints leaders ne sont plus perçus comme la référence qualitative de leur secteur. On aime bien Sopalin, Lotus, Kleenex, marques que nous connaissons depuis notre enfance, mais on ne croit plus qu'elles signent des produits supérieurs. Il leur faudra se refocaliser sur le produit pour regagner le leadership. Le duel Coca-Pepsi aux États-Unis en est une bonne illustration. On a coutume de résumer la lutte entre ces deux géants à un problème de taille des budgets publicitaires. En réalité, la philosophie de Coca-Cola tient dans le principe dit des trois A : « availability », « affordability » et « awareness », soit en français disponibilité, accessibilité et notoriété. Coca-Cola doit être partout à portée de main du consommateur, bon marché et très présent à l'esprit. Une autre formule résume l'ambition de Coca-Cola : « to be the best cheapest soft drink in the world » (Pendergrast, 1993). C'est exactement la stratégie utilisée par son rival Pepsi-Cola qui ne pouvant rivaliser en communication, sponsoring, animation, promotion se concentra sur le produit et le prix. Depuis toujours Pepsi-Cola a essayé d'améliorer son goût pour coller au mieux aux évolutions des goûts des Américains. C'est ce qui fonda des campagnes publicitaires très agressives dès 1975 telles que « Take the Pepsi Challenge » où des consommateurs surpris découvraient qu'ils préféraient Pepsi-Cola en test aveugle. De plus Pepsi-Cola a toujours cherché à être quelques « cents » moins cher que Coca-Cola. Cette stratégie se révéla gagnante : elle obligea Coca-Cola, on le sait, à changer en 1985 sa formule pour ne pas prendre le risque d'être dépassé en goût. Ce fut le fameux épisode du New Coke.

Comment préserver l'image de supériorité de la marque, ce capital de différence perçue ?

– La première voie est de rénover régulièrement le produit, de le hisser au niveau des attentes actuelles. C'est ainsi que Volkswagen lança la

Golf, puis Golf 2, 3 et Golf 4. Les lessiviers procèdent à des modifications mineures tous les deux ans et à des changements majeurs de formule tous les cinq ans. Ainsi, Ariel et Skip maintiennent leur leadership qualitatif qui fait de ces deux marques les plus chères du marché, les leaders de celui-ci. De plus, faute de moyens, les marques de distributeurs ne peuvent suivre cette course à la Recherche et Développement. Obsédante cette course amène parfois à brûler les étapes pour dépasser le concurrent : c'est ce qui arriva à Unilever avec sa nouvelle formulation « Power » dont les tests d'usage démontrèrent qu'elle pouvait détériorer les tissus.

– La seconde voie consiste à intégrer les besoins nouveaux et émergents, tout en conservant le même positionnement. Ainsi, sans être positionnée spécifiquement comme Volvo sur la sécurité, toute marque automobile doit montrer désormais qu'elle est aussi soucieuse de sécurité et même d'écologie.

– La troisième voie est d'affirmer sa supériorité sur un axe bien précis, par exemple le traitement de la chute des cheveux en proposant très vite des extensions de ligne couvrant les différents besoins capillaires des personnes atteintes par ce problème : shampooing, lotion, etc. Ces extensions manifestent le souci de la marque de répondre au mieux à toutes les facettes du problème qui constitue sa focalisation et d'affirmer son leadership en devenant la référence associée au besoin.

– La quatrième voie consiste à fortifier en permanence les relais sociaux de la réputation. Même si en apparence la persuasion du client n'émane que de la publicité et de son expérience du produit ou du service, en réalité l'opinion publique est toujours collective. D'où l'importance des rumeurs positives, du bouche à oreille, émanant des experts, leaders d'opinion. Toute marque doit s'interroger sur son assise auprès de ces leaders. Cela va de soi pour les produits « hi-tech » où pour reprendre l'expression de R. McKenna « dix pour cent des personnes contrôlent ce que les autres 90 % pensent ». Cela concerne aussi les produits « hi-style », de mode, de création. Ainsi à long terme, bien que dans une culture l'Oréalienne seule compte la publicité auprès du grand public, Vichy a intérêt à soigner son assise auprès des experts de dermo-cosmétologie. Dans le domaine alimentaire, le dédain affiché par les restaurants français à l'étranger vis-à-vis du Ricard a contribué à en limiter la diffusion hors de l'hexagone. Au contraire les vins italiens ont bénéficié du support de toutes les pizzérias.

– Enfin, le maintien de la différence perçue suppose que l'allocation des innovations se fasse en fonction de la force des marques. Trop souvent en effet, dans des entreprises multi-marques, chacune d'elles veut recevoir elle aussi la dernière innovation. Or, nous l'avons déjà analysé page 70, l'innovation forte ne se vend pas sous une marque faible. Il vaut mieux renforcer les primes de prix propres à chaque marque en donnant à la marque haut de gamme soit le plus d'innovations soit l'antériorité, fût-elle provisoire. *A fortiori*, l'argument vaut pour les marques de distributeur : ni l'Oréal, ni Gillette, ni Kellogg's, ni Procter ne fournissent les marques de distributeur. Ces sociétés conservent pour elles l'exclusivité de la valeur ajoutée. Les autres sociétés fabriquant des marques de distributeur doivent veiller à maintenir une différenciation : le nom de marque épaulé par la publicité ne suffit pas à long terme à justifier seul, un différentiel de prix. Ou alors les coûts marketing correspondent exactement à la prime de prix. Cette différenciation est réalisable par Nestlé dans l'alimentaire car le café soluble est un produit très technique et que l'on peut concevoir différents niveaux de qualité. Elle est plus délicate pour de la bière, ou des chaussettes.

Il existe une autre condition au maintien de la différence perçue, l'investissement en publicité. En effet, maints produits sont muets : si la qualité du produit est le premier facteur de fidélisation, c'est la publicité qui en premier les fait sortir du rayon en attirant l'attention sur eux. Cette condition justifie une analyse à part.

INVESTIR EN COMMUNICATION

La communication est l'arme de la marque. Elle seule dévoile l'invisible, révèle les différences de fond cachées par des emballages souvent ressemblants entre concurrents, surtout quand ceux-ci cherchent comme les marques de distributeur à créer précisément une certaine confusion. Elle seule entretient la sensibilité à la marque, même si la fidélité est érodée par moult opérations promotionnelles au rayon. Elle est la conséquence du libre-service et de la disparition des vendeurs. Elle est la suite nécessaire d'investissements en Recherche et Développement qui ont besoin d'être amortis de plus en plus vite donc sur une audience de plus en plus large. Qu'il faille répéter en 1998 ces déclarations prouve le trouble existant dans les esprits concernant la légitimité de la publicité, au sein même des équipes de marketing. Aussi laisserons-nous plutôt parler les chiffres.

Comme le rappelle la figure 5.5., il existe une relation forte entre la pénétration des marques de distributeurs et l'intensité des dépenses publicitaires du secteur, mesurée en pourcentage du chiffre d'affaires consacré à la publicité. Cette intensité est un rempart. Néanmoins, l'examen des catégories de produits révèle que les catégories à forte intensité publicitaire sont aussi celles qui investissent en innovations et rénovations, tremplin idéal d'une prise de parole. C'est donc la conjonction des deux facteurs (innovations et publicité) qui est productrice de valeur ajoutée.

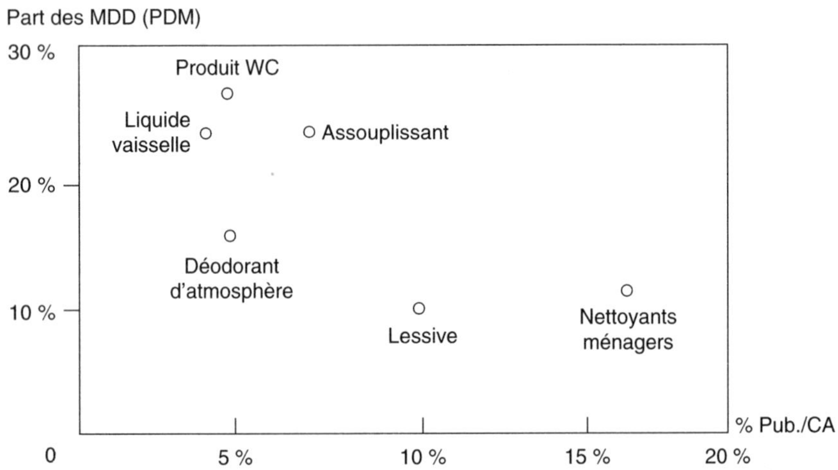

Source : Nielsen, U.K.

Figure 5.5. – *Pénétration des MDD et publicité*

L'importance de l'intensité publicitaire dans la défense et l'entretien du capital de marque est attestée par le tableau ci-dessous :

Tableau 5.4. – *Intensité publicitaire et part des MDD (Grande-Bretagne)*

	Intensité publicitaire de la catégorie (Publicité/ventes totales)	Part de marché prise par les MDD
Céréales	10 %	15 %
Détergents	8 %	11 %
Café	8 %	13 %
Confiture	7 %	47 %
Substituts du beurre	5 %	6 %
Soft drinks	5 %	20 %
Thé	5 %	26 %
Yaourts	2 %	39 %
Cidre	2 %	36 %
Conserves de poisson	0,7 %	26 %
Vin	0,5 %	61 %

Source : Nielsen, U.K.

À l'exception de la confiture où la forte consommation enfantine et le référent idéalisé de la confiture maison favorisent les petites marques propres aux distributeurs et les produits de discount, l'efficacité publicitaire est forte. Ici encore on constate que les catégories investissant beaucoup en publicité sont celles qui innovent beaucoup et différencient fortement leurs produits.

UNE VARIABLE SENSIBLE : LE PRIX

Que firent Marlboro, Disneyland Paris et Club Med pour reconquérir leurs consommateurs ? Ils baissèrent leur prix. Même si innovations et publicité renforcent la valeur ajoutée de la marque, il n'existe pas de fidélité à tout prix. Les consommateurs peuvent rester sensibles à la marque mais lui être infidèles, estimant que le prix de la marque sort de la fourchette de ce qu'ils ont prévu de payer pour la catégorie de produit et de la prime de marque qui leur paraît raisonnable vu le supplément de satisfaction attendu. Les distributeurs ont aussi cette attitude.

Les plus grandes marques ont été tentées d'augmenter régulièrement leur prix pour maximiser le profit global résultant d'une forte prime de prix et d'un peloton imposant de clients fidèles. Pour les directeurs financiers, soucieux de présenter des profits toujours en hausse, qu'est-ce qu'une augmentation de quelques centimes ou francs par paquet ? Pour le marché, il en va tout autrement. La plus célèbre des marques, Marlboro, constatant la désaffection de ses acheteurs fut la première à inverser la tendance en avril 1993 en baissant unilatéralement ses prix aux États-Unis. Wall Street réagit de façon épidermique croyant assuré le glas des marques : les titres des sociétés de biens de grande consommation subirent tous une décote significative ce jour-là. Plus d'un an après, en août 1994, la part de marché de Marlboro atteint un chiffre record (29.1 %), soit sept points de plus qu'en mars 1993, juste avant le fameux « Marlboro Friday ». En France, en décembre 1992, Philips Morris décida de faire passer le prix des Chesterfield de 11F60 à 10 F. alors que tous les concurrents se préparaient à répercuter la hausse de 15 % imposée par le gouvernement. En deux mois les ventes de Chesterfield firent un bond de 300 %. La part de marché de cette marque passa de moins de 1 % en 1991 à 12,2 % en 1994. Elle devint en un an la cigarette préférée des jeunes (71 % des acheteurs de Chesterfield ont moins de 25 ans). La prime dite « Balladur » de 5000 francs, à laquelle les constructeurs ajoutèrent la leur, relança le marché automobile français, jusqu'alors en pleine crise.

On se souvient que Procter et Gamble baissa significativement le prix de ses marques aux États-Unis dans le cadre de son programme de relance des marques, grâce à l'affectation d'une partie des économies nées d'un imposant programme d'amélioration de la productivité industrielle, marketing et des ventes. Cette baisse s'inscrivait dans le cadre de la politique EDLP (Every Day Low Price) et le désir d'en terminer avec la myriade de micro-promotions. En France, la plupart des grandes marques ont dû revoir leurs prix de vente à la baisse : – 18 % pour Wasa, – 8 % chez Unisabi, – 2 % chez Danone en moyenne, – 10 % chez McCain. Findus a décidé d'offrir des produits d'entrée de gamme à 10 francs (ce qui vu le prix de revient du produit assure en même temps une confortable marge au distributeur).

Ces baisses de prix reflètent que la marque doit rester dans le cœur du marché si elle veut subsister. En effet, la prime de prix rémunérant la valeur ajoutée est une notion différentielle. Elle ne dit rien sur le niveau du standard, de l'étalon, auquel elle se compare. Or désormais dans bien des marchés, ce standard baisse en valeur absolue. Si les hard discounters se multiplient en France comme ils l'ont fait en Allemagne, il peuvent imposer dans certains secteurs leur prix et niveau de qualité comme le standard auquel devront se comparer les marques pour fixer leur propre niveau de prix. À prime de marque constante, les prix des grandes marques ne pourront rester ce qu'ils sont. C'est tout le problème d'Heineken en France. Il n'y a plus chez Heineken Brasseries de marques intermédiaires fortes : ni 33 Export, ni *a fortiori* Mützig ne le sont. Le prix d'Heineken seule marque forte du portefeuille mais appartenant au segment des bières spéciales, apparaît donc totalement décroché par rapport au prix des 6 packs ou des 12 packs de bières allemandes inconnues, mais jouissant du label authentique « Made in Germany » et 10 à 15 francs moins chères. La même pression pèse sur la marque Ricard, troisième marque d'alcool dans le monde par son volume !

Le raisonnement ci-dessus vaut *a fortiori* si la prime de prix de la marque est supérieure à la valeur ajoutée perçue de la marque. La marque devient alors nichée dans le segment haut de gamme du marché et voit ses volumes fondre. Le cabinet O.C.C. fournit une illustration intéressante du caractère intenable à long terme de certains écarts de prix si le produit premier prix devient la référence de comparaison de prix (figure 5.6.). Selon O.C.C. les gisements d'économies inexploités par les industriels peuvent représenter jusqu'à 30 % des coûts. Il est vrai qu'une partie des bénéfices liés au produit sont parfois non valorisés par les consommateurs ou que leur surcoût de production ne vaut pas ce coût aux yeux des consommateurs. Il y a plus à gagner à les supprimer et à retrouver une compétitivité du prix. D'ailleurs les analyses de type trade-off (en français analyse conjointe) montrent bien que la logique du toujours plus a ses limites si elle s'accompagne d'une hausse concomitante de prix. Au-delà d'un certain niveau de performance, l'utilité est décroissante. Il existe aussi des seuils de prix acceptable : la règle en micro-informatique consiste à donner toujours plus au client à condition que le prix de vente au consommateur n'excède jamais la barre supérieure des 10 000 F. Dans le bâtiment, la défense des marques passe aussi par l'adjonction d'innovations à prix de vente constant. Quittant sa vocation d'origine, à force de vouloir doter ses portes et fenêtres des labels officiels les plus exigeants, Lapeyre a un peu abandonné le marché considérable de tous les consommateurs désireux d'acheter une porte simple et pas chère. Ce faisant il a aussi fait le lit des hards discounters dans le bâtiment.

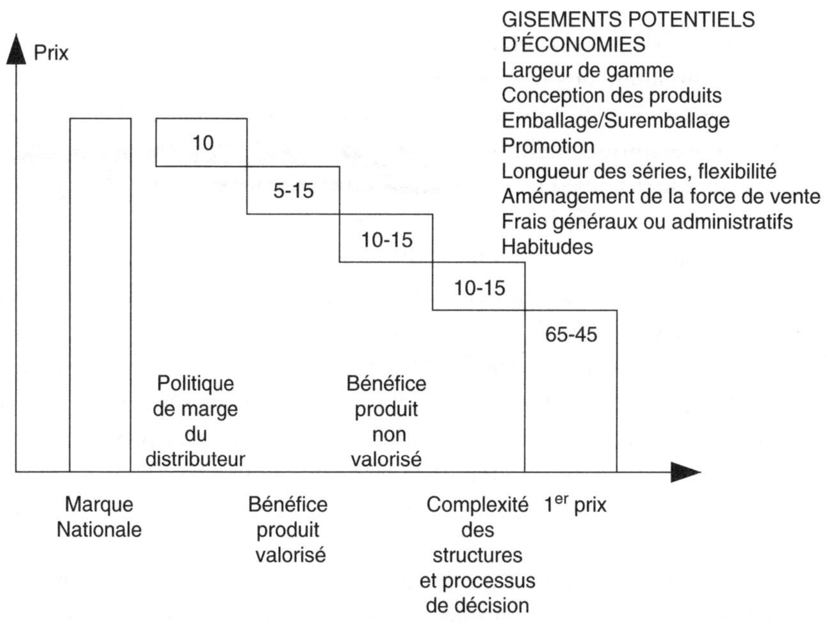

Source : O.C.C., LSA N° 1404, 30/6/1994, p. 39.

Figure 5.6. – *Sources d'écart de prix/coûts entre une marque nationale et un produit premier prix*

L'analyse faite par O.C.C. a néanmoins deux limites : elle néglige, comme la plupart des analyses économiques, la valeur perçue de la notoriété et de l'image de marque. Il n'y a pas qu'un bénéfice-produit dans la valeur de la marque. En second lieu, il n'est pas sûr que le premier prix fournisse le standard de prix auquel se réfèrent les consommateurs lorsqu'ils comparent les prix. Tout dépend du degré d'implication et de différence perçue ! Le fait de créer un coin important dans les linéaires pour des détergents premier prix ne créera aucun volume significatif : le référent de la qualité est fixé par Skip et Ariel. Les consommateurs savent qu'ils s'en éloignent dès lors que – faute de pouvoir d'achat – ils se rabattent sur les marques secondaires (Omo, Super Croix, etc.) et *a fortiori* sur les marques inconnues. En matière de café, grâce aux efforts de Carte Noire, le marché français a glissé vers le super Arabica, le haut de gamme. Le lait Viva créé par Candia, loin d'être perçu comme un premium fait figure désormais de lait tel que tous devraient l'être, la base du lait, moderne et évolué. Il existe certes des laits premier prix mais ils sont perçus comme laits de base, en déficit de modernité.

La baisse du prix, si elle a lieu, ne doit donc pas se situer par rapport au produit premier prix mais par rapport aux produits de la même catégorie, du même niveau. Le whisky Clan Campbell doit veiller à ne pas trop s'éloigner de ses concurrents réels : Label 5, William Peel, William Lawson, Black & White, Grants. Même si, en terme d'image, la référence du marché est J & B, le consommateur hésite entre des marques boxant à l'intérieur d'une même catégorie. L'analyse dite de la crémaillère (Degon, 1994) (voir page 80) démontre empiriquement que les marques qui réussissent sont en général celles dont le prix est au niveau le plus bas de leur propre segment. Pour revenir au cas Chesterfield, cette marque fut retirée dès 1988 du segment en déclin des blondes haut de gamme (Marlboro, Stuyvesant, Rothman's) pour être positionnée dans le segment du dessous, celui des « blondes populaires » (Lucky Strike, Gauloises Blondes). En passant à 10 francs, Chesterfield se présenta comme l'alternative la moins chère de ce segment et en devint vite leader. La marque a depuis dû rehausser ses prix, exigences budgétaires de l'État obligent, mais garde ce positionnement prix.

Enfin, si la marque est elle-même la référence dominante de sa catégorie, les tests révèlent souvent que sa demande ne progresse pas si son prix baisse. C'est par exemple le cas d'Orangina en France. Une hausse significative des ventes passe plutôt par la reprise d'un travail visant à faire redécouvrir le produit à des générations qui ne le connaissent pas, par le renouvellement publicitaire et par la création d'extensions de gamme pour rendre le produit acceptable par les adultes aussi.

Pour conclure, la baisse de prix n'a jamais résolu en soi le problème de la pérennité d'une marque. Elle n'injecte aucune valeur ajoutée mais réduit les coûts non valorisés. De plus, une baisse de prix du leader a de grandes conséquences à long terme : elle engage la profitabilité de tout le secteur sur les vingt années à venir. La mission du leader est plutôt de redevenir le standard de la qualité dont le consommateur saura qu'il s'éloigne s'il achète moins cher, ou d'élargir le marché. Mais il faut investir pour cela : trop de baisses de prix rendront impossible le financement de ces efforts.

DOMINER POUR INVESTIR

En 1980, le marché du cidre allait à vau-l'eau. Une multitude de cidreries dotées chacune de nombreuses petites marques se battaient pour l'accès au linéaire en bradant leurs prix. Coopératives pour la plupart, donc régies par peu de contraintes de rentabilité, elles étaient mues par le seul souci d'écouler les stocks. D'où la baisse vertigineuse des prix de vente au consommateur, qui n'arrangèrent en rien la rentabilité du secteur. Les cidreries firent faillite les unes après les autres. Toute politique de valeur ajoutée menée isolément par une cidrerie était vouée à l'échec, les distributeurs sanctionnant l'écart de prix en découlant. Tant qu'un opérateur ne pèserait pas assez lourd sur le marché pour reprendre le contrôle de ses propres destinées, le marché serait tiré collectivement et irrémédiablement vers le bas. C'est ce que comprit le groupe Pernod-Ricard. Rachetant plusieurs cidreries, il put atteindre la taille critique permettant de regagner le contrôle des ses propres prix et ne pas céder au diktat de la grande distribution concentrée. La marge à nouveau dégagée permit de financer les investissements requis pour débanaliser la catégorie, recréer de la valeur ajoutée, innover (le cidre blond La Cidraie).

Cette même démarche est suivie par Michel Reybier, P-DG. du groupe Aoste. Ce dernier contrôle désormais toutes les marques fortes de saucisson et de salaison : Aoste, Justin Bridou, Cochonou, Calixte. L'addition des parts de marché donne les chiffres suivants : 32 % du marché des saucissons de ménage, 47 % de celui de la saucisse sèche en U, 60 % pour la saucisse droite. Dans le marché des fromages Besnier est aussi un interlocuteur incontournable, présent à la fois dans les fromages modernes avec sa marque Président et dans les A.O.C. depuis le rachat du Roquefort Société. Le cas Besnier mérite une attention toute particulière. Avec sa marque Président, Besnier va au bout d'une double logique de domination : par les coûts et en parts de marché, les deux étant naturellement totalement liés. Le camembert Président est la référence des camemberts pasteurisés, dont il représentait 20 % du marché à la fin 1993. Tous camemberts confondus, Président représente 16,5 % du marché et les marques de distributeurs 19,9 %. Président est donc nécessaire au rayon. En outre, grâce à une très forte rationalisation de la production, ce camembert étant fabriqué dans une seule usine, Président a donc très vite dominé en termes de coût de revient le marché du pasteurisé. Cela lui a permis d'être le fournisseur principal des camemberts de distributeur en France, l'usine fabriquant le camembert Président se contentant de changer l'emballage pour les marques de distributeur. Grâce à une politique de marque ombrelle (voir chapitre 7), la marque Président recouvre désormais huit fromages différents sans compter le beurre haut de gamme, produit symbolique par excellence. On trouve sous la marque Président du Brie, du Coulommiers, de l'Emmenthal, du Carré de l'Est, du Saint Paulin, etc. L'avantage en termes d'économies d'échelle est gigantesque. À cela s'ajoute le fait que l'entreprise Besnier détient quatre autres marques fortes dans le marché des camemberts : Bridel (5,5 % du marché), Le Chatelain (1,8 %), Lanquetôt (3,9 %) et le Petit (4,5 %). En somme, Besnier contrôle 32,2 % du marché par ses marques et près de 45 % si l'on incorpore le volume fait sous marque de distributeur. Tenant bien les prix du marché, Besnier peut alors réinvestir en permanence pour fortifier ses marques. Ce n'est donc pas un hasard si, signe des marques fortes, Président fut une des très rares marques de produits laitiers à ne pas baisser ses prix pendant la crise (avec Candia et la Vache-qui-Rit). Il n'y a pas de marques fortes sans entreprises fortes.

À ceux qui, patrons de PME, déploreront ce fait, il peut être répondu qu'il existe d'autres stratégies ouvertes aux entreprises indépendantes et de taille moyenne. La première est illustrée par le groupe William Pitters, sous la direction de M. B. Magrez. Cette société produit la marque Malesan, deuxième marque d'A.O.C. bordelais après Mouton-Cadet, ou William Peel, whisky le plus vendu en hypermarché. Ce whisky, à la notoriété insignifiante, doit sa place à une stratégie « push » à outrance consacrée à la rémunération de la distribution et à un positionnement prix attractif. Il existe donc d'autres stratégies dans le marché des spiritueux que celle de J & B ou Clan Campbell. Tout dépend du niveau de profit attendu, des ambitions d'européanisation et de constitution d'un capital de marque.

La seconde stratégie possible est celle de Ferrero, maître de la domination sans partage des niches. L'œuf Kinder n'a aucun concurrent : c'est pourtant le produit de confiserie de chocolat le plus vendu en France. Il est en outre un best-seller européen. Mon Chéri (autre marque de Ferrero) n'a pas de concurrent. Nutella domine son segment, comme Roche d'Or. Cette entreprise à l'origine une PME est régie par des ingénieurs allant jusqu'au bout de la logique industrielle, et recherchant en permanence les économies d'échelle. Par exemple, dans le Ferrero Roche d'Or, il y a du Nutella. Kinder Bueno est du Nutella sans le chocolat. L'entreprise se demande sans cesse quel produit fabriquer sur une chaîne servant à un autre produit, en le positionnant différemment. De plus, fait essentiel, tous les produits de Ferrero sont sur des niches : cela décourage la concurrence, supprime toute comparaison des prix et confère d'intéressantes marges au distributeur. Les économies d'échelles sont réinvesties en publicité dont les effets sur la demande accélèrent les rotations, ce qui permet au groupe Ferrero de rester serein lors des négociations avec la grande distribution concentrée. Ferrero comme Besnier ont commencé par être de modestes PME elles aussi.

CONTRÔLER SON RÉSEAU DE DISTRIBUTION

En marketing celui qui est au contact de l'acheteur final a souvent un avantage déterminant. C'est le handicap majeur des fabricants qui ne dominent pas leur réseau. S'il est illusoire de vouloir distribuer des marques alimentaires significatives en dehors des grandes surfaces, ce n'est pas le cas dans de nombreux autres secteurs. L'évolution du droit communautaire sur les réseaux sélectifs a substitué des critères qualitatifs aux anciens critères quantitatifs liés aux quotas de volume minimaux.

Il est intéressant de comparer deux marques dans le même secteur dont l'une était aussi distributeur (Naf Naf) et l'autre pas (Chevignon). Comme on le sait, en août 1994, Naf Naf racheta Chevignon dont le chiffre d'affaires était passé de 598 millions en 1990 à 300 millions en 1993. On ne peut résumer cet échec au non-contrôle du réseau de distribution mais cette facette pesa lourd sur le destin de Chevignon. Naf Naf délaissa quant à lui petit à petit les boutiques multi-marques et les franchisés des débuts, afin de créer son propre réseau. Cela permit d'être plus près du marché et de trouver ainsi le bon positionnement de la marque vis-à-vis de la clientèle. Avec 180 à 200 succursales, Naf Naf estima pouvoir couvrir le territoire national. Naturellement, la marque n'est pas en hypermarchés.

Levi's leader incontesté du blue jean est, quant à lui, de plus en plus sélectif dans sa distribution. Refusant la présence de la marque en hypermarchés, Levi's attend des points de vente qu'ils respectent cinq critères :

- Le premier concerne l'assortiment : celui-ci doit comporter des vêtements de qualité et uniquement des marques reconnues par le consommateur, en ce qui concerne les jeans (donc pas de produits premiers prix ou de jeans anonymes).
- L'environnement doit être aussi qualitatif que l'assortiment.
- On ne doit pas trouver à proximité des gammes des produits pouvant porter atteinte à l'image.
- Le service doit être à la hauteur de la marque avec un personnel suffisant et compétent en habillement.
- Enfin, le magasin doit être un bâtiment fixe (pas de forains donc) avec un espace conséquent consacré au jean et susceptible d'attirer les 15-25 ans.

Par cette maîtrise de l'aval, Levi's contrôle en fait son image et préserve son capital de marque. La marque ne se résume pas à la sphère médiatique et à des produits, elle environne le consommateur jusqu'à l'acte d'achat et même après. C'est aussi la force de Benetton, ou de Coca-Cola, ou d'Häagen Dazs. Certes Coca-Cola affronte la concurrence dans les grandes surfaces, même celle des copies de distributeurs. Mais la réputation d'un soft drink et les habitudes de consommation se renforcent en cafés, hôtels-restaurants ou boîtes de nuit. La Coca-Cola Company propose en outre une gamme complète de non-colas qui en fait un fournisseur exclusif du point de vente. Aussi, là où il y a Coca-Cola, il n'y a pas Pepsi-Cola ou Orangina, en général. Si la domination est impossible, la seule voie est celle de la qualité totale appliquée aux besoins mêmes du distributeur tout au long de la chaîne de distribution : c'est le sens même du Trade-marketing (Chinardet, 1994).

CRÉER DES BARRIÈRES À L'ENTRÉE

Cette dernière illustration ci-dessus attire l'attention sur l'importance des barrières à l'entrée dans la saine gestion d'une marque. À force de se focaliser exclusivement sur la psychologie du consommateur l'analyse des phénomènes de marque a trop négligé le rôle crucial du management de l'offre elle-même, qui peut rendre impossible l'arrivée des concurrents dans le marché. C'est une des questions clés de l'analyse de la valeur financière d'une marque, de la valeur actualisée de ses profits futurs. L'imperméabilité du marché est le meilleur garant de ceux-ci : l'exemple de Black et Decker est révélateur.

Pourquoi n'y a-t-il pratiquement pas de marques de distributeurs dans le marché des perceuses ? Parce que Black et Decker rend intenable économiquement leur entrée. Les marques de distributeur fleurissent lorsque l'une ou plusieurs des conditions suivantes sont réunies : il faut dans l'idéal :

- que le marché soit important en volume ;
- que l'offre évolue peu ;
- que le prix des marques soit élevé ;
- que le risque perçu par le consommateur soit faible ;
- que le consommateur décide essentiellement en fonction des caractéristiques visibles du produit ;
- que la technologie soit accessible à bas prix.

Or, le marché des perceuses est un petit marché, qui plus est, morcelé en séries courtes. Black et Decker l'anime et le fait évoluer très rapidement sur le plan technique. Par ailleurs, Black et Decker a globalisé sa production : chaque usine fabrique un seul produit pour le monde entier. Le niveau des prix de revient devient imbattable. Comme Black et Decker ne pratique pas d'excès en termes de prix de vente les copieurs ont une marge de manœuvre trop étroite. Enfin, le consommateur est sécurisé par la notoriété et l'omniprésence de cette marque, gage de service après-vente.

Quelles sont les principales sources de barrière à l'entrée ?

– Le coût des facteurs de production est le plus important. Il est source d'un avantage concurrentiel durable. C'est la stratégie de Président, de Black et Decker mais aussi de Decathlon. Visant à répliquer à l'international sa domination française, Decathlon peut devenir dans certains sports la marque n° 1 en Europe et reléguer loin derrière maints fabricants par l'économie d'échelle conférée par ses produits conçus au niveau européen. Si l'on ajoute à cela que Decathlon pratique une logique de marque enseigne capitalisant la notoriété sur son seul nom et investit en média publicitaires de façon massive, la marque pourrait à long terme devenir une autorité dans le sport au même titre que bien des marques notoires de ce marché.

– La maîtrise de la technologie et de la qualité est la clé du succès des marques de Procter et Gamble, Gillette, L'Oréal ou 3M. Refusant de céder la moindre parcelle de leur savoir-faire aux marques de distributeurs ces sociétés gardent pour elles-mêmes leur principal levier de valeur ajoutée. Il leur permet d'innover en permanence et rester ainsi la référence du marché en qualité. Kellogg's va même jusqu'à indiquer sur les emballages qu'il ne fournit pas les marques de distributeur.

– La domination par l'image et la communication est le rempart de Coca-Cola. Certes cela n'empêche pas le succès d'un Cola chez K-Mart ou Sainsbury, empruntant le plus possible les signes jusqu'alors distinctifs de Coke et vendu 25 cents au lieu de 33. En périodes de difficultés économiques la sensibilité au prix est exacerbée. Mais, marque mondiale Coca-Cola peut accéder au sponsoring des Jeux olympiques d'Atlanta et en faire rejaillir les bénéfices d'image sur les embouteilleurs du monde entier. C'est aussi l'arme de Nike, Reebok ou Adidas. La domination par la notoriété et l'image ne proviennent pas uniquement de la taille colossale des budgets. En capitalisant toutes leurs actions de communication sur leur seul nom et en pratiquant une logique d'extension de marque hors du segment initial, Dim ou Président ont pu dominer la scène de la notoriété. Dans son secteur Decathlon fait de même : il nomme ses propres produits du nom de l'enseigne.

– La déclinaison rapide d'un concept à succès grâce à l'extension de gamme et l'extension de ligne est un facteur qui bloque l'entrée de la concurrence. Aux États-Unis et bientôt en Europe, la marque Snapple capitalise sur le courant des boissons dites « New Age » et propose une gamme extrêmement large de soft drinks au thé. Dim, on vient de le voir, a très vite proposé sous son seul nom une gamme large, recouvrant différents besoins, satisfaisant les attentes des distributeurs et du consommateur. Dans l'univers agricole, on ne compte plus les déclinaisons de l'insecticide Decis suivant le type de plantations, renforçant le statut de leader mondial de cette marque.

– Le marquage des produits lui-même confère une exclusivité dans l'offre et une valeur ajoutée qui feront défaut aux concurrents. Ainsi Damart est la seule marque à posséder le fameux Thermolactyl, fibre miraculeuse en hiver par la chaleur qu'elle procure. Pourtant Thermolactyl est en fait une marque déposée par Damart sous laquelle elle vend la fibre appelée Rhovylactil par Rhône-Poulenc. De la même façon tous les grands de l'industrie chimique fabriquent de l'élastane, fibre donnant souplesse et brillant aux collants et corsetterie. En revanche, seul Du Pont de Nemours possède Lycra, fibre dont le seul nom sert d'argument de vente à Dim ou aux griffes de lingerie féminine. En réalité, Lycra est le nom de marque déposé par Du Pont pour vendre l'élastane. Ce n'est pas le nom à lui seul qui a conféré valeur ajoutée à la fibre : ce sont les dix années de communication mondiale autour du concept de glamour associé au nom Lycra qui ont doté cette marque de son attractivité exclusive.

– La maîtrise de la relation avec les leaders d'opinion est une des clés de l'avenir d'une marque. Canson en fournit l'illustration. *A priori* quoi de plus simple qu'une feuille de papier calque pour écoliers ou de papier à dessiner. Or malgré la part de linéaire dévolue à chaque rentrée scolaire aux papiers à dessin ou calque des marques de distributeur, seul Canson se vend. Il est vrai que depuis plus de vingt ans, la marque développe une politique très suivie de relations publiques avec le corps enseignant, organisant des concours entre classes au niveau national. La prescription durable de la référence Canson dans les listes d'achat des écoliers tient largement à l'excellence de ce que l'on appelle aujourd'hui le marketing relationnel. Le principal capital de Canson, ce sont ses prescriptions fidèles au sein de l'Éducation Nationale.

– La domination de la distribution est enfin un handicap considérable pour les nouveaux entrants. Mac Donald's aura bientôt 1 000 points de vente en France et Quick 500. L'effet de chaîne ainsi conféré clôt la concurrence dans le marché du hamburger. La grande distribution elle-même fait largement usage de cette barrière à l'entrée : en imposant ses marques propres dans ses rayons, elle évacue de ce fait les marques de fabricant. Häagen Dazs le glacier contrôle le marché de la glace haut de gamme par le biais certes d'une qualité remarquable, et d'un bouche à oreille bien managé de la part des leaders d'opinion, mais surtout par l'armoire exclusive présente dans tous les supermarchés et les hypermarchés. En Allemagne, la marque Nur Die est leader des collants : elle le doit à une originalité de sa distribution. Nur Die a installé des rayons en propre dans tous les supermarchés et gère elle-même la livraison, l'approvisionnement, le réassortiment et les stocks, le magasin étant rémunéré sous forme de pourcentage. Le présentoir Nur Die long de plusieurs mètres appartient à la marque. Si un concurrent voulait s'installer, outre les dépenses publicitaires pour se faire connaître, il devrait investir plusieurs dizaines de millions de marks pour créer de toutes pièces plusieurs milliers de présentoirs. La qualité de la relation avec la distribution est aussi une barrière efficace. La force de vente de Ricard par sa taille (500 personnes) et sa qualité entretient un niveau relationnel inimitable avec les cafés, hôtels, restaurants. Or l'aura d'un alcool venant de sa consommation en CHR, l'image forte de Ricard tient à sa maîtrise de cette distribution. Malgré l'absence de publicité, Ricard peut encore ainsi justifier d'une forte prime de prix en grandes surfaces.

– La dernière barrière à l'entrée est juridique. La marque doit défendre sa sphère d'exclusivité contre les contrefaçons de produits, de modèles ou de signes. Elle n'hésite pas aussi à préserver le caractère exclusif de ses signes distinctifs face aux imitations et aux contremarques des distributeurs. Ces derniers, prétextant l'existence de soi-disant codes de la catégorie en réalité cherchent à faire bénéficier leurs marques propres des signes de la valeur développés par la marque leader. Les copies de Coca-Cola tentent de s'approcher au plus près du rouge que Coca-Cola a au fil du temps associé à sa qualité. Outre la confusion volontaire recherchée, amenant des consommateurs non vigilants à prendre la copie pour l'original, l'identité des signes induit une perception d'équivalence. De même que Dior, Chanel, Cartier investissent lourdement en poursuites juridiques contre les réseaux contrefacteurs, les marques doivent poursuivre les imitateurs ou tout au moins signifier à ceux-ci qu'elle ne tolérera pas l'imitation et la copie. De ce point de vue, les marques qui ont d'emblée opté pour des signes non descriptifs offrent une meilleure résistance au temps et à l'imitation. Le bleu d'Orangina est un signe non générique qui protège bien la marque de soft drink à l'orange.

FIDÉLITÉ À LA MARQUE ET CAPITAL-CLIENTS

La valeur financière de la marque est fonction du montant des recettes futures prévues et du degré de certitude de ces prévisions. Une marque n'est forte que si elle a un taux élevé de gros clients fidèles. Ce constat est à l'origine d'une révolution dans la pratique du marketing, entreprise depuis le début des années quatre-vingt : le souci majeur de la fidélisation et de la croissance du volume/capital. S'éloignant d'une approche où il fallait toujours conquérir des clients, désormais on fait tout pour conserver ses meilleurs clients. Cela est normal à une époque où, abondance d'offre oblige, les acheteurs zappent de plus en plus d'une marque à l'autre, d'une enseigne à l'autre. Plus que le zéro défaut, on vise désormais le zéro défection, en particulier des 10 % de clients représentant 50 % des ventes.

Un client à vie de British Airways rapporte à cette compagnie 480 000 francs de recette en moyenne. Pas question alors d'en perdre un seul. Il en va de même chez Carrefour où un client fidèle amène 35 500 francs de chiffre d'affaires annuel. En outre, les clients fidèles sont plus rentables. Selon une étude du Cabinet Bain, un ménage dépense 2 162 francs par mois dans l'enseigne d'hypermarché fréquentée le plus souvent, 553 francs dans l'enseigne secondaire et 145 francs dans l'enseigne où il ne se rend qu'occasionnellement. Or non seulement les clients fidèles dépensent plus, mais on constate que leurs dépenses croissent dans le temps, qu'ils sont moins sensibles au prix et enfin qu'ils sont sources de rumeurs positives, de bouche à oreille concernant l'enseigne ou la marque de prédilection. En outre, il est cinq fois moins onéreux de les contacter qu'un non-client. C'est pourquoi, toujours selon Bain, en abaissant le taux de défection des clients de 5 % les bénéfices augmentent de 25 à 85 % ! L'exemple de Canal Plus est significatif : cette chaîne jouit d'un taux de fidélité record : 97 % de ses 3.9 millions de clients lui sont fidèles. Sachant que l'abonnement annuel coûte 2 028 francs, si le taux de fidélisation baisse ne fût-ce que de 1 %, cela représente 75 millions de francs de recettes annuelles en moins !

Toutes les marques fortes développent actuellement des programmes de fidélisation. Néanmoins, une remarque liminaire s'impose : aucun programme de ce type ne palliera une offre inadaptée, insatisfaisante. L'action de fidélisation a deux volets, l'un défensif vise à ne fournir aucun prétexte au client pour quitter la marque ou l'enseigne, l'autre offensif vise à créer une relation personnalisée avec ses clients, base d'un lien plus intime donc plus impliquant, ce que les Américains appellent « Customer bonding » (Cross et Smith, 1994).

La partie essentielle du volet défensif est l'identification des causes d'infidélité et des clients insatisfaits. De fait, l'insatisfaction liée à la nourriture produit – du fait de l'infidélité – une perte de recettes de 50 millions de francs chez British Airways. Celle liée à l'attribution des sièges « coûte » près de 200 millions ! Paradoxalement, la compagnie cherche à obtenir le plus de réclamations possibles de clients insatisfaits. En effet, le pire est l'insatisfait silencieux qui – muet face aux représentants de la compagnie – se répand en rumeurs négatives auprès de ses proches, ses collègues ou amis. Or les statistiques le prouvent, un client insatisfait et bien traité devient un vrai prosélyte, et encore plus fidèle. Lorsque l'on interroge les passagers sur leurs intentions de voler à nouveau avec British Airways, le taux est de 64 % parmi les passagers n'ayant jamais contacté le service clientèle. Il est en revanche de 84 % chez ceux qui ont déjà formulé une réclamation. Susciter les réclamations et les traiter avec diligence, attention et respect devient un levier-clé de la fidélisation.

Sur le plan offensif, la marque doit devenir une marque d'attentions personnalisées. Avec plus d'emphase, S. Rapp et L. Collins (1994) parlent de devenir « a loving company », de s'intéresser non au client mais à la personne. C'est la fin du marketing anonyme : une attention ne peut qu'être personnalisée pour être efficace. Mais force est de reconnaître que, même si la terminologie des études de marché distinguait entre les gros, moyens et petits consommateurs, peu d'entreprises jusqu'à une date récente avaient développé des programmes destinés spécifiquement aux gros consommateurs, qui sont en général aussi les plus fidèles. Or le client fidèle veut être reconnu. Il faut donc l'identifier, créer un lien direct avec lui et faire preuve d'attentions personnalisées. C'est pourquoi ce qu'il est convenu aujourd'hui d'appeler le marketing relationnel (Mc Kenna, 1991 ; Vavra, 1992 ; Marconi, 1994) fait usage de bases de données, de clubs de consommateurs, de manifestations collectives réunissant les meilleurs clients de la marque. D'autre part, conscientes que la marque qui n'est pas au contact direct de la clientèle en devient de plus en plus distante – au sens propre comme au figuré – nombreuses sont les marques qui sortent du spot télévisé et du linéaire pour entretenir une relation directe avec les clients. Nestlé met à la disposition de ses clientes des diététiciennes, joignables au téléphone. Six jours sur sept ; Nintendo vient en aide au téléphone à 10 000 enfants par jour bloqués dans un jeu vidéo. IBM France a créé dès 1992 un service d'assistance à distance fonctionnant jour et nuit toute l'année. Traiter les clients comme des amis et non des comptes est la base d'une relation durable.

La plupart des grandes marques ont pris conscience de deux faits majeurs. Compte tenu de la stimulation en magasin, les attitudes favorables vis-à-vis d'une marque ne se transforment plus en comportement. On reste sensible à Danone, mais on achète autre chose. Le consommateur a besoin de mieux percevoir la valeur ajoutée d'une marque pour lui rester fidèle. La publicité a ici atteint ses limites. En second lieu, les distributeurs considèrent de plus en plus que le client leur appartient. Il est donc vital que les marques se réapproprient leurs propres consommateurs. Il y a donc une étroite relation entre la gestion du capital de marque et celle du capital-client.

– Tout client d'une marque n'est pas forcément attaché à celle-ci. Mais l'habitude étant une seconde nature l'action comportementale ciblée (*via* le marketing direct qu'autorisent les bases de données désormais) aura pour but de développer ses habitudes et d'agir ainsi sur ses attitudes.
– Tout client attaché n'est pas forcément fidèle, signe d'un déficit de valeur ajoutée perçue. Un autre type de micro-marketing en découle.

Tableau 5.5. – *Capital de Marque et Capital Client de SONY*

CAPITAL CLIENT Usage \ CAPITAL DE MARQUE Conviction	oui	non
oui	19 %	35 %
non	4 %	42 %

SONY

Source : Megabrand System, Sofres.

Comme le montre le tableau 5.5., 80 % des personnes très attachées à la marque Sony, convaincues de sa supériorité, sont utilisateurs, alors que seulement un utilisateur sur trois est attaché à la marque Sony. Les 35 % résultent d'un succès de l'action terrain, au niveau du magasin. Il faut transformer leur comportement en attitude. Quant aux 4 % de passionnés non acheteurs, il faut en diagnostiquer les causes et les inciter à l'action (Dubois et Duquesne, 1996).

Un dernier facteur contribue à la pérennité de la marque : savoir rester elle-même. Puisque la marque est un repère, il faut qu'elle en accepte les contraintes. Comme il faut en même temps s'adapter aux évolutions du marché et de la concurrence, en séduisant de nouveaux clients par une offre renouvelée le problème-clé devient celui de l'équilibre nécessaire entre identité et changement. Ce sujet nécessite à lui seul le chapitre suivant.

LUTTER CONTRE LA BANALISATION : LE CAS CANDIA

La banalisation guette beaucoup de marchés, de l'alimentaire aux services bancaires. La croissance des marques de distributeur et des produits premier prix en est le meilleur symptôme. Pourtant la banalisation n'est pas une fatalité. Elle n'est que le résultat de l'action ou plutôt de l'inaction des marques. On peut débanaliser un marché, mais à une condition : se souvenir que la marque ne remplace pas le marketing, mais qu'elle l'accompagne. En d'autres termes, ce n'est pas la marque qui débanalise, par on ne sait quelle vertu miraculeuse, c'est la segmentation du marché et la définition d'offres spécifiques pour ces segments, apportant une valeur ajoutée et, pour s'assurer l'exclusivité d'image, dotées d'une marque. Arrêtons de parler de marque, pratiquons le marketing et la première étape de celui-ci : la segmentation du marché, préalable à celle de l'offre. C'est ce qu'ont réussi à faire les fabricants de pâtes, de riz, de sucre, certaines banques et établissements financiers aussi. Une illustration de cette démarche nous est fournie par Candia, la marque leader du lait en France, filiale du groupe Sodiaal (Yoplait).

A priori peu de marchés semblent aussi banalisés que le lait. Il se vend bon an mal an 3,5 milliards de litres de lait : les produits premier prix représentent 41 %, les marques de distributeurs 22 % et les marques nationales 37 % (avec le leader Candia, suivi de Lactel et Nactalia-Gervais). Cette part de 37 % eut été bien plus faible sans les efforts d'innovation permanente du leader. Tout condamnait en effet le marché du lait à une irrémédiable banalisation.

L'émergence de la longue conservation mettant fin à des siècles de lait frais fut le phénomène déclencheur. À cela s'ajoute en France la concentration de la distribution, et la poussée des hypermarchés : Tetrapak, fournisseur exclusif des conditionnements en brik, vit l'intérêt que représentait la longue conservation pour des points de vente visités une fois par semaine par les ménages. L'intérêt bien compris de la grande distribution et de Tetrapak assurèrent la rapide domination du lait UHT et de ce conditionnement. Désormais les seuls paramètres de choix des consommateurs étaient le format, le caractère entier ou demi-écrémé. La marque n'était plus un critère de décision.

Pour débanaliser un marché, il faut partir de sa raison d'être essentielle puis cibler des consommateurs très impliqués avec une offre très typée. Quelle est la raison profonde pour laquelle on boit du lait ou on le fait boire : la santé. Appliquant ces principes, Candia procéda à une segmentation du marché, définissant des cibles ayant des attentes de santé spécifiques et ouvertes donc à des offres à valeur ajoutée :

– Dès 1980, Candia lança un lait supérieur à teneur garantie en vitamines. Ce produit fut baptisé Viva en 1985, ce qui permit de démarrer le soutien publicitaire. Viva créa un segment qui représente 6 % du marché total mais dont il est désormais le leader avec 75 % de part de marché. Sa cible est constituée de ménages jeunes et urbains qui ne l'achètent pas tant pour ses vitamines que pour le sentiment qu'ils ont d'acheter un vrai lait moderne, de son temps, avec tous les ingrédients qui font un lait supérieur. Viva est le référent du segment. Cette marque prénom a acquis une forte notoriété grâce au soutien publicitaire : elle confère un halo d'exclusivité à l'offre et est devenue une marque incontournable des rayons d'hypermarché.

– Poursuivant cette logique de spécialités de santé à forte valeur ajoutée, Candia lança « Croissance de Candia », aliment lacté diététique pour enfants en bas âge supplémenté en fer, « Grand Vivre », lait stérilisé UHT demi-écrémé pour adultes à teneur garantie en vitamines, enrichi en fer, zinc et magnésium, « Silhouette », lait à longue conservation écrémé, à teneur garantie en vitamines (marque elle-même déclinée en Silhouette Plus, boisson lactée enrichie en vitamines et minéraux et contenant des fibres).

– Mais Candia poursuivit aussi ses efforts pour apporter une valeur ajoutée de service aux consommateurs. Jusqu'alors le marché était ultra dominé par le format 1 litre en brik, le même que pour les jus de fruit. Cela contribuait à affadir l'image du lait auprès des clientèles jeunes. Grâce à l'innovation technologique Candia disposa d'une bouteille de longue conservation en format 1,5 litre avec une anse pour faciliter la prise en main. Cette innovation fut appelée « Grand Lait » et lancée en 1986 avec force investissements publicitaires. Elle démontrait que le consommateur était prêt à payer plus cher pour une vraie valeur ajoutée de service : Grand Lait était vendu 4,80 F/litre, alors que le prix de vente aux consommateurs d'un litre en brik, premier prix est inférieur à 3 francs ! Aujourd'hui Grand Lait n'est plus le mono-produit de départ. C'est une vraie marque ombrelle, connue, apportant un halo de supériorité au lait. Pour les consommateurs, Grand Lait symbolise la « grande qualité ». Ils le perçoivent comme une sélection de lait opérée par Candia. Il se vend sous cette ombrelle près de 300 millions de litres aujourd'hui.

L'illustration Grand Lait rappelle un autre point caractéristique des marchés de produits dits « d'implication minimale ». Des micro-différences de packaging apportant un vrai service au consommateur sont sources d'essai et de fidélisation. Or en cas d'implication minimale, il ne faut négliger aucune source de valeur ajoutée. Candia en a fait un principe : pas de lancement de produits sans innovation packaging. Ainsi « Grand Vivre », lait stérilisé pour adultes fut aussi l'occasion de révolutionner la brik en introduisant un vrai bouchon refermable, développé avec Combitop, le concurrent de Tetrapak.

La capacité de débanalisation du marché est attestée par les volumes liés aux innovations et aux marques-prénoms qui les dopent, ainsi que par les prix au litre comparés des différentes marques et produits.

Tableau 5.6. – *Un exemple de débanalisation*
Prix au litre des marques et produits dans le marché du lait

	F/litre
• Produit premier prix (UHT, 1/2 écrémé, brik)	3 F
• Marque de distributeur	3 F 50
• Lait de Montagne de Carrefour	3 F 70
• Gervais Brik	3 F 90
• Lactel Brik	3 F 90
• Candia Brik	4 F 20
• Bouteille litre 1/2 écrémé Lactel ou Gervais	4 F 60
• Bouteille litre 1/2 écrémé Candia	4 F 80
• Candia 1 l 5	4 F 80
• Viva brik de Candia	5 F
• Silhouette Plus de Candia	6 F
• Candy Up	10 F
• Croissance de Candia	12 F
• Viva Fruité	14 F
• Menu Minceur de Candia	14 F

Chapitre 6

Identité et changement

La marque ne croît que par le mouvement, par le changement. Sur un plan concurrentiel d'abord : elle cherche en permanence à créer de nouveaux marchés, de nouveaux segments dont elle peut alors devenir le référent, le prototype et surtout le leader en part de marché. N'a-t-on pas dit par exemple au sujet de la Twingo que Renault avait inventé « l'auto qui n'existait pas » (Midler, 1995). Sur le plan de l'image aussi, comme l'environnement est lui-même en perpétuelle évolution, ne pas évoluer c'est paraître enfermé dans un carcan, une vision datée, immobile. Mercedes aurait pu répéter à l'infini, en les améliorant toujours plus, ses fameuses berlines tricorps qui ont façonné la représentation mondiale de ce qu'est une voiture de luxe au point que le Japonais Lexus en copie exactement les contours. Entretemps les clients ont changé. La frange leader d'opinion de ceux-ci, celle qui va influencer l'opinion des 90 % restants, a modifié son style de vie et ses références : elle n'aime plus les berlines et préfère les véhicules-niches. Les esprits chagrins virent en la Classe A, la petite Mercedes, une rupture du contrat de marque. Elle est en fait une disruption, pas une incohérence, ni une contradiction. Mercedes ne saurait se cantonner à une conception automobile qui risque de devenir minoritaire : son utopie de proposer les voitures les plus sûres au monde doit s'adapter à ce monde.

Seul le changement radical est visible. Sinon, par le principe psychologique de « l'assimilation perceptuelle », il se fond dans l'image préexistante. Il ne faut donc pas hésiter parfois à pousser la marque loin de son précarré. Les frontières d'un territoire de marque sont faites pour être toujours repoussées tant sur le plan des produits, de la géographie, que de la signification. Si, pour gérer la marque à moyen terme (de trois à cinq ans), on a besoin d'outils qui la délimitent (comme le prisme d'identité), il faut régulièrement les remettre en cause, pour s'adapter au changement voire provoquer soi-même le changement. L'équilibre de la marque dans un monde en perpétuel mouvement ne consiste donc pas à rester statique, mais à introduire soi-même le mouvement comme base de la lutte concurrentielle. Les marques de luxe américaines nous surprennent parce qu'elles ont l'air incohérentes. Calvin Klein passe du provocant Obsession à l'idéalisme d'Eternity. Ralph Lauren saute du climat WASP bostonien de Polo à l'ambiance « Out of Africa » de Safari. En réalité l'un certes ne découle pas de l'autre, au sens d'une cohérence répétitive qui déclinerait le même concept à l'infini, entraînant à coup sûr la marque sur le déclin. Ces produits signalent une marque en mouvement : Calvin Klein n'est ni Obsession ou Eternity. Il est les deux, marque plus complexe plus ouverte que d'aucuns ne l'avaient imaginé. Renault est la Safrane et l'Espace. L'avenir est aux marques qui sauront manier le « et » et abandonneront le choix dichotomique du « ou ». C'est aussi le message de J. Collins et J. Porras dans leur ouvrage remarqué *Built to Last* (1994). Chanel a surpris en lançant Coco associé à Vanessa Paradis. C'était incohérent avec la représentation de Mme Carole Bouquet. Certes mais ce mouvement radical assure mieux la pérennité de la marque dans le temps face à la concurrence nouvelle des designers américains et italiens qui savent séduire les jeunes.

Le paradoxe est que, en même temps, la marque ne se bâtit que dans une certaine permanence, c'est-à-dire la durée. Le concept-clé d'identité de marque porte en lui la nécessaire prolongation « à l'identique » des propositions et expressions de la marque. Ne l'oublions pas, la marque est un repère : elle signale une proposition, des valeurs. C'est sa fonction première. Pour capitaliser, construire ce repère, la marque doit conserver un sens précis, une direction. Une certaine continuité est donc essentielle aussi à la construction et à la persistance temporelle de la marque.

La poursuite concomitante de ces deux exigences (identité et changement) conduit à envisager la marque sous deux angles : celui intemporel de son fond de marque, et celui offensif, disruptif de son front de marque. C'est l'objet de ce chapitre.

LA NÉCESSITÉ DU CHANGEMENT

Une marque qui n'évolue pas se fossilise et perd sa pertinence. Le temps n'est, en effet, qu'un indicateur derrière lequel se profile le changement des styles de vie, des attentes, de la technologie, de la situation concurrentielle. La question de la gestion du temps devient donc : comment évoluer tout en restant soi-même, qu'est-ce qui doit changer et qu'est-ce qui doit rester intouché ? La marque n'existant que par ses productions – les produits ou services et la communication – la gestion de la durée impliquera nécessairement ces deux supports d'évolution et de continuité. En matière de communication, l'éternel exemple de Marlboro, déclinant l'image du cow-boy solitaire depuis 1964, est atypique. On ne refera plus de telles cathédrales. Peu de marques en effet ont enfourché un mythe dont la représentation est totalement codée et figée dans le temps et les grands espaces. Coca-Cola, Volkswagen, Nestlé, Philips, Adidas ont dû s'actualiser dans leur communication et leurs produits pour s'adapter aux changements de l'environnement. Les marques doivent apprendre donc à se renouveler pour être toujours de leur temps. C'est en s'actualisant qu'une marque survit aux effets du temps : une modernisation trop tardive et brutale n'est souvent qu'un électrochoc inefficace.

L'évolution des technologies, la recherche et le développement entretiennent un rythme soutenu d'innovations. La marque doit les incorporer si elle ne veut pas être emportée par un déclassement technologique. À trop se lier à une forme temporelle, la marque devient mortelle : ce fut le cas de Solex. Cette marque, signant un produit unique et pratiquement inchangé avec le temps, fut emportée avec lui. Elle n'avait pas compris que si le produit est le support physique de la marque, celle-ci doit s'en extraire pour en signer d'autres et poursuivre sa vocation. L'innovation et les nouveaux produits sont pour elle l'occasion de témoigner de sa mission, de sa direction, donc de construire une image cohérente et spécifique. Cela concerne tout autant IBM ou Apple dans le maelström technologique informatique, que Coca-Cola. Certes, la formule de base est restée globalement inchangée mais son conditionnement a su évoluer, réponse nécessaire aux changements des conditions de vie : grands formats pour les achats hebdomadaires dans les grandes surfaces, boîtes en aluminium pour s'adapter aux transports et aux sorties, sans caféine ou sucre. La prise en compte des besoins sans cesse en évolution des acheteurs est au centre des préoccupations de la marque et justifie son éveil constant.

Les valeurs, mœurs et comportements évoluent aussi avec le temps. Ce qui était révolutionnaire, voire incongru en 1978, est anodin en 1998. Cette banalisation menace aussi la marque qui ne survit que par le maintien d'une spécificité. Ainsi, Findus est la marque qui légitima l'usage des surgelés. Loin de se contenter d'informer sur les surgelés, elle en légitima l'usage social. C'est là, rappelons-le, une des fonctions essentielles du discours de marque. Il est vrai que le rituel alimentaire de l'époque commandait à la femme de ne pas faillir à la mission que lui assignaient la religion, l'école et la République : être mère nourricière. Le surgelé – tout fait – entrait de plein fouet contre ce rituel. Findus, par sa notoriété et sa prise de parole publique, donnait aux femmes une justification à leur désir de changement. Les temps ont bien changé : la femme au travail a remplacé la femme au foyer. Les fondements du discours de Findus de la première heure sont caducs, comme le MLF. Si Findus n'avait pas évolué et cessé d'être associé à ce discours de l'origine, la marque eût paru dater.

Avec le temps vient aussi la dérive naturelle des signifiants. Après guerre, après une période de vaches maigres, le signifiant de la nature et de l'abondance était la vache. Cela profita à la Vache-qui-Rit, le plus ancien des fromages modernes. Aujourd'hui, la nature ne se signifie plus par des vaches : les briks de lait eux-mêmes n'en représentent plus. Cet animal est devenu bête. C'est un handicap pour la marque car cela l'infantilise et en fait le symbole d'un fromage que l'enfant arrête de consommer pour démontrer socialement qu'il n'en est plus un. D'une façon générale, les effigies risquent de figer la marque, de l'enfermer dans une signification déterminée par l'environnement. Bibendum ne court pas ce risque : ce symbole est original et n'a pas de signification sociale. Seul Michelin lui donne un sens et réciproquement. En revanche Banania souffrit de la mutation incontrôlée du sens de son symbole visuel : le noir de l'époque coloniale et de l'Afrique occidentale française n'a plus la même signification aujourd'hui. Il en va de même du Crédit Mutuel, portant en son nom un signifiant ayant perdu de son lustre et attaché à une période historique particulière. La mutualité, née d'un mouvement de solidarité à l'époque du capitalisme sauvage doit faire preuve de sa pertinence aujourd'hui : certes le public est toujours désireux de partager les pertes – d'où l'excellente tenue des mutuelles d'assurances – mais il ne veut plus partager les gains. Une signification nouvelle du mot mutuel, dans l'univers bancaire reste à trouver si la marque veut résister au temps : l'écoute bienveillante du banquier semble être celle-ci.

Les marques nées avec un personnage vivant ont aussi à faire face à la dérive du sens. Le personnage a sa vie propre et acquiert une dimension et une signification qui peuvent ne plus correspondre aux intérêts stratégiques de la marque. Ainsi la marque Justin Bridou tira sa notoriété de Patrick Sébastien. Or, lorsque celui-ci fut recruté par la marque, il n'était pas encore le présentateur célèbre et populaire de la télévision. Ce tremplin de notoriété a ses limites : il ne correspondait plus à la volonté exprimée par la marque de se positionner dans le haut de gamme.

Avec le temps, la clientèle évolue : elle vieillit. Les précurseurs, suivant G. Blitz et G. Trigano dans les premiers villages du Club Méditerranée, aux Baléares ou en Corse, ont la cinquantaine dépassée. La réussite d'une marque tient à sa capacité de suivre sa clientèle tout en la renouvelant. Faute d'avoir renouvelé celle-ci, Johnny Walker est devenu le whisky des parents, pas de la nouvelle génération. Il en va de même de Martini, Suze, Dubonnet, Ambassadeur, etc.

Enfin, le succès stimule la concurrence qui cherche à proposer des copies ou des produits supérieurs. Par la promesse de chiffres d'affaires sans risque, puisque la marque nationale a déjà fait tout le travail de création de marché, il tente aussi les marques de distributeurs et la contrefaçon. Après que Findus eut légitimé l'usage social des surgelés par dix années de communication et ses produits, il est facile à Casino d'évacuer la marque de ses rayons et de lui substituer ses propres produits. Rien n'est en effet plus tentant aussi que de faire copier ici un packaging et les codes de la marque à succès et de sous-traiter là un produit en imitant la formule. C'est la base du fonctionnement et de la rentabilité assurée des marques de distributeurs. Compte tenu de la faillite du droit en la matière et de l'indolence des pouvoirs publics, ceci oblige la marque à encore plus se démarquer en innovant et maintenant son leadership de performance-produit, mais aussi à développer des codes spécifiques de marque sur les emballages. La marque, on le voit, n'a d'autre choix que de se dépasser : c'est la seule course qui ne finit jamais.

LA COMMUNICATION : TEMPORALITÉ ET INTEMPORALITÉ

La communication de la marque doit nécessairement évoluer. Ainsi Évian fut l'eau des bébés, puis l'eau des Alpes, puis l'eau de l'équilibre et aujourd'hui l'eau de la force équilibrée. Ces changements de positionnement se firent sur une longue période : ils manifestaient l'évolution du rapport des consommateurs à l'eau, la maturation du marché et l'évolution concurrentielle. Les fonctions et les représentations de l'eau ne sont pas fixes : elles dépendent de facteurs externes liés à l'urbanisation, à l'industrialisation, à la redécouverte de la nature, à la découverte de la pollution, aux nouvelles représentations du corps, de la santé et de l'hygiène alimentaire. Positionner, c'est mettre en relation une facette de la marque et un courant d'attentes, de besoin ou de désir. Comme ces courants évoluent, la marque ne peut pas rester figée.

Dans l'horloge de la marque, ces changements de positionnement ne sont pas fréquents : toutes les quatre ou cinq années. En revanche, le mode d'expression de la marque peut évoluer plus vite pour intégrer l'évolution des modes : nouveaux langages, nouveaux signes de modernité, nouveaux looks. Juxtaposée aux autres discours de la sphère médiatique, la marque leur est comparée : sa temporalité, son caractère actuel en dépendent.

Ces nécessaires ajustements et changements font courir un risque à la marque : celui de la perte d'identité.

Ainsi en 1993 un changement radical du système signalétique de la marque de pâtes Rivoire et Carret lui fit perdre entre 1 et 2 % de part de marché, selon ses dirigeants eux-mêmes. La mue de l'emballage était trop brutale. On voulait certes moderniser la marque menacée de déclin mais on chahuta trop les repères visuels de cette marque : ce faisant on perdit les consommateurs. Ils ne retrouvaient plus leur marque. Cela semblait être un homonyme.

Succès parisien des années 1980, la chaîne Oh Poivrier ! s'interroge régulièrement sur son devenir. Ses restaurants intégralement gris correspondaient à un positionnement mi-fast-food, mi-bistrot branché pour yuppies, jeunes cadres. Or tout s'use. Le gris très à la mode pendant les années 75-85, tournées vers le succès et l'entreprise, ne l'est plus. Faut-il alors faire évoluer la couleur ? Ou bien la couleur est-elle partie intégrante du socle identitaire à préserver contre vents et marées ?

Pour rester elles-mêmes tout en changeant, les marques s'accrochent à leur code c'est-à-dire à des signifiants visuels ou verbaux fixes. C'est indéniablement un facteur contribuant à la reconnaissance de la marque et de son discours. Même non signés, on reconnaît les films Dim : leur musique et leur style sont uniques. De même Cacharel fut longtemps attaché à la photographe Sarah Moon, comme Nina Ricci à David Hamilton. Or le style lui-même est sujet à l'obsolescence. Le traité voilé de David Hamilton eut ses heures de gloire, il date désormais. La prolongation de ce code risquait de faire le linceul de la marque.

Hélas, force est de constater que les marques ont du mal à sortir de leur code, alors même qu'elles en ressentent le besoin. Cela est normal : comme dans toute mue, elles ont peur de ne pas se retrouver. Mais cette réticence tient largement au fait que les concepts de gestion de marque sont essentiellement statiques. Le temps est évacué alors qu'il est le paramètre essentiel des marchés. Ainsi le concept de territoire de communication correspond à une vision très terrienne de la marque : il s'agit de tous les signifiants visibles que la marque éparpille dans sa communication pour en délimiter le champ. Hélas une identité qui ne se définit que par des signifiants, subit la dérive de leur sens. La marque est certes repérée mais ne maîtrise plus son sens.

L'identité ne se manifeste que dans le changement. Ainsi, suivant la mode de l'année, la femme sera pastel, puis colorée, habillée court puis long, ample ou près du corps. Définir son identité par un code figé, reviendrait à demander à cette femme de continuer à s'habiller pastel et long alors que toutes les autres seraient vêtues de court et de couleurs. En réalité, l'identité d'une femme se manifeste à sa façon spécifique de faire son choix dans les signes de l'année. C'est le processus de choix, d'une année à l'autre, d'une mode à l'autre, qui révèle l'existence d'un fil directeur, d'un point de vue spécifique, la marque d'une identité.

Il en va de même des marques. Mais, ne connaissant pas l'identité profonde des marques qu'ils gèrent, les managers s'accrochent à des codes, à des imageries. Il leur faudrait connaître la source d'inspiration de la marque, non son code d'expression mais son code génétique, ce pourquoi elle existe fondamentalement. Ce dernier est le vrai fil directeur invisible de l'ensemble des mutations de la marque, tant dans sa communication que dans ses produits. Les styles, les positionnements peuvent évoluer, à condition que le fond d'identité de la marque soit respecté. Pour cela, il faut le connaître.

Le cas Volkswagen illustre la dialectique du changement et de la continuité. En 1970, la marque ne vendait sur le marché français qu'un seul produit, la fameuse « coccinelle ». Cette voiture, créée avant-guerre, était à l'origine même du nom de la marque. Le cahier des charges donné à ses créateurs visait à fabriquer la « voiture du peuple » (Volks-Wagen) : la décision fondatrice de la marque s'inscrivait dans un élan de solidarité (Ein Reich, ein Volk, ein Wagen). Comment s'adapter à l'évolution sociologique, celle de la technologie automobile, des exigences croissantes des automobilistes, avec une marque mono-produit et un produit maintenu à l'identique ? En adaptant le prisme de l'identité à ces contextes nouveaux et en insistant consécutivement sur des avantages différents. Ainsi on développa le concept d'achat rationnel, de par l'économie à l'usage, la solidité, la robustesse et la sécurité. (« La coccinelle a deux portes, une par personne, ainsi les enfants, à l'arrière, sont en sécurité. »). Ces arguments permirent de toucher le marché de la première voiture et celui des femmes pour la seconde voiture. Seul élément commun, malgré ces différents thèmes de communication : un léger humour, une prise de distance par rapport à l'objet, tranchant avec le sérieux des communications automobiles.

La performance de marque est d'avoir parlé de solidarité sans traiter le sujet en tant que tel (Cabat et Fourcade, 1981). L'identité de marque n'avait pas à souffrir de ces glissements thématiques de l'économie à la robustesse ou à la sécurité, pour finir au léger snobisme de détenir cette voiture hors du temps. En évoluant, elle rattachait le produit à l'actualité et à la mode. Mais ces changements ou variations de thèmes s'inscrivaient tous en droite ligne d'une inspiration non écrite mais bien présente : la solidarité, ce principe géniteur du produit et de la marque. La résistance, la solidité, la sécurité et même l'humour, pied de nez au snobisme de la différenciation des individus entre eux par l'automobile, matérialisent dans la chair automobile et le verbe de marque l'esprit de celle-ci, sa source d'inspiration : la solidarité populaire. On remarque que jamais la communication ne rendit celle-ci explicite. Cela est normal : une source d'inspiration ne se dévoile pas, ses productions seules comptent et doivent témoigner.

L'exemple Volkswagen permet d'introduire le schéma théorique de gestion du changement et du temps pour la marque (figure 6.1.).

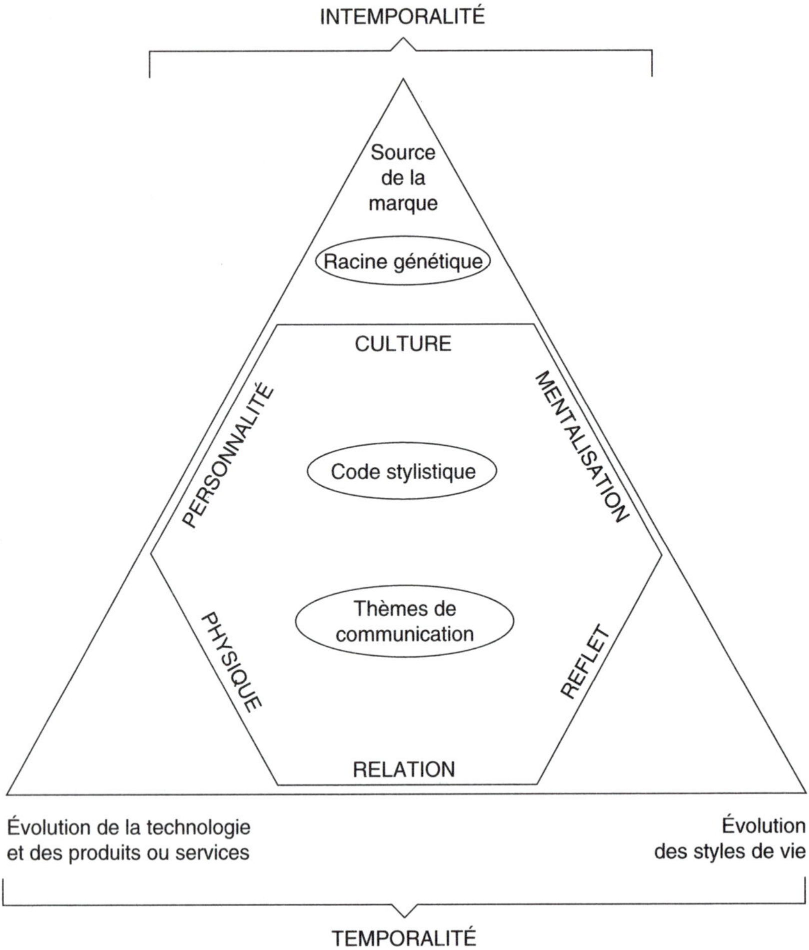

Figure 6.1. – *Les étages de la marque*

LES ÉTAGES DE LA MARQUE

Il faut un fil directeur aux évolutions de la marque. La marque étant un point de vue sur une catégorie de produit, il importe de savoir d'où elle regarde. La marque étant une mémoire pour gérer le futur, il convient d'en connaître le moteur, c'est-à-dire sa vocation profonde.

Tous ces concepts (source d'inspiration, point de vue, codes et thèmes de communication) s'articulent dans un modèle pyramidal à trois étages.

- Le sommet est le noyau identitaire de la marque, la source de l'identité. Invisible, il doit néanmoins être connu car il organise la cohérence et la continuité.
- La base est l'étage thématique : c'est celui des concepts de communication et des positionnements des produits, des promesses liées à ceux-ci.
- Le niveau intermédiaire est celui du code stylistique, de la façon de parler et de se mettre en images de la marque. C'est par le style que le scripteur (la marque) écrit le thème et se décrit en tant que marque. C'est le style qui marque. Étymologiquement, il est le stylet, la pointe avec laquelle on écrit et on laisse une trace.

Il y a bien sûr un rapport étroit entre les facettes de l'identité et les trois étages de la pyramide de marque. L'examen des thèmes des publicités de marque révèle que celles-ci parlent du physique des produits ou du reflet des clients ou enfin de la relation (particulièrement les marques de services). Ce sont les facettes extérieures de l'identité, celles qui sont visibles et donnent lieu à matérialisation. Le style, comme l'écriture, révèle l'intérieur de la marque, sa personnalité, sa culture, la mentalisation qu'elle propose. Enfin le code génétique, la racine de la marque, inspire l'ensemble de l'édifice et nourrit sa culture. Il en est le principe directeur. Il y a donc une forte relation entre le code stylistique et l'identité. Dans le cas de Volkswagen, l'humour est la conséquence de la solidarité car il manifeste le refus de l'idolâtrie automobile, base de la hiérarchisation des automobilistes, donc de leur animosité les uns vis-à-vis des autres.

Cette conceptualisation de la marque en niveaux ou strates recoupe le modèle de « fond de marque » de Sorgem et la « grille d'analyse prospective » de BVA (Ville, 1986). Elle est un outil de libération de la marque dans la mesure où l'identité de marque cesse de se définir par la répétition d'un même thème. Le choix du thème doit intégrer les contingences de la temporalité : est-il fondé sur une réalité des produits ou des services ? Correspond-il à une préoccupation ou un désir d'un segment significatif du marché ? À ces critères, il faut ajouter le respect de l'identité. La marque ne se construit pas en scrutant exclusivement les attentes des acheteurs et leur évolution : les thèmes retenus doivent capitaliser et converger.

La communication de marque peut ainsi varier dans ses facettes. De fait, dans le temps, elle semble partir du physique, passer par le reflet et aboutir à la facette culturelle. Orangina montra d'abord la bouteille à la pulpe d'orange à agiter puis se modernisa par une communication elle-même agi-

↳ vari déf

tée, avant de se réclamer d'un système de valeurs différent aux valeurs nord-américaines de Coca-Cola. Cette évolution est normale : la marque va de l'explicite à l'implicite.

Du modèle pyramidal découle une gestion différenciée du changement. Le thème de la marque doit évoluer lorsqu'il n'est plus porteur : il est normal qu'Évian ait glissé de l'équilibre à la force de l'équilibre. Tout thème s'use et la concurrence ne reste pas inactive. Le code stylistique, expression de la personnalité et de la culture de la marque, doit être plus stable : il permet de gérer les transitions d'un thème à l'autre. Le code génétique enfin est intangible. Le changer, c'est construire une autre marque, homonyme de la première, mais différente. De fait, même si le positionnement d'Évian a changé à travers le temps, de l'eau des bébés, des Alpes à la force de l'équilibre, on sent bien que le fond d'identité a été respecté. Évian ne fut jamais une eau contre, mais une eau pour, naturelle et aimante, source vitale. Il n'est pas neutre que son étiquette ait toujours été rose : cette couleur est symptomatique du principe sous-jacent à la marque.

Enfin, le modèle des niveaux de marque autorise une grande flexibilité pour les marques recouvrant plusieurs produits. La gestion de ceux-ci doit respecter leurs avantages spécifiques dans leurs sous-marchés et donc donner lieu à des promesses différentes par produit, à condition qu'elles semblent émaner d'un même point de vue, d'une même source d'inspiration. La marque fonctionne alors comme une superstructure. C'est ainsi que fonctionnent les communications des banques et assurances ou des marques dites sources.

Compte tenu de son importance, comment connaître ce code génétique ? Toute marque n'a pas forcément ce fond d'identité. Certaines ne sont que codes de communication, ou style. Ainsi lorsque l'on dit que Cacharel est romantique, on parle d'un mode d'expression, bain de cohérence entre Anaïs-Anaïs, Loulou, le parfum Cacharel pour l'Homme et les chemiseries. Mais Cacharel n'est guère plus que cette enveloppe romantique. Ses produits ont eux un principe directeur caché très précis. De fait, les marques fortes sont Anaïs-Anaïs et Loulou. Cacharel lui-même manque encore de substance autonome (quant aux raisons de ce manque, voir page 269).

Les consommateurs, les clients et même les managers sont rarement conscients du pivot directeur de la marque. Ils citent facilement ses facettes visibles et ses codes. Ils n'accèdent pas au programme. Le créateur lui-même ne le perçoit pas, mais le portant en lui inconsciemment, il l'exprime par ses actes et ses choix. Aussi lors du décès de M. Robert Ricci, disparu l'été 1988, son successeur fit entreprendre une analyse de l'identité de la maison Nina Ricci et de son parfum best-seller (l'Air du Temps). La marque naît lorsque le créateur disparaît : la respecter supposait qu'on la comprît.

L'analyse de l'identité relève plus de l'archéologie de marque que du sondage d'opinion. Les productions les plus typiques de la marque sont auscultées à travers le temps : de quel programme inconscient semblent-elles émaner ? Pourquoi la haute couture de Nina Ricci brille-t-elle de fabuleuses robes du soir ? Pourquoi M. Robert Ricci trouva-t-il, dans le traité voilé du photographe David Hamilton, une sorte de révélation, au point de signer un contrat de longue durée et d'exclusivité avec ce dernier ? Quel rapport existe-t-il entre ces robes, l'Air du Temps, et Hamilton ? Une fois connu le faîte de l'édifice Ricci, le problème du remplacement nécessaire du style de David Hamilton devient moins aigu. On sait ce qu'il exprime. D'autres modes d'expression peuvent y parvenir sans faire du faux Hamilton. Les marques anciennes s'interrogeant sur leur devenir ont ainsi besoin de mieux se connaître, avant de se reprojeter dans le futur.

Il existe une erreur classique de gestion de la marque dans le temps : penser faire des retouches de surface alors qu'en fait on touche à l'essence de la marque. Le cas de Fidji est révélateur. Ce parfum, créé en 1966, devint l'un des cinq parfums les plus vendus au monde, avec Anaïs-Anaïs de Cacharel et l'Air du Temps de Nina Ricci. Après des années de communication sur le thème « la femme est une île, Fidji est son parfum », L'Oréal pensa qu'il fallait moderniser celle-ci, la rendre plus actuelle, en rapport avec les femmes de ce temps, actives et libérées. Le nouveau briefing créatif devait faire passer la marque « de la nature-évasion à la nature-instinct ». Aussi vit-on apparaître dans le monde entier l'affiche de la femme au serpent, jointe au nouveau slogan : « Le parfum des paradis retrouvés. » Les ventes passèrent de 7 280 000 unités en 1980 à 6 730 000 en 1981, 6 052 000 en 1982 et 5 216 000 en 1984. Heureusement une hausse du prix compensa la baisse de volume. En passant de la nature au serpent, on avait préservé l'exotisme, celui-là même qui avait présidé aux recherches menant à la naissance du parfum.

À cette époque, en 1965, le Club Méditerranée devenait à la mode ainsi que l'évasion dans des tropiques pas tristes : ce fut ce qui conduisit au choix du nom Fidji. Ce faisant, on avait pris l'exotisme pour le pivot identitaire de la marque. Or ce n'était qu'un registre d'expression. Le noyau identitaire de la marque, base de son succès avait probablement échappé aux créateurs eux-mêmes. En introduisant un serpent et une orchidée, leurs successeurs, sans le savoir, créaient une autre marque. Faute d'avoir compris les ressorts de Fidji, ils en avaient cassé la substance. Pourtant la signification mythique de l'île est universelle et bien connue (d'où le succès mondial). Hélas, on se focalisa sur Fidji et l'exotisme, secondaires ici en l'occurrence. Quant au serpent et à l'orchidée, symboles évidents de la séduction ils n'ont pas de place dans cette île.

La connaissance du noyau de marque permet d'éviter des contresens de style. Rien n'est plus étranger à Citroën que l'animal. Tout dans son programme génétique conduit cette marque à fuir l'animalité. La présence de chevaux dans la publicité de marque (sans aucun produit), étalons qui dessinaient le symbole des chevrons, est aux antipodes des valeurs de la marque et découlait d'un complexe au sein de l'entreprise vis-à-vis de sa marque sœur, Peugeot, au faîte du succès des 205 GTI. L'homophonie (chevaux-chevrons) et la métaphore de la puissance automobile n'y changent rien. La vérité de la marque est en elle-même. Les coïncidences créatives ne peuvent remplacer une réflexion sur l'identité de la marque. La marque peut évoluer, pas se renier.

RESPECTER LE CONTRAT DE MARQUE

Chaque marque est un quasi-contrat. Il lie, promet et engage chaque partie : l'entreprise et ses clients. Avec le temps, cela est naturel, la marque cherche à élargir sa base de clientèle, son offre de produits et de services. Ce faisant, elle communique de plus en plus sur ses franges et de moins en moins sur son cœur, le contrat de base. L'exemple de Lapeyre est significatif : le succès de cette marque de menuiserie – la seule dans son genre probablement – est d'avoir permis d'accéder à un prix imbattable à des menuiseries de qualité, à condition de les monter et de les finir soi-même. Prix, choix, disponibilité étaient les facteurs de succès initiaux de ce fabricant vendant directement au public dans ses dépôts. Avec le temps, les produits ont progressé en qualité, recevant label sur label. Les fenêtres et portes en chêne ont fait l'objet de la communication. De plus, conscient de la baisse de l'engouement pour le bricolage chez les nouvelles générations, Lapeyre a développé à partir de 1995 une politique de services. Enfin, fort de son image et de la légitimité du bois, Lapeyre a étendu son offre aux cuisines.

Le problème est que l'emphase de la communication s'est déportée petit à petit du triptyque prix/choix/qualité vers des concepts de qualité supérieure, les nouveaux services ou l'offre nouvelle en cuisine. Ce faisant, on ne parlait plus de la compétitivité du produit emblématique du secteur et de Lapeyre en particulier : la fenêtre. Les discounters ont saisi l'opportunité de ce déficit d'image pour se lancer sur le marché de la porte et fenêtre au plus bas prix. C'est pourquoi Lapeyre décida de rappeler le caractère compétitif de son offre sur le marché très convoité et sensible des fenêtres. De fait, il créa une fenêtre dont on put dire qu'elle était la moins chère de France à ce niveau de qualité.

Nouvelles Frontières fournit un exemple intéressant d'évolution forte tout en préservant l'identité, le contrat initial. La marque s'est débarrassée de son enveloppe soixante-huitarde, mais a gardé son fond, son idéal de liberté qu'elle tente de faire partager au plus grand nombre, sous des formules diverses : le vol charter nu, le vol dit « sec », les circuits « aventures », les circuits organisés, ses hôtels « Palladium » permettant un séjour de vacances. Cette fragmentation de l'offre a permis d'étendre remarquablement la clientèle aux couples avec enfants, aux quadras, aux seniors, tous mus par deux soucis : le prix et un certain idéal de liberté et de voyager intelligent. Le tour de force de Nouvelles Frontières est d'avoir préservé cet idéal, source d'attraction d'une clientèle de tous âges et de tous milieux. La personnalité du fondateur toujours aux commandes y est pour beaucoup. C'est ce qui différencie Nouvelles Frontières du Club Méditerranée, devenu « Club Med » et grosse organisation dont on ne sent plus que les dirigeants partagent les idéaux de départ, même s'ils portent le nom du fondateur.

L'autre point fort de Nouvelles Frontières est de n'avoir jamais cessé de communiquer sur le produit emblématique de la liberté : le vol sec, en le proposant toujours au plus bas prix du marché (d'où la campagne publicitaire : Seuls les oiseaux volent moins chers).

Les problèmes actuels du Club Méditerranée en France qui a le sentiment d'avoir perdu son identité trouvent aussi leur source dans un abandon des principes fondateurs de la marque. Certes, on a à juste titre différencié les produits pour s'adapter à la segmentation de la clientèle qui prenant de l'âge attendait plus de confort dans les chambres et la possibilité parfois de s'extraire du groupe en ne s'asseyant pas, lors des repas, à la sacro-sainte table de huit personnes, base des échanges et de la convivialité. Ce qui a vieilli dans la proposition du Club Méditerranée est le système de valeurs exhibé dans sa publicité, et dans lequel une partie de la population ne se reconnaît plus, en particulier les couches leader d'opinion. Le concept de « bonheur » est un cliché et ne correspond plus aux intenses besoins de sens manifestés dans notre société. Ce qui faisait la force inspirée du Club Méditerranée a été oublié en tronquant la marque pour la rendre internationale et l'appeler Club Med. En effet, la mer Méditerranée n'est pas comme on pourrait le croire une simple référence aux emplacements d'origine des villages de vacances du Club ou une évocation de certains sports. C'est sur un plan symbolique la source de vie. L'intense nécessité du Club Méditerranée réside dans son fond de marque : se ressourcer, se retrouver. Ce fond, remarquablement traduit en son temps par la fameuse campagne publicitaire de l'agence FCA (aimer, vivre, jouer, parler...) a disparu et semble ne plus inspirer la marque actuelle, devenue un Club de vacances et non le promoteur d'un style, d'une éthique de vie.

Les pressions conduisant à s'éloigner par petites touches du contrat initial sont multiples et créent un risque de perte d'identité. La gestion de la marque de parfum Paloma Picasso illustre bien ce risque. Par ses racines, cette marque et la créatrice dont elle porte le nom symbolisent la latinité violente, le Sud, la fierté altière, affirmée. Ses codes de rouge et de noir sont des codes latins, signes de caractère. Une telle identité délimite un champ territorial pour la marque. Elle est forte en Amérique latine, dans le Sunbelt des États-Unis (Floride, Texas, Californie), et en Europe dans tous les pays où l'Espagne jouit d'une attraction auprès des couches leaders d'opinion (Allemagne, Grande-Bretagne, France). En revanche, elle ne parvient pas à pénétrer les marchés asiatiques (où l'on préfère le pastel, le tendre, le doux), en Océanie et Australie, dans les pays scandinaves. D'où la question posée au sujet du troisième parfum né en 1996. Fallait-il respecter le contrat de la marque – ce qu'elle a signifié jusqu'à ce jour, base de son succès – ou mettre sur le marché une proposition plus douce, non plus la femme brune andalouse mais le côté sensoriel du soleil et rencontrer de ce fait les besoins montants de non-violence dans notre société ?

Partout le mot d'ordre des entreprises semble être « back to basics », c'est-à-dire aux bases du succès initial, au contrat de départ.

Le retour aux sources est la base des revitalisations de marque. Avec le temps, on oublie les principes fondateurs accumulant compromis sur compromis. Le management de la chaîne Novotel, innovante en 1970, a appelé « return to the future » le programme de redéfinition des axes de la marque. Il ne s'agit pas de refabriquer les Novotel d'antan mais de reprendre la mission historique, actualisée dans le contexte et les besoins des clients de l'an 2000. Dans l'automobile, il est symptomatique aussi que le succès de Xantia a marqué le réveil de la marque Citroën après des années d'errance. Elle réactiva l'imaginaire positif latent de Citroën, dans une technologie et des codes de 1995, c'est-à-dire le monde contemporain.

Le cas de Ricard fournit un intéressant exemple de marque n'ayant pas confondu le fond et les codes. L'avenir de cette marque passe par le maintien d'un contact fort avec les nouvelles générations. Consciente des risques de vieillissement qui la guettaient, elle entreprit en 1984 une véritable stratégie de rupture, visualisée par une campagne publicitaire (un Ricard sinon rien) digne d'un vrai leader, tournée vers les jeunes adultes, urbains et chics. Cette communication interrompue ultérieurement par la loi Évin abandonnait les codes de la Provence, des grillons, de la pétanque et de Pagnol. Il y eut certes rupture des codes mais pas du socle identitaire. On n'avait pas coupé le cordon ombilical avec le noyau de la marque, ses valeurs internes : Ricard apporte l'enthousiasme au plus grand nombre, sans exclusive. Il est joie de vivre et optimisme. Sur le plan physique, il est le pastis par excellence et désaltère le corps et les cœurs.

La connaissance du cœur de marque lui permit de faire face aisément à la loi Évin et de réinvestir ses moyens en recherche de proximité et d'implication avec les nouvelles générations, en cohérence avec ces valeurs. Il est intéressant de signaler que la nouvelle campagne fut autant appréciée par les jeunes urbains que par la clientèle traditionnelle plus âgée de Ricard. En voyant de beaux jeunes gens déclarer « un Ricard sinon rien », la clientèle traditionnelle se trouvait réconfortée dans ses propres goûts et sa fidélité à la marque : même les jeunes semblaient reconnaître désormais la valeur (et les valeurs) de Ricard. Il est fréquent que l'on ait ainsi peur de brusquer son noyau de clients fidèles. Les organisations sont souvent plus conservatrices que le marché lui-même. L'important est de valoriser le client par un reflet flatteur, pas de le décrire tel qu'il est.

LES LIMITES DE LA COHÉRENCE DE MARQUE

Quel rapport existe-t-il entre la signature de marque de Renault « Les voitures à vivre » et la présence en Formule 1 ? N'est-il pas incohérent de vouloir symboliser la voiture-maison, ou cocon, celle où il fait bon vivre et en même temps s'afficher dans l'univers de la compétition, de la vitesse, de la motorisation et de la performance ? Certes, la présence en Formule 1 a des objectifs institutionnels et contribue à la notoriété et stature mondiale de Renault, mais l'hymne à la vitesse semble antinomique avec le culte des valeurs de repli, d'être bien, de confort.

En réalité, à moins de vouloir rester des marques niches, très spécialisées, la croissance des marques, leur extension passe nécessairement par une certaine non-cohérence (mais pas une incohérence). On ne peut aspirer au statut de méga-marque et vouloir s'étendre toujours plus en part de marché sans introduire une certaine complexité dans le traitement de la marque. La marque doit pour s'étendre pratiquer des actes non cohérents avec ce qu'elle a dit ou signifié à ce jour. Non cohérent au sens où l'un ne découle pas de l'autre. Il n'y avait aucune cohérence à fabriquer des briquets ou des rasoirs pour Bic, jusqu'alors synonyme de stylos à bille ! L'exemple de Danone est aussi intéressant : nos travaux sur la structure interne des marques (cf. page 124) ont montré que la marque Danone n'avait pas un mais deux noyaux, deux « prototypes ». Rappelons que le « prototype » est ce que les consommateurs considèrent comme le produit le plus représentatif de la marque. Les études montrent en effet que les consommateurs ont beaucoup plus de facilité à décrire les marques par leur noyau, le produit qui les symbolise, plutôt que par des traits abstraits ou un territoire de marque. De ce point de vue, la marque est plus définie par son noyau que par ses frontières. Celles-ci sont poreuses et peuvent/doivent s'étendre (cf. p. 302). Quels sont les deux « noyaux » de Danone : Danette et le yaourt nature. Or quel lien existe-t-il entre ces deux prototypes, où est la cohérence ? Danette, le prototype du dessert crémeux, sucré, gourmand et le yaourt nature, le prototype du produit épuré, presque zen, bon pour la santé. De fait il n'y a pas de cohérence forte. Si on avait dû respecter une cohérence étroite, Danone serait devenu Chambourcy, une marque de gourmandise, dont on connaît le destin. Si elle était restée marquée par les produits de santé, ce serait une marque diététique à la Gerblé ou Céréal.

Fondamentalement, l'ampleur de Danone tient à sa capacité à englober ces deux noyaux, qui loin d'être antagonistes, se compensent donc renforcent la marque. Danette humanise la marque (le péché de gourmandise, la régression, l'enfance), le yaourt nature et son avatar moderne Bio légitiment la marque comme un grand de l'alimentaire par l'introduction d'une préoccupation de santé.

Pour résister au temps et croître, la marque doit s'enrichir de contrepoids à sa propre cohérence. Certes, repère la marque doit préserver une identité. Mais ne pas s'y enfermer, au risque de limiter sa croissance. La marque est un système dynamique : l'adjonction d'un nouveau noyau, loin de l'écarteler, peut doper le précédent et faire de l'ensemble un proposition plus attractive. L'exemple Danone est typique de cela.

FOND DE MARQUE ET FRONT DE MARQUE

À ce stade le lecteur comprend que la gestion du capital de marque ne peut être conservatrice. Un capital ne fructifie que s'il est réinvesti sur les bons supports. C'est vrai en gestion financière comme en gestion de marque. La marque se gère donc de façon duale : il faut savoir entretenir le fond de marque mais en même temps ouvrir de nouveaux fronts là où l'on n'est pas attendu. Cette ouverture rétroagit (par effet feed-back) sur l'édifice global. La Vache-qui-Rit par exemple mène cette politique duale :

- elle renouvelle son produit-socle, noyau historique de sa représentation, la fameuse boîte ronde à partager en famille,
- elle crée des nouveaux produits loin de ce socle, précisément pour dynamiser la marque et pénétrer de nouvelles sources de croissance : Apéricube (le fromage de l'apéritif des adultes), Pik et Crok, nouvelle forme de fromage, Tchise pour l'usage culinaire...

On comprend que l'extension de marque joue un rôle particulier dans l'ouverture de ces fronts, qui est d'ailleurs une « ouverture » de la marque tout simplement. L'extension de Mercedes procède de la même logique.

Mercedes a quitté une stricte hiérarchie verticale, où le même modèle se déclinait selon la taille, le niveau d'équipement et le prix. Il y a désormais une constellation de nouveaux produits chargés de nourrir la marque en clients plus jeunes. Pour cela chaque modèle véhicule une partie des valeurs du système Mercedes. Si Mercedes Classe C entretient le socle, l'identité historique (liée aux valeurs d'ordre et de sécurité), les valeurs d'hédonisme et de solidarité qui font défaut à la marque sont portées par la petite Classe A, le coupé CLK, le roadster SLK. L'emphase de la communication porte d'ailleurs sur ce front visant à rééquilibrer l'ensemble du système Mercedes, jusqu'alors enfermé dans un carcan.

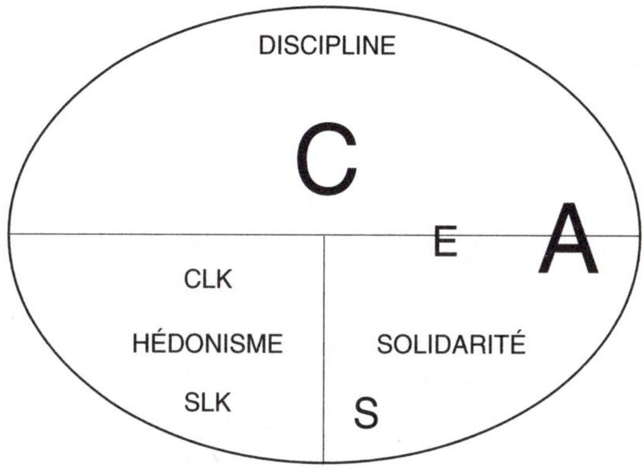

Figure 6.2. – *Le nouveau système Mercedes : fond de marque et fronts de marque*

GÉRER DEUX NIVEAUX DE MARQUE

Comment gérer de façon cohérente une marque telle que Laboratoires Garnier ou Cacharel, Peugeot ou Renault. Ces marques sont appelées marques-sources au sens où elles signent des produits ayant eux-mêmes une identité et leur propre marque. On parle aussi de marque-mère et de marques-filles ou de marques-prénoms. Ainsi, il y a certes Renault mais aussi toute la personnalité de Clio, Twingo, Laguna, Safrane, Espace, chacune ayant son identité. Comme nous le verrons au chapitre 7, la marque source ne se contente pas de cautionner ; elle insuffle ses valeurs et crée un bain de cohérence. Ce n'est pas non plus une marque ombrelle car il y a bien deux niveaux de marque (le nom de famille et les prénoms), alors que l'ombrelle signe des produits sans prénoms (par exemple on parle de téléviseur Philips, de rasoirs Philips, de cafetière Philips...) Le problème posé est celui de l'équilibre entre cohérence et liberté, air de famille et individualité. Il concerne, au-delà des exemples ci-dessus, tous les groupes industriels qui préservent les identités fortes des marques-entreprises, et qui ne veulent pas être perçus comme une simple holding. Rachetant à Suez le groupe d'assurances Victoire en 1994, la société d'assurances anglaise Commercial Union décida d'apparaître fortement dans l'identité graphique des marques de ses filiales pour bien signifier que, à la différence de Suez, simple investisseur, elle entendait développer une présence active sur le marché français et agir comme source d'énergie et de métier pour ses marques (Abeille, Afer, Épargne de France, Victoire...). La clé est dans une vision systémique de la marque analysant bien ce que chaque marque-fille apporte ou emprunte à l'ensemble. Bien sûr, au préalable il faut savoir qui l'on est.

La gestion de la marque Laboratoires Garnier repose en premier lieu sur la compréhension de ses racines, de son code génétique. Le produit initial et fondateur de la marque, (avant qu'elle ne soit rachetée par L'Oréal dès lors qu'elle devenait trop menaçante) fut le shampooing aux herbes créé par M. Garnier. On y trouvait déjà quelques attributs-clés de la marque : la naturalité, la beauté par le soin (donc pas une orientation médicale), pas non plus d'USP étroite (« Unique Selling Proposition ») mais une promesse large et enfin une distribution en pharmacie. Plus tard, après-guerre, Moelle Garnier fut le second shampooing à succès : il nourrissait le cheveu et proposait toujours beauté et éclat par le soin. M. Garnier innova en le distribuant non seulement en pharmacie mais aussi chez les coiffeurs et enfin en ce qui faisait à l'époque office de distribution grand public. L'Oréal racheta alors Garnier avec Roja, créant Roja-Garnier, idée qui dilua totalement le capital marque et aboutit à l'oubli de la marque entre 1976 et 1986.

En 1986, sous l'impulsion de G. Meyer, le relancement cohérent de Laboratoires Garnier fut décidé. On mena une étude européenne pour appréhender ce qui restait chez les consommatrices comme traces enfouies, semi-enfouies et conscientes de l'ancienne marque Garnier. Cette analyse des potentialités (voir la méthodologie page 138) révéla qu'il subsistait un humus riche et vivace et que malgré les différences des publicités pour chacune des lignes de produits de la marque, il ressortait bien une marque Laboratoires Garnier cohérente, structurée, volontaire, nourrie par un vrai projet. Les traits constitutifs de cette marque étaient proches des racines de la Maison Garnier, on y retrouvait un goût pour les bénéfices larges (la beauté par le soin, pas dermatologique, ni curative, ni marque orientée vers la santé), destinée à une femme active (mais pas d'hypervitalité). La marque ne se limiterait pas au shampooing, mais étendrait ses bénéfices à onze lignes de produits. Pour manager les produits et marques-filles à venir, il importait de définir une philosophie de production. Après tout, si la marque se définit comme laboratoire, elle doit avoir des principes sous-tendant la conception même de ses produits.

La démarche retenue découla du principe-clé du management de marque : la vérité d'une marque est en elle-même. Prenant les onze produits considérés comme les plus typiques de Garnier, les plus présentatifs de la marque et adoptant un point de vue exclusif de fabricant, on se demanda quel était le principe scientifique, le fil directeur de fabrication commun à ceux-ci et définissant le savoir-faire de cette marque. Tout était alors réuni pour établir la charte de marque lui permettant d'être bien plus qu'une marque ombrelle ou caution, mais une vraie marque-source, chargée de valeurs, dotée d'une mission, ayant des principes scientifiques, une philosophie et un reflet précis de femme utilisatrice. Cette charte fut communiquée de façon audiovisuelle et volontariste aux filiales (de zones et de pays), aux réseaux et aux journalistes. Cela mit fin à tous les complexes rémanents d'avoir été Roja-Garnier. Plus qu'une marque caution, on avait jeté les bases d'une véritable culture d'entreprise, décentralisable. Celle-ci devait se retrouver dans toutes les lignes présentes et à venir, même une ligne comme Graphic, chargée d'ouvrir la marque à une clientèle jeune, de filles et de garçons soucieux de look. À cet égard, il est significatif que Graphic fut la première ligne de Laboratoires Garnier lancée en Grande-Bretagne. Consciente qu'il s'agissait donc bien plus que lancer Graphic mais que l'on lançait en fait la marque-source Laboratoires Garnier, la communication mit en avant la philosophie de la marque et présenta Graphic comme inspirée par celle-ci. On le sait les premiers pas de la marque façonnent son image à long terme.

En 1994, la marque Cacharel semblait marquer le pas, non soutenue par une légitimité de couturier et écartelée entre ses activités diverses : les chemiseries en centres commerciaux, la lingerie féminine isolée et sans rapports avec la ligne des parfums féminins Anaïs-Anaïs et Loulou. La facette visible de la marque était ces deux parfums, succès mondiaux mais qui, faute de successeur semblaient indiquer que la marque tournait en rond. Anaïs-Anaïs, parfum floral, symbolise on l'a vu ci-dessus, l'histoire universelle de la féminité, la femme fleur, l'innocence. Le second parfum Loulou, en référence au personnage féminin mythique, symbolisait une jeune femme encore intériorisée. Le diagnostic porté par A. Louite – garante de la continuité de la marque chez l'Oréal depuis 1976 – fut celui d'une marque trop figée sur ses codes d'expression, proposant certes une galerie de portraits mais dont on ne voyait plus très bien sur quoi ils pouvaient déboucher. Comme par ailleurs, les chemiseries et la licence de lingerie pour les grandes surfaces exploitaient le capital de marque, que fallait-il faire pour ressourcer la marque-mère Cacharel, lui apporter un futur, la renouveler tout en respectant son fond... ? La stratégie retenue consista à mener en parallèle deux actions de fond : le lancement d'un nouveau parfum Eden et la modernisation des deux parfums antérieurs.

Le caractère intéressant de la démarche est qu'Eden ne fut pas pensé comme la simple continuation d'Anaïs-Anaïs et Loulou, mais comme une ouverture de Cacharel, permettant une relecture plus moderne des autres produits. Pour ressourcer le capital de marque Cacharel, Eden donna un lieu, un espace à cette marque qui n'était plus qu'une série de portraits ou un code (le traité photographique de Sarah Moon, inchangé depuis 1970). Ce lieu devait être lié à l'ancrage fleur/naturalité d'Anaïs-Anaïs, mais permettre d'introduire l'homme. Or le jardin d'Eden est bien ce lieu d'innocence et de transgression. Eden ne se réfère plus à une femme, mais à l'histoire éternelle. Ce parfum devrait permettre de réintégrer l'homme dans la constellation Cacharel, prémice de lancements futurs destinés à celui-ci. En outre, monde de couleurs et de vie, Eden fournit l'occasion d'une relecture des deux parfums antérieurs.

De fait, la publicité d'Anaïs-Anaïs fut égayée par des couleurs, et une complicité entre les deux jeunes filles, plus fraîches et modernes. En revanche, le noyau de marque (la dualité) et le code floral restent respectés. Quant à Loulou, elle s'éveille plus, elle aussi. L'évolution et le futur de la marque passaient par son extension à l'homme. Or il ne pouvait arriver sans prétexte dans l'univers Cacharel, mais uniquement par la femme. Eden fut cette occasion. L'homme permettra à la marque de sortir de l'exclusif féminin, qui était le sien jusqu'alors.

L'EXTENSION DE GAMME : NÉCESSITÉ ET LIMITES

L'extension de gamme est une étape nécessaire de l'évolution de la marque dans le temps. À l'instar des espèces vivantes qui ne survivent qu'en s'adaptant aux évolutions de l'environnement et qui cherchent à étendre leur champ écologique, la marque, historiquement désignateur d'un produit unique (par exemple le Coca-Cola, la Vache-qui-Rit) se ramifie en sous espèces. L'extension de ligne ou de gamme (nous reviendrons sur la différence entre ces deux concepts page 280) prend typiquement les formes suivantes :

- multiplication des formats, des tailles (typique de l'automobile, mais aussi des soft-drinks),
- multiplication des variétés de goût, de parfum,
- multiplication des types d'ingrédients (par exemple le Coca-Cola avec ou sans sucre, avec ou sans caféine, les degrés de motorisation de la Clio),

– multiplication des formes galéniques pour les médicaments,
– multiplication des modalités physiques comme par exemple Ariel en poudre, en liquide, en formule micro,
– la multiplication de produits complémentaires sous un même nom, correspondant au même besoin est ce que l'on appelle l'extension de ligne. Ainsi, Basic Homme de Vichy propose une ligne pour la toilette incorporant la mousse à raser, le baume apaisant et énergétique, le déodorant, le gel douche, etc.
– la multiplication des versions adaptées à un usage spécifique. Par exemple, l'entreprise Johnson a transformé son spray dépoussiérant à succès Pliz longtemps monoproduit en marque gamme avec le Pliz « Classic » et des Pliz spécialisés selon les types de surface. Ce faisant elle en profita pour réduire son portefeuille de marques. Favor, marque faible, devint Pliz à la cire d'abeille, spécialisée pour le bois. Les marques de shampooing multiplient à l'envi les versions selon les types de cheveux, de cuir chevelu, de pellicules.

L'extension de ligne ou de gamme doit être distinguée de l'extension de marque correspondant celle-ci à une véritable diversification, vers des catégories de produits ou de clients différents. Il s'agit d'un choix stratégique et délicat qui nécessitera un chapitre à lui seul. Ainsi Belin ou Lu peuvent-ils signer des produits salés, alors qu'ils ont toujours été associés à la biscuiterie sucrée. Dim devait-il créer sous son nom des produits masculins. Pourquoi Yamaha signe-t-il des motos et des pianos ? L'extension de gamme représente 75 % des nouvelles références de grande consommation. C'est la forme d'innovation la plus courante dans ces marchés.

À quelle mutation répond-elle ?

L'extension de gamme s'inscrit tout naturellement dans la logique du marketing et de la segmentation toujours plus fine pour mieux adapter l'offre aux besoins spécifiques des consommateurs, besoins qui ne cessent d'évoluer. Au départ, rappelons-le, la marque est un produit unique, aux deux sens du terme : il est différent et il se présente sous une unique forme. Ce fut par exemple la fameuse Ford T que chacun pouvait désirer dans la couleur de son choix à condition qu'elle fût noire. Ce fut aussi la fameuse petite bouteille de Coca-Cola ou d'Orangina. Avec le temps la marque devient moins intégriste elle reconnaît l'existence d'attentes différenciées et décide d'y répondre. Comme le disait la publicité américaine de Burger King, le concurrent de Mc Donald's aux États-Unis, « Have it your way » (prenez le comme vous l'aimez, c'est-à-dire avec ou sans sauce, avec ou sans oignons, etc.).

Reprenant l'exemple de Coca-Cola, tout en restant ferme sur son identité (le noir, le goût, les attributs physiques et symboliques de la marque), l'entreprise a su étendre le rayon d'action de sa marque en permettant à des personnes réticentes jusqu'alors, de s'adonner au plaisir d'un coke. La multiplication des versions (avec ou sans sucre, avec ou sans caféine) levait les freins à la consommation. On voit donc que l'extension de gamme renforce la marque en élargissant son marché et sa clientèle. Les variétés de format ont le même effet. Dans le monde des soft drinks, on considère que tout lancement d'un nouveau format s'apparente à lancer un nouveau soft drink. En effet, chaque format nouveau fait entrer la marque dans un nouveau mode d'utilisation. La bouteille prototype de Coca-Cola correspondait à l'usage en cafés, hôtels, restaurants ; la boîte en aluminium permet l'explosion des machines automatiques sur tous les sites, au bureau par exemple. Le litre en verre puis le litre et demi en PET font pénétrer et décupler la consommation à domicile, c'est-à-dire familiale. Comme on le voit, l'extension fait reculer les limites du marché et élargit la domination de la marque.

Ce faisant, la marque fait preuve d'énergie et de sensibilité. Elle reconnaît l'existence de différences dans les attentes du public et décide d'y répondre. Elle suit l'évolution des consommateurs, les accompagne dans leur changement. Le Club Méditerranée a su ainsi élargir son offre au-delà de la simple case Robinsonienne pour conserver ou attirer les familles puis les quadras en recherche de plus de confort et enfin les seniors, les enfants du baby-boom. L'extension de gamme témoigne donc du caractère attentif et attentionné de la marque. Elle la rend de ce fait intéressante, sympathique et maintient par ces mini-lancements successifs une forte visibilité. De ce point de vue, plutôt que de forcer les Américains à passer au New Coke et abandonner le Coke historique, mythique et fondateur, il eût mieux valu lancer le new Coke comme une extension à côté du classique !

L'extension de gamme permet de revitaliser maintes marques en déclin, en les rendant plus proches des attentes des consommateurs d'aujourd'hui. Ce qui a sauvé Campari, c'est la mise sur le marché d'un produit « flanker » : le Campari Soda. Martini serait en chute libre s'il n'avait lancé Martini Bianco, plus en phase avec les nouveaux modes de consommation d'alcool ; la Suze fait un pas vers les consommateurs non habitués au goût marqué de la gentiane, en proposant désormais Suze-Tonic en mini-bouteilles individuelles. Chez Bongrain, pour défendre la marque la plus contributrice du groupe, Chaumes, la recharger en désir en capitalisant sur l'identité de marque et les tendances modernes de retour à l'authentique, on développa un produit « flanker », une sorte de Vacherin de Chaumes.

Face à l'évolution des mœurs alimentaires et fromagères en particulier, Babybel eût été menacé de vieillissement s'il n'avait été dopé par l'adjonction de mini-Babybel, le seul à s'exporter d'ailleurs, au point que la marque internationale est mini-Babybel et non Babybel. Créé il y a quarante années, reconnaissable par sa coque rouge, facette physique de son identité, le gros Babybel (représentant 4 000 tonnes actuellement) est certainement moins moderne aujourd'hui que lors de sa création. Le marché des fromages sous cire, familiaux, n'est plus très révolutionnaire, ni en France ni en Europe. Le mini-Babybel (représentant désormais 6 000 tonnes en France), « vieux » de vingt-cinq ans, apporta beaucoup de ludicité, de modernité, de jeunesse en image et en clientèle (par son ouverture sur les enfants et adolescents, car il se glisse aisément dans les cartables). De plus, il ouvrit une variété d'occasions de consommation, alors que le Babybel est lui resté lié à la table, donc à une consommation plus adulte. Cette complémentarité est utilisée en France pour nourrir deux films publicitaires : l'un sur le mini, fait de sympathie, praticité, ludicité, transport (servant de film européen aussi), l'autre rappelant la raison d'être fromagère de cette coque rouge, protectrice, base de l'identité.

Au-delà de ces motifs louables, la prolifération actuelle d'extensions de gammes observée dans tous les marchés de grande consommation résulte d'un emballement concurrentiel et de la psychologie nouvelle des organisations.

Dans ces marchés, il existe une très forte relation entre la part de marché et le nombre de « facings », la part de linéaire occupée. Cela est normal : l'implication du consommateur dans ces produits est moyenne voire faible et la part des achats d'impulsion (où le choix de marque est décidé sur place) ne cesse de croître. Le responsable de marque a donc tout intérêt à occuper le plus de linéaire possible : cela attire mieux l'attention des consommateurs. Surtout, dans la mesure où le rayon n'est pas extensible, cela fait sortir les concurrents de ce rayon. Comme dans maints marchés, la demande ne croît plus et les marques de distributeur occupent désormais *de facto* une part du linéaire, le chef de marque essaye de dominer à lui seul la part désormais dévolue aux marques nationales. Il essaye de se positionner auprès du distributeur comme « capitaine de la catégorie » en présentant une offre complète et ainsi pouvoir manager le rayon affecté aux marques.

La distribution a une attitude ambivalente par rapport aux extensions de gamme. D'un côté, elle vitupère contre ce qu'il est de bon ton d'appeler aujourd'hui l'hypersegmentation ou la prolifération des extensions de gamme. Mais chaque marque tenant à offrir les mêmes extensions, cela crée un goulot d'étranglement du fait de l'obsession de chacune d'accéder à la DV maximale. Cette lutte pour une portion de linéaire qui se réduit renforce en fait le pouvoir du distributeur, en position d'exiger toujours plus comme prime de référencement (Chinardet, 1994). Or ces primes sont d'autant plus bienvenues que la distribution perd de l'argent (en apparence) sur le produit de base de la marque. De plus, du fait des petites séries, les extensions sont en général plus chères et font moins l'objet d'une concurrence sur les prix entre distributeurs : le montant de la marge est donc supérieur.

Le problème est que la rotation des extensions, du fait de leur nouveauté et de la prime de prix est toujours inférieure à celle du produit de base. Lorsque le distributeur s'en rend compte (ce qui n'est pas toujours le cas), il déréférence l'extension de cette marque-ci et attend les propositions de telle ou telle autre marque, avec leur cortège de primes en tous genres.

Critiquées mais en même temps aimées par la distribution, les extensions de gamme sont très appréciées par les chefs de produits et de marque. En premier lieu, les temps de développement sont plus rapides que ceux requis par le lancement d'une marque nouvelle. Les coûts sont inférieurs à ceux d'une nouvelle marque (on les estime à 1/5) et les prévisions des ventes plus fiables. À court terme du moins, cela paraît une façon quasi automatique de gagner en part de marché donc de produire des résultats observables et imputables à l'action d'un manager pendant une période somme toute assez courte. Cela compte dans un plan de carrière et pour une promotion rapide dans l'entreprise, sur une autre marque, dans un autre pays. Peu de managers aiment prendre les risques d'un vrai lancement de marque nouvelle, ils préfèrent l'extension de gamme. Une fois mutés, ils ne subiront pas les effets à moyen terme de ces extensions.

La prolifération d'extensions produit des effets négatifs insidieux en ce qu'ils ne sont pas immédiatement mesurables ou mesurés. En premier lieu, du fait des petites séries, de l'accroissement de la complexité de production, de logistique, de gestion, les extensions coûtent plus cher à fabriquer, base de leur prix de vente supérieur à la distribution et au consommateur. Selon Quelch et Kenny (1994), par rapport à un indice 100 correspondant au coût de production d'un mono-produit, le coût de production de produit différenciés dans une gamme correspond à l'indice 145 pour le secteur automobile, 135 pour les bas et collants, 132 pour l'alimentaire par exemple. Or dans une entreprise en dehors des coûts directs (matières premières, publicité), bien des coûts sont considérés comme communs et affectés aux différents produits de la gamme au prorata de leurs ventes. Les best-sellers sont donc plus chargés que les extensions, ce qui produit une certaine illusion quant à leur rentabilité.

En second lieu, l'extension non maîtrisée affaiblit la logique des gammes. Les premiers en à pâtir sont les vendeurs : la force de vente d'Ariel habituée à promouvoir la marque contre Skip, dut en quelques mois entreprendre une profonde révolution culturelle. Il fallait promouvoir Ariel en poudre, la version liquide et Ariel Micro, ensemble sans jamais expliquer que l'un était supérieur à l'autre, ou ce que l'un apportait par rapport à l'autre. Plus les extensions se multiplient plus le positionnement spécifique de chaque modalité devient subtil. Cela est accentué par le fait que les extensions s'ajoutent sans que l'on supprime en même temps des versions ou modalités déjà existantes. Les organisations ont toujours une bonne raison pour ne pas abandonner telle ou telle variété. L'idée de perdre ici ou là des consommateurs est jugée rédhibitoire. C'est oublier que les abandons de produits se managent de façon à faire glisser en douceur les consommateurs vers des modalités nouvelles, améliorées.

La logique de gamme est aussi perdue au rayon : en effet, le distributeur renâcle à prendre l'intégralité de la gamme. Il fait donc son marché et référence telle ou telle partie de celle-ci, ce qui en sape la structure interne et la cohérence au rayon.

Finalement la fidélité à la marque peut être sapée par une prolifération des extensions. L'hypersegmentation des shampooings selon de nouveaux attributs du cheveu, amène *de facto* la consommatrice à envisager plus d'attributs dans son processus de choix. La marque n'est plus qu'un attribut dans une liste de critères qui s'allonge. Ce résultat fut vérifié empiriquement par Rubinson (1992).

Pour réagir face aux excès de la prolifération des extensions, à partir de 1992, Procter & Gamble a procédé en 18 mois à l'élimination de 15 à 25 % de références pourchassant les variantes à rotation insuffisante. Dans le secteur des produits d'entretien, l'émergence des produits multi-usages s'inscrit dans cette même logique de simplification de l'offre. C'est paradoxalement ce qui, dans l'alimentaire a toujours handicapé les extensions de la Vache- qui-Rit. La plupart de ses extensions furent des échecs : la barquette à tartiner, les mini-portions individuelles, les coupelles, le magic circus pour les petits enfants... Peut-être cela tient-il à ce que la Vache-qui-Rit offre déjà dans sa version standard un produit très versatile, adapté à différents modes d'utilisation, et de clientèles, le tout pour un prix très compétitif. Dans l'industrie automobile, sans revenir à la Ford T, une logique de désegmentation ou contre-segmentation (Resnik, Turney et Mason, 1979) émerge. Elle se traduit par une offre bien plus courte, une réduction du choix à l'instar de la Twingo, ce qui permet en contrepartie de réduire les prix de vente. Elle conduit aussi des entreprises comme Honda ou Mitsubishi à proposer d'emblée des voitures où tout est en série ou presque. Les économies d'échelle s'appliquent alors avec d'autant plus d'efficacité que le produit est conçu pour le marché mondial. La forme extrême de la stratégie de contre-segmentation est celle pratiquée par les hard discounters : il n'y a plus du tout de choix et les produits se trouvent le plus souvent en version unique, sans variantes. Ainsi, la couche pour bébé sera unique, quels que soient le poids de l'enfant ou son sexe, à l'inverse de Phases (garçon ou fille) de Pampers. En revanche, de ce fait, elle sera 40 % moins chère que Pampers. C'est probablement pourquoi Pampers abandonna cette segmentation en 1997.

Quelch et Kenny (1994) recommandent quatre actions immédiates pour mieux gérer les extensions de gamme :

- améliorer la comptabilité analytique pour être en mesure de saisir les suppléments de coûts induits par l'introduction d'une variété nouvelle, tout au long de la chaîne de valeur. Cela permet d'apprécier la profitabilité réelle de chacune.
- allouer ses ressources plutôt aux produits porteurs de marge et non aux extensions qui ne séduisent que des acheteurs occasionnels.
- vérifier que chaque vendeur peut résumer en quelques mots le rôle de chaque produit dans la gamme.
- installer une philosophie nouvelle où les abandons de variétés ne sont pas seulement acceptés mais encouragés. Certaines sociétés désormais ne lancent une extension qu'après en avoir supprimé une autre à faible rotation. Cette suppression n'a pas besoin d'être brutale, mais peut être préparée pour que les clients se dirigent vers d'autres produits de la gamme.

UN CAS D'EXTENSION : ORANGINA ROUGE

Lancé en 1996, Orangina Rouge illustre bien la fonction des extensions de gamme au cours du cycle de vie de la marque : conquérir un segment où la marque est faible par la mise sur le marché d'une variante adaptée à ses attentes et profiter de la communication sur cette extension pour nourrir l'image de la marque de traits nouveaux. Une extension est souvent justifiée par un problème de part de marché tenant soit à des déficits de pénétration soit à des quantités consommées par individu insuffisantes. Chaque extension a donc des objectifs spécifiques, une cible, une source de business (marque concurrente visée), un positionnement, le tout soutenu par un marketing-mix cohérent. La logique de l'extension est celle de la conquête de nouveaux chiffres d'affaires.

Quel était le problème marketing d'Orangina ? Cette marque est le deuxième soft drink en France, derrière Coca-Cola (7 % de part de marché vs 40 %), le troisième Pepsi-Cola se situant autour de 5,5 %. Or à partir de 1994, les ventes globales d'Orangina s'essoufflent. L'extension Orangina Light est en phase de déclin, comme d'ailleurs toute la vogue des produits dits allégés. « Orangina plus » très ciblé sur les clubs et lieux de sport apporte un volume encore faible. Enfin la base du système, l'Orangina standard lui-même ne progresse plus assez dans un marché des soft drinks qui a profondément changé depuis 1990. En effet, après la rupture entre Coca-Cola et Pernod-Ricard qui jusqu'à 1989 distribuait Coca-Cola en France, la célèbre marque d'Atlanta a cherché à développer le marché du cola en France et d'une façon générale la consommation de soft drinks dans ce pays.

Tableau 6.1. – *Ventes en volume d'Orangina en France (Millions de litres)*

	1987	1988	1989	1990	1991	1992	1993
Orangina standard	136	134	144	154	161.7	161	167
Orangina light		13.5	24	30.5	24.5	19.5	14.5
Orangina Plus					4	8	8.5
Total Orangina	136	147.5	168	184.5	190.2	188.5	190
Total Marché Gazéifié	1 194	1 278	1 472	1 681	1 712	1 783	1 839

Source : Canadean

Avec 30 litres par an et par habitant, la France est loin derrière la moyenne européenne (64 litres) et *a fortiori* derrière les États-Unis (200 l). Ne voulant pas laisser le terrain à son seul rival, Pepsi-Cola a lui aussi décidé d'investir sur la France. Cette concurrence dope la croissance du marché des soft drinks au profit des boissons gazéifiées et presque exclusivement des colas.

L'arrivée des colas dans le marché se fit sur la cible des familles avec adolescents. En effet celles-ci consomment plus de 100 litres de soft drinks par an contre 80 litres pour celles avec de jeunes enfants et 50 litres pour les foyers sans enfants. D'autre part c'est à l'adolescence que se forgent les fidélités aux marques. Or Coca-Cola dispose de beaucoup d'atouts pour séduire la cible des adolescents, surconsommatrice de soft drinks comme le montre le tableau ci-dessous.

Tableau 6.2. – *Consommation de soft-drink par personne selon l'âge en France*

Âge	Indice
10-14	116
15-19	132
20-24	125
25-34	103

Source : Pernod-Ricard

- En premier lieu, le Coca-Cola a un goût qui plaît. Son succès mondial eût été impossible sans, à la base, un grand produit qui parti d'Atlanta conquit les palais des Américains, avant de devenir le soft-drink n° 1 dans le monde.
- Son universalité, son mondialisme et ses racines américaines séduisent la jeunesse de tous les pays. Symbole de l'Amérique qui gagne, cette marque invite la jeunesse du monde entier à communier dans la consommation d'un même soft drink. Or rien n'est plus important pour un adolescent que le fait de se fondre dans une vogue collective : d'où la prime aux marques leader sur cette cible.
- Noir, mystérieux (sa formule est secrète), le Coca-Cola séduit les adolescents car c'est une boisson transgressive. Il court de bizarres rumeurs sur lui et son nom (pourquoi Coca ?). D'ailleurs les parents ont tendance à freiner sa consommation et préfèrent orienter leurs jeunes enfants vers des soft drinks à image plus saine. Cet interdit donne au Coca-Cola une valeur ajoutée d'image : cette boisson signe la sortie de la phase d'enfance et l'accès à la liberté.

  Ce faisant, Coca-Cola dé-positionne Orangina en l'enfermant dans un statut de soft drink gentil, sain, que l'on donne facilement aux jeunes enfants, car il y a de l'orange. On ne sera donc pas surpris par la comparaison des chiffres de pénétration de Coca-Cola et d'Orangina selon l'âge.

Tableau 6.3. – *Pénétration (%) d'Orangina et de Coca-Cola selon l'âge (1991)*

Âge	3-4	5-6	7-8	9-10	11-12	13-14	15-19	20-24	25-34	35-49	50-64	65+
Orangina	52	56	**67**	63	61	61	62	60	54	43	32	25
Coke	46	47	58	54	64	67	**68**	65	57	38	18	11

Pour reconquérir le cœur et le palais des adolescents la marque avait déjà effectué une rupture en 1994 en adoptant une nouvelle communication publicitaire. Jusque-là, elle avait opté pour le thème du Sud (contre l'hégémonie du Nord, donc de l'Amérique) et déclinait des rythmes sud-américains (la lambada) dans un contexte de flirt entre un garçon et une fille. Or les publicités à connotation amoureuse n'ont aucun attrait sur la cible adolescente, soucieuse de se fondre dans le groupe, le clan. De plus, le thème du sud était inexportable : en quoi pouvait-il intéresser les italiens ou les espagnols par exemple. La nouvelle saga des « hommes-bouteilles jaunes » a permis en deux ans de retrouver un réel statut de soft drink attractif pour les adolescents. Cette campagne avait pris le parti de l'audace, seul contrepoids à la faiblesse de la part de voix d'Orangina face aux budgets de publicité et de sponsoring de Coca-Cola. Cette créativité paya : Orangina obtint le meilleur score d'impact de l'année 1994 en télévision (67 % à comparer à la moyenne des films, 15 %) et 86 % d'agrément cette même année. D'autres actions de marketing relationnel furent entreprises pour rapprocher la marque du segment des adolescents (comme par exemple le lancement du magazine Move). Enfin, le co-branding des boîtes d'Orangina avec des marques comme Lee Cooper, Kookaï visait le même objectif.

Compte tenu de l'inertie des images et du retard des volumes *per capita*, la publicité ne pouvait suffire. La marque n'évolue vraiment que par ses innovations. Il fallait créer un produit pensé exclusivement pour cette cible. D'où la décision de lancer un Orangina moins gentil, moins angélique, plus adolescent. Examinons son marketing-mix.

- Sur le plan du goût, la société a modifié le rapport acidité-sucre pour faciliter la reconsommation immédiate et atténuer la connotation enfantine d'Orangina. Les oranges sanguines ont apporté cette touche d'acidité. Quant au guarana, il introduit une dose de mystère et en même temps de caféine, un ingrédient qui contribue aux motivations d'achat du Coca-Cola.
- Sur le plan de la couleur, les consommateurs ayant rejeté le rouge vif projeté au départ, on retint une couleur proche du rose, pour bien la différencier de l'orangé, trop associé au produit standard.
- Le nom du produit donna lieu à d'intenses recherches auprès des consommateurs. On testa ainsi Pink, Ruby, Rouge, Red, Rosso, Sanguine. C'est ce dernier qui fut plébiscité par les adolescents. Compte tenu des évocations liées au sang, on ne voulut courir le risque de heurter les mères de famille. C'est Rouge, le nom de code du programme, qui fut retenu.
- Au niveau du packaging, en toute logique on aurait dû exprimer totalement la personnalité de cette extension par l'adoption d'une étiquette rouge. Les marques en effet déclinent leurs codes couleur selon les segments : Coca-Cola est argenté dans sa version light, rouge dans la version standard... Il fut cependant décidé de maintenir l'identité des étiquettes et la couleur d'Orangina depuis 1953 : le bleu. Tout au plus un fil rouge et la mention « rouge » viennent se surajouter à cette étiquette.
- Un spot publicitaire spécifique fut créé, parodiant les films d'horreur. Dix-huit millions de francs furent investis en média sur cette extension sur un budget total d'Orangina pour la télévision de trente-trois millions. Par comparaison en 1996, Coca-Cola dépensa soixante-trois millions de francs en télévision et Pepsi-Cola cinquante trois millions. Pour accentuer l'impact du nouveau produit, on utilisa l'effet de

rumeur. Dès le premier avril, les journalistes reçurent une bombe rouge avertissant de l'avènement du nouveau produit tout en gardant le secret sur la nature de ce dernier. Puis les dirigeants d'Orangina accordèrent aux journalistes des interviews personnalisées (près de soixante-dix), d'où une énorme couverture de presse de l'événement, contribuant à accroître la notoriété du nouveau produit. La campagne média se déroula pour l'essentiel en juillet et août.

– Sur le plan de la distribution on doit distinguer deux circuits : les cafés, hôtels, restaurants (hors domicile) et les grandes surfaces. Pour provoquer l'essai, on pénétra aussi des réseaux favorisant l'achat d'impulsion : les stations-services des pétroliers. Les parcs de loisir tels que le Futuroscope ou le Parc Astérix furent d'autres tremplins novateurs comme les Relais H. Quant à la grande distribution (qui représente 72 % des ventes d'Orangina) elle s'enthousiasma pour cette innovation, et cela d'autant plus que l'entreprise leur offrit une marge d'un franc par bouteille (alors que leur marge sur le produit standard est réduite, guerre des prix oblige).

Les résultats dépassèrent les prévisions : 20 millions de litres au lieu des 5 millions fixés dans les objectifs. Le taux de cannibalisation n'est que de 30 % : les deux tiers des consommateurs sont venus à Orangina *via* cette extension de gamme à très forte personnalité.

Tableau 6.4. – *Résultats comparés de trois lancements de soft drinks*

	Orangina Rouge (avril 1996)	Cherry Coke (avril 1995)	Pepsi Max (avril 1994)
Taux de pénétration	9,6 %	4,6 %	4,3 %
Taux de réachat	28 %	30 %	27 %

Orangina rouge a 1,5 % du marché total des soft-drinks soit en gros le même volume que Fanta.

Sur le plan de la distribution, Orangina Rouge fut référencé dans 95 % des grandes surfaces, dans les neuf mois qui suivirent son lancement. Mais l'Orangina standard occupe 75 % du linéaire de la marque : le Rouge partage donc les 25 % alloués aux extensions avec Orangina Light et Orangina Plus. Un repositionnement de ce dernier compte tenu de l'arrivée d'Orangina Rouge sur sa cible est donc nécessaire. Quant au circuit cafés, hôtels, restaurants, seuls 40 % des points de vente référençaient le produit au bout d'un an, représentant 15 % des ventes. Cela laisse bien augurer des potentialités de développement.

Quel bilan dresser de cette extension ? Si elle est indéniablement un succès, le volume global des ventes d'Orangina en revanche n'a pas progressé. L'extension apporte à la marque des volumes supplémentaires mais ne résoud pas le problème de la version standard. Le même phénomène avait été observé entre Pepsi-Max et Pepsi-Cola. Il y a donc un réel travail à opérer sur l'Orangina classique qui représente encore 83 % des volumes. La marque ayant été vendue à Coca-Cola en 1998, c'est désormais à celle-ci d'assurer la croissance d'Orangina ! Si l'on s'en réfère aux extensions menées sur le Coca-Cola, on peut envisager bien d'autres innovations pour Orangina, ainsi que le montre le schéma ci-dessous :

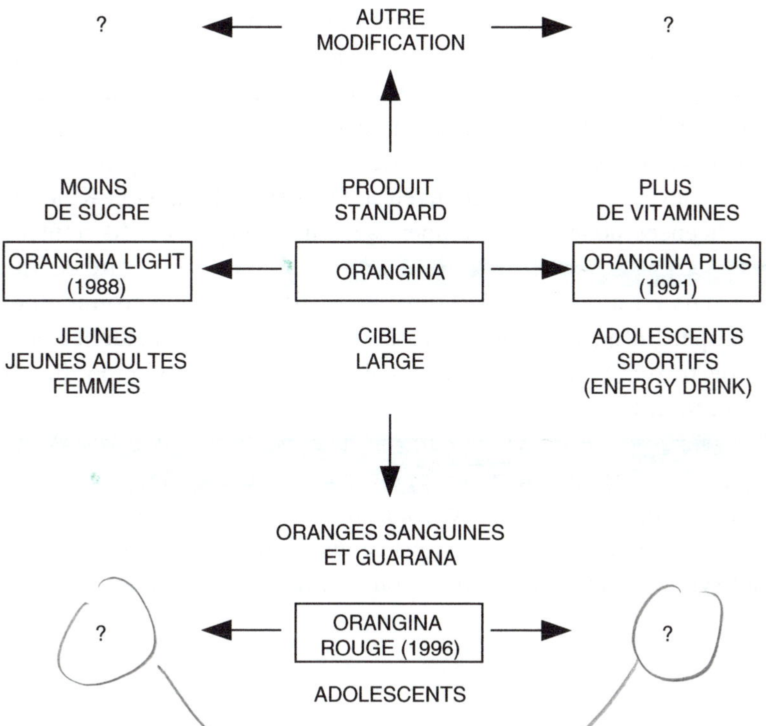

Figure 6.3. – *L'extension de gamme pour une marque de soft-drink*

LE LICENSING, ACCÉLÉRATEUR DE CROISSANCE

Dans sa stratégie de reconquête des adolescents, Orangina développa un important programme de licences dès 1999. Pour cela, on créa une signature spécifique (Orangina Move), on identifia les marchés à potentiel où l'on retrouve les adolescents (tels que le vêtement, les accessoires de papeterie, la bagagerie, les arts de la table et la décoration). Puis Orangina rechercha des partenaires intéressés par cette licence sur une longue période. Avec eux, Orangina lança en 1999 un univers dit « total look » allant de la papeterie à la bagagerie. Cela va d'une ligne textile « Glisse », à des lampes Orangina, des décorations rétro, des accessoires, déclinant les valeurs de la marque humoristique, audacieuse et moderne.

Cet exemple illustre les potentialités du licensing, comme levier de croissance et de changement. Trop longtemps associé au seul luxe ou aux produits dérivés des personnages de Walt Disney, de Hergé ou de Warner, la licence de marque est en plein développement aux États-Unis où elle représente des ventes de l'ordre de 16 milliards de dollars. En France, l'Oréal a pu devenir le numéro deux du marché du gel douche en 1993 grâce à la licence de la marque Ushuaïa (appartenant à TF1). La 205 vieillissante avait été relancée grâce à la licence Lacoste. Les magasins Descamps purent attirer une clientèle plus jeune grâce à la licence Roland Garros.

Que serait le secteur de la lunetterie sans les licences de grandes marques (Kenzo, Chevignon, Calvin Klein, etc.). De même Olympia et Kindy misent sur les licences pour se développer face aux marques de distributeurs. La licence permet de prolonger la vie des marques. PSA s'est retiré de l'activité cycles mais en a concédé le nom (cycles Peugeot) au groupe européen Cycleurope. Enfin, la licence permet des opérations ponctuelles accélératrices de trafic, en capitalisant sur des événements (Coupe du Monde, Captain Euro...).

Le licensing, comme le franchising, permet d'accéder rapidement à des tailles critiques de notoriété, de présence en grande distribution. Une jeune maison de couture a très vite besoin d'un parfum pour acquérir un notoriété durable : la licence y concourt. C'est ce que fit la maison Thierry Mugler en lançant (via un accord de licence) son parfum Angel, devenu un best-seller mondial.

Chapitre 7

Les architectures de marque

Pourquoi L'Oréal signe-t-il désormais « L'Oréal Plénitude » au lieu de « Plénitude de L'Oréal », sa ligne cosmétique vendue en grandes surfaces ? Pourquoi ni Lancôme ni Dop ne mentionnent L'Oréal sur leurs produits ? Pourquoi la Banque Populaire a-t-elle une marque spécifique BRED pour le marché des entreprises et du public haut de gamme, tout en lui apposant son emblème (le symbole + X) pour rappeler son appartenance ? Pourquoi les entreprises japonaises mettent-elles tous leurs produits sous un seul nom de marque, en l'occurrence aussi le nom de l'entreprise ? Pourquoi Auchan cautionne-t-il désormais nombre de ses marques de son propre nom ? Pourquoi les biscuits Prince de Lu sont-ils appelés Prince de Danone en Hongrie ou en Asie ?

Toutes ces questions posent la question générale des relations entre marques et produits, des articulations entre marques et produits, lignes ou gammes, du système d'identités nominales et visuelles. Toute entreprise doit y faire face dès lors qu'elle cesse de produire un monoproduit. C'est *a fortiori* le cas des grands groupes : Mitsubishi doit ordonner de façon cohérente et claire plus de 25 000 produits.

La difficulté de la tâche tient à l'essence même de ce qu'est une marque. L'Organisation Mondiale de la Propriété Industrielle définit la marque en termes juridiques comme « un signe servant à distinguer les produits ou services d'une entreprise de ceux d'une autre entreprise ». Ainsi de façon universelle, on attribue à la marque deux fonctions :

– distinguer les produits les uns des autres ;

– constituer une indication de provenance.

Or au fur et à mesure que l'entreprise croît et que sa gamme de produits grandit, la réalisation concomitante de ces deux objectifs devient épineuse. Philips signe ses téléviseurs de son nom propre, de son nom d'entreprise (ce que les Anglo-Saxons appellent le corporate-branding) : mais comment alors appeler les téléviseurs aussi fabriqués par Philips, d'un standard et prix inférieurs aux premiers. Pour bien les distinguer on les appela Radiola ; ce faisant, l'indication de provenance disparaît. À l'inverse, pour nommer ses hôtels haut de gamme, la chaîne Holiday Inn privilégia l'indication de provenance en les nommant Holiday Inn Crowne Plaza, au début.

Comme on le pressent, la multiplication des produits et des gammes commande de réfléchir à l'avance à un système d'identité nominale et visuelle pour gérer les attributions et articulations de noms et de signes (emblèmes, couleurs...). Ce système doit clarifier l'offre globale, la structurer pour la rendre préhensible par les prospects et acheteurs. Ce système doit être logique et suivre des règles compréhensibles et décentralisables au sein de l'entreprise. Il doit être utile à la vente et promotion des produits à court terme et à la constitution d'un capital de marque(s) à moyen terme. Enfin il doit anticiper l'avenir et les évolutions prévisibles des produits lignes et gammes de façon à être pérenne, et gérer tous les nouveaux produits.

Il existe plusieurs modèles-types de relation entre marques et produits. Nous les exposons à présent, ainsi que leurs avantages et inconvénients. Dans une seconde partie, munis de ces concepts et modèles, nous examinerons pourquoi certaines entreprises ont opté pour l'un ou l'autre ou des formules mixtes, afin d'en déduire des critères de décision. Dans une troisième partie, nous identifierons les principales défaillances et dysfonctionnements apparaissant dans les relations entre marques et produits, dans l'architecture des marques. Nous aborderons la question du nombre de marques à retenir pour un marché ou une entreprise dans le chapitre suivant.

LES RELATIONS ENTRE MARQUE ET PRODUITS

L'examen des pratiques d'entreprises permet d'identifier six schémas-types pour gérer les relations entre marque et produits (ou services). Chaque schéma détermine un certain rôle de la marque, un statut propre ainsi qu'un type de liaison (nominale et/ou visuelle) avec le ou les produits qu'elle recouvre :

- la marque-produit,
- la marque-ligne,
- la marque-gamme,
- la marque-ombrelle,

– la marque-source,
– la marque-caution[1].

La griffe déjà examinée page 87 est une modalité extrême de marque-source. À ces six formes de relations fonctionnelles entre marque et produits s'ajoute une autre question, une alternative, qui s'applique à chacune d'elles : le nom d'une marque doit-il être le nom de l'entreprise ou distinct de la raison sociale de celle-ci ? Ces six modèles permettent de structurer les problèmes de marque dans tous les secteurs : qu'il s'agisse des services, de l'industrie, de la grande consommation ou du luxe.

Ces stratégies de marquage reviennent à privilégier soit la fonction distinctive soit la fonction d'indication de provenance à des degrés divers.

Stratégie de marque-produit

On le sait, une marque est à la fois signe, mot, objet et concept. Signe car la marque est multiforme : elle intègre les signes figuratifs comme les logotypes, les emblèmes, les couleurs, les formes, les packagings et le design. Mot, en l'occurrence le nom de marque qui est le support de l'information orale ou écrite sur le produit. Objet car la marque distingue un ou des produits d'autres produits ou services. Concept enfin, car la marque comme tout signe a un signifié, c'est-à-dire un sens.

La stratégie de la marque-produit consiste à affecter de façon exclusive un nom à un produit et un seul, et à un positionnement et un seul. La conséquence de cette stratégie est que chaque nouveau produit reçoit un nom de marque qui lui est propre. Les entreprises ont alors un portefeuille de marques correspondant à leur portefeuille de produits, comme le représente la figure 7.1.

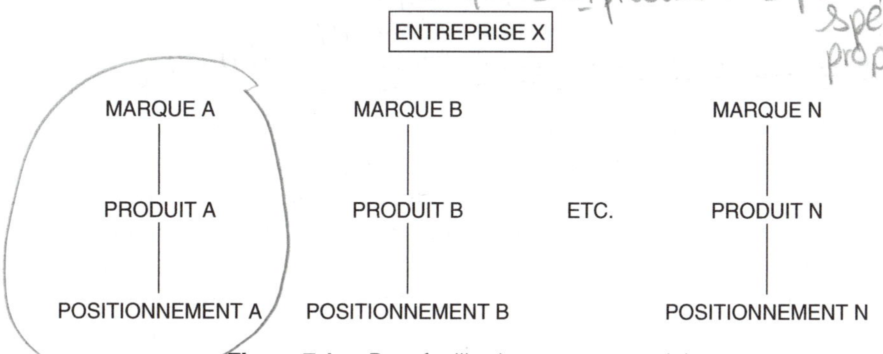

Figure 7.1. – *Portefeuille de marques-produits*

1. Cf. Gilles Marion, *Les images de l'entreprise*, Les Éditions d'Organisation, 1989.

Cette stratégie de marques se retrouve dans l'hôtellerie où le groupe Accor développe une multiplicité de marques aux positionnements bien précis et exclusifs : Sofitel, Novotel, Mercure, Ibis, Formule 1, etc. L'entreprise Procter et Gamble en a aussi fait sa philosophie de gestion de marques : elle est présente sur le marché des détergents à travers les marques Ariel, Vizir, Dash, Bonux, sur le marché des savons à travers Camay, Zest et Monsavon. Chacun de ces produits a un positionnement bien précis et occupe un segment de marché : Camay est un savon séduction, Zest un savon tonus, Monsavon un savon familial naturel. Ariel se veut la meilleure lessive du marché, Bonux est une lessive main et machine, Dash veut être ce qu'il y a de mieux pour un niveau de prix intermédiaire.

Les entreprises agro-alimentaires innovantes créent des spécialités nouvelles qu'elles distinguent par un nom propre et ont donc un large portefeuille de marques-produits. Bongrain commercialise St Moret, Caprice des Dieux, Chaumes... La Société des Vins de France dispose du Bienvenu, du Vieux-Papes, de Carré de Vigne. Le marché des eaux minérales n'est fait que de marques-produits : on demande une Vittel ou une Évian ou une Contrex en sachant qu'il n'y a aucune ambiguïté sur l'objet ainsi désigné. La marque est ici un désignateur-rigide, le nom d'un produit spécifique.

Lorsque – à l'extrême – ce produit est tellement spécifique qu'il n'a pas d'équivalents, qu'il constitue à la fois un produit et une catégorie réduite à lui seul, d'aucuns ont avancé le néologisme « branduit » (Swiners, 1979), traduction partielle de l'anglais brand-uct, c'est-à-dire la contraction de brand-product. Il arrive, en effet, que l'on ne puisse désigner un produit particulier autrement que par son nom de marque : la Suze (dont le slogan rappelle bien qu'elle est inimitable), le Malibu, le Tic-Tac, le Post'it (nom des étiquettes autocollantes), le Mars, le Nuts, le Bounty... Le concept de marque-produit recouvre cette réalité.

Comment se gère la correspondance étroite nom-produit-positionnement dans le temps ? Tout d'abord, la seule extension possible de la marque consiste à renouveler le produit : de fait pour rester à la hauteur de son contrat, de son positionnement, la formule d'Ariel a dû être considérablement améliorée entre 1969, date de son lancement, et aujourd'hui. Ariel reçoit ce que la technologie et la chimie de Procter et Gamble font de mieux (comme d'ailleurs Skip, la marque concurrente, chez Lever) (Kapferer et Thoenig, 1989). Parfois, pour signifier l'amélioration importante du produit, l'entreprise adjoint au nom de marque un numéro (Dash, Dash 2, Dash 3). Pour coller à l'évolution des pratiques des consommateurs, le nom de marque s'applique à des variations de forme (par exemple de packaging : en paquet, en baril, en poudre ou liquide).

Au fil du temps, le respect du positionnement va conduire à modifier les points d'appui de ce positionnement. Ainsi à la création d'Ariel, celle-ci étant une lessive biologique, l'élimination des taches était la promesse. Avec l'évolution des mœurs et la fin du linge bouilli, il a fallu maintenir un haut niveau de performances même à basses températures – ce qui constitue la promesse actuelle d'Ariel. Ceci milite à nouveau pour des noms de marque peu descriptifs. Car la marque doit pouvoir englober ces évolutions de promesses – au sein du même positionnement. Ariel n'enferme pas mais au contraire par ses connotations aériennes et féminines humanise la marque dans un contexte concurrentiel de noms durs et techniques (Gamma, Axion, Dash 3, Bonux). La symbolique des voyelles (i, et e) connote lumière, clarté et dynamisme (L. Collins, 1987), ce qui n'est pas neutre dans le marché du blanchiment. Ainsi le nom Ariel n'est pas l'expression directe d'un positionnement, mais le nom prêt à recevoir cette signification, cette identité, ce sens.

Quels sont les avantages de la stratégie de marque-produit pour l'entreprise ?

- C'est une stratégie offensive d'occupation du terrain pour les entreprises focalisées sur un marché. En pratiquant une politique d'entrées multiples sur ce marché (ainsi Procter et Gamble possède 4 marques de lessive), l'entreprise occupe plusieurs segments d'attentes fonctionnelles, et maximise sa part de ce marché.
- Lorsque ces segments sont proches, le fait de choisir un nom par produit facilite la perception de leurs différences par les consommateurs, ce qui peut être nécessaire lorsque l'aspect extérieur des produits se ressemble. Ainsi, toutes les lessives reposent sur les mêmes constituants. En revanche, les dosages seront différents selon que l'on cherche à optimiser le travail anti-taches, le respect des textiles synthétiques, la préservation des couleurs ou la capacité de laver même à la main. L'association d'un nom spécifique à un segment de besoin entérine la réalité physique de la différence entre les produits.
- La stratégie de marques-produits est une stratégie adaptée aux entreprises très innovantes qui veulent préempter un positionnement. En effet, la première marque sur un nouveau segment, si elle se révèle satisfaisante, hérite de l'avantage du pionnier : elle devient la référence nominale de cette innovation, voire la référence tout simplement. Le nom brevète l'innovation. C'est particulièrement important dans les marchés où le succès suscitera les copieurs. Dans le monde pharmaceutique gouverné par la certitude de l'arrivée des copies génériques, toute innovation, rappelons-le, donne lieu à deux dépôts de nom : un nom pour le produit, la molécule et un autre pour la marque. Même s'ils partagent la même molécule, les génériques à venir sembleront différents car l'originalité du nom de marque (Azantac,

Tagamet...) lui confère une large zone de protection légale. *A contrario*, partout où le droit ne peut s'exercer, les contrefaçons et copies essayent de détourner le potentiel de la marque-produit copiée en imitant le plus possible son nom. C'est pourquoi la grande distribution fait souvent usage de marques-produits ou pour être plus précis de contremarques-produits : Fortini copie Martini, Whip copie Skip, Quickcao copie Phoscao, etc. Craignant d'être déréférencées sur leurs autres marques, les entreprises ont jusqu'à présent hésité à poursuivre ces distributeurs pour contrefaçon ou imitation illicite.

– La politique de marque-produit permet de prendre des risques sur des nouveaux marchés. Lorsque l'avenir du segment liquide était encore incertain, Procter et Gamble préféra lancer une marque-produit : Vizir. Lancer de suite Ariel liquide eût été menacer le capital de marque lié à Ariel. Lancer en premier Dash liquide eût été courir le risque d'associer un concept potentiellement fort à une marque faible donc de faire ombrage à celui-là .

– Implicitement, derrière la politique de marques-produits, on sous-entend que le nom de l'entreprise reste inconnu du public, donc est différent du nom des marques. Cette pratique confère une grande liberté à l'entreprise pour s'orienter quand elle veut où elle veut et en particulier vers des marchés nouveaux. Procter et Gamble débuta en créant le savon Ivory en 1882, l'aide culinaire Crisco en 1911, Chipso, un savon pour les machines à laver en 1921, la savon-beauté Camay en 1926, Dreft détergent machine en 1933, Tide en 1946, Joy pour nettoyer la vaisselle en 1950, puis Dash en 1955, le dentifrice Crest en 1955, le beurre de cacahuètes Jif en 1956, Pampers en 1961, le café Folgers en 1963, l'antiseptique buccal Scope en 1965 ainsi que Bounce, les rouleaux ménagers en papier, les chips Pringle en 1968, les tampons périodiques Rely en 1974, etc.

– Chaque marque étant indépendante des autres, l'insuccès de l'une d'entre elles ne risque pas de rejaillir sur ses sœurs (ni sur la société au cas où le nom de société reste peu connu du public et différent de l'une quelconque de ses marques). Ainsi, l'accident survenu à Rely qui conduisit Procter et Gamble à retirer ce produit n'eut aucun impact sur les autres.

– Enfin, le paramètre distribution pèse aussi en faveur de cette stratégie : le linéaire accordé à une société par le distributeur est fonction du nombre de ses marques (fortes). Lorsqu'une marque couvre de nombreuses références, la distribution retient certaines références et non d'autres. Dans le cas des marques-produits, il y a une référence par marque (aux variations de format près).

Les inconvénients des marques-produits sont essentiellement économiques. Cette stratégie multi-marques n'est pas faite pour les entreprises n'ayant pas les moyens de soutenir chaque marque.

– En effet, chaque lancement de produit nouveau est un lancement de marque : compte tenu des dépenses média des secteurs, cela implique des investissements publi-promotionnels devenus considérables. De plus, ne voulant prendre aucun risque sur un produit dont l'avenir reste à prouver la distribution ne l'accepte dans ses rayons qu'au prix de lourdes primes de référencement.

– La multiplication des marques-produits dans un marché, du fait de la segmentation de plus en plus fine pèse sur les espoirs d'un rapide retour sur investissement : le volume requis pour rentabiliser ces investissements (en R & D, en outil industriel et frais commerciaux) fait de la marque-produit une stratégie idéale pour les marchés en croissance, où une faible part de marché peut néanmoins correspondre à un volume élevé. Quand les marchés sont saturés, un tel espoir disparaît. D'autre part, dans un marché stabilisé, il devient parfois plus utile de conforter les marques existantes en leur conférant l'innovation en question plutôt qu'essayer de lui donner un statut de marque-produit, en la lançant sous son nom propre.

– Le parti pris de cloisons étanches entre marques-produits est certes avantageux en cas de crise, mais il empêche le reste du temps de bénéficier du capital de sympathie et d'attachement créé par une marque déjà existante. Le succès de la marque A ne bénéficiera pas aux autres produits car leurs noms B, C, D... sont différents et n'évoquent donc aucune parenté avec le produit A. Comme on le voit, dans cette stratégie, l'entreprise donne à la marque une fonction exclusivement distinctive et pratiquement pas celle d'indication de provenance. Les nouveaux produits ne jouissent pas de la notoriété préexistante d'une des marques et des économies qu'elle permettrait éventuellement de réaliser. En revanche ce phénomène ne joue pas pour la distribution : celle-ci connaît l'entreprise derrière les marques et sa réputation de réussites ou d'échecs en matière de lancements. Pour celle-ci, le cloisonnement n'existe pas : elle connaît l'émetteur commun de toutes ces marques.

– Le cas des « branduits » est encore plus aigu. Dans la mesure où ils représentent à eux seuls la catégorie de produit, ils doivent investir doublement en publicité. Alors qu'une marque de whisky n'a qu'à se rattacher à la catégorie whisky, pour venir à l'esprit lorsque le consommateur décide d'acheter un whisky, la Suze n'a pas le tremplin d'une catégorie de produit. Elle a donc besoin d'une notoriété spontanée en permanence : soit on pense à la Suze, soit on n'y pense pas et la probabilité d'achat est nulle. De plus, les branduits, isolés, hors catégorie, souffrent d'une absence de visibilité dans les rayons, ce qui a fait de leur notoriété leur seule planche de salut. En cas de récession, ils sont les premiers à pâtir des réductions de budget. Ce fut le cas de Saint Moret par exemple. Cette marque-produit est seule sur son segment. Son plus proche concurrent serait le carré Gervais, un fromage malgré tout différent. Face à la crise économique, l'entreprise Fromarsac a préféré allouer ses budgets de communication à des marques devant faire face à une concurrence renforcée dans leur marché, telles Tartare dont le leadership est menacé par Boursin (Unilever). Soutenir une marque qui est en même temps un marché eût réclamé trop d'argent pour un retour sur investissement non garanti. Car, dans l'industrie fromagère, ce que l'on appelle grande marque ne tourne souvent qu'autour de 5 000 tonnes par an.

Stratégie de marque-ligne

En 1981, les Laboratoires Deglaude lancèrent la marque-produit Foltène : un seul produit associé à un argument unique, la repousse des cheveux. Les passages à la télévision font exploser ce marché et Foltène en devient leader avec 55 % et un mono-produit. Il aurait dû rester tel, mais la logique des consommateurs s'est imposée. Les chauves n'attendaient pas un mono-produit mais un service global, une prise en charge. Ils écrivaient pour demander quel shampooing combiner avec le traitement Foltène. En 1982, Deglaude lance donc un shampooing doux (décliné ultérieurement selon le type de cheveux), suivi, en 1985, d'une lotion quotidienne, toujours en réponse à la demande des consommateurs.

En 1986, Christian Dior lança Capture, complexe liposomes anti-vieillissement de la peau. Devant le succès, une première déclinaison est lancée en février 1989 : « Capture contour de l'œil », suivie de contour des lèvres, pour le corps... La ligne Capture était née.

Ainsi, pour reprendre la définition de Botton et Cegarra (1990) la ligne répond au souci de fournir une offre-produit cohérente, sous un même nom, en proposant plusieurs produits complémentaires. Cela va de la déclinaison de la prestation, comme dans le cas de Capture ou des parfums d'un after-shave à l'inclusion de produits différents au sein d'une même promesse spécifique : c'était le cas de Foltène. C'est aussi celui de Studio Line de L'Oréal proposant aux jeunes un gel structurant, une laque, un spray, etc. C'est encore le fait de Calgon (produit par Benckiser), lessive pour lave-vaisselle, complétée du sel de rinçage et de l'anti-calcaire. Peu importe que pour les fabricants ces produits soient différents : les consommateurs les perçoivent comme liés.

Comme on le constate, la ligne consiste à exploiter le concept à succès en le déclinant mais en restant très proche du produit de départ, par le principe actif (par exemple les liposomes de Capture ou le principe de Foltène). Dans d'autres cas, la ligne est lancée d'emblée en tant que telle, proposant plusieurs produits complémentaires réunis par le concept moteur (pour Studio Line, c'est permettre aux jeunes de sculpter leur coiffure donc de se donner un look). L'extension éventuelle de ligne ne coûtera que le prix marginal lié à la prime de référencement, de packaging, mais ne nécessite pas de publicité. Elle doit être comparée au nombre marginal de consommateurs qui pourrait être ainsi gagné. Comme on le voit, la politique de marques-lignes offre plusieurs avantages :

- elle confère une force de proposition à la marque et installe une image de marque très cohérente ;
- elle facilite la distribution rapide des extensions de ligne ;
- elle diminue les coûts de lancement.

L'inconvénient de la stratégie de ligne consiste à parfois oublier qu'une ligne est un univers délimité. On ne saurait y inclure que des innovations ou produits très proches de l'offre existante. En revanche, l'inclusion d'une innovation forte peut freiner le développement de celle-ci. Ainsi, bien que Capture, résultat de sept années de recherche en collaboration avec l'Institut Pasteur, fasse l'objet de trois brevets et apporte un principe actif révolutionnaire contre le vieillissement, la direction du marketing de Dior décida de le rattacher à une ligne déjà existante, luttant elle aussi contre le vieillissement. Le produit apparut donc sur le marché comme « Capture, Principe Anti-Temps de Résultante ». Cela n'empêchera certes pas le succès de Capture, mais le freina inutilement au départ. Dans un tout autre contexte, c'est comme si Nestlé avait lancé son innovation Bolino (plat tout prêt déshydraté) au sein de la ligne des soupes déshydratées en sachet. Pour être perçu dans toute sa nouveauté et apprécié, ce produit devait échapper à cette dénomination traditionnelle descriptive.

La stratégie de marque-gamme

La marque Gerblé regroupe plus de soixante produits allant du germe de blé à la lécithine de soja sous un même nom et une même promesse : mangez mieux, vous en profiterez plus longtemps. Findus propose 135 produits surgelés. Les marques-gammes ne sont pas toutes pléthoriques. Le bourbon Wild Turkey recouvre cinq produits : le 8 ans d'âge, le 12 ans d'âge, le « Tradition », le « 1855 » et le « Legend ». Les marques-gammes désignent sous un même nom de marque et promeuvent sous une même promesse un ensemble de produits, appartenant au même territoire de compétence. Dans l'architecture de la marque-gamme, les produits gardent leur nom courant (poisson à la provençale, pizza aux champignons, crêpes au jambon-fromage chez Findus). Chez Clarins, les produits se dénomment : masque purifiant aux plantes, extraits de « cellules fraîches », sérum multi-tenseur raffermissant, crème douceur jour ou nuit...

La structure de marque-gamme se retrouve dans l'alimentaire (Géant Vert...), en cosmétique, dans le textile (Benetton, Kookaï, Rodier, etc.), l'équipement (Moulinex, Seb, Rowenta, Delsey, Samsonite, Vuitton) ou l'industrie (Facom). Ces marques relient l'ensemble de leurs produits par un principe unique un concept de marque, comme le symbolise la figure 7.2. Les avantages et inconvénients de cette structure sont les suivants :

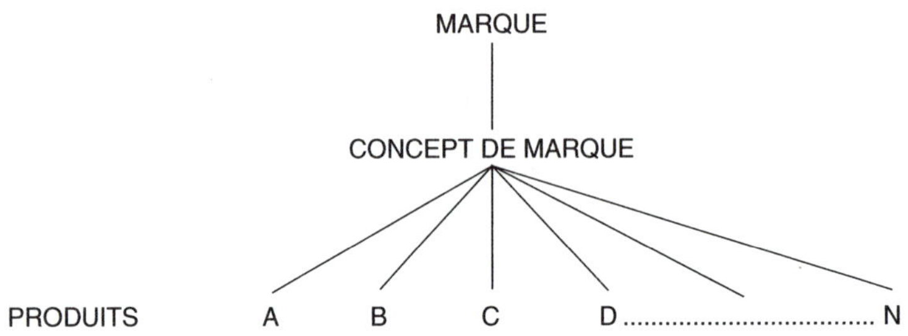

Figure 7.2. – *Structure de marque-gamme*

– elle évite la dispersion et le saupoudrage des communications en se concentrant sur un nom unique – le nom de la marque – et en bâtissant un capital de marque à même de rejaillir sur les produits. De plus, dans cette structure, la marque communique de façon générique, en développant son concept de marque. Ainsi, la marque-gamme Fido recouvre plusieurs produits mais met en scène dans la publicité un chien goûteur qui marque de sa patte son approbation quand la nourriture plaît. Ce film traduit la focalisation de la marque et la prééminence qu'elle donne à l'animal. Une autre démarche consiste à communiquer le concept de marque en prenant appui sur certains produits spécifiques, là où la marque peut le mieux exprimer son sens et son apport. Ce sens peut alors rejaillir sur les autres produits de la gamme, sur lesquels la marque ne communique pas.

– la marque peut aisément distribuer les nouveaux produits cohérents avec sa mission et son territoire de légitimité ; de plus le coût de lancement des produits nouveaux est limité.

Parmi les problèmes posés, le plus fréquent est celui de l'opacité de l'offre lorsque celle-ci s'étend. Findus couvre tous les produits surgelés salés, 135 plats. Elle est une bonne marque, de qualité, moderne, spécialiste du surgelé, généraliste car faisant tous les plats. À l'étage inférieur, pendant des années, on trouvait les noms des produits, descriptifs de la recette : rissolé de caneton aux épices, choucroute garnie au riesling, médaillon de porc et de pâtes, hachis parmentier. Or, ces noms de produits sont banalisants : toute marque peut signer des médaillons de porc et de pâtes. Pour nourrir la marque d'une part, exprimer sa spécificité, et, d'autre part, pour aider le consommateur à se repérer dans la masse des 135 produits, et isoler ceux qui ont les vertus qu'il recherche, il faut un étage de sens entre la marque et les noms de produit. C'est le rôle des lignes, comme par exemple :

– « Cuisine légère », regroupe 18 plats, reconnaissables par leur packaging blanc ;
– « Traditions » recouvre 9 plats, sous un emballage couleur bordeaux ;
– « Nature Marine » comporte 9 types de poissons et assortiments (auparavant dénommés tout simplement tranches de Colin, filets de Merlan...), sous emballage bleu.

Ces noms de ligne éclairent les produits et structurent la gamme, au même titre qu'un commerçant se doit d'organiser son rayon. Les critères de segmentation, de constitution de familles sont à définir par la marque. Ainsi, faut-il distinguer par contenu (les volailles, les bœufs, les porcs, à l'instar des rayons de boucherie) ou selon des lignes transversales, par bénéfice-consommateur (les légères, les traditionnelles...) ?

La ligne structure l'offre en mettant ensemble des produits certes hétérogènes mais mus par une même finalité. Ainsi, chez Clarins, marque-gamme de cosmétologie, l'offre est structurée par lignes. Pour aider les consommatrices à lire à travers les énoncés scientifiques des produits, la marque propose des lignes comme on prescrit une ordonnance. Par exemple :

– la « ligne douceur » pour peaux sensibles comporte une crème douceur jour et une crème douceur nuit, ainsi qu'un fluide restructurant en ampoules ;
– la ligne « minceur et fermeté » regroupe un gommage exfoliant, un bain amincissant, une crème réductrice « bio-suractivée » et une huile « anti-eau ».

L'offre de Clarins cesse d'être une longue carte énumérant toutes les crèmes, les sérums, les lotions, les baumes, les gels pour dessiner un ensemble de menus structurés et cohérents comme le symbolise la figure 7.3.

Pour que la structuration de l'offre se retrouve au point de vente, au moment où l'acheteur en a le plus besoin, maintes marques vont jusqu'à proposer un mini-rayon préstructuré complet : c'est le cas de l'armoire de Ducros, présentant de façon ordonnée la grande variété des épices de la gamme.

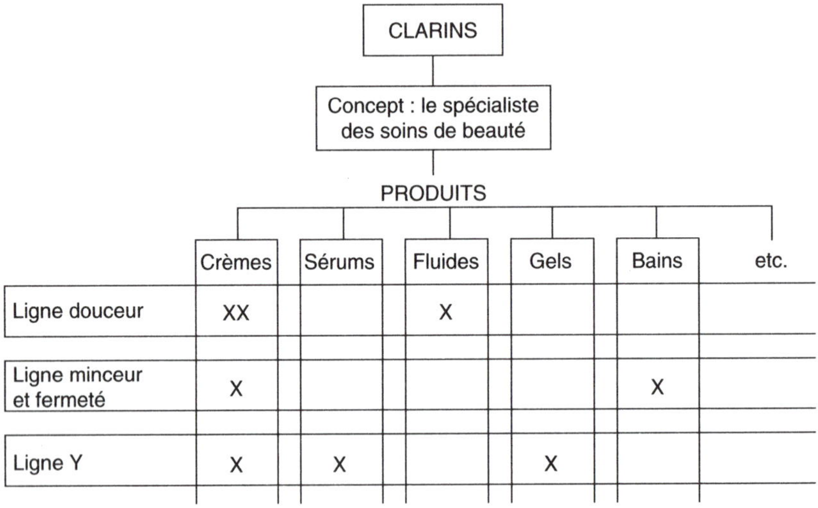

Figure 7.3. – *Marque-gamme structurée en lignes (d'après Botton et Cegarra,* Le nom de marque, *1990, p. 61)*

Le deuxième problème rencontré dans l'usage des marques-gammes découle de l'unicité des communications produits. Par exemple, comment s'adapter au public des enfants lorsque l'on vend des bâtonnets de poisson panés ? Si le message central et unique de Findus est « pour Findus, seul le meilleur est bon », il faut aussi le véhiculer dans la communication des poissons panés, alors que les enfants sont peu sensibles à ce thème et préfèrent la complicité du Captain Igloo, créé par la marque Igloo pour resserrer ses liens avec le public enfantin.

La stratégie de la marque-ombrelle

Canon vend sous son nom des appareils de photo, des photocopieurs et de la bureautique. Yamaha vend des motos mais aussi des pianos et des guitares. Mitsubishi regroupe des banques, des automobiles, de l'électroménager. Palmolive est une marque de produits d'entretien (un liquide vaisselle) et d'hygiène (savons, shampooings pour la famille, mais aussi mousse à raser pour l'homme). Marie a l'ambition de recouvrir toutes les technologies (la conserve, le surgelé, le frais sous-vide...). Ce sont des marques-ombrelles : la même marque soutient plusieurs produits dans des marchés différents : chacun d'eux a sa propre communication, développe ses propres promesses (parfois même a sa propre agence de publicité). Enfin, les produits gardent un nom générique : on parle des appareils de photo Canon, des télécopieurs Canon, des imprimantes Canon. La figure 7.4. représente cette structure.

Nous consacrerons un chapitre à la délicate question de l'extension de marque hors de son métier d'origine. Philips a-t-il raison de recouvrir sous un même nom la hi-fi, la télévision, les ampoules, les ordinateurs, les rasoirs électriques, le petit électroménager ?

L'avantage principal de la stratégie d'ombrelle est la capitalisation et l'économie d'échelle au niveau international. Il n'est d'action, de produit, de communication de Philips qui ne contribue à la notoriété de Philips. Même un échec ici ou là laisse une contribution à la notoriété de la marque. Cela permet par la suite de capitaliser sur un nom de marque déjà connu et une réputation pour pénétrer des secteurs où l'entreprise était absente. La notoriété engendre un goodwill quasi immédiat de la part des distributeurs et des publics concernés.

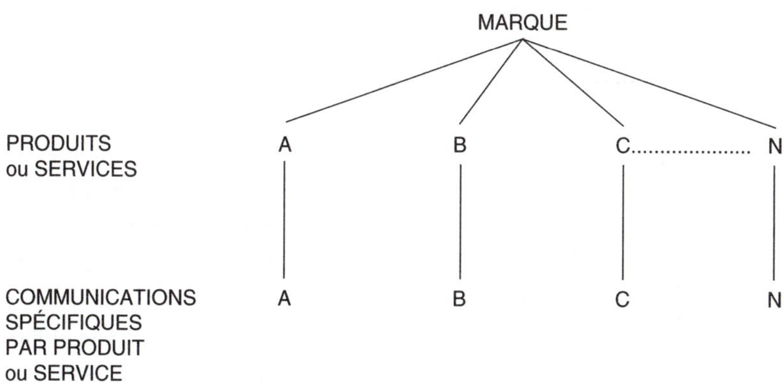

Figure 7.4. – *Stratégie de marque-ombrelle*

L'acquis de notoriété fait bénéficier des secteurs à faible investissement marketing des bienfaits de la marque-ombrelle. Il évite même des communications spécifiques sur de petits secteurs. Il permet enfin des économies considérables lors des entrées dans des nouveaux marchés stratégiques.

Ce dernier point ne saurait être sous-estimé à l'ère de la surcommunication. Aujourd'hui, l'accès à la notoriété d'une nouvelle marque est devenu une gageure dans maints marchés, compte tenu des dépenses publipromotionnelles de chacun des acteurs déjà en place. C'est ce qui conduisit Jack Tramiel, ancien patron des micro-ordinateurs Commodore, à racheter en 1984 un nom très connu, Atari, pourtant très connoté jeux et vidéo à l'époque, pour pénétrer à nouveau le marché de la micro-informatique familiale et d'entreprise. Tramiel préféra acheter un capital de notoriété, même associé à d'autre produits, plutôt que recréer une marque. Le même raisonnement explique que l'on aille réveiller des marques anciennes (comme Cémoi, Sunsilk, Talbot) pour en faire des supports de produits nouveaux, proches ou différents du produit original que la plupart des gens ont de toute façon oublié, alors qu'ils se remémorent le nom de marque. Mieux vaut bénéficier déjà d'un strapontin dans l'esprit du public que repartir de zéro. Les recherches sur la mémorisation et l'impact des campagnes publicitaires montrent que leur déterminant premier est la notoriété de la marque : on se souvient mieux si l'on connaît déjà .

La stratégie de marque-ombrelle permet de faire évoluer le contenu de celle-ci en la nourrissant par l'apport d'image des produits qu'elle ne couvrait pas jusqu'alors. Ainsi, Schweppes – jusqu'alors une marque-produit – est devenue ombrelle en entrant dans le marché des boissons aux fruits gazeuses, le territoire d'Orangina, de Pschitt, de Fanta ou Fruité. La communication de Dry de Schweppes « rajeunissait » Schweppes, ce qu'il était très difficile de faire sur le produit socle, l'Indian Tonic sans risquer de déstabiliser l'édifice.

Enfin, la marque-ombrelle est peu contraignante. Chaque division mène sa propre communication pour optimiser sa part de marché et coller aux spécificités du marché qui est le sien. Il est vrai que, dans chacun de ces marchés, la marque généraliste doit faire face à une ou plusieurs marques spécialisées. La notoriété que confère l'ombrelle oblige à démontrer la pertinence de l'offre dans chaque segment où la marque veut acquérir une position dominante. Peugeot Outillages Électriques bénéficie d'un grand nom, mais, en contrepartie, doit faire la preuve de l'apport réel de ce nom réputé dans le monde automobile, lorsqu'il signe des produits et matériels pour le bricolage. La notoriété assistée ne signifie pas *ipso facto* légitimité et encore moins excellence aux yeux des acheteurs.

Les problèmes rencontrés dans la gestion des marques-ombrelles tiennent à l'oubli des exigences liées à cette architecture de marque.

- Il arrive qu'à force de vouloir économiser de l'argent en se diversifiant sous une même ombrelle, on oublie que la fonction de la marque est avant tout d'en gagner. La notoriété ne suffit pas à cela : chaque division doit engager les moyens financiers et humains pour démontrer que ses produits et services valent ceux des marques spécialistes, ce qui ne va pas de soi *a priori*. Chaque marque est forte sur son cœur, ses produits pivots et faible dans ses extensions.
- L'ombrelle ne doit pas faire ombrage. Alors qu'elle était filiale d'Alcatel, GSI dut batailler pendant des années pour ne pas entrer dans le système dénominatif qu'Alcatel imposait (à juste titre) à ses filiales

en les appelant Telic-Alcatel, SMH-Alcatel, Ronéo-Alcatel... En effet, pour être pleinement crédible, une société de conseil en informatique se devait de ne pas paraître liée à un constructeur mondial. L'extension du nom Alcatel lui aurait nui. De plus un accident survenu à un produit peut affecter les autres produits sous l'ombrelle (Sullivan, 1988).

– Un élastique trop tendu faiblit. Les Américains appellent « rubber effect » (Ries et Trout, 1987) le résultat de la mise sous nom identique de produits et services hétérogènes. Plus une marque couvre de catégories différentes, plus, tel un élastique, elle se tend et se fragilise, perdant son énergie. Elle devient alors un simple nom sur des produits, indication de provenance, une marque de fabrique, une assurance de qualité minimale ou une marque de distributeur, indicateur que le produit est acceptable puisqu'il a été sélectionné par celui-ci. Seules les marques fortes, dotées d'un sens précis peuvent être transversales et couvrir des produits hétérogènes, car elles imposent leur sens à ces produits : Sony est un innovateur, un précurseur, technologique et raffiné. La marque peut couvrir maintes catégories, car le programme contenu dans l'image de Sony est alléchant et pertinent dans ces catégories de produit pourtant hétérogènes. Palmolive semble adoucir tout ce que la marque signe : ce programme est pertinent chaque fois qu'un produit est en contact avec la peau. Aussi, la marque peut s'étendre à l'hygiène comme à la beauté, aux femmes comme aux hommes.

– Ce qui handicape le plus la marque est moins son extension horizontale que verticale : les marques ne peuvent couvrir tous les niveaux de qualité et de standing. Le marché de l'automobile est segmenté : le bas de gamme, le milieu inférieur, le milieu supérieur et le haut de gamme, sans parler du luxe ou du sport. Or, il est faux de penser que le programme de la marque puisse s'exercer de la même façon dans tous ces segments : la puissance créatrice de Citroën s'exprime remarquablement dans le segment haut de gamme, mais s'émousse face aux contraintes posées par la nécessité de produire des voitures à 50 000 francs. Dans le domaine des briquets, Flaminaire est mort d'avoir voulu concurrencer Bic et Dupont : c'était oublier qu'un même nom ne peut servir à la fois de signe de distinction et de vulgarisation. C'est pourquoi Carrefour interrompit son expérience de produits-drapeaux : « les produits libres de Carrefour ». En effet, les produits génériques et premier prix que d'autres enseignes avaient lancés ressemblaient extérieurement aux produits libres par le dépouillement de leur packaging et leur couleur blanche. Les produits libres étaient alors assimilés à un bas standard de qualité et risquaient d'y associer l'enseigne Carrefour elle-même. Compte tenu des projets de Carrefour concernant l'usage de son nom comme marque sur des produits de standard plus élevé, il était urgent de couper court à tout risque de dérive vers le bas.

– La libéralité de la marque ombrelle conduit parfois à une marque patchwork. Car c'est une chose de déléguer l'argumentaire des produits à chaque division, c'est une autre d'accepter trop d'écarts dans le style et le ton de la marque d'une division à l'autre, d'un produit à l'autre. L'émetteur peut avancer des promesses circonstanciées, selon les marchés, mais s'il a une réelle identité, son mode d'expression doit être homogène. Les lecteurs n'ont pas une lecture cloisonnée de la marque : ils rencontrent tous ses produits et ses communications. La marque doit leur apparaître comme une et indivisible même si elle s'organise commercialement et industriellement en divisions.

La stratégie de marque-source

Celle-ci est identique à la stratégie de marque-ombrelle sauf sur un point-clé : les produits sont prénommés. Ils ne s'appellent plus d'un nom générique eau de toilette, eau de parfum, mais d'un nom propre, Jazz, Poison, Opium, Nina, Loulou, etc. Nous entrons ici dans une structure à deux étages de marque (en anglais : double branding) comme le symbolise la figure 7.5.

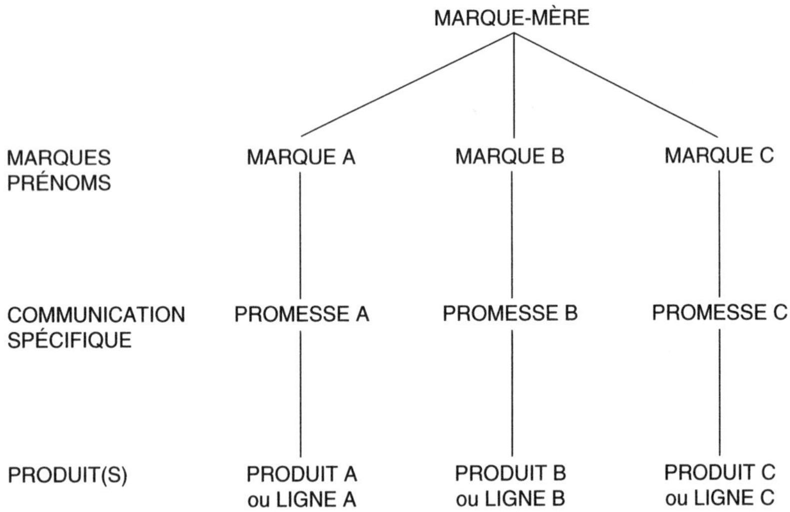

Figure 7.5. – *Stratégie de marque-source ou marque-mère*

Cette stratégie de marque est souvent confondue avec la stratégie suivante (marque caution) aussi importe-t-il d'en spécifier la différence dès à présent. Lorsque Nestlé signe les chocolats Crunch, Galak, les barres Yes,

Sundy, Fitness, le café Nescafé, le Nesquick, etc., Nestlé est caution : il signifie bonne qualité et une touche enfantine. La signature lève les inquiétudes que certains produits pourraient susciter. Nestlé intervient en mineur, le produit est leader au point même que maints consommateurs de Crunch ne l'attribuent pas à Nestlé. Lorsque Yves Saint Laurent signe un déodorant parfumé (pré)nommé Jazz, Yves Saint Laurent est bien plus que simple caution. C'est ce nom qui est leader et qui donne à Jazz la distinction et le cachet dont le nom seul ne jouissait pas. Jazz est une porte d'entrée dans l'univers de marque, dans la culture Yves Saint Laurent. Le problème de bien des marques est qu'elles ont cessé d'être des marques-sources pour devenir des marques-cautions. Dans la marque-source, l'esprit de famille domine même si les enfants manifestent leur personnalité par leurs prénoms. Dans la marque-caution, les produits sont très autonomes et n'ont en commun que la caution. Aujourd'hui, de quel côté penchent Danone ou Yoplait ?

L'intérêt de la stratégie de marque-source est de disposer d'un double étage de sens donc de différenciation et d'approfondissement. Il est, en effet, difficile de personnaliser une offre, une proposition sans un vocabulaire lui-même personnalisé. La marque-mère apporte sa signification, son identité, infléchie, modifiée ou enrichie par le nom d'une marque-fille pour intéresser et impliquer un segment particulier d'acheteurs. Les gammes « prénommées » permettent à une marque, dont le capital doit être préservé, de conquérir des catégories de personnes nouvelles, de s'approprier des territoires nouveaux. Par exemple, Lu ne parle guère aux enfants : cette marque de qualité intéresse plus les parents que les enfants, même lorsqu'elle leur propose du pain d'épices. Pour créer un lien avec ce public, on garda le personnage de l'Ours Prosper. Les enfants demandent le pain d'épices de Prosper. Le personnage est devenu marque, c'est-à-dire signe de distinction et de valeur.

Les limites de la marque-source tiennent à la nécessité de respecter le fond de la marque, l'esprit, l'identité de la marque-mère. Cela délimite un périmètre d'extension de la marque à ne pas enfreindre. Seuls les prénoms au sein du territoire de la marque-mère doivent être associés à celle-ci. Pour jouir d'une plus large liberté, la stratégie de marque-caution est plus adaptée.

La stratégie de marque-caution

Chacun connaît les fameuses marques d'automobiles américaines : Pontiac, Buick, Oldsmobile, Chevrolet ou Opel en Europe. À côté de leurs logotypes et sur les enseignes des concessionnaires de ces marques, on peut lire deux lettres : G.M. C'est la marque de General Motors, la marque-caution. Quel rapport existe-t-il entre le dépoussiérant Pliz, Moquett'à Sec, Fée du Logis, le désodorisant d'atmosphère Wizard, et Canard WC ? Ce sont tous des produits signés Johnson ! Quel lien existe entre le biscuit à la grecque Sirtaki, à l'anglaise Pim's, à la japonaise Mikado et le Prince des Goûters : leur marque-caution Lu, dont la signature atteste le statut de label : « Lu et approuvé ». La marque-caution donne son approbation à un éventail large et diversifié de produits, regroupés en marques-produits, marques-lignes ou marques-gammes. Chez Lu, les marques-produits sont la norme : Pailles d'Or, Prince, Figolu, Sirtaki... désignent un produit. Qu'est-ce que Sirtaki ? Il faudrait une périphrase pour le décrire : Sirtaki est un concept de biscuit unique et nouveau. En bref, Sirtaki est Sirtaki. Au travers de leurs différences, Lu témoigne de leur haut niveau de qualité intrinsèque, organoleptique, et de leur finesse. Ceci étant dit, chaque produit est alors libre de manifester son originalité : d'où les noms si divers observés dans la gamme.

La figure 7.6. symbolise la stratégie de marque-caution. Comme on le constate, la marque-caution est désormais en dessous car elle est un socle, une réassurance. De plus, ce que le consommateur achète, c'est Pontiac ou Opel, c'est Pim's ou Sirtaki. General Motors, Lu sont des appuis : ils interviennent en deuxième ligne.

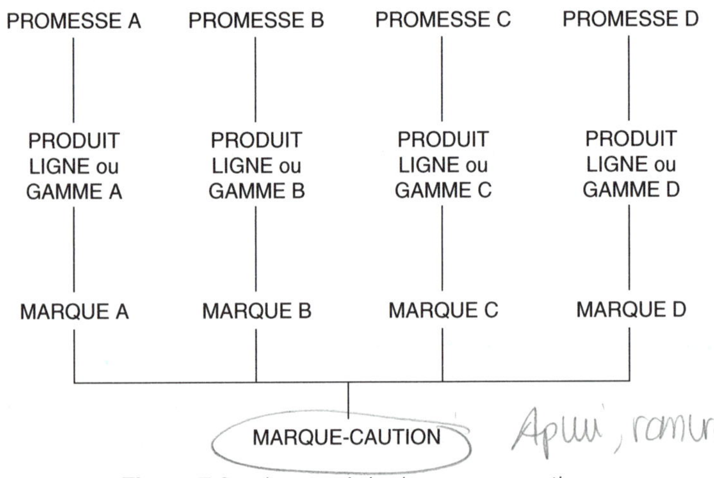

Figure 7.6. – *La stratégie de marque-caution*

La caution d'une marque peut s'exprimer de façon graphique par apposition de l'emblème de la marque-caution, à côté des marques ou de façon nominale, en simple signature. Ainsi, Casino utilise sa marque en ombrelle sur tous les produits à l'exception de ceux sur lesquels il n'a pas de légitimité (par exemple, le champagne, le parfum). Sur ces derniers, on peut lire une simple signature, en mineur : « sélectionné par Casino ». Il s'agit là d'un usage de la marque comme marque-label, une variante de la marque-caution.

L'identité de la marque du producteur subsiste, cautionnée par la signature de l'enseigne qui l'a sélectionnée pour la distribuer.

L'avantage principal de la marque-caution est la grande liberté de manœuvre qu'elle confère. Lu peut signer les biscuits qu'il veut. La marque Lu, un instant conçue comme marque-source avec un imaginaire spécifique lié à la tradition française et aux racines du petit-beurre nantais, n'aurait pu alors englober le très britannique Pim's ou Prince ou Mikado et Sirtaki. Aussi, la Générale Biscuit décida de faire de Lu une marque-caution, garantissant un standard élevé de créativité et de qualité. Il n'y avait plus de conflits d'image entre les produits et la marque.

La marque-caution bénéficie comme la marque-source des avantages des produits prénommés. Chaque prénom confère un impact et un pouvoir d'évocation au produit qui nourrit et enrichit en retour la marque-caution (du moins en théorie, comme nous le verrons ci-après dans l'analyse des dysfonctionnements de marque).

La stratégie de marque-caution est une des voies les moins coûteuses pour donner un contenu au nom de l'entreprise et le faire accéder au statut de marque. Ainsi, on a vu apparaître sur les pots de peinture Valentine le sigle ICI (Imperial Chemical Industries) et sur les paquets de produits phytosanytaires KB, le nom de Rhône-Poulenc. Ces deux entreprises cautionnent de leur nom la haute qualité de ces marques. À l'inverse, par leur présence dans la vie quotidienne, elles acquièrent plus de familiarité et de proximité, en plus d'un début de notoriété pour ICI. La valorisation et la garantie scientifique et technique étant véhiculées par la marque-caution, KB et Valentine peuvent se consacrer à exprimer d'autres facettes de leur identité.

Comme on le voit, il y a donc une répartition des rôles de chaque étage de marque. La marque-caution prend en charge la fonction garantie, dont tous les produits ont besoin. Aujourd'hui cette garantie touche la qualité, l'expertise scientifique mais aussi la responsabilité civique ou le respect de l'écologie. Les autres fonctions de la marque sont assumées par les marques-prénoms car si un nom unique (la caution) suffit pour garantir, il aurait nui aux fonctions d'identification, de distinction, de personnalisation et parfois aussi, à la fonction ludique (Kapferer et Laurent, 1992). Aussi, on a pu lire que ces dénominations-produits limitent le champ d'évocation de la marque-caution. Ce n'est que la contrepartie de la liberté conférée par la caution.

Les six stratégies de marque présentées ci-dessus sont des modèles, des cas types. Dans la réalité, les entreprises adoptent des configurations hybrides, où la marque est, selon les produits, gamme, ombrelle, mère ou caution. Par exemple, L'Oréal est tout entier dans le produit Floréal, caution pour Studio Line ou Longueurs et Pointes mais source de Plénitude, et totalement absent de Dop, Darling ou Lancôme. Le caractère hybride de l'usage de la marque L'Oréal et des stratégies retenues traduit une volonté d'adaptation aux spécificités du processus de décision des consommateurs dans les différents sous-marchés (les produits capillaires, les cosmétiques au la parfumerie) et selon les circuits de distribution (est-ce un libre-service ou un circuit sélectif de prescription ?). Dans certains cas, L'Oréal cautionne et garantit sérieux et technicité, dans d'autres, L'Oréal cherche à acquérir une connotation qu'il n'a pas encore (la cosmétique) et doit donc se mettre en avant, dans certains, enfin, la marque doit être absente – soit pour ne pas être tirée vers le bas (Dop) soit pour ne pas tirer vers le bas l'une de ses marques de prestige, Lancôme. Néanmoins, maintes situations hybrides résultent aussi de la sédimentation de décisions ponctuelles, prises dans le temps, au fur et à mesure de la création de nouveaux produits. Faute de concevoir à l'avance un plan d'ensemble de la géométrie des marques et de leur articulation avec les produits, on aboutit souvent à une cohabitation peu cohérente de politiques de marquage.

CHOISIR UNE STRATÉGIE DE MARQUE

Quelle politique de marque est la meilleure ? Procter et Gamble, adepte des marques-produits aurait-il raison et son concurrent Colgate Palmolive plus souple en la matière, aurait-il tort ? La politique de marque de distributeur suivie par Casino est-elle meilleure que celles de Carrefour ou Auchan ? Ces questions reviennent systématiquement.

Chacun des modèles-types de stratégie de marque a ses avantages et ses inconvénients. Nous les avons décrits. Mais l'énumération des pour et des contre ne fournit pas pour autant une procédure de choix, pour une entreprise donnée dans un marché donné. Le choix d'une politique de marque n'est pas un exercice de style mais une décision stratégique visant à promouvoir les produits tout en capitalisant sur le long terme. Elle se prend à la lumière de trois paramètres liés au produit/service, au comportement d'achat, et à la situation concurrentielle de l'entreprise. Aussi est-il difficile de répondre aux questions ci-dessus, car elles espèrent des réponses générales, intemporelles et absolues. En réalité, la politique de marque est le reflet d'une stratégie, choisie par une entreprise particulière dans un contexte spécifique.

L'exemple de Calvet illustre ce propos. Ce négociant en vin bordelais suit deux politiques de marque opposées, en France et à l'étranger. En France, Calvet est un bordeaux spécifique et unique. À l'étranger, c'est une signature multi-produits, une marque-ombrelle recouvrant aussi bien le bordeaux, le bourgogne, les blancs, les rouges, les rosés... C'est normal. Dans notre pays, le consommateur sait lire sur l'étiquette le grand nombre de signes qui expliquent et spécifient le produit : la région, le cru, le cépage, l'année. Sans oublier, éventuellement, la garantie du détaillant s'il s'est fait une réputation de ne choisir que les meilleurs rapports qualité-prix. Dans ce contexte, que peut apporter le nom Calvet au consommateur ? La marque Calvet n'a de sens que si elle est un repère de plus, si elle annonce un « plus » que les autres Bordeaux n'ont pas. Ceci conduit logiquement à une stratégie de marque à territoire limité : Calvet est un nom de produit, une marque-produit. À l'étranger, le consommateur n'a pas la culture du vin : il ne comprend pas le sens des appellations, crus, et autres sigles opaques. Imaginez que vous deviez lire une étiquette japonaise. Ce consommateur structure le vin par couleur et par pays. Il a besoin d'un nom dans les vins français qui l'aide à se repérer et à le rassurer : la marque-ombrelle est donc souhaitable. Calvet peut recouvrir maints vins génériques des régions de France ou servir de marque-caution, en signature, pour des appellations-contrôlées.

Pourquoi en 1990 le groupe Wagons-Lits utilisa-t-il la marque PLM Azur en caution, simple signature en mineur précédée par le nom spécifique de l'hôtel (New Cataract en Égypte, Sahara Palace en Tunisie, Saint-Tropez Beach à Saint-Martin...) ? Pourquoi au contraire signa-t-il Pullman suivi par une appellation sa nouvelle chaîne internationale quatre étoiles (Le Pullman Königshof à Bonn, le Pullman Part-Dieu à Lyon, le Pullman Rotary à Genève...) ? PLM Azur était la marque des hôtels de vacances. Pour choisir leurs vacances, les consommateurs disposent d'un média privilégié, le catalogue, qu'ils lisent et relisent six mois à l'avance. Or, le catalogue décrit complètement chaque hôtel, ses caractéristiques, sa personnalité, voire même le note. En outre, il en présente une photo. Que devient dans ce contexte la fonction de la marque ? L'offre est déjà totalement transparente. Mais dans ces destinations lointaines où il peut y avoir un écart important entre la promesse et la réalité, on a besoin de réduire le risque perçu, d'être rassuré. C'est la fonction de la marque-caution PLM-Azur. Celle-ci intervenait en dernière ligne, comme garantie : c'est le nom propre de l'hôtel qui fait rêver.

Le cadre supérieur envoyé trois jours à Ankara pour négocier une affaire n'a pas lui envie de rêver. Il sait que la tâche sera dure et souhaite donc supprimer le stress alentour. Ce cadre attend un niveau de prestation hôtelière sans failles. Pour lui, la marque est une référence, la promesse d'une hôtellerie aux attributs bien spécifiés et ne souffrant aucun écart d'une ville à l'autre, d'un pays à l'autre. La marque est une marque-produit : elle identifie une prestation précise. Néanmoins, Pullman ne se voulait pas monolithique comme les hôtels qui reproduisent d'une ville à l'autre le plan des chambres et jusqu'au mobilier de celles-ci (le Novotel). Aussi, indiquait-il par son suffixe local, qu'il s'ouvrait à l'influence du pays qui l'abritait.

Le Club Méditerranée suit, quant à lui, une troisième voie : une politique de marque-gamme. En effet, bien qu'aujourd'hui sa gamme de produits soit segmentée (depuis le village de cases premier prix à l'hôtel de luxe pour golfeurs, été et hiver, dans tous pays), la marque impose son nom unique et communique par une campagne unique : il ne reste aux consommateurs qu'à préciser le nom de la destination, nom géographique réel. Cette politique dénominative est l'expression de la stratégie : le principe, les valeurs et méthodes du Club Méditerranée traversent, transforment et fédèrent tous ces produits spécifiques. Leur communauté est plus forte que leurs différences. La seule évolution notable de la politique dénominative fut le passage à la marque Club Med, la référence à la Méditerranée étant caduque compte tenu de l'extension géographique et peu signifiante pour un Américain, un Japonais ou un Sud-Africain.

Comme on le voit, l'adoption d'une politique dénominative ne procède pas d'un souci esthétique ou formel mais d'une réflexion sur les fonctions mêmes de la marque pour les acheteurs par rapport aux autres éléments de sens que sont les noms ou prénoms des produits, des gammes et des lignes éventuelles, ainsi que les autres sources d'information sur les caractéristiques objectives ou subjectives du produit (packaging, catalogue, publicité, vendeur-prescripteur). Néanmoins, en présence des mêmes données sur les acheteurs, deux entreprises ne suivront pas la même géométrie d'identités nominales, car leur stratégie même diffère : leur volonté s'exprime aussi à travers le marquage. La comparaison de deux marques cosmétiques l'illustre : Lancôme et Clarins.

Dans le marché cosmétique, les produits sont pléthore, les termes scientifiques fréquents, les innovations obligatoires, d'où une certaine opacité. Les marques servent de repère. Une question fréquemment débattue est celle de l'alternative : politique de ligne ou de mono-produits ? Chaque solution a ses avantages et ses inconvénients, on les a énumérés précédemment. Il ressort que la question n'a pas une réponse unique mais dépend beaucoup de la conception que la marque a d'elle-même.

Lancôme préfère une politique de mono-produits, avec uniquement une mini-gamme dérivée du produit leader (Progrès visage, contour des yeux, intensif-rides, cou...). Ainsi, en 1989, la marque choisit de lancer trois mono-produits pour le corps avec pour chacun une marque et non pas une ligne sous le même nom : Cadence pour le corps (hydratant), Exfoliance (gommant), Sculptural (amincissant). Lancôme n'est pas une marque-caution, elle se veut une marque-source, dépositaire d'une vision précise : l'élégance française. La politique de marque a pour but de véhiculer :

– la technicité, la performance des produits,
– le luxe à la française, c'est-à-dire la sophistication naturelle. Lancôme met en charme les laboratoires.

Lancôme exprime son sens par des produits et par le service qui les entoure (le discours, le conseil des vendeuses). La marque ne se restreint pas à la sphère publicitaire : elle structure l'amont la production et l'aval, le conseil, d'où une distribution sélective. Lancôme veut une politique de marque compréhensible et cohérente aux deux niveaux que sont la consommatrice et la vendeuse. Or, les consommatrices font un faible écho à la politique de noms multipliés dans ce secteur : elles mémorisent mal les nombreux noms de produits, mais demandent la « Crème Hydratante » de Lancôme, en entrant dans la parfumerie. La vendeuse explique alors qu'il en existe deux : Hydrix et Transhydrix. Le choix d'un nom par produit aide la vendeuse à exercer sa mission d'explication. À travers ces noms bien différenciés par produits, elle acquiert une bonne compréhension des produits eux-mêmes, et est capable de pousser chacun d'eux *via* la mise en avant de ses fonctions, usages et vertus spécifiques. Chez Lancôme, on essaye donc de donner à chaque produit un nom : ce nom doit traduire une action (Nutrix nourrit la peau, Hydrix hydrate la peau, Forté-Vital rend la peau plus ferme) ou exprime le principe actif si celui-ci est nouveau ou révolutionnaire (Niosôme contient des niosomes, Oligo-Majors des oligo-éléments). La politique de nom rend clair l'argumentaire des vendeurs car il exprime les différences entre produits aux positionnements proches et évite donc la cannibalisation entre eux, s'ils étaient sous la même ligne et un nom unique, commun.

Cela semblerait clore le débat entre marque-produit et marque-ligne, en faveur du premier, dans le secteur des produits cosmétiques. Or, chez Clarins, en règle générale, il n'y a pas de mono-produits : les 70 produits sont regroupés en lignes. Car Clarins n'est pas Lancôme, n'a pas le même projet, la même identité, la même conception de soi : Clarins se vit comme un Institut de Beauté, la notion de métier du soin est essentielle chez elle. Ce concept de soin implique l'utilisation de plusieurs produits regroupés sous un nom de ligne comme sur une ordonnance. Un mono-produit ne peut pas tout faire, d'où la préférence de Clarins pour des lignes de produits agissant en synergie. Conformément à son identité, sa personnalité et sa culture de marque, Clarins cherche à créer des lignes stables, durables sur plusieurs années. Enfin, Clarins privilégie l'objectivité des promesses et s'oppose à la surenchère des slogans de mono-produits jouant, par exemple, actuellement sur la « victoire sur le temps ». D'où des noms de produits qui se situent toujours dans le domaine du soin : ils sont descriptifs de l'action que peut revendiquer le produit et ne font pas entrer l'imaginaire et le rêve comme Christian Dior en lançant « Capture ». Chez Clarins, ils sont constitués de deux ou trois mots : « Fluide multi-réparateur restructurant ».

QUEL NOM POUR LES NOUVEAUX PRODUITS : LE CAS 3M

Pendant des décennies, chaque création de nouveau produit s'accompagnait en général d'une création de nouvelle marque. Donnant un nom de baptême au nouveau venu, le chef de produit pouvait en revendiquer la paternité. Sans nom, le produit n'avait pas d'existence réelle. Marqué, il signait son existence. En 1981, chez 3M on créa et déposa 244 nouveaux noms de marque. En 1991, on ne créa plus que quatre marques nouvelles. La même révolution s'était passée chez Nestlé : en 1990, l'entreprise créa bien 120 nouveaux produits, mais ne déposa que cinq marques nouvelles. L'ère de la multiplication des marques était bien finie. Que s'était-il passé pour créer un tel changement dans les pratiques ?

La prise de conscience que les marques sont le vrai capital des entreprises aboutit à cette révolution. Capitalisant sur quelques marques stratégiques, l'entreprise doit en assurer la pérennité en les nourrissant en permanence d'innovations, d'extensions de ligne ou de gamme. La question n'est donc plus « quel nom pour les nouveaux produits ? » mais quels nouveaux produits mettre sous quelle marque ?

Les entreprises à management décentralisé sont particulièrement sensibles au syndrome de prolifération des marques. Ainsi 3M, malgré son rang de 29e entreprise dans le classement des 500 premières entreprises de *Fortune*, et ses 60 000 produits, reste assez peu connue. Une partie de l'explication tient à l'excès de marques dont elle est frappée : plus de 1 500 marques ! Afin de mettre fin à cet état de fait, la société 3M décida de prendre à bras-le-corps le problème en créant un Comité des Marques, au plus haut niveau (Corporate Branding Policy Committee) dont la mission fut d'établir une doctrine précise en ce qui concerne la politique de marque, d'auditer les stratégies et d'être l'instance obligatoire d'approbation de toute nouvelle demande de création de marque, d'où qu'elle provienne dans le monde.

Reflétant la logique du capital de marque, il fut décidé que désormais 3M signerait ou cautionnerait tous les produits (à l'exception d'une ligne cosmétique). La deuxième décision fut d'interdire qu'un produit porte plus de deux marques (comme Scotch Magic) afin d'en finir avec la complexité des empilages de marque, telle qu'elle apparaît par exemple en figure 7.7. Afin de faciliter l'intégration de la nouvelle politique de marque capitalisant sur quelques marques-clés (appelées aussi « primary ou power brands », marques-mères ici), 3M diffusa dans toutes ses filiales un guide pour éclairer la politique à suivre en matière de marque, face à un nouveau produit. L'intérêt de ce guide fut de faire chuter de façon drastique les demandes de création de marques nouvelles soit marques-mères (comme Scotch), soit marques-filles (comme Magic). Le Comité des Marques ne risquait donc pas d'apparaître comme le bouc émissaire, accusé d'être responsable de tous les refus.

L'arbre de décision (figure 7.7.) soumet chaque innovation à quatre questions filtres, visant à limiter à certaines circonstances spécifiques la création d'une marque nouvelle (comme Post-it par exemple). La première question filtre demande si l'innovation satisfait à l'un des quatre critères suivants : est-elle une innovation prioritaire ? Crée-t-elle un nouveau type de rapport qualité/prix ? Crée-t-elle une nouvelle catégorie de produit, inexistante jusqu'alors ? Est-elle le résultat d'une acquisition ? La deuxième question filtre demande si l'innovation ne pourrait pas légitimement nourrir une marque-mère déjà existante dans le portefeuille des marques-clés de 3 M (primary brands) ? La troisième question filtre demande si le nouveau produit peut fournir l'occasion de créer une nouvelle marque-mère ? La quatrième question filtre évalue la capacité du produit nouveau à justifier une nouvelle marque secondaire (ou marque-fille) ? Il ressort de l'arbre de décision six possibilités de marquage, exhaustives, reposant sur des paramètres mesurables du marché. Elles vont du plus simple (Transparents pour rétroprojecteur, 3M) au marquage à plusieurs niveaux (Scotch Magic, ruban adhésif, de 3M). Comme cela était pressenti, la possibilité de création d'une marque nouvelle (primaire ou secondaire) devient désormais l'exception. Il faut qu'une série de conditions très restrictives soit réalisée : principalement, que l'innovation crée une nouvelle demande primaire et qu'aucune marque-clé existante ne convienne.

LES NOMS DE PRODUITS : AUTONOMIE OU FILIATION ?

Fiat vedettarise ses voitures en leur donnant un nom propre : la Cinquecento, Punto, Bravo, Tempra. Pendant des années, Renault choisit de les numéroter : R4, R5, R9, R19, R21, R25, mais amorça une évolution en 1990 avec la Clio, suivie de Safrane, Laguna et Twingo. BMW décline sa marque sur une échelle numérotée : Série 3, 5, 7. Quant à Citroën, elle

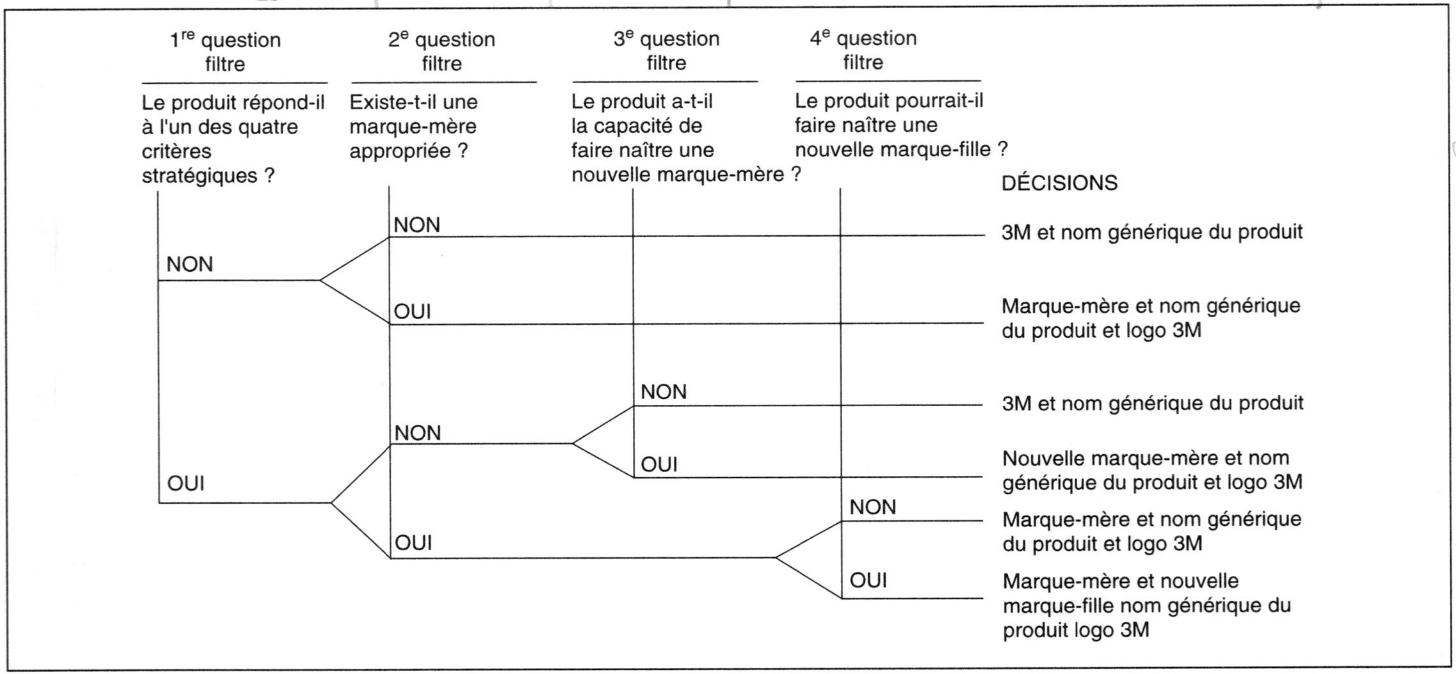

Figure 7.7. – *Quel nom pour les nouveaux produits ? Exemple d'arbre de décision 3M*

codifiait ses niveaux de gamme par lettres AX, BX, CX, jusqu'à l'évolution volontaire signifiée par l'appellation Xantia, et Xsara.

Dior lança des parfums sous les noms de Diorella, Diorissimo, Miss Dior puis Poison ou Fahrenheit, et ses produits cosmétiques sous les noms de Capture, Résultante, mais aussi Hydra-Dior. Sur ces mêmes produits, Lancôme utilise pour noms « Niosôme ou Noc-tosôme », et Clarins : Crème Multi-Réductrice ou Multi-Réparatrice.

Dans le service informatique, le leader américain ADP va au bout d'une logique de marque-ombrelle et ne prénomme pas ses progiciels de gestion du personnel : on trouve ainsi ADP « Fast-pay », ADP « Interactive Personal Package » ou ADP « Benefit System ». En France, CGI, société de service et d'ingénierie informatique nomme ses produits de gestion : Ciga Immo, Ciga Compta, Ciga Paie. Quant à GSI, il vend Zadig, Clipper, Ressource, Tolas, etc., et se comporte en marque-caution. À quoi correspondent ces choix de dénominations de produits ?

Tous ces exemples traduisent une certaine relation entre la marque et ses produits, un choix entre deux extrêmes : l'autonomie complète ou la filiation explicite. On retrouve là le dilemme de base créé par les deux buts concomitants mais peu compatibles de la marque : distinguer les produits, mais aussi authentifier leur origine. On peut repérer sept formes de relations marques-produits, suivant un degré d'autonomie croissant :

- Il y a les chemises Lacoste, les chaussettes, blousons, pull-overs, raquettes, eaux de toilette Lacoste. La marque ne donne pas de nom propre à ses produits. En cela, elle témoigne qu'elle n'en a pas besoin. Elle transforme tout ce qu'elle touche, rend distingué tout ce qui est banal, générique. C'est une attitude de marque forte, c'est celle des griffes. Il suffit qu'un pull-over soit signé Lacoste pour qu'il accède à la distinction, aux deux sens du terme. Non seulement on le remarque, mais il est élevé par la grâce de la marque dont il porte le blason. Il sort du lot générique dans lequel le confinait son nom commun pour devenir héraut de la marque. Cette posture ne concerne pas uniquement le luxe : elle est adaptée à toutes les marques qui ont l'ambition d'élever ce qu'elles touchent. C'est le cas de Saint Michael chez Marks et Spencer ou de Sony. En revanche, cette politique nominale écartèle les marques faibles, c'est-à-dire incapables d'insuffler une communauté de corps ou d'esprit dans les produits qu'elles signent sous leur ombrelle.
- Avant de les appeler classe A, C, classe E ou S, Mercedes nommait ses modèles la 190, 200, etc. La marque domine les produits. Elle se veut une et indivisible et tout entière dans chacun de ses modèles. Quel que soit le modèle acheté, le consommateur doit retrouver tous les

attributs objectifs et subjectifs qui constituent l'identité de la marque. Chaque modèle le fait rentrer de plain-pied dans l'univers de la marque. La 190 n'était pas une sous-Mercedes c'était la première Mercedes. Les chiffres renvoient à une logique de produit et de gradation de motorisation, une échelle de puissance mais pas une échelle de Mercedes, pas une échelle de marque. Porsche fit l'erreur d'oublier ce que signifie profondément cette logique dénominative : 924 ne signifiait pas uniquement une Porsche avec moteur à l'avant cela ne signifiait plus Porsche du tout. La série 924 et la 944 de base n'avaient de Porsche que le nom. La marque n'avait pas réussi à exprimer pleinement sa différence et supériorité à ce niveau de prix. La politique dénominative était source de déception et engendra une faille dans la marque elle-même.

– Quand Dior appelle ses parfums Diorissimo, Miss Dior ou Diorella, il rappelle la marque-source avec force. Chaque produit n'est qu'une variation des valeurs de cette marque autour du cœur commun. Diorissimo exprime le paroxysme de Dior, Miss Dior figure la représentation de la jeune femme pour Dior. Cette stratégie de relation très étroite entre la marque et le produit permet à la marque naissante d'exprimer son identité, son système de valeurs par petites touches complémentaires. Elle a ses limites : ce principe ne saurait se généraliser à trop de produits. Sinon, la marque-source ne devient qu'un préfixe technique, une simple marque de fabrique reliant entre eux des produits très disparates. La multiplication des Dior-X épuiserait le sens de Dior et l'en viderait. C'est ce qui arrive un peu à Nestlé. Certes, chacun sait que Nescafé, Nescoré, Nesquik, Nestea, émanent de la même marque-garantie que le chocolat ou le lait concentré, mais cela en fait la marque d'une technique.

– Quand Lancôme appelle ses produits Niosôme ou Noctosôme, la volonté de relier les produits à la marque est manifeste : la marque se les approprie exclusivement mais exprime leur innovation, en étant non plus préfixe, mais suffixe. Elle ne veut pas asservir le produit mais s'en servir.

– Lorsque Clarins appelle ses produits « Gel Multi-Tenseur », « Fluide Multi-Réparateur », ce serait une erreur de voir en ces noms de simples noms génériques et lexicaux. En fait, « multi » est une constante de l'identité nominale chez Clarins. Il y a deux raisons à cela : ce préfixe est compris dans toutes les langues. De plus, Clarins a choisi de capitaliser sur ce nom même s'il n'est pas déposable et est imité en pharmacie car multi renvoie à l'ensemble d'un traitement, ce qui correspond à l'identité et la vision de Clarins : une ligne plutôt que des mono-produits, plusieurs actions plutôt qu'une.

– L'étape ultérieure dans la progression de l'autonomie du produit (ou au contraire dans la perte de la filiation) est le prénom. Capture de Dior, Poison de Dior en sont un exemple dans le luxe, Fée du Logis de Johnson dans l'entretien. Certes, Clarins n'aurait jamais choisi Capture car il comporte une part d'imaginaire, ce qui en fait un nom acceptable par Dior, mais ce nom propre nominalement et sémantiquement éloigné de Dior vise à en étendre le territoire de sens, sans pour autant déstabiliser le cœur. La relation produit-marque est ici remontante. Du sens (sang) nouveau remonte vers le cœur de la marque : la marque puise dans ces nouveaux signifiants. C'est pourquoi cette relation est une thérapeutique pour les marques épuisées ou faibles. N'ayant pas assez d'énergie en elles-mêmes, elles ne peuvent en faire bénéficier leurs modèles, dans une relation descendante, de la marque aux produits, lorsque ces derniers s'appellent par exemple R5, R9, R19, R21, R25. Il faut doper ces produits d'une énergie qui leur soit propre, puisque la marque ne peut leur en fournir suffisamment. C'est pour cela probablement que 1990 vit l'émergence d'une politique de noms propres chez Renault (la Clio, la Twingo, la Kangoo...). Les prénoms permettent aux consommateurs de s'approprier le modèle, de le désirer, même s'il est moyennement attiré par la marque. Volkswagen fit de même avec la Golf.

– L'étape ultime est la marque-produit totalement autonome sans références ni filiations. Le Sidi-Brahim, Varilux (verre pour la vision à toutes distances), Ariel, Darling... Ainsi, chaque politique de nom est un message et a sa rationalité. Le choix de l'une de ces politiques dépend intimement de la force de la marque, de sa volonté, de la force de ses nouveaux produits et de sa stratégie commerciale. D'autres illustrations en témoignent.

Il y a un rapport étroit entre la politique de croissance de l'entreprise et ses choix dénominatifs. Certaines entreprises ont une politique extensive de conquête de part de marché, d'autres une politique intensive. Dans le premier cas, la croissance se fait par acquisition de nouveaux clients : en ce cas, il n'est pas souhaitable que les noms de produit aient un air de famille. Il vaut mieux présenter des produits bien distincts, aux noms spécifiques. C'est la logique de Procter et Gamble dans le marché des lessives : Ariel, Dash, Bonux, Vizir contribuent à la couverture du marché. Si, en revanche l'entreprise opte pour une politique intensive par développement des ventes sur les clients existants, les noms des produits doivent créer un air de famille. Le client entrant par un des produits doit être tenté d'acheter les autres produits de ce qui lui apparaît comme une gamme complète répondant à ses autres besoins. GSI était connue pour son progiciel Tolas en gestion de la distribution : elle débaptisa son progiciel de production (anciennement MS11 puis Maxime) pour le nommer Tolas Production et fit de même pour Tolas Finance. Cette politique a eu pour résultat interne d'amener ce qui était trois équipes commerciales distinctes à se coordonner, se rapprocher. Chez CGI, la communauté de nom des progiciels Ciga Immo, Ciga Compta, etc., traduit une offre de logiciels intégrés dont la base de données, le système d'opérations, et l'ergonomie sont les mêmes. Quand le client en a acheté deux, il hésite à acheter ailleurs.

La politique de nom de produit dépend de l'originalité de celui-ci. Pendant des années, Nescafé dotait ses produits de noms génériques : Spécial Filtre, Décaféiné, Lyophilisé. Puis, à partir de 1981, on vit apparaître l'Alta-Rica, le Cap-Colombie, le Mokamba. Ce changement interprété par beaucoup comme un artifice de communication, la création d'un nouvel imaginaire de la marque Nescafé qui en était, à ce jour, dépourvue. En réalité, c'était l'expression d'une profonde révolution dans la maîtrise technologique de la marque. Celle-ci était désormais en mesure de conserver la quasi-totalité des 800 arômes qui constituent un café. On pouvait donc enfin retrouver dans son café soluble Nescafé l'intensité des crus d'origine. L'adoption de noms propres pour les nouveaux produits traduisait la mutation qualitative de la marque, fruit de cinquante années de Recherche et Développement.

Enfin, le choix de nom dépend, on l'a vu, de la force de la marque. Il y a vingt ans, les Fiat recevaient un numéro. Mais l'image de Fiat était trop mauvaise hors de ses frontières. Elle handicapait la vente des nouveaux modèles. Pouvait-on espérer rehausser l'image par des campagnes publicitaires de marque ? On ne change pas aisément un stéréotype. Aussi, la stratégie consista à cesser de vendre les produits par la marque et à vendre désormais la marque par ses produits. Depuis lors, Fiat vedettarise ses modèles, en fait des marques-gammes dotées d'un nom propre pour leur donner une personnalité forte : Bravo, Brava, Punto, Tempra. Chacune doit trouver en elle-même l'énergie de sa pénétration du marché. Ces noms sont volontairement distants de Fiat. On espère que, à long terme, la marque pourra ainsi se ressourcer, redevenir porteuse de sens.

STRATÉGIES DES MARQUES DE DISTRIBUTEURS

Rien n'illustre mieux la dimension stratégique des politiques de marque qu'une comparaison d'entreprises homogènes, en concurrence dans un même secteur. C'est le cas des enseignes de la grande distribution. Face à un même contexte, elles ont opté pour des politiques de marque différentes, traduction de l'existence d'identités différenciées, mais aussi de parti pris volontaristes et stratégiques. Dans la mesure où dans le secteur de la distribution, les politiques de marque ont une terminologie qui leur est propre, nous l'éclairerons d'abord en la reliant aux concepts et termes présentés dans ce chapitre.

La marque de distributeur n'est pas un phénomène récent. Sainsbury le lança en Grande-Bretagne dès 1869. En France, le premier dépôt officiel de marque de distributeur remonte à 1929 (Coop). Jusqu'en 1976, il y eut peu d'innovations. Les consommateurs connaissaient bien ces marques à large spectre de produits qu'étaient Forza chez Prisunic, Beaumont chez Monoprix ou Kilt sur les produits d'entretien ou Miss Helen pour le cosmétique. Il s'agissait typiquement de marques-ombrelles, exclusives de l'enseigne, et recouvrant de multiples familles de produits au sein d'un même métier (l'épicerie l'entretien, le cosmétique). La fonction de ces marques était essentiellement défensive pour les enseignes[1].

En 1976, à la suite de Carrefour, on vit apparaître une nouvelle forme de marque de distributeur appelée « marque-drapeau » ou « produit-drapeau ». Ce flottement terminologique tient à deux facteurs :

- ces marques avaient comme nom « Produits Libres » pour Carrefour, « Produits Orange » pour Euromarché, « Produits Blancs » chez Genty, « Produits Grande Confiance » chez Casino ;
- au sens juridique, certains de ces noms ne sont que des noms commerciaux, et non des noms de marque. En effet, pour le droit commercial, une marque n'existe que si elle est déposée : or, l'INPI n'accepta pas le dépôt de noms de marque tels que « produits libres ».

Recouvrant elle aussi de multiples produits, la marque-drapeau est une marque-ombrelle. Elle se présentait sous un emballage épuré, sans dessins ni fioritures, unicolore (blanc, orange...). L'enseigne ne signait pas de son nom, mais leur apportait sa caution par la présence d'un symbole visuel rappelant celle-ci (son emblème, son siglotype).

Comme son nom l'indique, la « marque-drapeau » représente une bannière offensive, un acte de communication stratégique. Ce fut l'occasion d'un profond renouvellement des communications des enseignes qui purent

1. Nous avons analysé les motivations explicites et implicites des marques de distributeurs dans le livre *La Marque* (avec J.-C. Thoenig). Nous ne les redévelopperons pas ici.

développer un langage identitaire en s'appuyant sur des produits enfin spécifiques. Ainsi, Carrefour put se présenter comme l'enseigne consumériste par excellence, d'où le choix de l'adjectif « libre ». Le positionnement déclaré était simple : « aussi bon que les marques nationales et moins cher » (– 20 %). Ainsi, ces marques-drapeaux donnèrent une visibilité nouvelle aux enseignes et un début d'identité pour certaines. Elles sortaient des communications prix-choix-qualité-service pour affirmer leur culture, leur motivation, leur focalisation.

Outre l'intérêt concurrentiel entre enseignes, les produits-drapeaux ont aussi – *de facto* – constitué un acte de reconquête de l'opinion publique, préalable indispensable à la bataille future opposant les distributeurs aux fabricants. En effet, alors que l'image des grandes surfaces n'était pas sans taches, du fait de l'élimination du petit commerce de proximité, les produits-drapeaux menés par les produits-libres de Carrefour affirmaient sur les affiches, dans la presse et à la radio que les marques de fabricant étaient un instrument d'asservissement, un leurre, et qu'il était temps d'en libérer les consommateurs. Qui ne dit mot consent : les fabricants peu habitués aux collectives ne réagirent pas. Ils perdirent ce jour-là la bataille des mots et entérinèrent par leur mutisme une rumeur.

L'accentuation de la concurrence conduisit à l'apparition de produits génériques vendus sans marque, dans les grandes surfaces. Positionnés comme de moins bonne qualité certes que les marques nationales mais 30 à 40 % moins chers, ces produits étaient présentés dans un habillage ascétique, souvent blanc, ne comportant que la description du contenu (sucre, huile d'arachide). Ceci contribua dans l'esprit des consommateurs à créer une confusion voire un amalgame entre les produits génériques, premier prix et les marques-drapeaux. Or, ces dernières devaient, à l'origine, rehausser l'image de l'enseigne lui donner une dimension qualitative. La confusion risquait d'aboutir à l'inverse et tirer l'enseigne vers le bas. Aussi, Carrefour interrompit-il l'expérience « produits libres » pour repenser ses marques de distributeur, et se lancer dans une politique de marque-enseigne.

La marque-enseigne est une marque dont le nom est celui de l'enseigne. Alors que « Beaumont » est différent de Monoprix « Monoprix La Forme » ne cache pas sa paternité. La marque-enseigne n'est pas neuve : Sainsbury, Migros en Suisse, Casino, Coop et Codec l'employaient de longue date. La marque-enseigne peut être employée de plusieurs façons :

- seule, sur les produits, elle est alors marque-ombrelle si elle recouvre un vaste nombre de produits différenciés. Il y a ainsi des corn-flakes Carrefour, mais aussi des poissons surgelés, des yaourts, des boissons aux fruits, des sacs de sport, de l'huile automobile Carrefour, etc.

- seule, sur des produits, elle est marque-ligne si ces produits différenciés sont réunis et nommés par un concept, un fil-directeur précis. C'est le cas des lignes Monoprix La Forme ou Monoprix Vit'Prêt. Sous le nom de l'enseigne, on retrouve des familles de produits obéissant à un critère explicite. La marque fonctionne ici comme une marque-label : elle garantit que le produit sélectionné est diététique ou rapide à préparer.
- en signature d'un autre nom, elle est alors marque-caution. Ainsi, le nom Carrefour signe discrètement, en bas à droite de l'étiquette, le champagne F. Delacour. De même, Printemps apparaît sur ses marques de prêt-à-porter comme Essentiels : le nom Printemps s'inscrit aussi bien sur les étiquettes que les sacs.

La troisième forme de marque de distributeur est appelée « marque-propre » : elle porte un nom différent de l'enseigne. Comme M. Jourdain faisait de la prose sans le savoir, Forza, Beaumont, Brummel étaient déjà des marques propres de Prisunic, Monoprix ou Le Printemps. Les marques-propres peuvent être utilisées :

- comme marque-produit : c'est le cas du mélange café-chicorée Calicoré, chez Auchan ;
- comme marque-ligne : ainsi la ligne de gels coiffants Micro Line chez Auchan ;
- comme marque-gamme, telle Tex pour le textile chez Carrefour ou Tissaia chez Leclerc ;
- comme marque-ombrelle, telle Forza ou Kilt.

Il n'existe pas de griffes dans les marques-propres des enseignes : les marques de prêt-à-porter exclusives se multiplient certes, mais leur conférer le statut de griffe ne correspond ni à leur réalité, ni à leur vocation. Le concept de griffe a un sens bien précis qui commande une attention spécifique (cf. page 87), et ne saurait être banalisé.

Par rapport aux marques-propres pionnières, les Forza, Kilt et Beaumont, les marques-propres nouvelles présentent une différence essentielle : ce sont souvent des marques-produits ou lignes, ayant pour fonction de capter à leur profit la clientèle d'une marque leader prise pour cible. D'où leur nom : contremarques.

L'avantage essentiel des contremarques est la possibilité de les multiplier *a volo* : Auchan en a ainsi plus de cent. Face à des marchés qui se segmentent de plus en plus, l'enseigne peut alors installer une contremarque dans chaque segment, ce qu'elle ne pouvait pas faire avec un nom unique, celui de la marque-enseigne *a fortiori*. Ainsi, Auchan a-t-il une marque-propre pour chacun des trois niveaux de qualité de whisky. Cette politique confère une grande souplesse pour entrer dans des niches. Par rapport aux marques-enseignes qui déploient leur nom sur une part croissante du linéaire, évinçant les grandes marques car celles-ci facilitent la comparaison des prix par les consommateurs d'une enseigne à l'autre, les marques-propres aboutissent au même résultat mais discrètement. Les consommateurs ont au contraire l'impression que leur choix est plus grand, plus varié et décèlent moins l'éviction des grandes marques.

Pour maximiser ses ventes, la tactique de la contremarque consiste à choisir un nom de marque, un emballage, un design, des couleurs qui imitent au plus près ceux du produit de grande marque pris pour cible ce qui crée une confusion. Constatant qu'un flux de clientèle a été créé par le produit de grande marque – fruit de ses investissements en recherche, en développement, en qualité et performance et en marketing – le distributeur fait réaliser une copie et l'habille de façon à maximiser la ressemblance extérieure. De la contremarque à la contrefaçon, il n'y a qu'un pas que plusieurs enseignes ont franchi : en effet, la meilleure façon de réduire les coûts et les risques est de récupérer à son profit exclusif le marketing prêt-à-porter défini par le produit-cible, dont les ventes attestent de l'efficacité. Le droit des marques n'y peut rien : trop de fabricants hésitent à poursuivre pour concurrence déloyale, de crainte d'être déréférencés sur d'autres de leurs produits.

Comme on le constate, malgré une terminologie spécifique, il est possible d'établir une correspondance entre les stratégies de marque examinées dans ce chapitre et les concepts propres aux marques de distributeurs (tableau 7.1.). Deux écarts subsistent cependant : les fabricants n'ont pas la possibilité de s'imiter autant que le font les contremarques, car la contrefaçon est illégale et les fabricants n'hésitent pas à se poursuivre en justice. D'autre part, à l'exception des rares enseignes ayant intégré la production, la marque de distributeur cache le fabricant et ne peut dont l'authentifier. Cela pose d'ailleurs un problème dans l'attribution de labels de qualité à une marque de distributeur car celle-ci peut changer de fabricant dans le temps.

En dehors des fonctions principales attendues de la marque, le choix de l'une ou l'autre des stratégies de marque par le distributeur dépend de plusieurs paramètres :

- le capital d'image de l'enseigne pèse sur les choix. Euromarché ou Cora auraient-ils pu crédibiliser l'opération « Produits Libres » ; disposaient-ils d'une notoriété, d'une image et d'une volonté suffisantes ? La marque-enseigne suppose que l'enseigne jouisse d'un potentiel de caution, d'intérêt, de proximité affective et de familiarité, afin de maximiser l'effet de source.
- la stratégie dépend aussi du caractère plus ou moins impliquant des produits sur lesquels on veut appliquer la marque de distributeur. Tous

les produits ne revêtent pas la même importance pour les consommateurs : certains sont très importants, d'autres totalement secondaires. Les sources de cette importance varient :

- les produits « devoir » sont achetés par obligation : on attend d'eux une performance fonctionnelle, c'est tout. Cela va de l'essuie-tout en papier (peu impliquant) à l'aspirateur (plus impliquant),
- les produits « plaisir » ont une fonction hédoniste : cela va de la crème au caramel à la chaîne haute fidélité,
- les produits « signe » ont une fonction sociale : à travers eux – et surtout certaines marques – l'acheteur dit un peu qui il est : cela concerne les cigarettes, les soft drinks, les bières mais aussi le prêt-à-porter.

Tableau 7.1. – *Marques de distributeur et de fabricant en perspective*[1]

Détenteur de la marque / Fonction principale de la marque	Fabricant	Distributeur
Détournement de clientèle d'un produit pris pour cible		Contremarque Copie
Personnalisation du produit	Marque-produit	Marque-propre
Insertion du produit dans un ensemble	Marque-ligne Marque-gamme	Marque-propre
Identification de la source	Marque-ombrelle Marque-mère Marque-caution	(Marque-drapeau) Marque-enseigne
Authentification du fabricant	Marque-entreprise	

Naturellement, les produits peuvent avoir plusieurs sources d'implication. Il est difficile d'appliquer une marque-enseigne à un produit-signe : quand le produit est mis sur la table, en présence d'invités, on ne souhaite pas forcément les inviter dans un magasin, à moins que ce dernier soit en lui-même source de distinction (Hédiard, Fauchon, Harrod's, Marks et Spencer...). Le fait que Carrefour signe de façon très discrète mais présente néanmoins un champagne relève plus de la volonté d'entreprise que d'une

1. Structure d'après Botton et Cegarra (1990, p. 155) qui eux ne distinguent que deux fonctions principales de marque : l'identification de l'offre et l'authentification de l'origine.

logique de consommateur. Lorsque l'implication est strictement fonctionnelle, une marque-ombrelle large peut fonctionner, recouvrant même différents niveaux de qualité : en ce cas, la marque-ombrelle est le signe d'un excellent rapport qualité-prix – ce qui autorise plusieurs niveaux de prix.

– les capacités et la volonté de l'enseigne sont aussi déterminantes. La gestion d'une marque ne se résume pas comme on le croit trop souvent à un exercice graphique et créatif : trouver un nom et un beau packaging. C'est un nouveau métier qui implique de mettre le consommateur au centre de ses préoccupations et de se donner les moyens humains et financiers pour l'analyse des marchés et des attentes, la recherche et le développement, la définition et le suivi de cahiers de charges, les contrôles de qualités permanents et de plus en plus en amont du magasin, la capacité de susciter de nouveaux produits et d'assurer un suivi en volume et en qualité, etc.

Tableau 7.2. – *Classification des produits selon leur type d'implication*

	Produit Devoir	Produit Plaisir	Produit Signe
Implication forte	Fer à repasser	Hi-fi	Parfums Prêt-à-porter
Implication faible	Essuie-tout	Confitures	Bières

Ces trois paramètres expliquent pourquoi maintes enseignes ne souhaitent pas se lancer dans une politique de marque-enseigne, d'autres l'appliquent à moitié (Carrefour), d'autres enfin la pratiquent tous azimuts (Casino). Ces choix reflètent une appréciation des contraintes et surtout l'identité de ces enseignes. Dès son origine Casino s'est perçue comme une solution alternative aux circuits de distribution classiques. L'enseigne hérite de son histoire et de la conception sociale qui l'accompagne. L'enseigne a une mission : fournir la qualité au prix le plus bas. Pour la réaliser, elle a intégré partie de la production et supprimé partout où elle le pouvait les marques nationales. Ses produits ont donc mission d'identité. La marque Casino témoigne par les produits qu'elle signe : elle se veut capable de couvrir tous les marchés et tous les niveaux. C'est pourquoi la marque-enseigne est partout en ombrelle, car elle est censée suffire à élever le produit. Les seules exceptions concernent les produits dits de standing à fonction signe prononcée. L'enseigne ne se manifeste qu'en caution d'une marque-propre.

Monoprix a retrouvé son identité, celle du magasin populaire : faire accéder le grand public populaire aux modes. Monoprix veut démocratiser les modes. Les implications de ce retour aux sources sont profondes : l'enseigne doit signer les produits pour afficher sa mission. Cela exclut donc une politique de marques-propres, de petites marques exclusives. Cela implique aussi un suivi des goûts nouveaux, des styles de vie, des attentes qui se matérialisent alors en lignes de produits autour d'un concept précis : l'écologie, le vite préparé, le diététique, le raffiné. La dénomination de ces produits exprime leur fonction pour rendre l'offre transparente, mais implique aussi le nom de l'enseigne pour capitaliser au maximum chaque sou investi en communication et rehausser ainsi l'image de l'enseigne au plus vite. C'est pourquoi les marques se nomment : Monoprix Vert, Monoprix Vit'Prêt, Monoprix La Forme, Monoprix Gourmet. Dans le textile, des marques propres ont été créées par nécessité, comme Laurène M. Ces marques donnent à l'enseigne l'occasion de parler de façon concrète, impliquante. Les campagnes spécifiques sont reliées par une unité graphique et surtout un ton complice, cohérent avec le statut de proximité de chaque magasin.

Carrefour se veut la grande enseigne consumériste de France. Après les produits-libres, vinrent les produits-concertés, les sondages comparatifs, autant de manifestes d'une identité consumériste. L'enseigne signe donc naturellement les produits, mais pas tous, car une seule marque véhiculerait un sentiment d'uniformité et de perte de liberté de choix. Aussi, Carrefour utilise son nom essentiellement sur l'épicerie, afin de rehausser son image sur le cœur de la fonction originelle de l'hypermarché. Le positionnement des produits signés vise en intention le niveau de qualité de la marque nationale la plus vendue, mais moins cher. Carrefour signe aussi des produits innovants et nourrit donc son image de ces produits exclusifs. En revanche, les produits textile ont leur marque-ombrelle propre, Tex.

Auchan est une enseigne avant tout marchande. En cela, cette enseigne se distingue de Carrefour, Casino ou Leclerc. Ici, point de philosophie, de projet, de vision. L'enseigne n'a pas une véritable identité, riche et profonde. Elle a, en revanche, un concept de positionnement : le choix. Celui-ci s'exprime publicitairement dans des affiches qui fustigent la « vie austère » des consommateurs qui ne trouvent dans leur magasin que la marque de celui-ci, les marques nationales ayant été évincées des rayons. Chez Auchan, conformément au positionnement jusqu'en 1994, il n'y eut pas de marque-enseigne, pas de produits signés Auchan. En revanche, l'enseigne était celle qui avait le plus de marques-propres et de contremarques : il n'est pas de marque leader qui n'ait sa contremarque. Dès qu'un produit nouveau réussit, Auchan crée une imitation sous forme de contremarque afin d'en capter la clientèle grâce à une ressemblance visuelle, une mise en avant privilégiée dans les rayons et un différentiel de prix suffisant. Il y a certes plus de choix à Auchan, mais pas un choix de grandes marques, un choix de contre-marques rentables. Depuis 1994 cependant, le nom Auchan fait une timide apparition sur toutes les marques de ce distributeur.

Leclerc mène une politique diamétralement opposée. Jusqu'au vote de la loi Galland, l'enseigne vendait principalement des grandes marques. Son identité repose sur un combat de discounter social. Leclerc ne chercha donc pas à susciter de fausses marques à prix bas, mais à vendre à ce prix les grandes marques, c'est-à-dire ce qu'il y a de mieux dans la plupart des marchés. Pour ce faire, l'enseigne s'est engagée dans une croisade contre ce qu'elle nomme les « blocages », les « corporations », les « cartels ». Nous analyserons ultérieurement sa stratégie de communication (chapitre 13). À ce stade, et pour conclure, on mesure en comparant les positions de Carrefour, Casino, Leclerc et Auchan l'interrelation étroite entre la stratégie d'entreprise et la politique de marque.

ÉCHECS DES RELATIONS MARQUES-PRODUITS : QUELQUES MAUVAIS FONCTIONNEMENTS CLASSIQUES

La construction d'une architecture de marque vise avant tout à gérer les flux d'images. Tantôt il s'agit de faciliter les flux descendants de la marque vers le produit : on pense qu'il se vendra mieux s'il bénéficie de l'effet de source et de crédibilisation créé par la mention de la marque dont il émane. Tantôt, il s'agit au contraire de nourrir la marque par l'apport d'image de ses produits : le flux est alors remontant. Enfin, on cherche parfois à faciliter les flux horizontaux de produit à produit pour permettre aux consommateurs d'explorer une gamme.

Toutes les architectures de marque n'aboutissent pas au résultat désiré : bâtir un capital de marque et promouvoir la vente des produits. Plusieurs dysfonctionnements peuvent apparaître. Nous abordons ci-dessous les plus fréquents.

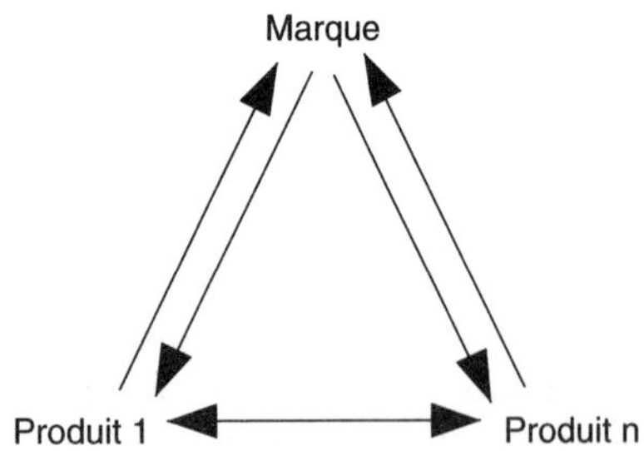

– Le premier syndrome est celui de la phagocytation : la marque est tout simplement aspirée par un de ses produits. Elle cesse d'avoir une identité qui lui soit propre : son identité est marquée par un seul de ses produits. Il n'y a donc plus deux étages de marque comme prévu, mais un seul : celui du produit. La marque-mère est vidée de son sens. Cette situation caractérisa Findus, Justin Bridou, mais aussi Nina Ricci jusqu'en 1989 ou Cacharel, Playtex, et bien d'autres. Les ressorts en sont classiques. En 1986, Findus connut un gros succès avec la gamme « Cuisine Légère ». Très vite, cette gamme occupa presque 80 % des dépenses publicitaires de Findus. Bien que la cuisine légère ne soit pas exclusivement attribuée à Findus, les concurrents étant aussi présents sur ce segment, la marque Findus a depuis hérité d'une connotation « légère » généralisée qui freine l'achat. Les études d'image témoignent de la qualité reconnue de Findus, mais aussi des réticences de maintes mères à en donner à leurs enfants de crainte que ce ne soit un peu léger. La marque est moderne et dynamique, mais aussi perçue comme froide, aseptisée, peu conviviale. Ces traits sont directement hérités de la communication cuisine légère mettant en avant les plats individuels, le blanc, la minceur. Alors que « Cuisine Légère » ne devait être qu'une gamme parmi les autres (Michel Guérard, Nouvelle Tradition...), elle est devenue le sens de Findus. Comment a-t-on abouti à cette situation ? D'une part, les codes de « Cuisine Légère » sont devenus dominants même dans les autres gammes : on y retrouvait les nymphettes minces de Cuisine Légère par exemple, le même ton. Or, non seulement l'excès de code gomme les différences et cache la nouveauté des autres gammes, mais ce code émanait d'un produit et non de la marque elle-même. Cela révélait que Findus avait jusque-là une image, mais plus d'identité, pas de profondeur psychologique ou d'énergie. Il est vrai que la marque n'avait plus depuis longtemps exprimé ses valeurs centrales, son sens. Ayant communiqué depuis 1970 sur les produits surgelés, elle fut certes associée au surgelé et reconnue comme porteuse de liberté et de qualité. Si Cuisine Légère a pénétré la marque, c'est qu'elle était devenue partiellement vide. L'accumulation des produits surgelés n'avait pas suffit à donner un contenu à la marque.

La même mésaventure frappa Justin Bridou. Cette marque de saucissons avait l'ambition de se positionner comme le moyen/haut de gamme du marché. Elle devait, pour cela, communiquer à travers un film-marque, appuyé sur un produit racine, la saucisse sèche. Mais, n'ayant jamais été satisfaite par les propositions publicitaires allant en ce sens, Justin Bridou se retrouva connue exclusivement par Patrick Sébastien et le Bâton de Berger. Or, non seulement le Bâton de Berger représente le prototype du produit industriel (tous les Bâtons de Berger sont identiques au millimètre près), de plus, Patrick Sébastien, retenu au début de sa carrière, a désormais pris l'envol que l'on sait et développé son propre style, peu compatible avec les ambitions d'image de la marque. Celle-ci est désormais très connue mais est porteuse des traits hérités de son produit-leader et de l'imitateur populaire. À force d'attendre pour dire ce qu'est vraiment Justin Bridou, d'autres l'ont dit à sa place. De même, pendant quinze années, la marque Nina Ricci n'a communiqué que sur son best-seller, le parfum l'Air du Temps. Au terme de cette période, la marque était vidée en partie de son sens : elle se confondait avec les valeurs de l'Air du Temps, parfum des jeunes filles éthérées. Ce n'est guère idéal pour soutenir une politique de griffe. Certes, des latences subsistaient dans la marque, mais celles-ci avaient grand besoin d'être revitalisées pour que la marque-mère regagne son autonomie et son potentiel de rayonnement sur d'autres produits.

– Le deuxième problème classique est la déconnexion marque-produit. Qui ne connaît Varilux, le système révolutionnaire qui a changé la vie de tous les presbytes de cette terre ? Qui connaît Essilor ? Peu de gens en France et *a fortiori* de par le monde. Or, Essilor est le premier fabricant de verres du monde. Il est le père de Varilux, mais personne ne le sait : pour le public, Essilor ne signifie rien. Ayant suivi une politique de marques-produits et préféré rester dans l'ombre Essilor ne fonctionne même pas comme marque-caution. En effet, il y eut peu d'autres marques notoires telles que Varilux qui eussent pu, par effet cumulatif, bâtir une réputation d'Essilor comme généraliste du verre et expert de la vue. Faute de telles marques et d'une politique de communication visant à bâtir une notoriété et à véhiculer l'expertise mondiale d'Essilor, l'entreprise se sent démunie face à l'arrivée de marques telles Seiko ou Nikon. Préféreriez-vous pour vos lunettes des verres Seiko, Nikon ou Essilor ? Les deux premiers noms ont déjà bâti un capital de marque mondial fondé sur la minutie, la précision, l'ultra-technologie, la convivialité et le prestige pour Seiko, auxquels Nikon ajoute une maîtrise de l'optique. Curieusement, ce syndrome touche de la même façon Corning. Cette entreprise peu connue est le père des marques Pyrex, Vision et Sunsitive. Or, ces marques furent mal défendues et ne fonctionnent pas comme des marques. Pour le public, Pyrex renvoie à une sorte de matériau, pas à une marque. De plus peu reliées formellement à Corning, elles n'enrichissent pas le nom Corning, ni sa notoriété, ni son image. Aussi, Corning ne bénéficie pas d'un enrichissement de son capital-image capable d'être réutilisé sur d'autres produits. L'entreprise est peut-être forte mais la marque Corning ne l'est pas. Face à ce type de problème les dirigeants ont souvent tendance à développer une communication institutionnelle telle que « nous sommes à l'écoute des besoins des consommateurs », c'est-à-dire une déclaration de moyens. Une communication de marque n'est pas une communication sur les moyens mais sur les buts, la focalisation, les obsessions de celle-ci, ce qui fonde son existence et son énergie (sur cette importante distinction entre la marque, le produit, l'entreprise et l'institution, voir le chapitre 13).

- Il arrive que les produits cachent la marque. L'Oréal s'en rendit compte : c'est pourquoi ils développèrent une campagne pour réhausser le poids de la marque L'Oréal dans l'identité de ses marques (L'Oréal : Parce que je le vaux bien). C'est aussi ce que remarquèrent les responsables de la marque Elf. Celle-ci communique à travers la Formule 1, les stations-services ultra-modernes, les lubrifiants, l'essence Optane, le Diesel Performance... Mais qu'est-ce que Elf après tout ? Quelle est son identité ? On pense que la marque va se construire par accumulation du sens de ses produits. Outre que ce processus est long, il suppose que les consommateurs vont effectivement trouver le sens commun. Rien n'est moins sûr. D'où le besoin de campagnes de marque.
- Si la politique de marque-ombrelle a des vertus, il arrive aussi qu'elle fasse ombrage aux produits. Ce fut le cas lors du lancement de Pacific, boisson anisée sans alcool. Émanant du Groupe Pernod-Ricard, il était naturel que cette boisson ait été pensée initialement comme un pastis sans alcool. Aussi, le lancement se fit-il explicitement sous le nom de Pacific de Ricard. Hélas, il est difficile de traiter deux problèmes à la fois : rapprocher le pastis des jeunes à travers sa marque phare et promouvoir auprès de cette cible une boisson nouvelle, dont le référentiel imaginaire (indiqué par son nom) est aux antipodes de l'imaginaire des grillons, de la pétanque et de la Canebière. Aussi, le groupe Pernod-Ricard évolua-t-il en menant de front deux campagnes distinctes : la première visant spécifiquement les jeunes (« un Ricard, sinon rien »), la seconde libérant Pacific de toute attache et le promouvant comme une marque-produit autonome, un nouveau soft drink et non une extension de ligne.

NOM D'ENTREPRISE ET MARQUE-PRODUIT

Pendant des années, les entreprises se sont cachées derrière leurs marques. Une logique de prudence, par crainte de contamination en cas de défaillance des marques, conduisit à bien séparer le nom des sociétés de celui des marques. Ainsi, Procter & Gamble reste inconnu du grand public, alors que ses marques sont des vedettes (Ariel, Pampers). De fait, c'est cette séparation qui permit à l'entreprise de ne pas avoir à subir de baisse du chiffre d'affaires lors de la rumeur qui l'affecta aux États-Unis : on raconta que l'entreprise était liée à une secte. Mais les marques, bien déconnectées de l'entreprise, ne subirent aucun recul. Ces incidents sont néanmoins rarissimes et la tendance est à la transparence, communication oblige. De plus en plus, le public veut savoir ce qui se cache derrière les marques commerciales. Il souhaite connaître, comme disent les Anglais « the brand behind the brand » (la marque derrière la marque). C'est ainsi que la mention Rhône-Poulenc apparaît désormais clairement sur tous les emballages de produits pour jardins KB. C'est ce qui explique aussi que nombre d'entreprises se débaptisent et prennent le nom de leurs marques les plus connues. : Alcatel-Alsthom, Danone, Matra-Hachette, Groupe Seb, Groupe André, Pinault-Printemps... Elles gagnent en visibilité, en notoriété. L'investisseur en Bourse perçoit mieux ce qu'il achète, lorsqu'il n'est pas un expert ou bien informé.

De nombreuses entreprises vendent à la fois aux marchés industriels et aux marchés de grande consommation. Le problème se pose alors de choisir entre une marque de produits ou l'usage de la réputation de l'entreprise elle-même pour soutenir ces mêmes produits. Cela dépend de la qualité de l'endossement par l'entreprise et du degré de visibilité que celle-ci cherche à acquérir. En pratique, le poids respectif à attribuer à la marque de produit ou au nom de l'entreprise dépend d'une analyse au cas par cas de l'apport de chacun et aux cibles concernées. Le tableau 7.3. présente l'ébauche d'une telle analyse.

Tableau 7.3. – *Poids respectifs de la marque de produit et de la marque-entreprise selon les cibles*

CIBLES	MARQUE DE PRODUIT	MARQUE-ENTREPRISE
Consommateurs	+ + + + +	+
Syndicats Professionnels	+ + + +	+
Employés	+ + +	+ +
Fournisseurs	+ + +	+ + +
Presse, Médias	+ + +	+ + +
Groupes de pression	+ +	+ + + +
Communauté locale	+ +	+ + + +
Monde académique	+ +	+ + + +
Autorités légales	+	+ + + +
Commissions gouvernementales	+	+ + + +
Marchés financiers (experts)	+	+ + + + +
Actionnaires	+	+ + + + +

Chez ICI, on utilise trois politiques de marque (figure 7.8.) :

- La première est une politique d'ombrelle classique, où les produits gardent leur nom générique et sont signés du nom de l'entreprise. Il s'agit le plus souvent de matières premières et produits indifférenciés où l'entreprise cautionne une qualité et la différenciation est essentiellement commerciale (conditions particulières faites au client, au cas par cas). Un exemple serait les Polyurethanes ICI.
- La seconde politique est celle de la marque caution : l'entreprise appose sa marque à côté de la marque de produit, lui conférant statut technologique et fiabilité. Ainsi, la peinture Dulux Valentine en France est accompagnée du logotype ICI.
- La troisième politique fait exclusivement usage de la marque de produit. Tactel est une des fibres les plus vendues, mais ne mentionne pas ICI. Vendue à l'industrie textile et au monde de la mode, on craignit que cette mention n'altère l'aura et le rêve liés à Tactel. Karate, insecticide diffusé dans le monde entier ne fait aucune référence à la société ICI. S'agit-il d'un désir de ne pas heurter les sensibilités écologiques montantes, et promptes à montrer du doigt les effets pervers des insecticides sur la nappe phréatique. Cette réalité est non seulement évolutive mais varie selon les entreprises : Decis, le leader mondial des pesticides fait référence sur son emballage à Roussel Uclaf (division Agrevo). De même, pour tirer parti de ses innovations, l'entreprise Du Pont de Nemours mentionne bien dans toutes les communications de Lycra, la fibre qui a révolutionné les collants et la lingerie féminine « Lycra, only by Du Pont ».

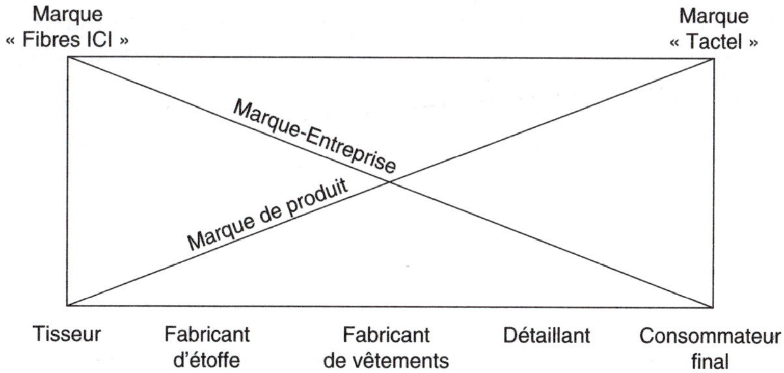

Figure 7.8. – *Marque-entreprise et marque de produit chez ICI*

Dans le monde de l'industrie où la croissance externe est la règle, la question du statut des marques-entreprises achetées devient récurrente. Faut-il les laisser indépendantes ? Les faire disparaître ? Les cautionner par un simple symbole visuel de la maison-mère ? Les accoler au nom de la maison-mère ? General Electric a défini quatre politiques de marque et précisé les conditions de leur application. Ces politiques vont de :

- l'approche dite monolithique où GE agit comme marque ombrelle et remplace la marque-entreprise rachetée (soit de suite, soit après une phase transitoire de double marquage). Les marques GE Silicones, GE Motors ou GE Aircraft Engines relèvent de cette approche.
- l'approche de caution où GE signe à côté du nom de produit ou du nom de la société acquise.
- l'approche financière où GE agit comme holding et n'est que discrètement mentionné (X, membre du groupe GE).
- l'approche autonome où le produit ou la compagnie acquise ne font nullement référence à GE.

Pour décider, General Electric utilise six critères de décision :

1. General Electric contrôle-t-il la société ?
2. General Electric a-t-il un engagement à long terme dans cette société ?
3. La catégorie de produit est-elle porteuse d'image ? Porteuse de dynamisme ?
4. Y a-t-il des attentes fortes pour un standard de qualité GE dans ce marché ?
5. La marque-entreprise rachetée est-elle forte ?
6. Quel serait l'impact en retour sur GE ?

En milieu industriel, l'avancée du management de marque est freinée par la multiplicité des référents auxquels la marque renvoie, et par ce biais à la diversité des niveaux hiérarchiques concernés. Comme le montre le tableau 7.4. on doit distinguer les niveaux suivants.

Tableau 7.4. – *Les niveaux de marque dans la grande industrie*

Niveau de marque	Unité décisionnelle
MARQUE « GROUPE X »	P-DG, Directeur Communication
RAISON SOCIALE « X S.A. »	P-DG, Directeur Communication
MARQUE MÉTIER	Business Units
MARQUE FAMILLE	B.U. ou Pays
MARQUE PRODUIT	B.U. ou Pays
MARQUE VARIÉTÉ	B.U. ou Pays

La plupart des groupes industriels ayant cru par croissance externe se retrouvent empêtrés dans un réseau complexe de marques variant non seulement suivant les niveaux mais aussi les pays. Aussi s'engagent-ils les uns après les autres dans une démarche de fond visant à rationaliser leur portefeuille de marques, suivant le principe de la capitalisation sur quelques marques-métiers, voire même directement sur la marque corporate (à la façon de ABB ou Siemens).

UNE ARCHITECTURE MATRICIELLE : LE CAS NESTLÉ

Première compagnie alimentaire au monde, Nestlé a particulièrement veillé à organiser une lisibilité de son offre par une architecture marques-produits adaptée. Compte tenu de la largeur de cette offre allant du lait en poudre pour bébés à la charcuterie en passant par l'eau minérale, les yaourts, les glaces, les chocolats et les plats cuisinés italiens, on comprend la nécessité d'une telle architecture. Quatre principes fondent la politique suivie par Nestlé :

- Le principe de capitalisation commande d'adosser toutes les marques-produits à une marque de niveau supérieur dite marque stratégique. Celle-ci peut être locale, régionale ou mondiale. La logique de capitalisation sur un petit nombre de noms conduit aussi à faire de la marque stratégique mondiale Nestlé la caution du plus grand nombre de marchés. Ainsi Nestlé sert de marque caution à tous les produits ou marques dans l'univers alliant nourriture et plaisir. Ce sont par exemple les marchés suivants : produits pour bébés, céréales, laits condensés ou réfrigérés, produits laitiers, ultra-frais, chocolats, confiserie, glaces, produits de petit déjeuner, en attendant l'eau minérale Nestlé.
- Le principe d'équilibre commande de restreindre l'extension de la marque Nestlé (liée donc au territoire spécifique d'alimentation et de plaisir) pour ne pas nuire aux autres marques stratégiques mondiales de même niveau (appelées « Worldwide corporate brands »). Celles-ci, au nombre de 9 sont par exemple Maggi (les aides culinaires au service des goûts locaux), Buitoni (les plats cuisinés italiens), Carnation, Nescafé, Friskies, Perrier...
- Le principe de séparation commande de bien distinguer ce qui est de l'ordre de l'institution (appelé chez Nestlé, le « corporate ») et ce qui est de l'ordre des marques (donc des territoires de compétence). C'est pourquoi tous les produits de l'entreprise de par le monde doivent porter sur leur flanc ou le dos de l'emballage :

- le « sceau de garantie Nestlé » qui a son logo spécifique,
- et éventuellement la marque de l'entreprise Nestlé avec le fameux symbole graphique du petit nid aux oiseaux (Nestlé veut en effet dire petit nid en allemand) au cas où ce produit ne porterait pas la caution de la marque Nestlé elle-même. Pour éviter toute confusion, il faut en effet rappeler que sous un même nom Nestlé, on renvoie en fait à deux émetteurs différents et clairement identifiés par leur logotype : soit l'institution elle-même (symbolisée par le nid), soit la marque de plaisir et d'alimentation[1]. On a donc une structure matricielle, résumée par le tableau ci-dessous.

Communication des marques / Communication Corporate	Nestlé (logos variables selon les marchés)	Maggi	Buitoni	...
Marque de l'entreprise NESTLÉ (Nid) Sceau de Garantie NESTLÉ (logotype)				

Figure 7.9. – *L'architecture matricielle des marques chez Nestlé*

Seule exception à ce troisième principe, l'entreprise ne signe pas les marques d'alimentation animale ni l'eau minérale de table (signée Perrier-Vittel Institute).

Si l'entreprise Nestlé a un logo unique et reconnaissable (le nid), la marque Nestlé a un logo différent selon ses différents marchés. Par exemple dans l'ultra-frais, elle reprend le logotype de Chambourcy. Cela permet de sous-segmenter l'identité visuelle de la marque selon ses différents territoires-produits.

– Le principe de hiérarchisation commande de distinguer plusieurs niveaux de marques selon leur envergure géographique et leur statut.
  - Au plus haut niveau on trouve les 10 marques mondiales « corporate » (worldwide corporate brands). Ce sont, rappelons-le, Nestlé, Maggi, Buitoni, Nescafé, Friskies, Perrier, etc.
  - Il existe aussi des marques mondiales stratégiques, mais n'ayant pas le statut corporate. Elles sont au nombre de 45. Ce sont par exemple les barres Kit Kat, Nuts ou les bonbons Smarties. Conformément au

1. Sur la distinction entre l'institution, l'entreprise, la marque et les produits, voir chapitre 12.

principe de capitalisation elles reçoivent la caution d'une marque corporate. De fait la marque de confiserie Nestlé signe au-dessus de Kit Kat, Nuts ou Smarties.

- Il existe des marques « corporate », mais non mondiales. Elles sont une vingtaine. Ce fut le cas de Chambourcy avant sa disparition en 1996. C'est le cas de Herta, Stouffer's, Perugina. Findus, originellement marque du niveau précédent (worldwide strategic brands) est devenue une marque régionale corporate et stratégique.
- On trouve ensuite le niveau des marques-produits régionales (telles que Eskimo, Taster's Choice), le niveau des marques stratégiques locales (au nombre de 700) et enfin près de 7 500 marques locales simples. C'est le cas par exemple de Ricoré, marque française de mélange de café soluble et de chicorée pour le petit déjeuner sain. Ici encore, selon le principe de capitalisation, Ricoré est cautionné par la marque Nestlé et non par Nescafé : les dimensions de santé et de famille liées à ce produit l'incluent naturellement dans le territoire de la marque Nestlé.

Chapitre 8

L'extension de marque

L'extension de marque est une pratique croissante. Lorsqu'elles souhaitent entrer dans les marchés dont elles étaient absentes, de plus en plus d'entreprises le font sous le nom d'une de leurs marques existantes, plutôt que sous un nouveau nom de marque, créé à cette fin. Les chiffres attestent cette tendance. Aux États-Unis, de 1977 à 1984, selon la Nielsen Company, 40 % des lancements de nouveaux produits dans le circuit des grandes et moyennes surfaces furent des extensions de marque. La tendance s'est accentuée depuis, en Europe aussi.

L'extension de marque n'est pourtant pas une pratique récente (Gamble, 1967). Elle est inhérente au secteur du luxe : les griffes, nées dans la haute couture, ont étendu leur territoire aux accessoires, à la maroquinerie, la bijouterie, l'horlogerie, aux arts de la table même, à la cosmétique. De même les premières marques de distributeur (Coop, Beaumont, Codec, St Michael) recouvraient plusieurs catégories de produits différenciées. Les marques industrielles elles-mêmes ont étendu leur territoire hors du produit initial et couvert sous le même nom des activités diversifiées : Siemens, Philips, Mitsubishi connaissent l'extension de marque de longue date. C'est même une pratique systématique des conglomérats japonais : Mitsubishi recouvre des chantiers navals, des centrales nucléaires, des voitures, des appareils de haute fidélité, des banques et même des produits alimentaires sous la marque aux trois diamants (en référence au symbole visuel de Mitsubishi).

L'extension de marque est devenue monnaie courante. Ce qui était l'apanage du luxe devient une pratique managérielle généralisée : Mars n'est plus seulement la célèbre barre mais une glace, une boisson chocolatée et une plaquette de chocolat ; Téfal signe des téléphones et de la domotique ; Fleury-Michon recouvre des plats préparés frais et du surimi ; Damart cautionne des produits cosmétiques et du prêt-à-porter. Pour tous ceux qui furent élevés dans le sacro-saint dogme proctérien selon lequel une marque doit correspondre à un produit et un seul, et réciproquement, la situation actuelle conduit à une profonde remise en cause : même Mars, l'exemple typique jusqu'à ce jour de la marque-produit, devient une marque ombrelle recouvrant des segments et des produits très différents. Cette évolution est normale : elle est la conséquence directe de la prise de conscience que les marques sont le véritable capital de l'entreprise.

En effet, si l'on veut capitaliser, on ne peut le faire que sur quelques supports, d'où le resserrement des portefeuilles de marques. Or, s'il y a moins de marques, il y a tout autant de produits dans les gammes, donc une même marque va devoir recouvrir un plus vaste éventail de produits. C'est ce que l'on appelle l'extension de marque, ou la diversification de marque. L'extension de gamme désigne, elle, l'introduction de variantes du produit ou du concept de base dans le même marché. On trouve ainsi Ariel en poudre, en liquide, en formule micro. La Vache-qui-Rit existe en portions, en barquette, en mini-boîtes, en coupelles, en versions aromatisées (chèvre, etc.). De cette façon, une marque rend plus profonde son offre au sein d'un même marché. Par exemple, l'addition de nouveaux parfums ou de nouveaux emballages ou technologies pour une marque de soupe relève de l'extension de gamme. Le passage de Knorr ou Maggi aux plats préparés (couscous, hachis parmentier) relève lui de l'extension de marque. Il existe certes des cas limites dont la dénomination porte à discussion. Néanmoins, l'existence de frontières imprécises n'invalide pas l'existence de deux concepts bien différenciés et dont les prototypes ne peuvent être assimilés. Nous traiterons ici de l'extension de marque. Le problème de la prolifération des extensions de gamme fut déjà analysé au chapitre 6 (page 218).

UNE PRATIQUE NÉCESSAIRE

Ce qui est récent n'est donc pas l'extension en tant que telle mais l'intérêt qu'elle suscite. Cela tient au fait que l'extension de marque est devenue une pratique nécessaire. Plusieurs facteurs expliquent ce nouvel état de fait :

- les entreprises ont compris qu'être une marque ne se réduisait pas à un acte de communication, à un exercice graphique sur des emballages mais était un véritable comportement. La marque ne vit, ne prouve sa mission que si elle se dépasse en permanence et remet constamment le produit sur le métier. C'est par l'innovation que la marque reste actuelle et démontre son souci permanent de détecter et répondre aux évolutions profondes des goûts et attentes des acheteurs. Toutes les marques qui se sont figées sur un produit, sur un état de l'art, reposant sur la seule communication pour se donner un look actuel ont régressé offrant une proie facile aux marques de distributeur qui, accèdant à une technologie partagée mettent sur le marché un produit aussi bon et moins cher. Être moderne aujourd'hui, par exemple pour une grande marque agro-alimentaire c'est se mettre au diapason des évolutions dans les habitudes et les pratiques (vers des repas déstructurés, des portions individuelles) ; c'est intégrer les nouvelles technologies dans la mesure où elles aboutissent à un progrès des performances organoleptiques, gustatives, ou de conservation (le surgelé, le sous-vide, le frais, l'irradiation...). Ne pas suivre ces évolutions hors de sa propre compétence initiale, c'est prendre le risque de régresser, bouté par les marques de distributeur ;

– le deuxième facteur accélérant est le coût de la publicité. La logique de la marque est concurrentielle. Elle la conduit à rechercher toujours plus de gains en productivité, en économies d'échelle : cela n'est possible qu'en étendant son ambition de part de marché du local au national puis au mondial. C'est la seule façon de pouvoir amortir les coûts croissants de la Recherche et Développement et des investissements industriels, tout en maintenant un prix très bas aux produits. La publicité est le moyen d'atteindre cette couche de plus en plus large d'acheteurs potentiels. Si l'on ajoute la nécessité de parler au moins aussi fort que ses concurrents, de disposer d'une part de voix suffisante, on comprend la dynamique de hausse des dépenses publicitaires. Elle est la conséquence visible du processus de réinvestissement permanent en recherches, à la quête d'une différence, d'un progrès qualitatif, d'un écart de performance par rapport aux produits concurrents disponibles sur le marché à ce moment. Le coût de la publicité rend désormais impossible de soutenir trop de marques : il faut nécessairement concentrer ses moyens sur quelques grandes marques seulement. Aussi la plupart des entreprises évaluent-elles actuellement leur portefeuille de marques et décident du petit nombre d'entre elles qui feront l'objet d'un soutien publicitaire. Ce seront ces mêmes marques qui prouveront leur pertinence, leur actualité en mettant sur le marché des innovations diversifiées.

Ainsi l'extension de marque résulte de la concentration des efforts sur quelques marques. Ce que l'on aurait lancé auparavant sous un nom propre, en créant une nouvelle marque, sera désormais fait sous l'égide d'une marque déjà existante, ayant vocation à être une marque stratégique de l'entreprise. Ainsi les entreprises ont mis fin à la sacro-sainte pratique qui voulait que tout nouveau produit se voie doté d'une marque nouvelle. Il vaut mieux exploiter ces nouveaux produits pour nourrir en permanence le capital des marques déjà existantes.

– l'extension de marque est la seule façon de défendre la pérennité d'une marque menacée dans un marché de base. Ainsi en Grande-Bretagne la référence du papier hygiénique est la marque Andrex. Elle jouissait en 1987 de 39 % de parts de marché en valeur. En 1994 cette part était tombée à 28 %, du fait de la banalisation du marché et de la montée des hard discounters. Heureusement Andrex s'était entre temps lancé dans une intense politique d'extension : dans les essuie-tout, les mouchoirs en papier, etc. En France, le marché originel d'Oasis, les boissons plates aux fruits, est désormais dominé par les marques de distributeur et les produits premier prix. Oasis disparaîtra si la marque reste confinée dans ce marché. Or elle dispose encore de très considérables actifs de marque (notoriété, sympathie, image de qualité.) C'est pourquoi le groupe Schweppes a décidé que la marque signera demain des jus de fruits, des nectars et même des boissons au thé, qui rafraîchissantes et naturelles correspondent bien au positionnement d'Oasis. Cette extension s'accompagne d'une innovation : la première bouteille en plastique transparent d'un litre, pratique et agréable à l'œil.

Trop de marques sont restées figées dans leur marché de base et ont disparu avec lui. En 1987, le chiffre d'affaires de la marque Lettraset était de 50 millions de francs, en 1995 il n'était plus que de trois millions. La micro-informatique a tué le marché des lettres-transferts. La marque aurait du prendre ce virage très tôt et se diversifier dans les softwares. Il en est de même de Mecanorma. En avaient-elles l'énergie : habituées à des positions confortables et des produits délivrant une marge de 70 %, elles sous-estimèrent la vitesse d'érosion de leur marché. De plus, cette diversification nécessaire les amenait désormais à redoubler d'efforts pour pénétrer une nouvelle distribution (les boutiques de micro-informatique), avec un produit à marge bien plus faible, une concurrence déjà installée et forte.

– L'extension permet de tirer parti d'un capital-image accumulé. Une partie des prix élevés atteints lors des OPA sur des entreprises à marques s'explique par le fait que l'acheteur potentiel pensait pouvoir immédiatement tirer des profits de cette marque en la concédant dans d'autres secteurs et en touchant des royalties. Il est vrai que les attributs de maintes marques sont pertinents dans d'autres catégories de produit que celle d'origine. Par sa notoriété et son image de finesse et précision, Seiko pourra demain concurrencer Essilor dans le marché des verres pour lunettes. Swatch signera des voitures – non pas comme Lacoste et Peugeot sous forme de série limitée – mais en imprimant sa marque et sa philosophie dans la conception d'une petite voiture d'un genre nouveau. La Roche aux Fées, marque dévitalisée par Nestlé, pourrait bien être concédée sous licence à un fabricant de vêtements pour enfant.

Une indication précieuse du potentiel d'une marque à s'étendre se trouve dans les études de notoriété. Maintes marques apparaissent en notoriété spontanée dans des catégories de produit dont elles sont absentes. L'essuie-tout Kleenex apparaît dans toutes les études de cette marque : pourtant il n'existe pas. C'est typiquement le cas aussi dans l'électroménager. Ainsi *Que Choisir* demanda à ses lecteurs de témoigner de leur degré de satisfaction par rapport aux marques d'électroménager présentes dans le foyer, grâce à un questionnaire encarté : curieusement dans le palmarès des marques de cuisinières, on trouve Miele alors que Miele n'a jamais vendu une cuisinière en France ! C'est aussi le cas pour le sport : c'est en 1990 que Salomon à lancé sa première paire de skis. Pourtant la marque était créditée de faire des bons skis depuis sa création !

– Étendre la marque permet de renforcer et nourrir le capital-image de la marque. Pourquoi Cadbury-Schweppes a-t-il nommé son nouveau soft drink Dry de Schweppes et non Wipps ? Pour nourrir la marque Schweppes et la dépoussiérer, chose que n'avaient pu réaliser les seules campagnes publicitaires sur le « Schwepping ». Schweppes, marque-produit, souffrait de vieillissement et devenait étrangère aux jeunes, les adultes de demain. Si on avait lancé Wipps, le destin de Schweppes était fatal : Wipps aurait cristallisé la modernité renvoyant par effet de contraste une image encore plus vieillotte de Schweppes. Le talent et le courage des managers furent de transformer Schweppes en marque-ombrelle prenant désormais appui sur plusieurs soft drinks bien différenciés : l'indian tonic traditionnel, le lemon-tonic, le dry et pourquoi pas demain un cola ?

En effet, c'est par les produits nouveaux ou renouvelés qu'elle signe, qu'une marque prouve son actualité et sa pertinence, qu'elle est de son temps. C'est pourquoi l'extension de marques, loin d'affaiblir la marque, souvent la revigore et lui donne une nouvelle jeunesse. Le *Sciences et Vie* de base ne s'est jamais mieux porté que depuis qu'il a créé des petits (*Sciences et Vie Micro*, *Sciences et Vie Économie*, *Sciences et Vie Junior*). De même, c'est en lançant sous son nom les modernes et festifs Apéricubes ou les Toastinettes pour hamburger que la marque Vache-qui-Rit a remonté son image trop liée à un mono-produit, un fromage à part. Enfin, le lancement de la ligne de produits Camel Shoes a permis de libérer la communication et de renourrir la marque Camel de valeurs qu'une communication sur les cigarettes n'aurait pas pu lui réinsuffler. L'Oréal a décidé de faire passer tous les produits de dermo-cosmétique des laboratoires d'Anglas sous la marque Vichy, afin de redonner à celle-ci une dimension traitante, apte à la relégitimer dans le circuit pharmacie, de plus en plus exigeant pour lutter contre les grandes surfaces.

Pour relancer Gemey, marque oubliée, L'Oréal en fit une marque mère couvrant des produits aussi divers que Eau Jeune, H pour Homme, Ricils, etc. De même, la ligne de skis permit à Salomon de dynamiser son image, ce qu'il lui était difficile de faire compte tenu des deux produits où la marque est n° 1 mondial : les chaussures et les fixations de ski. Or, ces deux produits sont statiques : ils témoignent de vertus de confort, finition, technologie, mais peu de dynamisme.

Sur un plan opérationnel, ceci conduit à bien distinguer les produits dits porteurs de chiffre ou de trafic, et ceux porteurs d'image, et qui ont pour but de nourrir la marque. Les critères utilisés pour en évaluer la performance ne sauraient être mélangés : ainsi déplorer le petit volume d'Apéricube, c'est juger ce produit sur un autre objectif que celui qui lui est dévolu. La communication Apéricube insuffle de la modernité à la marque Vache-qui-Rit en manifestant sa présence sur les styles de vie nouveaux.

– L'extension permet de désenclaver la marque d'un mono-produit. L'exemple précédent nous rappelle que l'extension de marque est une nécessité pour faire durer la marque. En effet, tous les produits sont soumis au cycle de vie, donc à l'obsolescence. À trop longtemps attacher le nom de marque à un seul produit, on en fait le nom d'un produit et on soumet ce nom au risque de la même obsolescence. L'exemple de Damart est symptomatique : cette marque est intimement associée à un produit unique, qui a constitué le pivot de sa communication pendant des décennies : le « thermolactyl ». Or, l'évolution des modes de vie, le réchauffement de la température, le moindre intérêt pour les fibres artificielles menacent la pérennité du thermolactyl. Si l'on laisse la marque Damart devenir synonyme de thermolactyl, on l'enferme dans un futur certain, le déclin. D'où l'importance stratégique de la diversification de marque pour la désenclaver et lui donner un sens plus élevé, à même de la rendre légitime sur le prêt-à-porter par exemple.

Cette constatation témoigne des limites des marques-produits, longtemps considérées comme le modèle idéal de gestion de marque. La marque-produit doit veiller plus qu'une autre à sa pérennité et à ne pas être entraînée par le cycle de vie du produit. Cela conduit par exemple à ne pas hésiter à totalement modifier ou transformer le produit : il y eut Dash 1, 2 et 3. L'Ariel de 1996 a – au niveau physique et chimique – peu de rapports avec l'Ariel de 1969. Lors de sa campagne de lancement, la dernière Golf annonça : tout a changé sauf son nom ! Ceci traduit bien la nature particulière de la relation qu'entretiennent la marque et le produit. Celle-ci rend obsolète la conception classique, frein majeur au management moderne de la marque.

LES LIMITES DE LA CONCEPTION CLASSIQUE DE LA MARQUE

La conception classique de la marque repose sur une équation :

1 marque = 1 produit = 1 promesse

Ainsi dans la tradition de Procter and Gamble, tout produit nouveau reçoit un nom spécifique, totalement indépendant des autres marques. Ariel correspond à une certaine promesse, Dash à une autre, Vizir à une troisième. Monsieur Propre est un nettoyant ménager, un point c'est tout. Contrastons cette politique avec celle de Colgate-Palmolive : Palmolive est un dentifrice, un savon, une mousse à raser et un liquide vaisselle. Ajax est une poudre à récurer, un nettoyant ménager et un liquide pour les vitres.

La conception classique de la marque conduit à la multiplication des marques. Si une marque ne correspond qu'à un produit physique et à une promesse, on ne peut par principe l'utiliser sur d'autres produits. Dans cette conception elle est un désignateur rigide, le nom d'un produit, un nom propre, au même titre qu'Aristote est le nom désignant le philosophe grec bien connu (O. Cabat, 1989). Elle est le nom d'une réalité spécifique, comme un nom commercial renvoie à une entreprise (un corps) spécifique.

Dans cette conception de la marque, il y a peu d'extensions possibles. La marque est en fait le nom d'une recette. Tout ce que l'on peut faire est l'extension de ligne, c'est-à-dire une variation autour de la recette centrale :

- soit en améliorant qualitativement ses performances. Alors la marque s'adjoint un numéro de série : Dash 1, Dash 2 puis Dash 3 ;
- soit en multipliant les formats pour s'adapter aux nouvelles pratiques des utilisateurs (le paquet, le baril, le mini-baril) ;
- soit en multipliant les variétés (Woolite laine et Woolite textiles synthétiques).

En fait la conception classique de la marque est limitative. Elle confond l'histoire de la marque et la réalité de la marque. Il est vrai que, dans la génèse d'une marque, tout commence par un mono-produit supérieur à la concurrence, issu du savoir-faire d'une entreprise. En 1821, au cœur de Strasbourg Jean Fischer créa sa première brasserie artisanale. En 1850, Charles Gervais, jeune commis d'un mandataire des Halles créa son entreprise. En 1858, Jean-Baptiste Alphonse Leroux rachetait une petite entreprise fondée en 1840, fabriquant de la chicorée, du chocolat, de la moutarde et du tapioca. En 1925, en Vendée, Pierre Fleury et Gustave Michon fondèrent une société spécialisée dans l'abattage et le commerce de porc. Quant à la marque Lesieur, elle remonte à l'époque où Monsieur Lesieur décida d'encapsuler l'huile qu'il vendait jusqu'alors en vrac.

Fleury-Michon, Gervais sont des noms patronymiques, des noms commerciaux d'entreprises. Par simplification on parla de l'huile Lesieur (au lieu de l'huile de Lesieur) ou du petit Gervais (au lieu du petit carré de Gervais). Ce faisant, en supprimant le « de », on libérait le nom de son enracinement local, on le rendait moins rigide dans sa fonction désignatrice.

D'une façon plus générale, c'est lorsqu'un nom perd totalement son statut de désignateur rigide qu'il devient marque au sens plein du terme. Oasis ce n'est plus seulement la boisson plate avec 10 % de fruits, mais une gamme de purs jus, cinq nectars (entre 25 et 50 % de jus) et une gamme « new age » de boissons rafraîchissantes au thé. Au passage Oasis devient d'ailleurs une marque internationale. La marque semble donc ici accéder à un deuxième stade, celui de marque de savoir-faire, s'enracinant désormais dans une gamme.

Avec le temps, à travers sa communication (l'emballage, la publicité,...) la marque se dote de traits, d'images, de représentations. Ceux-ci confèrent un visage, un style, une façon d'être. Elle devient donc porteuse d'une personnalité en plus de son savoir-faire. On le voit, partie d'une tâche désignatrice d'une origine (la marque de fabrique) ou d'un lieu de vente (le nom commercial), la marque devient avec le temps un signe d'éléments immatériels, qui s'enracinent dans des productions physiques (les produits) et des productions iconiques (les images publicitaires, les logos, les symboles d'identité visuelle). Il y a donc inversion du rapport de la marque à l'objet : la marque n'est plus le nom d'un produit, mais c'est le produit qui porte la marque – au sens où il exhibe les signes extérieurs d'une empreinte intérieure. La marque l'a marqué de son empreinte, elle l'a transformé, en le dotant de traits objectifs et subjectifs.

Dans cette perspective inversée, il n'y a d'autres limites à l'extension de la marque, que celle de sa capacité à imprimer sa marque à une nouvelle catégorie de produit, c'est-à-dire à la segmenter. Mais selon ses propres attributs ! Faisant fi de la dissimilarité des produits, Bic s'impose en créant le sous-marché du simple, sympathique, pas cher et efficace, partout où ces attributs sont valorisés. Il échoue là où ils ne le sont pas (le parfum).

La conception classique de la marque est nominale : la marque est le nom d'un objet. Si l'on transcende cet objet, si l'on se demande de quel projet il est porteur, de quelle vocation il est la matérialisation, on accède au sens plein de la marque, son sens étymologique (le brandon), c'est-à-dire le signe d'une transformation, au service d'un dessein dont la marque est le dessin.

Dans cette acception, rien n'empêchait Président de s'approprier un gruyère ou un Saint-Paulin. En les signant de son sceau, il signalerait les qualités organoleptiques et psychologiques qui sont les siennes. Président peut décider d'aller où il veut. La marque est autonome. Elle fixe elle-même ses ambitions. Néanmoins sujette au critère de la rentabilité, elle doit s'interroger sur sa capacité à effectivement modifier les produits qu'elle veut s'approprier et aussi sur l'attrait de cette transformation pour les consommateurs de la catégorie de produit. Que deviendrait en goût, en texture, en couleur et en caractère un roquefort dès lors qu'il serait marqué par la marque Président ? Cette offre nouvelle est-elle à même de séduire assez de consommateurs pour justifier économiquement cette démarche, cette extension nouvelle de la marque ?

L'histoire des extensions suit et en même temps a contribué à la prise de conscience de ce qu'est vraiment une marque. La compréhension de la marque passe d'un nom désignateur rigide d'un objet à un signe, une image, symptômes d'une transformation interne et externe. Les premières extensions sont timides, se hasardant dans les recettes proches de celles qui fondèrent le produit historique, le produit racine. Le Président cesse d'être exclusivement un camembert mais s'approprie aussi un Brie et un Coulommiers. Cessant de se concevoir comme charcutier, Fleury-Michon s'envisage désormais comme traiteur, ce qui légitime son extension du jambon supérieur de Strasbourg aux plats cuisinés frais. Un troisième niveau d'extension fait éclater les métiers traditionnels et ne retient comme source d'identité de produits très différents que l'adhésion à une même valeur.

Quel rapport y a-t-il entre la mousse à raser Palmolive et le savon ou le liquide vaisselle ? Un culte commun, celui de la douceur. Suivant cette logique, la marque s'étend le long d'un axe, une valeur de base là où elle peut l'exprimer d'une façon forte et pertinente. Bic n'est pas une marque de stylos-billes : elle se conçoit comme simplificatrice des objets utilitaires, ce qui se manifeste par l'attribut « jetable ». Aussi passe-t-elle du stylo-bille au briquet et au rasoir (son expérience en planches à voile et en parfumerie sera analysée ultérieurement). Gillette définit son territoire non comme un produit (le rasoir) ou un attribut mais comme tout ce qui concerne l'homme moderne dans la salle de bains. Maître du coupant, cela le dédouane dans les extensions venues du monde féminin (donc suspectes de féminisation) : eaux de toilette, formules-soins, etc. Le dernier stade de l'extension, le plus large est celui où la marque signe un esprit commun, une ambition commune, une allégeance à des valeurs partagées. Quel rapport autre peut-il y avoir entre la haute couture Nina Ricci et les cravates pour homme de Monsieur Ricci ? Ou entre tous les produits signés de St Michael ?

Ainsi la conception classique de la marque prend l'histoire de la marque pour la réalité de la marque. Or, s'il est vrai que la marque part d'un produit, elle n'est pas le produit. La marque est le sens du produit.

Les produits sont muets. Face à une boîte de cassoulet sans marque, l'acheteur est perplexe. Comment prévoir les satisfactions que l'on retirera vraiment de cette boîte ? La marque signe l'intention de l'auteur, du créateur : quelles valeurs a-t-il cherché à matérialiser dans cette boîte ? Qu'a-t-il voulu injecter dans ce produit : un amour de la tradition, un goût du travail bien fait, un respect des goûts modernes, une volonté de trouver un compromis heureux entre l'ère du gras et les contraintes du léger ?

L'extension ne saurait se faire dans tous les sens. Ce cap, cette direction sont définis par la marque. La marque est un programme génétique. Elle porte en elle le code des futurs produits qui porteront sa marque.

Qu'est-ce que cette conception nouvelle de la marque change pour l'extension de la marque ? Dans la conception classique l'extension ne s'aventure guère hors du savoir-faire technologique. Le concept-clé est celui du « métier ». La seule question posée à l'entrepreneur est alors : est-ce ou n'est-ce pas dans votre métier industriel ? Cette question ne permet pas d'expliquer pourquoi tous les parfums de joailliers sont des succès : ceux de Van Cleef, de Bulgari, de Boucheron, etc. En effet elle porte en elle une logique qui est encore celle du produit physique, méconnaissant l'essence différente de la marque. Cette logique exclurait une voiture Swatch.

La conception élargie de la marque débouche sur une extension hors du métier initial. La marque n'est pas un savoir-faire technologique mais une manière de traiter les produits, de les transformer, de leur donner un sens commun : une voiture Swatch est possible. Il suffira par le jeu des alliances d'aller chercher le métier chez qui le possède (Mercedes par exemple).

Le cas de Lacoste permet de comparer les incidences de chacune de ces conceptions de marque. Lacoste ayant acquis sa réputation dans la chemisette sport en maille (appelée la 12 × 12), l'extension logique de Lacoste pourrait se faire dans d'autres produits en maille mais aussi dans les polos, les T-shirts, le sportswear et le textile d'une façon générale. Dans cette conception les chaussures et le cuir sont exclus (en dehors des chaussures de tennis). Ce n'est pas le même savoir-faire que le textile et la maille. Dans la conception élargie de Lacoste, cette marque signe une légère distance : par elle on est décontracté même quand on est habillé et habillé même quand on est décontracté. On est sport à la ville et ville en sport. Lacoste est au-delà de la mode, car suivre la mode c'est déjà être incapable de se distancier. Dans cette perspective Lacoste peut très bien signer des chaussures ou du cuir à condition de préserver l'originalité de la marque : ne pas signer les produits déjà vus et déjà faits. L'autre condition est de ne signer que des produits porteurs de symptômes de la marque : souplesse, décontraction, finition extrême, durabilité, décalage par rapport à la mode, mixité,... Ce qui fait que Lacoste peut ou non signer un produit ce n'est pas le savoir-faire physique (toujours déléguable sous licence) mais l'appartenance de ce produit à la culture Lacoste, à sa valeur centrale.

L'approche par savoir-faire, par technologie, par « métier », pour reprendre les termes du Boston Consulting Group et des cabinets de stratégie n'a pas encore intégré le fait que la logique de la marque n'est pas celle du produit. Loin de ne chercher qu'à rester dans son « métier » de base, la logique de marque débouche sur des questions et décisions nouvelles. Ainsi on se demandera : quel produit la marque devrait-elle recouvrir pour se revitaliser, se régénérer ?

Ici le souci de gérer, d'entretenir, de nourrir le capital de marque, son statut, son imaginaire débouche sur des choix d'extension hors métier. En recouvrant ces produits lointains, par effet rétroactif, on alimente le contenu de marque, on le fait évoluer, on le maintient actuel. La logique de la marque est en effet additive. La marque est la somme de ses attributs : elle se révèle par les produits qu'elle signe. Ceci conduit à choisir ces produits en conformité avec l'identité de marque. Mais l'histoire ne doit pas enfermer le futur. Pour être toujours actuelle la marque doit aussi savoir évoluer : elle le fait par l'extension vers des produits qui l'amèneront dans des directions nouvelles, et qui vont donc infléchir son sens. Si Nestlé – réputée pour les produits secs – voulut entrer dans le marché de l'ultra-frais, des yaourts, c'était certes pour gagner un chiffre d'affaires supplémentaire. Mais c'était aussi pour faire évoluer son image à l'aide de ce segment plus moderne et capable de donner une tonalité plus actuelle à cette marque de tradition, discrète et efficace. Lapeyre issu du bois a bâti sa notoriété sur les portes et fenêtres en cette essence. Mais il a su se moderniser en intégrant les fenêtres en PVC, les grilles en métal, les cuisines en stratifié.

Pour ne pas avoir saisi dès le début l'opportunité du tournesol la marque Lesieur souffrit longtemps d'une image traditionnelle, non légère, peu liée à la santé, qui est une attente dominante des ménagères modernes. En effet en 1972, quand Lever lança Fruit d'Or, le segment du tournesol était balbutiant. Dans l'esprit des dirigeants d'alors, Lesieur c'était l'arachide et l'arachide c'était Lesieur. Fidèles à la conception classique de la marque, ils s'étaient arrêtés à une vision selon laquelle la marque désignait une graine (et réciproquement). Aussi, au lieu de lancer Lesieur Tournesol on se lança sur ce segment nouveau sous un nom nouveau « Aurea ». En faisant cela on réussit certes sur le plan commercial car Aurea et Fruit d'Or étaient proches en termes de vente. Mais l'effet pervers fut de maintenir la marque Lesieur hors de cette nouvelle consommation (celle du tournesol), correspondant à des ménagères plus jeunes, plus décontractées, cherchant dans le tournesol les vertus de santé et de modernité qu'elles ne trouvaient plus dans l'arachide.

Voyant que le segment tournesol croissait considérablement, Lesieur infléchit légèrement sa position : Aurea devint Aurea de Lesieur, avant de devenir plus tard Lesieur Tournesol. Ayant laissé Lesieur devenir synonyme d'arachide pendant des années, et en particulier avec le lancement d'Aurea, la marque Lesieur avait acquis une connotation négative qui fit pâtir le chiffre d'affaires de l'huile tournesol lors de l'abandon d'Aurea. Aurea a donc nui à la marque Lesieur et Lesieur a nui au chiffre d'affaires d'Aurea. Il eût fallu soit s'en tenir à une logique de maximisation du chiffre d'affaires et garder Aurea soit prévoir les risques pour le capital de marque de Lesieur qu'il y avait à laisser celle-ci hors de ce courant moderne et accrocher d'emblée Lesieur à ce segment porteur de sens.

LES INCIDENCES ÉCONOMIQUES DE L'EXTENSION

Capitalisant sur la notoriété, l'estime et les qualités attachées à une marque déjà existante, la pratique de l'extension de marque peut contribuer à accroître les chances de succès d'un nouveau produit et à diminuer les coûts de lancement. Ces deux incidences présumées ont donné lieu à vérifications. Nous en présentons les résultats les plus significatifs.

Tableau 8.1. – *Pourcentage de produits lancés en 1984 et toujours en vente les années suivantes*

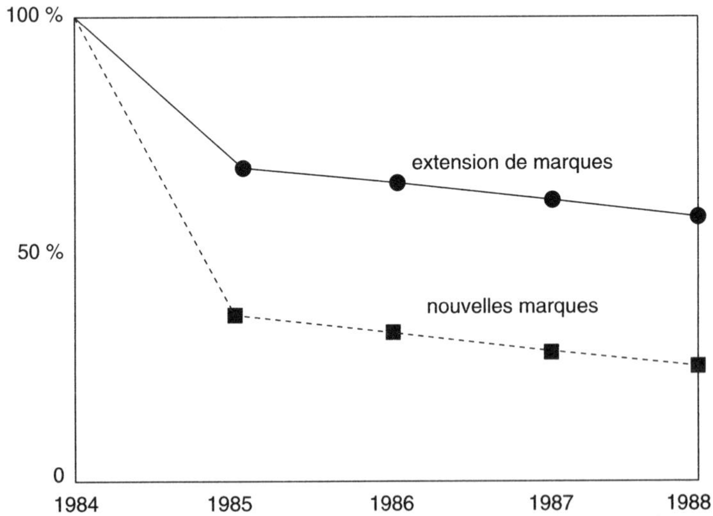

Source : OC & C (Paris).

Ainsi le cabinet OC & C (1990) a comparé, dans le domaine des biens de grande consommation, le taux de survie des produits nouveaux selon qu'ils étaient lancés sous une marque nouvelle ou sous une marque déjà existante.

Comme le montre le tableau 8.1., 30 % seulement des nouvelles marques survivent plus de quatre années, alors que le pourcentage est supérieur à 50 % pour les extensions de marques.

Par quel mécanisme l'extension accroît-elle les chances de survie ? En premier lieu, les distributeurs eux-mêmes affecteront plus facilement du linéaire à une marque déjà notoire qu'à un nouveau venu, sans notoriété. Mais l'extension de marque a aussi un effet sur le consommateur (cf. tableau 8.2.) :

Tableau 8.2. – *Accroître les chances de succès du nouveau produit*

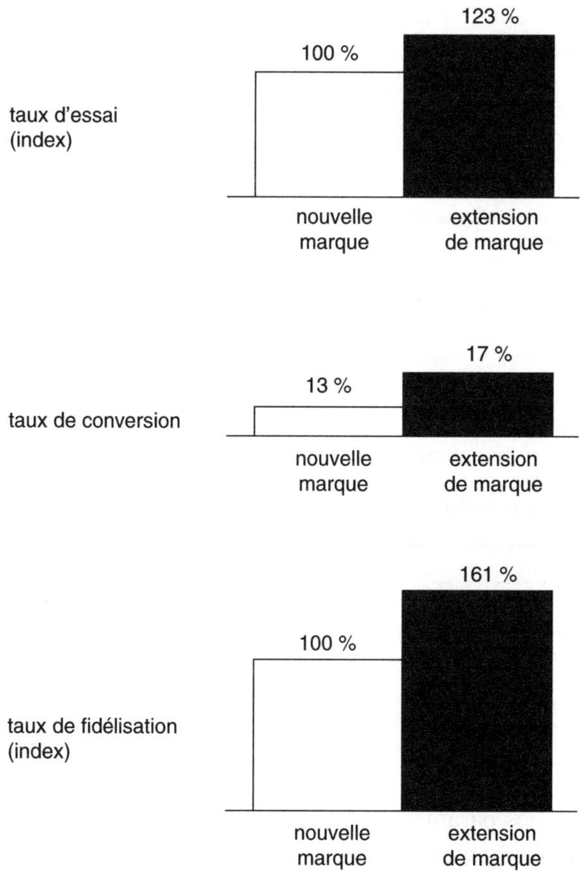

Source : OC & C (Paris).

– au niveau du taux d'essai, en induisant un plus fort taux (123 vs 100) ;
– au niveau du taux de conversion (17 % vs 13 %) ;
– au niveau du taux de fidélisation (indice 161 vs 100 pour les marques nouvelles).

Ainsi, à facing égal, à DN/DV égale, les consommateurs ont une plus forte probabilité d'essai, de conversion et de fidélisation lorsque le produit nouveau porte un nom de marque déjà existant, comme le montre cette deuxième analyse d'OC & C.

Déjà en 1969, Claycamp et Liddy avaient mesuré l'impact d'un « nom de famille » (extension) sur le taux d'essayeurs du nouveau produit. Leur modèle de prévision, connu sous le nom de modèle d'Ayer, reposait sur une base de données faite de soixante lancements de produits dans trente-deux catégories dont la moitié étaient alimentaires. La structure de base du modèle est représentée ci-dessous (cf. tableau 8.3.).

Tableau 8.3. – *Le modèle d'Ayer : comment les ventes d'un nouveau produit sont influencées par la politique de marque*

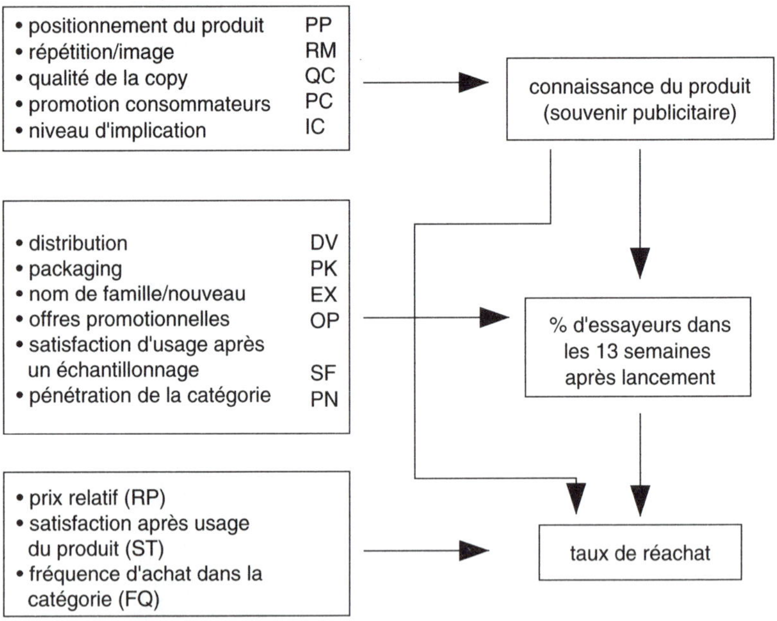

Source : Claycamp et Liddy (1969).

L'estimation des paramètres du modèle (par double régression) révéla un très poids de pour la variable « extension de marque ». Le fait d'avoir un nom déjà connu contribue directement et fortement à encourager l'essai. De plus, Liddy et Claycamp remarquèrent que cette variable (EX) était non corrélée au souvenir publicitaire et même à la DV. Ce dernier point est surprenant : peut-être à l'époque la distribution américaine n'agissait-elle pas comme barrière à l'entrée.

Que conclure de ces études ? Il serait erroné d'en déduire que tout produit nouveau doit désormais être signé d'une marque connue. Ce serait oublier l'intérêt des portefeuilles multi-marques pour maximiser la couverture d'un marché. De plus, comme nous le verrons *infra*, certaines extensions de marques peuvent freiner le succès du nouveau produit (Ricard marqua Pacific), ou pour le capital de marque lui-même. Ainsi la maison Hermès refusa de concéder son nom, moyennant des royalties, au Groupe Wagons-Lits qui souhaitait lancer un service de voyages individuels ou organisés très haut de gamme. Les risques de défaillance de l'hôtellerie sont trop certains dans les pays exotiques et lointains pour que la maison ait voulu y associer son nom.

Avant de conclure sur ce point, il ressort de ces chiffres que le consommateur a en général une vue bien moins conservatrice de la marque que les managers eux-mêmes. Souvent ceux-ci sont trop marqués par l'origine historique de la marque : ils prennent l'histoire de la marque pour sa définition. Selon eux, par exemple Pépito ne saurait signifier autre chose que le gâteau rond chocolaté que l'on connaît. Pourtant, la barre fourrée Pépito fut un franc succès. Ceci démontre que le consommateur dissocie assez bien la marque et le produit ou du moins ne les associe pas de façon définitive et figée.

Tableau 8.4. – *Diminuer les coûts de lancement*

	nouvelle marque	extension de marque	%
budget de lancement			
• « pull »	100	78	– 22
• « push »	30	24	– 20
total	130	102	– 21
taux d'essai	100	123	+ 23
coût/essai	1,30	0,83	– 36 %

Source : OC & C (Paris).

Le second argument économique invoqué pour justifier l'extension de marque tient aux coûts : lancer une marque nouvelle coûterait plus cher que lancer un produit nouveau sous marque déjà notoire. De fait, l'étude d'OC & C (cf. tableau 8.4.) fondée sur des biens de grande consommation estime à 21 % l'économie faite par le choix d'une stratégie d'extension, résultant de moindres dépenses en « push » et en « pull », en promotion (consommateurs et surtout distributeurs) comme en publicité média. Compte tenu du taux d'essai supérieur, la stratégie d'extension de marque se révèle économique en coût/essai (0,83 vs 1,30), selon cette étude.

Pourtant une autre étude, émanant de Nielsen et fondée sur 115 lancements, fournit des résultats en apparence opposés : les nouveaux produits lancés sous des noms nouveaux y obtiennent des parts de marché deux fois plus fortes que celles des produits lancés sous marque connue (sauf pour les produits d'hygiène-beauté, cependant où les résultats sont identiques 2,7 % vs 2,6 %) (cf. tableau 8.5.). L'examen de la seconde colonne révèle l'origine de cette différence. En fait, l'efficacité moindre de la stratégie d'extension ne serait qu'apparente : les plus faibles parts de marché observées tiennent au fait que les managers utilisent des budgets de communication moindres en cas d'extension de marque, donc la part de voix publicitaire est plus faible.

Tableau 8.5. – *Extension de marque et parts de marché*

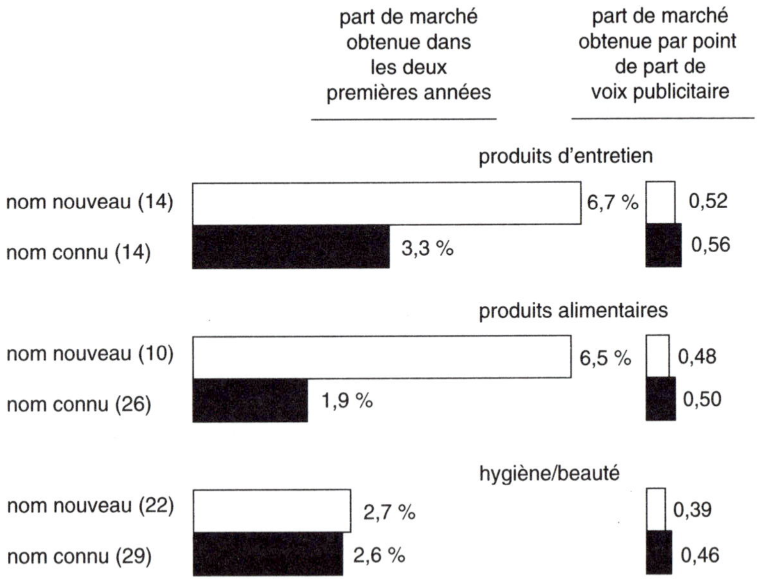

Source : James O. Peckham, "The Wheel of Retailing", 1981.

À point de part de voix égale, la stratégie d'extension donne des résultats en part de marché équivalents, voire même supérieurs dans le secteur de l'hygiène-beauté où le risque perçu par les consommateurs étant plus élevé, il y a une préférence pour les marques déjà connues et qui sécurisent.

Que tirer de ces deux études ? Sont-elles contradictoires ? Il est vrai qu'OC & C conclut à l'efficacité supérieure de l'extension même avec un budget moindre. La contradiction pourrait être résolue en considérant que, confiant dans la productivité des extensions de marque, maints managers sous-budgètent l'enveloppe de publicité média (d'où les résultats de la première colonne du tableau 8.5.). À budget égal, on note une légère avance de la stratégie d'extension, non-significative dans les secteurs de l'entretien et de l'alimentaire, significative pour l'hygiène-beauté (0,46 vs 0,39). Enfin, il n'est peut-être pas neutre qu'OC & C analyse l'efficacité en termes de taux d'essai (très lié à l'incitation par le nom de la marque) alors que Nielsen repose sur la part de marché pendant 24 mois, reflet de l'ensemble du marketing mix et de la qualité du produit.

Remarquons enfin que cette sous-budgétisation tient peut-être au souhait de maintenir l'essentiel de la pression publicitaire de la marque sur son produit pivot sans trop chahuter son image. C'est ce souci de préserver le noyau de marque qui expliquerait les faibles budgets de lancement des nouveaux produits par les marques pratiquant l'extension.

Un facteur caché dans chacune des deux études précédentes tient au moment de l'entrée dans le marché. Or on ne saurait aborder de la même façon un marché neuf, jeune, donc risqué et le même marché en phase de maturité. L'analyse faite par M. Sullivan (1991) de 96 lancements dans onze catégories de produits fournit d'intéressants résultats descriptifs (Tableau 8.6.).

Tableau 8.6. – *Taux de survie des marques*

	Degré de développement du marché	
	Naissance	Maturité
Lancements sous marques nouvelles	57 %	43 %
Lancements sous extension	46 %	68 %

Source : M. Sullivan (1991)

En premier lieu, elle constata que les entreprises préféraient pénétrer les nouveaux marchés avec des marques nouvelles. Sur les 48 lancements étudiés, prenant place dans des marchés émergents, 13 seulement relevèrent de l'extension de marque. En revanche, lorsque le marché est mature, 40 des 48 lancements analysés étaient des extensions de marques. M. Sullivan nota aussi que les marques investissant leur nom pour pénétrer un marché jeune étaient plutôt des marques faibles. Ainsi, aux États-Unis, c'est Royal Crown Cola qui la première pénétra sous son nom dans le marché dit du « Diet-

Cola » (appelé en France le segment light). Puis ce fut Pepsi-Cola, avec son Diet-Pepsi. Coca-Cola avait préféré lancer Tab et ne pas risquer d'affecter le capital de sa marque. Coca-Cola n'introduisit Coke-Light qu'en dernier. Enfin, l'étude révèle que les marques devenues leader de ces marchés furent presque toujours des marques nouvelles (Coke-Light fait exception).

Pourquoi les marques fortes hésitent-elles à pénétrer de jeunes marchés ? Certes elles bénéficieraient du fait qu'il n'y a pas encore de concurrence, donc que le terrain est vierge. En revanche, elles courent un risque d'échec voire d'effet négatif en retour sur la marque et son capital. Dans un marché jeune, mal défini, il faut savoir être souple pour trouver le meilleur positionnement. L'extension de marque n'a pas cette souplesse tactique. Les attributs hérités de la marque doivent être respectés. D'autre part, en lançant une marque spécifique au nouveau marché, celle-ci peut devenir plus facilement la référence de ce dernier, bénéficiant de ce qu'il est convenu d'appeler l'avantage du pionnier (Carpenter et Nakamoto, 1991). Enfin, maints nouveaux marchés se créent contre les anciens, en réaction à ceux-ci. Par exemple, le marché du surf des neiges est une contre-culture par rapport à celui du ski alpin. Les jeunes y ont leurs propres marques et ont refusé les planches de surf de Rossignol, marque de l'establishment.

En dehors du cas des marques faibles cherchant à dominer un nouveau marché, il peut être intéressant d'apparaître comme la seule référence connue donc sécurisante dans un marché où l'offre n'est pas structurée, la distribution non plus et où le consommateur peu expert ressent un fort risque. Il appréciera la présence d'une marque notoire, même si celle-ci est ici éloignée de son marché d'origine. Seule compte sa notoriété et sa réputation de sérieux. C'est pourquoi Téfal à pénétré le marché balbutiant de la domotique sous son propre nom.

En conclusion, l'examen des taux de réussite des deux stratégies de lancement, suivant le degré de maturité des marchés, révèle bien un léger avantage à la stratégie de marque neuve en phase de création de marché. En revanche, au fur et à mesure que le temps passe la stratégie d'extension semble bien plus viable.

LES ÉTUDES EXPÉRIMENTALES SUR L'EXTENSION

Après avoir examiné les facteurs qui rendent nécessaire l'extension de marque, abordons les principaux courants de recherche sur ce sujet, sachant que les problèmes de mise en œuvre de l'extension pour une marque donnée seront abordés après, dans ce même chapitre.

La recherche sur l'extension de marque est récente. Il est vrai que les chercheurs américains dans les milieux académiques n'ont que très récemment commencé à distinguer la marque et le produit. La plupart des études sur « brand image » sont en réalité des études sur les « product images ». Aussi la notion d'extension de marque n'entrait pas dans cette vision du monde : la recherche était coupée de la pratique qui elle gère l'extension de longue date. Actuellement, on assiste à un phénomène de balancier inverse. Partout des recherches sont en cours sur l'extension de marque et des dizaines de thèses devraient aboutir dans les mois à venir. Dans cette attente, nous présenterons les études les plus significatives déjà publiées dans la mesure où elles témoignent d'un paradigme. Ces études sont de deux ordres : descriptif et explicatif.

La première étude de notre sélection fut présentée en 1987 lors d'un séminaire spécialisé de l'Université de Minnesota sur l'extension de marque. On manipula l'attitude vis-à-vis d'une marque fictive de calculateurs (Tarco) en présentant des résultats de tests évaluant six calculettes Tarco. Ceux-ci concluaient, selon les cas, que 0 calculette sur 6 n'était pas de bonne qualité, ou 1 sur 6, 2 sur 6... jusqu'à 6 sur 6. Naturellement, l'attitude générale vis-à-vis de Tarco fut très influencée par cette manipulation. Puis on présenta une liste de nouveaux produits qu'allait lancer la marque Tarco : ceux-ci allaient d'une nouvelle calculette à des extensions « proches » (micro-ordinateur, montre digitale, caisse enregistreuse...) et à des extensions très « lointaines » (bicyclette, stylo, chaise de bureau). On demanda aux interviewés de chaque groupe d'indiquer leur attitude vis-à-vis de chacun de ces nouveaux produits Tarco, *a priori*, avant même de les avoir vus. On mesura la corrélation entre l'attitude vis-à-vis de Tarco et l'attitude vis-à-vis de ces produits d'extension pour Tarco. Comme le montre le tableau 8.7. ci-dessous, la corrélation est d'autant plus forte que l'extension est voisine. En somme le transfert d'attitude croît avec la similarité perçue entre la catégorie d'origine de la marque et la catégorie du produit d'extension.

Naturellement les bases de cette « similarité perçue » varient suivant les individus. Comme le montra une autre étude, les profanes et les experts n'utilisent pas les mêmes indices pour évaluer le degré de similarité entre deux produits. Ainsi on présenta à deux groupes d'individus, les profanes et les experts, deux types d'extension :

- l'une est une extension de surface, par ressemblance superficielle, par contiguïté (passant des chaussures de tennis aux raquettes de tennis) ;
- l'autre est une extension dite en profondeur par communauté de savoir-faire (la maîtrise des fibres de carbone permettant à une marque de club de golf d'envisager de signer des raquettes de tennis).

Tableau 8.7. – *Nature de l'extension et transférabilité de la réputation. (Corrélation entre l'attitude vis-à-vis d'une marque de calculateurs et l'attitude vis-à-vis des projets d'extension de cette marque rangés par ordre de dissimilarité croissante)*

Extension :		Corrélation :
(proche)	une autre calculatrice	0,85
	un ordinateur	0,76
	caisse enregistreuse	0,75
	montre digitale	0,63
	magnétoscope	0,62
	radio	0,58
	TV couleur	0,51
	chaise de bureau	– 0,11
	bicyclette	– 0,11
(lointaine)	stylo à bille	– 0,17

Source : Consumer Behaviour Seminar (1987).

Interrogés sur leur perception de similarité entre la catégorie de départ et la catégorie d'arrivée (les raquettes), on constata que l'extension de surface est jugée très similaire par les profanes, et bien moins par les experts. En revanche, l'explication par le process et le matériau convainc bien mieux les experts que raquettes de tennis et clubs de golf sont des produits proches, alors que pour les profanes, ils restent assez dissimilaires. Ainsi, l'identité de composants n'est pas un levier de similarité perçue pour les profanes : ceux-ci fondent plus leurs jugements sur des signes superficiels. Ils sont sensibles à des extensions liées à des relations de complémentarité ou de substitution entre produits.

- La sauce Uncle Ben's est complémentaire du riz Uncle Ben's.
- Le riz Lustucru est substituable aux pâtes Lustucru. Les céréales Nesquick sont un substitut au chocolat au lait Nesquick.

Dans l'étude précédente, il n'est pas neutre que Tarco ait été une marque inventée. Elle ne jouissait donc d'aucun capital (du type qualité particulière associée à la marque). Cela explique l'importance du critère de similarité des produits pour faciliter le transfert d'attitude. En situation naturelle, si la marque est forte, c'est la pertinence de son attribut différenciateur qui fonde l'attractivité de l'extension même si les catégories de produit sont très différentes (Broniarczyk et Alba, 1994). Le succès de Bic en stylos, rasoirs et briquets le rappelle. Dans une étude pionnière, Aaker et Keller (1989) présentèrent une série d'extensions possibles pour des marques bien connues (par exemple des pop-corn Heineken ou des pellicules Mc Donald's, etc.). Chaque consommateur devait indiquer son attitude/intérêt vis-à-vis de ces extensions, et en même temps répondre à un certain nombre de questions ayant pour but d'expliquer le pourquoi de cette attitude/intérêt. Ces variables explicatives étaient :

– la qualité perçue de la marque,
– le sentiment de transférabilité du savoir-faire de la catégorie de produit de départ à la catégorie d'arrivée,
– le degré de complémentarité perçue entre les produits (de départ et d'extension),
– le degré de substituabilité perçue,
– la difficulté perçue de fabrication de l'extension.

En tout, chaque interviewé répondant sur plusieurs extensions, l'étude reposa sur 2 100 observations. Pour isoler les variables expliquant l'attitude/intérêt pour l'extension, les auteusr utilisèrent la régression. Les résultats de celle-ci figurent dans le tableau 8.8. Quelles leçons en tirer ?

– Le degré de qualité perçue de la marque n'influence pas directement les jugements sur l'extension. Cela s'explique – comme on l'a vu ci-dessus dans l'étude Tarco – par le fait que le transfert d'attitude de la marque à l'extension dépend de la similarité perçue entre la catégorie de départ et celle d'arrivée.

Tableau 8.8. – *Un modèle explicatif de l'attitude vis-à-vis d'une extension*

	Poids de la variable (bêtas)		
qualités perçues de la marque	– .01	ns	
transférabilité du savoir-faire d'une catégorie à l'autre	.15	$p < 0{,}05$	dimensions de similarité perçue
complémentarité des produits	– .02	ns	dimensions de similarité perçue
substituabilité des produits	– .08	ns	dimensions de similarité perçue
qualité × transférabilité	.12	ns	
qualité × complémentarité	.25	$p < 0{,}05$	
qualité × substituabilité	.18	$p < 0{,}05$	
difficulté perçue de l'extension	.56	$p < 0{,}05$	
$(\text{difficulté})^2$	– .47	$p < 0{,}05$	
R^2	.26		

Source : Aaker & Keller, 1989.

– Le sentiment de transférabilité du savoir-faire exerce, lui, une influence sur l'attitude vis-à-vis de l'extension.

– La complémentarité ne garantit pas l'extensibilité. La réussite d'une marque de pâtes signant désormais de la sauce tomate n'est pas garantie.
– Il en va de même de la substituabilité (par exemple skis et patins à glace) : elle ne garantit pas l'extensibilité.
– Comme l'indiquent les deux interactions positives, seules les marques très bien jugées en qualité peuvent espérer voir ces jugements transférés, à condition que l'extension paraisse soit complémentaire soit substituable.
– Enfin, la difficulté perçue de l'extension est liée de façon non linéaire à l'attitude vis-à-vis de cette extension. Celle-ci est négative pour les extensions soit trop faciles à fabriquer (le T-shirt Chanel) soit trop difficiles (le parfum Bic). En revanche, les niveaux intermédiaires de difficulté conduisent à une attitude favorable.

Mais l'arbre ne doit pas cacher la forêt. Comme en témoigne le R2 (. 26), le pouvoir explicatif du modèle est modeste : plus des 3/4 du phénomène restent inexpliqués ! Même pour une étude menée au niveau individuel cela reste faible.

Il est vrai que dans ce type d'étude, les auteurs continuent à ne pas différencier marque et produits : ils n'accordent aucune autonomie de sens à la marque. Toute l'analyse repose sur la similarité perçue intrinsèque entre des catégories de produit. C'est oublier le pouvoir unificateur, transformateur, identitaire de la marque.

La première prise de conscience d'un mécanisme non lié aux produits, mais émanant de la marque elle-même apparaît en 1989 aussi chez Park et ses collègues.

Ceux-ci présentèrent deux listes de produits aux interviewés : des produits fonctionnels, des produits d'expression de soi :

TV	parfum
compact disque	chaussures
magnétophone	portefeuille
radio	chemise
cassette vidéo	sac
magnétoscope	stylo
walkman	bague
autoradio	montre
caméra vidéo	ceinture
platine	cristal
écouteurs	cravate

Il posèrent deux questions aux interviewés :

1. la traditionnelle question de degré de similarité entre les produits d'une même colonne ;
2. une question sur le « fit » existant entre produits d'une même colonne, « fit » signifiant que ces produits vont « bien ensemble ».

Les chercheurs posèrent ces deux questions sous deux modalités :

- l'une, en aveugle, telle que ci-dessus ;
- l'autre avec une marque en l'occurrence Sony pour les premiers produits, Gucci pour les seconds.

Quels furent les résultats ?

- Pour les produits symboliques, le fait que la marque soit absente ou présente ne modifia pas les jugements de similarité perçue entre les produits. En revanche, la présence du nom de marque Gucci confère un liant, une source de fit considérable qui fait que des produits, qui ont peu l'air d'aller ensemble (3,68) sans la marque vont d'un seul coup ensemble (4,74) sous la marque.
- Pour les produits fonctionnels ou d'usage, la présence/absence de la marque ne modifie pas les jugements de similarité perçue et de « fit ».

En somme, les auteurs vérifient les deux processus par lesquels les consommateurs se font une opinion vis-à-vis d'une extension.

- Si la marque est à dominante fonctionnelle, l'évaluation de l'extension se fait en fonction des relations inhérentes entre catégories de produits (celle de départ et celle d'arrivée). Le consommateur repose sur leur degré de similarité perçue.
- Si la marque est symbolique, c'est le concept de marque qui crée un lien entre des produits qui, sans la marque, n'en auraient aucun. En ce cas, les jugements sur l'extension sont indépendants des caractéristiques intrinsèques des catégories de produits. L'extension est évaluée en fonction de son appartenance à la marque et de sa cohérence avec le système de valeurs de cette même marque.

Certaines extensions portent en elles un risque de dilution pour la marque. Telle un élastique, à force de trop étreindre, la marque se tend, s'affaiblirait. Les rumeurs ne manquent pas qui expliquent l'affaiblissement de marques par un excès d'extension : le grand écart leur aurait été fatal. L'évaluation de ces risques n'est pas chose aisée : quel serait l'impact sur Tuborg de l'introduction d'une eau minérale gazeuse sous cette marque (cette extension existe en Grèce) ?

Une recherche récente démontre l'existence de ce risque. Elle prit pour objet une marque d'hygiène-beauté bien connue, Neutrogena. On proposa aux consommateurs deux extensions, l'une très atypique de Neutrogena, l'autre assez typique de Neutrogena. Mais l'expérience consistait à informer les consommateurs que ces deux extensions étaient très médiocres sur les deux dimensions qui font la réputation de Neutrogena, la douceur et la qualité. Quel serait l'impact d'une telle découverte sur l'image même de Neutrogena (Roedder *et al.*, 1991) ? Affecterait-elle aussi l'image de douceur et de qualité des produits typiques associés à Neutrogena (ainsi le produit A1 est-il associé par 83 % des consommateurs à Neutrogena, A2 par 61 %, A3 par 55 %, A4 par 39 %, et A5 par 5 % des consommateurs). Que constata-t-on ?

- Bien que de mauvaise qualité, l'extension atypique ne rejaillit pas sur l'image de la marque, ni sur celle de ses produits. Il s'agit d'un processus bien connu des chercheurs sur les stéréotypes : l'exception ne porte pas atteinte à la règle. Elle est atypique, donc sans impact sur le cœur de la marque.
- Il en va différemment de l'extension assez typique de Neutrogena. Sa piètre qualité affecte négativement non seulement l'image de la marque sur ses attributs-clés, mais aussi celle des produits typiques spontanément associés à la marque (A1, A2 et A3 ont une image de douceur amoindrie et cela de façon statistiquement significative). Il y a bien eu un effet négatif en retour sur la marque et sur ses produits les plus saillants, mais uniquement pour l'extension typique de la marque. *A fortiori*, les extensions de gamme qui ne seraient pas à la hauteur du contrat de marque, sont très dangereuses.

NOYAU CENTRAL, STRUCTURE ET FRONTIÈRES DE LA MARQUE

Dans les lignes précédentes, nous avons parlé d'extension typique ou atypique. Ceci pose une question : en fonction de quoi une extension, un produit, sont-ils jugés au cœur, aux frontières ou hors du territoire de marque ? Cette question n'est qu'une application d'une question plus générale qui focalise les recherches de la psychologie cognitive : en fonction de quoi un objet est-il jugé appartenir à une catégorie ?

De fait, la psychologie de la « catégorisation » vise à rendre compte des processus par lesquels nous formons des catégories, assignant certains objets à une catégorie plutôt qu'à une autre. La marque n'est de ce point de vue qu'une catégorie.

Pendant des décennies, la théorie dominante, dite « classique », répondit ainsi à ces questions : un produit ou objet appartient à la catégorie s'il en possède les traits nécessaires et suffisants. Cette conception mène à s'interroger sur « la » définition du concept (ou de la catégorie), c'est-à-dire la nature de ces traits qui fondent l'appartenance ou la non-appartenance. Si ce modèle fonctionne bien pour certaines catégories (comme par exemple la catégorie « nombres pairs »), il paraît plus douteux pour d'autres.

En effet, dans ce modèle, tous les exemples de la catégorie sont équivalents car ils possèdent tous ces fameux traits nécessaires et suffisants : 2 est autant nombre pair que 18 ou 40 !

L'expérience indique que ce n'est pas le cas de maintes catégories : par exemple certains oiseaux font plus « oiseau » que d'autres, et même un papillon « fait plus » oiseau qu'une autruche. L'appartenance à une catégorie ne semble pas être binaire (oui/non) mais probabiliste. La frontière entre la catégorie « oiseau » et « insecte » est floue. Cela n'invalide pas ces deux catégories : en effet, chacun a en tête un prototype d'oiseau et un prototype d'insecte, et ces deux prototypes ne peuvent être confondus !

D'où la tendance nouvelle de la recherche sur la catégorisation, derrière Rosch (1978) ou Lakoff (1987), qui conçoit les catégories comme pouvant aussi être des ensembles aux contours flous, non définis par une série de traits nécessaires et suffisants : quels traits communs à tous relieraient le bridge, la marelle, une poupée, le Monopoly ? Tous sont des prototypes de jeux donc jeu d'une façon qui n'est pas la même pour chacun d'eux. Ceci est important car les différents objets sont plus liés par un « air de famille » que par la possession de traits spécifiques communs à tous. L'air de famille fait que A ressemble à B, B ressemble à C mais d'une façon différente, et C ressemble à A d'une façon différente encore. Il en irait de même des méga-marques telles Danone ou Philips : elles sont caractérisées par un ensemble de produits typiques (Tableau 8.9.).

Bien que la théorie de la catégorisation ait évolué et que ses propres auteurs aient réintroduit la possibilité de traits définitoires pour délimiter le sens de catégories naturelles, traits dits « les plus typiques », diverses conséquences peuvent être extraites de cette nouvelle approche.

Fondamentalement une extension est jugée d'autant plus acceptable qu'elle « colle bien » avec l'idée que l'on se fait de la marque-mère, (colle bien étant la traduction du terme anglais « fit »). Ce sentiment est fondé soit sur une forte similarité perçue avec le ou les produits les plus typiques de la marque (aussi appelés produits-pivots, produits-socles de la marque) soit sur la cohérence entre l'extension et le contrat de marque (aussi appelé son concept, son identité). Le schéma suivant résume ce processus d'évaluation (Figure 8.1.).

Tableau 8.9. – *Typicalité des produits et des extensions possibles de Philips, Whirlpool et Brandt*

	PHILIPS	WHIRLPOOL	BRANDT
Téléviseur	9.10 (1)	5.06	7.66 (8)
Magnétoscope	8.65 (2)	4.97	5.73
Hi-fi	8.45 (3)	4.61	4.88
Rasoir électrique	7.82 (4)	4.01	5.04
Baladeur	7.73 (5)	3.44	2.97
Vidéo disc	7.68 (6)	3.34	2.52
Compact disc	7.64 (7)	3.49	2.57
Aspirateur	7.57 (8)	5.85	5.80
Cassette vidéo	7.45 (9)	3.65	2.10
Réfrigérateur	7.40 (10)	8.69 (1)	9.23 (2)
Epilateur femme	7.21	4.19	4.65
Cafetière	6.97	5.06	5.54
Robot-ménager	6.94	6.05	6.63
Congélateur	6.86	8.57 (3)	8.61 (5)
Machine à laver linge	6.83	8.69 (1)	9.26 (1)
Machine à laver vaiss.	6.81	8.37 (4)	8.91 (3)
Four à micro-ondes	6.81	7.35 (9)	7.41 (9)
Fer à repasser	6.73	5.87	5.82
Sèche-cheveux	6.67	4.77	5.64
Cuisinière	6.60	8.12 (6)	8.78 (4)
Sèche-linge	6.47	7.83 (7)	8.21 (6)
Four électrique	6.38	8.16 (5)	8.15 (7)
Plaque de cuisson	5.78	7.64 (8)	7.33 (10)
Téléphone	5.59	2.81	2.38
Micro-ordinateur	5.15	2.94	2.24
Cocotte-minute	2.81	4.34	3.63
Tondeuse à gazon	2.04	2.44	1.74

Base : notation 0 à 10 (ordre de typicalité perçue entre parenthèses).

Source : Kapferer et Laurent (1996)

La tondeuse à gazon est - typique pour ces marques.

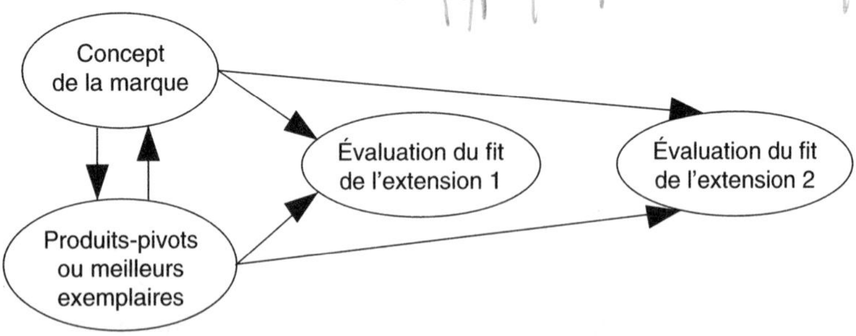

Figure 8.1. – *Typicalité et évaluation de l'extension*

De fait l'analyse d'extensions possibles de Danone révèle que moins celles-ci sont jugées typiques de Danone, moins elles sont jugées attirantes par les consommateurs (Figure 8.2.).

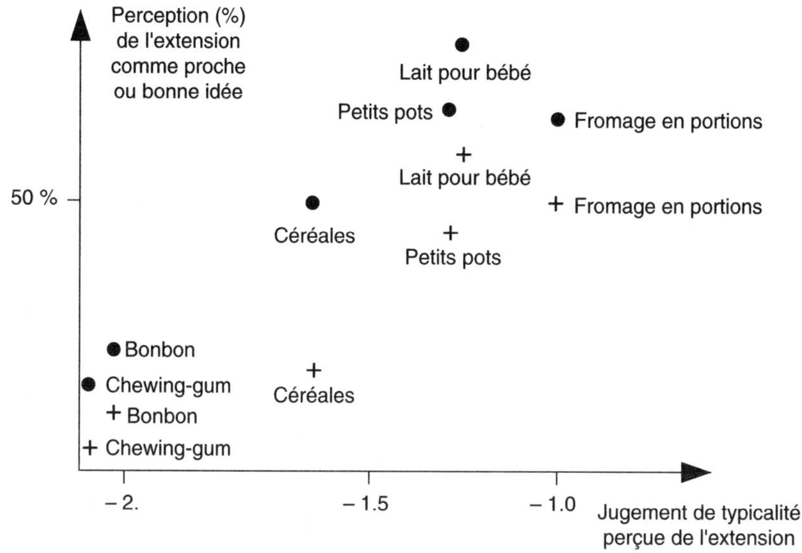

\+ proche de ce que fait Danone

• bonne idée pour Danone

Source : Kapferer, Laurent (1996)

Figure 8.2. – *Attitude vis-à-vis d'extensions de Danone selon leur typicalité*

Quand l'extension est distante de la marque mère, lesquels des attributs de cette dernière sont transférés à l'extension, lesquels ne le sont pas ? La notion de distance renvoyant à une comparaison avec le ou les produits pivots de la marque, ce sont les caractéristiques objectives de la marque qui seront le moins transférées aux extensions très similaires. En revanche, les caractéristiques intangibles, plus symboliques font fi des distances et englobent toutes les extensions de leur halo. La thèse doctorale de J. Gali sous la direction de l'auteur le démontre, comme en témoigne le tableau 8.10., ci-joint. On demanda à des consommateurs d'évaluer la marque Miele sur plusieurs dimensions d'image, puis d'évaluer sur ces mêmes dimensions le produit le plus typique de la marque Miele (la machine à laver) et deux extensions, l'une moyennement atypique (le téléviseur) et l'autre très atypique, peu représentative de la marque (un micro-ordinateur). Plusieurs faits ressortent du tableau 8.10.

– En premier lieu, comme en témoigne la comparaison des corrélations des colonnes 2 et 3, l'extension très atypique hérite peu des valeurs de la marque Miele. Sa fonction pourrait être inverse : d'insuffler dans Miele des valeurs qui lui font défaut. L'extension plus typique (colonne 2) hérite de plus de valeurs de la marque.

Tableau 8.10. – *Transfert des qualités tangibles et intangibles de la marque Miele à deux extensions*

	Corrélation entre la perception de la marque et celle de son produit pivot (MLV)	Corrélation entre la perception de la marque et celle de l'extension proche (TV)	Corrélation entre la perception de la marque et celle de l'extension atypique (PC)
Coût élevé	.89	.70	.40
Qualité	.75	.45	.30
Innovateur	.71	.24	.17
Sans Prob. technique	.70	.55	.55
Design	.61	.45	.41
Confiance	.60	.38	.31
Facilité d'utilisation	.36	.31	.25
Pour des innovateurs	.87	.78	.63
Pour montrer aux autres	.84	.65	.71
Pour des jeunes	.89	.73	.68
Pour des experts	.90	.70	.45

Source : Gali/Kapferer (1993)

– Dans l'ensemble, les qualités objectives sont moins transférées que les qualités symboliques. Ainsi les traits physiques typiques de Miele (qualité, innovateur, confiance) sont peu corrélés à l'image des deux extensions sur ces mêmes traits. En revanche, celles-ci héritent des traits de reflet suivants : pour jeunes, pour montrer, pour innovateurs. C'est pourquoi, dans un tout autre contexte, les marques de luxe ont peu de mal à pratiquer l'extension même sur des catégories dissimilaires. Leurs qualités avant tout symboliques passent outre les distances entre objets concrets.

Comment connaître les attributs qui forment le noyau central de la marque, selon les consommateurs ? Qu'est-ce qui dans la marque doit rester intangible, et qu'est-ce qui est flexible ? Quels sont les traits perçus par les consommateurs comme indissociables de la marque et quels sont ceux, périphériques, sur lesquels plus de souplesse est autorisée ? Il existe deux façons complémentaires de définir une marque : isoler ses traits caractéristiques ou montrer ce qu'elle n'est pas.

Deux approches sont donc possibles pour identifier le noyau central :

– l'une consiste à mesurer le caractère plus ou moins prototypique des traits d'image. Par exemple, on évalue dix produits d'une marque en termes de prototypicalité par rapport à cette marque. Ces produits sont aussi évalués sur une batterie de traits d'image. La corrélation entre chaque note d'image et la mesure de prototypicalité, indique quels items d'image contribuent le plus au jugement de prototypicalité. Ceux-ci sont centraux ; ces traits sont : frais, santé, pas cher, bon pour les petits, et simple ;

– l'autre approche consiste à demander aux consommateurs si l'absence d'un trait fait qu'un produit ne peut mériter le nom de marque. Si une majorité répond par l'affirmative, cela signifie que le trait est indispensable à la signification de la marque. Sinon, ce trait est périphérique. Grâce aux traits périphériques la marque peut intégrer des produits non cohérents et des exceptions en son sein.

La figure 8.3 représente le noyau et le système périphérique de Yoplait selon cette deuxième approche. Les traits indissociables de la marque (selon les consommateurs) sont le lait, la fraîcheur, la bonne santé et à un moindre degré le plaisir.

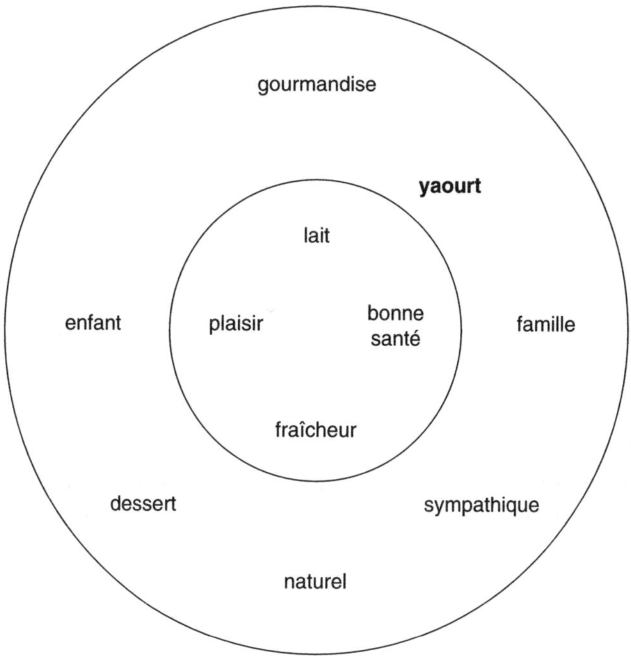

Source : G. Michel (1997)

Figure 8.3. – *Noyau central et système périphérique de Yoplait*

Pour identifier les traits centraux, les consommateurs étudiés répondirent à la question suivante : « si le produit n'est pas au lait, peut-il être de la marque Yoplait ? ».

Les résultats furent 91 %, 87 %, 82 % et 67 % de non respectivement pour les traits au lait, fraîcheur, bonne santé et plaisir. En revanche, 62 % des consommateurs estiment qu'un produit peut très bien s'appeler Yoplait même s'il n'est pas un yaourt (G. Michel, 1997).

LES DIFFÉRENTS TYPES D'EXTENSION DE MARQUE

L'extension de marque est un saut hors de la catégorie de départ. Ici encore il faut distinguer les extensions par voisinage ou extensions de continuité et les extensions discontinues. Une marque de bougies automobiles peut s'étendre par voisinage aux autres accessoires automobiles (batteries, essuie-glaces, etc.). C'est le cas de Bosch et de Valeo. Une marque maîtrisant l'optique peut s'étendre à la photocopie : c'est le cas de Canon, Minolta, Ricoh, Kodak, Agfa. Une marque de sport peut recouvrir d'autres articles de sport (Adidas, Salomon). Les extensions discontinues suppriment les synergies technologiques, les ponts physiques entre les produits : ce sont de réelles diversifications. Par exemple, Yamaha signe des motos et des pianos classiques réputés. La marque Carrefour recouvre tout le champ des produits de grande consommation et même les biens durables.

Il y a donc des extensions éloignées du territoire initial de la marque et des extensions adjacentes. Ceci débouche sur des marques à spectre étroit – des marques spécialistes – ou au contraire sur des marques à spectre large (Philips, General Electric). Est-il mieux d'être spécialiste ou généraliste ? Cette question ne peut recevoir de réponse générale. Rappelons-le la marque est arbitraire. *A priori* elle peut aller où elle le désire. Si Bic décide de signer des planches à voile rien ne l'en empêche. Si la stratégie de l'entreprise est de privilégier les synergies de notoriété et les économies publicitaires, elle optera pour une marque à spectre large : Valeo supprima toutes les marques spécialisées qu'il avait achetées (Ferodo, Marchal) pour leur substituer une marque unique. Schneider et Siemens optent pour une stratégie identique, à la japonaise. Sur un plan normatif on peut avancer en revanche que chaque type d'extension affecte la marque et son capital de six différentes façons.

1. Certaines extensions exploitent le capital de marque : le produit se vend grâce à l'apport de la marque. C'est le cas lorsque le produit recevant la marque n'est guère différent des concurrents existants sur le marché : la marque n'a pas pleinement exercé son rôle transformateur, mais fait bénéficier le produit de son halo. À trop multiplier cette pratique – par une politique laxiste de licence par exemple – le capital de marque s'épuise car la marque est alors associée à ces produits banalisés, et à leur prix indu.

2. D'autres extensions détruisent le capital de la marque. Lorsque l'extension est descendante par exemple. Flaminaire voulut ainsi couvrir trois marchés hiérarchisés : celui du haut de gamme (pour concurrencer Dupont et Dunhill), celui du milieu de gamme et le briquet jetable (contre Bic). La marque a aujourd'hui disparu. L'extension en bas de gamme tua la légitimité en haut de gamme, source de profits. Porsche a très heureusement supprimé sa gamme 924 : ces automobiles ne justifiaient leur différence de prix considérable par rapport à leurs concurrentes (les Gti) que par leur nom prestigieux. Mais on ne retrouvait aucune des valeurs objectives et subjectives de Porsche dans le modèle 924 : ni la masculinité, ni la technologie, ni le mythe du dépassement de soi-même. Ce modèle semblait clamer la fin du mythe Porsche. Comme au même moment, la marque ne faisait plus parler d'elle en F1 et perdait les 24 heures du Mans, le seul élément communicant sur la marque était la publicité dont une large partie concernait la 924. Pour se ressourcer, la marque cessa de produire les 924 et même les 944 de base ! Dans tout autre domaine, si Lapeyre avait absorbé GME (spécialiste des salles de bains), il serait devenu un mini-généraliste de la maison, et aurait perdu sa force liée précisément à la spécialisation, à l'excellence du conseil, au statut rassurant de vrai fabricant.

3. Certaines extensions sont neutres pour le capital de marque. Le produit n'est pas incohérent et s'inscrit dans la lignée de ce qui est attendu de la marque ! Il est révélateur que, dans le domaine de l'électroménager, les marques sont créditées de bien plus de produits qu'elles ne produisent réellement. Dans les sondages, Brandt est citée parmi les marques de fours et plaques de cuisson (cf. page 304), alors que la marque est absente de ce segment. Si la marque décidait d'y pénétrer effectivement cela ne modifierait pas son image. Cette illustration nous rappelle que les acheteurs ne voient pas la marque comme ceux qui la fabriquent. Ils lui attribuent un champ de compétence plus large, moins limité aux seuls produits existants.

4. Certaines extensions font évoluer le sens de la marque : lorsque Rossignol signe aussi des raquettes de tennis, la marque change de statut. Elle est moins spécialiste et se définit alors par un intérêt élargi. Le choix de ces deux sports n'est cependant pas fortuit : il s'agit toujours de fournir à des individus les instruments qui, prolongeant leur corps, les font accéder au plaisir et à la performance. Lorsque Tefal, la marque de poêles et petits électro-ménagers, s'approprie sous son nom des téléphones, et entre dans la domotique, elle se modernise par ces extensions et acquiert un nouveau sens : une marque dont la vocation est de fusionner le beau et le technologique au service de la maison. Nestlé acquiert de la modernité en concurrençant Danone dans l'ultra-frais, dans le marché des yaourts.

5. Enfin certaines extensions sont sur-génératrices. Elles revitalisent la marque, son noyau, rappellent ses valeurs fondatrices d'une façon nouvelle

et forte. Ainsi le blazer classique vert est un produit surgénérateur pour la marque Lacoste. Il représente une symbiose rare des traits constitutifs de la marque Lacoste : la conformité, la discrétion, la sociabilité mais aussi une certaine distance. Quant au vert il décontracte le blazer bleu (trop uniforme pour Lacoste) et renvoie au green, le gazon du tennis d'origine. Le blazer vert réactualise et déploie les racines de Lacoste.

Bien que Meccano soit une célèbre marque de jeux de construction, la revitalisation de son capital de marque passe par une extension hors de ce champ d'origine. La marque a besoin de produits porteurs de sens, qui expriment le système de valeurs Meccano. Aussi devrait-elle lancer une ligne de vêtements pour enfants, de papeterie et envisager des vélos de cross, des montres et des meubles d'enfants. Il s'agit moins d'opportunisme commercial que de recherche de terrains où la marque peut rappeler de façon actuelle sa pertinence et ses valeurs propres. La ligne de vêtements serait très « Meccano » : très coloriée, proche des tenues des mécanos de l'U.S. Navy ou de l'U.S. Air Force comme le film *L'Étoffe des héros* nous les montrait.

6. Pour conclure la typologie, certaines extensions, tout en n'étant pas souhaitées par la marque, sont néanmoins nécessaires. Ce sont des diversifications techniques de prévention et de défense du capital d'image : il s'agit, avant tout, de bloquer l'usage du nom de marque par un tiers dans une autre catégorie de produit. Ainsi, Cartier recouvre des produits textiles et les arts de la table. En réalité, Cartier ne souhaite pas développer ces axes mais empêcher qu'une entreprise italienne ne dépose la marque Cartier sur un plan international dans la catégorie « textiles ». Il en va de même pour les arts de la table. Par cette diversification tactique, Cartier empêchera qu'on ne lui vole la marque.

EXTENSION DE MARQUE ET TENSION SUR LA MARQUE

Toutes les marques ne se prêtent pas à l'extension. Certaines marques se définissent par un savoir-faire précis : elles sont positionnées sur des segments où le consommateur attend une performance poussée, une légitimité technique. La marque prend en charge le risque perçu : c'est le cas des marques cosmétiques (Jeanne Piaubert, Clarins, Roc, Vichy). Leur champ d'extension doit se limiter à un territoire traitant – où la science et la beauté se rencontrent –. D'autres marques au contraire sont surtout porteuses d'un reflet : Dim est le symbole de la femme française, de la parisienne jeune et décontractée. Son extension est possible dans le domaine de l'homme à condition qu'il soit manifestement l'homme de cette femme-là , c'est-à-dire l'homme qu'elle a envie de se construire : non un homme dandy ou feminisé, mais au contraire le symbole d'une nouvelle masculinité.

D'autres marques enfin sont des sectes ou des principes quasi-religieux : Saint Michael, la marque de Marks et Spencer, recouvre tout de l'alimentaire au textile, des jouets à la parapharmacie. Par sa signature, Saint Michael légitime tous ces produits comme conformes à l'idéologie Marks et Spencer. Tel un saint patron (dont patron étymologiquement veut dire pattern c'est-à-dire modèle, donc à suivre), cette marque transfigure et élève les produits qu'elle bénit. Les marques de distributeur n'étant pas liées à un métier peuvent facilement recouvrir une vaste palette de produits.

L'entreprise peut stratégiquement attribuer à une marque une vocation étroite, celle de spécialiste d'une compétence pointue. C'est ce que le groupe L'Oréal fait avec ses multiples marques de cosmétique. En revanche, au cas où elle déciderait de pratiquer des extensions discontinues, il faut prendre conscience des conditions de leur succès. En effet, ces extensions exercent une réelle tension sur la marque. Beaucoup de marques ne résistent pas à cette tension. Les consommateurs ne peuvent pas croire qu'il s'agit d'une même marque, mais croient plutôt à une homonymie. Le Bosch de l'électroménager est-il le Bosch des accessoires d'automobiles ? L'outillage électrique Peugeot est-il vraiment issu de la même marque que les automobiles Peugeot ? Beaucoup de bricoleurs néophytes (l'essentiel du marché) ne le croient pas. Pour eux il s'agit d'homonymes, au même titre qu'il existe des cigarettes Ariel et une lessive Ariel, des piles Mazda et des automobiles Mazda. Il ne leur est pas concevable qu'un même principe puisse s'enraciner dans des détergents et des cigarettes.

Si l'on ne veut pas que la marque se casse, se scinde en unités disjointes pour l'acheteur, il convient de prendre conscience des prérequis d'une extension large. Plus l'extension de marque couvre des catégories de produits éloignées, plus il faut puiser le sens profond de la marque. Ce qui suppose qu'elle en ait un, ou les potentialités pour l'acquérir. Si ce n'était pas le cas, la marque serait vidée de son sens par l'extension. Elle serait rétrogradée au simple rang de marque de fabrique et ne serait plus un ensemble de traits mais l'équivalent d'un numéro. Au pire elle serait éclatée.

La figure 8.4. permet de comprendre les exigences nées de l'extension de marque. Chaque degré d'éloignement change le sens de la marque, son statut. Les extensions par voisinage (B) sont compatibles avec des marques-recettes : Lesieur peut signer le colza, l'olive en plus de l'arachide. On ne voit pas en quoi la graine imposerait sur un plan réel ou imaginaire, une recette et des valeurs différentes. L'extension un degré plus loin (C) correspond à une marque savoir-faire : Palmolive adoucit tout ce qu'elle touche, Bic simplifie à l'extrême et donc rend jetables et très bon marché aussi bien

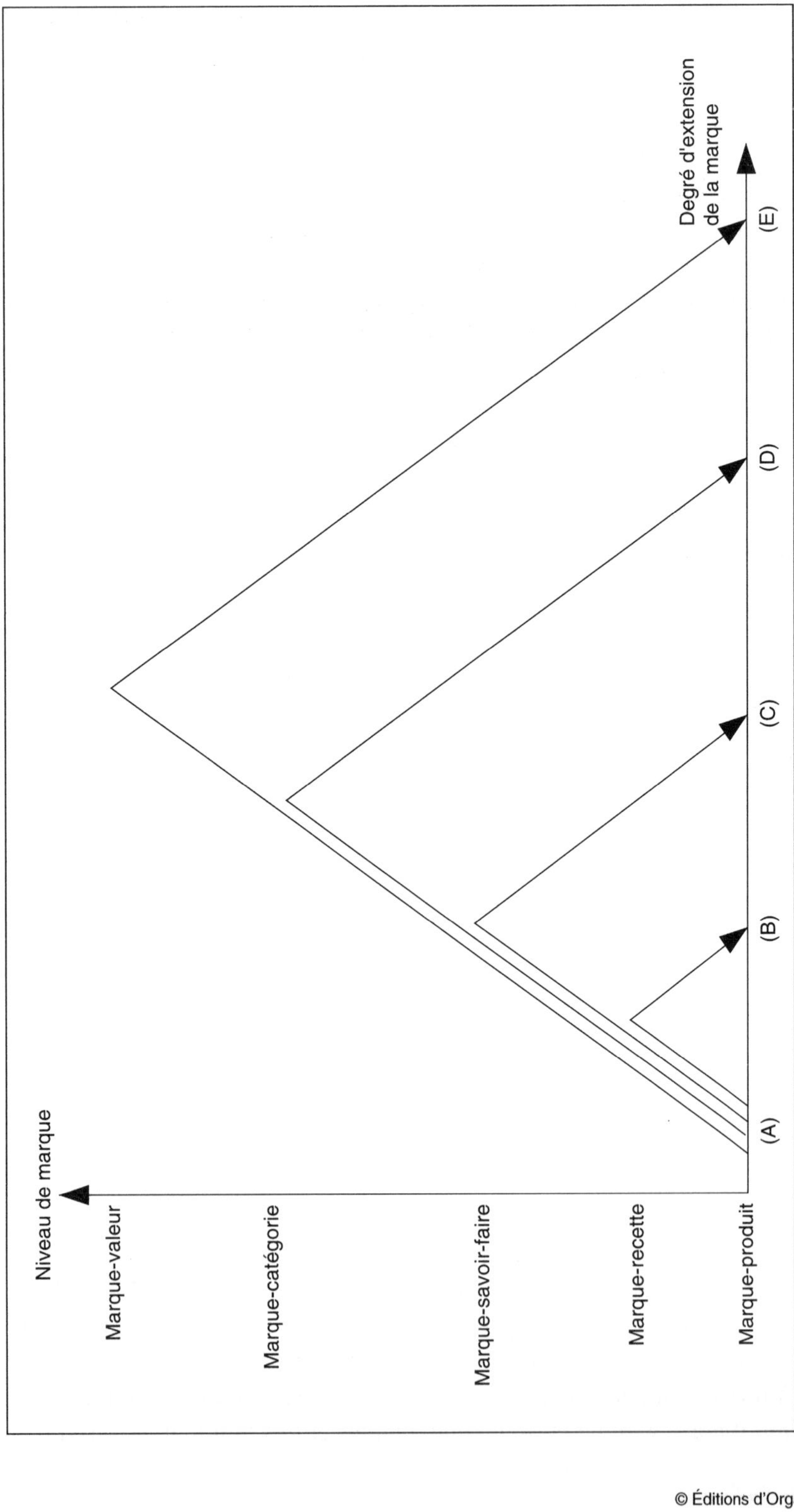

Figure 8.4. – *La capacité d'extension dépend du type de marque*

les stylos à bille que les briquets. L'extension ultérieure (D) pour être cohérente avec le produit initial (A) suppose une marque définie par son centre d'intérêt, sa focalisation. Téfal s'intéresse à la maison, pas uniquement à la cuisine : Téfal poursuit un idéal de fusion de la technologie et de la beauté pour l'habitat. Sony n'était au départ qu'une marque de haute fidélité, exclusivement. En quelques années elle a acquis une légitimité en télévision et vidéo et par la même a évolué dans son image et sa signification : mais ses valeurs centrales restent toujours technologie, sensibilité et innovation. Le degré ultime (E) suppose une marque définie par une philosophie profonde. General Electric signait aussi bien des centrales nucléaires que des grille-pains pour la maison. Certaines griffes vont de la haute couture à la porcelaine, tout naturellement. Elles transforment tout en excellence. Cela paraît tellement aller de soi que peu de gens savent que les fameux chocolats Lanvin n'émanent pas de Lanvin, la griffe. Pour eux, c'est une seule et même marque.

Ainsi la seule façon pour une marque de donner un sens unitaire à un ensemble d'extensions est de partir d'un point de vue plus élevé : pour rendre cohérentes des extensions de plus en plus distantes, la marque s'éloigne du physique et accède nécessairement au titre de source d'inspiration, de système de valeurs pouvant s'enraciner dans des métiers différents. C'est le cas de Nestlé, marque au spectre très large. Cette ascension maintient l'angle de la marque et sa capacité à s'approprier des produits éloignés.

Plus l'angle est aigu plus la force exercée sur les produits (de A à E) est élevée. Plus cet angle est plat, moins la marque dispose de force pour unifier ces produits. Tel un élastique qui voudrait recouvrir trop de produits, elle s'affaiblit, perd son pouvoir unifiant et cède souvent.

Sur le plan concret, les marques n'ayant pas de profondeur d'identité autre qu'un physique (un produit, une recette) ne peuvent supporter des extensions larges. Si tel est le cas, elles déchoient et rétrogradent à un stade de proto-marque : celui de marque de fabrique, simple garantie de provenance. Elles deviennent des marques plates, l'équivalent de numéros (Figure 8.5.X). C'est le cas de Mitsubishi. Ce nom ne fonctionne guère comme marque fédératrice (capable de marquer de son empreinte). C'est une raison sociale, un nom de fabrique. Ce n'est pas un signe porteur de sens autre que le caractère générique de l'imaginaire japonais et l'image de puissance industrielle liée au groupe. C'est pourquoi les automobiles Mitsubishi ne semblent pas mues par un idéal particulier dont elles seraient la matérialisation automobile, et qu'elles partageraient avec les téléviseurs Mitsubishi par exemple ou les machines-outils. C'est un peu aussi le cas de Philips.

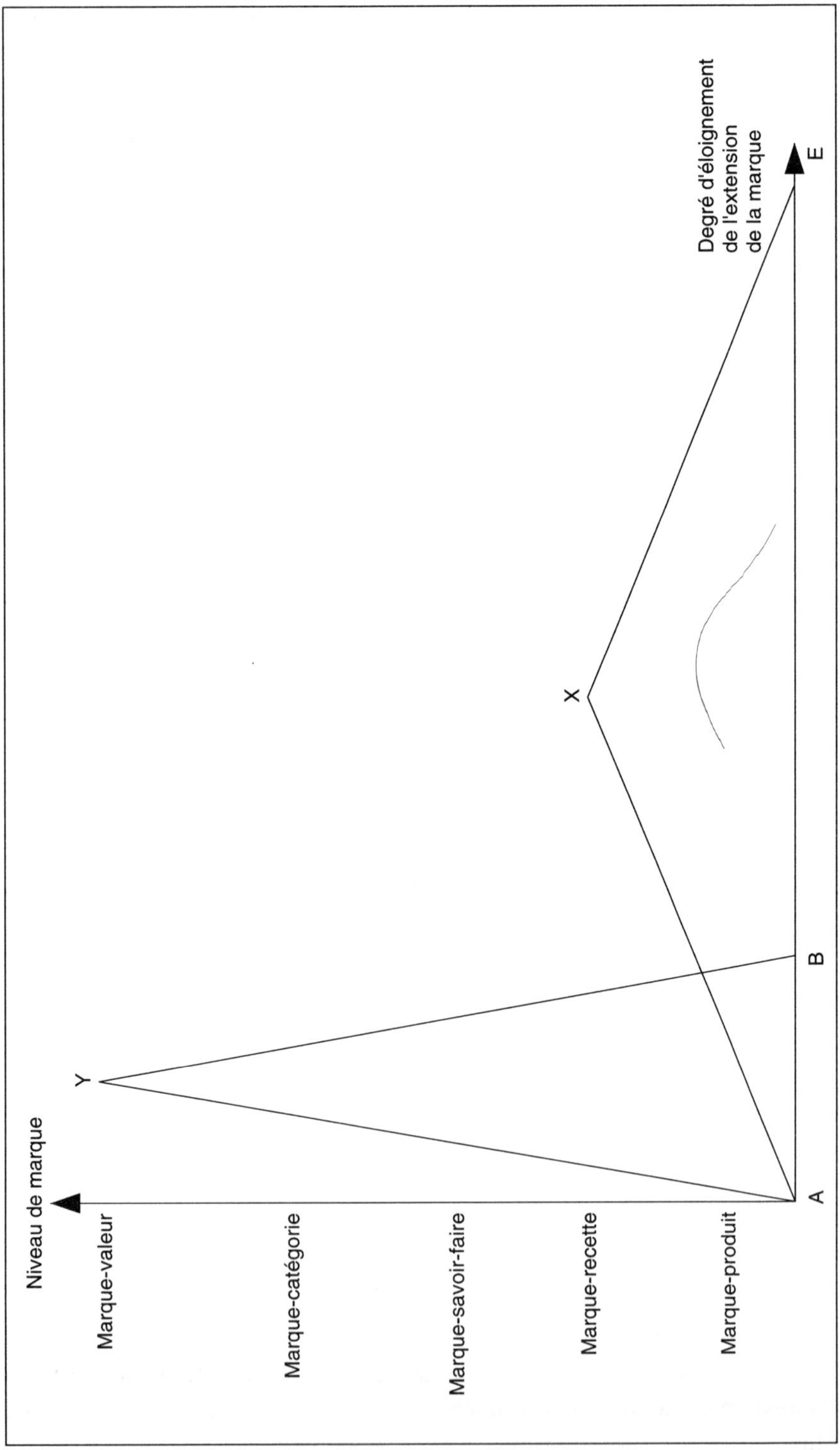

Figure 8.5. – *Sous et surexploitation d'un capital de marque*

Cette marque signait originellement un savoir-faire : celui des produits bruns (téléviseurs, vidéo, hi-fi). Mais la marque n'était porteuse d'aucun autre sens : elle ne semblait pas mue par un idéal, une valeur source d'inspiration. Son extension au petit électroménager d'une part et au blanc d'autre part était exagérée par rapport au capital d'élasticité de cette marque. Les études des consommateurs en attestent : en France, 80 % des interviewés déclaraient que Philips est spécialiste du brun, que ces produits sont de son ressort, de sa compétence. Ils n'étaient plus que 60 % à le déclarer en ce qui concerne les rasoirs et le petit électroménager, et seulement 40 % pour le blanc. Ainsi Philips perdait la moitié de sa crédibilité pour les machines à laver, les réfrigérateurs, etc. Sur ces produits le nom n'avait plus guère qu'un statut de simple caution à l'instar d'une marque de distributeur ou d'un label de qualité acceptable. Le souci de l'économie conduisant à une politique de marque unique avait montré ses limites dans le fait que la marque avait une double signature, selon les produits : « C'est déjà demain » et « Le temps de vivre. » Or un slogan de marque ne saurait être double. La marque est unitaire.

Le dédoublement du slogan était symptomatique de la tension imposée à la marque, qui cherchait vainement un pôle fédérateur. La phase ultérieure et prévisible fut le repli sur le seul pôle fort de la marque et la vente du blanc à Whirlpool en 1989.

À l'opposé des marques surdimensionnées on trouve des marques sous-exploitées. Celles-ci (Figure 8.5.Y) recouvrent un étroit champ de produits mais ont une mystique intérieure qui les rendrait légitimes sur un vaste éventail de produits. La mission rationaliste de Carrefour, au départ confinée à l'alimentaire, trouva des terrains d'expression de plus en plus larges : le textile, la bagagerie, les services bancaires. L'idéal social de Casino, qui est le noyau de son identité, l'autorise aussi à un champ d'extension large. Ces marques ne promettent pas un métier, mais un principe de sélection. En entrant chez Casino ou Carrefour, il n'y a que des produits signés Casino ou Carrefour – souvent imitations des grandes marques – . On y perd en liberté de choix, mais c'est normal lorsque la marque est une quasi-religion. L'évaluation financière du capital de marque doit incorporer ces potentialités latentes prêtes à s'actualiser. La marque La Roche aux Fées, marque de produits frais supprimée par Nestlé, pourrait signer sans problème une ligne de vêtements pour enfants, une collection de livres ou une maison d'édition. Son potentiel imaginaire lui permet de retomber sur maintes catégories de produits pour enfants et de servir de cahier des charges aussi bien pour la fabrication et le style que pour la communication et le mode d'expression.

Amora longtemps limitée à la seule moutarde forte de Dijon, est devenue leader du ketchup, devant la marque internationale initiatrice du segment

(Heinz). Amora prospère aussi dans les vinaigres, les cornichons, la mayonnaise.

La marque Nivéa sous-estima pendant longtemps ses potentialités de rayonnement. Le management prenait la marque pour le produit, et confinait celle-ci à la fameuse petite boîte bleue. Mais pour les consommateurs Nivéa signifiait beaucoup plus. Ses attributs (douceur, protection de la peau, naturalité), lui permettaient d'entrer dans le marché du soin (Nivéa Visage, Nivéa Vital), mais aussi de la cosmétique (Nivéa Beauté). En revanche, une extension en shampooing est moins légitime.

Longtemps réputée comme grande marque de chaussures de classe, Salvatore Ferragamo s'est désormais étendu avec succès dans les sacs féminins, les cardigans en maille, les cravates. Lapeyre, marque de menuiserie, se croyait limitée à une seule essence : le bois. Or, l'introduction d'une gamme de fenêtres en PVC, rencontra d'emblée un total succès : pour le public, Lapeyre est le spécialiste d'une fonction et non l'intégriste du bois, même si l'imaginaire du bois domine dans cette marque.

ÉLARGIR LA MARQUE PAR EXTENSIONS GRADUELLES

Comme l'indique la Figure 8.4. (cf. page 312), plus la marque vise une extension loin de ses bases d'origine plus elle doit avoir acquis un sens élevé. Concrètement par exemple Damart n'est pas passé d'un seul coup du monoproduit contre le froid (le sous-vêtement en thermolactyl) au « sportswear » voire au prêt-à-porter. Après vingt années de communication télévisée focalisée exclusivement sur le thermolactyl au point que Damart était pratiquement une marque-produit, aux yeux du marché, l'offre de prêt-à-porter eut été totalement illégitime sous cette marque. De plus, en termes de produits, toutes considérations de marque mises à part, le prêt-à-porter Damart n'apportait rien de plus comparé aux catalogues de La Redoute ou de Daxon ou de La Blanche Porte. La démarche d'extension consiste à mener en parallèle deux actions qui se renforcent mutuellement.

– faire évoluer le concept de la marque, le déconnecter du strict plan physique (celui des plus-produits) en lui donnant plus de hauteur pour lui permettre de nourrir et légitimer de façon égale et l'offre de prêt-à-porter et l'offre traditionnelle d'hiver (le sous-vêtement). C'est pourquoi la marque changea de signature passant d'un slogan de produit (Froid moi jamais) à un slogan institutionnel (Ne rien vivre à moitié) puis à un slogan de marque (le coup de foudre). Ce dernier slogan se décline en termes de chaleur l'hiver et de prêt-à-porter.

– procéder à des extensions progressives à partir des sous-vêtements. Damart est une marque de fabricant, elle doit justifier un plus-produit. Aussi on étendit le thermolactyl à la corsetterie, aux vêtements de loisir d'intérieur, aux collants, chaussettes. Puis on développa une ligne de produits chaussants, bien adaptés et confortables. Enfin, même sur le prêt-à-porter, on chercha en priorité des vêtements où un plus-produit pouvait être apporté (beaux et bien pensés).

Cette même démarche graduelle a été méthodiquement suivie par Téfal. Partie des poêles au revêtement en Teflon, Téfal s'est étendue d'abord dans le petit électroménager de cuisine (raclettes, grille-hamburgers...), puis aux balances pèse-personne électroniques. L'étape ultérieure fut de proposer sous blister en grandes surfaces des téléphones muraux signés Téfal. L'objectif était moins de vendre que de préparer l'entrée dans l'univers domotique. Cette démarche graduelle prit dix années.

Prenant conscience de cette nécessité, Salomon n'a pas voulu réitérer l'échec de Rossignol dans le monde du snowboard, du surf des neiges. Ce monde qui s'est construit en réaction contre l'univers traditionnel du ski alpin en refuse les marques-repères. Il veut se créer et adorer ses propres marques-cultes. C'est pourquoi outre la nécessité d'une marque-prénom, cautionnée par Salomon, l'entreprise décida de prendre le temps de se faire accepter des jeunes en pénétrant leur monde *via* un autre de leurs sports où Salomon pouvait apporter un réel plus-produit significatif, le roller-skate.

L'EXTENSION DE MARQUE : MISE EN ŒUVRE

Le préalable à toute extension, on ne saurait trop le répéter est de bien connaître sa marque. Quels sont ses attributs ? Quelle est sa personnalité ? De quel contrat est-elle porteuse vis-à-vis des acheteurs et utilisateurs ? Quelles sont ses potentialités latentes ? La réponse à ces questions suppose des enquêtes quantitatives (pour connaître la popularité de la marque et son image) mais aussi qualitatives auprès des publics-cibles. La simple énumération à plat des traits d'image ne donne pas la dynamique de la marque, sa source d'inspiration. Le repérage de son prisme d'identité et de son ressort nécessite une investigation qualitative.

Munis de ce portrait, la deuxième étape du processus d'investigation est de tirer les conséquences des traits distinctifs de la marque en les extrapolant. Si Cadum est marqué par la douceur, quels autres produits ont besoin de douceur ? Si Scof est une marque de couverts, par métonymie peut-elle s'étendre aux verres, aux tasses, ou l'art de la table en général ? Si Rossignol excelle dans le prolongement de l'homme (le ski) ne pourrait-il recouvrir les raquettes ou les clubs de golf ? La métaphore est aussi une source d'inspiration : la lame de rasoir écrête les poils, une planche à voile écrête les vagues. Les marques de luxe quant à elles puisent souvent dans leur propre histoire la légitimité et l'inspiration de leurs extensions. C'est leur histoire qui délimite leur territoire. C'est ainsi que, historiquement, M. René Lalique avait déjà fait des bijoux, des foulards, des châles. L'extension de Baccarat au petit mobilier, aux bijoux, aux parfums, aux lustres est aussi une reconquête de domaines laissés en jachère.

Quelle qu'en soit la source, une longue liste émane de ce processus d'introspection, d'auscultation de l'identité de marque et d'extrapolation à partir de celle-ci. Elle est alors soumise aux filtres de la faisabilité interne. L'extension de marque est un choix stratégique qui s'accompagne d'autres changements : de production, de métier, de circuit de distribution, de communication. Il faut pouvoir les financer soit de façon interne, soit en nouant des alliances. C'est ainsi que Boucheron a vendu 22 % des actions, non du cœur du système (la haute joaillerie) mais de la société chargée de gérer les extensions dites du « premier cercle » (bijoux, horlogerie, montures de lunettes, stylos, parfums).

La liste réduite qui en résulte peut alors être soumise au public-cible : il est fréquent d'utiliser à cette fin des enquêtes par sondage. Pour chaque proposition d'extension, l'interviewé répond selon trois modalités, en substance : ce serait un produit « très, moyennement ou peu intéressant ». On obtient ainsi un hit-parade des extensions possibles.

Cette méthodologie a l'avantage de la simplicité et le caractère probant du nombre. Elle a l'inconvénient d'être conservatrice. Interrogés en rafale sur une série de produits, les interviewés ne réagissent que par rapport aux traits saillants de la marque, ce qui vient immédiatement à l'esprit. Cette méthodologie privilégie donc l'émergé c'est-à-dire le miroir de la réalité observable de la marque : à l'époque où Bic ne faisait que des stylos à bille, cette méthodologie eût abouti à épuiser l'univers de la papeterie et des fournitures de bureau et à trouver incongrue, à brûle-pourpoint, l'idée que Bic signât des rasoirs.

Les Anglo-Saxons (Davidson, 1987) distinguent plusieurs zones concentriques : autour de « l'inner core » (le noyau interne), on trouve « l'outer core » (ou noyau externe), puis les zones d'extension à proprement parler et enfin les zones interdites (« no go areas »). Les enquêtes extensives par questions fermées renseignent sur le voisinage immédiat de la marque (son noyau externe). Les phases qualitatives en profondeur explorent les zones d'extension.

Il est donc nécessaire ici encore de procéder à des investigations qualitatives, pour faire ressortir les potentialités latentes de la marque et voir comment elles peuvent, ou non, s'approprier chacune des idées de produit. De cette façon on sera à même de repérer si les refus issus d'un sondage extensif tiennent au conservatisme lié à la situation présente et à la difficulté qu'ont les interviewés à imaginer ou sont bien dus à une incompatibilité de marque.

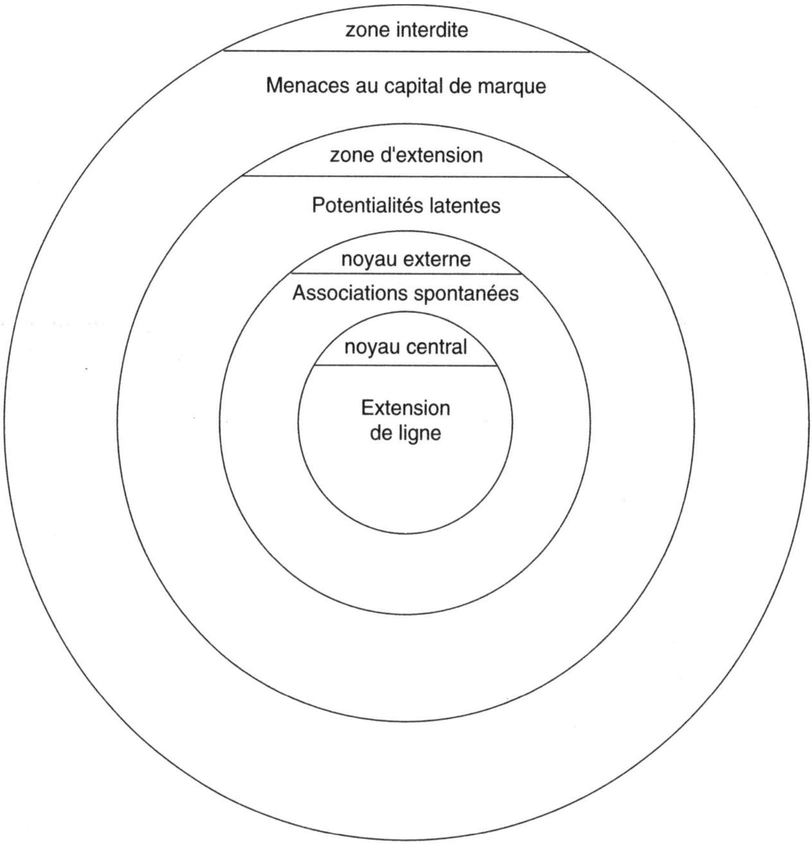

Figure 8.6. – *Périmètres d'extension d'une marque*

La phase qualitative est constructive : puisque rappelons-le, une marque doit apporter une valeur ajoutée à une catégorie de produit, on cherchera à savoir à quelles conditions le produit envisagé pourrait être légitime pour la marque (que faudrait-il – en attributs objectifs ou subjectifs – pour qu'il puisse porter la marque) et en quoi ce produit améliore l'offre du marché.

Ainsi, il ne suffit pas de décréter que Lacoste pourrait faire des blousons. Il faut encore définir ce qu'est un blouson portant les symptômes de Lacoste et un blouson hors territoire. Le prisme d'identité de Lacoste passe par les traits suivants : maille, finition, durabilité, discrétion, équilibre, sociabilité, conformité, polysémie. La fameuse Lacoste, le produit racine, est une seconde peau : elle induit cette distance qui est la valeur centrale de la marque. Elle nourrit un imaginaire de souplesse et de charnière entre l'intime et le social d'aisance du corps et d'aisance sociale. La maille aérée reproduit les grains de peau, les pores. Ce prisme d'identité définit les territoires qui ne sont pas Lacoste (à moins d'en dévoyer le sens) :

- conforme à l'idéal du sport, Lacoste est transversal, pour tous âges et sexes : il ne doit pas signer des produits exclusivement féminins (d'ailleurs la ligne aérobic de Lacoste fut un échec en ventes) ni hypermasculins (la chasse) ;
- Lacoste ne signe ni l'hyperséduction (les couleurs voyantes), ni l'éphémère (les produits mode) ;
- seconde peau, Lacoste ne signe ni la grosse maille ni les cuirasses, le brillant.

On comprend que les blousons de cuir alors ne soient pas Lacoste : trop cuirasses, ils sont hyper-virils ou trop mode, ils ne durent pas. Seul à pouvoir être dépositaire des traits Lacoste : le blouson en daim.

La phase qualitative permet aussi de comprendre les fonctions de la marque pour l'utilisateur. La marque est-elle signe pour soi ou pour les autres ? Irait-on sur les pistes avec des skis Go Sport ? Où souhaite-t-on voir la marque signer ? Cette dernière information est essentielle pour le marquage lui-même. Un blazer Lacoste doit-il porter le crocodile sur la poche ou Lacoste ou Lacoste Club ?

Fondamentalement la phase de test ne vise pas seulement à savoir si l'extension est cohérente avec la marque mais également si le produit sera perçu comme supérieur à la concurrence, présenté sans sa marque. Au-delà des explications dues à l'image, bien des extensions échouent parce que le produit était objectivement inférieur aux produits déjà existants et fut en plus vendu plus cher. Avant de penser extension il faut penser innovation, plus-produit ! Enfin, les techniques projectives permettent d'aborder l'épineuse question des effets boomerang de l'extension sur le capital de la marque. On ne saurait ici parler de fiabilité : la simulation en groupe de processus naturels et longs révèle de l'audace méthodologique et réclame une grande prudence interprétative. C'est parce que des risques d'effet boomerang négatif n'étaient pas exclus, que le groupe Perrier décida de ne pas nommer du nom Contrex les desserts et crèmes au chocolat innovants car sans cholestérol. Il y avait certes une forte légitimité à étendre le nom Contrex lié à la minceur sur ces nouveaux produits : mais les effets de retour pouvaient ne pas être tous positifs pour l'image de Contrex.

QUELQUES ERREURS CLASSIQUES

L'extension de marque est un acte stratégique. Il engage l'avenir et le capital de marque. C'est un acte délicat, d'où les précautions que constituent une saine méthodologie et les études de potentialités. Il existe un certain nombre de sirènes tout le long du chemin de l'extension, dont les appels sont aussi forts que périlleux. Nous les examinons à présent.

Une vision limitative de la marque

Maintes entreprises ont une vision réduite de leurs marques. Elles prennent celles-ci pour des noms descriptifs. Le programme génétique de la marque se limite alors à quelques variantes du produit ainsi désigné. On se rappelle que c'est cette conception qui avait empêché Lesieur de recouvrir de son nom, immédiatement, la vague montante du tournesol. Attaché à une conception nominaliste où Arachide = Lesieur donc Lesieur = Arachide, la marque s'enferma dans une logique de graine et ne put pas nourrir son capital image de toutes les vertus de l'imaginaire de l'huile tournesol. Elle en souffre toujours. Quel contraste avec la marque Gerblé, qui, en dépit de la présence du mot blé dans son nom, signe aussi bien des confitures que de la lécithine de soja ! De même le savon Cadum ne contient pas d'huile de cade depuis sa création (alors qu'il était l'extension d'une marque de pommade au cade). Palmolive ne contient pas d'extraits d'olive ni dans le savon, ni dans la mousse à raser, ni dans le liquide vaisselle. Quant au Pétrole Hahn, point de pétrole dans la lotion, le shampooing ou l'après-shampooing.

Pourtant ces marques auraient eu cent fois plus de raisons que Lesieur de se limiter à une vision physique de leur identité, puisque celle-ci était incluse dans leur nom : le blé, le cade, l'olive... C'eût été une erreur : en effet la marque désémantise les mots qui lui servent de support. Quand on pense à la marque Rossignol, personne ne pense aux attributs de l'oiseau ou aux connotations négatives du mot d'argot (un « rossignol »).

Est-ce dire que l'inclusion « blé » dans Gerblé est totalement neutre, comme lorsqu'un dentiste dévitalise une racine. En fait, la marque forte désémantise le mot : mais son sens est refoulé. Il reste en profondeur comme une latence potentielle.

Gerblé bénéficie de cette sémantique refoulée. Elle ne se polarise pas autour de la réalité du blé mais derrière les valeurs et l'idéal qu'il inspire. Gerblé est une marque de vie. Il n'est pas étonnant que ses consommateurs vivent cette marque comme une quasi-religion. La marque n'est-elle pas un signe de ralliement ? De même Palmolive porte en son nom un imaginaire lié à l'olive et qui s'enracine dans les qualités objectives et subjectives des produits que la marque signe. Pour autant ces produits n'ont pas besoin d'être à l'olive : le seraient-ils qu'ils perdraient tout attrait. C'est la signification de l'olive et non sa présence réelle qui fonde le programme d'extension de cette marque.

L'enfermement de la marque

Constatant que Maggi avait une image un peu vieillotte, les responsables du lancement des nouveaux produits alimentaires eurent vite convaincu Sopad-Nestlé qu'il valait mieux lancer les nouvelles purées instantanées Mousline en prenant le maximum de distance avec cette marque. Il en alla de même bien plus tard pour les petits bols prêts à l'usage : Bolino.

Il y a là un piège que les Anglo-Saxons appellent « Self-fulfilling prophecy » (ou prophétie auto-validante). Ayant décrété que, vieillotte, la marque Maggi ne pouvait recouvrir les produits nouveaux et modernes, on enferme la marque dans un ghetto en la dissociant de ces produits, ce qui ne fait que renforcer son caractère vieillot et démodé et la rend encore moins apte à l'extension. CQFD.

Pour sauver alors la marque, on compte sur la seule publicité et l'adoption de codes à la mode. Or une marque prouve son actualité par les produits qu'elle crée et apporte au marché. Le syndrome Maggi tient à l'oubli qu'une entreprise bâtit des marques par sédimentation. Les lancements de produits doivent certes atteindre leurs objectifs marchands : mais la pérennité de l'entreprise à long terme dépend de ses marques, en petit nombre, qui porteront un large éventail de produits. Maggi est un de ces porte-avions essentiels dans la stratégie de Nestlé. La perspective du capital de marque eût commandé une approche volontariste pour accrocher Maggi à la nouveauté et ainsi nourrir la marque et accroître sa valeur. Ce que fit Knorr qui lança les « purées Knorr » et les « En-cas de Knorr ».

Quand le passé décide du futur

Une autre source de limitation excessive de la marque est la focalisation sur des décisions passées. Or on ne conduit pas la marque en regardant dans un rétroviseur. Il est vrai que la marque est la mémoire des produits : au fil du temps, elle acquiert et délivre son sens propre : elle a son identité. Cela ne signifie pas que le futur doive être l'extrapolation du passé. La marque se conduit : elle a son énergie propre et son inertie, mais sa direction à long terme est une décision stratégique.

Il arrive que l'extension ou la non-extension d'une marque soient définies en fonction des produits qu'elle signe déjà. Avant d'être reprise par

Danone, tous les documents relatifs à l'extension de la marque Lu rappelaient que, mère de biscuits français, enracinée dans l'histoire de notre pays, la marque ne pouvait en aucun cas signer des produits étrangers : ni le Pim's et le biscuit Prince du fait de leur anglicité, ni le Sirtaki par ses connotations grecques. Or on sait avec quelle aisance la marque Lu recouvre et se nourrit aujourd'hui de tous ces biscuits depuis le produit racine (le petit Lu) jusqu'aux modernes Mikado, Hello (le cookie), en passant par Pim's et Prince. La marque est devenue une des plus fortes de ce marché et constitue le fer de lance de la pénétration européenne de Danone. On eût pu limiter Lu à une vocation de maintien de la tradition : c'eût été une décision stratégique.

Il fut décidé de faire de Lu la marque de biscuiterie en France et en Europe : ses potentialités profondes le lui permettaient, même si sa réalité de l'époque ne le laissait pas voir en surface. La nationalité des biscuits est une caractéristique de surface. L'empreinte de Lu est autre : la marque transforme et crée, actualise les recettes, innove dans la gamme infinie des touches et des goûts. Lu est un artiste. Pas un artisan.

Les marques fortes transcendent les clivages de surface. C'est pourquoi Chanel pour l'homme n'a pas affecté l'image de Chanel. On imagine pourtant les débats portant sur l'extensibilité de cette griffe au monde masculin. Trop souvent l'extension de la marque est freinée par une attention excessive portée aux attributs actuels, à la partie émergée et visible de la marque.

Les trois premières attitudes examinées ci-dessus conduisaient à sous-dimensionner la marque. Les cinq suivantes aboutissent à l'effet inverse : non seulement la marque est trop étendue, mais surtout elle s'étend là où elle prend un risque. De telles décisions résultent le plus souvent d'un opportunisme commercial : face à la possibilité de trouver un marché immédiat, une exploitation de la marque, face à une demande de licence, l'entreprise ne considère que l'apport de recettes à court terme et sous-évalue les risques pour le capital de marque même.

L'extension destructrice

Prenant conscience de la croissance du segment allégé, combien de marques n'ont-elles pas immédiatement sauté le pas et étendu leur nom pour profiter de la manne de cette vague montante. Pour certaines d'entre elles, c'était pourtant une erreur. En lançant Bridel Allégé, Bridel fit peut-être une erreur d'extension. Car alléger Bridel c'est détruire un des pivots du capital de marque Bridel, dans un marché où il est pourtant si dur de se différencier : l'excellence du goût, l'authenticité et le respect de la nature. C'était donc prendre un risque pour la marque Bridel elle-même car les produits allégés ont en générale moins bon goût. Ayant prévu ce risque, Président prit bien soin d'introduire plus de distance entre le nom de marque et le nom de la ligne allégée en l'appelant Présilège et en la traitant sur le plan publicitaire hors des codes de la marque Président.

L'extension du thé Lipton aux soupes a aussi contribué à un affaiblissement du capital Lipton. Cadum frôla le même risque mais se ressaisit. Après avoir lancé avec succès le savon Cadum (extension dans l'hygiène beauté de la marque dermatologique Cadum) figuré par son symbolique bébé, Cadum s'étendit dans le segment des nettoyants ménagers en lançant la mousse Pec de Cadum (produit d'entretien Cadum). Or ce segment de corvée fonctionnelle est non seulement aux antipodes du narcissisme et du plaisir associés au savon, mais en plus il sapait les bases de la marque en menaçant son idéal de pureté et l'imaginaire lié à la fragilité de la peau de bébé. Aussi la mousse Pec de Cadum devint tout simplement Paic sans aucune référence à Cadum. Cela ne signifie pas qu'une marque de savon ne puisse pas couvrir ces deux segments : cette marque Cadum en tout cas ne le pouvait pas. Le Chat, dont le produit racine est le savon de Marseille et son côté brut et naturel lui le peut : Le Chat s'est d'ailleurs déployé avec succès sur les lessives en lançant un produit vert, une lessive écologique sans phosphate, extension cohérente avec les valeurs de cette marque.

Opportunisme et incohérence d'identité

Réputée dans le segment de l'entretien du bois, la marque Abeille, discrète jusqu'alors, entreprit de saisir au vol le nouveau segment des sprays dépoussiérants créé et dominé par Pliz de Johnson. Las, le produit dut être retiré au bout de trois années d'efforts de marketing. En effet, le fond de la marque Abeille est incompatible avec le segment considéré. Ce dernier signifie : vite fait, décontraction, désir de se débarrasser du problème, refus de l'attitude ménagère. La marque Abeille porte en elle le contraire : une dédication à la belle ouvrage, le temps pris à frotter, une mission de femme très traditionnelle liée au foyer, à la ruche. La seule possibilité eût été de se positionner comme le dépoussiérant du bois, mais cette limitation n'avait aucun attrait pour les ménagères qui souhaitaient un produit toutes surfaces.

Dans le marché du luxe l'extension est de mise. Les propositions de licence abondent. On trouve dans les boutiques Nina Ricci de la vaisselle, des services de table. C'est pourtant se tromper de marque. Ce qui est valable pour Hermès ne l'est pas forcément pour Nina Ricci. Car Nina Ricci fonde son identité sur la féminité naissante, intime, et autiste dont le voile – hymen – est le symbole. La vaisselle appartient à l'univers du social, de la femme maîtresse de maison, du statut. Elle est conforme à une marque essentiellement fondée sur la représentation sociale, Hermès ou Dior, ou éventuellement aussi une marque fondée sur la séduction (Saint Laurent). Elle est hors de l'univers et de l'identité de Nina Ricci.

Pour renforcer maintes marques produits, orphelines, Unilever décida d'utiliser la marque Fabergé comme caution. On voit donc apparaître ce nom sur l'eau de toilette masculine, mais aussi une eau de soin dynamisante Alliance pour femmes. En 1992 fut lancé Joyau de Fabergé. Cette extension purement nominale s'opère sans unité stylistique ni reflexion transversale quant à l'identité de la marque Fabergé.

Le cas des marques – prototypes

Dans certains marchés, une marque incarne la catégorie de produit. Elle en est le prototype. Coca-Cola est le symbole des colas. Société est la référence du roquefort. Sidi-Brahim est le vin d'Algérie. Ayant constitué une marque forte, connue de tous, et dotée d'une réputation incontestée, l'entreprise, pour accompagner les produits nouveaux qu'elle ne cesse de créer, est naturellement tentée d'utiliser enfin ce capital si précieux. Elle court alors le danger de faire perdre sa légitimité et son autorité à cette marque dans son propre marché nourricier.

Le Sidi-Brahim est un vin sacré et un sacré vin. Gorgé de soleil mais aussi d'une histoire récente et très émotionnelle, il est le plus au sud des vins du Sud. Ce vin est donc une référence : ne dit-on pas le Sidi-Brahim. Il était tentant pour l'entreprise W. Pitters de lancer une gamme comportant le Sidi-Brahim, vin d'Algérie rouge et rosé, mais aussi un Sidi-Brahim de Tunisie (rouge) et un Sidi-Brahim du Maroc (rouge). L'entreprise n'en fit rien, trop consciente des risques que cette extension eût fait courir au socle de la marque. En recouvrant tous ces pays, fussent-ils du maghreb, Sidi-Brahim devenait une entreprise commerciale et perdait du même coup ses connotations artisanales. On n'imaginait plus les babouches et la djellaba mais un costume trois pièces et un attaché-case. Sidi-Brahim se multipliait pour vendre plus : elle devenait une marque de négociant. La marque y perdrait sa simplicité d'être, son naturel – physique et social –, son identité. Elle y gagnait tout ce qui évoque coupage, mélange, c'est-à-dire le compromis, et non l'authenticité. Même si les consommateurs savent bien que Sidi-Brahim n'est pas issu d'une petite production locale et artisanale, ils repoussent tout ce qui peut le mettre en évidence. La marque est leur marque.

Une marque prototype ne doit pas non plus s'aventurer sur des catégories où un autre prototype existe. La marque reconnaît alors l'autorité d'une autre marque et déchoit un peu. C'est ainsi que Lacoste, le symbole du sportswear perdrait à s'aventurer dans le marché du jean, dominé par l'empreinte et l'imaginaire façonné par Levi's. Il ne pourrait imposer sa marque, c'est-à-dire – au sens propre – transformer la catégorie de produit pour y enraciner ses référents. Certes, on peut toujours accoler un crocodile sur un jean : c'est un acte superficiel qui affaiblit la marque, car celle-ci témoigne alors de sa vacuité. Elle se contente de squatter le territoire créé par un autre. Ce qui est logique pour une marque de distributeur qui ne cherche qu'à détourner à son profit un flux créé par d'autres, n'est pas acceptable pour une grande marque.

Le piège des produits plats

Pourquoi n'existait-il pas d'emmenthal Président avant 1994 ? Après tout, vu la force du capital d'image de cette marque, il eût été tentant de l'appliquer à ce produit en y étendant la marque, au-delà du camembert, du brie, du coulommiers et du beurre. Mais l'entreprise Besnier savait que cela aurait été une erreur. Le choix d'une catégorie de produit trop simple, trop plate, ne permet pas à la marque de la transformer de son empreinte. Elle lui accole un halo imaginaire, c'est tout. Elle ne la modifie pas en profondeur.

Tant qu'il n'y avait guère de différences de qualité entre les emmenthals, en signer un Président était une erreur. À court terme cela pouvait engendrer un flux supplémentaire de ventes dû à des consommateurs tentés par ce que promet Président (un symbole d'excellence). À moyen terme c'était affaiblir la marque, son capital de confiance. Le contrat de cette marque est la conséquence de son nom : seul le meilleur est Président. Attacher la marque à un produit dont les consommateurs ne percevraient pas qu'il est supérieur c'est faire de la marque un artifice, un pur acte de communication. Président ne lança un emmenthal que lorsqu'il fut certain de pouvoir le différencier (Cœur de Meule). Hélas cela passait par le non-respect de ce qui donne droit à l'appellation Emmenthal.

Une catégorie plate ne donne pas lieu à des différences qualitatives. La grande marque, tel l'albatros, ne peut déployer son savoir-faire. Elle s'y échoue littéralement. L'électroménager de Thomson ne bénéficiait pas pleinement du halo de compétence issu de Thomson-Industrie (radars, armements, électronique) ni même de Thomson Multimédia

Le cas du luxe : licences et accessoires

Le cas des T-shirts Chanel ou des cigarettes Cardin relève-t-il du même syndrome ? De fait les griffes se multiplient en licences et signent les produits les plus plats : mouchoirs, chaussettes, cigarettes... La seule différence entre un mouchoir et un mouchoir Cardin est la marque. Il existe cependant une différence structurelle entre le téléviseur Thomson et le T-shirt Chanel. Le téléviseur est un produit de la marque, une de ses manifestations symptomatiques. Le T-shirt lui n'est qu'un support badgé : le consommateur célèbre ainsi la marque, comme d'autres portent un signe d'allégeance religieuse, ou d'autres enfin, pendant les périodes électorales, portent le nom de leur candidat sur leur T-shirt. C'est pourquoi la montre est appropriée par n'importe quelle marque : chargée de montrer le temps elle est elle-même un support, un média.

Le danger pour Chanel est à la longue. La marque rappelons-le est additive : elle est la somme de ses attributs. Le risque est alors que le T-shirt devienne un attribut de la marque. Or il est non seulement banal, mais galvaudé, porté par des personnes qui n'ont pas l'allure Chanel. Comme la marque est aussi un reflet, la diffusion extrême du T-shirt nuit au gage de raffinement qui constitue un des pivots de l'identité de cette marque.

Lorsqu'une marque prolifère non seulement dans toutes les directions mais se répand en produits plats (cigarettes, mouchoirs, cravates, accessoires de tous ordres), elle vide son capital de marque. Cardin en est le prototype : à tout et trop signer la griffe devient insignifiante, comme le mot « De Luxe » qui aujourd'hui marqué sur une automobile ou sur une bière à 3 francs a perdu toute connotation. Mais peut-être était-il écrit dans le programme imaginaire de Cardin de s'épuiser en poursuivant toutes les directions cardinales ?

Un dernier groupe de difficultés associées à l'extension de marque tient à l'oubli du point de vue du consommateur et à la prééminence d'une conception technologique de la marque.

La complémentarité n'est pas une garantie

Le cimetière des extensions de marque est plein de faux amis. Les pâtes Panzani ont toujours échoué dans leur volonté d'imposer des sauces tomate Panzani. Pourtant, on imagine la tentation de cette marque à embrasser le complément indispensable d'un plat de pâtes réussi. La fameuse marque de soupes, Campbell, a naturellement lancé un jour une sauce pour les spaghettis. Cela paraissait aller de soi pour une marque dont un des produits leaders est précisément une soupe à la tomate. Ce fut un échec : elle le relança sous le nom Prego. La margarine Astra n'a jamais pu lancer d'huile Astra.

Ce ne sont pas les produits qui déterminent la possibilité d'extension, mais le respect du principe central de la marque. Ce que Panzani n'a pu faire, Barilla l'a réussi : non que le management de la première ait démérité. L'italianité raffinée de Barilla légitimait son extension. C'est aussi cette considération qui explique la réticence de Lacoste à signer des jeans. En effet, les études de marché montrent que le produit le plus porté avec la 12 x 12, la fameuse chemise Lacoste en maille, est le blue-jean. Il serait tentant pour tout commerçant de chercher à capter le produit complémentaire. Mais – outre le problème lié déjà à l'existence d'une marque prototype sur ce marché – c'eût été une erreur. En accompagnant le jean, une Lacoste distingue son porteur. En signant le jean aussi, Lacoste fait uniforme et sort alors de son identité de marque. De même, Lacoste signe les raquettes de tennis mais pas les cordages. Ces derniers s'usent toujours plus vite que l'on espère et engendrent une déception du joueur. Une marque de durée ne peut se permettre d'y attacher son nom.

Bien connaître son identité de marque

Bic a fait sa fortune sur le stylo à bille, puis les briquets puis les rasoirs. Il échoue sur les parfums bon marché, décontractés, pour jeunes. Pourtant cette dernière initiative stratégique a dû être précédée de moult études et précautions. Elle n'est pas le seul fait du prince comme le fut l'extension dans les planches à voile, décidée par un patron grand amateur de voile.

L'échec en parfums tient en partie à une erreur de diagnostic sur ce qu'est la marque Bic. La marque est un principe gérant les produits : le principe de la marque, contrairement aux apparences, n'est pas le jetable. Il est de rendre les objets totalement instrumentaux, de les fonctionnaliser à l'extrême : le jetable est une conséquence de ce principe, il n'est pas le principe. Le prix très bas aussi. Or on peut instrumentaliser les prolongements du corps, les outils. Le parfum n'est pas instrumental, même si Bic veut l'instrumentaliser. Le parfum c'est de l'esprit. Bic, c'est du corps. En revanche on peut penser que le produit Bic aurait pu être positionné avec succès comme mini-désodorisant d'atmosphère (dans la boîte à gants, au bureau, à domicile).

QUEL MARKETING POUR L'EXTENSION DE MARQUE ?

Quelles précautions prendre et lignes directrices suivre pour optimiser l'extension, une fois celle-ci décidée ?

Prévoir les risques pour la marque

Certaines extensions portent en elles un risque dont la probabilité ne peut être supprimée. C'est la raison pour laquelle malgré les tentations, la marque

Fisher Price n'entra pas dans le marché des produits de soin pour enfants, que son capital de confiance lui prédestinait. Les accidents dans ce type de produits peuvent survenir : leur médiatisation probable aurait rejailli sur les autres activités de la marque.

En 1989, le Groupe Wagons-Lits décida de se lancer dans le marché des voyages haut de gamme destinés à une clientèle d'élite. Approché pour concéder son nom, Hermès refusa en fin de compte : les impondérables du service et *a fortiori* du voyage eussent fait courir un risque certain que la marque ne voulait pas encourir. On peut contrôler ce qui se passe dans le magasin du Faubourg Saint-Honoré, mais mal ce qui peut arriver dans les hôtels de Lhassa.

Prévoir les risques pour l'extension

Sur le plan psychologique, l'extension de marque fait trois hypothèses. D'une part, que les associations positives liées à la marque seront transférées au nouveau produit. En deuxième, que les associations négatives ne le seront pas. Enfin qu'un trait positif de la marque ne deviendra pas négatif dans le contexte de ce nouveau produit. Le but des études est de vérifier ces hypothèses. Le rôle de la communication est d'éviter que la deuxième ou troisième hypothèse se réalise.

Ainsi, l'idée d'un chewing-gum Fluocaril évoquera spontanément un goût pharmaceutique. Cet attribut bien évalué dans le contexte des dentifrices devient négatif dans celui des chewing-gums. L'erreur serait d'axer la communication de cette extension sur l'hygiène dentaire, ce qui ne ferait que renforcer les associations négatives liées au goût imaginé. La communication devra au contraire accentuer le plaisir du goût de ce chewing-gum en insistant sur la menthe. La communication permet de bloquer ainsi les risques de transfert au nouveau produit des attributs négatifs de la marque. Le capital santé de Fluocaril lui est déjà acquis : il ne servirait à rien d'en reparler.

De la même façon, la communication aida la ligne de produits solaires de Lacoste. En effet cette marque avait un déficit de crédibilité sur ce segment : elle n'a *a priori* aucun savoir-faire dermatologique ce qui pouvait handicaper fortement l'attractivité de cette ligne de produits aux yeux des acheteurs. Aussi il n'était pas souhaitable de la nommer Ligne Solaire de Lacoste. Il lui fallait un prénom, un étage de sens supplémentaire, pour compenser le déficit de Lacoste et doter l'extension de toute la crédibilité technique nécessaire à son succès. Ce nom est : Sun Technics de Lacoste.

D'une façon générale, plus la marque étend son champ, plus il devient nécessaire d'ajouter des étages de sens spécifiques pour aider les extensions : on débouche alors sur une architecture de marque à plusieurs niveaux : le niveau de la marque mère et un niveau fait de noms de lignes (La Nouvelle Tradition de Findus, Atari Business Systems) ou de noms de produits (Optane d'Elf, Folies de Danone). Les problèmes posés par les différentes architectures de marque furent exposés dans le chapitre précédent.

La tentation du sous-investissement

La motivation de beaucoup d'extensions de marque est économique. On ne peut plus soutenir publicitairement trop de marques : il faut concentrer le portefeuille des marques. De plus, le nom de marque étant déjà connu, il paraîtrait normal de sous-investir en communication sur une extension, par rapport aux sommes qu'un lancement sous marque propre eût requises. Or les analyses faites par Nielsen sous la direction de J. Peckham (1981) démontrent les dangers d'une telle attitude dans des marchés de grande consommation. Déjà examinées (page 294) rappelons-en les leçons.

Nielsen étudia 115 cas de lancements de nouveaux produits, dans trois segments : les produits d'entretien, alimentaires et d'hygiène. Les résultats montrèrent que les nouveaux produits lancés sous un nom propre obtenaient au bout de 2 ans une part de marché double de celle des nouveaux produits lancés sous un nom de marque déjà existant (6,7 % versus 3,3 % pour l'entretien, et 6,5 % versus 1,9 % pour les produits alimentaires). L'extension de la marque serait-elle une erreur ?

Une analyse approfondie révéla la véritable raison de cet écart de performance. Les produits lancés sous un nom propre avaient des budgets de lancement deux fois supérieurs à ceux des extensions de marque. Pour contrôler ce biais, on calcula la part de marché obtenue par point de part de voix : elle est alors égale dans les deux catégories de produit. Comme on le constata aussi, l'extension de marque semblait plus efficace qu'un nom nouveau dans le domaine des produits d'hygiène. Cela tient probablement au niveau d'implication supérieur de cette catégorie de produits : implication fondée sur un risque physique et social (comme pour les shampooings et les produits cosmétiques). La caution d'une vraie marque est donc plus sollicitée.

Rappeler le principe de marque

Plus la marque s'étend, plus elle concentre sa communication sur ses extensions, plus elle risque de perdre son unité. Elle doit nécessairement alors rappeler son principe fondateur, son sens profond, sa raison d'être. C'est le but de campagnes de marque. En effet, la sédimentation des images est un processus long. On ne peut compter sur les seules campagnes des produits pour donner un sens unitaire à la marque. En faire l'économie, c'est prendre le risque d'avoir une marque patchwork.

La campagne marque prend souvent appui sur les produits-racines ou les produits noyau dur de la marque. Ces produits sont des prétextes de communication : améliorés rénovés en permanence ils nourrissent la marque, rappellent ses valeurs, sa vocation. L'objectif n'est pas à court terme (vendre plus de ce produit) mais il est de rayonner sur tous les produits de la gamme. Dim ne cesse d'améliorer son collant de base comme Lu son petit-beurre, Danone sa Danette et son yaourt nature.

La pratique des extensions ne doit jamais découvrir la marque sur son noyau dur, tant en termes de supériorité produit vis-à-vis de la concurrence, que de communication. L'équilibre de marque peut être comparé à un catamaran.

Comme on le voit l'extension de marque n'est pas une source d'économie. Non seulement il faut soutenir les extensions mais rappeler le sens de la marque.

Pour les marques de luxe aussi, la gestion de la marque oblige à une double communication : travailler à l'élargissement du territoire de marque, c'est la communication offensive ; en même temps, occuper au mieux ses territoires actuels de légitimité. Cette communication défensive met en scène les produits racines et dépositaires des valeurs à la source de la marque. En même temps qu'elle s'étend sur de nouveaux produits (le golf), Lacoste prend bien soin de réactualiser ses racines en sponsorisant la Coupe Davis et le tournoi de Roland-Garros. La publicité s'appuie sur le crocodile symbolique, la chemise 12 × 12 et s'étend sur les diversifications au sein d'un même code de marque.

Le marketing mix de l'extension

L'extension de marque ne se limite pas à signer de nouveaux produits, hors du métier d'origine. Elle doit souvent s'accompagner d'un autre marketing mix que celui des produits antérieurs.

Ainsi, Armani décida de viser une autre cible, plus jeune, avec une ligne de vêtements 50 % moins chers. Celle-ci reçut pour nom Emporio Armani et dispose, sur un plan international, de points de ventes distincts de ceux d'Armani.

Lorsque Vuitton lança ses montres, celles-ci furent vendues dans les seuls magasins tabernacles de la marque célèbre. N'eût-il pas mieux valu profiter de cette extension pour prendre une vraie position d'horloger en les plaçant dans les meilleures boutiques spécialisées en horlogerie-bijouterie de New York, Tokyo ou Paris ? Au contraire Cartier lança sa collection « Must de Cartier » précisément pour profiter de la notoriété de la marque et sortir du temple qu'était la bijouterie et qui impressionne une certaine clientèle. L'extension selon l'axe prix, s'accompagnera d'un changement de circuit de distribution.

La non-maîtrise du marketing mix de l'extension est la vraie raison de l'échec de certaines d'entre elles que l'on tenta d'expliquer par moult analyses psychologiques. Par exemple, Pernod eut un jour l'idée de lancer Pernuts, ligne de cacahuètes et amandes grillées, emballée sous azote et distribuée aux cafés, hôtels, restaurants. Cette idée simple semblait prometteuse sur le papier. Le problème vint de la logistique et de la gestion des stocks : compte tenu de la durée de vie d'une bouteille de Pernod, les stocks semblaient gérés dans les entrepôts par la méthode Lifo (dernier entré, premier sorti) : qu'une caisse de Pernod reste plusieurs mois en entrepôt n'avait aucune conséquence. Il en allait tout autrement des paquets de Pernuts : il eût fallu que les premiers entrés soient les premiers sortis. Faute de cela, les cafetiers reçurent trop souvent des produits avariés, impropres à la consommation.

De même l'échec de la diversification d'IGN dans les guides touristiques tient largement à la non-maîtrise du réseau de vente (Presses de la Cité) nécessité pour couvrir une distribution méconnue jusqu'alors par IGN. De plus, face à des produits très positionnés et notoires tels que le *Guide vert*, le *Guide bleu* et le *Guide du Routard*, le créneau laissé vacant était étroit. IGN a certes une réputation dans les cartes mais ne maîtrisant pas l'écrit, le texte du guide fut sous-traité. Le produit final n'apportait guère de plus par rapport à l'offre existante. Ce dernier point appelle que, lorsqu'il s'agit des chances de succès d'un lancement, qu'il s'agisse d'une marque nouvelle ou d'une extension de marque, la supériorité intrinsèque du produit est déterminante. C'est ainsi que Signal, marque de dentifrice, tenta une extension dans les chewing-gums. Ce fut un échec attribué partiellement au fait que le produit se trouvait au rayon dentifrice, visité par la force de vente et non au rayon confiserie avec les autres chewing-gums, bien moins connu des vendeurs. Mais au fond, un chewing-gum cautionné par Signal restait-il assez une confiserie pour lutter contre les leaders du marché, chargés d'hédonisme et occupant fortement le segment du sans sucre, voire du chewing-gum bon pour les dents, Freedent, X-Tra, Hollywood Light ou Tonigum ?

Quand la marque cache le nouveau produit

Les marques très connues doivent analyser avec prudence les chiffres de prévisions des ventes provenant des études de marché ou des marchés-témoins simulés (de type Bases ou Assessor).

En effet, dans ces études les consommateurs ont conscience qu'il s'agit d'un nouveau produit. En réalité, lors du lancement national, bien des consommateurs voyant la publicité de l'extension n'en percevront pas la nouveauté. Ils prendront la publicité pour une communication de rappel de produits existants. En effet, on attribue souvent aux marques très connues des produits qu'elles ne fabriquent pas. La publicité sera bien vue, mais pas le nouveau produit ! Ce risque est accru lorsque la marque fait parler un symbole ou un personnage de marque devenus tellement familiers que le public n'en attend plus (ni donc n'entend plus) un message sur le fond, informatif. Il prend chaque apparition pour un rappel affectif de la marque. C'est exactement ce qui se passa lorsqu'Andrex décida d'entrer dans le marché des mouchoirs en papier pour concurrencer Kleenex. L'angle d'attaque fut de proposer un format familial, nouveau pour le marché, en plus des valeurs héritées du nom Andrex (Yentis et Bond, 1994). Les ventes prédites par le marché témoin simulé étaient de 11,6 millions (en unités), les ventes réelles n'attinrent que 10 millions d'unités en première année. Le problème venait de ce que, avant lancement 6 % des Anglais mentionnaient déjà spontanément l'existence des mouchoirs en papier Andrex et 40 % en assisté. Ces consommateurs-là n'eurent aucune conscience d'un lancement particulier de nouveau produit (à l'inverse des consommateurs utilisés dans la simulation et le test marketing). Il fallut refaire un film pour accentuer la perception d'une réelle nouveauté et pour Andrex et pour le marché. Le problème est encore plus fort quand on doit n'utiliser que la presse dans le plan de lancement.

LES LIMITES DE L'EXTENSION DE MARQUE

On ne saurait conclure un chapitre sur l'extension de marque sans signaler un danger actuel né de la mode des extensions de marque. Il arrive que l'on choisisse l'extension par conformisme ou paresse. En réalité, il eût mieux valu lancer une autre marque. Certes, cela est plus risqué, plus coûteux, demande plus d'efforts, de travail et d'énergie. Mais l'avenir de l'entreprise repose sur son portefeuille de marques fortes. Il y a un coût d'opportunité non mesuré, non chiffré dans l'extension de marque, c'est celui de la marque forte que l'on n'a pas lancée et qui eût permis de mieux couvrir le marché ou de pénétrer plus facilement des marchés nouveaux, jeunes, émergents, porteurs de croissance pour l'entreprise.

Ainsi, on peut se demander si le fait de faire passer Gervais sous la marque Danone est une bonne décision à long terme. En nichant Gervais sous Danone on perd d'un seul coup une carte essentielle, à l'actif de marque encore vivace, dans le rapport à la distribution. À l'ère de trade marketing, pour aider les enseignes à se différencier, on imagine tout ce que

Gervais aurait permis de faire, tout en ne touchant pas à Danone. Au contraire, Kraft-General Foods a su résister aux sirènes de l'extension et aux pressions de Philip Morris habitué à pratiquer l'extension sur Milka. Dans le marché des chewing-gums, pour contrer l'entrée en force de Wrigley's en France, excédé de voir ce pays lui échapper, avec ses marques X'tra et Freedent, fallait-il créer Hollywood Smile pour utiliser le nom Hollywood sur le nouveau segment des chewing-gums bons pour les dents ? Manifestement à l'époque, Hollywood Light positionné ligne et minceur résistait mal à l'invasion de Wrigley's. KGF préféra investir dans une marque nouvelle Tonigum. À juste titre.

De même Lapeyre et le Groupe Poliet ont su résister aux tentations des managers, qui ayant fusionné, à juste titre, tout le « back office » des enseignes Lapeyre et GME (spécialisée en carrelages et salles de bains) se demandaient pourquoi conserver ces deux enseignes. Après tout, elles étaient situées sur le même site, partageaient déjà le même dépôt, le même patron local, la même logistique, les mêmes camions de livraison. Les magasins côte à côte avaient même parfois une entrée commune et l'on passait insensiblement de l'un à l'autre, à l'intérieur. Enfin toute l'histoire du succès de Lapeyre ne reflétait-elle pas des extensions toujours réussies. Ce qui était au départ Les Menuiseries Lapeyre, fabricant et vendant en direct dans ses dépôts des portes et fenêtres en bois, à finir soi-même, avait vite intégré les portails en acier, les grilles, les fenêtres en PVC (la moitié du marché français des fenêtres est en PVC désormais), les cuisines, les parquets, etc. Or pour faire une cuisine il faut du carrelage. Et pour faire une salle de bains il faut du bois pour les meubles de salles de bains. Tout militait donc sur le papier pour un remplacement de l'enseigne GME par Lapeyre (qui au passage avait perdu son préfixe de Menuiseries), la seule vraiment connue au demeurant. Ce raisonnement de gestionnaire sous-estimait l'intérêt stratégique à long terme d'avoir deux enseignes spécialisées pour affronter la concurrence des grandes surfaces de bricolage (Castorama et Leroy Merlin) qui elles-mêmes, après avoir tué tout le commerce de proximité (quincailleries, boutiques de bricolage) allaient nécessairement vouloir pénétrer les marchés du kit, sur le terrain d'Ikéa et de Lapeyre sans parler de la concurrence à venir de « Home Depot ». D'autre part, l'extension de Lapeyre présentait des risques forts de dilution du concept, du système à l'origine du succès de la formule et de l'image. Comme nous le verrons dans le chapitre 9, les portefeuilles multi-marques ont aussi un intérêt stratégique.

UN CAS EXEMPLAIRE : MERCEDES CLASSE A

Mardi 11 novembre 1997, Jürgen Schrempp, le président de Daimler-Benz, décidait d'interrompre brutalement la commercialisation de la toute nouvelle « petite Mercedes », alors en plein lancement. Les 100 000 commandes déjà enregistrées devraient patienter jusqu'à mars 1998. Les 2 600 propriétaires de Classe A en Europe furent invités à la rapporter pour que des modifications techniques soient apportées à leur véhicule : entre-temps ils obtiendraient le prêt gratuit d'une Classe C. Cet arrêt des livraisons devait coûter 100 millions de marks de résultat opérationnel en 1997 et 200 millions en 1998. Quant au titre Daimler-Benz, il avait chuté de 19 % entre le 21 octobre et le 11 novembre. Ce jour d'octobre fut celui qui mit le feu aux poudres : après avoir annoncé *urbi et orbi* par une campagne publicitaire manquant pour le moins de modestie que la Classe A allait révolutionner l'automobile et en tout cas la faire avancer d'un grand pas, un démenti cinglant fut apporté ce jour lorsque la voiture se renversa lors d'un test de conduite extrême, pendant l'épreuve dite de l'élan ou de la baïonnette, blessant cinq journalistes de la presse automobile suédoise. La nouvelle et les images-chocs furent répercutées dans tous les médias, contrastant avec la publicité arrogante qui battait alors son plein, traitant en France par exemple, toutes les autres voitures de « bagnoles ». Sur le mode de l'arroseur arrosé, Mercedes commença par incriminer le test extrême, puis les pneumatiques de Good Year, tout en annonçant ultérieurement (le 29 octobre) que la petite dernière-née serait équipée en série d'un système électronique d'équilibrage (ESP) jusque là purement optionnel et facturé 1 700 marks (5 700 francs). Pour le journaliste suédois Robert Collin, protagoniste du test fatal du 21 octobre, cette modification d'urgence ferait perdre sa souplesse de conduite à la voiture en la rendant plus dure, plus rigide. Il eût fallu refaire l'axe arrière, mais cela aurait pris plus d'un an.

La Mercedes Classe A illustre les problèmes classiques rencontrés en cas d'extension de marque et en particulier d'extension verticale. Il arrive en effet qu'une marque doive pour des raisons stratégiques se repositionner vers le haut ou vers le bas, en conquérant des marchés hauts de gamme ou au contraire en prenant pied là où existe le marché, en l'occurrence ici dans le segment des voitures de taille petite. De toutes les extensions c'est la plus délicate. Il a fallu 20 ans à Audi pour devenir crédible dans le haut de gamme alors que la marque avait perdu tout attrait en 1970. Toyota quant à lui préféra lancer une nouvelle marque Lexus, plutôt qu'essayer de vendre sous son nom des voitures haut de gamme. À l'inverse BMW utilise la marque Rover pour concourir dans le ventre du marché.

La toute nouvelle Classe A devait être tout sauf un véhicule niche. Elle devait symboliser la modification radicale du positionnement de la marque et être le « prototype » de la nouvelle identité de Mercedes, représentant dans certains pays comme la France la moitié des ventes de la marque dès 1998. En fait la Classe A était le véhicule du repositionnement stratégique imposé à la marque par les événements et la pression concurrentielle.

Si la marque Mercedes jouit d'une notoriété et d'un prestige considérables dans le monde entier, la réalité de l'entreprise était moins florissante dès 1992. Cette année-là, pour la première fois dans l'histoire de la marque, les ventes mondiales de BMW dépassèrent celles de Mercedes. Hélas 1993 fut une année noire : l'entreprise accusa 4 milliards de francs de pertes, et ne vendit que 481 000 véhicules (contre 592 000 en 1992). Le constructeur mythique d'automobiles de luxe entrevoyait pour la première fois aussi le risque de faillite.

Quelles étaient les causes de cette situation ?

- Le marché du haut de gamme est un tout petit marché, longtemps partagé entre trois constructeurs : Mercedes, BMW et Jaguar. Mais convoité pour des raisons d'image et de prestige par tous les généralistes, la concurrence y est devenue intense : 6 constructeurs en 1980 et 15 en 1998. Or, au même moment du fait de la crise économique sévissant dans maints pays, l'image « luxe » de la marque la desservit. Même en Allemagne, les cadres supérieurs et les présidents hésitaient à exhiber la prestigieuse Classe S, alors même que le chômage et l'exclusion devenaient des thèmes sociaux majeurs.
- Sur le plan des produits, le client n'était pas au centre des préoccupations du constructeur. Dominée par une stricte logique d'ingénieur, il s'agissait de produire des voitures de plus en plus sophistiquées, lourdes et chères, suivant l'adage « ce qu'il y a de mieux ou rien ». Or si la Classe S est une prouesse de technologie, y a-t-il encore un marché suffisamment large pour des véhicules à 900 000 F. La petite 190 avait déjà cependant tenté, avec succès d'ailleurs, une « démocratisation » en proposant une vraie Mercedes typique, mais de taille et prix réduits.
- Sur le plan de la clientèle, Mercedes était devenue une marque vieillissante. Ainsi l'âge moyen du propriétaire de Mercedes en France était de 55 ans. En effet même la Classe C, la remplaçante de la 190, n'avait pas réussi à inverser la tendance, malgré une campagne publicitaire précisément destinée à attaquer le reflet âgé de la marque. Elle n'avait pas réussi non plus à féminiser la clientèle presque exclusivement masculine de Mercedes (cf. tableau 8.11.).
- Sur le plan de l'image, l'écart se réduisait entre Mercedes et ses concurrents traditionnels, bien pire il devenait défavorable face aux nouveaux concurrents, sur des dimensions identitaires de la marque

telles que l'innovation. L'identité physique de la marque repose en effet sur trois mots : qualité, sécurité, confort. Mercedes s'enorgueillit d'avoir été pionnière en matière de sécurité automobile depuis 50 ans, d'avoir symbolisé le progrès de l'automobile par la poursuite incessante de la qualité. Hélas, comme le montre la synthèse d'une étude européenne menée en 1993, la perception de modèles Mercedes sur certains attributs déterminant l'achat ne traduisait plus d'écart avec les modèles de la concurrence. Des constructeurs généralistes tels que Volvo, Audi ou même Volkswagen talonnaient la marque en termes de perception des qualités des produits (cf. tableau 8.12.).

Tableau 8.11. *Âge moyen du client d'une Mercedes*

Acheteurs	1990 (190)	1991 (190)	1992 (190)	1993 (190)	1994 (Classe C)
Âge moyen	47	47	48	49	50
Femmes	12	10	13	11	10

Source : Mercedes France

– Quant aux facettes immatérielles de l'image, elles semblaient figées dans un passé révolu et éloignaient la marque des clientèles d'aujourd'hui.

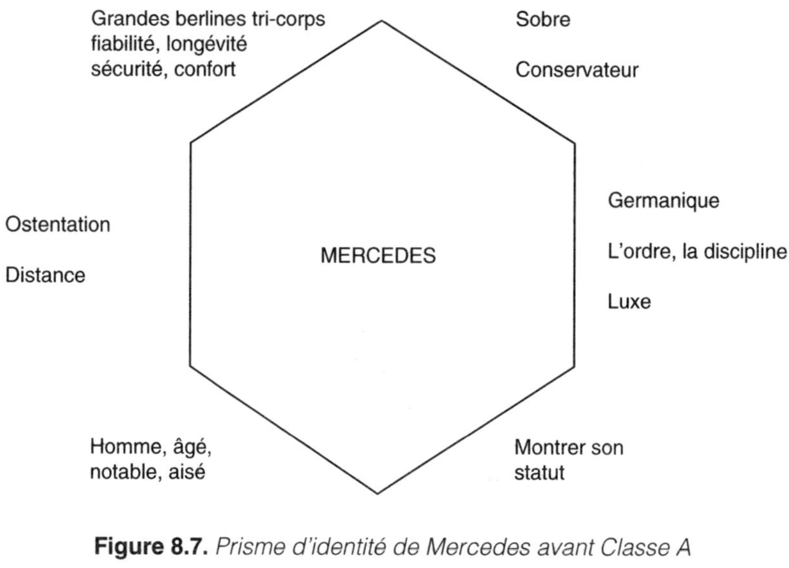

Figure 8.7. *Prisme d'identité de Mercedes avant Classe A*

Tableau 8.12. – *Pourquoi la nouvelle stratégie de Mercedes : image des modèles en Europe (1993) (% d'attribution)*

	Renault Clio	VW Polo	VW Golf	Audi 80/90	Audi 100/200	BMW 3	BMW 5	Mercedes 190	Mercedes 200	Volvo 850
Qualité	78	86	94	95	94	94	96	95	98	93
Innovation	76	57	80	77	77	86	88	77	77	71
Agrément de conduite	81	75	88	91	94	94	96	92	96	89
Performance	78	63	86	84	85	92	95	72	74	67
Économie d'utilisation	74	68	57	42	33	28	17	31	21	20
Esthétique/classe	79	54	71	84	81	87	94	80	86	55
Volume	65	65	52	72	83	52	84	64	91	91

Source PSA

– Le diagnostic serait incomplet si l'on ne parlait pas du réseau, des concessionnaires. Or au fur et à mesure que les voitures deviennent plus fiables et que l'espace entre deux révisions au garage s'allonge, une source importante des revenus des concessionnaires s'érode. Il n'est pas question d'augmenter les prix sur des opérations somme toute transparentes (vidanges, changements de plaquettes) ni sur les prix des voitures déjà chères. Aussi l'étau de la rentabilité se resserrait de façon aiguë sur les concessionnaires et *a fortiori* les petits qui, tels en France, vendent en moyenne 300 voitures par an (vs 3000 en Allemagne) et doivent néanmoins, marque oblige, disposer d'un service atelier permanent et compétent. Pour sortir de cet étau, il n'y avait qu'une seule solution : accroître fortement le parc automobile Mercedes.

Dès 1993, la société prit conscience qu'elle devait éviter deux écueils : soit rester cette marque mythique de luxe mais l'entreprise ferait bientôt faillite (comme automobiles Rolls-Royce ou Jaguar), soit courir après le volume en perdant son identité, alors la marque perdrait de sa valeur et se banaliserait.

L'objectif fut fixé, incontournable et ambitieux : doubler les ventes d'ici l'an 2000 ! La stratégie repose sur quatre volets.

– Occuper désormais tous les segments de marché depuis celui de la mini-citadine (avec la Smart), le segment dit B2 avec la Classe A, des véhicules niches tels le roadster, la nouvelle Classe M (4 × 4). À cela s'ajoute les Classe C, E et S. De 4 lignes de produit en 1980, on devrait passer à plus de 15 en 2000.

– Passer d'un positionnement absolu à un positionnement relatif. Avant, Mercedes symbolisait le luxe automobile : il fallait payer 150 000 F et bien plus pour accéder à sa première Mercedes. Désormais, le rôle de Mercedes sera de fournir le haut de gamme de chaque segment, la voiture à plus forte valeur ajoutée dans ce dernier. Ainsi le prix de la Classe A concurrente de la Golf ou de la Mégane Scenic s'échelonnera de 110 000 F à 138 000 F. Il s'agit désormais de séduire le grand public en restant haut de gamme : pour cela chaque nouveau modèle devra apporter une réponse très originale, innovante dans son segment, et se placer en haut de ce dernier.

– Compte tenu du taux remarquable de fidélisation chez Mercedes (près de 70 %), il y a un intérêt stratégique à rajeunir la clientèle en visant des segments beaucoup plus jeunes et sensibles aux valeurs fondatrices de la marque (qualité, sécurité, confort). Cela passe par des nouveaux modèles adaptés aux attentes des clientèles d'aujourd'hui, mais aussi une modification profonde de l'image de la marque pour répondre aux besoins de proximité, de solidarité et d'hédonisme des citoyens et clients modernes. L'adjonction de valeurs plus féminines à la marque était une nécessité pour sa survie.

Pour synthétiser, la stratégie consiste à ne pas renier son identité mais lui adjoindre les valeurs qui lui font défaut. Les véhicules de cette mutation sont les modèles eux-mêmes. Dans le plan de lancements et de relancements, chaque modèle a un rôle d'accroissement du chiffre d'affaires et/ou d'image. Dans la dialectique de l'identité et du changement il faut des modèles qui représentent typiquement le Mercedes de demain (donc des best-sellers très différents des véhicules classiques de la marque) mais aussi des modèles qui montrent que Mercedes ne tourne pas le dos à ses valeurs fondatrices. C'est respectivement le rôle de la Classe A et de la Classe C, chacun devant être l'un des deux best-sellers de Mercedes dans le monde. Les autres modèles, plus niches, témoignent de la proximité de la marque, de son adaptation à l'individualisme, à l'hédonisme, au fait que la berline n'est plus le mode majoritaire. C'est le rôle du roadster SLK à 199 000 F, ou du 4 × 4 Classe M.

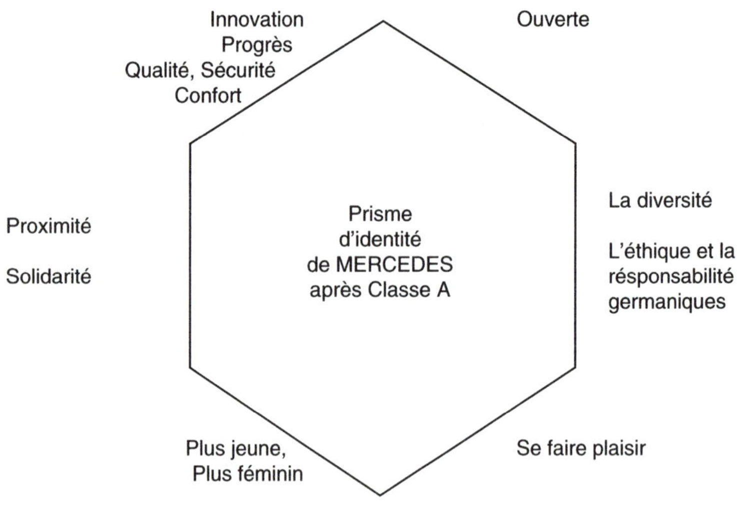

Figure 8.8. *La nouvelle identité Mercedes*

La Classe A, on le voit, jouait un rôle prépondérant dans la nouvelle stratégie. Rappelons les enseignements des études et recherches sur la formation des images (cf. page 123) : l'image d'une marque est formée par celle de son produit le plus typique. Ce produit, meilleur exemple de ce qu'est la marque, s'appelle son « prototype » : il est celui qui donne corps à la représentation collective de la marque. Ainsi en matière de marque, l'existence précède l'essence. Pour évoluer, une marque doit créer de nouveaux prototypes, qui « marquent », donc qui soient innovants et très diffusés. C'est le cas de la Classe A, extension de Mercedes dans le ventre du marché automobile.

Les objectifs, assignés à la classe A témoignent de ce rôle stratégique. Mercedes voulait en vendre 1 200 000 en l'an 2000. En France, cela devait représenter la moitié des ventes de Mercedes soit 20 000 voitures. La Classe A était typiquement un véhicule de conquête : 90 % de ses acheteurs devaient provenir de non-acheteurs Mercedes, et contribuer ainsi à fortement augmenter le parc de Mercedes ainsi qu'à rajeunir la clientèle, comme le montre le tableau ci-dessous.

Tableau 8.13. *Rajeunir Mercedes par des nouveaux produits*

	Profil de la clientèle actuelle de Mercedes France	Cible de la Classe A
Âge moyen	55 (Classe C = 50)	46
Femmes	9 % (Classe C = 10 %)	30 %
Revenus/an	375 000 F	220 000 F

Symbolisant l'innovation enfin retrouvée par Mercedes, la Classe A met le client au centre de ses préoccupations : ce véhicule cherche à faire la synthèse de plusieurs besoins qui jusqu'à présent s'excluaient, chaque concurrent ne fournissant de réponse qu'à l'un d'entre eux. Il fallait choisir entre une voiture routière ou une citadine, une voiture très sûre ou une voiture accessible en prix, une voiture avec beaucoup d'espace intérieur ou une petite voiture, etc. Clio, Twingo, Golf, Mégane Scenic ou Espace optimisaient une réponse au détriment des autres. L'innovation de Classe A fut d'effectuer une synthèse : compacte (3,57 mètres) mais haute sur roues (1,60 mètre), plus petite de 14 cm qu'une Clio elle apporte une versatilité intérieure remarquable, l'espace intérieur d'une classe C et la sécurité d'une Classe E, grâce à un moteur qui glisse sous l'habitacle en cas de choc frontal grâce à sa construction selon une structure dite « en sandwich ».

Créée à la frontière entre plusieurs segments, la Classe A visait donc une cible hétérogène allant du jeune couple sans enfants aux mères de famille ou à la deuxième voiture des ménages aisés ou aux seniors.

Comme il est fréquent dans toutes les extensions dites « discontinues », l'entreprise doit apprendre rapidement de nouveaux métiers qu'elle ne maîtrise pas au départ. Dans le cas Classe A, citons par exemple :

- la maîtrise de la traction avant (rompant avec la tradition de propulsion arrière des automobiles Mercedes),

- la stabilité des voitures de type monospace, qui plus est ici surélevées pour permettre le glissement du moteur en cas d'accident,
- l'équilibre entre la souplesse de conduite, la tenue de route et la sécurité,
- l'organisation des concessions pour accueillir un nouveau public totalement différent des clients actuels,
- la vente par marketing direct à des micro-segments voire des micro-cultures,
- la publicité au service de la nouvelle identité, des valeurs de proximité, solidarité et hédonisme.

Deux risques majeurs étaient à éviter.

- En premier lieu, que cette voiture ne fut pas perçue comme une réelle innovation. On a vu en effet que l'image européenne de Mercedes ne brillait plus sur cette dimension pourtant fondamentale dans l'attraction que suscite l'automobile. Or, les faits sont là ; ce n'est pas Mercedes qui a inventé ni développé les monospaces : c'est Chrysler et Renault. Entrée tardive dans ce segment symbolisant une vision moderne de l'automobile, la Classe A est bien un progrès pour Mercedes, il restait à prouver qu'elle en était une pour le marché. C'est là une des constantes dans toutes les extensions de marque que nous avons analysées : l'extension est vécue comme une prouesse en interne dans l'entreprise, mais beaucoup moins par les consommateurs par rapport aux excellents produits déjà sur le marché (Golf 4, Mégane Scenic...). Pour éviter ce risque et rassurer en priorité les premiers clients de l'entreprise (en l'occurrence ici son réseau de concessionnaires qui a dû investir pour profondément modifier les sites, les ateliers et les méthodes) on n'hésita pas à casser les codes de communication, à perdre certains éléments de ton et de style qu'il fallait préserver.
- C'est là le deuxième risque majeur : la marque doit certes évoluer, mais non se renier. Elle doit séduire de nouvelles clientèles sans heurter ses clients actuels. Qui plus est, solidaire et éthique elle ne doit pas choquer les non-clients. Pour signifier tradition et continuité, Mercedes entreprit un an avant le lancement une campagne européenne télévisée revitalisant les valeurs de la marque : le film rappelait la première invention de Mercedes en 1886 et que l'aventure recommencerait avec la Classe A. Le client actuel de Mercedes ne pourrait que se féliciter d'un tel rappel. Ce film d'annonce servit de coup d'envoi à une campagne avant lancement visant à constituer une base de données de prospects très intéressés, qui recevraient des informations privilégiées au fur et à mesure que l'on se rapprocherait du lancement. De fait, Mercedes France se constitua une base de données de

15 000 prospects réels sur 33 000 contacts au total. Les objectifs de vente 1997 devaient être atteints grâce aux seules préréservations issues de cette première dans l'histoire de Mercedes : le marketing relationnel.

Pour la campagne de lancement proprement dite, Mercedes France changea d'agence de publicité et entreprit de casser les codes de communication. Là où l'on était habitué à une certaine classe et distinction, et à la finesse des sous-entendus, on vit une campagne agressive, sans nuances, traitant les excellentes concurrentes de « bagnoles » et voulant convaincre que Classe A allait rendre le parc existant obsolète, tout juste bon pour la casse. Probablement destiné à gonfler le moral des concessionnaires à qui on avait demandé une révolution culturelle, cette communication vantarde et outrancière, inhabituelle pour une marque dont la réserve et la modestie constituent des traits d'identité, augmenta l'impact négatif du choc des photos, lorsque le 21 octobre 1997 la Classe A se renversa, blessant cinq journalistes automobile suédois, conduisant Mercedes à suspendre la production et la commercialisation jusqu'au printemps 1998.

Quelles leçons tirer de ce cas rarissime d'extension verticale ?

- Toute extension est semée d'embûches : l'entreprise doit apprendre de nouveaux métiers, ce qui conduit soit à mettre sur le marché un nouveau produit cher, soit un produit très nouveau pour l'entreprise mais peu pour le marché lui-même, soit enfin un produit qui n'est pas au point techniquement. Classe A illustre malheureusement cette dernière éventualité et peut-être la seconde. Comme si une illustration ne suffisait pas, le vendredi 19 décembre 1997, on annonçait que Mercedes reportait le lancement de la Smart, la petite voiture urbaine très innovante développée en collaboration avec SMH, la société de Nicolas Hayek, l'inventeur de la Swatch. La Smart s'était elle aussi renversée dans les mêmes conditions que la Classe A. En repoussant le lancement de la Smart de mars 1998 à octobre, on résolvait en même temps un autre problème : le relancement de la Classe A modifiée aurait coïncidé avec celui de la Smart, accentuant une confusion déjà présente dans les esprits.
- Les extensions verticales posent des problèmes majeurs, surtout quand l'entreprise cherche à se rapprocher du marché, en descendant de gamme. En effet, il est difficile de maintenir les standards techniques associés à la marque. C'est une chose de produire des voitures vendues 160 000 F et plus et des voitures de 100 000 F. C'est l'écueil principal qui guette les marques spécialistes : elles n'ont pas eu jusqu'alors à faire face aux contraintes de coût, alors que les géné-

ralistes ne vivent qu'avec de telles contraintes. Or la réputation de Mercedes, à la différence de celle de Jaguar repose largement sur des promesses liées au produit lui-même. Mercedes s'est enorgueilli d'être pionnier en matière de sécurité depuis cinquante années, en matière de qualité, de fiabilité. C'est précisément sur la valeur fondamentale de la marque que porte l'échec technique de la nouvelle Mercedes. Classe A contrairement aux annonces tonitruantes n'était pas le modèle le plus sûr de sa catégorie. Au contraire.

– L'extension est l'occasion d'une mutation, pas d'un reniement. Pourquoi avoir perdu le ton sobre et en apparence modeste qui faisait tout le charme de cette marque, et qui sied au haut de gamme. Tout se passe comme si l'organisation consciente de l'ampleur de l'enjeu avait oublié son identité et lâché les rênes de sa communication. Le test de l'élan devait être l'occasion d'une reprise en main et de plus de modestie.

Quel pronostic porter sur l'effet de l'accident de Classe A sur les ventes et l'image de Mercedes ? La recherche nous rappelle que des déficiences sur une extension perçue comme atypique ne portent pas préjudice à la marque (Roedder – John et Loken, 1993). Or à ce jour la classe A est totalement atypique par rapport au prototype de ce qui fait la réputation de Mercedes : la berline tri-corps, ample, sûre, confortable. La Classe A ne ternit en rien l'image des classe C, E et *a fortiori* S.

Que prédire concernant les ventes futures de Classe A ? Une chose est certaine, la crise en a fait la voiture la plus connue du marché alors qu'elle n'est pas commercialisée. En second lieu, Mercedes jouit de la meilleure image de marque du marché. Le baromètre d'empathie des marques, développé par la société TMO, indique que la marque est aimée par 93 % de ses clients et surtout par 64 % de ses non-clients, ce dernier score étant le meilleur de l'ensemble des marques automobiles. Qui plus est le nombre de consommateurs hostiles à la marque est parmi les plus faibles du marché (15 %). On sait que l'empathie, l'attachement affectif ont permis à bien des marques de traverser les embûches d'une crise aiguë : Shell et la pollution créée par le supertanker *Torrey Canyon* en Bretagne, Nestlé et le problème des ventes de lait infantile dans le tiers-monde. On ne peut cependant écarter toute hypothèse d'une suspicion légitime d'une partie des prospects devant la rapidité des modifications apportées à Classe A sur un point aussi vital que la sécurité. Selon les pays, cette suspicion sera plus ou moins forte, la presse professionnelle accentuant ce phénomène : critique en Allemagne ou en Suède, plus tolérante ailleurs.

Pour faire face à cette suspicion, Mercedes a d'ailleurs suréquipé la Classe A pour son relancement : ESP de série, mécanisme d'anti-patinage au démarrage, assistance automatique au freinage d'urgence. Cette stratégie vise à fixer de nouvelles références absolues en matière de sécurité, afin de recreuser l'écart avec les concurrents du segment sur une facette-clé de l'identité, et à rassurer les clients.

Les chemins de la reconquête médiatique passèrent pas plusieurs étapes :

- Une phase de diagnostic. La crise fut perçue comme essentiellement médiatique. Les photos s'échangeant entre 50 000 et 70 000 francs, cela valait le coup d'arriver à renverser une Classe A. Or avec la correction de l'ESP, la voiture est saine sur le plan technique. Il fallait donc faire cesser la rumeur de deux façons. D'une part, en empêchant que seuls les médias s'expriment sur cette affaire. D'autre part, en reprenant le contrôle de la communication, *via* une période de silence prolongé, en attendant le relancement. Le 14 novembre, une page de publicité donna rendez-vous au marché en mars 1998.
- Une phase d'explication mettant en œuvre un marketing de dialogue avec les clients déjà livrés d'une Classe A, ou ayant déjà commandé, ou avec les prospects de la base de données et tous les possesseurs d'une Mercedes de moins de cinq ans. On créa un numéro vert et tous les communiqués officiels de Mercedes Benz France furent consultables sur Internet. En outre, trois courriers furent adressés à l'ensemble du personnel, en, plus de la tournée du directeur des ventes pour rencontrer tous les vendeurs.

  Les enquêtes d'image montrèrent en janvier 1998 que pour 15 % des personnes interrogées, l'image de Mercedes était moins bonne qu'il y a un an. Mais pour 14 % d'entre elles, elle était meilleure, la grande majorité n'ayant pas évolué. C'était insignifiant par rapport à la tempête médiatique, ou pouvait donc avoir confiance et passer à la phase de reconquête de l'opinion.
- La phase de reconquête concerna tout d'abord les leaders d'opinion. Les essais concluants menés par Niki Lauda avec les journalistes à Barcelone les 16-17 décembre y contribuèrent, comme les essais sur le circuit de Mireval en France, le 20 janvier 1998. Dans la semaine qui suivit, toute la presse annonça la renaissance de la Classe A et ses nouvelles performances. La campagne publicitaire TV reprit le 26 février, suivie de journées portes ouvertes, de centres d'essais dédiés à la Classe A et de mailings spécifiques pour ces centres d'essais.

Chapitre 9

Le portefeuille de marques

La question du nombre de marques à conserver par marché est devenue prioritaire dans tous les états-majors de marketing. En effet, la plupart des entreprises se retrouvent dotées d'un vaste portefeuille de marques, de statuts très différents, en général résultat de l'histoire. Tout au long de la croissance des entreprises, celles-ci ont eu tendance, tout naturellement, à multiplier les marques au fur et à mesure qu'elles voulaient pénétrer dans de nouveaux segments et de nouveaux circuits de distribution en préservant la susceptibilité des anciens. De plus, les fusions et acquisitions de sociétés amenèrent avec elles leur lot de marques que l'on hésitait à supprimer ou à fusionner elles-mêmes. Les portefeuilles de marques grossirent d'autant.

Les temps ont changé. L'heure est à l'amaigrissement accéléré. Plusieurs paramètres concourent désormais à cette inversion de tendance.

- Autant en milieu industriel, il est aisé de maintenir en parallèle plusieurs marques, signant parfois le même produit pour faciliter les relations avec des grossistes clients, mais concurrents entre eux, autant cela n'est plus guère possible dans les marchés grand public. Le coût de soutien d'une marque rend impossible le maintien de trop de marques, si l'on veut éviter un saupoudrage qui ne crée pas de marques fortes. Être une marque, ce n'est pas seulement être un nom sur un produit, mais acquérir une signification. Il faut installer celle-ci dans l'esprit du public par la communication. Or, son volume global croît par secteur, ce qui augmente le coût de la part de voix. Cela conduit à choisir de ne communiquer que sur quelques-unes des marques du portefeuille. Un cas typique est représenté par la Sodiaal. Cette société qui exploite la fameuse marque Yoplait dans l'ultra-frais se retrouve avec une pléthore de spécialités dans sa division fromagère. De nombreuses spécialités ont un tonnage faible, des perspectives de croissance limitées, ne sont guère européanisables et jouissent d'une faible notoriété. Le portefeuille comporte aussi deux marques fortes : Le Rustique (7 800 tonnes et 73 % de notoriété assistée) et Riches Monts (12 000 tonnes et 56 % de notoriété assistée). On compte aussi une référence de camembert (Révérend avec 6 700 tonnes) et de munster (Lisbeth, 1 700 tonnes et 23 % de notoriété assistée dans l'Est de la France). Sachant que Sodiaal Fromages veut investir 25 millions par an, pendant cinq années, une rationalisation du portefeuille s'impose. Faut-il mettre une partie des spécialités sous l'ombrelle Riches Monts, une autre sous Le Rustique, tout en laissant certaines spécialités totalement autonomes et supprimer les plus faibles ? Cette capitalisation sur quelques marques fortes permettrait de mieux tirer parti du soutien publicitaire.

- La concentration de la distribution a réduit le nombre d'enseignes et parfois même rendu insignifiants les circuits de détaillants et le petit commerce. Les marques autrefois affectées à des enseignes et circuits différents, pour minimiser les conflits de canaux, peuvent se retrouver désormais chez un même client – grossiste ou centrale d'achat – ce qui pousse à la réduction du nombre. En se concentrant, la distribution accède elle-même à la possibilité de valoriser ses enseignes grâce à des budgets de publicité considérables, par rapport aux budgets des marques individuelles. Alors que le Groupe Thomson dépensait 45 millions de francs en publicité sur sa meilleure marque, Darty consacrait 200 millions à sa propre communication. La distribution a développé une politique de marques de distributeur. Or, sur un rayon à surface limitée, l'introduction d'une marque de distributeur réduit l'espace affecté aux autres marques, facteur supplémentaire de réduction du nombre de références ou de marques elles-mêmes.
- La production industrielle elle-même s'est concentrée. L'importance des facteurs de productivité et de coût dans la compétitivité internationale mène à un regroupement des usines, unités de production et de Recherche et Développement. Peut-on justifier de larges portefeuilles de marques lorsque les produits – fussent-ils un peu différents – sortent des mêmes usines ?
- La puissance consumériste existe désormais. Or, une des doléances les plus fréquentes des consommateurs concerne la multiplication des marques au-delà de ce qui est légitime, compte tenu de la mission normale des marques qui est de clarifier le marché. Trop de marques factices furent créées dans les années soixante et soixante-dix, vendant le même produit sous des habillages différents.

À juste titre, les mouvements de consommateurs ont milité pour un élagage. Si deux produits de l'entreprise sont identiques, c'est abuser le consommateur que de les présenter sous des marques différentes. Les fabricants ont donc répondu en rationalisant leurs marques. À cet égard, il est paradoxal de constater que, au moment où les industriels augmentaient la transparence du marché et supprimaient les marques factices, les distributeurs ont fait le chemin inverse. Chaque enseigne développe sa marque propre émanant souvent du même fournisseur, ce qui rend donc difficiles les comparaisons de prix et de produits, d'enseigne à enseigne par les consommateurs. De plus, les enseignes demandent aux fabricants des produits similaires à ceux de leurs marques, mais qui seront néanmoins vendus sous deux marques différentes – celle du fabricant et celle du distributeur. L'écart de prix créé par cette demande correspond à une différence factice.

– Le dernier facteur et non des moindres est l'internationalisation des marques. Aujourd'hui, dans maints secteurs, les cloisons nationales perdent leur sens. Les segments, les styles de vie ou les attentes ne sont pas exclusifs d'un pays mais se retrouvent dans tous ceux de la Communauté européenne, voire à un niveau plus large encore. Le marché du luxe comme la grande industrie travaillent depuis longtemps déjà sur une base mondiale. Or toutes les marques n'ont pas vocation à devenir internationales. D'autre part, les investissements nécessités par une présence significative au niveau mondial conduisent à n'en retenir que quelques-unes pour une approche multi-marques voire une seule dans une stratégie mono-marque à la Philips, Siemens, Alcatel ou Mitsubishi.

Combien de marques retenir dans un portefeuille ? À ce stade il est évident qu'il n'existe pas de formule magique ni de nombre miracle. En effet, la question du nombre de marques est indissociable de celle du rôle stratégique et du statut de ces marques. Ne garder qu'une seule marque c'est *de facto* considérer qu'une politique de marque-ombrelle est possible voire pertinente dans le marché considéré. Or, la marque Philips qui couvrit pendant des décennies les produits bruns et les produits blancs s'est dessaisie de ces derniers en les vendant à l'Américain Whirlpool en 1989. Au contraire multiplier les marques c'est privilégier une stratégie de marques-produits voire de marques-gammes. Le nombre de marques à retenir est donc en partie la conséquence d'une analyse des fonctions de la marque dans le marché étudié. Car tout marché donne lieu à segmentation : par produit, par bénéfice ou qualité recherchée par les acheteurs, par type de clientèle. Néanmoins, la division du marché, par exemple en 6 segments, ne signifie pas pour autant qu'il faille 6 marques. Cela dépend de la fonction des marques (a-t-on besoin de marques-cautions, ombrelles, mères ou de marques-produits ?).

Cela dépend aussi des objectifs à long terme de la société et du degré d'intensité de la concurrence. La définition du nombre de marques ne peut que suivre une procédure multi-étapes et multi-critères, dans laquelle plusieurs scénarios sont simulés et évalués. L'exemple de la division hôtelière de la Compagnie Internationale des Wagons-Lits illustre une telle démarche.

UNE CONSÉQUENCE DE LA SEGMENTATION DU MARCHÉ

En 1988, la Compagnie Internationale des Wagons-Lits et du Tourisme tira les conclusions d'un audit de son portefeuille de marques (Frantel, PLM, Etap) dans le marché des trois et quatre étoiles, sur un plan international.

- Ce portefeuille s'étant constitué par acquisition de marques il y avait un grand recoupement entre les hôtels signés de l'une de ces trois marques. Loin de délimiter des territoires disjoints, ces marques se chevauchaient.
- Il y avait une grande variance sous une même marque. Ainsi, PLM allait du relais de brousse en Côte-d'Ivoire à l'hôtel St-Jacques à Paris.
- Frantel était assimilé à Novotel, donc à une certaine uniformité. Peu connu à l'étranger, ce nom renvoyait à une identité française, valorisante pour la gastronomie, mais moins avantageuse pour le niveau de service hôtelier.
- Etap était une véritable référence en Turquie et très connu en Hollande. En France, cela évoquait un deux étoiles ou un motel.

La CIWLT décida de rationaliser ses marques et de lancer une chaîne d'hôtels internationaux de prestige, présents dans les capitales, au niveau quatre étoiles, juste en dessous de Hilton ou Sheraton. Le problème était donc double : (i) déterminer le nombre de marques requis pour couvrir le marché des hôtels de trois ou quatre étoiles, sur un plan international ; (ii) définir un nom pour ces marques, nom qui pouvait éventuellement être issu du portefeuille actuel.

Dans l'hôtellerie, pour émerger en tant que chaîne et acquérir une notoriété, un effet-volume est nécessaire, surtout si l'ambition est internationale. La marque doit recouvrir une offre respectable en nombre d'hôtels. Ceci milite pour un nombre réduit de marques. D'autre part, toute marque impliquant un soutien commercial et publicitaire, la multiplication des marques était impossible. Compte tenu de la présence d'Arcade en deux étoiles et des projets en catégorie une étoile, la CIWLT se concentra sur les segments 3 et 4 étoiles dont on sait qu'ils recouvrent eux-mêmes deux raisons d'achat différenciées : le déplacement d'affaires ou le déplacement de loisir.

A. Segmentation du marché de l'hôtellerie

	Affaires	Loisirs
Luxe	Hilton, Sheraton	Mamounia
4 étoiles		
3 étoiles		
2 étoiles	Arcade	
1 étoile	Primo, Formule 1	

B. 8 scénarios de marque possibles

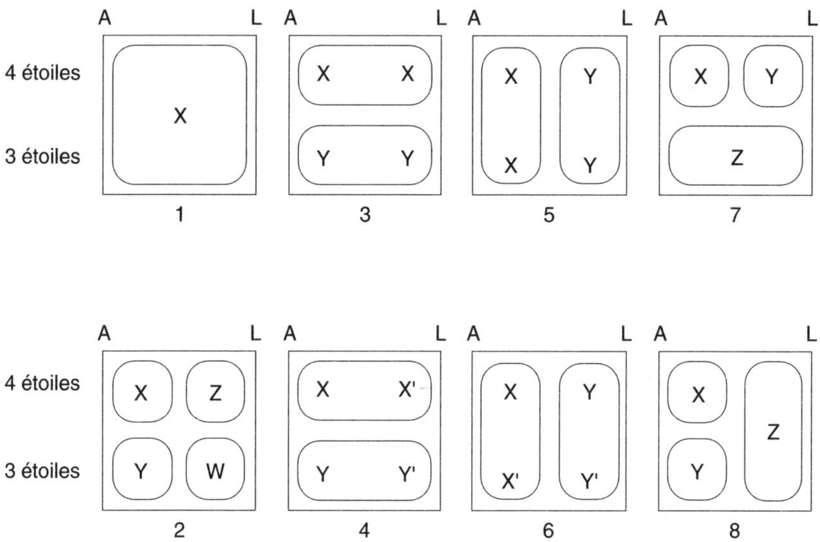

A : Affaires
L : Loisirs

Figure 9.1. – *Combien de marques retenir : un exemple hôtelier*

A priori, huit scénarios de marque, au moins, étaient possibles (cf. figure 9.1.) : l'un à une seule marque (1), à quatre marques (2), deux scénarios à deux marques (3 et 5), deux scénarios à deux marques déclinées (4 et 6) et deux scénarios à trois marques (7 et 8).

L'objectif prioritaire de création d'une nouvelle référence de luxe impose de ne prendre aucun risque, aucune mesure qui puisse lézarder ou freiner la constitution lente et progressive d'une image forte pour cette chaîne. Ainsi, autant Hilton, incontesté, peut signer des hôtels d'affaires et de loisir, autant la CIWLT devait l'éviter pendant les premières années d'existence de cette nouvelle chaîne. Le niveau de service peut être assuré à Vienne, Londres ou Prague. Cela est moins aisé à Nouakchott, Dakar ou Lagos. Pour éviter une rumeur négative, la chaîne ne doit recouvrir à ses débuts qu'un niveau de prestation totalement contrôlable.

La marque de cette chaîne de prestige pourrait-elle recouvrir aussi le niveau trois étoiles, quitte à le signaler par une déclinaison (X Confort, par exemple) ? Pour les mêmes raisons que ci-dessus, les risques d'assimilation au niveau le plus bas doivent être exclus : aussi, le nom X ne devrait-il recouvrir que les quelques hôtels ayant effectivement le standard attendu par la clientèle de cadres supérieurs en déplacement court pour motif d'affaires.

En effet, auprès de cette cible, la marque a une fonction de désignateur étroit. Elle est marque-produit et identifie un type de prestations attendues bien précis. Devant se rendre deux jours à Ankara ou Munich, le cadre veut minimiser les risques et être sûr de trouver le panier d'attributs recherchés (service 24h/24, air conditionné, service bureau, etc.). La marque identifie donc ce panier de caractéristiques : elle est la seule source d'information du consommateur. Elle ne doit souffrir aucun écart dans ses hôtels. En revanche, pour éviter la monotonie de la répétition des mêmes plans d'hôtels dans toutes les villes, elle peut en personnaliser l'ambiance. D'où une politique faisant suivre le nom de la chaîne X par un suffixe personnalisant dans chaque ville.

Tout autre est la situation de l'acheteur de vacances. Pour s'informer, il dispose des brochures exposant l'hôtel dans tous ses détails. Le rôle de la marque va donc être plus restreint que précédemment. Ici, l'acheteur veut rêver, s'évader. Son implication ludique est forte. L'hôtel a donc besoin d'un prénom évocateur : c'est lui qui fait rêver et ajoute au charme des photos (Auvergne de la Vieille Tour, le Saint-Tropez Beach). Faut-il alors un nom de marque, voire plusieurs dans le segment soleil ? Ici, la marque n'est nécessaire que comme assurance de qualité, d'efficacité. Elle indique que l'hôtel est géré ou contrôlé par elle. La marque n'a ici qu'une fonction de caution : elle peut donc soutenir des hôtels très différents. Cette différence ne pose plus de problèmes, car elle est exposée dans les catalogues et ne constitue plus une surprise mais une recherche.

La CIWLT choisit donc le scénario 8 :

- une marque X pour la nouvelle chaîne haut de gamme, limitée aux hôtels-affaires. Quelques exceptions sont possibles si un hôtel-loisir a une réputation de luxe, déjà notoire (X – Cataracte à Assouan). L'identité nominale est de la forme X-p, le suffixe p intervenant en mineur pour personnaliser l'hôtel (X – Astoria à Bruxelles). X est le nom leader, celui qui informe et vend.
- une marque Z, caution de la vaste palette d'hôtels aux Caraïbes, au Maroc, et en Afrique Noire. Z n'est qu'une signature, suivant le nom propre de l'hôtel : le Carrayou-Z en Martinique ou le Marissol-Bas-du-Fort-Z en Guadeloupe.
- une marque Y désignant quant à elle un produit d'hôtellerie d'affaires de trois étoiles, situé dans les métropoles régionales. Ce sera le Y Beaune ou le Y Clermont-Ferrand.

Une fois définie l'architecture des marques, le choix des trois noms, X, Y, Z suppose que l'on ait précisé le concept et l'identité sous-tendant chacune des marques. Voulait-on donner à la chaîne de prestige une connotation française ou gommer cette association ? Compte tenu des objectifs mais aussi de contraintes (juridiques, financières) la CIWLT retint les noms de Pullman pour X, Altea pour Y et conserva PLM pour Z. Le changement de marques se fit dans tous les hôtels le même jour, le 25 mars 1987. Pour préserver les acquis de notoriété de la marque Etap en Turquie, une formule de transition fut retenue. Dans une première phase, les hôtels Etap devinrent le Pullman Etap Izmir ou le Pullman Etap Marmara. À terme, le transfert d'image réalisé, le nom Etap disparaîtrait.

La défense de la part de marché de la marque de chewing-gum Hollywood et de Kraft General Food en général face à l'entrée du Géant américain Wrigley's fournit une deuxième illustration de détermination du portefeuille de marque. Ce leader mondial, lassé de se voir exclu du marché français y introduisit la marque Freedent en 1987, chewing-gum sans sucre, avec un positionnement bucco-dentaire. Non seulement Freedent contribua à faire croître le marché du chewing-gum sans sucre en France, au point de représenter 41 % de la consommation totale de chewing-gum en 1994, mais en plus il en devint leader, bousculant Hollywood Light, jusqu'alors positionné sur la ligne et la minceur – comme tout l'alimentaire « light » en général.

La tentation fut forte de pratiquer l'extension de marque et de lancer une nouvelle version d'Hollywood chewing-gum pour contrer Freedent. Mais le combat frontal sur le registre pédagogique de l'hygiène bucco-dentaire n'est pas cohérent avec l'identité de marque d'Hollywood. Le groupe préféra lancer en mars 1992 une nouvelle marque, Tonigum, au calcium, vraie innovation qui en plus fortifie l'émail des dents. Parallèlement, on repositionna complètement Hollywood Light en modifiant son emballage et sa publicité. L'axe en devint le goût frais longue durée. Par cette stratégie, Kraft prit Freedent en tenaille. Cependant, en avril 1993, Wrigley's lança une deuxième marque sur le marché français (Extra), avec un positionnement, identique à celui d'Hollywood Light. La fragilité d'Hollywood Light face à cette entrée d'un nouveau chewing-gum sans sucre montra que la dénomination « light » évoque qu'on le veuille ou non une certaine fadeur. Même si la publicité promet une durée de goût, le nom induit Hollywood léger. C'est pourquoi, il fut rebaptisé Hollywood sans sucre. Parallèlement en 1995, Kraft General Food lança Cristal, chewing-gum au goût intense, avec cette fois-ci la caution de la marque Hollywood. Cristal exploite une innovation qui créé un fort effet en bouche. Dans la mesure où, dans le marché du non-sucré les consommateurs ne sont pas fidèles et butinent d'un produit à l'autre, ils ont désormais ce choix en plus. En outre, comme Extra, Cristal s'abstient de préciser qu'il est sans sucre, afin d'élargir son territoire d'attraction. Cet exemple illustre la nécessité d'une vision d'ensemble et globale de défense de la part de marché, celle-ci s'appuyant soit sur des marques produits, soit sur des extensions de marque sur de nouveaux segments.

Ce cas illustre certains des paramètres à prendre en compte pour décider du nombre de marques. Le premier concerne la segmentation du marché. Il ressort qu'il n'y a pas correspondance bi-univoque entre la politique de produits et la politique de marques : le portefeuille de produits peut très bien couvrir chaque segment sans qu'il faille créer autant de marques. La marque est un repère. L'analyse du comportement d'achat et des besoins d'information dans le processus de décision permet de préciser : repère de quoi ?

La politique de marques multiples correspond à un marché segmenté, où les attentes prioritaires par segment sont non seulement différentes, mais perçues comme incompatibles dans l'imaginaire de production des consommateurs ou acheteurs industriels.

LA POLITIQUE MULTI-MARQUES

Nous avons rappelé, en introduction de ce chapitre, les facteurs structurels qui conduisaient à la réduction du nombre de marques, voire à la marque unique. Ces facteurs correspondent à une stratégie de domination et d'avantage concurrentiel par les coûts. Tout en reconnaissant les segmentations, il est décidé de ne pas en tenir compte au niveau de la marque, mais uniquement en termes de produits.

La logique multi-marques s'inscrit structurellement dans une stratégie de différenciation, donc d'un abandon de la domination par les coûts du fait des moindres volumes de production, de la spécialisation des outils de production, des réseaux commerciaux et des investissements publi-promotionnels. Néanmoins, la concurrence par les prix exerce une telle pression que, si l'on excepte les marques-niches et de luxe, on assiste à un processus industriel visant à retarder le plus possible le moment de la différenciation dans la chaîne de production, afin de tirer le plus parti des gains de productivité liés à la courbe d'expérience. Ceci s'applique aussi bien à l'électroménager – rendant nécessaire l'intégration industrielle dans des groupes – qu'à l'alimentaire ou à l'automobile. La politique de marque automobile généraliste maximise, en effet, les synergies de production et de communication, ainsi que les processus de fidélisation de la clientèle qui progresse d'un modèle à l'autre, toute en restant dans la marque.

Les avantages de la politique mono-marque étant connus, quels facteurs rendent nécessaires une présence sur un marché à travers plusieurs marques ?

– En premier lieu, le développement d'un marché. Aucune marque ne peut développer seule un marché. Même si elle en occupe 100 % au début, lorsque la marque crée elle-même le marché, le développement de celui-ci passe par une multiplication des acteurs, investissant pour promouvoir leur différence. La présence de voix multiples contribue collectivement à promouvoir ce marché : au-delà des différences, leurs publicités rendent saillants les avantages génériques de la catégorie de produit. C'est pourquoi certains marchés ne se développent pas : dans le segment du vin de table en brik, seul Carré de Vigne investit en communication. Tous les autres briks se contentent d'être présents en linéaire. Il en va de même du marché des pastis sans alcool : est le seul investisseur en publicité. La présence d'acteurs multiples est donc nécessaire au soutien du marché dans son ensemble. Philips n'aurait aucun intérêt à voir disparaître ses concurrents dans le marché du rasoir électrique. Collectivement, cela signifierait une baisse du nombre de messages vantant les mérites des rasoirs électriques et conduirait à un effritement face aux rasoirs mécaniques. L'entreprise Philips peut racheter des marques, mais elle a intérêt à les conserver comme marques, acteurs du marché. Dans l'industrie pharmaceutique, un laboratoire découvrant une nouvelle molécule a intérêt à susciter son co-marketing par d'autres laboratoires pour en accélérer la pénétration. Le cas de l'aspartame en est un exemple.

– Les marques multiples permettent de maximiser la couverture du marché. Aucune marque ne peut couvrir à elle seule un marché. Avec la maturité vient la différenciation et le souci de trouver une palette d'offres différenciées : le marché se segmente. Or, de même qu'un adjectif ne peut signifier plusieurs qualités à la fois, une marque ne peut recouvrir plusieurs attentes différenciées sans courir le risque de perdre elle-même tout sens. D'autre part, les acheteurs et la distribution elle-même font obstacle à l'extension de l'emprise de la marque. Le cas Rossignol illustre ce double processus. La société Skis Rossignol S.A. poursuit une double politique de marque :

  - d'une part, mono-marque multi-produits sous la marque Rossignol. C'est ainsi que Rossignol signe des skis, des combinaisons de ski, et aussi des chaussures de ski – celles de l'ancienne marque Le Trappeur, rachetée et débaptisée.
  - d'autre part, une politique multi-marques mono-produit : Dynastar pour les skis, Kerma pour les bâtons, Lange pour les chaussures.

Il est vrai que la marque Rossignol est le leader mondial du ski, avec 20 % du marché. Dans le haut de gamme, chez les leaders d'opinion, la part de marché en skis est encore plus forte, de l'ordre de 40 % et plus. Ce sont eux dont il faut ménager la susceptibilité en ne leur demandant pas de se transformer en homme-sandwich, habillé des pieds au bonnet en Rossignol. Si le leader mondial veut grossir, il doit ouvrir lui-même le choix (plutôt que les concurrents). Dans ce marché, la distribution est encore faite de beaucoup de petits indépendants : ils craignent l'emprise d'un mono-fournisseur qui leur fournit désormais tout, bâtons, skis, chaussures et fuseaux. C'est pourquoi chaque marque de la société a sa propre force de vente et Ski Rossignol S.A. est présent aux États-Unis *via* deux sociétés distinctes, Dynastar Inc. et Rossignol Inc. Dans le milieu industriel les leaders dominants que sont Facom ou Legrand augmentent encore leur emprise par le biais de marques apparemment séparées et autonomes. Cela leur permet de pénétrer chez de nouveaux distributeurs, heureux de disposer d'une marque quasi exclusive, différente de celle des autres distributeurs de la zone.

– Les marques multiples offrent une souplesse tactique permettant aussi de limiter le périmètre d'extension d'un concurrent. Ainsi Delsey, leader européen du bagage a pris Samsonite en tenaille en créant une sous-marque, Visa, positionnée pour attaquer Samsonite sur les prix, alors que Delsey en limite l'ascension vers le haut de gamme.

L'adoption d'une stratégie multi-marques chez un des acteurs du marché fait souvent tache d'huile précisément pour ces raisons tactiques.

La politique de marques multiples permet d'empêcher un concurrent de pénétrer. En offrant une gamme complète au distributeur, une marque pour chaque segment du marché on crée une barrière à l'entrée. C'est pourquoi en Europe, Pepsi-Cola et Orangina avaient procédé à des accords de distribution, Coca-Cola disposant lui dans son portefeuille de la marque leader mondial sur le segment de l'orange : Fanta. Dans le domaine de la téléphonie mobile, France Telecom utilise systématiquement la logique multi-marques. Dès qu'un segment se crée, France Telecom lance une marque dédiée à ce segment. Grâce à sa position monopolistique, ses moyens financiers, cette marque jouit à fond des avantages pionnier et devient la référence du segment : Alphapage, BiBop, Radiocom 2000, Itinéris.

– La logique multi-marques est indispensable pour défendre le capital d'une marque référence. Soupline, créateur du marché français des assouplisseurs textiles est la référence du marché : elle correspond en image et en réalité au plus haut niveau de performance. En 1969, le groupe Lever lança Confort sur ce marché : mais ce produit n'apportait aucun plus par rapport à Soupline (de Colgate-Palmolive) et à Lénor (de Procter et Gamble). Aussi disparut-il rapidement. Lever ne pouvait en rester là , et se devait de revenir sur ce marché. Selon toutes prévisions, l'attaque se porterait sur les prix. Aussi Colgate-Palmolive lança Doulinge en mars 1972. La fonction de cette marque était de préserver le capital de Soupline, en n'obligeant pas la marque leader à casser ses prix, ce qui eût mis en péril son capital d'image auprès du public et sa rentabilité. De fait, lorsque Cajoline fut lancée en novembre 1972, Doulinge eut pour mission de contre-attaquer sur les prix. En rayon, Doulinge banalisait l'offre-prix de Cajoline en s'alignant sur celle-ci. La perte de marge unitaire était certes significative mais ne portait que sur des volumes limités, la part de marché de Doulinge étant modeste. Limitant ainsi le potentiel d'expansion de Cajoline donc l'espoir d'un point mort rapide, Doulinge aboutit au résultat escompté : conduire Cajoline à rehausser son prix, réduisant d'autant le différentiel de prix avec la référence, Soupline.

Dans le domaine bancaire, une société (la Compagnie Bancaire) a développé une politique systématique de marques-produits, chacune affectée à un usage et marché précis : l'UFB, l'UCB, Cortal, Cetelem, Sinvim (L'immobilier), Cardiff (assurances). Quand on sait que La Poste toute seule a investi plus de cent millions de francs en média pour soutenir trois de ses produits financiers, cette logique de portefeuille de marques spécialisées dévoile ses limites. Pourtant, le Groupe Paribas, actionnaire de la

Compagnie Bancaire, persista en créant Banque Directe en 1994 plutôt que développer le concept déjà existant de Cortal. La raison tient à la nécessité de préserver le fonds de commerce de Cortal : sa clientèle rentable est faite de personnes venues très tôt historiquement à des fins de placement et de gestion de patrimoine. Une évolution accentuée de Cortal vers le concept de banque de dépôt, banque de tous les jours les eût détachées de cette banque. Aussi préféra-t-on créer de toutes pièces une marque nouvelle : Banque Directe.

La préservation du capital de marque de Société, la Rolls du roquefort, conduisit le groupe Perrier à s'engager dans le développement d'autres marques de roquefort. En effet le roquefort n'est consommé que par 46 % des foyers. Plusieurs facteurs limitent structurellement son expansion : le prix, le goût marqué à une époque où les fromages doux se multiplient et les soucis diététiques. Lorsqu'on symbolise la référence d'une catégorie de produit, les extensions de marque doivent être très prudentes. Le roquefort c'est Société et Société c'est le roquefort. On ne saurait faire prendre de risques à la marque en lançant un Société allégé ou un Société plus doux. Ces innovations, correspondant aux attentes de certains segments de consommateurs doivent être prises en charge par d'autres marques que Société. Or, le groupe disposait dans son portefeuille de marques, de Rigal et Maria Grimal, deux marques dormantes, à fortes potentialités. L'analyse de celles-ci révéla leur territoire naturel de légitimité donc les nouveaux produits qu'elles avaient naturellement dans leur programme.

C'est cette logique de défense du capital de marque qui explique en partie pourquoi Disney Corp. développe de multiples marques dans la production de films : Buena Vista, Touchstone. Cela permet de produire des films dans tous les registres d'expression, et de ne pas lézarder le tabernacle lié au mot Disney. De même, lorsque le succès d'une innovation n'est pas assuré, on ne saurait faire prendre de risques à une marque forte. C'est pourquoi Procter et Gamble lança la première lessive liquide sous la marque de Vizir et non sous la marque leader du marché, Ariel. À l'inverse, le groupe Cadbury Schweppes décida de ne pas lancer ses nouvelles boissons gazeuses sous la marque Wipps, mais comme Dry de Schweppes. Non seulement Schweppes aidait la vente, mais le nouveau Wipps eût renforcé le côté âgé et coincé de Schweppes, menaçant à terme la valeur de la marque. Pour ne pas avoir à baisser ses prix sur ses produits phares, 3M a créé une sous-marque : Tartan. Celle-ci couvre uniquement les produits où 3M est leader dominant, afin de minimiser les risques de cannibalisation.

– La distribution explique aussi la multiplication des marques dans un marché. En effet, chaque canal est porteur d'une fonction spécifique (caution, conseil...) et s'adresse à une clientèle qui choisit ce circuit précisément parce qu'elle ne souhaite pas acheter ailleurs. Les fidèles des boutiques de diététique aiment et recherchent le climat de secte que l'on y trouve, fort différent de celui du « corner » diététique dans une grande surface. L'identité de ces canaux de distribution repose aussi sur une sélection de produits qui soit spécifique à chacun. C'est pourquoi l'entreprise Diététique et Santé a élaboré plusieurs couples marque-circuit :

- Gerblé s'adresse aux grandes et moyennes surfaces.
- Maître Cornille signe des produits dits « naturels et biologiques » vendus en magasins diététiques.
- L'Abbé Bisson signe une formule ancienne – elle aussi vendue en magasins diététiques.
- Nergi Sports est une marque spécialisée pour le circuit des magasins de sport.
- enfin, Milical signe des produits amaigrissants pour les pharmaciens.

Dans l'industrie, le souci de ménager les susceptibilités de chaque distributeur conduit à une spécialisation des marques.

Dans le marché des convecteurs électriques, en France, il n'y a que trois groupes industriels, dont l'un est dominant. Il commercialise néanmoins ses convecteurs sous plusieurs marques. De ce fait, dans une même ville, chaque grossiste pousse une marque différente. La stratégie inverse exacerbe la concurrence entre distributeurs et conduit, soit à une guerre fratricide sur les prix, soit au passage de l'un de ces distributeurs à la concurrence.

– La multiplication des marques résulte enfin de la segmentation du marché et des limites de l'extension de marque. Quand un marché se sophistique, une seule marque ne peut répondre correctement à toutes les demandes du consommateur sous peine de confusion. C'est pourquoi l'entreprise Nutrition et Santé, filiale du Groupe Sandoz, et fruit de la fusion de Diététique et Santé (Gerblé) et de Cereal Wander Nutrition a tenu à conserver les deux marques en parallèle. Jouant la carte du produit naturel, Cereal est destinée à préserver le capital santé de toute la famille. Cereal donne des conseils nutritionnels généralistes. Les consommateurs de Gerblé ont une démarche plus pointue plus individualiste. C'est pourquoi Gerblé « nourrit avec précision », à travers la multiplication de produits répondant à un problème spécifique (beauté-minceur, équilibre cardio-vasculaire, mémoire...)

Pour couvrir le marché des jeunes, l'entreprise Lego multiplie les marques. Elle touche les tout-petits avec Duplo, visant une cible mixte. Puis vers trois ans, l'enfant passe à Lego proprement dit. Le problème est que avec l'âge, les filles se désintéressent de ces jeux : à six ans, les amateurs de montages se recrutent à près de 90 % parmi les garçons. Il y a donc la moitié du marché qui échappe à Lego. C'est pourquoi l'entreprise a lancé Belville, jeu destiné au segment des filles où la phase de construction est réduite et qui permet surtout d'animer des personnages dans des décors variés.

– Enfin, peu de marques parviennent à couvrir des segments de prix très différents. Certes les constructeurs généralistes tel Renault ont une gamme large allant de la Twingo à la Safrane, mais ils ne peuvent entrer réellement dans le segment des berlines haut de gamme, fût-ce en se dotant d'un suffixe flatteur Baccarat. C'était d'ailleurs un des buts du rapprochement avec Volvo, marque plus légitime en haut de gamme. Toyota lança une marque séparée Lexus. Le portefeuille de marques permet de couvrir les différents segments de prix sans casser la réputation de chaque marque. Le groupe Gillette ayant racheté Parker, Waterman et Paper Mate, peut spécialiser ces marques en termes de prix et de style. Par sa réputation, dans chaque segment de produit (du stylo bille au stylo plume) Parker représente le haut de gamme, Waterman, le milieu. Le Groupe Whirlpool alloue à chacune de ses marques un positionnement prix. La moyenne des prix de la marque Whirlpool doit se situer au prix median du marché. La moyenne des prix de Laden correspond au quartile inférieur, et celle de Bauknecht au quartile supérieur comme le montre la figure 9.2. ci-dessous.

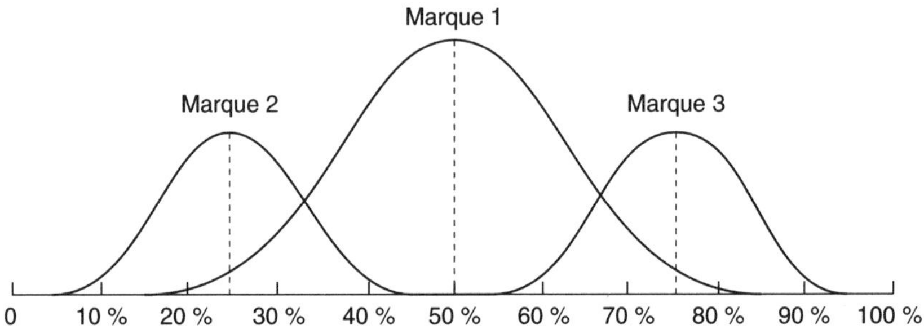

Figure 9.2. – *Distribution des produits d'un portefeuille de marques selon le prix.*

Les contraintes des politiques multi-marques

Un portefeuille multi-marques n'a de sens que si, dans le long-terme, ces marques ont véritablement un territoire propre. Ce n'est pas toujours le cas :

les entreprises traînent des marques dont les images sont un peu différentes mais les identités proches. Or, on trouve toujours en fouillant dans une étude qualitative profonde quelque différence d'image. Cela ne suffit pas à justifier des portefeuilles trop éparpillés.

Chacune des marques doit avoir un sens qui lui soit propre. Ceci implique une discipline forte dans la distribution des innovations parmi les marques du portefeuille. Certes, l'ère est bien révolue de la lente descente de l'innovation depuis la marque la plus chère jusqu'aux marques populaires. Mais on ne saurait tomber dans l'extrême inverse : pour ne pas froisser les équipes commerciales, on distribue l'innovation à plusieurs marques du portefeuille en même temps, en attendant que la meilleure gagne. Cette politique opportuniste est commerciale à court terme mais sape la construction d'un capital d'image pour chacune de ces marques (nous en avons déjà parlé page 66). Une politique de marques se gère : si les marques ont un sens, celui-ci doit s'imposer dans la structure des gammes et la gestion des innovations. La distribution de l'innovation à toutes les marques empêche la marque positionnée sur l'innovation de bien se différencier en linéaire de ses marques cousines, si ces dernières, pour ne pas être en reste, annoncent elles aussi cette innovation. D'autre part, c'est un leurre de penser qu'une innovation peut être attachée à toutes les marques. Certaines innovations sont desservies par certaines marques. Pour le groupe Thomson, mettre l'incrustation des images dès sa sortie sur la marque Saba n'est pas utile. De toute façon, le public de Saba (la technique qui simplifie la vie) n'en est pas demandeur de suite. En troisième lieu, de surcroît, le distributeur ne prend pas les gammes complètes, mais en sélectionne une sous-partie : le fabricant n'a plus qu'à constater, en magasin sous quelle marque du portefeuille l'innovation est présentée. Mener une politique de marque pour un fabricant, c'est effectuer soi-même cette sélection, en affectant l'innovation de façon volontaire en fonction du sens des marques que l'on veut construire.

La deuxième contrainte est liée à la maîtrise des coûts. Même si la logique multi-marques ne s'inscrit pas dans une stratégie concurrentielle par les prix mais dans une meilleure adaptation aux besoins spécifiques du marché, la concurrence par les prix pèse sur tous. La recherche de la productivité est une constante : pour tirer le plus parti des économies d'échelle malgré la différenciation des marques, les constructeurs homogénéisent le plus loin « souhaitable » les productions de leurs marques. « Souhaitable » est préférable à « possible » : en effet, on a trop connu de fausses marques qui ne différaient les unes des autres que par l'emballage extérieur, ce qui casse la notion même de marque, de vérité et de transparence de l'offre. L'homogénéisation des produits ne doit pas aller jusqu'à mettre en danger le capital de marque. L'exemple de PSA est significatif.

Ce groupe automobile a décidé de combattre avec deux marques, pour mieux assurer la couverture du marché. Tous les automobilistes d'un même segment – par exemple, celui des 7 à 9 chevaux – ne sont pas identiques dans leurs motivations, leur personnalité, leur style. Ils n'ont pas tous envie d'acheter une Renault, même si Renault propose de multiples versions de Laguna, depuis la plus fruste jusqu'à la plus sportive avec ses seize soupapes. PSA leur propose deux marques à idéologies très différenciées : Citroën et Peugeot. Néanmoins, maintes pièces sont communes afin que la spécialisation de la marque ne mène pas à des « déséconomies » d'échelle, et à un prix élevé pour l'acheteur, vu la concurrence de Ford ou Honda.

Il est notable que le groupe PSA ait pris l'option de retenir deux marques généralistes. VAG gère au contraire trois marques spécialistes, organisées en strates : Seat, Volkswagen et Audi. La logique de PSA est qu'une marque généraliste n'est pertinente que si l'on en gère deux. En effet, la couverture de tous les segments de produit, depuis le « bas de gamme » jusqu'au haut de gamme implique des voitures assez différenciées par strates, donc limitant structurellement les pièces communes et les économies d'échelle. Il fallait donc disposer d'un plus grand volume intra-strate, ce qui ne peut se faire que sous deux marques au moins (on se souvient que PSA géra Citroën, Peugeot et Talbot).

Quant à l'avantage d'être généraliste, il résidait dans la commercialisation. Une marque généraliste bénéficie de la fidélisation de la clientèle, maximise les synergies publicitaires et autorise l'existence de deux réseaux différents de concessionnaires. Or, la logique de marque n'est totale que lorsqu'elle structure l'amont (les produits), la communication et l'aval (les services et la distribution). En ayant deux réseaux parallèles et distincts, PSA se devait de mener une politique de marques généralistes.

Cette facette de commercialisation est la troisième contrainte d'un portefeuille multi-marques : il faut pouvoir soutenir celles-ci sur le plan publicitaire pour faire connaître au public la spécificité et le sens propre de chacune des marques. Cela implique de pouvoir mobiliser sur le long terme un budget de communication, par marque, ce qui, dans certains secteurs, devient prohibitif ou n'est plus à la portée de toutes les entreprises (d'où les phénomènes de concentration et de fusions-acquisitions).

Un danger guette spécifiquement les groupes ayant opté pour une politique multi-marques : celui d'extérioriser par trop les synergies de gestion internes. Ainsi, pour tirer parti de saines économies en logistique, gestion des stocks, frais généraux, de nombreuses fonctions jusqu'alors traitées séparément chez GME et chez Lapeyre ont été réunies, fusionnées. Les magasins étaient déjà côte à côte sur le même site, voire sans séparation intérieure, afin de faciliter les transferts de clientèle. Dans cet élan, la tentation est grande de procéder à une globalisation des surfaces de vente, une sorte de co-branding. Or, les valeurs de Lapeyre, base de son attractivité et de son identité, sont liées à la menuiserie, au côté spécialiste, au halo de fabricant. Ce ne sont pas celles de GME, du monde des pièces à eau, du négoce. Il en va de même de l'automobile : certes les économies de gestion ont conduit Ford-Volkswagen et Seat à produire un monospace commun, à l'instar de Peugeot/Citroën/Fiat/Lancia. Mais la répétition systématique de ces accords aboutissant à un produit commun, au nom près, fait de la marque un appendice final superficiel et donc l'appauvrit.

La grande distribution ne subit pas ces contraintes budgétaires, au contraire : elle n'a pas à verser pour chaque marque de distributeur une prime de référencement et de largeur de linéaire puisqu'elle est chez elle. Ses marques exclusives bénéficient de la caution de l'enseigne, explicitement sur le packaging ou implicitement : le budget de communication de l'enseigne rejaillit sur chacune d'elles. Enfin, ses marques étant souvent des contremarques tactiques, les problèmes de délimitation de territoires n'existent pas : le packaging, l'emballage et le contenu de chaque contremarque sont déjà définis par la marque de fabricant qu'il s'agira de copier au détail près pour en détourner la clientèle, en présentant des clones sur les linéaires (Brodbeck et Mongibeaux, 1990). Cette tactique est efficace : les études tachystoscopiques démontrent des taux élevés de confusion : ainsi lorsqu'on leur présente Clair (contremarque de Cif), 42 % des interviewés déclarent avoir vu la marque Cif (Kapferer, Thoenig et al., 1991).

LA POLITIQUE MULTI-MARQUES EN MILIEU INDUSTRIEL

Dans le monde industriel, la politique multi-marques impose soit très peu de contraintes, soit énormément et en ce cas, on les sous-estime même. Le premier cas est illustré par la CEET société-clé du marché des convecteurs électriques, destinés au bâtiment. Celle-ci commercialise les mêmes produits, sous deux marques différentes (Sauter et Thermor), avec une force de vente unique. Les catalogues de chaque marque sont rigoureusement identiques, à la photo près. Cela permet de minimiser dans une même zone les tensions concurrentielles entre grossistes clients de CEET. Cette pratique est classique dans le bâtiment. La société SGM, fabricant de fenêtres, fut historiquement créée suite au rachat des sociétés Gimm et La Menuiserie Française. Ces sociétés ont disparu mais leur nom subsiste comme marque, afin de fidéliser les anciens clients (des négociants en matériaux de construction). Les produits sont les mêmes, seules les marques désormais les distinguent : ainsi la SGM évite les conflits entre négociants qui naîtraient s'ils devaient dans la même zone vendre la même marque.

Cette situation correspond à une conception tactique de la marque. Lorsque la marque est stratégique et que le portefeuille correspond à une segmentation du marché final, la marque ne saurait se limiter à une simple différence de nom. Tout doit concourir à créer une forte différence perçue. Ainsi BASF vend la peinture destinée aux carrossiers, partout dans le monde, sous deux marques : Glasurit et RM. Il s'agit de la même peinture, le monde des carrossiers ne pouvant accepter l'idée d'une qualité supérieure et d'une qualité inférieure. Personne n'achèterait celle-ci. Les deux marques ont donc des positionnements « supplémentaires » et non complémentaires :

– Glasurit vise le carrossier qui psychologiquement est tourné vers la technique. Comme son slogan international le rappelle Glasurit est le « Preferred Technology Partner ».
– RM est le partenaire attentionné des affaires du carrossier, comme l'indique son slogan : « The Key to your Success ». Il s'adresse à l'autre segment de carrossiers qui attendent surtout du service pour développer leur activité. Ils se mentalisent plus comme chefs d'une entreprise que comme peintres.

Pour maximiser les chances de succès, BASF a donné à chaque marque les moyens complets de se défendre. À trop vouloir réglementer qui fera quoi on affaiblit en fait les deux marques face à leur concurrent Akzo. Cette politique de BASF conduit à :

– Créer deux managements séparés (et non plus une direction marketing commune, comme ce fut pendant un temps le cas), situés dans des pays différents.
– Distribuer par deux forces de vente séparées, pour minimiser la cannibalisation.
– Distinguer par des identités graphiques fortement différenciées.
– Éviter toute référence à la maison mère BASF, ce qui nuisait à la maximisation de la différence perçue.
– Développer des services en rapport avec le positionnement de chaque marque.
– Développer des campagnes publicitaires différentes sur le plan mondial.

De ce fait, BASF maximise sa couverture du marché. Il s'adapte à la segmentation des carrossiers en deux types distincts et à la psychologie des constructeurs. Mercedes, par exemple, n'aimant pas l'idée que son fournisseur en peinture automobile livre aussi Lada !

Les contraintes du multi-marques sont souvent sous-estimées en milieu industriel, pour qui la marque n'est que le nom ou une référence de catalogue. Lorsque la marque correspond à une segmentation stratégique cette sous-estimation peut mettre en pièces la stratégie. Ainsi, dans le marché de l'équipement électrique industriel, les fournisseurs doivent choisir qui ils veulent favoriser : l'installateur ou le grossiste/distributeur ou encore l'utilisateur final. On ne peut favoriser les trois à la fois. Merlin-Gerin se concentrant sur les distributeurs, perd le fil avec les installateurs. C'est pourquoi la Société Sarel a pour but, en bonne logique multi-marques, de privilégier les grands tableautiers (dont Merlin-Gerin est l'ennemi, car il leur fait naître des concurrents, en changeant le jeu dans la filière). Cela augmente la couverture du marché, à condition que tout lien à Merlin-Gerin soit caché. Or dans les pays, vu la différence de chiffre d'affaires entre Merlin-Gerin et Sarel, les contraintes de la stratégie multi-marques furent vite oubliées :

- on trouvait parfois Sarel dans le même immeuble que celui du siège local de Merlin-Gerin
- les organigrammes publiés laissaient clairement apparaître le lien entre Sarel et Merlin-Gerin. En bonne gestion, sur le plan de l'organisation, malgré sa petite taille, la marque Sarel doit être liée en direct au patron local de Schneider (la maison mère) et non à celui de Merlin-Gerin.
- dans les expositions, les stands étaient parfois communs, pour faire des économies !

LOGIQUES GLOBALES DE PORTEFEUILLE

Depuis quelques années, en même temps qu'ils étendent le périmètre des produits de certaines de leurs marques, les grands groupes mènent une politique dynamique d'étoffement de leur portefeuille de marques, soit par le biais d'acquisitions, soit par le biais d'alliances. Nestlé est devenue l'entreprise N° 1 dans le monde en ce qui concerne les produits alimentaires grâce entre autres à l'acquisition de Carnation et Stouffer aux États-Unis, de Rowntree en Grande-Bretagne, de Buitoni-Perugina en Italie, de Perrier en France. Philip Morris n'est pas en reste : sa division alimentaire comporte Kraft (les fromages), General Foods (café, corn flakes, confiserie, chocolat), Jacobs-Suchard (café, chocolat).

Au niveau d'un même marché, celui de l'eau minérale, outre Évian et Badoit, feu BSN possède désormais Volvic, a racheté une source d'eau minérale gazeuse (La Salvetat) et développera sa présence en eaux dites de source. Kraft General Foods possède trois marques-clés de chocolat : Milka, Suchard et Côte d'Or. L'entreprise Aoste (Justin Bridou) est le numéro 1 de la salaison sèche, grâce au rachat des marques Cochonou et Calixte.

Cette course à la taille vise à tirer parti des leviers liés aux synergies entre activités : Recherche et Développement, logistique, fabrication, distribution, vente. La concurrence étant devenue mondiale, le niveau des moyens financiers et humains à mobiliser explique aussi cela. Enfin, il s'agit d'acquérir des positions dominantes et ainsi verrouiller les marchés, en duopoles ou oligopoles. Face à la grande distribution qui elle-même se concentre pour peser encore plus sur les fabricants, cela permet enfin de résister.

Au-delà de cet aspect quantitatif, la notion de portefeuille implique, rappelons-le, une idée de vision globale de la concurrence dans un marché ou une catégorie. De plus, il conduit à envisager le rôle d'une marque en relation avec les autres marques du portefeuille. L'idée force étant que la valeur d'une marque peut être accrue si elle fait partie d'un portefeuille plus large. Ceci conduit à analyser le portefeuille selon le type de mission allouée à chaque marque. Plusieurs grilles de lecture y concourent. L'une désormais classique est celle du Boston Consulting Group. Ainsi, le groupe Pernod-Ricard distingue les relais de croissance (Clan Campbell, par exemple), les contributeurs (Ricard, Pastis 51, Orangina) et les fameuses « vaches à lait » (Cash cows). À cela s'ajoute le concept de marque stratégique : ainsi Pacific n'est peut-être pas financièrement intéressant mais est vital dans une prospective à long terme car, non alcoolisé, il habitue au goût de l'anis. Unisabi (Mars) contrôle la moitié du marché des aliments pour chats grâce à un portefeuille de plusieurs marques : Ronron, KitKat, Whiskas, et Sheba. On peut classer celles-ci en marques stratégiques, valeur ou tactiques. Whiskas est stratégique : sont but est d'être la marque incontournable du marché, grâce à une gamme la plus large, un bénéfice lui-même large, central (la meilleure nutrition) et les plus forts investissements publicitaires. Sheba est une marque-valeur : sa part de marché en valeur est trois fois supérieure à sa part de marché en volume. Produit très qualitatif, Sheba vise les possesseurs les plus impliqués. Ronron est une marque tampon, tactique visant à protéger les contributeurs en répondant aux attaques des marques de distributeur, par un prix bas et un soutien minimal en publicité. Chez Heineken Brasseries, on distingue aussi les marques stratégiques des marques niches ou tactiques.

LE PORTEFEUILLE DE MARQUES CHEZ LES DISTRIBUTEURS

La notion de portefeuille de marque prend chez le distributeur un sens spécifique qui justifie un traitement particulier. Aujourd'hui la question n'est plus d'avoir ou non une marque de distributeur mais quelle importance lui donner. Cela conduit à devoir répondre aux questions suivantes :

- Quelle extension donner aux marques de distributeur (nombre de produits, catégories ou segments concernés) ?
- Quel(s) types de marque(s) de distributeur retenir : marque-enseigne (tels Decathlon ou Carrefour), marque-caution (tel Auchan), marque-propre tels Leclerc ou Intersport ?
- Quel positionnement en termes de cible, de qualité et de prix retenir pour chacun d'eux ? Quels produits proposer : banalisés, élaborés, pointus ?

Pour le distributeur la marque est un moyen, ce n'est pas une fin. C'est pourquoi on ne saurait analyser les configurations de marques de distributeur observées chez différentes enseignes sans au préalable comprendre la fonction des marques de distributeurs. Or suivant les enseignes et suivant les types de distributeurs ces fonctions ne sont pas les mêmes, d'où une approche très différenciée du phénomène MDD à l'intérieur d'un même secteur.

Les fonctions de la marque de distributeur

Le secteur des fournitures de bureau et de la papeterie fournit un intéressant terrain de comparaison de ces fonctions selon les acteurs de la filière et d'analyse de leurs conséquences en matière de marques de distributeur. Pour faire face aux risques de disparition du petit commerce indépendant, de nombreuses librairies-papeteries se sont réunies en groupements volontaires. Citons par exemple Plein Ciel, Buro Plus. Le problème principal de ces groupements fut de créer une cohésion interne, de fidéliser les adhérents volontaires. Or disposer d'une centrale d'achat permettant d'obtenir de meilleures conditions des fournisseurs ne suffit pas. En effet, celle-ci est vite contestée par les fournisseurs et les adhérents eux-mêmes, en désaccord sur ses choix. Certains papetiers eussent préféré les cahiers Clairefontaine aux cahiers Oxford et *vice versa*. L'obligation morale d'acheter un volume minimal de cahiers à la marque de distributeur donc collective est un ciment unitaire. Elle permet aussi de communiquer à l'extérieur sur une offre certaine d'être présente dans tous les points de vente du groupement. On comprend alors pourquoi les groupements volontaires optent nécessairement pour la marque-enseigne dans ce secteur (il en va différemment dans le sport : Intersport n'a pas de produits à son nom). Remplaçant les produits des marques partout où elles sont faibles, les produits à marque-enseigne engagent par leur qualité l'image de l'enseigne elle-même : ils deviennent des vecteurs de réputation. De plus, ils dotent tous les adhérents d'une offre exclusive, différenciatrice. Éventuellement, pour répondre à une demande de produits premiers prix sans entacher le capital de réputation, les groupements inventent une marque propre, autonome, déconnectée de l'enseigne.

Enfin, la marque-enseigne permet de rapidement capitaliser et de gagner ainsi en notoriété. Aujourd'hui la marque Plein Ciel représente le quart du chiffre d'affaires des adhérents.

Pour le fournituriste, livrant en direct plusieurs milliers d'entreprises ayant choisi sur catalogue, la marque de distributeur obéit à d'autres motivations. Ainsi la société Guilbert représente à elle seule 10 % des ventes de papeterie aux entreprises. La marque de distributeur représente 60 % de son chiffre d'affaires. Elle porte le nom Guilbert et se décline selon les cas en Guilmarker, Guilflash, Guil liner, Guilball, Guilgom. Guilbert conserve les marques de fabricant dans deux cas :

- les produits techniques, impliquants où existent de fortes demandes pour le produit à marque (Rotring, Pelican, Staedler, Post-it, Dymo) ;
- les produits à faible diffusion, ne permettant pas d'économies d'échelle (par exemple les lampadaires halogènes).

Enfin la société n'appose pas son nom mais seulement son symbole visuel sur les « blocs-direction » compte tenu de l'image que projette ce type de produit sur son utilisateur. L'offre est alors segmentée en trois niveaux de qualité : Présidence, Standing Manager et Diffusion.

Chez Guilbert la marque de distributeur n'est pas un phénomène récent. Elle est la conséquence de la culture d'entreprise et de la stratégie. Il s'agit d'une société à très forte culture de vendeurs. Ce sont eux la force vive de Guilbert. Ils sont exclusivement rémunérés en fonction d'un pourcentage de la marge brute. C'est pourquoi les produits à marque Guilbert achetés moins cher aux fabricants de renom (Stabilo pour le Guilflash par exemple) sont revendus au prix des produits de marque. Ils motivent donc les vendeurs et sont leur fierté : ils portent le nom de la société. Ils sont source de profit et de plaisir.

Quant à la stratégie, elle consiste à se focaliser sur le service (prise de commande, livraison, délais, échange, facturation, remises). Le produit devient alors l'auxiliaire du service. Les acheteurs en entreprises passent leurs commandes dans le catalogue exhaustif de Guilbert : les marques sont secondaires à ce moment. Ils attendent vitesse de service et une bonne qualité des produits. Guilbert offre les deux. Grâce à sa politique de marque-enseigne, l'entreprise entretient une force de vente très motivée et crée une activité très rentable.

Chose intéressante, l'*alter ego* de la société Guilbert, le fournituriste Gaspard suit une politique inverse. Les marques de fabricants représentent la majorité de ses ventes. Cette stratégie vise à différencier fortement Gaspard de Guilbert et à fournir aux acheteurs soucieux de retrouver leurs marques un catalogue où cela est possible. Il existe néanmoins des marques de distributeur chez Gaspard, sous forme de marque-propre. C'est le cas chaque fois que le produit est banalisé, sans marques repères, sans références (par exemple la boîte d'archive). C'est aussi le cas lorsque le fabricant est jugé pratiquer des marges trop élevées. Ainsi, plutôt que référencer Tartan la sous-marque de 3M créée pour préserver Post-it, Gaspard propose un produit à marque propre Impéga, alternative moins chère à la marque nationale, permettant de se différencier, et offrant un bras de levier dans le rapport à 3M.

Il existe enfin des grossistes dans ce secteur, gérant une vaste clientèle de petites et moyennes papeteries indépendantes. Bras séculier et relais actif des marques nationales auprès des revendeurs, les grossistes ne développent pas de marques de distributeurs. Ils apportent aux revendeurs des services de gestion et d'attraction du public grâce aux marques prévendues. En revanche, les plus dynamiques d'entre eux, tel Spicers ont créé une marque permettant aux papetiers clients de répondre eux-mêmes à certains appels d'offre émanant d'entreprises locales, où le critère prix sera déterminant. De plus, Spicers a créé l'enseigne Calipage pour fédérer les plus dynamiques des 6 250 papetiers indépendants et désigner ainsi toutes les papeteries clientes qui permettent de recevoir en deux jours maximum, n'importe lequel des 10 000 produits du catalogue Spicers. L'analyse des marques de distributeur au sein d'un même secteur permet bien d'identifier leur rôle spécifique selon les acteurs, au-delà des fonctions bien connues de rentabilité, d'image, de levier de négociation et de création d'une offre exclusive donc fidélisante.

Dans le domaine de la grande distribution, ces dernières fonctions permettent de différencier les enseignes. La marque de distributeur est purement tactique chez Leclerc : fidèle à sa stratégie de discounter, l'enseigne utilise les marques-propres pour mieux négocier avec les fournisseurs. Il en va de même d'Intermarché. En revanche l'amélioration des marges est l'objectif principal de la politique de marque de distributeur chez Cora, Auchan, Continent, Carrefour, Système U, Prisunic et Monoprix. Certaines enseignes y ajoutent un objectif d'image : prenant appui sur une offre très qualitative vendue sous marque-enseigne, elles veulent ainsi différencier leur image à long terme, suivant le modèle britannique de Marks et Spencer ou Sainsbury. C'est le cas de Casino, Carrefour et Monoprix.

Différenciation et concurrence

Les marques de distributeur vont nécessairement continuer à progresser dans le futur. Le premier levier de leur croissance est leur distribution. Des secteurs nouveaux les découvrent : l'informatique (Vobis, Firstline), la télévision/hifi/vidéo, les fournitures industrielles, les outillages mécaniques, électriques. Demain les pharmacies regroupées en enseignes auront les leurs.

Le nouveau problème à résoudre sera de déterminer l'équilibre optimal entre marques de distributeur et marques nationales, comme celui entre produits premiers prix et marque de distributeur. Dans le domaine des biens de grande consommation, il est désormais vain pour une enseigne d'hypermarché d'espérer acquérir de nouveaux clients. L'alternative classique (accroître les quantités achetées par acheteur) devient illusoire : on ne va pas manger ou boire plus dans les années à venir, au contraire. La priorité devient donc l'optimisation des marges et surtout la fidélisation de la clientèle. En France, selon Secodip, en moyenne, chaque ménage visite désormais 3.7. enseignes de grandes et moyennes surfaces, par mois. La présence des marques défidélise car celles-ci permettent aux consommateurs de comparer les prix entre enseignes. C'est pour empêcher ces comparaisons par les consommateurs que les enseignes remplacent les marques connues par des marques de distributeur. Se dotant d'une offre exclusive, elles ont pour but de créer une certaine fidélité. Le problème est que l'absence de marques ou leur sous-représentation défidélise aussi. Un rayon sans les marques-références du marché n'est plus un rayon aux yeux des consommateurs, mais le signe d'un appauvrissement de l'offre du magasin, sauf s'il s'agit d'un choix délibéré de type hard discounter où seul le prix compte. On arrive alors parfois à une situation paradoxale où le distributeur sollicite un fabricant pour reprendre une partie de la place en rayon jusqu'alors allouée à la marque de distributeur. Ainsi Intersport préféra réintroduire la marque Lafuma dans ses rayons et réduisit la part allouée à sa marque propre Mac Kinley. Néanmoins Lafuma ne put revenir que selon un cahier des charges et un niveau de prix précisés par Intersport.

Le secteur de la distribution des articles de sport fournit une illustration typique de la façon dont la politique de marque s'inscrit dans la stratégie concurrentielle des enseignes. Decathlon, en position dominante en France, pratiquait à l'extrême la politique de marque-enseigne. Hormis dans certains rayons où des marques de renom font la gloire du sport et animent le marché, les produits Decathlon étaient majoritaires partout. Le succès de cette enseigne a révélé que bien des marques notoires n'étaient pas fortes puisque leur disparition des rayons ne conduisit pas à une désaffection des consommateurs. La massification du sport a pour corollaire une désimplication des consommateurs et une recherche prioritaire de produits satisfaisants au prix le plus bas. Chez Decathlon l'usage de la marque-enseigne pour recouvrir tous les sports, le textile aussi bien que le matériel, les produits premier prix autant que les produits de milieu de gamme exprimait une volonté de maximiser les synergies et de capitaliser sur un seul nom. La campagne de notoriété profitait à l'ensemble des magasins et des produits. Cherchant à reproduire à l'étranger son succès français, s'il atteint une position dominante en Europe, Decathlon pourrait devenir le premier fabricant européen dans de nombreux sports et une autorité au même titre que Adidas, Reebok et Nike.

Le groupement international Intersport (appelé en France avant 1995 Intersport La Hutte) a décidé de ne pas suivre de politique de marque-enseigne. La justification de cette décision est classique : préserver la réputation de l'enseigne en cas d'éventuels mécontentements sur les produits. Quand on voit le succès de Decathlon, on mesure la faiblesse de l'argument si l'enseigne sait se donner les moyens d'une réelle politique de la qualité. Intersport mise complètement sur un portefeuille de marques propres pour créer une offre spécifique, attractive et fidélisante. Ces marques sont traitées comme de vraies marques : elles sont mondiales, font l'objet de renouvellements et améliorations permanents et donnent lieu à des campagnes de communication et de sponsoring. Le portefeuille de marques-propres d'Intersport dans le monde comprend entre autres :

– la marque Nakamura qui est de par son volume le numéro un mondial du vélo de compétition. Fait marquant la championne du monde Jeannie Longo court sur vélo Nakamura ;
– la marque de matériel de montagne Mac Kinley ;
– la marque Techno Pro pour le ski et le tennis ;
– la marque Pro Touch ;
– la marque Etirel pour les vêtements de mode sportifs.

À cela s'ajoutent des concessions de marques notoires en exclusivité, comme Spalding-marque qui eut son heure de gloire en tennis et qui a conservé une réputation. On le voit, Intersport cherche tant par son assortiment de grandes marques internationales que par ses marques propres exclusives à se positionner comme « le magasin des marques ».

En France, Go Sport utilise une stratégie intermédiaire. Fidèle à son positionnement de sportif distributeur et non de distributeur d'articles de sport, Go Sport veut présenter le meilleur des marques, c'est-à-dire ce qu'il y a de plus implicant, de plus exaltant et innovant dans le sport, le lien avec les stars, les modèles d'aspiration de la jeunesse. Mais l'absence d'une offre forte de la part des marques dans les zones de prix attendues du public aujourd'hui fournit aussi un tremplin pour des marques de distributeur. Go Sport suit une double politique :

– il utilise la marque-enseigne Go Sport sur les produits techniques, engageant sa responsabilité de professionnel du sport. C'est un vecteur d'image pour l'enseigne.
– il respecte le client en utilisant une marque propre Wannabee sur les produits style de vie (combinaisons de ski, blousons, textile...).

Enfin, Go Sport multiplie les offres exclusives donc différenciatrices grâce :

– à une politique de partenariat avec les marques troisièmes ou quatrièmes du marché, délaissées par Decathlon. Ainsi, quand Adidas était au plus bas, il était poussé par Go Sport.
– à une politique de modèles spécifiques créés par les marques pour Go Sport.
– à des marques-propres pour couvrir des niches dans lesquelles les clients veulent une marque à part.

Face à cette concurrence, pour augmenter la perception des différences qualitatives dans son offre et le sentiment de liberté de choix ressenti par le consommateur, Decathlon a décidé de lancer à son tour ses marques-propres, comme Quechua pour les sports de glisse.

LE PORTEFEUILLE D'ENSEIGNES

Les concepts, critères et méthodes présentés dans ce chapitre s'appliquent à la question du nombre d'enseignes à gérer et à celle de l'optimisation de la politique de marque. La première, la gestion du portefeuille d'enseignes introduit un paramètre supplémentaire majeur : la surface des points de vente. Une même enseigne peut difficilement couvrir des points de vente hétérogènes en surface. Car l'enseigne relève plus de la marque de service que de la marque de produit (même si parfois elle signe des produits) : l'enseigne ne promet pas des produits, elle promet un service. Or, on ne peut fournir le même service dans des surfaces et des localisations (centre ville ou périphérie, par exemple) trop différentes. Casino en paya les frais, par exemple.

Par identité et volonté d'entreprise, Casino signe d'une même enseigne des magasins hétérogènes : depuis la supérette de centre ville jusqu'à l'hypermarché de périphérie. Or, pour des raisons de logistique (coût de transport, fractionnement des envois, etc.), les supérettes Casino sont nécessairement plus chères qu'un Ecomarché voisin, et a fortiori un Leclerc. Cela conduit inéluctablement à conférer une image de cherté à l'enseigne Casino donc aux hypermarchés Casino. C'est pourquoi, en mai 1990, on vit l'enseigne acheter de pleines pages publicitaires pour convaincre chiffres et sondages en main, que ses hypermarchés n'étaient pas plus chers que la concurrence, tout en fournissant la qualité Casino. Ce ne fut pas suffisant pour annihiler le halo de cherté nourri par les innombrables supérettes Casino. Aussi Casino débaptisa des Géant Casino en les appelant

Géant tout simplement. Il fit de même avec les hypermarchés de Rallye, enseigne qu'il avait rachetée, afin de créer une masse critique pour une nouvelle force sur le marché : Géant.

Intermarché évite ce risque en différenciant bien les noms suivant la surface et le type de magasin. À côté des hypermachés dominant les bourgades à l'enseigne Intermarché, on trouve Ecomarché dans les plus petites villes, et les Relais Mousquetaires pour suppléer à l'absence d'épicerie dans les villages de cinq à six cents habitants. Quant au hard discount, bien que livré à partir d'une plate-forme Intermarché, il s'appelle CDM pour minimiser la cannibalisation.

Castorama subit une déconvenue en donnant aussi son nom à des petites surfaces de centre ville (les « Casto »). Hélas, on n'y trouvait plus du tout les attributs de l'enseigne Castorama, liés structurellement à la taille de ses magasins géants (plus de 5 000 m^2) : largeur et profondeur du choix, conseil, clarté, plaisir de visite et de découverte, sans parler du prix. Aussi, Castorama dut fermer ses « Casto ». Ayant racheté l'enseigne Obi, elle-même très hétérogène en surface, Castorama tira les leçons de l'expérience : les grands Obi devinrent Castorama, les autres restèrent sous l'enseigne Obi.

Darty essaya de contourner la difficulté en dotant ses petites surfaces expérimentales en centre ville des outils permettant d'honorer la promesse d'enseigne : les prix, le choix, le service. À Melun, à Meaux et Mantes, on vit s'ouvrir d'étranges Darty : des petites surfaces (moins de 100 m^2) sans aucun produit ni vendeur, remplacés par des bornes interactives (Defever, 1989). Le consommateur pouvait par ce biais électronique trouver la référence correspondant exactement à ses critères de choix. Une hôtesse enregistrait la commande, livrée le lendemain, contrat de confiance oblige. Mais cette expérience dut être interrompue : la profusion, la joie de vivre, le climat bon enfant et le conseil avant-vente font aussi partie du service Darty. On ne les retrouvait pas dans ces magasins du futur. Malgré des visites en nombre, il n'y avait que onze achats par jour.

Si la FNAC a pu développer des petites surfaces (les points FNAC), c'est en les spécialisant sur un service particulier et un seul : le développement et la vente de pellicules de photographie. C'est en quelque sorte un rayon décentralisé.

La difficile extension d'une enseigne à des surfaces et lieux hétérogènes est naturelle lorsque l'on se souvient de l'étymologie du mot « enseigne » (0. Cabat, 1989) : « *in signum* », le « signe qui est dedans », dit littéralement « c'est ici qu'est le lieu désigné par l'enseigne ». L'enseigne est donc le désignateur rigide d'une portion de l'espace.

Néanmoins, le groupe Domaxel passa outre ce handicap en réunissant sous une même enseigne Weldom des magasins hétérogènes, seul moyen pour atteindre la masse critique, et exister face à Castorama.

RATIONALISER UN PORTEFEUILLE INTERNATIONAL : LE CAS THOMSON

Le Groupe Thomson est le quatrième constructeur mondial d'électronique grand public, le numéro deux en Europe sur les marchés de la télévision en couleur et de la vidéo, et numéro un aux États-Unis sur ces deux marchés. Ayant regroupé ces activités au sein de Thomson Multimedia, il doit faire face en Europe depuis 1993 à un marché particulièrement déprimé, diminuant en valeur mais aussi en volume.

Plusieurs facteurs structurels concourent à cette situation.

- En Europe tous les ménages sont équipés. Les ventes viendront donc soit du multi-équipement soit du renouvellement par les ménages.
- La durée de vie moyenne d'une référence est de six mois. Le rythme des innovations est tellement soutenu que cela produit une tendance à l'attentisme, les ménages ne cessant de repousser la date d'un éventuel renouvellement. Ce faisant, ils s'habituent à leur appareil actuel et perdent le désir d'en changer.
- La crise économique et les risques liés au chômage conduisent à accroître l'épargne de précaution, menacée d'un autre côté par l'accroissement des impôts de solidarité, des prélèvements sociaux, des retraites complémentaires.
  Pour réagir par rapport à cette situation, la distribution concentrée de type Kingfisher-Darty, Inter Discount, mais aussi les hypermarchés multiplient les offres à prix très bas, portées par des constructeurs chinois ou coréens. La part de ces non-marques atteint ainsi en Europe près de 40 % du marché total des téléviseurs couleur.

La demande des consommateurs est devenue si volatile et imprévisible que la crainte principale des distributeurs est de voir peser sur leurs résultats d'exploitation des stocks d'invendus. Or, compte tenu de l'obsolescence rapide des références, un stock peut brutalement se déprécier et handicaper la rentabilité des distributeurs. La grande distribution concentrée rationalise donc fortement ses achats : elle cherche une ou deux grandes marques généralistes prévendues, à gamme large et sinon prélève ici ou là des modèles compétitifs dans les catalogues des autres marques.

Pour sortir de cette spirale négative et recréer le désir chez les consommateurs, il n'y a qu'une solution : l'innovation créant un saut qualitatif réel et par là même un sentiment fort d'obsolescence des téléviseurs équipant actuellement les ménages. Les écrans plats sont un exemple, les fonctionnalités multimédia en sont un autre. Le problème est que pour porter des innovations fortes il faut une marque forte. L'innovation accroît en effet le désir mais elle exacerbe aussi le risque perçu : les clients craignent « d'essuyer les plâtres » de ces innovations radicales. Seule une très grande marque les rassure et exerce pleinement la fonction de garantie. On le sait bien, un nom très connu accroît le taux d'essai des nouveaux produits. C'est un accélérateur de pénétration.

Thomson, ayant racheté aux États-Unis RCA, les marques de téléviseurs GE et Pro Scan, est le leader mondial des tubes pour téléviseurs. Il a la maîtrise des composants et des technologies. En Europe aussi, comme le montre le tableau 9.1., il a progressé par croissance externe, en rachetant des marques. Son portefeuille est constitué de :

- Ferguson en Grande-Bretagne, marque positionnée comme bon rapport qualité-prix.
- Nordmende en Allemagne, positionnée comme marque élitiste.
- Telefunken, symbole de la marque fiable, à l'allemande, mais sans dimension d'innovation. En outre, ces deux marques sont étroitement liées à des réseaux traditionnels, encore puissants en Allemagne, qui en font leur marque-bannière, contre la grande distribution.
- Saba, marque offrant un bon rapport qualité-prix, des fonctionnalités simplifiées et des produits design à des clientèles jeunes.
- Brandt en France, qui bénéficie de l'ombrelle conférée par sa réputation en électroménager. Son positionnement est d'être la première vraie marque accessible en grande distribution.
- Thomson enfin, porteuse du nom du groupe et porte-drapeau naturel de sa technologie.

Hélas, comme le montre le tableau 9.1., le groupe Thomson réalise certes près de 13 % du marché européen, mais à travers six marques dont aucune n'est forte.

- Elles ne sont pas présentes dans tous les pays.
- Leur notoriété ne les situe jamais au sein des trois premières du marché.
- Leur part de marché ne les rend pas incontournables par la grande distribution concentrée, désireuse d'interlocuteurs uniques européens, disposant d'une marque généraliste puissante établie dans tous les pays (telle Philips, Sony ou Toshiba, Grundig et Panasonic).
- En termes d'image, elles ne sont jamais les premières à être citées lorsque l'on parle d'innovation, de qualité, de son, de design, de rapport qualité-prix.

Au moment où il est plus qu'urgent de promouvoir ses innovations, le groupe Thomson prend conscience qu'il n'a pas les marques pour cela. Il est un grand groupe en consolidé, mais ses marques sont faibles, en Europe du moins. Une première solution consista à effectuer une segmentation des marques. Après tout, Opel s'appelle Vauxhall en Grande-Bretagne et

General Motors n'a pas l'intention de débaptiser Vauxhall. On envisagea donc de regrouper Thomson, Ferguson et Nordmende d'un côté, Saba et Brandt de l'autre et enfin Telefunken constituant un pôle à lui seul. Cette stratégie visait à capitaliser sur les notoriétés locales existantes et de cautionner Ferguson et Nordmende par la marque Thomson Technologies.

Tableau 9.1. – *Le Portefeuille des marques du Groupe Thomson en Europe (Base TV GFK : Notoriété Spontanée / Part de Marché)*

GROUPE THOMSON	France	Espagne	Allemagne	Italie	UK
Thomson	46 % / 7 %	26 % / 3,2 %			
Telefunken	18 % / 2,3 %	22 % / 2,1 %	36 % / 6,2 %	33 % / 4,7 %	
Saba	9 % / 3,7 %	8 % / 2,8 %	18 % / 2,5 %	15 % / 5,8 %	
Brandt	33 % / 6,8 %				
Nordmende			17 % / 2,9 %	22 % / 5,2 %	
Ferguson					41 % / 7,6 %
PHILIPS	73 % / 16,1 %	71 % / 15,3 %	43 % / 10,5 %	65 % / 12,2 %	44 % / 5,4 %
SONY	35 % / 8,6 %	49 % / 11,8 %	51 % / 8,6 %	42 % / 10,3 %	50 % / 10,9 %
GRUNDIG	30 % / 7,9 %	29 % / 7,1 %	62 % / 13,8 %	42 % / 9,1 %	

Cette stratégie fut abandonnée en 1996. En effet, à la différence de l'automobile, le secteur du brun est confronté à la montée des acheteurs globaux paneuropéens. Ils veulent une marque unique. Pas un patchwork. De plus, on connaît la difficulté des extensions dites verticales : peu de marques ont réussi à faire remonter leur image du milieu de gamme au haut de gamme dans des délais réalistes (Audi a mis vingt ans). Enfin, plus on communiquait sur Ferguson ou Nordmende, plus on créait un écran masquant Thomson. Pour percer en notoriété Whirlpool dut vite cesser de mentionner Philips dans les publicités de Philips-Whirlpool (voir chapitre 10).

En réalité, le groupe Thomson n'a pas d'autre choix que celui de faire de Thomson sa mega-marque, représentant ni un sixième des ventes ni même un tiers mais les deux tiers afin d'être capable de constituer une alternative réaliste à Philips ou Sony pour un distributeur. Si la stratégie est désormais claire, sa mise en œuvre est loin d'être évidente. Il faut en effet lancer Thomson dans tous les pays où la marque n'est pas connue ce qui implique des coûts de référencement et de publicité considérables mais indispensables. Pour financer ceux-ci, on doit donc réduire les dépenses publicitaires des autres marques, en tous cas celles ayant vocation à rester des marques tactiques, locales. Le problème est que la réduction de ces dépenses est un signal clair envoyé aux réseaux de vente et aux distributeurs qui n'ont aucune raison de se mobiliser pour des marques en lesquelles le groupe Thomson lui-même semble moins croire. On risque alors d'accélérer la chute des parts de marché des marques du portefeuille avant même que la marque Thomson n'ait pu prendre la relève.

Chapitre 10

Changements de noms et fusions de marques

Une des facettes les plus spectaculaires du management des marques, mais aussi une des plus risquées est le changement de marque. Chacun a à l'esprit les cas de Philips-Whirlpool, AXA-UAP, Ciba-Sandoz devenant Novartis, Rhône-Poulenc fusionnant avec Hoechst en Avantis, Raider devenu Twix, Datsun-Nissan, CGE-Vivendi, pour en citer quelques-uns. Le monde industriel est habitué depuis longtemps à de telles démarches liées au processus de croissance externe par acquisition de sociétés et à la constitution de grands groupes tels Unysis, Alcatel, Schneider, par la fusion d'entités jusqu'alors séparées et indépendantes. Aux États-Unis, en 1991, 154 marques changèrent de nom. En 1993, le chiffre augmenta de 29 %, atteignant 197 (Schechter, 1993).

Cette croissance est normale : elle est la conséquence du concept de capitalisation, clé du management moderne des marques. La réorganisation et la réduction des portefeuilles de marques crée l'obligation d'affecter les produits des marques qui vont disparaître aux marques sur lesquelles l'entreprise va capitaliser. Il en va de même des sociétés. Cette démarche est naturellement risquée : l'abandon d'une marque signifie que le marché va perdre un de ses repères, si ce n'est un de ses choix quand ce n'est pas un choix préférentiel pour les clients fidèles. Les risques de perte de parts de marché sont élevés. C'est pourquoi le transfert de marque est une décision stratégique, longuement mûrie et préparée. À ce jour, les études empiriques sont rares sur la question (Rizeboos, Sneller, 1993), ou alors confidentielles et privées (Greig, Poynter, 1994). Forts de l'expérience accumulée de dizaines de cas, il est possible de définir les conditions d'un changement de marque réussi, sur un plan local ou multinational.

LES TYPES DE TRANSFERTS DE MARQUES

On réduit trop souvent le transfert de marque au seul changement de nom. Certes, c'est la facette la plus risquée du changement, car le nom est ce qui, dans la mémoire des clients, est porteur d'un capital de notoriété, d'associations mentales, d'empathie et de préférence. Néanmoins, la marque est un multi-signe que l'on ne saurait réduire à la seule composante nominale. De fait, l'examen de multiples cas européens et américains révèle l'hétérogénéité des situations englobées par praticité sous le vocable général de transfert ou changement de marque. Nombre d'entre eux sont bien plus qu'un changement de la seule marque. L'oublier serait dangereux au moment de tirer les conclusions des résultats des ventes par exemple. En réalité, les cas étudiés sont des changements de l'une des facettes suivantes, ou de quelques-unes d'entre elles, ou encore de toutes.

Tableau 10.1. – *Différents types de transferts de marques*

Facettes modifiées \ Transfert	Treets M&M's	Raider Twix	Shell Puissance/ Helix	Philips Whirlpool	Chambourcy Nestlé
• Nom					
– marque-fille			X		
– marque-mère				X	X
– marque-produit	X	X			
• Système d'identité visuelle					
– couleur	X		X		
– packaging (forme)					
– logotype	X			X	X
– symbole visuel	X		X	X	
• Système d'identité sonore		X			
• Personnage de marque					
• Produit physique	X		(X)		
• Bénéfice consommateur (slogan)	X				

Certains changements de marques sont aussi des changements de produits. Ce qui perturba les amateurs de Treets, outre la perte de leurs repères, et l'objet de leur sympathie, c'est que sous M&M's on trouvait désormais deux produits : les cacahuètes enrobées de chocolat certes, mais aussi des pastilles enrobées de chocolat, concurrentes de Smarties. On passa donc d'une situation simple et bien mémorisée à une situation totalement déstabilisante où tous les repères avaient changé, ainsi que le produit lui-même. Le passage de l'huile Shell, du vocable Puissance au vocable européen Helix s'accompagna certes aussi d'une modification des caractéristiques des huiles. Néanmoins, dans la mesure où ces caractéristiques sont « cachées », peu perceptibles par les clients, cela ne constitua pas une zone de risque pour Shell.

En ce qui concerne les changements de nom eux-mêmes, les risques sont très différents selon que l'on a affaire à une marque-produit, à une marque-ombrelle, à une marque-caution ou à une marque-source. Les deux premiers cas sont ceux de Raider/Twix ou Philips-Whirlpool par exemple. Le changement affecte le seul et unique désignateur nominal du ou des produits. À l'inverse, Puissance devient Helix mais reste sous la marque-mère Shell. Les changements de marque, lorsque le produit est défini par plusieurs niveaux de marquage, sont bien moins problématiques.

À l'ère du libre-service, le système d'identité visuelle est crucial pour aider le client à reconnaître rapidement sa marque. D'ailleurs, les marques de distributeurs ne s'y trompent pas : leurs imitations visant à créer la confusion chez le consommateur, reposent de moins en moins sur des noms similaires (comme Sablito et Pépito) et de plus en plus sur l'imitation presque servile des codes couleurs de la marque nationale prise pour cible sur les rayons (Kapferer et Thoenig, 1992 ; Kapferer, 1994). Ainsi, en Grande-Bretagne, un vif conflit opposa Coca-Cola et la chaîne de distribution Sainsbury, dont les colas imitaient totalement les couleurs de Coca-Cola : rouge pour le classique, blanc pour le sans sucre et doré pour le sans sucre sans caféine. En France, maintes copies de Ricoré créées à la demande des distributeurs reproduisent l'emballage et le jaune de la marque. À l'inverse, certains changements de marques s'accompagnent de modifications profondes des codes-couleurs. Ainsi, le bidon marron de Shell Puissance 5 devint le bidon jaune de Shell Helix-Standard. Le long changement de Pal à Pedigree s'accompagna aussi de l'adoption d'une nouvelle couleur, un jaune vif, claquant et lumineux pour renforcer l'impact dans les linéaires, et cela au niveau mondial. Lorsque l'on sait que la couleur est le premier repère d'une marque pour un consommateur en libre-service, on mesure les dangers encourus lors de telles modifications.

La forme de packaging est le second facteur de reconnaissance visuelle. C'est pourquoi, malgré les économies qu'auraient apporté un bidon unique européen, Shell France refusa longtemps d'abandonner son bidon dit « à trompe », très reconnaissable et très pratique pour l'utilisateur. Une partie de la valeur ajoutée de l'huile Shell réside dans ce bidon. Enfin, les transferts de marques peuvent s'accompagner ou non de changements du logotype ou bloc-marque, et des symboles visuels. Concernant ce dernier point, on ne saurait sous-estimer l'impact affectif des disparitions des symboles visuels de la marque. Poulain sans l'animal est-ce encore le chocolat Poulain ? Remplacer Groquik par un lapin pour des raisons de coordination internationale, c'est toucher à la relation des enfants à Nesquik. La question peut être étendue à toute modification forte de personnages de marque : il fallait bien que Lancôme remplace Isabella Rossellini par Juliette Binoche. Les disparitions des personnages emblématiques sont parfois une réelle déchirure pour la marque. Ce fut le cas pour Vedette, privée de la Mère Denis, ou pendant quelques années Esso sans son tigre. Il faut gérer l'après-personnage pour ne pas perdre le lien affectif.

Enfin, depuis que slogans et phrases musicales sont déposables, on a pris conscience de l'importance de ces mémoires sonores. Passant de Raider à Twix, l'entreprise Mars hésita cependant à conserver le territoire musical de la marque et préféra changer la musique. Or la musique est un véhicule de la personnalité. Le slogan est aussi, à la longue, partie intégrante de la marque, et déposable en tant que tel. En passant de Treets à M&M's, on perdit le fameux slogan (fond dans la bouche, pas dans les mains).

LES RAISONS DES TRANSFERTS DE MARQUES

Quels buts poursuivent les très nombreux changements de marque auxquels nous assistons ? Les raisons à l'origine de ces changements sont multiples.

1 – Bien des marques sont achetées dans le but de les faire disparaître et de conférer leur activité à une autre marque. Constatant que seules deux marques nationales subsisteraient dans le marché de la charcuterie préemballée, Fleury-Michon troisième marque derrière Olida et Herta décida d'acheter Olida, afin qu'il ne reste plus que Fleury-Michon et Herta. Naturellement, une partie des produits d'Olida dut passer sous la marque Fleury-Michon. Danone transfèra l'activité de ses marques spécialistes Vivagel (le surgelé) et Honoré Janin (le frais) sous l'ombrelle Marie.

2 – Les transferts de marque sont la conséquence des cessions d'activités. Ainsi, General Electric voulut se désengager de son activité dans le petit électroménager. Le repreneur fut Black et Decker, l'accord stipulant que l'usage du nom GE ne pouvait être que provisoire. Aucune marque ne souhaite voir une partie de son image dépendre des décisions d'autres sociétés. Il en alla de même de Philips et Whirlpool : le rachat par ce dernier de l'activité blanc de Philips impliquait un usage du nom Philips qui ne pouvait être que provisoire. Cherchant à se recentrer sur les seuls produits bruns et le petit électroménager, Philips ne concéda que de façon temporaire l'usage de sa marque à Whirlpool. Cette société acheta l'activité blanc pour la part de marché européenne immédiate que cela lui conférait, ainsi que le statut de numéro 1 mondial de l'électroménager.

3 – La recherche de la taille critique explique aussi maints transferts de marques. Le Groupe Mars a abandonné ses deux marques européennes Treets et Bonitos pour les fusionner sous la marque mondiale M&M's. Pour lutter contre Mc Donald's, Quick acquit Free Time et réalisa un transfert d'enseignes. Le groupe Accor souhaitait acquérir la chaîne Méridien pour y fondre Sofitel dans lequel s'était déjà fondu Pullman, la chaîne d'hôtels internationaux de la Compagnie Internationale des Wagons-Lits. Ce faisant, il aurait disposé d'une implantation mondiale à même de lui permettre de répondre aux attentes des acheteurs globaux, négociant par exemple pour les déplacements internationaux de tous leurs cadres. En France, le rachat d'Euromarché par Carrefour lui permit de combler une partie de son handicap de taille, loin derrière Leclerc et Intermarché : après l'achat, tous les Euromarché devinrent des Carrefour, ce qui va bien au-delà du simple remplacement des enseignes, mais concerne le « produit » lui-même (organisation du magasin, disposition des rayons, atmosphère, marques de distributeur etc.).

4 – La constitution de groupes mondiaux aboutit au même résultat : Alcatel naquit d'une joint-venture entre la CGE et ITT. En quelques années, toutes les marques-entreprises de ces deux géants devinrent Alcatel, et même plusieurs marques-produits (comme celles des téléphones par exemple). À ce titre, Telic devint Telic-Alcatel puis Alcatel Business Systems. Pour préserver ici ou là les acquis de Telic dans le milieu des PME, le réseau commercial continua de s'appeler Telic, mais n'eut plus l'exclusivité de la distribution d'Alcatel Business Systems. L'émergence du Groupe Schneider pour concurrencer ABB ou Siemens passa par le remplacement des sociétés Merlin-Gerin et Télémécanique par Schneider partout dans le monde. En France, ces sociétés disparurent en 1994, mais devinrent des marques pour préserver les parts de marché attachées à leurs noms.

5 – Les transferts de marques sont la conséquence d'une stratégie d'implantation à l'étranger de type « cheval de Troie ». Ainsi, rien n'est plus protégé que le marché des équipements électriques. Avec force labels, normes, les pays défendent de cette façon leur industrie locale. Pour pénétrer le marché britannique, Merlin-Gerin, adepte de la croissance externe à tout crin, racheta la célèbre société Yorkshire Switchgear. Par un processus progressif, celle-ci s'adossa sur la caution Merlin-Gerin dans son bloc-marque avant d'inverser les noms et de disparaître sous le nom de Merlin-Gerin UK (désormais Schneider). Pour prendre pied sur le marché allemand, le Groupe L'Oréal racheta la société Dralle vendant la marque de shampooing Beauty en grandes

surfaces. L'Oréal va alors lancer Ultra Beauty de Dralle, avec en signature mineure Laboratoires Garnier. La troisième étape consistera à décliner cette nouvelle gamme en Ultra Doux et Ultra Riche (les deux shampooings phares de Garnier en France et en Europe). À terme, Dralle cédera la place à Laboratoires Garnier. C'est ainsi que L'Oréal imposera en douceur Laboratoires Garnier et ses produits, en Allemagne.

6 – L'homogénéisation internationale explique aussi les transferts de marques. Les sociétés favorables aux marques globales remplacent toutes leurs marques locales par la marque mondiale. Ainsi, la marque Raider en Europe devint Twix, Pal se mua en Pedigree, la marque de peinture Valentine deviendra un jour Dulux, la marque mondiale d'ICI. Pour faciliter le repérage des automobilistes européens voyageant d'un pays à l'autre, Shell imposa un nom unique pour ses lubrifiants (Helix) et vise dans la mesure du possible une homogénéisation des codes-couleurs : cela crée parfois des conflits juridiques locaux si une marque concurrente est déjà associée à la couleur européenne retenue. British Telecom devint BT.

7 – Pour capitaliser sur quelques marques fortes et cesser d'investir sur une kyrielle de petites marques les sociétés tendent à supprimer ces dernières et à regrouper leurs produits sous une ou deux marques fortes. Ainsi, en 1992, feu BSN décida de capitaliser exclusivement sur Danone dans l'ultra-frais rétrogradant Gervais au rang de marque sous Danone. De même, faute de pouvoir être internationalisée, la marque de biscuits l'Alsacienne fut supprimée en 1994, ses produits étant affectés soit à Lu soit à Belin. Le raisonnement concerne aussi les marques-produits : les entreprises ne peuvent en soutenir trop et préfèrent pratiquer l'extension de marque sous une ombrelle forte. Ainsi dans le marché des petits sablés au chocolat, face à l'inondation des copies de distributeurs, Lu décida de faire passer Granola sous l'ombrelle de « Prince », et de se concentrer sur son produit vedette « Pépito ». De même, Johnson mit fin à l'existence de la bombe spray Favor, spécialisée dans l'entretien du bois, en l'appelant Pliz à la cire d'abeille, Pliz étant la référence du marché en matière de spray dépoussiérant. Enfin, constatant que sa marque Galaxy ne détenait que 12 % de part de marché des produits pour lave-vaisselle, loin derrière Sun de Lever (56 %) et même Calgonit (14 %), Colgate-Palmolive décida de supprimer la marque en la remplaçant par sa marque phare du marché de lavage à la main Paic. Cette dernière était leader avec 26 % de parts de marché et 63 % de notoriété spontanée en 1994. Pour légitimer Paic dans le segment du lavage mécanique, Galaxy devint

Paic System, après une phase transitoire où le produit s'appela Galaxy (Paic System) puis Paic-System (Galaxy).

8 – Le recul de l'hyper-segmentation, handicapée par l'absence d'économies d'échelle, conduit nécessairement à la disparition de marques donc à un transfert. C'est ainsi que le groupe Accor supprima sa marque d'hôtels de deux étoiles Urbis pour la fondre en Ibis. Si, dans les années soixante-dix, on segmenta de façon nette entre la ville et la campagne, Urbis et Ibis, l'extension des banlieues, des zones péri-urbaines posa de délicats problèmes de frontières. Les nouvelles implantations devaient elles s'appeler Urbis ou Ibis ? À cela s'ajouta le besoin d'accéder à la taille critique : d'où le choix de tout appeler désormais Ibis. Le groupe Lapeyre fit face en 1995 au même dilemme. Il disposait de deux enseignes spécialisées : Lapeyre pour la menuiserie, GME pour le carrelage, la robinetterie et les salles de bains. Mais alors, sous quelle marque vendre les cuisines, fantastique marché en croissance. Dans une cuisine, il y a certes le meuble, mais il faut le carrelage mural et au sol, un choix d'éviers et de robinets. Il en va de même des meubles de salles de bains. Fallait-il alors supprimer GME au profit de la marque Lapeyre, plus connue et réputée, au risque de perdre l'avantage concurrentiel face à Castorama ou Leroy-Merlin : le statut de vrai spécialiste de la menuiserie ? En l'occurrence, on décida de préserver les deux enseignes.

9 – Dans le même ordre d'idées, la défense ou la consolidation de marques stratégiques les conduit à entrer dans des marchés dont elles étaient absentes et sur lesquels on avait développé une marque spécialisée. Face à la montée du circuit des grandes surfaces, le circuit des pharmacies et sa clientèle attendent plus d'efficacité des marques distribuées exclusivement dans ce dernier. Grande marque généraliste Vichy a ressenti la nécessité de se doter d'une facette traitante plus accentuée, dans le domaine de la dermo-cosmétique. Cela la conduit à aborder des problèmes tels que l'acné juvénile, le traitement des pellicules ou l'aide à l'équilibre de la peau lors de la ménopause. Ces trois activités constituaient jusqu'alors le territoire de la marque Laboratoires d'Anglas. Le renforcement de Vichy passa par le transfert des produits de d'Anglas à celle-ci.

10 – Avec le temps, un nom peut devenir un handicap pour l'activité de la marque, soit que celle-ci veuille s'étendre à de nouvelles activités, soit qu'elle souhaite s'internationaliser, soit qu'elle cherche à se rajeunir. Ainsi, le groupe Générale des Eaux décida de s'appeler Vivendi en 1998, son nom étant peu compatible avec l'activité multimédia et télécommunication du groupe. Rhône-Poulenc filialisa son pôle chimique

et le fit coter en Bourse sous le nom Rhodia, pour que le groupe signifie exclusivement les sciences de la vie. BSN devint Danone pour acquérir d'emblée une visibilité et une reconnaissance internationales, interdites jusqu'alors par l'emploi d'un sigle. De la même façon, outre les problèmes juridiques liés à l'usage du sigle CGE face à General Electric (GE) aux USA, c'est pour acquérir rapidement notoriété et stature que la CGE décida de prendre le 1er février 1991 le nom de ses deux marques les plus fortes : Alcatel-Alsthom. À l'inverse, pour pallier le caractère générique de son nom et gommer certains traits d'image découlant de la période de monopole local, Pompes Funèbres Générales dut envisager un changement de marque, au profit de PFG. Cette signification débanalise et permet de repartir sur des bases nouvelles : en l'occurrence elle permit de pénétrer les marchés de l'assurance-prévoyance ou de la marbrerie. Pour faciliter le relancement du parc, Eurodisney décida de s'appeler Disneyland Paris à partir de 1994.

11 – Les transferts de marques sont parfois le résultat de combats juridiques perdus. Yves Saint Laurent dut remplacer son nom de parfum Champagne par celui d'Yvresse. Best Montana a du se muer en Best Mountain. L'expansion internationale de la société d'assistance Mondial Assistance, conduisit la compagnie d'assurances La Mondiale à intenter un procès en concurrence déloyale en Espagne où la similitude des noms et activités pouvait prêter à confusion. La Mondiale perdit en appel, ce qui devrait poser un problème de maintien du nom de son activité La Mondiale Assistance.

12 – Enfin, la distribution elle-même est désormais à l'origine des changements de marques. Les différents distributeurs engagés dans une implantation européenne demandent des marques fortes et à légitimité européenne. C'est pourquoi, alors que la société Valentine avait été rachetée en 1985 par le groupe britannique ICI, il fallut attendre 1992 pour que l'on mît fin aux hésitations sur la question de la marque : il devenait obligatoire pour ICI de disposer d'une marque à l'échelle européenne. C'est pourquoi il décida d'introduire en France sa marque internationale Dulux, présente dans 41 pays, sous le nom mixte ICI Dulux Valentine, dans une première étape, sans que la date de l'abandon de Valentine ne soit programmée à ce jour, capital de marque locale oblige !

En milieu semi-industriel, la gestion concomitante d'un circuit grossiste et d'un circuit de type grandes surfaces conduit nécessairement à une spécialisation des marques. Ainsi, dans le domaine des convecteurs électriques, tous les groupes industriels spécialisent leurs marques : les unes pour le circuit long (grossistes puis installateurs), les autres pour le circuit court (grandes surfaces spécialisées, grandes surfaces de bricolage). Le problème est que historiquement la présence des marques ici et là s'était faite au coup par coup. Il faut alors expliquer à un grossiste qui s'est mobilisé depuis 10 ans sur la marque X en la promouvant auprès des artisans pourquoi ce sera désormais Y, X devenant le nom réservé à la grande distribution. Une telle démarche est préparée par un travail d'homogénéisation des produits eux-mêmes et des communications (notices techniques, documentations commerciales) pour minimiser le sentiment de perte chez le distributeur et ses clients.

Avant d'émettre les recommandations pour maximiser les chances de réussite d'un transfert de marque, local ou européen, il est intéressant d'analyser en profondeur plusieurs cas exemplaires, au sens où chacun d'eux illustre une situation ou une catégorie de produit particulière.

DE RAIDER À TWIX

Pendant l'automne 1991, les consommateurs européens apprirent par une campagne de publicité massive que la barre chocolatée Raider s'appelait désormais Twix, comme partout dans le monde à New York, Tokyo ou Londres. À la différence de l'autre cas de changement de marque du groupe Mars (Treets/M&M's) où tout avait changé, même le produit, ici on prit bien soin de ne pas perdre les consommateurs en bousculant trop leurs repères. À part le nom, rien n'avait changé. Ce fut un succès.

Pourquoi ce changement de marque ? Comme le rappella Philippe Villemus, alors directeur du marketing de Mars[1] (Séminaire KCA du 29/9/93), « Mars est un groupe mondial possédant 6 marques de plus d'un milliard de dollars. Il ne veut construire que des méga-marques, satisfaisant aux cinq conditions suivantes :

- répondre à un besoin important, durable et mondial ;
- représenter le meilleur niveau de la qualité ;
- être omniprésent, à portée de main et de bourse, dans tous les pays ;
- avoir créé un haut niveau de confiance chez les consommateurs ;
- et être leader de leur segment (quand ce n'est pas le cas, la marque est tout simplement supprimée comme Treets ou Bonitos).

Pour des raisons juridiques, il arrive que des marques soient indéposables dans certaines zones. De fait, ce qui était Twix partout ailleurs, ne put être nommé ainsi en Europe continentale. Ce problème juridique levé grâce à des

1. Pour de plus amples développements, voir aussi l'ouvrage de P. Villemus, *La fin des marques ? Vers un retour au produit,* aux Éditions d'Organisation (1996).

rachats dans différents pays, le groupe n'hésita plus et décida de redonner à l'Europe le nom global.

Quels étaient les objectifs de ce changement de marque ? En premier lieu, selon P. Villemus gagner des parts de marché, augmenter les ventes, (sinon ajouta-t-il, autant ne pas le faire). Cet accent sur l'opportunité stratégique de renforcer la part de marché est important : les transferts de marque ne sont pas des exercices de style, mais obéissent à une logique concurrentielle. Le second objectif était d'établir une marque globale. Le troisième était de réaliser des économies de production, d'emballages, de publicité. Diminuer la complexité de gestion fut le quatrième objectif. Enfin, afin de préparer l'extension de la marque vers d'autres segments comme les glaces, il était préférable de n'avoir qu'un seul nom.

L'enjeu européen était de taille tant Raider jouissait d'un fort capital de marque. Elle était la deuxième barre après Mars, avec 12 % de croissance en volume par an grâce à un concept spécifique, et un slogan (la satisfaction des petites faims) encapsulant la description physique et le bénéfice consommateur. En France, par exemple la notoriété spontanée était de 43 %, la notoriété assistée de 96 % et celle du slogan 88 %. Chez les adolescents, on comptait 88 % d'essayeurs et 43 % d'acheteurs réguliers. Face à cet héritage de la marque Raider, l'objectif marketing était d'établir Twix comme le snack idéal pour les adolescents et jeunes de 15 à 25 ans.

Bien que les consommateurs aient eu le sentiment que le changement de marque fut rapide, en réalité tout avait commencé un an auparavant. D'octobre 1990 à octobre 1991, une information apparut sur la tranche des paquets de Raider : « mondialement appelé Twix ». Pendant six mois après la campagne, cette mention fut remplacée par la phrase : « le nouveau nom de Raider ».

Les objectifs assignés à la campagne par le directeur du marketing étaient :

- de communiquer clairement et simplement que seul le nom changeait ;
- de transférer toutes les valeurs de Raider à Twix ;
- d'obtenir très vite un taux de notoriété très fort (30 % en spontané, 80 % en assisté) sur la cible jeune ;
- de positiver le changement, en prenant comme alibi le fait d'être au diapason du monde, de bâtir une marque mondiale, pour les jeunes de tous les pays.

Les facteurs-clés du succès de cette opération tiennent comme toujours à la mise en œuvre de la stratégie :

- l'action fut très rapide : quinze jours pour tout changer dans un pays (l'ensemble du changement prenant en tout trois mois en Europe) ;
- Mars créa un événement d'envergure maximale pour maximiser la part de voix et la notoriété ;

– on maximisa l'impact et les actions au point de vente ;
– enfin, on assura un relais optimal au niveau opérationnel. Ainsi, le jour où la campagne débuta, il ne devait plus rester de stock de Raider dans les magasins, quitte à racheter les stocks.

Examinons les différentes variables du mix de communication. L'emballage est le premier média. Rappelons qu'il servit à familiariser les consommateurs avec Twix un an avant le changement. Il expliqua Twix, six mois après. Pour répondre aux objectifs de communication, la publicité se caractérisa par :

– un accent très fort sur le pack-shot pour maximiser l'identification ;
– l'interruption de toute dépense média sur Raider six mois avant le jour J pour amorcer la décroissance de notoriété de cette marque ;
– un film européen à très fort impact avec David Bowie ;
– une forte concentration des moyens : on dépensa, dit-on, en trois semaines sur le seul média télévision, l'équivalent de deux années de budget publicitaire (c'est pourquoi il était vital que tout emballage de Raider ait disparu des points de vente).

Sur le plan des magasins, il y eut mises en avant et displays visibles. Twix fut la focalisation absolue de la force de vente, reléguant les autres marques en second en termes de priorité. La grande distribution fut bien sûr prévenue longtemps à l'avance. Le code à barres fut maintenu identique afin que la distribution ne prît pas Twix pour un référencement d'une nouvelle marque, et en profite pour réclamer une prime à cet effet.

Six mois après cette opération, la part de marché de Twix était au niveau de celle de Raider, avec désormais une seule marque, une seule usine et bien moins de complexité. Enfin, Twix a une image plus moderne que Raider, du fait de son côté jeune et internationale.

Rétrospectivement, l'ensemble des décisions prises paraît logique. C'est le propre des opérations réussies de donner l'impression qu'elles étaient simples. Il y eut pourtant des débats en interne. Par exemple, certains préconisaient d'améliorer la recette et d'annoncer « encore meilleur ». On décida de changer le moins possible le produit, forts de l'expérience inverse Treets/M&M's. Peut-être en revanche aurait-on dû garder la musique de Raider dans le film de changement vers Twix. Cette modification était-elle nécessaire ? Elle a, dit-on, un peu perturbé les consommateurs, tant la musique de marque faisait partie intégrante de son identité, de sa personnalité ».

DE PHILIPS À WHIRLPOOL

Le 1er janvier 1989, Philips et l'Américain Whirlpool s'associaient pour créer le premier groupe mondial d'électroménager, et la société Whirlpool International détenue à 53 % par Whirlpool et 47 % par Philips. Ce regroupement visait à acquérir une dimension mondiale déterminante pour le développement et la pérennité des entreprises industrielles. De plus, Philips souhaitait se recentrer sur son activité principale. Enfin, les deux sociétés étaient très complémentaires, en implantation et capacité industrielles, en innovation et en couverture géographique des marchés. Philips était la première marque d'électroménager en Europe. Whirlpool était, quant à lui, leader aux États-Unis, au Mexique, au Brésil. Avec 11,1 % des quantités fabriquées, Philips Whirlpool devenait le leader du marché mondial de l'électroménager devant Electrolux (9,6 %). En 1990, la marque Philips Whirlpool était lancée au niveau européen par une campagne de publicité de grande ampleur (70 millions de francs en France). En 1991, Whirlpool racheta les 47 % restants à Philips. En janvier 1993, la marque Philips Whirlpool devient Whirlpool dans toutes les communications. En revanche, elle resta marque duale sur les produits. En 1996, en France, un des derniers pays à avoir effectué le transfert de marque, Philips devait disparaître des produits et Whirlpool rester désormais seul en lice. Par ce transfert de marque européen, Whirlpool devint la première marque mondiale d'électroménager. Le transfert de marque avait pris cinq ans. L'importance de l'enjeu et des risques associés à la substitution de Whirlpool à Philips apparaîtront d'emblée lorsque l'on sait l'importance de la marque pour l'achat des produits durables, où le risque perçu par l'acheteur est élevé. Or, en Europe, selon l'étude Landor, la marque Philips était la deuxième marque la plus puissante, tous secteurs confondus. En France, dans une autre étude, lorsque l'on demande aux consommateurs de citer spontanément trois marques, quel que soit leur secteur, Philips est cité en cinquième position après Renault, Peugeot, Adidas et Citroën (Kapferer, 1994). Néanmoins, la part de marché de Philips était inégale selon des pays, de même que son image. C'est pourquoi il apparut vite qu'il était impossible de procéder à un changement simultané de marque, partout en Europe. De même, le rôle de garantie de la marque dans l'électroménager interdisait que l'on procède à un changement brutal, du jour au lendemain, comme dans le cas Raider/Twix.

En janvier 1990, la notoriété assistée de Whirlpool en Europe était nulle. C'est pourquoi, on décida de procéder par étapes, par une approche dite de « fondu enchaîné », avec une phase Philips Whirlpool précédant l'abandon de Philips. En cela, le cas est différent de l'exemple de la reprise de l'activité petit électroménager de General Electric par Black et Decker aux États-Unis : ces deux noms avaient déjà une réputation.

Une autre raison militait pour une approche par étapes. Pour assurer la cohérence d'ensemble, autant il était possible de retirer des stocks toutes les barres Raider pour les remplacer par des Twix, autant la reprise de tous les produits Philips eût été impossible tant sur un plan pratique que financier.

Quel fut le plan de transfert adoptée par Whirlpool et pourquoi ? En premier lieu les études menées auprès des consommateurs avaient révélé dès 1990 que l'association de Philips à Whirlpool était perçue favorablement. Les deux sociétés avaient une image très différente. Celle de Whirlpool, toute en potentialités, évoquait la nouveauté, l'eau, le mouvement, le dynamisme. On y trouva le levier à l'indispensable positivation de tout transfert de marques. Le mariage des deux sociétés donnait à la marque Philips-Whirlpool une image idéale où l'un dynamisait l'autre et ce dernier tempérait le premier. Le couple Philips-Whirlpool était perçu dans les études menées dès 1990 comme « sûr et dynamique ; solide et vigoureux, classique et de style, fiable et innovant ». Whirlpool était vécu par les consommateurs européens comme apportant un sang nouveau à Philips, une touche high-tech à une marque fiable et classique, de l'imagination à une marque plutôt caractérisée par l'expérience.

Il fallut d'abord décider de la nature de la marque duale et de sa forme visuelle. En premier lieu devait-on s'appeler Whirlpool-Philips ou Philips-Whirlpool. Les tests révélèrent que la première éventualité n'invitait pas à la confiance, évoquait une perception confuse, plus proche d'une activité spécialisée dans les jacuzzis et tout ce qui concerne les équipements d'eau. En revanche, Philips-Whirlpool évoquait une saine égalité de statut et de puissance entre les deux partenaires, voire une légère prédominance du premier. Seule une minorité de consommateurs pensaient qu'il s'agissait d'une ligne de produits de Philips, au même titre que le rasoir Philips Tracer. La seconde question concerna le bloc-marque. Fallait-il écrire les deux noms côte à côte ou l'un au-dessous de l'autre ? Le premier choix fut retenu car il communiquait plus la notion de partenariat et conférait une meilleure impression visuelle. Le caractère synergétique de l'association de Philips à Whirlpool est attesté par le tableau suivant présentant l'image des marques en France en matière de capacité d'innovation, et cela avant la campagne du transfert (Figure 10.1.).

Sur le plan de la communication, sur quelles cibles prioritaires l'accent devait-il être mis ? À l'évidence, ce serait la distribution. En matière d'électroménager, 20 % seulement des clients visitent le magasin avec une marque spécifique en tête et seuls 10 % achètent celle-ci, soit un sur deux. C'est dire l'importance de la prescription et du conseil dans les points de vente. Facette méconnue du transfert de marque, Whirlpool s'engagea dès 1990 dans un considérable effort de communication auprès de la distribution. Cela concerna certes les grands patrons européens ou nationaux de la distribution, mais fut repris par les forces de vente de Whirlpool auprès des acheteurs, des patrons de magasin et des vendeurs en rayon dont l'opinion pèse tant sur les consommateurs. D'autre part, Whirlpool se présentant comme leader innovant, ne voulut pas cantonner le concept d'innovation aux seuls produits et services. La marque introduisit une révolution dans les rapports producteur-distributeur et un nouveau mode de relation auxquels les distributeurs n'étaient pas habitués, tant sur le plan des services, de l'information sur les marchés, etc. Quant aux consommateurs, l'enjeu était de les rassurer au plus vite par l'acquisition rapide de la notoriété et d'une image forte de qualité et d'innovation.

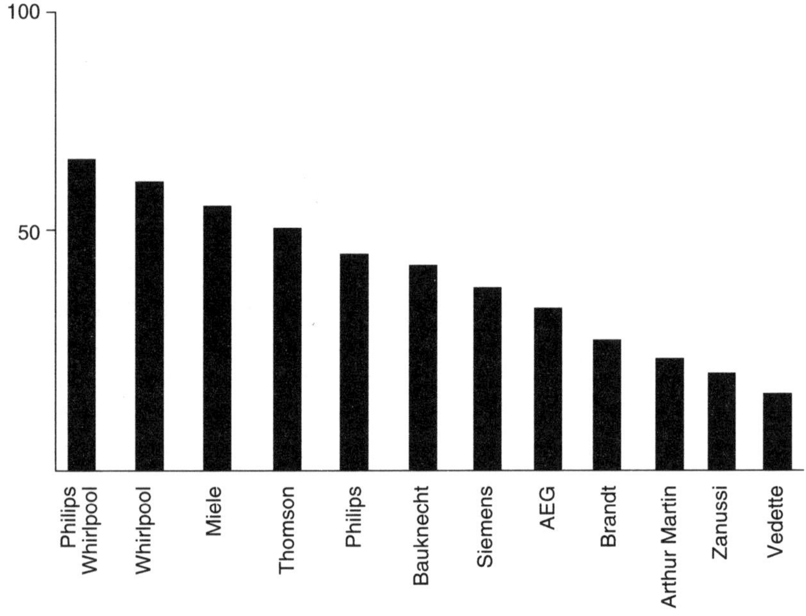

Figure 10.1. – *Perception par les consommateurs du degré d'innovation des marques, avant le changement de nom (1990).*

Ces objectifs de communication eurent plusieurs conséquences opérationnelles déterminantes. D'une part, vouloir associer à Whirlpool une image de qualité et d'innovateur impliquait que le transfert de marque sur les produits se fasse progressivement, au fur et à mesure du lancement de nouveaux produits et du relifting significatif des anciennes gammes de Philips. Sinon, on aurait recréé le syndrome Talbot-Chrysler, où seul le nom changea sur le capot des véhicules. À aucun moment, on ne devait trouver Whirlpool seul sur un produit ancien. En deuxième lieu, cette image de qualité conduisit à interdire toute publicité promotionnelle d'aucune sorte dans les médias pendant les premières années de la constitution de la marque au niveau européen. Enfin, dans la mesure où il est impossible de poursuivre en même temps un objectif d'image et un objectif de notoriété, il était clair qu'il fallait ajouter à la publicité (le film européen) une action en média pour atteindre rapidement le niveau de notoriété requis avant le changement total de marques, soit deux tiers de la notoriété assistée de Philips. En effet, en ce qui concerne les biens durables, l'implication des consommateurs est faible dès lors qu'ils ne sont pas en phase d'achat, c'est-à-dire dans la majorité des cas. Or, en situation d'implication minimale, les chemins de la persuasion sont très spécifiques. L'attention du consommateur se disperse : il vaut mieux alors privilégier une multitude de contacts fractionnés, même reçus de façon distraite, et multiplier ainsi le nombre de GRP. La résistance des consommateurs est plus faible : il faut privilégier les contacts reçus dans un contexte affectif favorable, une ambiance agréable pour bénéficier d'effets de transfert d'ambiance sur la marque. Enfin, le consommateur est peu prêt à faire des efforts cognitifs : il vaut mieux alors répéter le bénéfice consommateur associé à la marque plutôt que des différences spécifiques de tel ou tel produit.

C'est pourquoi, en France Whirlpool investit largement en sponsoring TV avec la chaîne TF1. La marque présenta régulièrement *Ciné Dimanche* et ses deux films vedettes tout au long de la semaine et le week-end. Le choix de *Ciné Dimanche* n'était pas dû au hasard : c'est le moment le plus attendu des téléspectateurs de la chaîne leader, moment de détente et de joie en famille. Grâce à cette politique, la notoriété de la marque fit des progrès considérables tels que le révèle la figure 10.2. Tous les pays qui n'utilisèrent que la publicité classique obtinrent des notoriétés fort en retrait.

Cette figure attire aussi l'attention sur la relation structurelle liant notoriété assistée et notoriété spontanée, déjà décrite plus haut dans cet ouvrage (cf. page 160). Si en première analyse on peut penser que pour l'achat des biens durables, seule la notoriété assistée compte (connue, la marque rassure), il n'en va pas de même pour la marque qui a pour ambition de représenter la référence qualitative du secteur et d'en être le leader. Or, on le sait désormais, il faut avoir atteint un seuil élevé de notoriété assistée pour espérer voir croître la notoriété spontanée, *a fortiori* dans les marchés dits « fermés » où trois marques ont déjà une notoriété spontanée très forte. C'est la raison pour laquelle Whirlpool chercha à rapidement atteindre la zone critique des 70 % de notoriété assistée. Alors, il serait possible de gagner en stature et leadership, associés à la notoriété spontanée. Alors aussi pourrait-on faire disparaître la marque Philips des produits eux-mêmes, en magasin, c'est-à-dire le dernier moment avant l'achat.

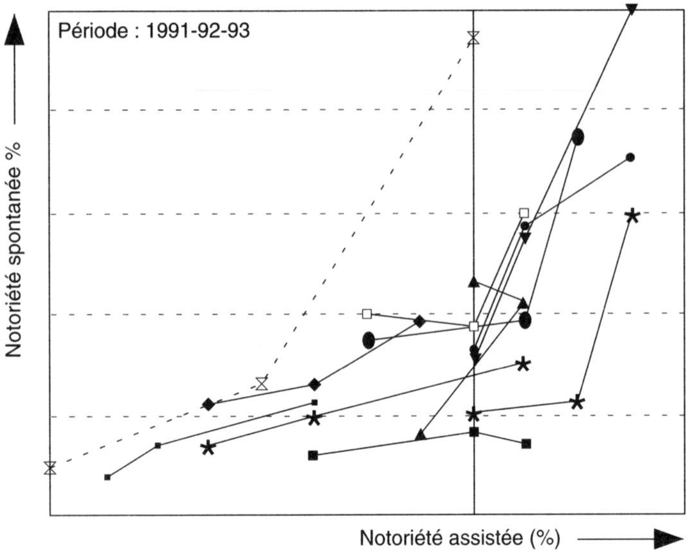

Source : Whirlpool Europe : I. Greig

Figure 10.2. – *Croissance de la notoriété de Whirlpool dans 11 pays d'Europe*

Il importe en effet de séparer le traitement de la marque Philips en média et aux points de vente. En média, il fallait d'urgence cesser de mentionner cette marque, sinon on n'aurait fait que renforcer une marque que l'on souhaitait voir décliner en notoriété spontanée. De fait, pendant la courte période où la marque fut duale, Philips-Whirlpool, les films publicitaires se terminaient certes par cette double signature, mais le texte sonore ne mentionnait que Whirlpool, pour bien associer cette seule marque à l'innovation.

Très tôt, dès janvier 1993, il fut décidé de supprimer Philips des spots télévisés. On arrêtait ainsi de renforcer la notoriété de Philips. De plus, on signifiait à la distribution que Whirlpool, leader, n'avait plus besoin de la caution de Philips, et allait de l'avant dans son programme de transfert.

Au niveau européen, comment gérer la multiplicité des pays ? Compte tenu des disparités de parts de marché et de capital de marque de Philips selon les pays, toute approche monolithique était exclue. Certains pays étaient désireux de passer au plus vite à la seule marque Whirlpool. D'autres demandaient plus de temps, vue l'excellente réputation de Philips qu'on ne pouvait supprimer du jour au lendemain, si l'on voulait non seulement conserver les parts de marché, mais profiter du transfert pour les développer. L'ordre des pays à transférer à la marque Whirlpool fut décidé en fonction d'une analyse multi-critères, tenant compte, dans chaque pays, de :

– la part de marché détenue par Philips ;

- la réaction présumée de la distribution (d'après une enquête *ad hoc*) ;
- la force de la marque auprès des consommateurs (notoriété, ensemble évoqué, préférence) ;
- du poids de la distribution dans le choix des consommateurs ;
- du sentiment que le management du pays est prêt à l'abandon total de Philips.

DE CHAMBOURCY À NESTLÉ

En 1985, Nestlé racheta les activités produits frais d'Unilever, en Europe. Nestlé avait une vocation laitière mondiale mais connaissait peu le marché des produits laitiers réfrigérés. Ce rachat posa le problème, en France, de la coexistence des deux marques : Chambourcy (Nestlé) et La Roche aux Fées (anciennement d'Unilever). Celles-ci avaient une part de marché équivalente (11 % chacune). La Roche aux Fées était une marque-gamme (si l'on excepte les prénoms Créola, Yoco, Félicie), comme Chambourcy. Les deux marques couvraient chacune des multiples segments de marché grâce à une gamme complète de 99 références pour La Roche aux Fées et 74 pour Chambourcy.

Après analyse du capital et des potentialités attachées à ces deux noms, ainsi qu'à celui de Nestlé lui-même, on décida de garder le nom de marque Chambourcy comme seule marque sur ce marché. Ceci fait, il fallut retenir dans chaque sous-segment, un seul produit au lieu des deux préexistants, en limitant au plus la perte de tonnage. Cela impliquait des décisions concernant le prénom (éventuel) à retenir, le goût, le format des pots, le packaging et le niveau de prix. La difficulté tenait à la disparité des implantations régionales de ces deux marques. La suppression du « yaourt au goût bulgare » de la Roche aux Fées (5 000 tonnes) au profit de « Kremly » de Chambourcy (12 000 T) risquait de faire perdre ces 5 000 tonnes instantanément là où Kremly était peu connu. De fait, malgré la surpression publicitaire, ces tonnages se répartirent entre les marques du marché. La distribution allouant une part de linéaire par marque, on ne pouvait conserver la part des deux marques si l'une disparaissait. Or, dans ce marché, la part de marché est extrêmement sensible à la visibilité en rayon.

Le cas des produits à deux niveaux de marque (prénom et marque) fut géré par un processus de fondu enchaîné. L'existence d'une identité de produit facilite les transferts de marque. Ainsi dans le segment des laits gélifiés aromatisés, les deux produits étaient à égalité avec 6 000 tonnes chacun : Créola de La Roche aux Fées et Chamby de Chambourcy. Aussi fut-il décidé de doublonner provisoirement la gamme, de façon à permettre une fusion progressive lente et ne pas perdre les consommateurs fidèles à l'un ou à l'autre. Le processus est illustré par la figure 10.3.

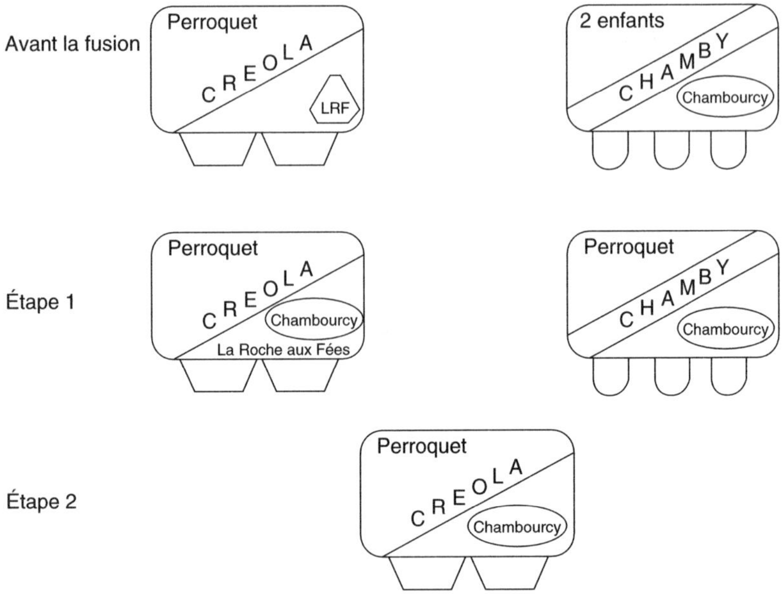

Figure 10.3. – *Exemple de fusion de marques et de concepts-produits*

Les enfants sont attachés à Créola ou à Chamby, au nom et à l'identité visuelle du produit : Créola est identifié par un perroquet et Chamby par le visage de deux enfants. La disparition de Chamby ne pouvait qu'être progressive et précédée par un partage avec l'identité visuelle de Créola : on remplaça les deux enfants par le perroquet. Quant à Créola, il perdit de suite le logotype et le symbole d'identité visuelle La Roche aux Fées, pour recevoir celui de Chambourcy, avec en rappel transitoire le simple nom de La Roche aux Fées. Le produit final avait le format des pots initiaux de Créola, la meilleure des recettes (celle de Chambourcy pour la vanille, celle de la Roche aux Fées pour le chocolat et le caramel), la meilleure marque déterminée par test (Créola), le décor de Créola et bien sûr la marque Chambourcy. Sur ce segment, aucun tonnage ne fut perdu. Plus généralement, l'opération fut une réussite : malgré une fusion de deux gammes parallèles complètes conduisant à la perte du tiers des références (de 173 pour les deux gammes cumulées à 111 références à la fin), la société ne perdit que 13 % du volume en 1986 avant de le reconquérir l'année suivante.

Dix années plus tard, en 1995, il fut décidé de transférer tous les produits de Chambourcy sous la marque Nestlé. Il est vrai que Chambourcy semblait désormais très menacé dans maints segments de l'ultra-frais et ne pouvait espérer seul rattraper l'écart le séparant de Danone, en part de marché-valeur (17,6 % vs 33,6 %). Quant aux segments de produits où la marque était soit leader soit en deuxième place, c'était à travers des marques-filles qui capitalisaient sur elles toute l'image et les préférences des consommateurs : La Laitière, Viennois, Yoco, Kremly, Sveltesse, Marronsuiss. Les consommateurs de ces produits portaient peu d'attention à la marque-mère Chambourcy. Le combat publicitaire était très déséquilibré, Chambourcy dépensant environ 70 millions de francs en média, contre 100 pour Yoplait et 260 pour Danone en 1994. La puissance de Danone lui permettait de dépenser de façon significative pour soutenir ses produits stratégiques : 23 millions sur Danette, 25 sur velouté, 30 sur Bio. Enfin, la communication institutionnelle sur la santé, elle-même, jouissait de 26 millions de francs de publicité. La reconquête des parts de marché devait donc s'accompagner d'une augmentation des budgets publicitaires qu'il était de plus en plus difficile de justifier sur le seul nom de Chambourcy. En effet alors que toute action sur le chocolat rejaillit sur l'image Nestlé en général et donc sur tous les produits sous la bannière Nestlé, cela n'était pas le cas dans l'ultra-frais du fait de la marque spécialisée Chambourcy. L'effet de synergie ne pouvait fonctionner. De plus sans aller jusqu'à dépenser autant que Danone en média, un transfert à Nestlé ferait bénéficier d'emblée toute la ligne d'ultra-frais de la caution de qualité de la marque alimentaire la plus puissante au monde après Coca Cola, selon l'étude Landor.

Enfin, il n'était pas neutre du point de vue de la valeur même de la marque Nestlé qu'elle signe enfin des produits ultra-frais. Il y a en effet une évolution sur le long terme, partant des produits secs, de l'épicerie sèche, passant ensuite par le surgelé pour aboutir au frais. De fait, le futur de l'agro-alimentaire c'est le frais, c'est-à-dire des produits qui ne subissent pas le choc physique de la transformation en poudre, en conserve ou en surgelé. Il n'est pas prudent à long terme pour la marque Nestlé d'être absente de cette évolution. Ne pas le faire eût cantonné la marque dans l'univers du sec, des produits de placard, donc « pas frais », peu porteurs de modernité et de santé. D'ailleurs, de façon latente l'image de Nestlé commençait à porter de tels stigmates, comme le révéla l'étude qualitative d'acceptabilité du transfert Chambourcy-Nestlé menée sur les clients et les non-clients dans chacun des segments de marché : santé-forme, desserts, produits pour enfants et spécialités de tradition.

Il convenait d'apprécier en effet la lecture que le public aurait du changement de marque : ne risquait-on pas d'actualiser la facette « multinationale puissante » dans la disparition de Chambourcy au profit de Nestlé ? Il fallait aussi évaluer la crédibilité et la légitimité de Nestlé à pénétrer dans chacun des segments de l'ultra-frais, soit en caution des marques-filles, soit en signature directe sur le produit. De fait, certaines spécialités bénéficiaient de la caution nouvelle de Nestlé, d'autres pouvaient en pâtir tant le territoire d'image actuel de Nestlé était aux antipodes de celui de certaines marques-filles.

Sur le plan de la stratégie opérationnelle, devait-on reproduire la logique suivie lors du changement de la Roche aux Fées à Chambourcy ? Plusieurs questions stratégiques se posaient concernant le transfert de marque à mener en 1996.

- Comment légitimer aux yeux des consommateurs ce transfert et l'arrivée dans l'ultra-frais de Nestlé, plutôt associée jusqu'à ce jour aux produits secs, et éloignée du territoire spécifique de la marque Chambourcy (naturalité, gourmet) ?
- Fallait-il rendre le changement très visible en communiquant largement au moment du transfert ou au contraire perturber le moins possible les consommateurs et les distributeurs ?
- Fallait-il développer une communication de marque pour l'ultra-frais ou ne travailler qu'à partir des produits, chacun dans son segment de référence ?
- Que devait-on garder de Chambourcy : la musique si évocatrice d'envie et de plaisir ? Le « Oh Oui ! » jubilatoire ? Chambourcy devait-il devenir une marque-fille comme Danone l'avait fait avec Ch. Gervais en positionnant ce dernier contre La Laitière ?
- Fallait-il une phase de transition où les deux marques coexisteraient sur les produis ou devait-on plutôt passer d'un seul coup de Chambourcy à Nestlé, à l'instar de Raider-Twix ?

Les réponses retenues découlent des paramètres-clés de la situation liés à l'image de Nestlé, de Chambourcy et ses différents produits, et des latences négatives exploitables de l'image de Danone. Enfin l'attitude de la distribution pesa sur les décisions. Sachant que à court terme du moins, les produits n'évolueraient pas, on ne pouvait faire un événement médiatique d'un simple changement de nom. De même le souhait de ne pas perturber les consommateurs militait pour le maintien de certains codes de communication de Chambourcy, même après la disparition de la marque.

Danone fit mener dès 1995 une étude dans le but d'anticiper les effets d'un transfert de marque de Chambourcy à Nestlé et de prévoir l'impact sur les produits de Chambourcy. Elle révéla que les consommateurs associent prioritairement Nestlé aux notions de sérieux, de nutrition et de croissance. Cela tient au fait que les produits prototypes de cette marque sont le lait condensé sucré, les tablettes de chocolat et les aliments pour enfants.

L'étude montra par ailleurs que plusieurs attributs importants dans le choix d'un produit laitier étaient plus associés à Chambourcy qu'à Nestlé, préfigurant ainsi une difficulté à l'extension de Nestlé sur ces produits.

Tableau 10.2. – *Image de Chambourcy et de Nestlé selon l'importance des attributs de la marque dans le choix des consommateurs*

	Chambourcy	Nestlé	Δ
Attributs les plus importants			
Vrai goût des choses	71 %	74 %	+ 3
Appétissant	88 %	89 %	+ 1
Naturel	75 %	75 %	=
Onctueux	89 %	84 %	– 5
Attributs importants			
Lait frais	62 %	54 %	– 8
Fraîcheur	92 %	85 %	– 7
Léger	69 %	60 %	– 9
Attributs non importants			
Chocolat	44 %	93 %	+ 49
Premier âge	41 %	89 %	+ 48
Souvenirs d'enfance	38 %	74 %	+ 36

Source : Danone – Sorgem

Dans le domaine de l'ultra-frais, il existe en réalité des segments très différenciés et les consommateurs ont des préférences par segment. On devait donc aussi s'interroger sur l'apport positif ou négatif de l'ombrelle Nestlé sur chacun des produits de Chambourcy. Dans les segments où les consommateurs ne prêtaient guère attention à la marque-mère Chambourcy, mais à la marque-fille, il fallait préserver celle-ci. On ne pouvait en revanche passer d'un produit générique signé Chambourcy à un produit signé Nestlé. C'est pourquoi Chambourcy fut « rétrogradé » au rang de marque-fille pour défendre les parts de marché de ces produits en retenant les clients attachés à la marque. On baptisa donc le yaourt nature le Chambourcy nature (de Nestlé), comme il y a les Chambourcy aux fruits ou les Petits Chambourcy.

QUELLE MARQUE RETENIR EN CAS DE FUSION

Les réductions de portefeuilles de marques sont souvent à l'origine de programmes de transferts de marques. Dès lors que l'on a diagnostiqué qu'une marque est faible il va de soi que ses produits-phares seront transférés aux marques fortes du portefeuille. Ainsi, les biscuits de l'Alsacienne passèrent, soit sous Lu, soit sous Belin. Lorsqu'une entreprise cède une partie de ses activités à une autre, c'est naturellement la marque de cette dernière qui hérite des produits de la première : on l'a vu dans le cas Black et Decker/General Electric ou Philips-Whirlpool. Mais il arrive que la décision de la marque à conserver en cas de fusion ne soit pas aussi simple. Par exemple, lequel des trois noms actuels utilisés pour le même produit selon les pays, Johnson retiendra-t-il comme nom de marque européen : Pledge, Pliz ou Pronto ?

Tout n'est pas rationnel dans ce type de décision. Il se vendait plus de Pal en Europe que de Pedigree en Grande-Bretagne : néanmoins, la décision fut prise de privilégier la marque britannique, inconnue en Europe. Est-ce par ethnocentrisme ?

On peut aussi penser que Pedigree a un sens international compris par tous les possesseurs de chiens, et que ce nom est intimement lié au concept créatif présentant le produit comme le préféré des éleveurs de chiens de race. Le groupe Merloni sut faire preuve de sagesse lorsqu'il s'est agi de décider de la marque du portefeuille qui serait européenne : serait-ce la marque historique du groupe, Ariston, certes peu connue mais avec une bonne image ou la marque rachetée Indesit, bien plus connue en Europe, mais avec une image de premier prix. Le groupe sut reconnaître que, bien que non née en son sein, Indesit était un meilleur tremplin pour l'Europe.

Une illustration de la démarche méthodologique à suivre dans de tels cas nous est fournie par le rachat de Pullman par le Groupe Accor. S'inscrivant dans une logique de recherche de la taille critique, ce groupe se trouva alors disposer de deux chaînes d'hôtels de prestige internationales : Sofitel et Pullman. Capitalisation oblige, il fallait ne retenir qu'une enseigne, mais laquelle ? Pour choisir, on compara les deux enseignes sur douze critères jugés importants pour la décision. Ces critères étaient :

- Le degré de notoriété spontanée de chaque marque, auprès d'un public de cadres supérieurs en Europe et aux États-Unis.
- La préférence des clients de chaque marque. Pour la connaître, on demanda aux clients de l'une ou l'autre chaîne, s'ils préféraient que l'ensemble s'appelât Sofitel ou bien Pullman.
- Le niveau de satisfaction du client par rapport à la prestation de chaque hôtel. Cela fut mesuré par une question de type « au total, Pullman (Sofitel) est une marque qui correspond bien à mes besoins ».
- La tolérance des clients par rapport à l'autre marque en cas de changement. Or interrogés sur leurs préférences hôtellières en cas de disparition de leur enseigne, après le Hilton, les clients Pullman préféraient Sofitel, alors que les clients Sofitel préféraient aller au Novotel.

- La préférence des clients par rapport au niveau de prestation associé à une marque. Celle-ci fut cernée par la question « souhaitez-vous que la marque issue des deux chaînes soit du même niveau que Pullman ou de même niveau que Sofitel ?
- Le décalage entre le nom et la réalité du produit.
- Le positionnement perçu de chaque marque par rapport à la notion de luxe.
- La dimension plaisir perçue par le client.
- L'attachement des équipes à leur marque.
- Le diagnostic des investissements découlant du choix de l'une ou de l'autre marque et de la nécessité de construire un réseau homogène au niveau requis par le positionnement.
- Les contraintes contractuelles selon les enseignes, où l'on prévoit une renégociation difficile.
- Les risques que le changement ferait courir au profit, certains hôtels étant plus sensibles que d'autres au changement de leur enseigne.

Cette analyse conduisit à l'abandon de l'enseigne Pullman, ses hôtels étant, suivant les villes et leur niveau de prestation, transférés soit à Sofitel, soit à Mercure, soit cédés.

GÉRER LES RÉSISTANCES

C'est un fait : les changements de marque suscitent des résistances qui font courir un réel danger à la part de marché. Les sources de résistance se trouvent chez les consommateurs, chez les distributeurs et aussi en interne. Pour les clients, le changement de marque n'est pas un acte superficiel : on touche à l'identité même du produit. Il y a donc un risque perçu d'altération du contrat implicite. Cela est particulièrement ressenti dans le domaine des services. Faute d'éléments tangibles la marque est un des pivots de la relation contractuelle. On a vu par ailleurs que l'extension d'une marque à une nouvelle catégorie de produits devait être perçue comme légitime (chapitre 8) : ce fut le challenge principal de Black et Decker lors de sa reprise de l'activité petit électroménager de GE. La distribution enfin est un passage obligé de tout transfert réussi. En milieu industriel, dans les circuits longs, les grossistes ont l'habitude de sélectionner quelques marques complémentaires et de s'y tenir. Promouvant celles-ci, ils associent donc leur réputation à ces marques et en tirent une clientèle fidèle. Le remplacement d'une marque est alors vécu comme une remise en cause de dix ou quinze années de bons et loyaux services. Le grossiste fidèle à une marque attend de celle-ci une réciprocité. Le simple exposé des raisons stratégiques conduisant l'entreprise à remplacer la marque X par la marque Y ne suffit guère, même si les produits sont équivalents. Il faut apporter une compensation. Il en va tout autrement de la grande distribution beaucoup moins investie dans les marques, sauf quand il s'agit de ses marques propres. L'analyse sera plus froide : est-ce l'occasion de pouvoir percevoir une prime de référencement pour la nouvelle marque ou une contribution pour les gênes provisoires créées par le transfert ? Les acheteurs n'hésitent pas non plus à fustiger les opérations visant à mettre une marque faible sous l'ombrelle d'une marque plus forte, afin de mieux l'imposer en linéaire.

Enfin, on ne saurait oublier les éléments internes et humains du refus. Cela est fréquent en milieu industriel, dans les OPA amicales ou dites hostiles. On se souvient de la résistance de Télémécanique à l'entrée de Schneider et de Monsieur Didier Pineau-Valenciennes. D'une façon générale, les décisions de changement de marques subissent l'implication des managers dans leurs marques. Ainsi, pour doper Ambre Solaire d'une dimension moderne et technologique, L'Oréal décida de mettre cette marque sous l'ombrelle de Laboratoires Garnier. Cette décision souleva de nombreuses résistances en Europe, souvent pour des raisons symétriques. Ainsi, en Grande-Bretagne où Ambre Solaire est très réputée et les Laboratoires Garnier inconnus, le clan du refus mit en avant l'absence de notoriété de la future caution Laboratoires Garnier. À l'inverse, en France, Ambre Solaire ayant une mauvaise réputation, les dirigeants de Garnier en tirèrent argument pour ne pas risquer de dévaloriser leur marque. En fait, l'opération eut bien lieu et les ventes d'Ambre Solaire passèrent de 25 à 130 millions de francs.

Les précautions prises par le groupe britannique ICI, pour accompagner le passage apparemment anodin de la marque de peinture bien française Valentine à ICI Dulux Valentine illustrent bien la nécessité de répondre à chacun de ces trois écueils potentiels. Les moyens mis en œuvre vis-à-vis du personnel tinrent compte de l'implication affective de celui-ci : le personnel de Valentine tient beaucoup à cette marque dont il s'estime le dépositaire ou le propriétaire. C'est pourquoi, toute modification de marque lui tient particulièrement à cœur, et la frontière est ténue entre l'évolution et le changement perçus comme une désappropriation. L'importance de la communication interne sur ce changement de marque était donc primordiale, afin d'éviter le sentiment de perte d'identité et d'éloigner le spectre de la disparition pure et simple.

C'est pourquoi une politique d'information sélective fut tout d'abord mise en place. Seuls les gens s'occupant de près de ce projet étaient progressivement mis au courant, le projet étant désigné par un nom de code plutôt que par un intitulé explicatif. Par la suite, quand l'échéance du changement fut assez proche, l'ensemble du personnel a été averti. L'opération leur a alors été présentée comme une perspective d'avenir, et non comme la fin de l'entreprise Valentine rachetée par le géant ICI.

Pour ce qui est de la force de vente, elle fut réunie pour une grande présentation à l'Arche de la Défense. La présentation concerna l'évolution du marché européen, la société ICI et la présentation de la marque Dulux, en insistant notamment sur son importance mondiale, sur son ancienneté (1930), sur la communication sympathique et détendue de la marque (présentation de spots) et sur son contenu, ses valeurs. Ce changement fut donc présenté non pas comme un grand événement, mais comme une évolution dans la continuité, avec un bénéfice consommateur important et palpable.

Cette réunion s'est tenue six mois avant le changement de marque ce qui a notamment eu pour conséquence d'éviter la propagation de toute rumeur en interne, du moins à grande échelle.

Les distributeurs, ou tout du moins certains, furent impliqués très tôt dans le changement de nom de marque. Il faut en effet se rappeler qu'ils étaient pour partie à l'origine de cette décision, car eux-mêmes ont des velléités d'extension européenne et des désirs de marques européennes. C'est pourquoi ils ne pouvaient aller contre le principe de ce changement de marque. Le seul challenge était alors de leur montrer que tout serait mis en place afin d'assurer une transition la plus « douce » possible.

Certains responsables de distribution furent prévenus un an avant le changement de nom, et ce, directement par les responsables de Valentine, alors qu'en interne seuls les responsables du projet étaient déjà au courant. En ce qui concerne les responsables de magasins, ils ont été prévenus par les vendeurs de Valentine trois mois avant le changement. Quant aux chefs de rayon, ils furent prévenus quelques temps avant le changement par un courrier leur annonçant pour le 23 mars 1992 le passage de ICI Valentine à ICI Dulux Valentine. Ce courrier était accompagné d'un pin's luxueux représentant la panthère fétiche de Valentine. De plus, lors de son passage, le vendeur Valentine distribuait une montre ICI Dulux Valentine (fond bleu, 12 étoiles jaunes pour les 12 heures du cadran et une panthère noire au milieu) qui connut un vif succès (certains la portent encore...).

En fait, si ce changement de nom s'est effectué sans problème, c'est parce qu'il a plus été présenté comme une adaptation aux contraintes du distributeur, donc comme un bénéfice pour le distributeur, que comme un changement de nom de marque révolutionnaire. En plus, le nouveau packaging devait faciliter le travail du distributeur, plus clair et plus compréhensible pour le consommateur, et permettait une organisation plus homogène du linéaire.

En effet, on s'était déjà aperçu qu'il était plus utile pour le consommateur d'organiser le rayon par thème d'utilisation (peintures pour sols, pour plafonds, pour bois, pour acier, etc.), que de l'organiser par marque. Grâce au nouveau packaging, le consommateur trouvait rapidement toutes les informations qui lui étaient nécessaires : peintures destinées à la cuisine, à une chambre, etc.

De plus, Valentine s'était engagée à ce que ce changement n'occasionne aucun dérangement en rayon, et aucun travail supplémentaire pour le distributeur. Ceux-ci avait notamment demandé à ce qu'à aucun moment deux packagings différents cohabitent en linéaire. C'est pourquoi 180 personnes ont réalisé les nécessaires opérations de réétiquetage lors du passage d'un packaging à l'autre dans les 620 magasins concernés. De surcroît, un numéro vert avait été mis à la disposition des distributeurs si un quelconque problème survenait.

En ce qui concerne les consommateurs, des tests furent réalisés avant de procéder au changement de marque. Des études au tachytoscope (présentation successive des anciens et des nouveaux packagings) ont notamment montré que les deux packagings étaient aussi bien attribués à la marque l'un que l'autre.

Par ailleurs, un bénéfice consommateur induit fut la possibilité de refondre rapidement (trois ans auraient normalement dû être nécessaires) l'ensemble de la gamme de peintures en les segmentant en grands types d'usage, facilitant ainsi le choix du consommateur qui ne sait pas quel type de peinture il doit choisir suivant la pièce et/ou la surface qu'il a à repeindre.

LES FACTEURS-CLÉS DE SUCCÈS D'UN TRANSFERT DE MARQUE

Malgré la diversité des cas et des situations, il est possible de tirer les leçons des principales expériences en la matière, en rappelant les remarques de P. Villemus (1996).

- « En premier lieu, cette opération nécessite une adhésion totale de l'entreprise : production, logistique, force de vente, marketing et direction générale. Tous seront concernés, la moindre fausse note sera source de problèmes.
- En second, il est vital de considérer cet événement comme une opportunité et non comme une contrainte. Le changement doit être l'occasion de mettre à plat les forces et faiblesses de la marque et de gagner de nouvelles parts de marché, profitant de l'attention toute particulière dont va jouir la marque pendant quelque temps. À cet égard, le transfert doit être positivé auprès du personnel, des distributeurs et des consommateurs, en précisant ce qu'il apportera pour chacun d'eux.

– Le transfert de marque ne s'improvise pas mais doit être longuement préparé et annoncé bien avant l'événement lui-même aux distributeurs, prescripteurs, leaders d'opinion et au personnel.

– Le facteur temps est essentiel : il faut savoir attendre que tous les consommateurs soient au courant du changement et, si l'on décide d'aller vite, se donner les moyens en communication pour les avertir.

– On ne peut imposer un changement de marque à la distribution. Outre qu'elle doit être prévenue tout doit être fait pour faciliter son travail : pas de double stock... Il est important de conserver le même code à barres. Outre que cela donne moins la tentation de demander une prime de référencement, cela facilite la rotation de la nouvelle marque. Sinon, en cas de code nouveau, on s'expose au risque d'impossibilité de lecture optique aux caisses, tant que la nouvelle référence n'est pas enregistrée par la centrale d'achat et l'informatique du magasin lui-même.

– Même si le transfert passe par des phases transitoires, avec une double marque, puis une inversion, on doit privilégier la rapidité globale du processus. Certes, il faut tenir compte de la fréquence moyenne des achats : la rareté des achats de peinture comparée au caractère hebdomadaire des achats d'ultra-frais commande des durées minimales fort différentes. En revanche, à trop tarder le processus s'enlise et l'on ne sait plus très bien où l'on en est. C'est le cas du changement de Pal à Pedigree qui s'étale sur plusieurs années et eût, rétrospectivement gagné à être mené plus vite, voire à l'instar de Raider/Twix en une seule fois, avec force communication.

– Rien ne heurte plus les consommateurs que la politique du fait accompli, imposé sans information ni explications. La relation de fidélité à la marque est heurtée par cette brusque désaffection, ce manque d'égards. On a donc tiré les leçons de la mésaventure Treets/M&M's. » Notons que le brusque passage imposé de Coke à New Coke le 8 mai 1985, aux États-Unis produisit une révolution obligeant au retour du Coca-Cola classique dans les points de vente et à la disparition du New Coke. Le cas de Night and Day illustre le parti pris de prévention et de transparence.

Lancé en 1976 le café Nuit et Jour devint deuxième marque du segment décaféiné derrière Sanka, grâce à un positionnement original (le plaisir tout au long de la journée), tranchant avec l'axe santé adopté par Sanka, et soutenu par des investissements publicitaires supérieurs à la concurrence. La marque poursuivit son succès : Nuit et Jour détint 42 % du marché en 1985. Fort de ce succès, M. Jacobs, actionnaire majoritaire, fit lancer ce produit dans plusieurs pays sous des formes adaptées à la situation locale : Nacht und Tag en Allemagne, Autriche et Suisse et Night and Day aux États-Unis et au Canada. Ce type d'internationalisation correspond plus à une exportation très flexible d'un concept qui a fait ses preuves qu'à une internationalisation méthodique et cohérente. Chaque pays adapta le concept de départ à son marché local.

Or, au début de 1987, M. Jacobs décida de créer une marque internationale de café haut de gamme, portant le nom Jacobs. Celle-ci reposerait sur les produits leaders existant alors sous les anciennes marques. Ainsi, en France, les produits proposés furent Nuit et Jour et Carte Noire, leaders mais néanmoins peu attribués à leurs marques-mères (Jacques Vabre pour le premier, Grand-Mère pour le second). M. Jacobs retint le nom de « Night and Day » comme nom mondial et choisit une agence de publicité présente dans 40 pays. La marque nouvelle serait lancée en profitant de l'argument qu'offrait un changement dans le processus de décaféination. La transition fut faite en France en juin 1988, avec deux étapes de communication :

- Avant juin, tous les packagings annoncèrent le changement de nom à venir sur une étiquette de tête du paquet (« Prochainement, Nuit et Jour s'appellera Night and Day »).
- À partir de juin, un packaging intermédiaire expliqua la démarche sur la face arrière. « Votre décaféiné Nuit et Jour s'appelle désormais Night and Day. Il change de nom pour franchir nos frontières et séduire les consommateurs européens de décaféiné qui vont pouvoir, comme vous, savourer ce café au goût dense et généreux. Libéré de sa caféine grâce à un élément naturel, l'eau claire, Night and Day a tout l'arôme et la richesse d'un grand café. »
- Parallèlement, une vague radio informe du changement de nom en juillet 1988 (« Voilà Night en anglais, ça veut dire Nuit, et Day... Eh oui, ça veut dire Jour. Night and Day de Jacobs : le décaféiné à déguster jour et nuit. Quel formidable défi pour l'Europe de demain »). Ainsi Jacobs donne une totale transparence à l'opération et valorisa l'internationalisation aux yeux des consommateurs.

Enfin, il importe de bien identifier ce qui pour le consommateur est source de fidélisation. UAP, bien que marque la plus connue en matière d'assurance, peut devenir AXA : la fidélité des clients ne tient pas au nom mais à l'agent général ou au courtier. Le cas de Shell Helix est aussi révélateur à cet égard. Ayant décidé de remplacer ses marques locales de lubrifiants par une marque européenne, Shell laissa aux filiales le soin de gérer les transitions. La France présenta une situation particulièrement risquée compte tenu de la part considérable occupée par la grande distribution en libre-service dans les ventes d'huiles pour automobile (plus de 40 %). La stratégie retenue consista à lancer en septembre 1992 une huile de très haut de gamme, de synthèse, appelée Shell Helix Ultra. Elle s'ajouta donc à la gamme Puissance et en reprenait le bidon à trompe si caractéristique et pratique, mais sous couleur grise. Shell Helix Ultra fut lancée dans la presse automobile et réservée aux stations services Shell. La communication publicitaire disait : « Un jour toutes les huiles seront comme Helix » afin de positionner Helix comme une référence. Entre-temps, la mention Helix Plus apparut en petit sous Puissance 7 et Helix Standard sous Puissance 5. En octobre 1993, convergence européenne oblige, tous les « Puissance » disparurent remplacés par Helix. Néanmoins une petite mention Puissance subsista sous Helix pendant quelques mois. Le bidon bleu de Puissance 7 devint le bidon bleu de Shell Helix Plus, mais le bidon marron de Shell Puissance 5 devint le jaune Shell Helix standard. La communication publicitaire mit en scène, côte à côte, un ancien bidon de Puissance 7 et le nouveau bidon Helix Plus, en disant « Malgré son changement de nom, elle garde toute sa trompe. » Le problème est que l'agence de publicité se focalisa sur le changement de nom alors que la clientèle se référait elle à la couleur du bidon. Or nulle part dans la communication publicitaire on n'avait montré le bidon jaune. Les consommateurs cherchant leur bidon marron ne le trouvaient plus, mais découvraient un bidon jaune dont ils n'avaient jamais entendu parler. Malgré les scores de notoriété de Puissance, en réalité la marque c'était la couleur ! Il aurait fallu avertir les consommateurs de la transition du marron au jaune, plus que de Puissance à Helix.

Pour finir, certains changements de noms sont en réalité des changements de produit perçu, donc de prix perçu par le consommateur. Les risques de perte de clientèle sont donc élevés. Si Okay, marque d'essuie-tout ménagers devenait Lotus, elle courrait ce risque. En effet, pour l'acheteur d'Okay, cette marque, ne faisant pas de publicité, est assimilée à une marque de distributeur. Tout en ne connaissant pas son prix exact, ce dernier est présumé bas. Un transfert à Lotus serait risqué : étant une marque nationale elle est perçue comme chère, les consommateurs ne tiennent pas à mettre ce prix. Même si Lotus se vendait au prix d'Okay, son prix perçu resterait à leurs yeux bien supérieur.

LE CAS DES NOMS D'ENTREPRISES

Le 1er janvier 1991, la CGE devenait Alcatel-Alsthom « pour donner plus de visibilité à sa marque », jusqu'alors handicapée par la confusion possible avec General Electric. En septembre 1989, CGEE-Alsthom était devenu Cegelec pour en terminer avec ce nom qui imprononçable par les

Anglo-Saxons, gênait son expansion internationale et l'efficacité de sa communication. En mai 1998, le Groupe Générale des eaux changeait de nom pour Vivendi, marque étendard porteuse de nouvelles valeurs, et signe qu'une page sombre était tournée (les affaires liées à la gestion de l'eau et des collectivités locales). Aux précautions à prendre en cas de changement de nom, les marques-entreprises ajoutent quelques recommandations spécifiques qu'il convient de rappeler et qui tiennent à l'existence d'un public interne fort et d'une multitude de micro-publics externes.

Le premier problème à éviter est celui des rumeurs : les raisons alléguées du changement seraient différentes des raisons réelles. Le public interne est prompt à interpréter les changements en termes de crise, de problèmes graves ou de pressions des actionnaires surtout quand l'actionnariat vient de changer. Un grand effort d'explication est donc nécessaire. Quant au public externe, il sous-évalue les problèmes internes. Le changement de nom ne lui apporte pas d'avantages spécifiques, donc l'implique peu. Au moins, s'il comprend il pourra adhérer. Il faut donc construire une pertinence du changement de nom pour l'externe. Enfin, chaque micro-public réclame une action spécifique. Ainsi dans le cas du passage de CGE à Alcatel-Alsthom le premier problème à résoudre fut celui des opérateurs boursiers, l'entreprise étant cotée sur une dizaine de places financières dans le monde. Dans les rubriques boursières des quotidiens, il fallait qu'au jour J les financiers regardent spontanément non à la lettre C mais à la lettre A.

Une des difficultés liées aux entreprises est le fait qu'elles ont souvent des usines locales. Celles-ci sont enracinées et donnent une assise locale. Un changement de nom le plus souvent au profit d'une marque globale est vécu comme un abandon de la force nationale de la marque et comme un risque de fermeture de l'usine

Chapitre 11

Déclin, vieillissement et revitalisations

Ayant analysé les facteurs de pérennité des marques au chapitre 5, on pourrait se contenter de dire que, *a contrario*, le déclin provient de leur non-respect. De fait, le déclin de marques tient toujours à ce qu'elles n'ont pas été bien gérées. Lorsque le fabricant cesse de s'intéresser à ses marques (par absence d'innovation, de publicité et de productivité) il peut s'attendre à ce que le consommateur en fasse de même. Si la marque perd en dynamisme, en énergie, donne de moins en moins de signes de vitalité, comment continuer à espérer qu'elle suscite la passion et le prosélytisme. Au-delà de ces règles si fondamentales qu'on en vient à être étonné qu'elles fussent oubliées, il existe des facteurs accélérateurs de déclin. Nous les analysons ci-dessous.

LES FACTEURS DE DÉCLIN

Le premier et plus sûr chemin du déclin est l'altération dans le mauvais sens de la qualité des produits. La marque cesse d'être une référence de qualité. Économies obligent, l'entreprise rogne de façon chaque fois mineure, mais hélas de façon répétitive sur la qualité. C'est ainsi que lorsque L'Oréal racheta Lanvin, son parfum vedette, Arpège n'était plus que l'ombre de lui-même. Le jus autrefois à base d'essences naturelles faisait désormais la part belle aux essences artificielles. Le flacon avait même perdu sa rotondité. Partout dans le monde les consommateurs avaient conscience qu'on ne les respectait plus tant Arpège avait été maltraité. D'ailleurs le premier travail entrepris par L'Oréal fut de redonner à ce parfum l'écrin, le flacon et le jus du niveau de qualité qui était le sien. Ce travail, non spectaculaire et coûteux est indispensable. Il permet de recréer le lien avec les consommateurs délaissés et de rebâtir des fondations acceptables pour la marque.

L'altération du niveau de qualité du produit est rarement brutale mais résulte de la logique insidieuse des tests statistiques. Chaque altération est testée contre la version précédente : si les consommateurs jugent moins bien l'altération, mais que l'analyse statistique révèle que la différence n'est pas significative, l'entreprise n'hésite pas à effectuer le changement, source d'économies. Le problème tient au vocable « différence significative ». Toutes les décisions reposent sur le seuil de risque dit alpha (en général 5 %). Tant que la différence observée dans l'échantillon aurait pu survenir, par le seul effet du hasard, dans moins de 5 % des cas, on décrète qu'elle n'est pas significative. Ce seuil élevé de risque a pour but, en sciences, d'éviter de prendre pour réel un phénomène qui n'existerait pas en réalité. Le problème est qu'en marketing, on devrait être beaucoup plus sensible au risque dit bêta : considérer comme non existante une hypothèse en réalité fondée. Car à force de modifier le produit d'un iota décrété chaque fois « non significatif » on prend un risque considérable. Les consommateurs eux ne s'y trompent pas : ils boudent le produit puis l'abandonnent quand ils ne se livrent pas à un intense bouche à oreille négatif. Désormais, une altération du produit doit être abordée avec réticence si elle donne lieu à des évaluations inférieures à celles du produit standard, même si la différence est dite non significative.

Le deuxième facteur de déclin est le refus de suivre immédiatement une vague durable. Ainsi Taylor Made longtemps la référence mondiale en matière de clubs de golf n'a pas cru aux têtes géantes lancées par la marque Callaway, sous le nom évocateur de « Big Bertha ». S'arc-boutant sur une autre conception plus exigeante pour le joueur moyen, c'est-à-dire la majorité du marché, Taylor Made perdit d'un seul coup son leadership. Banga crut aux bouteilles de verre alors que le marché, suivant Oasis, se tourna vers le plastique.

Toujours au niveau de la politique de produits, les marques associées à un seul produit sont fragilisées : elles risquent d'être emportées par le déclin de ce produit, surtout si *a fortiori* on ne l'a pas fait évoluer. C'est le risque auquel Damart a échappé de justesse. Ayant communiqué de façon exclusive sur un mono-produit (le sous-vêtement typique en thermolactyl), la marque hérita vite d'une image vieillissante. À l'époque où il fait de plus en plus chaud l'hiver, qui pourrait encore désirer acheter un produit conçu en 1950, n'ayant pas évolué, privilégiant le fonctionnalisme à la moindre nuance de coquetterie. Le reflet de la marque fait alors repoussoir : il évoque une personne frileuse, sans joie, sans couleur, un quatrième âge, voire un cinquième âge caricatural. La redynamisation de la marque passera par un désengagement de la seule obsession du froid, une extension de marque vers le prêt-à-porter et un rajeunissement de toute la gamme des sous-vêtements en thermolactyl, incorporant d'autres fibres (soie, coton, laine) et de l'esthétique.

Ce syndrome guette bien des marques mono-produit : Suze, Cinzano, Lettraset, Caran d'Ache... Reconnaissant la différence entre la marque et le produit il faut adapter ce dernier aux nouvelles attentes des consommateurs. Les extensions de gamme ont cette fonction : mettre le produit au goût du jour en en multipliant les versions, tout en respectant l'identité.

L'exemple ci-dessus rappelle que certaines marques hésitent à se diversifier alors que leur marché nourricier décline. Bercées par des marges fortes et un passé glorieux, elles découvrent l'effondrement du marché lorsqu'il est trop tard : à l'heure des micro-ordinateurs qui achètera encore des lettres transferts Lettraset ? Des outils d'écriture Caran d'Ache ? Il existe de moins en moins de fumeurs de tabac brun : il fallait que Gauloises devienne blonde pour que la marque ne disparaisse pas.

Jaguar illustra aussi le cas d'une marque vieillissante, ayant peut-être sa légende derrière elle. Cette marque avait totalement cessé d'innover et n'était plus au niveau des standards de qualité automobile. De plus, cette marque était porteuse d'un système de valeurs en décalage avec les attentes des personnes à succès de cette fin de siècle. Enfin, par ses coûts de production, elle était devenue trop chère par rapport à ses nombreuses rivales techniquement supérieures.

La politique de prix peut accélérer le déclin d'une marque. Certes en lui faisant quitter le cœur du marché, mais aussi en provoquant de façon prématurée l'arrivée des marques de distributeurs. L'exemple de Carlton est révélateur. Véritable innovation (un vin pétillant à la pêche), présenté comme un champagne, Carlton réussit son lancement grâce à une remarquable stratégie de rumeur, de présence sélective dans certains lieux à la mode, sur la Côte d'Azur puis à Paris, et un bon nom de marque. Mais quand on connaît le prix de revient du produit, le niveau de marge ne pouvait que susciter la convoitise des imitateurs. Or le produit était copiable. On vit fleurir les copies dans la grande distribution, sous des noms conceptuellement proches (par exemple Claridge), et à un prix bien plus attractif. D'une certaine façon l'excès de prix a suscité la concurrence. Celle-ci s'est alors battue sur les prix et Carlton, marque récente donc faible n'a pu résister. De plus ayant refusé de changer le titrage d'alcool pour profiter d'une taxation plus légère, on facilita encore plus la tâche des nouveaux entrants. D'une certaine façon les marques de distributeurs qui ont eu comme politique depuis 1975 de se situer 20 % en dessous du prix des marques nationales ont suivi celles-ci dans leur hausse. Ce faisant elles ont fait le lit des hard discounters et des produits premiers prix, et suscité leur propre concurrence.

La relation au canal de distribution peut être facteur de déclin si la marque ne parvient pas à s'adapter à ses nouvelles attentes. Ce qui va de soi dès lors qu'il s'agit de grande distribution est aussi vrai pour le circuit pharmaceutique par exemple. Dans la mesure où des sociétés comme L'Oréal développent des marques performantes en grande distribution, telles que Plenitude en cosmétologie, le statut de Vichy est menacé. En effet, les consommateurs qui continueront à fréquenter la pharmacie pour ces produits en attendront une supériorité d'efficacité, la vraie caution d'un laboratoire. Or avec le temps, Vichy était devenue une marque généraliste plus tournée vers le style de vie que l'efficacité. Comme de plus, la division Cosmétique Active de L'Oréal avait affecté à la jeune marque de pharmacie Laboratoires d'Anglas les produits plus traitants (Normaderm, Dercos, Quintessence), Vichy se retrouva en 1995 enfermée dans un périmètre de produits ne correspondant plus aux critères d'achat des consommateurs en pharmacie de demain. La survie de Vichy passe par un rehaussement qualitatif de tous les produits et son désenclavement par absorption des produits de Laboratoires d'Anglas.

D'autres marques ont périclité pour s'être laissées enfermer dans un réseau de distribution en déclin. Avant sa reprise par l'entreprise Rolot-Le Masson, la marque de bijoux Murat ne se trouvait plus que chez les horlogers-bijoutiers les moins dynamiques du pays. Pétrole Hahn, défenseur des coiffeurs refusa de prendre le virage de la grande distribution. Or c'est là que les consommateurs de ce type de produit voulaient le trouver. En Grande-Bretagne, longtemps leader du marché des chips, la marque Smith a décliné au profit d'un nouvel entrant de General Mills : Golden Wonder. Le succès de Smith reposait sur les pubs et la consommation hors domicile par les adultes. Golden Wonder développa la consommation familiale à domicile en proposant une gamme large à la grande distribution alors en pleine croissance. À l'inverse, hier la référence en matière de roquefort, Société a perdu son statut au profit de Papillon et n'est plus qu'une marque commerciale. Les crémiers, circuit leader d'opinion, ont déréférencé Société, aussi fortement présent à la coupe dans le rayon fromager des hypermarchés. Grâce à une différenciation des produits, Papillon réserva son roquefort Carte Noire aux crémiers et donna son produit standard à la grande distribution.

La communication enfin peut accélérer le déclin des marques. Au-delà de l'évidence liée au fait que cesser de communiquer c'est cesser d'exister sur le marché, d'en être un acteur-clé, la saine gestion de la communication consiste à moderniser les signes mais à conserver le fond. Pour avoir abandonné son positionnement lié à la vitalité, Vittel n'a cessé de régresser, alors que Contrex n'a jamais abandonné le territoire de la minceur. Or ce qui datait dans Vittel c'étaient les codes, les registres d'expression très « Club Med », au moment où le « Club Med » lui-même a pris un coup de vieux et parait désuet à une large frange de la clientèle leader. Car le temps use les codes, les styles et les modes, nous l'avons analysé au chapitre 5. En figeant ceux-ci, la marque se fossilise. Pour avoir trop gardé la Mère Denis, paravent de la marque, figure iconique escamotant tout discours de fond, Vedette en a épousé les traits d'image. Au lieu de faire label, elle fit écran. La marque régressa alors en termes de qualité perçue, d'innovation, de dynamisme. Apéricube souffre aussi d'être toujours associé à des images de verres de whisky avec des glaçons, alors que cette forme de consommation d'apéritif date désormais.

L'excès de vedettarisation des marques-filles peut aussi faire écran à la marque-mère et donner l'impression que cette dernière est sur une pente déclinante. C'est ce qui arriva chez Dim entre 1991 et 1994. Bien que la marque fut de loin le principal annonceur de son marché, voire du secteur textile en général, elle donnait l'impression d'être absente, en retrait. Un tel déséquilibre entre la part de voix dominante et le sentiment de perte d'énergie ressenti par le marché inquiéta la direction du groupe Sara Lee. De fait, le diagnostic fut net : la politique de marques-filles avait été menée au-delà du raisonnable au point de fragmenter l'image de Dim. Il est certes opportun – nous l'avons vu au chapitre 7 – de clarifier l'offre de Dim en affectant des prénoms aux différents segments de produits qui ne proposent pas le même bénéfice consommateur. D'où l'apparition des lignes Sublim, Diam's, etc. En revanche, la mise en œuvre produisit une dispersion de l'image voire une disparition de Dim au profit des marques-filles. Le premier symptôme de cet état de fait est le packaging. Il n'y avait plus d'homogénéité entre les différents emballages et la marque-mère était désormais en mineur, à des endroits variables. De plus dans le cadre du changement d'organisation on avait introduit des divisions (collants, lingerie, homme...). Hélas, il n'existait plus de personne responsable de la cohérence entre ces divisions et de la défense du capital de la marque-mère Dim. Enfin comme Dim n'apparaissait clairement que sur les produits de bas de gamme, mais était masqué sur les produits évolués, cela accentua la perception d'une qualité détériorée chez Dim. Au même moment le marché évoluait vers les collants opaques, plus durables, plus haut de gamme ce qui risquait de faire de Dim le symbole non de la femme d'aujourd'hui mais d'une qualité faible.

Pour corriger ces impressions dangereuses Dim entreprit d'augmenter la valeur ajoutée de tous ses produits y compris le produit de base, de relifter tous ses emballages, de redonner à la marque-mère son statut en remettant les marques prénoms sous son ombrelle et de communiquer clairement « Dim présente le nouveau Diam's » (et non voici le nouveau Diam's de Dim). L'exemple ci-dessus illustre au passage une tendance fatale pour la marque : gommer systématiquement la présence de la marque des meilleurs produits nouveaux. Ce faisant on enferme celle-ci dans une offre jamais renouvelée, obsolète ou démodée. Pour clore cette illustration, il faut ajouter que parallèlement à l'excès de mise en avant des marques-filles, on avait étendu la marque Dim sur le vêtement de loisir, et d'intérieur. Cette extension de marque créait un danger supplémentaire pour la marque, celui de la dilution. Elle quittait son territoire de compétence (tout ce qui est près du corps) pour aller dans le vêtement de dessus, où sa valeur ajoutée n'était plus que de l'ordre de l'immatériel, du style de vie. La rencontre avec des vêtements signés Dim sans valeur ajoutée tangible ne pouvait qu'éveiller un doute sur l'apport réel de cette marque, non seulement dans ce nouveau marché, mais aussi dans ses marchés de base : collants et lingerie. Dans le cadre du plan de revitalisation de Dim on mit fin à cette extension créatrice de dilution du capital de marque. Dim a un territoire, elle doit en redevenir le référent : c'est cela la priorité. L'histoire du prêt-à-porter est trop riche d'exemples de marques ayant abandonné leur contrat initial pour papillonner et perdre leur identité. C'est le cas de Newman, auquel on n'arrive plus à associer un produit typique, de Daniel Hechter qui s'est éloigné de son style fondateur, de Ted Lapidus, etc.

QUAND LA MARQUE DEVIENT GÉNÉRIQUE

Le paroxysme de la dilution de la valeur ajoutée de la marque est ce qu'il est convenu d'appeler le génériste. La marque est considérée comme un mot descriptif du vocabulaire courant, n'ayant aucune propriété distinctive. On connaît les exemples classiques : Scotch, Kleenex, Sopalin, Fermeture Éclair, Caddie, Frigidaire, Thermos, Walkman, Klaxon, Delco, Cumulus, Velux, Placoplatre, Formica, Esquimau, Mobylette, Must, Carte Bleue. Par quel processus une marque se banalise-t-elle au point d'être menacée de génériste ? L'exemple de Carte Bleue illustre comment suivre la mauvaise pente.

À l'origine Carte Bleue est une marque d'émission, marque collective de quelques banques réunies dans un GIE (la BNP, la Société Générale, et le Crédit Lyonnais). Elle était indicateur de provenance et promettait des services communs à ces trois banques. Le GIE grossit vite et regroupa aussi les Banques Populaires, La Poste, soit l'essentiel des organisations financières, à l'exception du Crédit Agricole qui lui promouvait exclusivement Euro Card – Master Card. Empiriquement donc, dans les milieux urbains, la plupart des cartes de crédit conférées par les banques aux particuliers étaient des « Cartes Bleues ».

Dans un souci œcuménique, afin de faciliter la vie quotidienne des consommateurs et en même temps créer une efficace barrière à l'entrée des concurrents étrangers (Amex ou Diner's), le GIE Carte Bleue et le Crédit Agricole, réunis dans le groupement « Carte Bancaire » décidèrent de créer l'interbancarité totale et d'accepter les cartes des uns et des autres, à condition qu'elles portent un signe commun, marque d'acceptation universelle en France. Le GIE Carte Bleue fit généreusement don de son logotype CB qui devint le logotype de Carte Bancaire. Désormais les distributeurs de billets des agences du Crédit Agricole acceptaient les « CB ». Les cartes françaises Euro Card Master Card portaient elles aussi le logotype CB. Comme CB continua à signifier pour tout le monde son sens initial (Carte Bleue), on avait rendu totalement non différenciateur ce vocable. Il signifiait toute carte de crédit bancaire, n'excluant que les cartes de magasin (Cofinoga, Cetelem, Carrefour) et les cartes American Express ou Diner's.

Que retenir de cette illustration ? La domination de marché jointe à l'abandon de toute communication sur la spécificité de Carte Bleue ont provoqué la dégénérescence de la marque. Mais à une époque où l'œcuménisme était de rigueur on ne pouvait en même temps insister sur les différences par rapport à la carte du Crédit Agricole. À cela s'ajouta que le vocable Carte Bancaire n'ayant jamais été courant, il existait un vide terminologique pour désigner ce type de produits : le nom de sa modalité la plus diffusée et omniprésente (comme semblait en attester le logotype CB) fit cet office.

Toute marque dominante sur un nouveau produit risque donc le générisme. Pour s'en prémunir, elle doit respecter certaines précautions :

- créer un mot pour désigner l'objet marqué,
- ne jamais mentionner le nom de marque seul, mais accompagné de la désignation générique du produit,
- ne jamais employer le nom de marque comme verbe (aux États-Unis par exemple photocopier se dit : to xerox),
- poursuivre systématiquement tout emploi de la marque comme nom commun par des tiers, les médias par exemple, en demandant qu'un erratum soit publié,
- nourrir la différence perçue entre la marque et les produits concurrents, soit par des attributs tangibles, soit par des valeurs immatérielles. Ainsi, pour débanaliser Carte Bleue, il faudrait lui redonner une certaine exclusivité de services et recommuniquer sur son unicité par rapport aux autres cartes. Cette unicité réside essentiellement dans son fond symbolique (elle symbolise la liberté comme sa couleur bleue l'indique) et son capital affectif (elle est la carte bancaire préférée des Français). Il faudrait ausi retrouver l'exclusivité de la couleur bleue sur les seules cartes bancaires « Carte Bleue » pour signifier visuellement l'unicité et l'identité.

LE VIEILLISSEMENT DES MARQUES

Il est fréquent d'entendre dire qu'une marque vieillit ou donne des signes de vieillissement, ou paraît vieillie. Ce sentiment peut émaner des clients, des non-clients, des fournisseurs, des distributeurs ou des employés eux-mêmes constatant un décalage par rapport à la concurrence. Ainsi on a pu dire que vieillissaient Abeille Assurances, Citroën, le Club Med, Rodier, Yves Saint Laurent, Guy Laroche, Rivoire et Carret, Astra, Damart, Suze...

Le concept de vieillissement renvoie en réalité à deux acceptions différentes :

- un premier sens, large, évoque en fait un syndrome de déclin lent mais systématique sur une longue période. La marque n'est pas promise à une fin rapide mais semble devoir s'effacer à terme. Hier vivace et active, elle semble aujourd'hui bien plus discrète, comme si elle n'avait plus rien à dire ou à proposer au marché et vivait pelotonnée sur ses clients fidèles. Le symptôme en est l'écart grandissant entre la notoriété spontanée et la notoriété assistée. Elle évoque certes une résonance en nous mais n'est plus de celles qui animent le marché. C'est le cas de Johnny Walker, de Suze, Ambassadeur, Cinzano, Radiola, etc.
- le deuxième sens renvoie au reflet de la marque. Tout laisse penser que son client-type est de plus en plus âgé. Or, même si l'on est une entreprise ayant délibérément choisi comme cible marketing les seniors, les enfants du baby-room, il n'est jamais souhaitable que l'image de la marque, elle, soit trop associée à une clientèle âgée. Visant le florissant marché des seniors (après cinquante ans) Damart doit veiller à ne pas être associé aux personnes de soixante ou soixante-dix ans. Sans aller jusqu'à cet extrême, très associée à Mme Deneuve, la marque Yves Saint Laurent paraît aux yeux des jeunes concerner une clientèle plus âgée que celle de Dior et *a fortiori* de Chanel.

Quels facteurs produisent ces impressions de vieillissement, le plus souvent fondées ? D'une part la marque ne semble plus de son temps, d'autre part elle ne paraît plus mue par une énergie intérieure.

Bien des marques se laissent associer à des produits d'une autre époque. Avec l'accélération du temps, la notion d'autre époque renvoie désormais à un hier proche. Dans tous les marchés où la technologie mène la danse, l'obsolescence peut venir très vite. Les marques Mobylette, Motobécane ou Velosolex liées à une technologie datée sont irrécupérables en l'état. Radiola, Thermor, Gaudin semblent ne pas avoir incorporé la modernité et le progrès dans leurs produits. Francorusse est associé aux entremets, aux préparations pour desserts, forme de préparation tombée en désuétude face à la boulangerie-pâtisserie ou au surgelé. Pendant des années Omo a été asociée au gros linge à faire bouillir, Damart à une fibre artificielle pour lutter contre le froid. À force de ne pas toucher au produit et de clamer sa constance érigée comme valeur, Solutricine paraît dépassée face à Strepsil dont la nouveauté, et l'aspect physique donnent un sentiment de sérieux, de modernité donc d'efficacité.

On peut avoir dix-huit ans et être une marque menacée de vieillissement. Le challenge de l'eau de toilette Eau Jeune, lancée en 1977 par L'Oréal dans la grande distribution est précisément d'apparaître toujours bien comme l'Eau Jeune, aux générations de 15-25 ans qui se suivent mais ne se ressemblent pas. Si cette marque était restée mono-produit, elle aurait disparu. Ce qui était symbole du jeune en 1977 ne l'est plus en 1996.

Le point de vue exprimé par la marque sur son marché paraît parfois en décalage soudain avec les nouvelles valeurs dominantes. Tant que les décisions européennes de Playtex étaient prises aux États-Unis, la marque semblait ne jamais envisager la part de féminité qu'il y a dans les choix des femmes. Même si les produits étaient performants, l'argumentaire les réduisait à une logique purement fonctionnaliste, celle d'une réponse à un problème concret de soutien. Ce qui pouvait être pertinent aux États-Unis était aux antipodes de la façon dont les femmes européennes vivent leurs corps. Par son ton et son obstination, Playtex semblait s'adresser à leurs mères, et non plus à elles.

La non-évolution des signes extérieurs de la marque témoigne de son désintérêt pour la séduction du client, pour la période présente. La marque paraît arrêtée. Ainsi, fort de son succès imprévu avec la fabuleuse 205, Peugeot décida de décliner de façon homothétique le look 205 sur toute la gamme des voitures futures, jusqu'à la 605. Le problème est qu'entre-temps la 205 avait décliné et symbolisait les années 1980, révolues. Manquant de nouveau modèle porteur, Peugeot semblait arrêté net dans son dynamisme. Au moment où Renault multipliait les innovations de forme (la Twingo, la Safrane, la Laguna), la répétition monotone du même design chez Peugeot semblait signer un retour aux valeurs passées de la marque (voiture sûre pour notable sans joie).

À force de conserver certaines effigies, certaines marques semblent figées. Le fait que Yves Saint Laurent paraisse plus vieilli que Dior ou Chanel n'est pas sans rapport avec l'omniprésence de Madame Deneuve. Lancôme a su évoluer vers Juliette Binoche et s'éloigner d'Isabella Rosselini. Plus grave, car plus structurel, certains noms de marque signent leur époque. De même qu'il existe une mode donc un cycle des prénoms, les noms de marque subissent eux aussi l'obsolescence. Le nom Abeille fait vieillot par rapport à Axa, Allianz, Generali. Jeanne Gatineau, Jeanne Piaubert sont des noms un peu désuets comparés à Vichy, Clarins, Roc.

Sur le plan de la clientèle, la perte de contact avec les jeunes est le plus sûr symptôme du vieillissement. C'est ce qui différencie la Suze de Ricard, Johnny Walker de Clan Campbell ou Citroën de Renault. En matière d'alcools, la courroie de transmission entre les générations s'est rompue. Est révolu le temps où le père initiait ses fils à l'alcool et à ses marques. C'est donc désormais aux marques elles-mêmes de veiller à ce que ce lien s'opère. Elles doivent retrouver une légitimité auprès de chaque nouvelle génération, la tradition étant devenue une valeur repoussoir. Cette reconquête permanente des consommateurs de demain est difficile car elle va bien au-delà de la simple mise au goût du jour des publicités. Il faut s'adapter aux nouveaux usages des jeunes, à leur modes de consommation, à leurs lieux. Alors que le cognac s'est enfermé dans le moment digestif, Ricard développe sa présence de 10 heures du matin à 10 heures du soir, du café à la boîte de nuit. Il faut s'adapter à leurs goûts et éventuellement créer une extension de gamme pour cela. Il faut enfin multiplier les contacts physiques avec eux, pour faire partie de leurs univers, s'insérer dans leurs attentes. C'est là toute la logique du Circuit Automobile Paul Ricard, du sponsoring d'Éric Tabarly, de la série de concerts gratuits organisés avec force moyens de juin à septembre et devenus un label de qualité (le Ricard Live Music), de l'aide à l'organisation des fêtes dans les facultés, écoles de commerce. Dans un tout autre marché, Chanel a su regagner l'écoute des jeunes grâce au lancement de Coco dont Vanessa Paradis porte les traits, et grâce à la médiatisation d'une création renouvelée et spectaculaire sous la patte de K. Lagerfeld et sur le corps du mannequin fétiche Claudia Schiffer. La marque n'a pas pour autant renié ses racines et sa clientèle plus âgée : d'où la présence de Carole Bouquet derrière le grand classique n° 5 et un prêt-à-porter relativement sage pour la clientèle aisée, fonds de commerce des boutiques. S'il n'y avait que cette dernière, la marque serait celle des quadragénaires et signerait en cela un acte fatal. C'est l'équilibre entre la clientèle actuelle et celle de demain qui constitue l'idéal de la marque.

Sans aller jusqu'à devoir plaire aux jeunes de 20 à 25 ans, la marque doit toujours être attractive pour ses consommateurs de demain. Les quadras d'aujourd'hui modifieront leurs attentes fonctionnelles en accédant à la cinquantaine. En revanche, ils voudront signifier que rien ne change en conservant leurs marques. Ils refuseront les marques ghettos, qui signalent l'entrée dans le troisième âge. C'est pourquoi l'avenir de Damart se joue sur son image auprès des femmes et hommes de 45 ans même si sa cible marketing correspond plutôt à des personnes de 55 ans. Damart doit faire évoluer son image pas sa cible. Pour cela il lui faut se normaliser, ne plus apparaître comme une marque de la dernière frontière. À cette fin, outre la modernisation de son produit pivot (le sous-vêtement), la marque est sortie de son ghetto distributif : il y a désormais un rayon lingerie Damart dans les grands magasins au milieu de Chantelle, Rosy, S. Pérèle ou Lou. Damart communique aussi sur des produits transgénérationnels ce qui lui permet de désegmenter son image selon le seul critère d'âge : les collants épais et colorés conviennent aussi bien à une jeune fille habillée court en moto, à des skieurs, à la randonnée en automne. Par ces actes significatifs elle va vers ses clients de demain et a mis fin au non renouvellement de sa clientèle car en 1990, Damart ne recrutait pratiquement plus de nouveaux clients mais vendait de plus en plus à ses acheteurs fidèles.

On le voit, garder le contact avec les couches plus jeunes implique une véritable révolution culturelle au sein du management. Les efforts à mener semblent considérables à une équipe interne âgée. De plus, l'appréciation du danger lui paraît souvent contestable car ses propres repères sont toujours au beau fixe. Enfin, avec l'allongement de la durée de vie des consommateurs, les effets du vieillissement de la clientèle sur le chiffre d'affaires peuvent passer inaperçus. Le déclin est lent et jamais spectaculaire. La Suze est passée de 15 millions de litres en 1982 à 12 millions en 1991. Les plus de cinquante ans représentent 71 % de sa clientèle (versus 45 % de la population française). Hélas, à l'instar des métastases, à trop tarder pour réagir faute de signe manifeste de déclin, il est parfois trop tard.

Pour mener de tels changements radicaux en interne et énergiser une organisation qui a vieilli avec ses propres repères, il ne faut pas hésiter à rajeunir tout son management. C'est ce que fit Paul Ricard en nommant un jeune P-DG de 35 ans, MBA de l'ISA à la tête de la marque Ricard, pivot de tout l'édifice Pernod-Ricard. La revitalisation des marques commence toujours par un important travail de rajeunissement en interne.

STRATÉGIES DE REVITALISATION

La prise de conscience de la valeur d'un capital de marque a conduit les entreprises à réexaminer leur portefeuille de marques faibles, non plus pour les faire disparaître mais pour leur donner une seconde vie. Les coûts de lancement d'une marque nouvelle sont tels que les économies apportées par une vieille marque certes faible, voire parfois disparue, mais encore en mémoire et surtout déposée juridiquement justifient cette démarche. C'est ainsi que l'on a vu renaître des marques ayant disparu du marché telles que Talbot, Bugatti, Sunsilk, Cémoi. Néanmoins le concept de revitalisation va au-delà de ces cas où par opportunisme tactique, et souci gestionnaire on prélève des noms déjà propriété de l'entreprise pour lancer une nouvelle activité ou nouvelle marque.

La notion de revitalisation recouvre un spectre très large de cas, dont les principaux sont les suivants :

– L'arrêt de la chute brutale des ventes d'une marque leader et la remise sur pied d'une entreprise au bord de la faillite. Le prototype en est l'action menée par Robert Louis-Dreyfus et ses associés après leur rachat d'Adidas à Bernard Tapie en février 1993. Le chiffre d'affaires d'Adidas était passé de 11 milliards et demi de francs en 1991 à 9 milliards en 1992, année où le résultat net, négatif, avoisina 500 millions de francs. Deux ans après, il était à nouveau positif (515 millions de francs de bénéfices) et les ventes frôlaient 11 milliards.
– L'arrêt de la baisse lente mais systématique des ventes d'une marque leader dans son marché. C'est ce que réussit à faire les fromageries Bel à propos de la Vache-qui-Rit dont les ventes étaient passées insensiblement de 30 000 tonnes en 1980 à 20 000 tonnes en 1987. Refusant le caractère inéluctable du cycle de vie, une nouvelle équipe marketing mit à plat tout le marketing mix de la Vache-qui-Rit depuis l'usine jusqu'à l'emplacement dans les linéaires, en passant par l'emballage et la publicité. Ce programme volontariste entrepris sur toutes les facettes du marketing mix, même celles dont on disait qu'elles étaient intangibles, permit de relever ce challenge.
– L'arrêt de la baisse des ventes d'une marque vieillissante, ayant peu à peu perdu le contact avec les couches leaders d'opinion et les jeunes générations. C'est la tâche de l'équipe marketing de Suze ou de Cinzano. La Suze est toujours le grand leader de la gentiane et quatrième marque de spiritueux en France en volume (après Martini, Ricard, Pastis 51) mais ne cesse de décliner. La revitalisation de Citroën en est un autre exemple. Cette marque au passé prestigieux fut reprise par Michelin puis par Peugeot. L'insuccès de l'AX face à la 205 et à la R5 la coupa petit à petit des jeunes et des femmes, même si entre-temps la publicité spectaculaire recevait des oscars.
– Le relancement de marques devenues marginales en part de marché mais disposant encore d'un « goodwill » dans le public. Le doublement de la part de marché de la lessive Le Chat suite à son repositionnement écologique et la reprise de la croissance d'Omo dopé par la formule Micro et de nouveaux investissements publicitaires en sont des exemples. La revitalisation espérée de griffes de prestige mais oubliées telles que Balmain ou Lanvin ressort de ce même cas.
– Le relancement de marques marginales ayant encore une notoriété mais dont le « goodwill » a disparu voire même a été remplacé par un « badwill » auprès des distributeurs des leaders d'opinion, des médias.

Ce sera la tâche des repreneurs de la Vie Claire, des nouveaux managers de la griffe Ted Lapidus. Ce fut l'enjeu de la reprise d'Atari pour en faire une marque de micro-ordinateurs.

– La résurrection de marques d'une autre époque ayant même éventuellement disparu du marché est la situation extrême. Elle concerne Bugatti, Talbot, Sunsilk. Dans le même ordre d'idée pourquoi ne pas relancer Byrrh ? Cette marque vendait 35 millions de litres par an en 1937 et guère plus que 2 en 1994. D'autres candidats au relancement seraient Cinzano, Dubonnet, Mützig ou Olida.

À ces cas on doit ajouter la possibilité pour le détenteur de marques disparues de les concéder sous licence : Nestlé pourrait s'il le voulait concéder la marque La Roche aux Fées à une franchise de vêtements pour enfants.

Peut-on énoncer des règles émanant de situations aussi variées, qui ne soient pas trop générales pour avoir un réel intérêt opérationnel ? Le fait est que l'on ne saurait envisager avec le même optimisme les problèmes de revitalisation selon que l'on est ou non en présence des paramètres suivants :

– La marque dispose-t-elle encore d'un goodwill auprès de la distribution ou du public ? Les repreneurs de la griffe Ted Lapidus laissée à vau-l'eau depuis des années savent que, en Europe du moins, le nom a perdu de son lustre et que la plupart des boutiques multi-marques qui font la mode ne veulent plus en entendre parler. La marque a néanmoins encore une notoriété internationale rémanente et peut intéresser les licences dans les marchés émergents en Asie ou en Europe de l'Est.
– Les facteurs de déclin sont-ils dus à la marque elle-même ou à l'entreprise ? Dans le cas de Moulinex ou d'Adidas c'était manifestement l'entreprise. Robert Louis-Dreyfus diagnostiqua un manque d'innovation, les produits étant bons techniquement mais peu intéressants du point de vue dessin ou créativité pour le gros des consommateurs, c'est-à-dire les jeunes de moins de 18 ans. On multiplia le budget de publicité et marketing par cinq, tout en élaguant maintes opérations de sponsoring. On réorganisa enfin le design, le développement et même le marketing par centres d'excellence, là où un sport est roi : le basketball aux États-Unis, en Europe le football et la course à pied. Parallèlement aux États-Unis, marché où la marque a été marginalisée, Adidas, fidèle à ses racines liées aux sports populaires, adopte une stratégie dite « grass roots », ciblant le black des ghettos plutôt que le yuppie de Yale, et recréant une proximité par le sponsoring de compétitions de jeunes, de groupes de rap (cf. *Le Nouvel Économiste* du 9/2/1995). Elle supprime tous les produits indignes de la marque, les paires de chaussures à moins de cinquante dollars et propose aux

chaînes de distribution une opportunité de regagner du pouvoir face à Nike et Reebok. La part de marché d'Adidas, aux États-Unis, qui était de 1,9 % en 1992 remonta à 3,8 % en 1994 pour atteindre 15 % en 1998.

Dans le secteur automobile, lorsque Ford reprit Jaguar, il comprit qu'il fallait investir une somme équivalente voire supérieure au prix d'achat pour mettre les usines, les méthodes de production et les mentalités au niveau de qualité désormais jugé comme allant de soi pour un constructeur automobile et *a fortiori* pour un constructeur de voitures de prestige.

- Le produit de la marque correspond-il aux attentes du marché ? C'est tout le problème de la Suze. Si l'attrait pour le goût sucré est inné, l'amer se mérite. Or le goût de la Suze est très segmentant. Les jeunes qui le découvrent pour la première fois ne le trouvent en général pas attractif, comme d'ailleurs tout goût auquel on n'a pas été habitué (d'où l'importance stratégique de Pacific, boisson à l'anis sans alcool, pour Ricard). On pourrait retorquer que le whisky n'a pas non plus particulièrement bon goût mais que tout le monde en boit. La différence principale est que la mode, le cinéma américain et les marines ont largement contribué à populariser cette boisson. Suze dominant sa catégorie doit à la fois travailler pour elle et pour la catégorie. Elle ne peut à elle seule faire la mode.
- Existe-t-il des freins au changement dans la société elle-même ? Ce fut, en 1995, tout le problème de l'évaluation financière de la Vie Claire par ses éventuels repreneurs. On pressentait bien ce qu'il fallait faire pour revitaliser la marque : quitter un positionnement diététique austère pour aller vers le naturel, la joie de vivre ; éventuellement devenir une marque de produit en distribuant ailleurs que dans les 146 points de vente ; recréer une offre produits, plus courte mais à forte valeur ajoutée, développer un concept de petit déjeûner « la Vie Claire » dans certaines chaînes d'hôtel... Mais les équipes en place suivraient-elles cette révolution nécessaire qui les éloigne des raisons viscérales de leur attachement à l'enseigne contre vents et marées. Les 112 franchisés modifieraient-ils leurs habitudes ? Dans le domaine de l'hygiène beauté, la force de vente d'Élida croit-elle encore aujourd'hui aux chances de Sunsilk, disparue à la fin des années soixante-dix et relancée deux fois depuis, avec un succès mitigé, la dernière en date étant l'association avec le coiffeur J.-F. Lazartigue ?
- Existe-t-il encore une cohorte d'acheteurs fidèles, offrant des potentialités de croissance pour demain ? C'est ce qui différencie Byrrh d'Émail Diamant. La clientèle de Byrrh est âgée alors qu'Émail

Diamant a toujours eu une clientèle de jeunes de 15-24 ans qui découvrent la marque par le bouche à oreille et trouvent en elle la seule réponse du marché à leurs attentes de blancheur de dents et de séduction. Paradoxalement le côté kitsch de la marque, de son personnage et de son emballage était l'aspérité sécurisante et fidélisante de la marque peu tapageuse et discrète, le produit délivrant bien la promesse annoncée. Suivant le vertueux principe qu'une marque doit toujours respecter ses clients fidèles, on ne toucha pas au produit racine, la pâte blanche. En revanche on développa des extensions, elles plus modernes, avec un bénéfice ajouté de santé, nécessaire pour une marque de dentifrice d'aujourd'hui.

– L'entreprise a-t-elle une volonté à long terme ou attend-elle des résultats rapides ? Il faut du temps et beaucoup de persévérance pour remettre à flot une griffe comme Lanvin ou Balmain ou les parfums Caron. Le caractère ingrat du travail initital est qu'il ne produit aucun résultat visible. Mais à l'instar des fondations d'un immeuble il est le nouveau socle sur lequel la marque rajeunie pourra prospérer. Ainsi, il faut remettre tous les produits au niveau de qualité attendu désormais par le marché, alors que, économies obligent, on a d'abord rogné sur les coûts de la qualité pendant des années. Il faut recréer une relation de confiance avec les agents, importateurs, grossistes, distributeurs échaudés par des années de mauvais service commercial, de produits décevants. Il faut investir dans une nouvelle équipe de créateurs, capables d'insuffler une modernité tout en ne trahissant pas les racines de la marque.

De ce point de vue, les revitalisations d'Omo ou de la lessive Le Chat eurent l'avantage de pouvoir très vite émettre des signaux positifs quant aux potentiels de croissance. Le marché étant très réactif à la publicité et à la promotion en ce qui concerne les innovations, ou les relancements, Unilever et Henkel surent très tôt que les relancements étaient un succès.

LES FACTEURS DE SUCCÈS

Malgré la diversité des situations et des paramètres, il ressort plusieurs principes directeurs des revitalisations couronnées de succès. Nous les analyserons tour à tour.

1. Malgré le vocable employé, une revitalisation de marque s'accompagne le plus souvent d'un changement du produit. Elle est un lancement de produit nouveau, répondant aux attentes d'un segment de clientèle et apportant un vrai plus par rapport à la concurrence. La

marque doit d'une part redevenir un modèle de qualité (ce qui en soi souvent n'est pas mince gageure dans des secteurs comme l'automobile, le luxe ou l'électroménager) mais aussi témoigner concrètement d'un changement significatif à la rencontre des clientèles d'aujourd'hui, déjà largement sollicitées par une pléthore de marques très satisfaisantes. Le déclin de Campari fut inversé par le lancement de Campari Soda en pre-mix, ce dernier représentant désormais 20 millions de litres contre 10 pour le Campari. Il en va de même de Martini et du Martini Bianco. Suze a adouci son contact et modernisé son image par le lancement de Suze-Tonic en format individuel, prêt à boire. Le Mini Babybel a donné une nouvelle jeunesse à la marque Babybel. Petrole Hahn est passé, depuis sa reprise par Procter et Gamble, d'un mono-produit à une gamme segmentée pour hommes ou pour femmes et selon l'âge (plus ou moins de 35 ans). Dopé par la technologie qui lui faisait défaut lorsque l'on combat L'Oréal et ses Laboratoires Garnier, Petrole Hahn propose une lotion et des shampoings hydra-rééquilibrants, un shampooing deux en un. Le concept d'hydratation du cuir chevelu donne une exclusivité plus technique à la promesse de base de Petrole Hahn qui elle n'a pas changé « un cuir chevelu sain pour des cheveux en pleine forme ». La revitalisation on le voit consiste à dissocier la marque du produit unique qu'elle désignait et de proposer une offre renouvelée, conforme aux attentes des clients actuels.

2. Même très ancienne la marque laisse en mémoire un humus dont il ne faut pas s'écarter pour la relancer. Cet humus délimite le territoire de légitimité et d'évolution maximale acceptable. *A fortiori* lorsque la marque est encore vivante, le changement nécessaire doit respecter l'identité de marque. L'analyse des potentialités latentes, non exploitées à ce jour est une étape préalable indispensable à toute démarche de relancement (cf. description de la méthode page 138). Dans le relancement de Ted Lapidus, il ne s'agit pas de remettre en vitrine les fameuses sahariennes qui ont fait connaître la marque, mais de se demander ce que ferait le créateur Ted Lapidus aujourd'hui. Cela passe par la compréhension des racines de la marque, c'est-à-dire de la démarche à l'origine des productions de Ted Lapidus pendant les années soixante. Le relancement de Dop a consisté à réassumer de façon moderne la vocation historique de la marque. Après guerre Dop contribua à l'éducation des Français sur le cheveu et son hygiène. À ce titre, elle est une grande marque populaire familiale, accessible par sa grande distribution et son prix. Ses manifestations récentes telles que le mini-Dop en forme de poisson avec une formule nouvelle démê-

lante, reprennent ce flambeau auprès des adolescents de la famille. Le relancement de la lessive Le Chat en version machine s'est fait en respectant le fond de marque : comme son nom et son histoire l'indiquent Le Chat a toujours eu une image douce, proche des gens et de la nature. C'était la marque idéale pour recevoir une poudre écologique, respectueuse de l'environnement mais pas des taches, héritée des laboratoires Henkel. En outre, Le Chat mena une communication offensive pour promouvoir l'écologie comme valeur-clé des lessives de demain.

La même démarche fut suivie par Vedette, consciente que dix ans de publicité focalisée sur la Mère Denis avaient fait chuter son image de qualité de façon très grave. Comment gérer l'après-Mère Denis, préserver ses actifs mais reprendre une pente ascendante ? Avoir la Mère Denis dans son patrimoine génétique implique de respecter son éthique de générosité, d'honnêteté, de rigueur et d'exigence. Les pieds et les mains dans l'eau, la Mère Denis se concentrait sur le cœur de la fonction (le lavage) et portait en elle la facette écologique et de lavage naturel. Il s'agit plus d'un respect de la nature que d'une écologie militante. Décidant de passer de l'implicite latent à l'explicite, on relança Vedette avec des produits nouveaux conformes à cette mission de marque : la machine à laver Optima qui berce la laine fragile, un sèche-linge à condenseur de brouillard, un lave-vaisselle à moindre consommation d'eau, chacun soutenu par un film publicitaire où l'eau devient un élément essentiel de code. Comme on le voit, la revitalisation ne doit jamais oublier les racines. On ne tourne pas le dos à son image.

3. La revitalisation d'une marque commande parfois de changer de marché. Le déclin de Banga est-il dû à la faiblesse intrinsèque de la marque (la première en notoriété spontanée auprès des jeunes de 7 à 13 ans) ou à la banalisation du marché des boissons plates aux fruits, désormais tenu par les marques de distributeurs ? Plutôt que de s'obstiner dans une mission impossible, il valait mieux faire usage de la marque dans un marché voisin mais porteur : celui des softs drinks. C'est d'ailleurs la démarche d'Oasis quittant son marché historique banalisé pour servir d'ombrelle à de purs jus de fruits, des nectars et des boissons au thé. Pour revenir à Suze ne faut-il pas chercher à reprendre pied loin des clients actuels et viser des jeunes adultes cherchant une boisson de caractère, élégante et originale pour se différencier des buveurs classiques de whisky ou de vodka ?
4. Il existe une grande différence entre respecter ses racines et cultiver le passé. La revitalisation suppose une remise à jour de l'offre globale de la marque, au sein de son territoire identitaire. De ce point de vue la démarche originelle associant le créateur Claude Montana à la remise en orbite de Lanvin était peut-être plus appropriée que le grand retour

au classicisme du prêt-à-porter homme de cette marque. Le luxe se situe à la rencontre de l'hédonisme et de la modernité. Le culte du passé témoigne parfois d'une inspiration qui fait défaut pour le temps présent.

Au terme de ce chapitre, il convient de signaler une opportunité nouvelle pour revitaliser des marques disparues mais encore connues et appréciées : la concession exclusive pendant une période déterminée à une chaîne de distribution. Cette modalité particulière du trade marketing a été suivie par les brasseries Heineken : elles ont concédé Mützig pour trois ans en exclusivité à Cora. Cette bière avait pratiquement disparu du marché. Sa distribution était éparse et ses ventes au plus bas. En 1993, elle ne vendait plus que 6 000 hectolitres, contre 800 000 en 1985. L'accord passé avec Cora multiplia le volume des ventes de Mützig par huit en 1994. Producteur et distributeur y gagnent. Le premier vend au second la marque à un meilleur prix qu'une simple marque de distributeur. Quant au distributeur, il jouit en toute exclusivité d'une vraie marque notoire. Cela contribue à le différencier de la concurrence et le fait sortir de la guerre des prix sur les marques nationales. Dans le domaine du sport, Spalding est désormais vendu exclusivement par le réseau Intersport. On peut penser que cette démarche se multipliera. Les fabricants vont pouvoir retirer parti, sans frais, des très nombreuses marques de leur portefeuille, hier très connues et aujourd'hui pratiquement éliminées du marché. De ce point de vue, la mise de Gervais sous ombrelle Danone coupe définitivement tout espoir d'utiliser cette marque d'une façon plus tactique.

UN CAS D'ÉCOLE : CLUB MED

Le mardi 27 janvier 1997, Philippe Bourguignon, président du Club Méditerranée depuis un an annonça une perte historique de 1,3 milliard de francs. De fait, le Club ne gagnait plus d'argent depuis cinq ans. Il fallait à nouveau augmenter le capital pour financer la relance du groupe et donc lever 1,2 milliard sur le marché boursier. Quelle stratégie retenir pour cette marque mondiale, dépassant les 8 milliards de chiffre d'affaires, avec 120 villages, disséminés dans 36 pays, sans compter onze « villas » sur des sites archéologiques, les circuits touristiques, et un bateau de croisière. En 1997 le Club avait accueilli 1,47 million de clients dans le monde entier, dont 28 % de Français, 14 % de Nord-Américains, 10 % d'Asiatiques et 4 % d'Allemands.

Le Club Méditerranée fut créé au début des années cinquante par Gérard Blitz et Gilbert Trigano. Le concept était plus qu'original, il était révolutionnaire :

- des vacances tout compris,
- sportives,
- décontractées,
- en groupe,
- où les enfants sont rois,
- et où l'esprit de la fête domine.

L'inspiration du Club Méditerranée est polynésienne. De fait les premiers villages reproduisent le fonctionnement et l'esprit des villages de Tahiti. Les paillotes ultra-rustiques renvoient à la vie simple des farés, le paréo est le vêtement symbolique, le sourire et le tutoiement traduisent un lien social retrouvé, décontracté et authentique. Le sport manifeste une volonté de retrouver l'équilibre, par opposition à une vie citadine et un travail stressant qui ne sollicite que l'esprit. Les conséquences du concept ont donné naissance à des traits marquants pour l'époque : disparition de l'argent et des barrières sociales, hymne au corps et à la fête, redécouverte de la spontanéité et de l'échange (les tables de huit personnes, les thermes collectifs, le tutoiement, les « gentils membres » et les « gentils organisateurs »).

Conçu comme une entreprise familiale par Gilbert Trigano, le Club décline cette philosophie au niveau de chaque village, dirigé par un « chef de village », secondé par une équipe de jeunes G.O., longtemps bénévoles. Paternalisme, convivialité et simplicité dominent et créent une rupture par rapport à l'ennui et le confinement des vacances à l'hôtel. Le Club est une grande famille.

Vite leader d'un segment qu'il avait créé, le Club s'est endormi sur ses lauriers. Manquant d'ouverture sur l'extérieur et recrutant rarement des personnes ayant une expérience hors club, il n'a perçu ni la montée de la concurrence qui allait à son tour imposer de nouveaux standards, ni l'évolution profonde de la société.

La concurrence en effet ne reste jamais inactive. La plus dangereuse fut sûrement le Club Aquarius, me-too fidèle du Club Méditerranée mais 40 % moins cher. Ceci conduisit le Club à racheter Aquarius en 1991, menant de ce fait une politique à deux marques. Le problème est que, les produits étant de fait trop peu différenciés, cela officialisait l'image que le Club Med était cher, Aquarius proposant quasiment le même concept mais à un prix bien moindre. Les études montrèrent vite qu'Aquarius cannibalisait fortement le Club Med.

En 1997, les concurrents étaient désormais légion : Jet Tours avec ses Eldorados, Fram et ses Framissimas, les Paladiens de Nouvelles Frontières, Lookea de Look Voyages. À l'étranger, les Anglais peuvent choisir les Butlin's Holiday Camps, les Allemands Robinson et les Italiens les Villages de Valtur, longtemps associé au Club Méditerranée. Aux États-Unis, des chaînes comme Couples ou Sandals proposent des villages plus luxueux.

On doit aussi intégrer la nouvelle concurrence des paquebots qui ont démocratisé les croisières. Il y avait dans le monde 600 000 croisiéristes en 1970, ils étaient 7 millions en 1997. Enfin des grands groupes hôteliers Accor, Holiday Inn, Hyatt, Hilton, Marriott ont lancé des « resorts », avec animation, sports, crèches pour les enfants.

Le Club s'est donc trouvé concurrencé par des produits « me-toos », moins chers et par les « resorts » des chaînes hôtelières proposant un produit ultra-confortable aux normes internationales (salles de bains complètes, climatisation, téléphone, télévision, chambres amples, bungalows sophistiqués pieds dans l'eau). Or, fermé sur lui-même, persuadé que la formule pouvait être approchée mais pas égalée le Club n'a pas perçu qu'en ne s'adaptant pas à cette nouvelle donnée concurrentielle, il entrait dans une spirale de déclin.

Comptant trop sur ce fameux « esprit Club » et la décontraction, l'entreprise n'a pas investi. Ses villages sont alors devenus des parents pauvres comparés aux hôtels d'alentour. L'exemple de Moorea, en Polynésie est typique. Il fut l'un des tous premiers villages du Club, créé en 1955. Rénové en 1975, il ne correspond plus aux exigences *a minima* de clients payant plus de 10 000 francs pour une semaine, au départ de Paris. Les chambres ont ni télévision, ni air conditionné, ni téléphone, ni salles de bains modernes ! Désormais le niveau de confort laisse à désirer pour le prix et fait du Club un produit réellement trop cher, au moment où la crise économique touche de plein fouet les cadres, marché nourricier du Club.

L'internationalisation du Club est la base de sa fantastique croissance. Elle a eu aussi un effet pervers, base de la baisse de son attractivité. En réalité, il n'y a pas d'attente pour un produit européen et *a fortiori* mondial. Les Allemands aiment à se retrouver entre eux, les Anglais aussi, comme les Japonais ou les Américains. La décontraction passe par le partage d'une langue et de valeurs communes. Le mélange des nationalités dans maints villages a créé un déficit de socialité. Les spectacles longtemps bon enfant, interactifs et spontanés sont devenus – auditoire international oblige – de plus en plus visuels et froids, voire télévisuels à l'instar des spectacles du Grand Prix Eurovision de la chanson. L'humour, qui repose largement sur des mots et références communes a disparu. Le play-back s'est imposé, créant une atmosphère factice, bien loin de l'esprit des origines et des attentes des consommateurs d'aujourd'hui.

En effet le public a bien changé. Il recherche désormais l'authenticité, le vrai. Il veut que ses vacances aient du sens, c'est à dire une finalité. Or on ne voit plus très bien ce que le Club propose comme finalité. Pourquoi y aller après tout ?

La revitalisation du Club Med dépend du diagnostic fondamental que l'on porte. Le carrefour stratégique est simple : soit le concept n'est plus bon et il faut assumer que le Club est un produit mature en phase de déclin, à gérer comme tel, soit le concept est encore bon, mais c'est le produit qui n'est plus à la hauteur ni de la concurrence, ni des attentes des clients de l'an 2000 !

Sachant que le segment du tout compris est le segment du marché qui croît le plus (de 6 à 8 % par an), il est difficile de décréter que le concept est daté. Le marketing mix lui l'est fortement. Or le produit est le premier levier de la modernisation et du relancement des marques.

Comme pour tout relancement, la règle « back to the future » prévaut. Il faut radicaliser le marketing mix en retrouvant les vraies valeurs d'origine, avec une prestation, quant à elle, au niveau des attentes d'aujourd'hui.

Le fond de marque du Club Méditerranée est la renaissance. Au Club on va se ressourcer, se re-trouver. Cela passe par le corps, le sport, levier d'un rééquilibrage de chacun et de socialisation (faire du sport ensemble). Il est significatif que les villages de ski ne désemplissent pas et semblent échapper à l'image déclinante du Club. Ajoutons que le sport renoue avec la tradition historique du Club, donne une vraie raison de fréquentation. Enfin, il donne un avantage concurrentiel au Club, car ce dernier a bien plus de légitimité à enseigner les sports, quel que soit le niveau, qu'un hôtel Marriott, Sofitel ou que Nouvelles Frontières. En outre cela permet d'envisager un redéploiement de la marque en dehors des vacances pour que les membres continuent de pratiquer leur activité sous la bannière du trident.

Comment adapter ce concept à une clientèle par essence large donc hétérogène ? Par la segmentation. Le Club décida de regrouper son offre foisonnante en quatre gammes correspondant à des types de clients aux attentes très spécifiques : les séjours de famille, les jeunes, les couples... Compte tenu de l'allongement de la vie, il est fondamental non seulement de fidéliser les clients (clé de la rentabilité) mais aussi de réalimenter en permanence le capital de clients. Or la démarche suivie jusqu'alors aboutissait à l'inverse.

- En abandonnant les villages d'entrée de gamme à Aquarius on cassait les possibilités de fidélisation et par l'image chère que le Club acquérait *de facto*, on diminuait l'envie d'y aller.
- En n'investissant pas assez dans la rénovation des villages on décourageait la fidélisation.

La décision de retrouver le juste prix s'imposait donc, *a fortiori* sur les villages de confort rustique. Leur fonction est d'attirer une clientèle jeune, non réfractaire à ce standard de confort, à condition que le prix soit en conséquence et que les prestations « cœur de concept » soient hors pair. Très satisfaites elles seront fidèles. Le Club décida donc de baisser les prix de façon significative sur tous les villages d'entrée de gamme, selon les destinations et les saisons. La baisse serait moindre sur les villages haut de gamme. Dans tous les cas, un programme de travaux ambitieux fut entrepris (1,85 milliard de francs) : 74 villages seront rénovés d'ici à l'an 2000.

La conséquence directe de cette politique est l'abandon de la marque Aquarius, qui cannibalisait littéralement le Club Méditerranée.

Sur le plan publicitaire, il était temps de faire redécouvrir le produit. En effet, comme c'est le cas de bien des marques anciennes, le souvenir que l'on en a cache la réalité. Or le public ne différencie plus la formule du Club des autres villages club. Il était important de re-visualiser ces différences en en rappelant les finalités : la redécouverte de soi-même. En passant une semaine au Club, on prend enfin du temps pour soi.

Chapitre 12

L'international : quelle globalisation pour les marques ?

L'extension géographique est inscrite dans la logique de la marque. C'est la condition de sa croissance, de sa capacité à se renouveler et du maintien de son avantage concurrentiel. Ce n'est donc plus le principe de l'internationalisation qui préoccupe les directions de marketing mais ses modalités : quelle extension géographique ? Au-delà du marché unique européen, doit-on aller jusqu'à la marque mondiale ? Quel dosage retenir entre un marketing global faisant fi des barrières linguistiques et des frontières, et l'adaptation de marque aux contextes et spécificités locales ? Que peut-on globaliser et que doit-on laisser flexible dans la politique de marque ? Quelles marques ont vocation à devenir globales et quelles autres doivent rester locales ? Enfin, comment s'organiser et passer de la situation actuelle faite de centaines de marques locales à un petit nombre de marques globales ? La rationalisation du portefeuille de marques impliquera nécessairement la mort d'un grand nombre de marques locales, doublons d'une marque identique dans quelque autre pays. Cette transition devra aussi être gérée, comme nous venons de l'exposer dans le chapitre 10.

Le débat entre les partisans de la globalisation des marques et ceux d'une saine adaptation aux marchés locaux fut posé de façon académique dans les années 1980 par les articles de Th. Levitt (1983), Quelch et Hoff (1986), Kotler (1986) et Wind (1986). Il s'agissait de choisir son camp de façon presque idéologique. Dix années après, il est possible de tirer les leçons des expériences menées, avec plus ou moins de succès. Si globalement on ne peut nier l'existence de facteurs qui rapprochent les pays et les cultures, on ne saurait oublier que la vitesse de ces rapprochements est parfois plus lente que prévu. D'autre part, si à un certain degré de généralité ou de tendance socio-culturelle les consommateurs de plusieurs pays déclarent les mêmes motivations et attentes, un examen plus approfondi révèle des nuances dont il faut tenir compte. C'est donc à une approche pragmatique que convie ce chapitre. On ne refera pas ces cathédrales que sont Marlboro ou Coca-Cola, qui ont bénéficié de facteurs historiques particuliers et du temps. L'expansion internationale de Coca-Cola a été largement aidée par les guerres et la présence des GI's en Europe ou en Asie. Marlboro a mis 35 ans à conquérir le monde et Mc Donald's 22 ans ! La contemplation de ces modèles est certes agréable, mais de peu d'utilité à Danone par exemple dont l'image de marque varie selon les pays car les produits par lesquels elle a pénétré ces pays ne sont tout simplement pas les mêmes : desserts à la crème en Allemagne, yaourts nature en France, yaourts aux fruits en Grande-Bretagne. Comment alors créer une image uniforme autour du concept de santé si très concrètement la marque n'est pas présente avec les mêmes produits selon les marchés ou les pays ? C'est cela la réalité des marques européennes aujourd'hui. Les chemins d'une certaine globalisation doivent être inventés de toutes pièces par ces méga-marques multi-produits. L'approche sera nécessairement pragmatique et modulaire.

L'EXTENSION GÉOGRAPHIQUE : UNE NÉCESSITÉ

La logique du fonctionnement de la marque la conduit naturellement à étendre ses débouchés. En effet, la marque ne survit que si elle remet en permanence le produit sur le métier. Loin d'être une rente, la marque est une obligation de dépassement perpétuel. Les acheteurs s'habituent très vite au dernier état de la technique et des performances au point de le considérer comme normal. Pour ne pas être disqualifiées les marques concurrentes veulent aussi accéder à ce niveau de performance et si possible le dépasser. Ceci explique la spirale vertueuse de la marque : elle doit, pour survivre, améliorer sans cesse les performances des produits qu'elle signe, si elle ne veut pas être en deçà de sa promesse, du contrat implicite la liant aux acheteurs. Si Ariel veut se maintenir dans son positionnement (l'état de l'art maximum en matière de lavage), cela implique une modification incessante des formules pour incorporer les progrès de la chimie et s'adapter aux nouvelles conditions de lavage dans les foyers modernes. Apple – la marque qui modifie les rapports de l'homme et de l'informatique – ne saurait se reposer sur ses lauriers et sur son Mac. Ayant établi de nouveaux standards, elle a conduit Microsoft et IBM à se dépasser eux-mêmes.

La recherche et le développement sont donc au cœur du fonctionnement de la marque. Derrière toutes les grandes marques de producteur – fussent-elles les plus ludiques en apparence – il y a des départements entiers de R & D. L'Oréal entretient plus de 1 000 chercheurs, 3M plus de 3 000, Unilever plus de 4 000. Lorsqu'une innovation semble prometteuse, le passage à la phase industrielle nécessite des investissements financiers considérables. En effet, il n'est plus possible aujourd'hui de procéder à une diffusion retardée de l'innovation suivant le modèle classique de l'écrémage où celle-ci serait d'abord vendue à prix fort à une minorité, avant d'être étendue progressivement à de nouveaux segments. Pour rester compétitive, la marque doit fournir ce progrès au prix le plus bas, d'emblée. Or, le coût marginal de chaque progrès ne cesse de croître. Il faut disposer de légions de chercheurs pour espérer innover. Le coût des investissements industriels et de recherche doit désormais être amorti sur de faibles marges unitaires : par sa notoriété et le capital de confiance qui lui est attaché, la marque fournit à l'entreprise l'accès à des débouchés de plus en plus larges, sans lesquels ces investissements ne pourraient être justifiés économiquement. La marque de producteur rend possible le progrès en même temps qu'elle le démocratise.

Dans la lutte concurrentielle, les économies d'échelle fournissent donc un levier stratégique par les prix offensifs qu'elles permettent de pratiquer. Concevoir une même automobile d'emblée pour le monde entier et la produire en fonction du marché potentiel mondial donne un avantage concurrentiel essentiel par rapport à l'entreprise qui raisonne localement ; même si cette dernière produit une automobile correspondant mieux aux goûts exclusifs des Français, la différence de prix avec une voiture japonaise conçue et produite d'emblée de façon mondiale fera tout naturellement hésiter le consommateur le plus chauvin. C'est pourquoi Twingo, dont le prix bas est un élément-clé du positionnement de voiture facile à vivre, fut pensée d'emblée à un niveau européen : un produit identique partout.

L'entreprise locale – même si elle se positionne sur une niche – n'a d'autre échappatoire pour combler son handicap de prix, tout en innovant, que d'étendre ses débouchés. L'extension géographique est une condition *sine qua non* de la survie.

À ce stade du raisonnement, la globalisation affecte surtout les produits par les économies d'échelle qu'elle autorise et l'avance sur la courbe d'expérience qu'elle procure. Mais ce même produit peut être commercialisé sous des noms de marque différents selon les pays : ce qui est Ariel en Europe, est Tide aux USA et Cheer au Japon. Omo Power en Hollande est Skip Power en France. Les photocopieurs Ricoh s'appelaient Savin aux États-Unis et Nashua en Europe. Chacune de ces marques a dans sa zone régionale une notoriété et un capital d'intérêt dont le cumul autorise les investissements économiques en R & D et en outils de production par les débouchés auxquels il donne accès. Produit global ne signifie donc pas *ipso facto* marque globale. Le passage du produit global à la marque globale, c'est-à-dire à un signe unique nécessite donc d'autres arguments, liés eux à l'économie des signes.

LA MARQUE GLOBALE : UNE OPPORTUNITÉ

Si, dans certains secteurs, la marque unique est une nécessité, dans beaucoup d'autres, elle relève de la volonté de tirer parti de nouvelles opportunités de communication.

La marque unique est une nécessité chaque fois que les acheteurs eux-mêmes sont mondiaux. Les entreprises équipées en IBM ou Bull à Paris ne comprendraient pas pourquoi leur agence de Bogota ou leur bureau de Kuala Lumpur relèvent des mêmes produits sous une marque différente. Il en va ainsi de la plupart des secteurs technologiques industriels. Caterpillar, Sumitomo, Schlumberger, Technip, Alcatel, sont par nécessité des marques mondiales (outre le fait qu'elles sont des entreprises mondiales). Après son rachat de Square D aux États-Unis, le groupe Schneider entreprit un programme de globalisation de ses marques, pour les rendre acceptables à un acheteur qui souhaite que toutes ses filiales s'équipent des mêmes marques et qui négocie un contrat mondial.

La marque unique est aussi une nécessité chaque fois qu'elle procède d'un individu, perçu comme créateur dont la marque constitue la signature, la griffe. C'est le cas du luxe. Cardin est Cardin comme Saint Laurent est Saint Laurent. Leurs œuvres sont achetées de par le monde parce qu'elles portent la signature du créateur, dépositaire des valeurs centrales et de la légitimité. Que celui-ci soit encore vivant ou persiste par son esprit ne modifie pas la règle : à source unique, nom unique.

En dehors de ce cas, la marque unique relève d'un souci d'exploiter au mieux de nouvelles opportunités.

– Plus le tourisme se développe, plus il est regrettable que certains produits aient des noms différents selon les pays. Cela permettrait aux touristes de retrouver leurs marques, au sens propre comme au sens figuré. Il suffit de voir les touristes de tous pays faire la queue rassurés chez Mc Donald's plutôt que chez Quick pour s'en convaincre. Cet argument concerne néanmoins certains secteurs plus que d'autres : l'alimentaire plus que la lingerie, les huiles pour automobile plus que les huiles alimentaires. Mais l'avantage principal tient à la synergie : l'exposition d'un cadre américain à Nashua en Europe ne profite aucunement à la notoriété et à la réputation de Savin aux USA (qui commercialise les mêmes produits). Le jeune Français envoyé perfectionner son anglais en Grande-Bretagne verra des spots télévisés pour Pledge sans savoir qu'il s'agit de Pliz en France. Si cette marque de Johnson Products avait eu un nom unique, elle en aurait acquis à ses yeux une aura liée à son extension territoriale : la marque acquiert un supplément de crédibilité par son assise internationale. Son déploiement atteste sa force de conviction. C'est pourquoi, en 1989, Ariel réalisa le premier film publicitaire où des ménagères de différents pays européens témoignaient.

– Plus les médias internationaux ou Internet se développent, plus la marque unique fournit des opportunités à saisir. Ceci concerne depuis longtemps les médias traditionnels : on sait bien que les Belges francophones comme les Suisses ou les Algériens regardent les chaînes télévisées françaises donc les publicités françaises. Des chaînes télévisées conçues d'emblée pour être internationales se multiplient à l'instar de Sky Channel. Mais ce phénomène reste encore marginal en termes d'audience compte tenu des problèmes linguistiques liés à la méconnaissance de l'anglais. L'agence Lintas a procédé à cet égard à une intéressante expérience. On demanda à un échantillon représentatif des adultes de six pays d'Europe de traduire la phrase anglaise : « I think that films and series should be viewed in their original language rather than with a translation. » Le pourcentage d'adultes dont la traduction fut correcte s'établit comme suit : 46 % des Hollandais, 46 % des Flamands, 31 % des Allemands, 7 % des Espagnols, 6 % des Belges francophones, 4 % des Français et 3 % des Italiens ! L'opportunité réelle est fournie par les émissions mondiales telles que les tournois de tennis du Grand Chelem, le Tour de France, la Coupe du Monde de football, les Jeux olympiques, la Formule 1, etc. Grâce à son sponsoring du tournoi de Roland-Garros, la BNP est connue jusqu'en Californie où d'ailleurs on parle de ce tournoi comme le « BNP Tournament », au même titre qu'il existe un « Volvo Grand Prix ». Ces émissions touchent une audience mondiale et excluent donc en pratique les marques locales qui ne peuvent rentabiliser cet investissement sur une fraction de l'audience. Les marques mondiales peuvent seules être présentes dans les événements mondiaux du type Jeux olympiques, Formule 1. Par rapport à la quote-part payée par Mars France pour financer le sponsoring des Jeux olympiques par Mars, les retombées sont considérables. Mars, Coca-Cola, Sony, Canon, Baccardi, Campari, Martini, etc. en tirent un statut de super-marques auquel aucune des marques du groupe Danone n'accède. Seule la marque mondiale peut justifier le prix de la sponsorisation par les stars tels Steffi Graf, Michael Jackson etc. Internet favorise les marques globales.

– L'internationalisation de la marque permet aussi de profiter de l'internationalisation des distributeurs, soit par extension des enseignes françaises, soit du fait de l'arrivée de la distribution étrangère. La concentration de la distribution européenne et la constitution de centrales d'achat européennes militent dans le même sens. La marque répond alors aux demandes des acheteurs globaux qui veulent un seul interlocuteur, une seule offre pour toute l'Europe.
– Enfin, la marque internationale unique est indissociable de la logique de l'extension de marque sur de multiples produits. Elle la rend plus rapidement possible. En effet, la marque unique pour tous les pays accélère le processus de capitalisation sur son nom : ce dernier acquiert un rayonnement international élargi, une notoriété et, si les produits ou services furent performants, une réputation. Le « goodwill » ainsi acquis par ce nom unique, dans le monde entier, fournit un levier irremplaçable d'entrée dans d'autres marchés, d'autres secteurs. C'est la démarche typique des Japonais : ceux-ci investissent en notoriété et réputation à long terme et de façon mondiale, sans attendre d'effets à court terme, de rentabilité immédiate de ces investissements en communication. Bâtie sur un secteur de départ, cette réputation touche un public dépassant largement les seuls acheteurs de ce secteur. Elle devient alors une clé d'entrée dans d'autres secteurs dont les entreprises sont alors prises au dépourvu. L'exemple du verre est significatif. Le premier fabricant de verres de lunettes de par le monde est français : Essilor. On doit à cette entreprise tous les progrès significatifs dans le domaine de la vision comme, par exemple, le fameux Varilux – marque du verre progressif pour presbytes. Essilor a bâti sa part de marché mondiale sur la R & D et sur l'assistance aux opticiens. Dans ce marché, jusqu'à présent, la marque de verre ne compte pas : le consommateur s'en remet à l'opticien-conseil pour le choix du type de verre. C'est pourquoi Essilor n'a pas développé de politique de communication vis-à-vis du grand public autour de son nom propre, soit en tant que marque, soit en tant qu'entreprise.

Or, des facteurs structurels sont en train de profondément modifier la logique de ce marché : les « opticiens-conseils » deviennent plus commerçants que conseils et attendent donc des marques prévendues. Surtout, Nikon et Seiko sont entrés dans ce marché, forts de la notoriété qu'ils ont lentement acquise ailleurs, le premier dans l'optique (ce qui n'est pas éloigné de la vision), le second dans l'horlogerie (ce qui confère une image de minutie, de précision et d'exactitude). Désormais, certains opticiens posent aux consommateurs une question nouvelle : voulez-vous un verre Nikon,

Seiko ou Essilor ? D'un seul coup, Nikon et Seiko font de la notoriété et de la marque un facteur de décision dans ce marché, dont ils étaient absents jusqu'alors. Inconnue du grand public, Essilor est une entreprise forte mais une marque faible, handicapée sur ce plan vis-à-vis des nouveaux entrants ayant capitalisé depuis plus de vingt années sur leur nom international unique, et prêts à en exploiter désormais les fruits grâce à l'extension de marque.

DU NOM UNIQUE À LA MARQUE GLOBALE

Jusqu'où pousser la globalisation ? Quelle autonomie de décision laisser aux équipes marketing locales ? Doit-on homogénéiser les positionnements, les concepts créatifs et même les créations elles-mêmes ? En effet, s'il paraît acquis qu'un produit unique n'offre que des avantages, un débat s'est instauré concernant la stratégie de marque elle-même et son contenu. Pour les uns, l'essence du marketing est de coller au marché, pour les autres, les avantages économiques d'une forte globalisation du marketing ne laissent pas d'alternative.

Avant d'examiner les arguments du débat, il importe d'en préciser les termes. Le concept de marketing global renvoie à une volonté d'étendre un même marketing mix à une région (l'Europe, l'Asie), voire au monde entier. Il exprime aussi une situation dans laquelle la position concurrentielle d'une firme dans un pays peut être affectée de façon significative par sa position dans d'autres pays.

L'approche globale envisage les pays et leur rôle dans un champ concurrentiel élargi. Les objectifs marketing de chaque pays cessent d'être déterminés par la filiale locale, mais sont décidés en fonction du système de concurrence global. Ainsi, alors que traditionnellement les filiales planifient leurs activités sur la base de leurs ressources propres et de leur marché domestique, dans le cadre d'une stratégie globale :

– certains pays reçoivent la tâche de développer un marketing mix pour un nouveau produit et de le tester en grandeur nature (le pays servant alors de marché test) avant son extension aux autres pays du segment géographique. Ce qui est ainsi testé n'est pas le marketing mix optimal dans une optique locale, mais le marketing mix global, prêt à l'extension. Aujourd'hui, la surveillance de la concurrence ne peut plus se limiter aux activités de celle-ci dans un pays particulier, mais dans tous les pays ;

– certains pays reçoivent la mission de développer un know-how sur une des marques ou sur un type de produit afin de servir de chef de file et de coordinateur des autres.

À l'opposé d'une approche globale, des entreprises multinationales suivent une philosophie « multi-locale », préférant s'adapter chaque fois aux contingences et spécificités des marchés locaux. D'un marché à l'autre, les marques ont des positionnements différents, des niveaux de prix différents et des campagnes publicitaires spécifiques. Coca-Cola pratique un marketing global, Nestlé un marketing multi-local. Ainsi, les petits plats prêts à consommer de Maggi furent-ils lancés :

– en Allemagne, sous le nom de « Maggi, 5 minuten terrine », positionné comme un aliment nutritif et pratique pour hommes et femmes entre trente et quarante ans,
– en France, sous le nom propre de « Bolino » de Maggi (en mineur), positionné comme un snack instantané pour les jeunes célibataires,
– en Suisse, sous le nom propre de « Quick Lunch » positionné comme un repas rapide pris avec l'assentiment des mères.

Dans ces trois pays, le lancement a atteint ses objectifs de vente. On ne saurait donc opposer le global au multi-local en termes d'accueil auprès des acheteurs, ou de réussite en termes de vente. Mais la maximisation des ventes n'est pas le but ultime de l'entreprise : la globalisation du marketing est source de profitabilité.

– En premier lieu, elle supprime la duplication des efforts. Par exemple, au lieu de faire réaliser des films publicitaires dans chaque pays, l'entreprise adopte un film unique pour la zone considérée. Compte tenu des coûts actuels de réalisation (de 2 à 5 millions de francs) on mesure l'économie ainsi réalisée. L'agence McCann-Erickson s'enorgueillit d'avoir fait économiser 90 millions de dollars en frais de production à Coca-Cola, ces vingt dernières années, grâce à la réalisation de films mondiaux. Même si les coûts de production sont désormais faibles comparés aux investissements média eux-mêmes, rendant l'argument de l'économie moins percutant, il n'en garde pas moins un intérêt pour les marques moyennes habituées jusqu'alors à développer un film par pays !
– En pratiquant un lancement de produit sur plusieurs pays de façon simultanée et globale, on supprime le problème des lancements différés et trop décalés dans le temps d'un pays à l'autre, en fonction des optima locaux. Cela avait l'inconvénient de laisser le temps à la concurrence d'un pays de préempter localement certaines idées vues ailleurs.

- La globalisation permet d'exploiter les bonnes idées d'où qu'elles viennent. Or, celles-ci sont rares : il faut donc maximiser les chances de les voir apparaître. Soumettant un même problème à résoudre à des pays multiples, on augmente les probabilités de trouver une idée forte et exploitable de façon globale : une idée créative comme « Mettez un tigre dans votre moteur » fit ainsi le tour du monde. Le shampooing Timotei fut développé en Finlande et étendu aux autres pays d'Europe pour profiter de l'émergence d'un courant porté sur la recherche du naturel dans ces pays. La boisson mondiale Malibu fut créée en Afrique du Sud.
- La globalisation permet de desserrer l'étau de la grande distribution, dont les exigences commerciales rémunèrent plus une rente de position dominante (Yon, 1989) qu'une vraie palette de services proposés aux fournisseurs. La marque locale a peu de solutions de repli : la concentration du commerce est telle qu'elle doit bien utiliser la grande distribution pour accéder aux consommateurs. La marque globale dont le destin s'envisage sur le plan international est de fait moins sensible aux pressions locales.

Les arguments en défaveur de la globalisation portent sur les spécificités de chaque marché et les différences dans le cycle de vie de la marque selon les produits. De fait, on ne manque pas d'exemples d'échecs dus à une volonté trop hâtive d'imposer un marketing global sans certaines précautions.

Toute la culture qui a fait le succès de Procter & Gamble est celle du risque calculé et du principe de prudence : cela conduit à faire partout ce qui a marché ailleurs. Ainsi, Procter & Gamble France lança en janvier 1984 le shampooing anti-pelliculaire Head and Shoulders, reprenant exactement le marketing mix et le positionnement qui avaient fait son succès en Grande-Bretagne et aux Pays-Bas. Fin 1989, Head and Shoulders stagnait encore en France autour de 1 % de part de marché. En effet, on ne tint pas assez compte d'une spécificité du marché français, non présente ailleurs. Les consommateurs achètent soit des shampooings anti-pelliculaires en pharmacie, garante d'efficacité et de traitement soit des variantes de leur marque habituelle de grande surface (Dop anti-pelliculaire, Palmolive anti-pelliculaire, etc.), pour l'entretien courant. Entre ces deux groupes de marques, il n'y a guère de place pour une marque positionnée sur l'efficacité et vendue en grande surface, bien plus chère que les marques habituelles, à la différence des autres pays, où ces variantes de marques bon marché n'existent pas. Le mix de communication retenu n'arrangea en rien la situation de ce shampooing :

- P & G décida de ne pas traduire le nom : il est vrai qu'il avait bien fonctionné sous sa forme anglaise en Hollande. Or, quand on sait que la Hollande est précisément le pays de la CEE (hors la Grande-

Bretagne) où l'on parle le mieux l'anglais, on mesure les risques pris à étendre cette décision testée en Hollande à un pays comme la France.

– P & G retint pour le lancement le film britannique où un visage divisé en deux permet de visualiser les résultats. L'axe de la communication rappelait que les « pellicules parlent dans votre dos ». Or, en France, les pellicules sont vécues comme un problème social : on ne doit pas les montrer du doigt en culpabilisant la personne, mais compatir avec ses difficultés. Le ton retenu par l'approche britannique était peut-être en phase avec les sensibilités hollandaises, mais guère avec les françaises.

Head and Shoulders illustre les dures réalités des différences de sensibilité et de concurrence suivant les marchés, qui rendent périlleuses les politiques globales monolithiques. Les différences de cycle de vie sont aussi à l'origine d'échecs de globalisations hâtives. Ainsi, Polaroïd décida de se lancer auprès du grand public français en utilisant un produit d'appel, le Swinger, premier appareil Polaroïd vendu aux États-Unis en dessous de vingt dollars et en France à moins de 100 francs. Dans un souci de globalisation, la publicité du Polaroïd Swinger fut la même que celle des États-Unis (le système Polaroïd désormais à 99 francs !). Ce fut un échec commercial. En effet, si le système Polaroïd était déjà très connu aux États-Unis et en Grande-Bretagne, il ne l'était pas en France. Le rôle de la campagne française aurait donc dû être spécifique : éduquer le public sur le développement instantané Polaroïd et non mettre en avant le prix du modèle Swinger.

Des exemples d'échec ne condamnent pas pour autant la globalisation, comme en atteste le succès mondial de Marlboro, Coca-Cola, Mars ou Ford. La globalisation est une tendance inéluctable même si sa vitesse variera considérablement suivant les marchés, les cibles et les entreprises et si certaines marques très idiosyncratiques resteront locales. L'analyse des comportements des consommateurs fournit le support de cette tendance et permet d'identifier les conditions favorisant la pratique de la marque globale et celles qui en fixent les limites.

LES CONSOMMATEURS ET LA GLOBALISATION

La marque globale résulte d'une volonté de rationalisation du management et non d'une demande du marché. Le consommateur n'achète pas une marque globale, mais tout au contraire des marques individualistes qui correspondent exactement à son besoin spécifique. Même lorsqu'elle est globale, la marque est achetée de façon individualiste. L'acheteuse de

M. Propre en France réagit par rapport à Ajax et aux autres marques concurrentes locales : elle n'a pas vent de l'existence d'un M. Propre dans quelque autre pays, doté du même positionnement, de la même promesse de brillance. Elle est sensible à celle-ci et à la personnalité de la marque, comme les acheteuses de M. Propre dans ces autres pays. Ainsi, lorsque, dans plusieurs pays, des groupes d'acheteurs paraissent sensibles aux mêmes avantages, ont les mêmes attentes, il y a une opportunité pour une marque globale. On a parlé à juste titre de « coïncidence de globalisme » pour bien rappeler que cette opportunité est une vision d'entrepreneur mais que, dans chaque pays, malgré des besoins décrits comme similaires par les études, le choix reste personnel, individualiste et tourné vers soi-même (Buzzell et Quelch, 1988). La marque doit donc souvent être caméléon et paraître « bien de chez nous ». Cela ne concerne pas les marque hi-tech, ou de luxe ou les alcools internationaux. Mais Kodak ou Philips sont considérés comme français par un tiers de nos compatriotes.

Les études européennes ne cessent d'attirer l'attention sur de nouvelles coïncidences de globalisation. Qu'il s'agisse des suivis des styles de vie européens du CCA ou des courants socioculturels de la Cofremca ou du système Risc, tous soulignent la convergence des styles de vie. Il y a moins de différences entre des cadres supérieurs allemands et français qu'entre des cadres supérieurs et des employés français. Les sensibilités montantes se retrouvent dans tous les pays, certes à des pourcentages divers. L'euro-consommateur n'existe pas mais les segments se retrouvent d'un pays à l'autre. On devrait donc plutôt parler d'euro-segments ou euro-types. L'analyse pourrait être étendue au-delà de ce continent, en Amérique du Nord. Néanmois cela ne dispense jamais de mener une certaine adaptation locale. Le courant de « bien-être avec son corps et d'harmonie » a beau être européen, ces mots n'ont pas exactement la même signification en Suède et en Italie. On doit en tenir compte dans la stratégie publicitaire.

L'existence d'euro-segments ne suffit pas à elle seule pour justifier une politique de marque globale, promue dans chaque pays sous le même nom, le même positionnement et la même exécution publicitaire. La situation concurrentielle doit être examinée localement : l'échec d'Head and Shoulders en France tient, on l'a vu, à une sous-estimation de la concurrence locale, qui ne laissait guère de créneau vacant. Outre ce facteur, la psycholinguistique et les différences culturelles rappellent une vérité : d'un pays à l'autre, un même signifiant n'a pas la même signification et *vice versa*.

Qu'un même mot n'ait pas le même sens selon les pays est chose connue. C'est un des obstacles majeurs à la globalisation des noms, voire même à leur européanisation. Ainsi, les Laboratoires Glaxo lancèrent, en 1991, un médicament révolutionnaire, avec l'ambition d'en faire le premier produit pharmaceutique mondial. Ce laboratoire venait, en effet, de terminer la phase de développement d'une molécule nouvelle, appelée Sumatriptan, permettant de traiter les crises de migraine, jusqu'alors peu atténuées par les médicaments. Le nom de marque retenu au niveau international fut « Imigran ». Comme le lecteur le devine, il dut être adapté en France face au tollé des médecins et généralistes dans un climat où l'émigration était un sujet sensible. Aussi devint-il « Imigrane ».

L'internationalisation est quasiment impossible pour les noms descriptifs, car débarrassés de leur sens, ils deviennent vides dans d'autres pays, imprononçables et font « importés ». D'où une tendance aux noms désémantisés n'ayant *a priori* aucun sens. Il reste alors à vérifier qu'ils ne sont pas déposés dans chaque pays et faire procéder aux nécessaires formalités : or, même en Europe, cette procédure est extrêmement longue et coûteuse. En attendant la marque européenne et la procédure unifiée, la recherche, les vérifications et dépôts d'une marque européenne, peuvent prendre plus de seize mois, lorsqu'on a la chance de ne pas découvrir que la marque est déjà déposée dans certains pays.

Selon les pays, une même idée doit aussi s'exprimer par des signifiants différents. La conséquence paradoxale de ce constat est que ce n'est pas toujours en utilisant le même nom de produit d'un pays à un autre qu'on reste le plus proche du concept initial que l'on veut commun. Le concept derrière Cif s'exprime mieux par le nom Viss en Allemagne au même titre que les coqs étrangers font « kikireki » et non le « cocorico » du français. On peut débaptiser un nom local au profit d'un nom global lorsque le premier n'a guère de sens intrinsèque choisi précisément pour encapsuler le concept du produit. Sinon, un élément fondamental de l'identité est ébranlé. La diversité des noms rapproche le produit de ses consommateurs dans chaque marché. C'est pourquoi Playtex pratique une politique modulée : le nom Playtex est mondial. En revanche, la société adapte les noms de produits aux marchés. En effet, Playtex ne lance de nouveaux concepts-produits que s'ils sont internationaux. La stratégie marketing est homogène au sein de grandes zones géographiques (l'Europe par exemple) : ainsi, le produit « Cœur Croisé » a le même positionnement, les mêmes bénéfices-consommateurs, le même thème publicitaire et la même exécution dans tous les pays. Cœur Croisé s'adapte aux marchés locaux en termes de matière (par exemple plus de coton en Italie), de packaging (pour tenir compte des différences de circuits de distribution). Quant au nom, il est « Cross-heart » en Grande-Bretagne (traduction littérale), mais « Crusado Magico » en Espagne (une légère adaptation en croisé magique). Pour coller au concept commun et véhiculer celui-ci au mieux, Playtex n'hésite donc pas à changer les noms de produits, si nécessaire, et en tout cas, à les traduire.

– Ainsi, la ligne des soutiens-gorge sans armatures métalliques s'appelle « WOW ! » aux États-Unis (pour without a wire), mais « Armagiques » en France.
– La ligne de gaines présentant le confort dans la durée, s'appelle « 18 heures », ce qui peut être traduit dans chaque pays.
– Une ligne de soutiens-gorge s'appelle « SuperLook », nom qui, en l'occurrence, n'eut pas besoin d'être traduit.

La volonté légitime de globalisation ne saurait oublier les réalités des différences culturelles et de la perception. C'est pourquoi Procter & Gamble autorise des créations différentes pour la marque M. Propre, selon les pays, dans le cadre cependant d'une stratégie commune (la brillance). En effet, les signifiants de la brillance varient selon les cultures. Celle-ci est exprimée en France par la notion de miroir (« on se voit dedans ») alors qu'aux États-Unis, on a choisi la notion d'humidité (« c'est humide ? Mais non, c'est que ça brille ! »). Camay est sur un plan mondial le savon de la « séduction ». Telle est la stratégie fixée depuis toujours par Procter & Gamble. Mais si les habitudes de consommation et les attentes en matière de savon sont les mêmes dans chacun des pays, les façons de parler à une femme de son intimité diffèrent selon les cultures.

– En France, la séduction fut signifiée de 1965 à 1985 par une communication fondée sur une femme qui se fait belle dans son bain pour son mari. Le succès de ce spot tenta les Japonais qui l'adaptèrent à leur marché : mais sa projection suscita un tollé au Japon. Il y fut jugé offensant qu'un homme entre dans la salle de bains lorsque sa femme y fait sa toilette ;
– En Italie, on préfère montrer une femme dominée et un homme macho ;
– L'Autriche prit le parti de mettre en scène Paris pour signifier la séduction ;
– En Grèce, la tonalité est plus sensuelle et utilise le cliché de la « vamp ».

Cette flexibilité au niveau de la création répond à des archétypes culturels locaux et permet aussi de s'adapter aux différences de statut de Camay selon les pays. En France, Camay est leader de son segment avec 10 % du marché. Elle dispose d'un fond de clientèle fidèle constitué des jeunes clientes de 1958 qui ont aujourd'hui entre 50 et 60 ans. Il faut donc rajeunir la clientèle sans perdre le noyau de fidèles. En Grèce, la marque est récente. Elle n'a pas le poids d'une identité et d'une clientèle traditionnelle constituée au fil des ans.

L'ethnocentrisme étant ce qu'il est, les consommatrices françaises n'imaginent sûrement pas que la publicité de Camay puisse être différente ailleurs. Elles postulent *de facto* une communication globale fondée sur l'extension aux autres pays de la communication de la séduction à la française. Cette globalisation imaginée revient à ériger en modèle le système de valeurs local. Il en irait de même des consommateurs des autres pays. Sur un plan opérationnel, cela signifie que même réalisée de façon globale, une publicité ne doit pas faire « exportée », mais sembler conçue spécifiquement pour le consommateur local devant son écran ce soir-là , à Munich, Londres ou Barcelone. Ainsi, il est difficile de détecter le caractère global des films Coca-Cola, alors que la publicité de certaines marques semble directement importée de Hollande. Créées pour s'adresser à tout le monde, elles ne parviennent pas à susciter l'implication personnelle.

CONDITIONS PROPICES AUX MARQUES GLOBALES

Certaines situations rendent plus aisée une politique de marque et de communication globale. Celles-ci tiennent aux produits, aux marchés, à la force de l'identité de marque et aussi à l'organisation des entreprises.

Les changements sociaux et culturels fournissent un terrain propice aux marques globales. Dans ces circonstances, une partie du marché ne se reconnaît plus dans les valeurs héritées et locales et cherche de nouveaux modèles pour affirmer son identité. Tournant le dos aux valeurs intérieures, ce segment est ouvert sur l'extérieur sur l'étranger. À travers Coca-Cola, on consomme du mythe américain c'est-à-dire une représentation collective d'une Amérique fraîche ouverte, pétillante, jeune et dynamique. Les jeunes constituent une cible structurellement en recherche d'identité, ayant besoin de repères propres : cherchant à se démarquer, cette clientèle puise dans les modèles culturels médiatisés ses sources d'identification. Levi's est lié à une mythologie de rupture, de solitaire sur la route, mi-Dean, mi-Kerouac, teintée d'Eldorado nord-américain. Nike répond aux attentes de dépassement de la jeunesse, tournant le dos aux cloisonnements nationaux de race et de culture. Les femmes constituent aussi dans maints pays une clientèle en rupture de modèles : le reflet de Dim – cette femme libre, autonome et séduisante – peut trouver là un tremplin à sa globalisation. Les marques correspondant à de nouvelles habitudes alimentaires (Gaylord Hauser, Gerblé) ont aussi à imposer avec force leur vision du monde pour rallier les consommateurs en quête de changement. La marque est alors un nouveau porte-drapeau.

Les secteurs vierges, neufs, n'héritent pas, par définition, de système de valeur antérieur. Tout est à créer. C'est aux marques elles-mêmes de le créer. C'est pourquoi rien ne s'oppose à la globalisation des marques hi-tech, informatiques, électroniques, en télécommunication. Apple peut et doit déployer sa pomme partout, car les marques elles-mêmes sont les seuls vrais repères dans ces marchés. Seule la thématique des campagnes variera pour tenir compte du niveau de développement économique du pays, donc de ses préoccupations. La globalisation concerne aussi les nouveaux services : Hertz, Avis, Europcar ont globalisé leurs campagnes, en représentant des stéréo types de businessmen pressés. De toute façon, un businessman italien veut avant tout s'identifier à un businessman plus qu'à un Italien. L'argument de la nouveauté vaut aussi pour Mc Donald's, Malibu ou la Corona !

La culture technique standardise le monde, c'est l'argument-clé de Th. Levitt (1983). Ses produits ne sont plus issus de cultures locales mais appartiennent à notre époque. Ils sont le fruit de la science et du temps. Ils échappent donc aux contingences culturelles locales qui freinent la communication globale.

D'une façon générale, la globalisation est possible voire même souhaitable dans tous les marchés qui tournent autour de la valeur de mobilité. C'est le cas de la télématique, de l'hôtellerie, de la location de voitures, des compagnies aériennes, mais aussi du transfert d'images et de son. Non seulement la perception de la marque comme internationale lui confère une légitimité à parler, une valeur de compétence et d'expertise. De plus, dans ces secteurs qui suppriment soit l'espace, soit le temps, c'est-à-dire les pesanteurs liées aux lieux et à l'histoire, un ordre nouveau est à créer par les marques elles-mêmes. C'est à celles-ci de déployer leur système de valeurs qui ne peut être qu'unique de par le monde face à une clientèle mobile.

Les produits importés récemment sont virtuellement standardisables. La globalisation des marques de café tient à ce que le café occupe une place à part dans l'ensemble des produits alimentaires en Europe. On sait que les habitudes de consommation alimentaire sont très liées à la culture. Mais cela est moins vrai sur le marché du café, produit qui n'a de légitimité nationale spécifique dans aucun pays d'Europe, car il reste partout perçu comme un produit d'importation. Son imaginaire est collectif et renvoie aux représentations traditionnelles de l'Amérique du Sud ou de l'Afrique, qui sont les mêmes partout en Europe.

La globalisation est ainsi possible lorsque la marque s'inscrit totalement dans un stéréotype culturel. AEG, Bosch, Siemens, Mercedes, BMW,... se lovent dans le « made in Germany » et peuvent globaliser leurs campagnes : le stéréotype « made in Germany » est *de facto* collectif, transnational. Partout, il signifie solidité et performances. Barilla décline les codes classiques de l'italianité, un stéréotype collectif fait de sauces tomate, de pâtes, d'amour de la vie, de chansons et de soleil.

Enfin, certaines marques enfourchent des archétypes. Cajoline décline dans tous les pays le même concept : la douceur (ce qui en soi n'est pas original), mais surtout le même imaginaire, la régression infantile symbolisée par l'ourson. C'est pourquoi dans tous les pays le nom de marque est traduit pour exprimer la notion de « se blottir, de caresse, de cajoler » : Snuggle aux États-Unis, Küchelweib en Allemagne, Yumos en Turquie, Mimosin en Espagne, Cocolino en Italie. La Vache-qui-Rit correspond à l'archétype de la mère nourricière et traduit de même son nom (Die Lachende Kühe ou The Laughing Cow). Marlboro concentre en lui l'archétype rousseauiste de l'homme seul et préservé, modernisé et vulgarisé mondialement par le western, cette saga de la conquête de l'Amérique vierge. Drakkar Noir exprime le machisme universel. Lancôme présente la femme française.

La mondialisation des marques de luxe et des griffes françaises s'explique par plusieurs des facteurs précités. Tout d'abord, ces marques s'inscrivent dans une logique d'émission. Les créateurs qui furent à l'origine de ces marques et griffes exprimaient leurs valeurs propres. Leur démarche ne résultait pas d'une étude de marché et d'une analyse des attentes de communication selon les pays. L'identité de l'émetteur, son désir d'exprimer ses valeurs conduisirent nécessairement à une identité des messages de par le monde. En second lieu, derrière chaque marque de luxe et chaque griffe, on peut identifier un fond de marque, un modèle de comportement et parfois même un archétype. Cacharel et Nina Ricci déclinent l'éveil à la féminité, éveil teinté de repli et de pudeur. Yves Saint Laurent signe l'autonomie féminine voire la rupture. Enfin, ces marques et griffes sont aussi porteuses des stéréotypes culturels liés au « made in France » et surtout au mythe de Paris. Autant de raisons qui font que ces marques purent imposer leur vision du monde aux contingences locales. Les marques prosélytes, comme les religions, croient à leur message et le diffusent intact au plus grand nombre.

D'une façon générale les marques à identité focalisée sur le produit et ses racines sont plus facilement globalisables. Le whiskey Jack Daniel's fait de sa distillerie et de la tradition le pivot de son identité de marque, ce qui conduit à une publicité remarquablement stable dans le temps et similaire dans tous les pays. Bien que travaillant avec des agences différentes, le cahier des charges est tel que chacune produit des films ou annonces typiquement Jack Daniel's. De même lorsque l'on a la chance de s'appeler Clan Campbell, c'est-à-dire le nom d'un vrai Clan écossais encore dynamique, le ciment de la globalisation est évident : il serait fou pour un pays de ne pas chercher à exploiter cette aspérité unique et les évocations qu'elle génère. De fait, toutes les exécutions publicitaires de Clan Campbell en Europe déclinent la notion de participation aux valeurs nobles de ce Clan. Il n'en va pas de même de Ballantines, Johnny Walker ou Chivas par exemple dont on ne sait plus très bien quel est leur pivot identitaire. De fait, ces marques donnent lieu à des créations publicitaires et à des positionnements différents par pays.

L'identité forte repose souvent sur une aspérité produit, un plus très structurant pour l'ensemble du marketing mix et cela quels que soient les pays. Il est par exemple frappant d'observer combien semblables sont les clientèles des sous-vêtements Damart dans des pays aussi divers que la Grande-Bretagne, la France, la Belgique, la Suisse, l'Australie, le Japon... Le bénéfice consommateur exclusif lié à la préemption par Damart du concept de chaleur attire *de facto* une clientèle identique dans tous ces pays. Certes il existe localement des différences tenant aux pourcentages variables de ventes faites en magasins de centre ville par rapport à la vente par correspondance, ou à la part du prêt-à-porter dans l'offre de la marque. Ces différences n'altèrent pas le caractère fondamentalement global de la proposition des produits et des thèmes publicitaires qui en découlent. L'exécution reste quant à elle décentralisée ce qui permet des optimisations locales comme au Japon ou le fait que l'empereur ait un jour déclaré porter Damart en fait presque un produit de luxe.

Certains facteurs organisationnels facilitent aussi le passage à la marque globale. Les entreprises d'un homme et les marques portant le nom du créateur encore vivant sont d'emblée plus globales. Les pays ont d'autant moins de latitude de moduler localement l'identité de Ralph Lauren, que le dirigeant de l'entreprise est précisément Ralph Lauren. Il en alla de même de Bic ou de Paloma Picasso.

Les entreprises américaines sont plus aptes à globaliser car le marketing domestique aux États-Unis est par essence global, faisant fi des États et de la diversité socioculturelle du melting-pot américain. Un facteur organisationnel y contribue également. Dans leur expansion européenne déjà ancienne, ces entreprises ont d'emblée créé un quartier général pour l'Europe, basé à Bruxelles ou à Londres, le plus souvent. Les pays de ce fait devaient rendre des comptes à ces centres européens. Vu des États-Unis, il y eut donc très tôt un centre des « opérations européennes », traitant l'Europe comme une zone unique et homogène.

Enfin, l'unicité européenne des sites de production est un facteur puissant de globalisation au moins des produits. Le fait que l'usine d'Amiens centralise la production des lessives de Procter & Gamble dans l'Europe entière amène à standardiser le plus possible l'offre et à diffuser l'innovation technique d'emblée à tous les pays. Dans les marchés où le « plus produit » est le pivot du positionnement de la marque, cette unicité de production, de R & D laisse peu de latitude à des velléités séparatistes ou différenciatrices locales. Le progrès commun imprime sa marque.

Marketing de rupture et marketing d'optimisation

Au-delà des facteurs liés aux marchés ou aux organisations elles-mêmes, une même entreprise peut être conduite à mener deux politiques différentes selon le statut de ses produits. Un angle d'analyse explicatif des différences de comportement observé tient au type de marketing. Certains produits ne sont que des optimisations d'une offre existante. D'autres sont des ruptures totales, des innovations au sens où ils créent même souvent un segment jusqu'alors non existant. À titre d'exemple chez Renault la Clio est une optimisation de la R5, et la Safrane est une optimisation de la R25. En revanche, la R5 en 1961, l'Espace en 1984 et la Twingo en 1993 furent des ruptures au sein du marché automobile. Ces voitures ne répondaient pas à une attente explicite des consommateurs mais à une demande latente, non déclarée. Cette distinction influence la politique internationale suivie. Le marketing d'optimisation conduit à plus de souplesse lorsqu'il s'agit de s'adapter aux conditions locales. L'innovation forte elle, porteuse de visions nouvelles, tend à l'imposer à tous les pays et ne souffre guère d'adaptations. C'est ainsi que la Safrane donna lieu d'emblée à une version spécifique pour le marché allemand. Deux carrossiers allemands reçoivent Safrane nue et l'améliorent pour la rendre compatible avec les exigences haut de gamme du marché allemand, en lui donnant un plus technologique et luxueux (Safrane baccara Bi-Turbo). La R25 n'ayant pas d'image forte en Allemagne c'est à la Safrane qu'était dévolu le rôle de prouver la maîtrise technologique de Renault. Le lancement fut certes le plus homogène possible en Europe, car chaque produit s'inscrit dans la volonté de bâtir une image commune de constructeur. Mais dès la deuxième année des adaptations et raffinements locaux entrèrent en jeu. Le lancement de la Laguna en Allemagne quant à lui requit d'emblée une approche spécifique. En effet, dans ce pays, le segment auquel cette voiture appartient (dit « M2 »), est le segment des frustrés ceux qui n'ont pas pu acheter une Mercedes. Il fallait donc les aider à justifier leur choix en dopant la Laguna de vertus technologiques. Cela était d'autant plus nécessaire que l'image des voitures « Made in France » et *a fortiori* de la marque Renault ne brille pas par cette facette.

La Twingo démontre une démarche inverse. Elle fut pensée d'emblée pour une cible définie de façon socioculturelle comme peu impliquée dans l'automobile, voire rejetant l'automobile compte tenu de ses contraintes, coûts, etc. Cette cible existe et fut quantifiée : fortement présente en France ou en R.F.A., elle est certes moins développée dans les pays où l'automobile est encore objet de statut et de démonstration personnelle (Italie, Espagne). Le concept européen retenu fut « la voiture que l'on croyait impossible » pour bien signifier la rupture apportée par cette voiture. La campagne publicitaire fut européenne à quelques exceptions mineures près. Le produit unique fut diffusé tel quel en Europe aussi.

D'une façon générale on peut avancer l'idée selon laquelle un concept fort, novateur peut casser les règles et les frontières. Ainsi il est coutume de considérer que l'alcool conduit à localiser les stratégies. Quoi de plus culturel que l'alcool : de plus ce dernier se boit adulte et avec l'âge les habitudes et rigidités culturelles sont prises (à la différence du soft drink des adolescents). Pourtant des concepts très novateurs ont su s'imposer mondialement : la Corona, Bailey's, Malibu. Il en va de même du fromage : la Vache-qui-Rit est un concept global. Certes les pays du Moyen-Orient justifient d'une création locale, mais c'est plus pour rapprocher la marque de son public que pour décliner des promesses très différentes. Le café Carte Noire a le même mix en France, en Allemagne ou au Japon ! Il est vrai que ce café visait à construire un segment nouveau, le *nec plus ultra* du café capitalisant sur l'arôme. Le nouveau concept était basé sur « la qualité et le luxe » (comme son nom l'évoque), sur le pur arabica et l'innovation d'un paquet souple ayant la capacité de conserver l'arôme. Tranchant avec les registres publicitaires habituels de la tradition, du savoir-faire, de la qualité des matières premières ou de la convivialité, le concept créatif mit en avant l'émotion et la sensualité. Carte Noire prit 10 % du marché français entre 1985 et 1991.

Il fut décidé que le concept était internationalisable car il s'insérait dans la représentation française à l'étranger : celle du haut de gamme alimentaire. Le positionnement *nec plus ultra* fut donc étendu à tous les pays (« Gives you the ultimate coffee experience »), la stratégie consistant à procéder au minimum d'adaptations locales. La marque est partout Carte Noire sans traductions ni ombrelles locales, le paquet est le même, le café est un mélange du type français s'il est acceptable pour les goûts locaux et s'il est à parité en test de goût aveugle avec la référence qualitative du marché. Quant au film, il est celui du lancement de la nouvelle marque/produit en France (surnommé film « piscine »), parfois légèrement adapté pour renforcer le bénéfice-produit (Arôme) et l'image française dont jouit tout produit dès lors qu'il est exporté. Ainsi au Japon on ajouta un plan pour signifier que ce n'est pas du café soluble et l'on mentionna « Paris ».

Plusieurs conclusions peuvent être tirées de ces expériences : les bons concepts-produits, les bonnes idées et les bonnes publicités traversent les frontières. C'est le cas de tous le produits de Ferrero en Europe : Kinder, Nutella, Tic Tac, Mon Chéri, Roche d'Or... Une innovation comme Canard

WC avec son format révolutionnaire devient sans difficultés Toilet Duck ou Pato WC. Les exemples sont innombrables tant dans le luxe, l'alimentaire, le vestimentaire que la micro-informatique ou l'automobile...

En second lieu même lorsque l'on parle des marques globales, il y a des adaptations locales et celles-ci sont soit nécessaires soit souhaitables. Par exemple, certaines marques sont à des stades très différents de leur cycle de vie selon les pays. Là où elles débutent il faut que le film intègre beaucoup de plans sur le produit. Le tout est de les planifier dès le départ, de les intégrer par exemple dans la construction des films globaux pour ensuite décliner les versions au niveau du montage sans avoir à repartir en production. Si l'on choisit un format publicitaire de type témoignage, il est évident qu'il faudra adapter le casting aux pays pour faciliter l'identification entre le spectateur et le témoignant. Sur le plan physique, celui du contenu même du produit, ce qui compte c'est le concept, le bénéfice-consommateur. Des facteurs locaux conduisent toujours à de petites modifications. L'exemple d'Orangina est révélateur.

En Asie, et dans le tiers-monde en général, le consommateur utilise le soft drink pour y puiser sa dose de sucre quotidien. Rappelons qu'en Asie il n'y a pas de dessert au repas. Le produit Orangina doit donc être plus sucré dans ces pays. À cela s'ajoute le fait que dans les pays chauds et pauvres il n'y a pas de réfrigérateurs à domicile ou dans les multiples points de vente ambulants. L'Orangina est donc consommé avec de la glace. Le goût est dilué et disparaît : c'est la deuxième raison du renforcement en sucre de l'Orangina, dont le goût unique est l'arme-clé de la globalisation actuelle. La naturalité est la promesse secondaire de ce soft drink à la pulpe d'orange. Or la naturalité n'est pas une motivation d'achat forte dans le tiers-monde : c'est pourquoi en Indochine la signature publicitaire positionne Orangina plutôt comme la boisson gazeuse à l'orange, de France pour exploiter un levier local d'attractivité lié au caractère international de la boisson. En revanche l'accent sur la pulpe reste un point n'autorisant aucune exception locale. Pourtant en Asie, cela n'est pas considéré comme positif, mais comme dépôt suspect au fond de la bouteille. Le rôle de la communication en Asie sera donc d'éduquer le consommateur.

LES LIMITES DE LA GLOBALISATION

Le débat sur l'alternative globalisation-localisation fut lancé de façon idéologique par Th. Levitt, avec une nette préférence de ce dernier pour la globalisation des marques et de leur marketing mix. Les arguments sont connus : le caractère homogénéisant de la technologie, la convergence des styles de vie, le village global créé par la transnationalité des médias, les économies de production, la mobilité des acheteurs du fait du tourisme, etc. (Th. Levitt, 1983). Si pour lancer le débat les alternatives simples ont une vertu pédagogique, la réalité est souvent plus nuancée et le management de la marque nécessairement pragmatique. Même si la mode est à la standardisation, il existe bien des conditions de marché qui rendent celle-ci impossible voire même non souhaitable.

L'exemple du yaourt est significatif. *A priori* on devrait pouvoir vendre le Danone Nature de la même façon à tous les européens. Il devrait en être de même du yaourt aromatisé Kid de Danone, ou de Bio. Malgré les apparences, le yaourt est pourtant un cas typique de non transversalité due aux cultures historiques des marchés, créées par les entreprises qui ont introduit le yaourt dans chaque pays. En France, l'imaginaire du marché reste dans le sillage de l'époque où le yaourt était un produit de santé, vendu exclusivement en pharmacie (comme l'eau minérale d'ailleurs). Cette période révolue est inconnue de la plupart des jeunes consommateurs, mais elle n'en marque pas moins profondément et inconsciemment la culture du marché de l'ultra-frais en France. Dans ce pays, le produit référent est le yaourt nature, symbole de santé. Les fruits et aromatisations ne sont venus que bien après. Dans les pays anglo-saxons au contraire, où le circuit pharmacie n'existe pas tel que nous l'entendons, le produit historique le yaourt fondateur du marché a été le yaourt aux fruits avec peu de matière grasse. Il s'agit donc d'un marché de plaisir, et qui dit plaisir dit plutôt adulte. L'inconscient culturel du marché des yaourts est donc très différent selon les pays, du simple fait des tribulations commerciales et industrielles des sociétés qui ont créé le marché dans ces mêmes pays. Or cette culture fournit un prisme de lecture des innovations : un même produit – le yaourt aromatisé – donnera lieu à des lectures locales très différentes les unes des autres.

En Grande-Bretagne, l'origine du yaourt inscrit le marché dans le plaisir. Le yaourt aromatisé (donc sans fruits) est un sous-yaourt, un yaourt moins, bas de gamme... Cela freine toute idée de positionnement enfant. Le yaourt nature est perçu comme un yaourt aux fruits dont on a ôté les fruits, le plaisir, donc un produit triste, presque diététique. En Espagne ou au Portugal, pays débordants de fruits, le yaourt aux fruits n'occupe pas la position de produit de référence du marché. C'est bien l'aromatisé qui est le segment principal dans ces pays au niveau de vie plus bas que les autres pays européens. Le yaourt aromatisé est tout autant consommé par les adultes que les enfants : c'est un produit familial. Il n'a donc pas de prénom (tel Kid). En Italie, le référent est brassé : c'est donc une autre texture. C'est pourquoi le yaourt aromatisé est positionné pour les très jeunes enfants. En France, le yaourt aromatisé est perçu comme l'addition d'un arôme à un yaourt nature, donc la logique de santé prédomine comme en témoigne le slogan « Petit à petit on devient moins petit. » Pour accentuer cette promesse et se différencier de la concurrence Danone a choisi de prénommer ce yaourt : Kid valorise l'accès du très jeune enfant à un stade de développement ultérieur. Dans un autre registre on comprend que Bio ait connu des résultats très différents selon les pays.

En France, Bio est perçu comme une renaissance moderne du yaourt nature, porteur de santé puis de plaisir. En Grande-Bretagne, c'est Bio qui le premier fait découvrir la santé et le blanc dans ce marché. En Italie, la morale jette un interdit sur le plaisir gustatif alimentaire : il n'est donc pas possible d'être bon et efficace à la fois. D'où le choix d'une horloge interne au corps comme concept créatif comme en Grande-Bretagne (et non d'une femme nue comme en France).

Ainsi tout en prenant un des rares marchés alimentaires qui n'a pas une longue histoire, et qui est totalement industriel, on constate que les conditions de création de ce marché dans chaque pays déterminent une configuration à très long terme, un inconscient collectif spécifique. Il n'est que Yop qui ait une franche transversalité. Positionné pour les adolescents et un peu comme un soft drink, autour d'un concept de liberté, Yop a un film européen, qui fonctionne bien dans tous les pays, à condition que l'on y sache déjà ce qu'est un yaourt à boire.

D'autres exemples du même type abondent. En matière automobile, le segment de la petite voiture représente 38 % des voitures en moyenne en Europe, avec des pics allant de 59 % au Portugal à 18 % en Autriche ou en Allemagne. En Italie, la petite voiture du ménage est néanmoins la voiture principale, dans laquelle doit rentrer toute la famille. Cela détermine un faisceau d'attentes structurelles (cinq portes par exemple) très différentes de la France où le segment correspond à la deuxième voire à la troisième voiture. Quant à l'Allemagne elle pose un autre problème : ce segment n'y existe tout simplement pas. C'est la Golf qui fait office de bas de gamme, alors qu'elle est dans le segment supérieur partout ailleurs en Europe. Il est alors difficile de parler de la Peugeot 106 par exemple de la même façon dans tous les pays. En France pour concurrencer la Clio et ne pas cannibaliser les ventes de la 205 on mit en avant l'espace intérieur de la voiture, important malgré la petitesse de la 106 (d'où le slogan « la surprise de taille »). En Allemagne, la 106 fut positionnée à l'instar de l'Austin Mini, comme une deuxième voiture, petite, féminine et urbaine, puis comme la plus écologique des voitures car c'est la plus petite. Les pays du Sud de l'Europe eux déclinèrent l'espace intérieur pour en faire une bonne première voiture de la famille. Quant à la Grande-Bretagne, elle positionna 106 comme une voiture féminine, petite mais permettant de s'évader de par son confort et son dynamisme – deux des qualités qui font de Peugeot une marque très prisée dans ce pays.

Les conditions d'usage d'un produit freinent souvent toute velléité d'appliquer une démarche transnationale, voire même parfois d'exporter la marque. C'est ainsi que, malgré quinze années de gros investissements, la pénétration de Ricard est encore très faible en Espagne, la marque n'étant bue en majorité que par les pieds-noirs rapatriés installés dans ce pays. Il est vrai que, en Espagne, le moment de l'apéritif n'existe pas. Cela pose un problème structurel pour cet alcool : à quel moment alors le consommer ? De plus, l'eau n'a pas bonne image en Espagne : on n'en met pas dans un alcool de peur que cela le dénature, or le Ricard se boit avec cinq volumes d'eau. Enfin, la marque est intimement associée en France à la Provence, aux vacances : elle est l'optimisme, le soleil en bouteilles. Cela séduit les gens du Nord mais offre peu d'intérêt aux pays plus au Sud que la Provence (l'Italie, l'Espagne). Enfin, le reflet de la marque n'est pas valorisant en Espagne : il est associé aux touristes français passant leurs vacances d'été dans ce pays. La même difficulté structurelle interdit tout espoir aux États-Unis : les Américains ne mélangent pas l'eau et l'alcool. Ils boivent leur whisky ou leur bourbon on the rocks, mode de consommation très peu propice au Ricard.

Dès que l'on aborde des produits à fondements culturels les difficultés d'une approche globale sont énormes et commandent une adaptation. Le fromage est typique : il existe une hétérogénéité de traditions, de cultures, de concurrents. On parle de cinquante-deux régions alimentaires en Europe. C'est pourquoi Bongrain suit une politique d'adaptation : il s'agit de parler juste, de s'adresser à un consommateur dans sa culture. Certes la recherche technologique qui est à la base des fromages du Groupe Bongrain crée des produits uniques pour le marché européen, mais l'entreprise adapte la communication aux pays et est souple sur le nom de marque. Tartare s'appelle ainsi en Europe sauf en Hollande, où le nom est Paturain. En France une cascade évoque le positionnement fraîcheur de tartare. En Allemagne, c'est un paysan qui parle de Français Frais. Quant au film de Paturain il se passe dans un camping. Saint-Moret a le même nom en Europe sauf en Espagne ou il se nomme San Millan. La promotion du fromage de Hollande en Europe est elle aussi faite sur mesure, pays par pays. En effet, le statut fromager du pays, les conditions d'utilisation du fromage et la situation concurrentielle définissent des problèmes à résoudre totalement différents d'un pays à l'autre. Certes il ne s'agit point là de marque au sens strict, mais le pays d'origine, le « made in Holland » est une marque collective qui fait son auto-promotion.

Aux Pays-Bas, elle règne en situation de quasi-monopole sur ce petit marché, néanmoins fort consommateur de fromages (13,6 kg/an/habitant). Le produit est surtout consommé au petit déjeuner et au déjeuner. La pénétration du fromage est très élevée : 98 % des Hollandais mangent du fromage. Le rôle du marketing sera là de susciter de nouveaux modes ou moments de consommation. En France au contraire, le fromage est servi en plateau après le repas et dans les plats cuisinés. Un Français sur deux consomme. Mais le fromage de Hollande est encore trop considéré comme le fromage pour les enfants et non pour les adultes gastronomes. Ce qui explique la communication retenue : « La Hollande, l'autre pays du fromage ». Quant à l'Angleterre, elle consomme le fromage au déjeuner, au dîner, en sandwiches, en salade, en grignotage. Le fromage de Hollande n'y a que 5 % de part d'un marché somme toute petit (7,5 kg/an/habitant vs 11,5 pour la France). Il fut décidé d'axer la communication sur l'Edam à cause de son taux réduit de matière grasse en montrant les différentes façons de le consommer, la publicité annonçant « Dutch Edam, ready for anything ».

LES FREINS À LA GLOBALISATION

Ceux-ci sont de deux ordres : externes et internes. Nous avons déjà examiné les difficultés liées aux différences structurelles de marché et de comportements selon les pays. Signalons aussi que les produits exportés ont rarement le même positionnement en termes de prix à l'étranger que dans leur pays d'origine. Cela conduit à différencier les positionnements publicitaires eux-mêmes. Il en va ainsi de Perrier entre la France et les États-Unis. Le prix élevé de la bouteille sur les linéaires américains, dans un pays peu habitué à payer pour l'eau, change totalement le statut de Perrier par rapport à celui qu'il a en France. De plus, la marque est *de facto* connotée « made in France » à l'étranger. Il en va de même d'Évian ou de Barilla, marque populaire en Italie et haut de gamme en Europe. Aux États-Unis, Levi's n'est pas un jean haut de gamme. Partout ailleurs il représente le mythe américain, le rebelle, le signe de la jeunesse et se veut le plus cher des jeans.

Mais les freins à la marque globale sont aussi largement internes aux entreprises. La globalisation est une démarche volontariste. On doit à Théodore Levitt d'avoir dit : « Je sais que la terre est ronde, mais d'un point de vue pratique, je préfère la considérer comme plate » (1983). La globalisation est une attitude cherchant à tirer le plus parti des convergences et similitudes d'un pays à l'autre et non à exploiter les moindres différences. On comprend alors que certaines entreprises par leur culture et leur organisation soient propices ou rebelles à l'attitude globale.

Les entreprises d'un homme, on l'a vu ci-dessus, acquièrent plus aisément une démarche globale. C'est le cas du luxe et des créateurs de J. Perrin à Benetton : on ne modifie pas selon les pays le message de la figure emblématique de la marque, de son père physique et spirituel. Ce n'est pas un hasard si Mars est une marque globale : l'entreprise est dominée par la famille Mars. Les décisions sont centralisées. Mars, c'est eux. L'unicité de la marque – fondée sur les thèmes universels de l'énergie et de la sportivité – traduit l'unicité du décisionnaire à forte volonté. On le vit bien en France lorsque la marque Treets fut supprimée net et remplacée par M&M'S. La volonté des frères Mars était de faire de M&M'S la première marque de chocolat dans le monde. Tous les arguments locaux concernant l'historique de Treets, sa notoriété, sa valeur affective pesèrent peu devant cet objectif corporate et la volonté qui le soutenait. De même, il fallut toute l'autorité de M. Jacobs pour vaincre les réticences allemandes à l'idée de transposer le succès du café décaféiné « Nuit et Jour » en « Nacht und Tag ». L'existence d'un patron-actionnaire facilita l'extension du marketing mix de « Nuit et Jour » à l'Allemagne, qui fut d'ailleurs un succès (plus tard, Jacobs décida que ces marques s'appelleraient Night and Day).

À l'inverse, les sociétés décentralisées, où le pouvoir se trouve dans les filiales sont moins aptes à la globalisation de leurs marques. En effet, l'idéal de carrière des cadres de ces filiales consiste à devenir P-DG local, et pour cela, acquérir une compétence forte liée à un territoire particulier et à ses spécificités, s'exprimant sur toute la gamme des produits. L'attitude globale est inverse : elle consiste à être l'expert d'un produit et d'une marque de façon transnationale. Les structures décentralisées produisent donc ce pour quoi elles ont été créées : de la spécificité, de l'ethnocentrisme et le trop fameux réflexe : « Not invented here. »

Ce réflexe est avant tout un mécanisme de défense des organisations et ne traduit pas toujours la réalité du marché local. En 1987, Toshiba Corp. demanda à ses filiales françaises d'inclure systématiquement dans toutes les publicités le slogan de marque « In touch with to-morrow. » Il fut répondu que la France étant un pays particulier, on ne saurait imposer un tel slogan sans précautions, d'autant plus que Philips signait déjà toutes ses publicités de produits bruns (hi-fi, tv,...) de son slogan « C'est déjà demain. » On confia à l'agence de publicité Équateur, réputée pour son expertise de marque le soin de mener une étude sur les signatures de marque potentielles pour Toshiba. Conformément à la logique de l'identité de marque qui rappelle que la vérité d'une marque est en elle-même, on ausculta toutes les productions, discours, exposés des dirigeants japonais pour ébaucher le prisme d'identité de Toshiba. Il en ressortit cinq axes de communication : chacun d'eux fut exprimé par plusieurs slogans. En tout, une quarantaine de slogans furent alors testés. Celui qui reçut un accueil unanime et favorable auprès des publics industriels, cadres et aussi des consommateurs fut le slogan : « Toshiba, l'empreinte de demain. » Or, c'est exactement la traduction du slogan mondial de Toshiba (In touch with to-morrow). Un réflexe ethnocentrique de l'organisation avait révélé la pertinence locale du slogan global !

Maintes entreprises préfèrent une approche adaptée à chaque marché pour des raisons qui tiennent à leur culture d'entreprise. Pernod-Ricard s'est construit mondialement autour de PME locales dans chaque pays, avec une forte culture terrain et beaucoup d'autonomie. C'est le cas aussi de Nestlé, très attaché au respect démocratique des spécificités locales et menant une politique du goût par goût. Il y a ainsi de par le monde près de 100 variétés différentes de Nescafé. Il n'existe pas de communication globale, ni européenne de Nescafé. On devrait donc en ce cas plutôt parler d'un concept global et non d'une marque globale, même si Nescafé est présent partout dans le monde. Dans un autre registre, la force d'Apple est d'être près des gens, de se mettre à leur portée, de bien les comprendre : il y aurait incohérence à plaquer une communication mondiale. Il y a certes une plate-forme commune lors des lancements de produits nouveaux, technologie et identité obligent, mais elle donne lieu à adaptations pour garder chaque fois un parfum local. Pepsi-Cola développe un esprit pionnier, très challenger, conférant beaucoup d'autonomie locale à des équipes très motivées. Cela conduit aussi à laisser les pays importants développer leurs propres communications. Celles-ci néanmoins sont au service de valeurs communes, dessinant l'identité de Pepsi. C'est pourquoi la publicité en France a aussi pour signature « Pensez différent, Pensez Pepsi », comme les autres pays. Par sa culture humaniste Renault accepte plus facilement que d'autres constructeurs quelques exceptions dans des lancements qui se veulent de plus en plus transnationaux, du moins en Europe. Quant aux constructeurs japonais, c'est par nécessité et désir de faire oublier le reproche d'envahissement qu'ils essayent de se fondre dans le paysage de chaque pays en conférant une grande autonomie aux équipes locales. En dehors d'une signature de marque, les publicités de Mitsubishi, Honda, Toyota en Europe sont loin d'être homogènes.

Un autre facteur explique largement le fait que les marques soient gérées ou non comme des marques globales : le rapport entre les maisons-mères et les pays. Lorsqu'un pays représente une part importante du chiffre d'affaires mondial, ses velléités d'indépendance de décision reçoivent peu de résistance. Ce fut le cas d'Apple France, troisième filiale mondiale d'Apple. Tout en étant dans le même réseau publicitaire que les autres filiales (BBDO), la filiale française a longtemps pratiqué une communication autonome, mais néanmoins respectueuse du fond de marque Apple, de son identité. À l'inverse, Austin Nichols laisse grande latitude aux pays pour définir la stratégie de marque du bourbon Wild Turkey, car pour l'instant la part exportée de Wild Turkey est très faible. L'essentiel des ventes se faisant sur le marché national américain, Austin Nichols laisse les pays optimiser localement leur stratégie. Autonomie locale et globalisation ne vont pas de pair.

Le facteur prix enfin va peser lourdement dans le futur sur l'homogénéisation des stratégies de marque. Tout concourt en effet à resserrer la fourchette de prix dans laquelle une même marque pourra évoluer d'un pays à l'autre, d'une zone à l'autre.

- L'existence de distributeurs concentrés au niveau européen crée un risque majeur de déstabilisation pour les marques optimisant localement leur politique de prix. Rien n'empêche un distributeur d'exiger le prix le plus bas constaté en Europe, au Portugal par exemple ou dans un pays pratiquant des dévaluations compétitives.
- La nécessité d'éviter l'émergence d'un marché parallèle qui vienne déstabiliser les circuits de distribution normaux d'un pays et donc les relations entre la marque et ses distributeurs.

Or il existe une étroite relation entre le positionnement prix et le positionnement marketing. Une marque ne peut être la plus chère du marché ici et dans le peloton là. Le niveau de prix situe la marque en qualité perçue, performance et prestige. Sur le marché des cuvées spéciales de champagne, être plus cher, à égalité ou moins cher que Dom Pérignon ne positionne pas de la même façon son challenger de Veuve Clicquot. Le resserrement international de la variance du prix de la marque est un facteur endogène d'homogénéisation des positionnements et par extension de toute la politique de marque. À moins de choisir explicitement une politique qui permette précisément d'optimiser les prix localement et de pratiquer de forts écarts de prix d'un pays à l'autre : cela passe alors par des produits identiques vendus sous des marques différentes d'un pays à l'autre. C'est la stratégie suivie par Benckiser qui achète des marques locales fortes, telles que la fameuse marque Saint Marc, Calgon, Calgonit, Abeille, Baranne (en Belgique l'équivalent s'appelle ça-va-Seul). Certes la recherche et le développement sont par nécessité européens, avec un principe de « lead country » pour le développement de produits nouveaux et la définition du marketing mix. En revanche, les marques restent locales et conservent leur autonomie d'expression. Le progrès en matière de dépoussiérants par exemple doit s'exprimer en France à la façon de la marque Abeille, en cohérence avec son identité et son style. Les grands groupes à marques locales sont moins sujets aux inconvénients des dévaluations compétitives de certains pays tels que l'Angleterre, l'Italie ou le Portugal.

OÙ EN EST L'EUROPÉANISATION DES MARQUES ?

Même si, par ambition ou par complexe, d'aucuns ne rêvent que de conquérir les États-Unis, l'Europe est le premier marché naturel des marques issues de l'un de ses pays. Il est intéressant d'examiner très concrètement l'état de l'art en la matière. Quel est le degré d'avancement du processus de standardisation des marques européennes ? Varie-t-il selon les catégories de produits ou les pays d'origine ? Le profil média de la marque (investi en télévision ou non) pèse-t-il sur la globalisation de la marque au niveau européen ?

Tableau 12.1. – *La politique d'homogénéisation varie selon le pays d'origine de la marque*

	Nous laissons chaque pays libre de décider	Nous poussons vers l'homogénéisation et la standardisation	Non-réponse
Allemagne	4,5 %	95,5 %	–
Grande-Bretagne	5,3 %	94,7 %	–
Japon	–	85,7 %	14,3 %
Suisse	20 %	80 %	–
États-Unis	5,7 %	77,2 %	17,1 %
France	24 %	69 %	7 %
Italie	30 %	60 %	10 %
Moyenne des Euro-marques	12,9 %	81 %	6,1 %

L'enquête menée par l'auteur et le réseau Eurocom auprès de 210 managers des marques européennes fournit les réponses à ces questions. Dans les mots du moins, la grande majorité des marques interviewées déclare œuvrer pour plus d'homogénéisation, de standardisation de leur marketing mix en Europe. Seuls 12,9 % préfèrent ouvertement un marketing adapté à chaque pays. Comme le montre le tableau 12.1., il existe une relation forte entre le type de stratégie européenne suivie et le pays d'origine de la marque en question. L'examen des résultats suggère une différence forte entre l'attitude des pays latins et celle des pays anglo-saxons. Certainement la tendance à la globalisation est massive, partout. Mais les marques nées en Italie ou en France sont les plus attachées à la politique d'adaptation locale. Retrouve-t-on là des styles de management à fondement culturel, certains pays ayant moins d'états d'âme sur la mise en place d'un processus volontariste accéléré d'homogénéisation des marques en Europe ? Une autre explication est possible, certaines catégories de produits sont surreprésentées dans certains pays. Par exemple les marques alimentaires constituent une part significative des marques françaises. Or on connaît la sensibilité de l'alimentaire aux cultures locales, à la différence des produits hi-tech par exemple. De fait le tableau 12.2. montre bien combien les différences sont grandes entre catégories de produits lorsqu'il s'agit d'adopter un marketing mix unique en Europe.

Globalement 41 % des marques européennes interviewées déclarèrent le faire, 35 % varient le marketing mix suivant les zones en Europe et 25,8 % préfèrent s'adapter à chaque pays. Les marques alimentaires sont les plus réticentes à tout globaliser : elles préfèrent segmenter selon les « régions culinaires ». À l'inverse les marques de luxe et de cosmétiques sont les plus globalisantes. Il est vrai qu'elles s'adressent à une même clientèle, très mobile et internationale pour le luxe. Quant à la cosmétique, elle répond à des motivations totalement transversales (anti-vieillissement, anti-solaire, anti-acnéique) avec force investissements en R & D, donc innovations à fondement scientifique.

Tableau 12.2. – *Le marketing européen varie selon les produits*

	Même marketing mix dans toute l'Europe	Même marketing mix à l'intérieur de zones	Marketing mix adapté à chaque pays
Produits de luxe	64 %	28 %	8 %
Cosmétique	61 %	30,3 %	8,7 %
Hifi/Vidéo/Photo	54,2 %	20,8 %	25 %
Électroménager	54,2 %	37,5 %	12,5 %
Détergents/Entretien	53,8 %	30,8 %	15,4 %
Boissons	40 %	30 %	30 %
Textile	39,1 %	39,1 %	21,8 %
Automobile	35 %	35 %	30 %
Services	28,6 %	21,4 %	50 %
Business to business	25 %	16,7 %	58,3 %
Alimentaire	23,5 %	50 %	26,5 %
Moyenne des euro-marques	40 %	34 %	26 %

On connaît le poids de la technologie comme facteur d'homogénéisation : les investissements commandent une diffusion élargie de l'innovation (l'usage cosmétique des liposomes, etc.). L'argument technologique sous-tend les forts pourcentages de globalisation observés dans la hifi-vidéo, l'électroménager, les détergents (issus tous de recherches chimiques avancées). En revanche, les secteurs où la relation directe avec le client est la base du marketing mix sont par essence amenés à s'adapter bien plus aux spécificités locales. À la différence du produit unique qui peut être fabriqué à Amiens et diffusé dans toute l'Europe, le service est une transaction où le consommateur est fortement partie prenante. Dans le « business-to-business » les relations aux équipes commerciales et techniques fondent une large partie de la fidélité aux marques-entreprises.

L'analyse des marques selon leur profil d'usage des médias démontre enfin que le fait d'être annonceur en télévision favorise les tendances à la standardisation (85 % d'entre eux se déclarent partisans de celle-ci). Les raisons (par souci d'économie ou volonté de saisir des opportunités) ont été exposées précédemment. En revanche, même les annonceurs ne faisant pas de télévision préfèrent en majorité (70 %) globaliser le plus possible.

Quels sont les facteurs les plus rédhibitoires pour la globalisation ? Quels sont les paramètres qui, selon les euro-managers eux-mêmes, rendent délicate voire impossible une globalisation de la marque. Le tableau 12.3. est particulièrement révélateur à cet égard.

Tableau 12.3. – *Quelles différences entre pays conduisent à une nécessaire adaptation des marques par pays ?*

Type de différences :	% déclarant l'adaptation nécessaire	% déclarant l'adaptation désirable	% déclarant l'adaptation non nécessaire
Réglementation	55,2	17,6	24,8
Concurrence	47,1	34,3	16,2
Habitude de consommation	41,0	38,6	18,1
Structure de distribution	39,0	24,8	31,9
Notoriété de marque	38,1	34,8	24,3
DN/DV	37,1	31,0	26,2
Audience des médias	37,1	33,8	24,8
Succès des plans marketing	34,3	34,8	22,4
Attentes des consommateurs	32,9	39,0	25,2
Disponibilité des médias	32,4	39,5	23,3
Images des marques	30,5	36,7	29,0
Normes de fabrication	27,6	18,6	49,5
Histoire des marques	25,2	33,8	37,6
Culture	24,8	47,1	25,2
De style de vie	24,8	39,5	32,4
De CA de la filiale	22,9	31,0	41,0
De pouvoir d'achat	21,9	33,3	41,4
D'âge des consommateurs	12,4	22,9	61,0

Nota : la somme par ligne est inférieure à 100 % du fait des non-réponses.

Le premier facteur et le seul qui justifie pour la majorité des interviewés (55,2 %) la non-application d'une stratégie globale est légal. Il est vrai par exemple que les lois varient considérablement concernant l'autorisation et les modalités des publicités sur les alcools, ou l'usage des enfants dans les publicités. Notons cependant que, Acte Unique Européen oblige, les différences de législation devront nécessairement s'aplanir, supprimant de ce fait l'obstacle majeur de la globalisation. Le second facteur freinant est lié à la situation concurrentielle locale (nombre et force de la concurrence, niveaux de notoriété, type et niveau de distribution, étapes dans le cycle de vie du produit). Il est vrai pour reprendre l'exemple d'Orangina que l'on ne saurait aborder de la même façon le marché français où Orangina talonne Coca-Cola et le marché anglais où Orangina occupe une niche dans le segment premium des soft drinks gazeux à l'orange, face à Fanta, Sunkist et à Tango, marque locale dominante. Cela affecte profondément la stratégie marketing, mais la marque Orangina n'en reste pas moins une et indivisible, tant dans ses signes distinctifs que dans ses attributs différenciateurs et son fonds de marque. D'autre part, en connaissant à l'avance ces situations de marché très différentes on peut les intégrer dans le tournage des spots européens. Certains films auront de plus longs plans sur le produit et le secouement de la pulpe et seront destinés aux pays où Orangina n'est pas connu. À l'inverse, ces plans pourront être réduits en France ou en Belgique. L'importance du facteur lié à la situation concurrentielle locale explique *a contrario* le succès global de marques telles Mars, Gillette, Mac Donald's, Coke, Malibu, Bailey's ou Damart, etc. On peut dire qu'elles n'avaient pas vraiment de concurrents sur le terrain. Très innovantes, créant un nouveau segment ou révélant les premières une demande latente transnationale, mues par le sentiment de leur profonde nécessité, elles ont étendu leur programme à tous les pays. Le troisième facteur freinant la globalisation est la différence des habitudes de consommation : c'est, nous l'avons vu, rédhibitoire pour des produits très culturels comme Ricard. D'ailleurs pour devenir vraiment globale la marque doit se désethniciser. Tant que Bailey's était un « Irish Cream », son potentiel était limité. Boisson exotique, venue d'ailleurs, son « étrangeté » la destinait à des petits volumes, auprès d'amateurs de l'Irlande sirotant le soir au coin du feu. Or qui connaît l'Irlande de par le monde ? Qui continue de consommer l'alcool en digestif, mode de consommation totalement lié à la culture du vin et du repas qu'il accompagne, avec le rituel apéritif-vin-digestif ? La globalisation de Bailey's a consisté à se désenclaver du digestif (le moment Bailey's est n'importe quand) et à ne plus faire la promotion touristique de l'Irlande. Bailey's c'est Bailey's !

La discussion précédente concernant l'impact de la situation concurrentielle sur la possibilité de mener une approche globale souligne la nécessité de préciser laquelle des facettes de la marque est ou n'est pas globalisable. Dans le cas Orangina les attributs fondamentaux de la marque et ses signes identitaires restent intangibles. L'exécution elle peut varier : le produit s'adapte aux goûts et législations locaux, la publicité globale en Europe est adaptée en Asie car l'humour s'exporte difficilement. Le tableau 12.4. présente les facettes les plus globalisées des marques paneuropéennes.

Tableau 12.4. – *Quelles facettes du marketing les euro-marques globalisent-elles ?*

	Base 210 Euro-marques
Le logo, l'identité graphique	93 %
Le nom de marque	81 %
Les caractéristiques physiques du produit	67 %
L'emballage	53 %
Le service après-vente	48 %
Les canaux de distribution	46 %
Le sponsoring (culturel)	32 %
Le sponsoring sportif	29 %
La stratégie publicitaire	29 %
L'exécution publicitaire	29 %
Le prix relatif	24 %
Le marketing direct	18 %
La promotion	10 %

Comme on le constate suivant les facettes les pourcentages varient de 93 % à 10 %. Une telle variance tient à ce que le mot marque renvoie et à l'identité et à l'action (le marketing mix). C'est l'image fixe de la marque (son logo) qui est la plus globalisée – sanctionnant la prééminence du visuel sur le son – . Ce qui compte c'est que la typographie exclusive de Coca-Cola et la couleur rouge se retrouvent partout dans le monde, même s'il n'est pas écrit Coca-Cola. Unilever n'utilise pas la marque Motta partout en Europe, mais ses équivalents locaux ont les mêmes codes couleurs et signalétiques. Le nom de la marque vient en second. Il est vrai que la plupart des entreprises ont hérité de situations bancales où ce qui est Dash en Italie est Ariel en France, etc. Lorsque les marques sont des bastions locaux on ne prend pas le risque de les homogénéiser. Néanmoins la tendance est engagée car elle seule permet de bien tirer parti de toutes les opportunités de médias transnationaux. C'est pourquoi Shell a décidé de supprimer toutes ses marques locales d'huile automobile en les nommant désormais Helix. C'est ainsi que la marque « Puissance », a disparu en France en 1994. Les facettes opérationnelles du marketing mix sont naturellement adaptées aux marchés locaux et cela d'autant plus que l'on se rapproche des activités tactiques (below-the-line) ou d'optimisation financière locale (le prix).

À l'ère de la télévision, du multimédia, l'image l'emporte sur la lettre. *A fortiori* dans les pays du tiers monde où l'illettrisme est répandu. C'est pourquoi, même les marques le plus intransigeantes hésitent lorsque la question de leur nom se pose concernant l'énorme marché chinois. Le dilemme est le suivant : faut-il respecter la sonorité du nom quitte à ce que cela n'ait aucun sens localement et soit donc difficile à prononcer ou à mémoriser, ou faut-il respecter le concept, le bénéfice consommateur quitte à s'éloigner de la sonorité internationale de la marque. Par chance, Coca-Cola jouit d'un équivalent chinois au son proche doté de significations positives : Keu Ko Keu Leu veut dire « Bon à boire et heureux. » De même la première marque d'insecticide du monde, Decis de Roussel-Uclaf, se prononce Di-Cha-Seu en chinois ce qui par chance veut dire « sus aux ennemis jusqu'à la mort. » Pepsi-Cola a dû choisir des idéogrammes prononcés Baï Seu Keu Leu, un peu plus éloignés de la prononciation internationale mais signifiant « Chanceux et heureux. » La question posée est d'ampleur compte tenu de la taille des marchés en question. Le strict respect de la phonétique de marque aboutit souvent à un ensemble d'idéogrammes de peu de sens localement, donc offrant un handicap pour l'appropriation par le consommateur. Il convient toujours de se rappeler que l'on ne vend pas un nom mais un bénéfice consommateur. C'est ce dernier qui doit être véhiculé. Dans le cas des soft drinks la question devient alors quel est le bénéfice consommateur ? Est-ce le goût, l'effet subjectif, ou l'internationalité et le prestige qui en découlent. Ce dernier levier conduirait à privilégier le nom international même s'il a peu de sens pour le consommateur chinois et aura du mal à être prononcé ou mémorisé. L'exemple du cognac Bisquit est symptomatique à cet égard des risques d'une politique de recherche de sens. Ce cognac s'introduisit en Chine – où l'on boit le cognac comme du vin – avec un nom sinisé Ba-Ksi-Kat, ce qui veut dire « Cent bonnes choses. » L'étiquette présentait le nom chinois au-dessus de la marque Bisquit. Ce fut une réussite, mais plus de dix années plus tard il apparut que Bisquit était parfois pris pour un cognac fabriqué en Chine, un produit local voulant avoir l'air français, ce qui le rendait inférieur à ses pairs Rémy Martin, Courvoisier, Martell dont l'image internationale était intacte. Il est vrai que Rémy Martin avait capitalisé sur son symbole visuel et était le « cognac de l'homme au cheval ».

Pour indicatives qu'elles soient, les statistiques de l'étude paneuropéenne ne sont que des moyennes et cachent la diversité des types de marques européennes. Sur la base des réponses des 210 euro-marques étudiées, une analyse typologique révèla quatre profils de marque, chacun étant caractérisé par une tendance à globaliser soit toutes les facettes de la marque et de son marketing, soit certaines d'entre elles uniquement (Kapferer, 1992).

Le premier type est flexible. Les marques de ce type n'hésitent pas à adapter l'exécution publicitaire, la promotion, le marketing direct, le média-planning et le sponsoring pour conquérir les parts de marché locales. Si la stratégie publicitaire est une et indivisible, elles n'hésitent pas à adapter l'idée créative et l'exécution publicitaire aux spécificités et demandes locales. On trouve dans ce type des marques telles que Apple, Ray-Ban, Évian. Le secteur automobile est surreprésenté dans ce type (sur vingt marques douze sont du type flexible). Ces marques pratiquent le marketing « global ». Renault en est un exemple typique comme en témoigne le tableau 12.5.

Tableau 12.5. – *L'équilibre global-local*

	Stratégie globale	Stratégie multi-locale
Marque	Oui	
Positionnement	Oui	
Objectif marketing		Oui
Marketing-mix • Produits – Nom – Contenu	 Unique par modèle Unique en général	 Séries limitées varient Option variables
Prix		Oui
Distribution		Oui
Communication – Bénéfice consom. – Style – Signature – Création	 Unité de la marque Si possible commune	 Adapté par pays Adaptée à la culture locale
Médias		Adaptés à l'environnement local

Le second type est celui des débutants. Il en est au premier stade de l'européanisation. C'est le type regroupant maintes marques ayant hérité d'un patchwork européen, et cherchant à créer les bases d'une convergence à terme. On trouve donc pêle-mêle des marques dont non seulement les logos sont encore dissemblables d'un pays à l'autre, mais aussi les noms, les packagings, les caractéristiques des produits, jusqu'à la promesse publicitaire. Le troisième type est un tacticien. Il homogénéise le cœur de marque, les produits, la stratégie publicitaire, l'exécution (à quelques détails près). En revanche il adapte les canaux de distribution et le niveau de prix vis-à-vis de la concurrence. On retrouve dans ce type le Club Med, Polaroïd, Kodak, Vizir, Rank Xerox, Levi's. Le quatrième type enfin correspond à l'idée que l'on se fait d'une marque globale : presque tout est standardisé, sauf peut-être la tactique commerciale (le marketing direct, la promotion, et le ratio des dépenses publi-promotionnelles). Les marques de luxe sont surreprésentées dans ce type. Mais on y trouve aussi des marques comme Playtex, déroulant avec succès les mêmes concepts- produits et le même marketing mix en Europe sous l'ombrelle d'une marque bien positionnée désormais sur le maintien et la séduction, depuis qu'elle a pu prendre son autonomie par rapport à Playtex USA, qui nature du marché américain oblige est restée purement fonctionnaliste dans son image.

La typologie ci-dessus est descriptive. Y a-t-il une stratégie gagnante ? Pour répondre à cette question nous avons examiné le comportement des marques leaders dans les 18 pays européens : elles sont surreprésentées dans le premier type (celui des marques flexibles) comme le sont aussi les marques à la fois leaders et non-leaders mais présentes dans les 18 pays. Ces deux cas représentent à eux seuls 51 % des euro-marques dites flexibles, 36 % des euro-marques dites globalisantes, 26 % des euro-marques tacticiennes et 20 % des euro-marques débutantes. Certainement corrélation ne signifie pas causalité, mais ces résultats tendent pour le moins à démontrer que les leaders savent s'adapter. C'est une idée fausse de croire que les grandes marques leaders pratiquent un marketing standardisé : c'est au contraire le mélange de leur puissance et de leur flexibilité qui fait leur force concurrentielle.

QUELLES ORGANISATIONS POUR LA MARQUE GLOBALE ?

Profonde révolution culturelle, la globalisation passe nécessairement par une modification des procédures de décision et en général aussi des structures. Sans aller jusqu'à Mars qui supprime les fonctions de directeur de marketing local, la globalisation fait remonter au siège ou en tout cas au siège régional (l'Europe) la fonction marketing, jusque-là très décentralisée (à la différence des fonctions R & D, planification et finances). Les filiales se focalisent sur la vente, la distribution, la promotion des produits, et l'adaptation des communications de marque. Pour contrebalancer les effets très négatifs de cette structure sur l'implication, la motivation et la fidélisation des cadres de marketing, les entreprises à marques globales développent des plans de carrière multinationaux. Il s'agit de « désethnocentrer » le management local. Cela se traduit par un recrutement international, par des passages d'un pays à l'autre. On favorise aussi la venue au marketing de personnes non issues d'une formation au marketing. En effet, celle-ci focalise l'individu plus sur les attentes exprimées et spécifiques que sur les éléments de communauté et de convergence transnationaux. En matière budgétaire enfin, une part importante reste sous autonomie locale afin de préserver l'existence d'enjeux décisionnels, donc l'intérêt du travail.

En matière publicitaire, la globalisation s'accompagne le plus souvent de l'adoption d'un réseau unique. Cela favorise l'homogénéité créative, les échanges d'informations et d'hommes, la constitution d'un savoir-faire circulant. Sur le plan des procédures, on constate des nuances selon les sociétés :

- Certaines demandent à toutes les agences de proposer une campagne sur la base d'un même briefing. Les meilleures sont alors testées dans chaque pays, afin de déterminer la campagne globale retenue. Celle-ci est alors, soit « imposée », soit suggérée, sachant qu'une filiale peut toujours refuser. Quant à l'exécution de la campagne globale, elle est soit centralisée, ce qui maximise les économies (c'est le cas de Coca-Cola), soit décentralisée. Ainsi, les marques reposant sur l'utilisation de porte-parole célèbres choisissent des stars mondiales (Tina Turner, Michael Jackson pour Pepsi-Cola, Borg pour JVC) ou locales (les actrices du pays pour Woolite), ce qui en ce cas conduit alors à décentraliser chaque réalisation.
- Certaines nomment une agence d'un pays du réseau comme chef de file et initiateur des campagnes publicitaires, du fait de l'importance du marché où elle se situe.

Dans tous les cas, la globalisation même directive nécessite des structures et procédures d'information, de persuasion, de coordination et d'approbation. Les sociétés européennes développent toutes des équipes multinationales réunissant les managers européens d'une même marque, sous l'égide d'un chef de file. Ne l'oublions pas, la globalisation de la marque ne relève pas uniquement de préoccupations économiques, elle vise aussi à susciter et exploiter les meilleures idées où qu'elles soient en les étendant aux autres pays. Ainsi, l'idée de comparer le Petit Gervais aux fruits à un steak en termes de protéines fut trouvée au Brésil et par la suite étendue à l'Europe. La globalisation des marques ne doit pas signifier affadissement des créations, au contraire. L'opinion des managers de marques européens quant à l'impact du Marché unique sur la communication atteste de l'existence de cette crainte : 46 % des managers interviewés dans une enquête européenne estimaient que « si les campagnes sont unifiées à travers l'Europe, les bonnes idées créatives risquent d'être perdues ». L'objectif d'une saine globalisation est précisément inverse : il est de les susciter pour les diffuser.

L'enquête menée par l'auteur et le réseau Eurocom permet de relier les types d'organisations aux types de marques (Tableau 12.6.).

Tableau 12.6. – *Chaque organisation correspond à un type d'euro-marque*

Type d'organisation	Type d'euro-marque			
	Débutant	Flexible	Tacticien	Globalisateur
Décentralisation – Totale autonomie des filiales (4 %)	150	92	85	99
Autonomie des filiales avec coordination centrale (46 %)	116	96	129	100
Autonomie établie par une équipe marketing internationale (31 %)	96	112	96	95
Approche « lead country » (6 %)	–	117	90	191
Centralisation totale (13 %)	117	55	35	193

Base 100 pour la moyenne de chaque ligne

Actuellement les formes dominantes d'organisation en Europe sont encore celles de l'autonomie des filiales avec un début de coordination centrale (46 % des cas), ou la constitution d'une équipe transnationale pour établir la stratégie (31 %), ou encore la centralisation totale telle qu'elle semble se préfigurer chez maints annonceurs européens (13 %). Ce dernier chiffre devrait croître fortement dans les prochaines années malgré les risques de désimplication locale que ce genre d'organisation suscite.

Le croisement avec les types de marques européennes est significatif. Il ne surprendra personne que les marques euro-débutantes sont les plus promptes à laisser chaque filiale décider de la stratégie et réaliser la création publicitaire. Les marques dites flexibles voguent entre plusieurs types d'organisation. Les tacticiens préfèrent une coordination centrale qui dans leur cas laisse peu de marge de manœuvre à des adaptations locales, en ce qui concerne le cœur de la marque et sa publicité. Quant aux puristes de la globalisation ils représentent l'essentiel des marques adeptes de l'approche « lead country » ou de la centralisation totale. Bien que des tendances se manifestent, on ne peut qu'être frappé par la subsistance d'une grande dispersion des modes d'organisation selon les types de marques. C'est le signe d'une activité en train de se structurer.

Manifestement les entreprises expérimentent et cherchent la solution qui leur convient le mieux, indépendamment des modes et tendances. On peut néanmoins avancer que, avec le temps, elles passeront par les phases suivantes : sorties d'une période très (ou trop) décentralisée elles veulent rattraper le temps en créant des structures collectives et une centralisation plus ou moins forte. Mais les rigidités apparaissant ainsi que la perte de qualité de la relation sur le terrain même, elles évolueront vers des structures décentralisées à nouveau sous forte coordination cependant (Figure 12.1.).

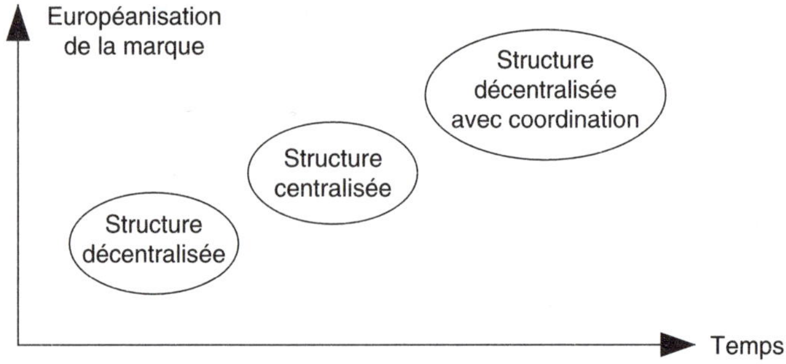

Figure 12.1. – *Évolution de l'organisation des euro-marques au fur et à mesure du temps et de l'européanisation*

Ce sont ces politiques mixtes qui réussissent le mieux. Le contraire conduit à d'importantes pertes d'énergie pour imposer des décisions locales évidentes à un management lointain et rigide. Par exemple, il fallut près de huit mois de bataille à la filiale française de Procter & Gamble, la production de trois films à tester pour démontrer que le format publicitaire de type témoignage imposé à l'Europe pour le lancement d'Always, nouvelle protection féminine, était moins performant qu'un format de type « confidence » (en anglais whisper), utilisé d'ailleurs avec succès au Japon. Les films de type témoignage avaient de mauvais scores auprès de toutes les tranches d'âge. Le style « confidence » réalisa les meilleurs scores sur la cible des femmes de plus de trente ans. Par rigidité et centralisation Procter allait courir à l'échec.

LES CHEMINS DE LA GLOBALISATION

Quelles sont les principales stratégies de globalisation d'une marque ? Les entreprises ont désormais compris que certaines de leurs marques avaient le potentiel de séduire des consommateurs ou des clients industriels au-delà des frontières et que leurs facteurs de succès locaux étaient extensibles à d'autres pays ou zones, quitte à passer par des prises de participation, des alliances ou des accords de licence pour s'en donner les moyens plus rapidement. Par effet de feed-back, la marque gagne en force au fur et à mesure qu'elle s'internationalise. Elle fait désormais partie du club fermé des acteurs globaux dont on sait qu'il aura nécessairement une place dans les linéaires des grands distributeurs eux-mêmes globaux. Au niveau industriel, les marques-entreprises globales peuvent seules accéder aux listes de prise en considération des acheteurs globaux.

La première stratégie de globalisation consiste à dupliquer progressivement mais partout les facteurs de succès d'une stratégie locale. Sur le plan temporel, l'approche est nécessairement prudente et procède pays après pays, ou zone après zone. Des adaptations mineures sont réalisées là où il le faut mais une forte homogénéité d'ensemble domine. L'expansion internationale de Coca-Cola ne s'est pas faite en un seul jour, mais en vingt ans ! Certes des précautions juridiques s'imposent pour éviter que la marque ne soit déposée avant son arrivée par des concurrents locaux et pour assurer sa validité. Mais ces mesures ont pour but de donner du temps au temps. Cette approche d'extension géographique en cascade est typiquement celle suivie par Orangina, depuis son rachat en 1984 par le Groupe Pernod-Ricard. Ayant conscience du fort potentiel de cette boisson, le Groupe décida d'en faire le second soft drink mondial dans le segment encore libre des boissons à l'orange, derrière Fanta dont la force tient essentiellement à ce qu'il est le soda à l'orange vendu par Coca-Cola qui donc l'impose à la distribution dans tous les pays. Le potentiel de globalisation d'Orangina tient à quelques facteurs distinctifs forts :

- Une composition et un goût uniques, à base de 12 % de vrai jus d'agrumes et de pulpe, ce qui confère aussi un bénéfice de naturalité à ce soft drink, à la différence par exemple du leader Fanta. Ce goût se révèle préféré, pays après pays, dans chaque « blind test » réalisé contre la meilleure concurrence locale.
- Une bouteille de verre unique et distinctive, très porteuse d'image. Elle est avec la bouteille traditionnelle de Coca-Cola la seule à être parfois vendue sans étiquette, l'incrustation de la marque se faisant à même le verre.
- Un nom facile à prononcer et qui signifie la même chose dans la plupart des pays.
- Un code couleur spécifique et arbitraire (le bleu), ce qui le met à l'abri des nombreuses imitations produites par la grande distribution. Le symbole visuel de la pulpe d'orange est lui aussi fort, exclusif et international.

L'analyse stratégique faite par le Groupe Pernod-Ricard conclut que le segment du soft drink à l'orange n'était pas dominé comme celui des colas et qu'il existait une « forte opportunité pour un soft drink mondial qui apporte une vraie valeur ajoutée à la table « (Beverage World International, 1993). La stratégie retenue consiste à consolider la croissance d'Orangina dans le pays-source et son statut de second soft drink national après Coca-Cola, la France servant aussi de test aux extensions de ligne (Orangina Light, Orangina Plus). Ce marché est encore sous-développé en matière de consommation de soft drink par habitant et offre donc de fortes perspectives de croissance. Sur le plan international, le Groupe ouvre de nouveaux marchés Orangina sur la base d'un pays-clé par an désormais. Les critères de choix sont liés au potentiel de croissance du marché, à la non-existence de barrières à l'entrée, à l'existence d'un début de notoriété d'Orangina (du fait des voyages, des vacances) et aux niveaux de prix du marché. Enfin, bien entendu il faut que d'excellents embouteilleurs soient disponibles et désireux de s'associer à l'odyssée d'Orangina.

Dans chaque pays, la même stratégie se révèle gagnante. Elle consiste à imposer les attributs distinctifs de la marque (le produit unique à base de 12 % d'agrumes, la pulpe, la bouteille ronde en verre même dans les marchés où il n'existe pratiquement plus de ventes en bouteille de verre, le code bleu, le logo de la pulpe d'orange et désormais le refrain musical). Certes, on l'a déjà signalé, les doses de sucre peuvent varier pour tenir compte des spécificités du tiers monde ou des pays arabes mais l'identité physique de la marque est intangible. Le processus de lancement commence systématiquement par une phase d'éducation et de création d'image forte de soft drink « premium », par l'accent mis sur la consommation en cafés, hôtels, restaurants, les dégustations du produit et la distribution prioritaire de la petite bouteille ronde. Puis on passe à une stratégie de volume *via* la grande distribution, les formats PET (2 l) et boîtes et les campagnes publicitaires.

Sur le plan publicitaire, la volonté stratégique de globaliser Orangina a conduit à mettre fin à la publicité jusque-là développée par la France sur le thème du Sud, des valeurs ibériques ou sud-américaines. En effet, pour un consommateur Australien ou même Italien le concept même de « Sud » n'a guère de sens. Il fallait repartir sur des bases saines avec une création pensée pour le monde entier et la cible prioritaire du marché des soft drinks : les adolescents. Une création en plusieurs films fut retenue en 1994 dont la fonction est de mettre en valeur les avantages et la personnalité unique d'Orangina. En effet, dans tous les marchés et même en France aujourd'hui les jeunes de 13 à 18 ans doivent apprendre à découvrir ce qu'est Orangina !

La seconde stratégie de globalisation consiste à lancer d'emblée la marque, de façon simultanée dans plusieurs pays. C'est typiquement l'approche retenue par les grandes multinationales concevant la marque nouvelle d'emblée pour une cible internationale et incorporant dès la conception les éventuelles adaptations locales du produit ou de l'exécution publicitaire par exemple. C'est ainsi que furent lancés G2 ou Sensor de Gillette, Ariel Micro, Skip Power, etc. C'est typiquement l'approche du luxe et des grands lancements mondiaux de parfums tels que L'Oréal sait les faire. Nous avons déjà présenté en détail ci-dessus l'exemple de la Twingo de Renault.

La troisième stratégie de globalisation est la plus fréquente en Europe. Elle consiste à rapprocher les marques locales héritées au cours de l'histoire de la croissance des groupes. Les grands groupes ont en effet historiquement souvent choisi une stratégie de croissance externe par le rachat des marques fortes locales. C'est typiquement le cas en milieu industriel : Merlin-Gerin n'a eu de cesse d'acheter des leaders locaux de l'électronique. Il en va de même de GSI, leader du service informatique. En achetant des réputations bien établies ces sociétés se dotaient de fortes têtes de pont, avec leur fonds de commerce, leur tissu relationnel, leur notoriété. Cette approche concerne aussi les biens de grande consommation. L'ancien BSN avait pris possession de la célèbre marque belge de Beukelaer équivalent local de Lu. Le Groupe suédois Mölnycke avait racheté en France Nana qui venait donc s'ajouter à sa marque de protections féminines en Scandinavie : Libresse.

À partir d'une situation de type patchwork où le portefeuille de marques fait preuve de peu d'homogénéité les entreprises procèdent à des regroupements des marques autour du même positionnement. Deux cas se présentent alors :

– L'entreprise va jusqu'à changer les noms des marques locales pour leur substituer le nom d'une marque unique. Ainsi ICI racheta en France la peinture Valentine pour lui substituer à terme sa marque internationale Dulux, par un processus de transfert progressif (voir pour plus de détails page 403). Merlin-Gerin apposa d'abord son logo à l'entreprise britannique Yorkshire Switchgear, puis signa en marque caution avant d'apparaître en tête et désormais seul comme Merlin-Gerin UK (en attendant de devenir soi-même Schneider). Ce processus prit deux années. Pour lancer Laboratoires Garnier en Allemagne, L'Oréal a racheté la célèbre marque locale Dralle, qui possède en son sein une gamme appelée Beauty. En 1995, cette gamme fut relancée sous le nom de Ultra-Beauty de Dralle, avec en mineur la signature de Laboratoires Garnier. Il sera alors aisé de faire rentrer Ultra-Doux ou Ultra-Rich, produits célèbres de Garnier, dans ce marché, puis tout le reste de la gamme Ultra. À terme Dralle disparaîtra.

– Dans le deuxième cas, l'entreprise décide de conserver les « brand equities » locales attachées aux noms des marques mais investit essentiellement sur l'internationalisation d'un symbole commun. C'est ce que fit la division Glaces d'Unilever en 1998 pour toutes ses « house brands » régionales dans le monde. Elles partagent désormais le même symbole.

– Un autre cas est illustré par Danone. L'Asie étant peu consommatrice de yoghourts, le groupe nomme ses biscuits Danone dès lors qu'ils ont une dimension de santé et d'enfance. Ainsi Prince de Lu est devenu

Prince de Danone. Cela accélère la notoriété de la méga-marque, au prix d'une image locale un peu différente, produit sec oblige.

Le processus d'harmonisation des marques d'un portefeuille européen est délicat et doit toujours être volontariste car les situations de départ de chaque marque ne sont jamais les mêmes. Il faut donc mettre en œuvre un programme systématique de rapprochement sur la forme mais surtout sur le fond. L'exemple de Mölnycke réalisé par l'agence DDB est intéressant à cet égard. Dans le marché de l'hygiène féminin, les liens d'intimité lentement bâtis avec la cliente sont une facette-clé du capital de marque : il y a certes le bénéfice produit mais aussi le climat de relation dans l'identité d'une marque. Cette relation devait être maintenue. Ayant jugé vital de préserver le capital de marque attaché à Nana dans l'Europe du Sud et à Libresse en Europe du Nord, au moment où Procter & Gamble entrait sur le marché avec Always, le groupe Mölnycke procéda en trois étapes.

La première consista à déterminer en commun ce que pourrait être le positionnement unique de ces deux marques. Ce positionnement tournait autour du concept de « naturel ». L'examen approfondi des études dévoila que ce concept donnait lieu à des prismes de lecture fort différents selon les pays. Dans les pays scandinaves, fiefs de Libresse, cela évoque la nature au sens strict, alors que dans les pays Nana cela signifie plutôt spontanéité. Cela souligne une fois encore l'importance qu'il y a à dépasser les impressions superficielles créées par la similitude des attentes exprimées par les euro-consommateurs. La deuxième étape consista à faire se rapprocher les images au départ différentes de Libresse et de Nana. La première devait aller vers plus de féminité, plus d'humour, plus de complicité, allant jusqu'à faire apparaître pour la première fois un homme dans la communication. La femme Nana devait quant à elle évoluer dans sa publicité vers plus de naturel, moins de frivolité, être plus essentielle, plus réfléchie, comme le synthétise le mapping ci-dessous (Figure 12.2.).

Alors que cette seconde étape passait par des communications encore spécifiques, mais ayant désormais un même esprit de marque en mire, la troisième étape consista à lancer des produits nouveaux communs sous les deux marques, avec la même création publicitaire.

Cet exemple pose la question essentielle du niveau auquel il faut globaliser la marque. Prenons l'exemple de Lu et de De Beukelaer. Fallait-il supprimer à terme De Beukelaer en le remplaçant par Lu ou ne valait-il pas mieux conserver le capital de la marque belge mais globaliser alors Pimm's, Mikado, ou Sirtaki ? Après tout l'appropriation se fait par les prénoms. Il en va de même dans le marché des glaces : ce qui compte n'est-ce pas la globalisation des concepts-produits plutôt que celle localement déstabilisante des marques-mères ? Danone suit une politique inverse : il importe de globaliser le plus possible la marque-mère à travers une charte très précise codifiant les conditions d'utilisation de la marque Danone, ses valeurs et son territoire de compétence. En revanche, il est peu important voire tactique que Petit Gervais en France s'appelle Petit Danone en Grande-Bretagne, Danonino au Brésil et Petit Suisse en Suisse. C'est probablement le caractère nouveau de la catégorie de produits yaourt et son potentiel de développement futur dans maints pays qui milite ou facilite l'approche globale retenue pour la marque mère elle-même. Nous sommes souvent en phase de création ou de croissance du marché. Ce n'est pas le cas de la biscuiterie sèche. L'argument vaut aussi au sein même du marché des glaces. Häagen Daasz a créé un segment nouveau, jusque-là inexistant. L'approche a donc été d'emblée globale sur la marque-mère aussi.

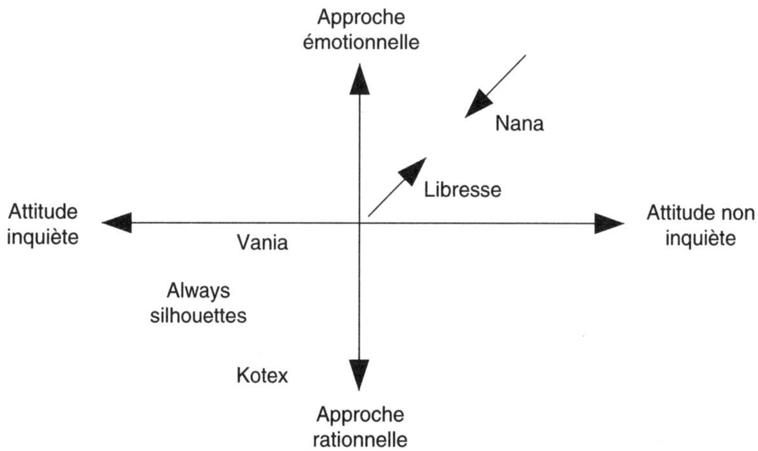

Figure 12.2. – *Processus de rapprochement de marques locales en Europe*

Pour conclure, l'analyse de cette troisième stratégie d'internationalisation permet de définir le cheminement type à suivre pour toutes les entreprises soumises au même problème. Le processus se décompose en cinq étapes (cf. tableau 12.7.). Il faut retenir de ce dernier la nécessité de commencer par créer un consensus autour du noyau invisible de la marque, l'identité profonde à laquelle toutes les filiales adhérent, ou pour reprendre l'expression de F. Bonnal « le Dieu Commun » que chaque marque locale respecte. Cette communauté se traduit nécessairement par des signes visibles (logos, codes, ton et style). La phase ultime est celle de la recherche de publicités de plus en plus proches voire uniques pour tous.

À ce stade le lecteur aura compris que ce n'est pourtant pas là l'essentiel. On ne saurait réduire la globalisation à la question de savoir s'il existe ou non un film unique pour toute l'Europe. Bien plus importante est l'existence d'un noyau dur commun, de ce fond invisible et du positionnement concurrentiel. Au niveau de la publicité, les options retenues sont très diverses allant de la libérale à la plus dirigiste. On distingue ainsi les politiques suivantes :

– Certaines entreprises n'ont qu'une exigence commune limitée à une forte visibilité de la marque, à une charte graphique commune, la stratégie et l'exécution publicitaires restant libres mais autour d'un noyau invisible bien précis. C'est l'approche suivie par Volkswagen dans le monde entier. Bien que toutes différentes les publicités de La Golf témoignent d'un très fort esprit commun.

Tableau 12.7. – *Processus de convergence des marques locales*

Étape 1	Faut-il internationaliser ? Pertinence de la globalisation de la ou des marques ?
Étape 2	Quelles facettes de marque doivent-être internationalisées ? Lesquelles doivent rester locales ?
Étape 3	Description consensuelle au sein du réseau du noyau dur commun, sous forme de vocation, plate-forme de marque, prisme d'identité, et concept.
Étape 4	Définition des facettes visibles communes, de chartes graphiques, chartes de packaging, chartes d'expression publicitaires.
Étape 5	Définition de Copy stratégies communes. Définition d'exécution publicitaires communes. Lancement globaux de produits communs.

Source : F. Bonnal/DDB.

– Certaines entreprises vont plus loin et réalisent des campagnes publicitaires globales (marque ou corporate), laissant néanmoins la possibilité de campagnes locales pour les produits. C'est l'approche de Mars, de British Airways, de Mc Donalds.

– Une variante consiste en la création d'un ensemble de publicités au sein duquel les pays et filiales viennent puiser : c'est l'approche retenue actuellement par Coca-Cola, AT & T, ou Jack Daniels.

TROISIÈME PARTIE

LA MARQUE EN PERSPECTIVE

Chapitre 13

Entreprise, institution, marque et produits

La marque ne résume pas à elle seule toutes les communications d'une entreprise. La multiplication des sociétés conseils en communication « corporate », d'entreprise, institutionnelle, globale, financière, de recrutement en atteste. En ce qui concerne la communication externe, l'émergence de ces nouveaux prestataires distincts de l'agence de publicité traditionnelle traduit le sentiment qu'il existe des communications de l'entreprise : la marque en est une mais ne peut prétendre à l'exclusivité. L'institution, l'entreprise et les produits sont aussi des émetteurs.

Cette situation nouvelle de l'offre crée un double problème : conceptuel et pratique. Le premier découle de la confusion terminologique que l'émergence des nouvelles formes de communication a apportée. Maints P-DG qui avaient intégré la différence entre marque et produit sont perturbés par les concepts aux contours mal délimités de corporate, institutionnel, global, entreprise et par leurs relations ou distinctions pas toujours très précises avec la communication de marque. Cette confusion a trois sources. D'une part certains concepts ont une origine anglo-saxonne, donc portent en eux une conception de la communication et un sens propre, qui n'a pas forcément d'équivalent dans les autres langues. Ainsi, la communication « corporate » est-elle un anglicisme ; pour beaucoup, elle renvoie à tout ce qui n'est pas la communication des produits. Or la marque aussi est distincte de la communication des produits ; il conviendra donc de délimiter le territoire de l'une et de l'autre. D'autres vocables ont cours pour traduire la notion anglo-saxonne de corporate – c'est-à-dire portant sur le corps de l'entreprise – : on parle de communication institutionnelle ou d'entreprise. Mais ces termes sont-ils équivalents ? Cet imbroglio nourri par une terminologie flottante d'une officine à une autre a le redoutable et paradoxal effet de faire de la communication une fonction assez opaque dans l'entreprise !

La deuxième source de confusion tient à ce que, souvent, la marque, les produits et l'entreprise ont le même nom ! Henkel ou ICI n'ont guère de difficulté à saisir les fonctions et territoires spécifiques de la communication corporate et de celle des marques. Henkel est le corps, Le Chat, Persil, etc., sont les marques. De même Dulux ou Valentine sont deux des nombreuses marques de l'entreprise ICI. Il n'en va plus de même pour IBM, Alcatel, Renault, BMW, Whirlpool ou Essilor. L'entreprise Alcatel signe de son nom propre ses produits. La tendance va d'ailleurs croissant. Ainsi, rappelons-le, plusieurs entreprises japonaises se sont débaptisées pour prendre le nom de leur marque fleuron, pratiquant désormais ce que l'on appelle le « corporate branding », à tort, car en l'occurrence ce fut un « brand corporating » : la Tokyo Tsuhin Kogyo (Tokyo Telecommunications Industry Co.) est devenue Sony Inc. lorsque sa marque Sony s'est affirmée comme marque globale (M. Yoshimori, 1989). En France, CGE se débaptisa le 1er janvier 1991 pour prendre le nom de ses deux fleurons : Alcatel-Alsthom ; désormais marque, produits et entreprise auront le même nom rejoignant ainsi la pratique des Canon, Shell, ou Carrefour (dont le nom d'enseigne sert aussi de marque à certains produits spécifiques). Pour les mêmes raisons, BSN prit en 1994 le nom de sa seule marque vraiment internationale : Danone. L'identité de nom rend encore plus nécessaire une clarification conceptuelle entre les diverses formes de communication, leurs buts, leur raison d'être et leurs modalités concrètes.

Le secteur des services ressent aussi fortement ce besoin car les concepts de marque voire de produits y sont méconnus. Dans l'industrie des services, le produit est immatériel, invisible, intangible. Comparons Apple à Cap Gemini ou ADP : Apple vend le MacIntosh, ADP vend de la prestation de service informatique, du temps de ses hommes. De plus, l'industrie des services a toujours travaillé en s'identifiant par son nom de société : ADP, Barclay's Bank ou Axia sont les noms des sociétés. Celles-ci ont donc spontanément toujours raisonné selon la dichotomie : communication institutionnelle ou communication des services. Elles commencent à découvrir que ces noms fonctionnent aussi en tant que marques. Ainsi, B. Thiolon (1990), Directeur Général du Crédit Lyonnais écrit que « la banque semble dans l'enfance de la marque ».

Ce chapitre ne vise pas uniquement la clarification conceptuelle, mais il est un préalable à l'action stratégique. En effet, le secteur de la communication s'est structuré par types de communication : à côté des agences de publicité chargées historiquement de la communication des marques et des produits se sont créées des agences de communication corporate, institutionnelle, d'entreprise, globale, etc. Cela crée un problème pratique : il faut désormais savoir soi-même ce dont on souffre avant de savoir quelle spécialité consulter ! Sinon, chaque spécialiste délivrera un diagnostic conforme à sa vision du monde, à sa spécialité. C'est ce qui arriva l'été 1990 à Essilor, leader mondial du verre optique. Face à des mutations profondes dans le marché – tant au niveau de la distribution que des consommateurs – et à des modifications attendues du paysage concurrentiel du fait de la croissance des lunettes de ses propres distributeurs, Essilor ressentit le besoin de communiquer sur son nom lui-même et non plus sur celui de ses produits tels que Varilux. Mais chaque docteur consulté émit un diagnostic différent : le docteur ès communication institutionnelle recommanda de communiquer sur l'apport d'Essilor à l'humanité lui permettant d'accéder par la vue au monde qui l'entoure. Le docteur ès communication d'entreprise recommanda une campagne rappelant ou apprenant qu'Essilor est le n° 1 mondial de l'optique. Quant au docteur ès marque, il prôna une campagne de marque autour du concept de « progrès ». Qui fallait-il croire ? Désormais, les entreprises ont besoin d'être des généralistes elles-mêmes, pour savoir quel spécialiste de communication consulter. C'est à elles de faire leur propre diagnostic, ce qui suppose une compréhension des fonctions de chaque type de communication et de leurs interelations.

DISTINGUER LE « CORPORATE » ET LA MARQUE

En matière de communication, il est souhaitable de distinguer quatre niveaux de discours, ayant chacun une finalité, des destinataires, un contenu et un style spécifiques : la communication d'entreprise, d'institution, de marque et de produits.

La communication dite « d'entreprise » a pour but de rendre celle-ci plus transparente. Elle révèle le physique de l'entreprise, ses moyens humains, technologiques, financiers. Elle éclaire sur ses ambitions en tant qu'agent économique et sur les moyens qu'elle met à leur service. Son contenu est donc factuel et économique (Krief, 1986 ; Schwebig, 1988) : le critère est celui de l'exactitude, du vrai. Cela ne signifie pas comme le croit trop souvent que son style doive être terne ou cérébral. Toute entreprise, tout émetteur a une personnalité et ne saurait s'en départir lorsqu'il s'agit de communiquer sur eux-mêmes. Les destinataires de cette communication sont en priorité les salariés de l'entreprise, les actionnaires, les fournisseurs et prestataires extérieurs, les leaders d'opinion, les analystes économiques, financiers ou sociaux. Mais cela peut être les usagers aussis car la santé physique d'un fournisseur ou les moyens industriels qui se cachent derrière une marque sont pertinents pour effectuer un choix. Lorsque Renault ou PSA annoncent largement leurs bénéfices, ils font de la communication d'entreprise. Lorsque Renault communique sur la robotisation, sur les flux tendus, il construit l'image d'une entreprise technologique, compétitive (ce qu'il fait aussi par le biais de la société Renault Automation dont le nom a pour fonction d'injecter du hi-tech dans l'image Renault – même si le prix à payer pour cela est cher car cette filiale équipe les usines de Peugeot et de Citroën, mais ne peut, du fait de son nom, y signer ses robots).

Certaines entreprises ont un fort déficit en termes de communication d'entreprise : on ne sait rien d'elles ou en tout cas, pas assez d'elles. Ainsi, à part les salariés et les analystes financiers, qui savait que le leader mondial de la recherche et du verre pour la vue est Essilor ? Il ne s'agit pas ici de narcissisme ou de flatter le chauvinisme : à l'ère de la compétition mondiale, face à l'image industrielle et performante des entreprises japonaises ou allemandes (Zeiss), il n'est pas sain de laisser dans l'ombre l'envergure des moyens, de l'histoire et des actes d'Essilor auprès d'un public élargi. Cela ne signifie pas *ipso facto* qu'il faille engager une campagne publicitaire grand public sur ce thème : en effet, la publicité n'est qu'un des vecteurs possibles dans la palette du « mix de communication ». D'autre part, ce message doit peut-être ne concerner que les prescripteurs : opticiens, ophtalmologistes ou optométristes du monde entier.

La communication dite « institutionnelle » énonce les valeurs de l'entreprise : elle est le porte-parole de l'âme, de la vocation de l'entreprise. Ce n'est pas un hasard si cette forme de communication croît. Le public exige des grandes entreprises qu'elles légitiment leur activité. L'efficience économique et financière ne suffit plus, les entreprises doivent démontrer leur justification sociale. Plus une entreprise pèse – que ce soit au niveau mondial pour les multinationales ou local pour une PME – plus elles doivent se soucier de leur facette « institutionnelle », de leur insertion dans la société, de leur valeur civique et morale au sens le plus large. La communication institutionnelle signale l'apport de l'entreprise à la collectivité : ce dernier terme est crucial. Il ne s'agit plus de s'adresser soit au financier, soit au salarié, soit au consommateur, soit au fournisseur, mais au citoyen en chacun d'eux. Le contenu de la communication institutionnelle est moral, politique ou philosophique. Lorsque Rhône-Poulenc communique par sa publicité « Bienvenue dans un monde meilleur » montrant un bébé qui vient de naître, ou sponsorise l'émission culte « Ushuaia » il s'agit de démontrer que Rhône-Poulenc est une institution, un des acteurs essentiels de la collectivité au service du progrès. Leclerc fait largement usage de la communication institutionnelle : dans de pleines pages du journal *Le Monde*, il critique le fonctionnement de certains secteurs entiers, tels que la banque, l'industrie pharmaceutique, le livre, proposant la libération totale des échanges (nous analyserons ci-après l'intérêt stratégique de la communication de Leclerc) : ce faisant, Leclerc exprime les valeurs qui régissent son combat en tant qu'acteur majeur de la distribution.

Là encore, la publicité n'est qu'un des vecteurs de la communication institutionnelle. Le P-DG est le porte-parole de l'institution : il révèle les valeurs, le sens de l'action, il témoigne de la légitimité. Le mécénat, les fondations s'inscrivent aussi dans une logique d'insertion sociale. La facette institutionnelle doit toujours être surveillée, dès que l'activité de l'entreprise devient sensible. Ainsi, ce n'est pas un hasard si les secteurs chimiques (Bayer, ICI, Rhône-Poulenc,...), pétrolier (Shell, Elf,...), pharmaceutique, furent les premiers à communiquer de façon institutionnelle. Ce sont des secteurs à haut risque technologique : un jour, il y aura un autre Seveso, un autre Bhopal, un autre Amoco-Cadiz. D'autres entreprises que Hoffman-Laroche, Union Carbide ou Amoco seront incriminées. Il importe donc – outre les mesures de sécurité draconiennes prises sur les sites – que les entreprises de ces secteurs à risque structurel rappellent leur légitimité foncière, de façon préventive. Ce qu'elles font désormais largement.

L'emprise locale d'une PME est aussi source de problèmes institutionnels : son poids affecte la vie sociale et introduit des rigidités et dépendances. Le sponsoring local, le mécénat sont des vecteurs de décrispation et d'insertion. Ce n'est pas un hasard si le promoteur immobilier Seeri a eu l'originalité par rapport à ses concurrents de communiquer exclusivement de façon institutionnelle. En effet, ce promoteur (associé à Saari dans le tertiaire, à qui l'on doit le quartier de bureaux de la Défense) vise ainsi à faciliter l'insertion d'un géant, bien en amont des opérations immobilières elles-mêmes, auprès des élus locaux, des décideurs économiques et des investisseurs institutionnels. Pour obtenir les meilleurs terrains, cette insertion civique est nécessaire. C'est pourquoi Seeri s'est tout d'abord organisé en dix sociétés régionales (facteur de proximité). De plus, Seeri est l'un des dix principaux mécènes français, avec pour axe la culture. Seeri est partenaire du Festival de Jazz à Juan-les-Pins, a financé l'exposition itinérante de 26 toiles impressionnistes dans plusieurs villes de province (« Orsay avant que le musée d'Orsay n'ouvre »), etc. L'objectif est ainsi de montrer que Seeri apporte autre chose que des immeubles.

La menace de dérégulation pesant sur tous les services publics en France, Europe oblige, les conduit à orienter toutes leurs communications dans un sens institutionnel, pour consolider leur légitimité auprès du public et des parlementaires. EDF s'est approprié la garantie des services, pourtant commune à GDF et clame « nous vous devons plus que la lumière ». La Poste signe ses publicités « On a tous à y gagner », phrase dont la lecture peut être soit prosaïque soit œcuménique.

En 1990, Toshiba, comme toutes les autres entreprises japonaises dominant certains marchés, prit conscience de l'urgence d'une communication institutionnelle en Europe. Jusqu'alors, Toshiba n'avait communiqué qu'en tant que marque (« L'empreinte de demain ») ou de produits (les micro-ordinateurs portables, la télévision,...). En dépit de la sponsorisation d'une équipe cycliste française au Tour de France, Toshiba pâtit de l'image négative montante liée à l'emprise et l'envahissement perçus des groupes japonais en France et en Europe. Or, *de facto*, cette présence va aller croissant, soit par la multiplication des usines, des parts de marchés mais aussi des actes à forte valeur symbolique pour la cité, tels que l'achat de son cœur – sous forme de terrains et immeubles aux Halles (ou le Rockefeller Center à New York). Toshiba décida que les actions institutionnelles d'envergure en Grande-Bretagne, en Allemagne et en France, devenaient une priorité stratégique.

La communication de marque exprime quant à elle le sens des produits. La marque transforme la catégorie de produit et y injecte ses valeurs : elle dote le produit générique d'aspérités fonctionnelles et l'élève en l'inscrivant dans une continuité, celle de la mission de la marque. La communication de marque a pour but d'exprimer le concept et l'identité de la marque. Lorsque Coca-Cola afficha sur les murs du monde entier « Coca-Cola always », il s'agissait d'une communication de marque dont l'objectif est de déployer la richesse de ce « Always » fait de fraîcheur, de pétillance, de permanence, d'universalité, de communauté entre les hommes, les races, les âges, et les nations. De même, lorsque Renault consacre un film spécifique pour exprimer son identité et le concept de marque européen (« Des voitures à vivre »), il s'agit d'une communication de marque. Quels que soient les modèles, ils participent à cette conception et ont été pensés en fonction d'elle. Du fait de l'appauvrissement des mots, le langage de la marque est souvent symbolique : la marque y indique son idéal, sa représentation fantasmée, sa source d'inspiration lorsqu'elle crée les objets ou pense les services. Le destinataire de la communication de marque est un consommateur potentiel : il n'est pas encore plongé dans la comparaison concrète des produits, point par point, mais cherche à structurer l'offre, et les principaux acteurs qui la façonnent. Naturellement, rappelons-le, la marque peut être communiquée soit explicitement par une campagne sur les valeurs de marque, soit *via* des produits choisis spécifiquement parce qu'ils sont porteurs du sens de la marque. Benetton communique au niveau de la marque par ses affiches « United Colors of Benetton » message d'œcuménisme ou de protestation. Vuitton fait de même dans ses campagnes « L'art du voyage. »

La communication des produits ou services, enfin, s'adresse à un consommateur effectif. Son destinataire postulé est un acheteur dans le marché, c'est-à-dire engagé dans une problématique de choix et désireux de comparer les offres sur un certain nombre de caractéristiques d'usage et de prix. La communication de Coca-Cola sur le light, le sans caféine, le new coke ou le classic coke aux États-Unis, est une communication de produits (dans laquelle l'émetteur-marque reste présent par son ton et ses codes de communication). Findus n'a jamais communiqué explicitement sa marque mais s'exprime à travers ses gammes (Cuisine Légère, Nouvelle Tradition, Les Panés Dorés). Il en va de même pour la marque Volkswagen, déclinant à l'infini avec un humour au second degré, quelque avantage tangible de ses modèles Polo, Golf, Passat, Jetta, Sirocco. Le doute est ouvert pour Audi, autre marque du groupe VAG : la présence d'un modèle dans la publicité tient plus de l'alibi pour exprimer le concept de la marque.

Le tableau 13.1. illustre les quatre registres de communication. Comme le montre l'exemple de Renault, les registres sont parfois pris en charge par une communication qui échappe à l'entreprise et aux communicateurs. Ainsi, chaque fois que l'usine de Boulogne-Billancourt se mettait en grève, cela rejaillissait sur l'image de l'entreprise. De même, l'assassinat terroriste du P-DG de Renault, Georges Besse, rappela la dimension institutionnelle de Renault, fleuron d'un capitalisme d'État, remettant en mémoire le fait que la direction de Renault se trouve autant chez le Premier ministre ou le ministre de l'Industrie que chez son P-DG nommé par l'État. Même la campagne de privatisation capitalisa sur l'appartenance de Renault à la nation.

Bien que chaque registre ait son territoire propre, il arrive aussi que certains discours soient à dessein à cheval sur plusieurs registres. Ainsi Benetton adopte volontairement un registre quasi-institutionnel dans sa communication de marque : le fait de présenter en affiche une femme blanche donnant le sein à un bébé noir est une prise de parole politique et philosophique. Elle est en phase avec la sensibilité internationaliste de la jeune clientèle et fait écho à la réalité vivement colorée des produits Benetton.

GÉRER LA COMMUNICATION GLOBALE

La distinction des quatre registres de communication vise à clarifier les diagnostics en repérant les circonstances sollicitant plus un registre qu'un autre. C'est au niveau du diagnostic qu'Essilor doit déterminer quelle facette de son image lui fait le plus défaut pour affronter la nouvelle concurrence des distributeurs sur un plan mondial : est-ce l'entreprise Essilor que l'on méconnaît et dont on sous-estime l'ampleur du dispositif de recherche et de production ? Est-ce l'institution Essilor qui a trop longtemps été muette, ne signalant pas assez sa contribution déterminante à la collectivité ? Est-ce la signature Essilor sur un verre ou une monture qui n'est qu'un assemblage de lettres sans sens particulier pour l'usager, sans physique, sans reflet, ni personnalité, ni culture ? Sont-ce les produits qui sont inconnus ou en tout cas

Registres :	Coca-Cola	Renault	Nestlé
L'institution	Le fleuron du capitalisme triomphant Coca-Cola à Pékin et Moscou L'emprise sur le goût	Mainmise de l'État Laboratoire social pour la nation et 1er exportateur Français Gagne en Formule 1	L'archétype de la multinationale Révélateur des problèmes moraux du business dans le tiers-monde
L'entreprise	Atlanta, le chiffre d'affaires, les implantations dans le monde	Grèves Syndicalisme fort Conquête des parts de marché Privatisation partielle	Groupes multi-activités, siège à Vevey Leader de l'alimentation Secret
La marque	« Always Coca-Cola »	« Des voiture à vivre » Dynamique (Formule 1) Innovante	Maternelle Nourricière Santé et plaisir
Les produits ou les services	La bouteille de Coca-Cola Le Diet Coke Le Coke sans caféine Le Coke classic	Twingo, Clio, Laguna, Safrane Espace, Mégane, Kangoo	Laits maternisés Corn-flakes Chocolat, café Yaourts, etc.

Tableau 13.1. – *Les quatre registres de la communication globale*

non attribués à Essilor qui, jusqu'à présent, a très bien réussi en se cachant derrière ses produits (le Varilux...) ? Nous préférons cette division en registres et problématiques distincts au terme un peu fourre-tout de communication « corporate » issu d'une culture anglo-saxonne différenciant peu, en théorie, la marque et le produit.

Ce serait néanmoins une erreur de concevoir ces quatre registres de communication comme des strates séparées, même si par commodité graphique, le tableau 13.1. les figure ainsi. En effet, le consommateur, lui, n'est pas stratifié ni cloisonné : il n'a pas d'un côté une partie de lui-même qui aurait rapport à l'institution, et une autre avec la marque. Lorsqu'il doit acheter, le consommateur ne limite pas sa préoccupation à la marque et aux produits, il intègre des données relatives à l'efficacité de l'entreprise et à la responsabilité sociale de l'institution. Hier, dans Danone il y avait du BSN et du Riboud, son P-DG porte-parole médiatisé. Désormais le lustre de la marque IBM est affecté lorsque l'on lit dans la presse que Big Blue est dans le rouge ! Les Allemands étaient peu attirés par Eurodisney car ils entendaient que l'entreprise perdait beaucoup d'argent. À l'inverse la presse a présenté chaque nouvelle Citroën comme la « dernière chance » de l'entreprise ! Depuis plusieurs années, dans notre pays, le rééquilibrage du rôle de l'État a conduit à revaloriser le rôle du secteur privé dans le dynamisme de la nation : c'est pourquoi une partie du public demande aux entreprises d'être acteurs. La communication dite « d'entreprise » vise précisément à les rendre de plus en plus visibles et éventuellement lisibles. La responsabilité sociale est aussi envisagée lors de l'achat : Nestlé en souffrit lors du boycott de ses marques aux États-Unis et en Grande-Bretagne. Le caractère civique de Riboud fait de Danone une marque sans tache. Quand Hoover ferme une usine en France pour en ouvrir une en Grande-Bretagne, car les lois sociales y sont moins contraignantes, cela ternit la facette éthique de la marque. Les révelations concernant les rémunérations d'É. Balladur par GSI et sa vente d'actions ont troublé l'image de marque de cette société. L'affaire du salaire de P. Suard a nui à l'image d'Alcatel, déjà bousculée par la suspicion de surfacturation à France Telecom.

Ce non-cloisonnement du consommateur qui intègre toutes ces facettes dans son choix rappelle qu'il ne faut pas manager ces quatre types de discours de façon étanche – chacun visant une cible différente – mais en synergie. Il faut gérer les quatre registres à la fois, ce qui n'empêche pas de discerner leurs finalités propres.

Lorsque l'institution, l'entreprise, la marque et les produits portent le même nom, pour l'acheteur les quatre représentations se mélangent et s'imbriquent dans la perception de la marque, au point que l'on pourrait alternativement parler de facette institutionnelle de l'entreprise ou de la marque. Lorsque Toshiba se lance dans le mécénat culturel, est-ce l'entreprise ou la marque qui en sort plus philanthrope ? Quoi qu'il en soit, il est désormais indispensable de penser « communication intégrée » en gérant la synergie et la complémentarité de ces quatre registres de communication.

Le repérage des quatre types de discours fournit un cadre systémique de diagnostic et de décision pour la stratégie de communication. Pour cela, il est préférable de substituer à la classification descriptive (tableau 13.1.) une vision intégrée de ces registres de discours, symbolisée par la figure 13.1., dans laquelle les flèches représentent des flux d'image négatifs ou positifs.

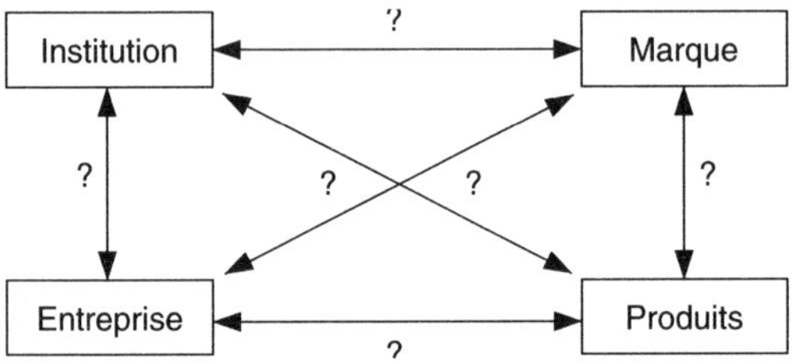

Figure 13.1. – *Le système EIMP et le diagnostic des flux d'image*

Le cadre EIMP permet de décrire les systèmes de communication, et de repérer les dysfonctionnements dans les flux d'image. Nous illustrons à présent quelques-uns d'entre eux.

Le vide de marque et l'étouffement par l'institution

Dans le secteur automobile les dimensions industrielles et humaines sont essentielles pour la crédibilité de la marque. Il y a derrière l'image de marque de Ford, de General Motors ou de Volkswagen l'influence sous-jacente de l'institution industrielle et de la puissance qu'elle représente. Cela renforce les attributs de marque tels que la fiabilité, la qualité. De même on peut dire que l'image de puissance industrielle et financière du Groupe Fiat vient compenser le déficit d'image des produits Fiat (carences en termes de qualité).

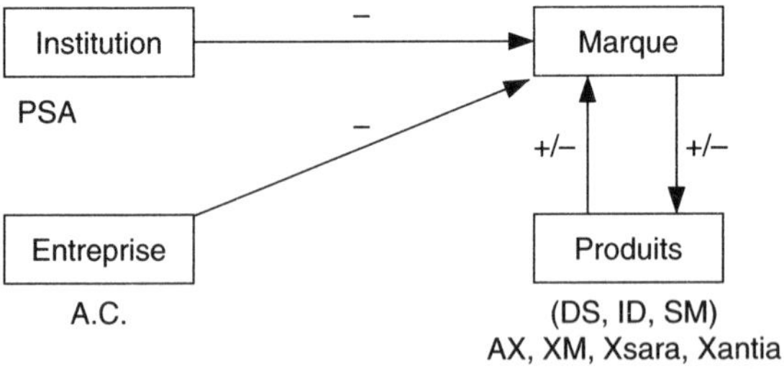

Figure 13.2. – *Le système EIMP chez Citroën*

L'examen du système de communication globale ou intégrée d'Automobiles Citroën reflète quelques déséquilibres structurels. Jusqu'à l'arrivée bienheureuse de Xantia, le système EIMP de Citroën était très déséquilibré. La marque à l'héritage fantastique ne se reflétait plus dans ses produits actuels, perçus comme bons, efficaces, de bonne qualité mais sans brio (l'AX, la BX). Le paradoxe de cette marque au passé fameux est que ce qui serait original pour n'importe quelle autre marque est perçu comme banal pour Citroën.

Portant encore en elle les braises de feu la DS, l'ID, la SM, la CX, Citroën ne se retrouvait plus du tout dans sa gamme actuelle. On pouvait dire que les Citroën n'étaient plus des Citroën. Cela empira lorsque faute de pouvoir s'incarner dans des automobiles dignes de son nom la marque décida d'imiter sa marque-sœur à succès, Peugeot. Loin des valeurs fondatrices et de l'identité de marque, on créa l'AX Gti, on reprit le flambeau en rallye après le départ de Peugeot. Ces expédients ne servirent ni à vendre l'AX Gti ni à redorer le blason de la marque tant la démarche semblait artificielle, calculée et issue d'une stricte logique d'imitation. La marque n'aidait donc plus à vendre les produits et ceux-ci commençaient à renvoyer de celle-là une image négative, ancrée dans un passé révolu. De fait, la marque avait perdu le contact avec les jeunes et les femmes.

Plus grave, on pouvait se demander si l'entreprise existait encore. Certes l'entreprise Citroën existait juridiquement mais elle semblait vidée de substance. En premier lieu elle n'avait plus de porte-parole. Plus personne n'incarnait Citroën et ne pouvait s'exprimer en son nom exclusif. Dans l'organisation du groupe, le président de PSA est aussi président des deux marques donc ne représente aucune en particulier. D'ailleurs Monsieur Calvet veillait bien à maintenir cet équilibre. À cela s'ajoute le fait que la marque Citroën n'avait plus de lieux : c'en était fini de Javel (alors que Peugeot se réfère encore à Sochaux). Enfin, l'institution PSA qui communiquait beaucoup du fait de son médiatique patron ne faisait qu'accentuer l'impression de trouble. En effet PSA incarne et hérite de la culture Peugeot c'est-à-dire les valeurs de travail, d'ordre, de volonté, d'efficacité, mais aussi de francité, de conservatisme. Cette culture traditionnelle semblait très éloignée des racines de la marque Citroën, voire même antinomique. On pouvait donc craindre pour la capacité de la marque à rester elle-même, à s'épanouir dans ce contexte. Quant à la communication d'entreprise elle était toujours dramatisante : les chiffres de ventes et de parts de marché conduisaient régulièrement le patron de PSA à émettre ouvertement des doutes sur la perennité de la marque Citroën elle-même.

Le diagnostic EIMP permet d'identifier les conséquences négatives en communication de l'organisation de PSA. Celles-ci ne sont pas inéluctables mais peuvent être prévues donc gérées. Il fallait réactiver l'émetteur marque dès qu'un produit témoignant la vitalité et la permanence de celle-ci le permettrait. Ce fut le cas de Xantia et à une moindre mesure Xsara.

L'excès de marque d'EuroDisney

Le système EIMP fournit un cadre de diagnostic pour les mésaventures d'EuroDisney, du moins sur le plan de la gestion de sa communication externe. Dans cet exemple, à la différence du cas précédent on a assisté à un excès de marque.

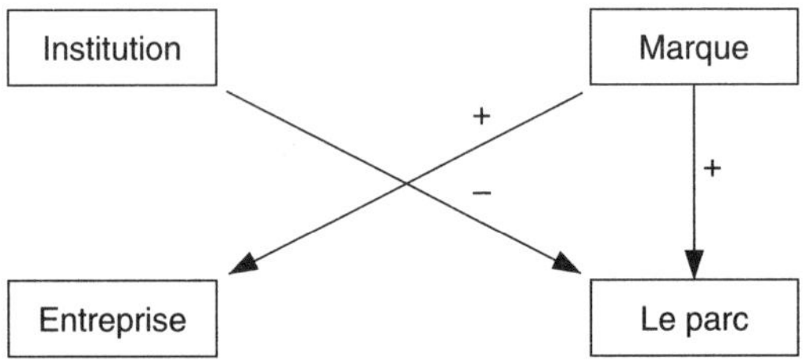

Figure 13.3. – *La dérive de communication d'EuroDisney*

L'arrivée de Disneyland en Europe est un événement qui dépassait la sphère économique ou du spectacle : on pouvait parler d'événement culturel, mais au sens où un artefact de la culture américaine était importé, sans plus de précautions en plein bassin parisien, au milieu de la France. L'ampleur des investissements, le niveau très élevé des interlocuteurs politiques français ayant à traiter du dossier, les exigences de Disney vis-à-vis des pouvoirs publics, des médias et de la SNCF (créer une gare TGV spéciale) soulignèrent la dimension institutionnelle de l'opération. Sur un plan symbolique, une vraie greffe de culture américaine était opérée à ciel ouvert, véritable challenge à l'idée d'identité européenne, déjà très malmenée par la domination américaine des images télévisuelles ou cinématographiques. La politique de nom consistant à opter pour le préfixe Euro ne modifia en rien la perception, au contraire. Ce parc n'avait rien d'euro, mais était un Disneyland typique, comme il y a un Coca-Cola ou un Mc Donald's typique. La seule différence était qu'il était à Paris et non à Orlando ou à Tokyo. Le premier nom était un trompe l'œil.

Pour séduire les investisseurs, à la fois les très sérieux opérateurs bancaires et les petits porteurs le registre de communication aurait dû être celui de l'entreprise, de l'économie, du factuel et du réaliste. Il n'en fut rien : le personnage de Mickey fut largement sollicité dans la communication, jusque sur les marches du Palais Brongniart ce qui contribua à déréaliser l'opération boursière et à la projeter dans l'univers du fantastique, du miracle, c'est-à-dire d'un monde échappant aux lois d'airain du secteur touristique dans lequel pourtant elle s'insérait. Médusés, séduits, les petits porteurs furent légion. Hélas, les lois d'airain n'en avaient pas disparu pour autant. Chacun connaît les normes reliant le montant de l'investissement par chambre et le prix auquel il faut vendre la nuitée pour assurer la rentabilité. D'emblée l'équipement hôtelier du parc se situa au-delà de ces normes. Malgré les mises en garde des professionnels, tout s'était passé comme si les lois de l'économie classique s'arrêtaient aux limites du parc. L'imaginaire de marque avait occulté la prise en compte réelle des données économiques du dossier. D'où le désarroi lorsque les chiffres de rentabilité firent défaut. On aurait dû selon nous rappeler aux investisseurs adultes qu'il s'agissait pour eux d'un investissement à très long terme dans un secteur touristique, et se cantonner dans le strict registre de la communication d'entreprise. L'extension du registre de la marque au-delà de sa sphère naturelle agit en miroir aux alouettes. Le fait de reparler du parc comme Disneyland Paris lève une ambiguïté de départ et désinstitutionnalise ce dernier. On mesure enfin frontalement la proposition commerciale.

Quand le produit absorbe la marque

Un autre déséquilibre classique vide la marque de tout contenu propre en lui donnant celui d'un de ses produits. Elle ne peut alors plus fonctionner comme marque-source. C'était le cas de la marque Nina Ricci, reprise par G. Fuchs en 1988 après le décès de M. Robert Ricci, fils de la fondatrice de la marque.

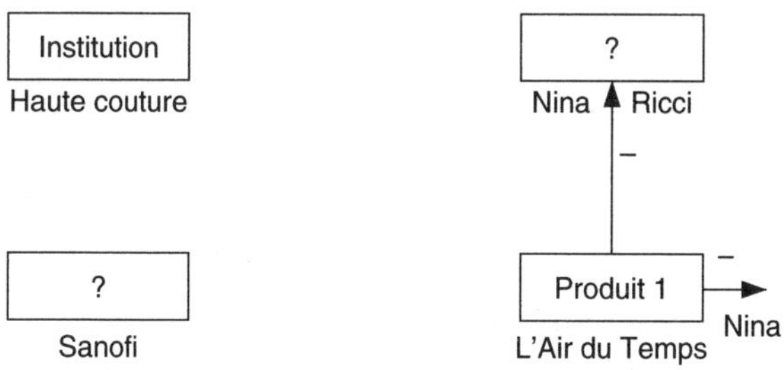

Figure 13.4. – *Nina Ricci en 1990*

Nina Ricci en tant que marque n'existait plus. Certes, les ventes se développaient de par le monde, mais pour d'autres raisons. Nina Ricci continuait à être une institution de la haute couture. La maison Ricci participait aux rituelles présentations des nouvelles collections et rappelait ainsi par ses robes du soir fantastiques son appartenance au club très fermé des griffes de Paris. Ricci est un nom toujours prestigieux, mais en retrait derrière Dior, Chanel et Yves Saint Laurent, plus proche de Balmain, Balenciaga ou Lanvin, hors mode et sage. Quant au contenu de la marque Nina Ricci, il n'existait pas ou plutôt il était indistinct du produit star « L'Air du Temps » best-seller mondial, premier parfum des jeunes filles et des moins jeunes nostalgiques. De même qu'Anaïs-Anaïs a phagocyté l'identité de Cacharel, l'Air du Temps avait donné son identité à la marque-mère Nina Ricci. Un essai de désenclavement de la marque avait certes eu lieu avec le lancement d'un nouveau parfum « Nina ». Mais, en gardant la touche de David Hamilton, le photographe de l'Air du Temps, Nina ne put jouer ce rôle et marquer ses distances avec le produit star. L'Air du Temps était trop proche encore de Nina et semblait l'englober (alors que Loulou de Cacharel sut, au contraire, bien se démarquer d'Anaïs-Anaïs tout en respectant certains codes). Cette situation était préjudiciable à l'entreprise Nina Ricci soucieuse de se développer sur de nouveaux segments : or, on ne fonde pas, par exemple, une ligne cosmétique sur un imaginaire de jeune fille sur le parvis de la féminité, véhiculé par l'Air du Temps. Il fallait donc nécessairement donner une autonomie au nom Nina Ricci en multipliant ses productions de sens, soit par le pouvoir communicant des accessoires (on connaît l'effet du sac Kelly et des foulards chez Hermès), soit enfin, par un « Nina » ayant sa propre identité, et porteur du sens nouveau de la marque.

Dans un secteur diamétralement opposé, celui de l'habitat social, les offices de HLM se trouvent face à une situation du même type :

– La facette institutionnelle d'HLM est floue si ce n'est en crise. Le « mouvement » HLM était-il encore un service public animé par une idéologie et l'humanisme de ses débuts ?
– La facette entreprise est mise en scène périodiquement par les médias qui fustigent les évacuations par la force de locataires insolvables, à l'instar de n'importe quelle entreprise privée ou promoteur. La structure et la multiplicité des organismes HLM créent de plus une opacité qui décourage. Les investigations judiciaires sur l'office HLM des Hauts-de-Seine ont semé le doute plus tard.
– La réalité des produits a changé : désormais, les HLM permettent d'accéder à la propriété, de vivre dans des maisons individuelles ou de petits immeubles confortables. Les HLM ont entamé une intense politique de rénovation des grands ensembles. Hélas, pour des raisons de simple perception, la seule partie visible de cette réalité d'aujourd'hui reste les tours et les mastodontes qui émergent au-dessus des arbres.
– La marque HLM subit de plein fouet ce biais de visibilité en devenant pratiquement un mot du lexique courant pour désigner les tours gigantesques et insécuritaires. Il y a absorption de la marque par un de ses produits.

Ce diagnostic durable avait déjà conduit le mouvement HLM à la nécessité de lancer une campagne pour maîtriser une communication qui se faisait pour l'essentiel en dehors de lui dans les rubriques faits divers de la presse quotidienne régionale et dans la rue par la vue des tours au loin qui renforcent chaque jour le stéréotype. Mais où fallait-il communiquer dans le système EIMP ? Devait-on revitaliser la facette institutionnelle en profitant du bicentenaire de la Révolution pour exalter la mission sociale ? Devait-on mettre en exergue les pavillons individuels des HLM ou l'urbanisme avancé du polygone de Montpellier ou des immeubles post-modernes de l'architecte Ricardo Bofil à Marne-La-Vallée ? Fallait-il en venir à supprimer la marque devenue trop chargée de sens et un vrai stéréotype, ou au moins garder la marque HLM pour les tours et créer une nouvelle marque pour la nouvelle réalité ?

Un changement de marque était impossible, sur un plan interne et politique, signe de désaveu et de lâchage d'une partie des locataires. Montrer de suite une réalité démentie tous les jours par la vision des tours eût suscité des réactions d'incrédulité. Quant à reprendre un discours philosophique et moral, c'était oublier que l'on n'attend plus du mouvement HLM des phrases mais des faits. Le préalable à toute reprise de parole factuelle fut d'attaquer le stéréotype de marque, non en le niant, mais en l'assumant. Le mouvement HLM lança une campagne dite « two sided », présentant le négatif et le positif dont la recherche a montré qu'elle rehaussait la crédibilité des émetteurs dans les situations de crise de confiance. On vit, sur les affiches de France, un grand ensemble en forme de dinosaure, sous l'accroche « certains préjugés datent un peu », signal qu'une nouvelle réalité existait à côté d'une réalité ancienne, non niée mais promise à la disparition inéluctable. Cette campagne préalable de recrédibilisation de la source HLM était la condition *sine qua non* de l'écoute des campagnes à venir, portant elles sur les nouvelles réalités des HLM. Hélas, elle ne dura pas et ne put avoir les effets à long termes que l'on attendait d'elle. C'est pourquoi le déséquilibre de communication perdure, alimenté par les affaires.

Les Caisses d'Épargne fournissent un troisième cas symptomatique de ce type de déséquilibre de communication globale.

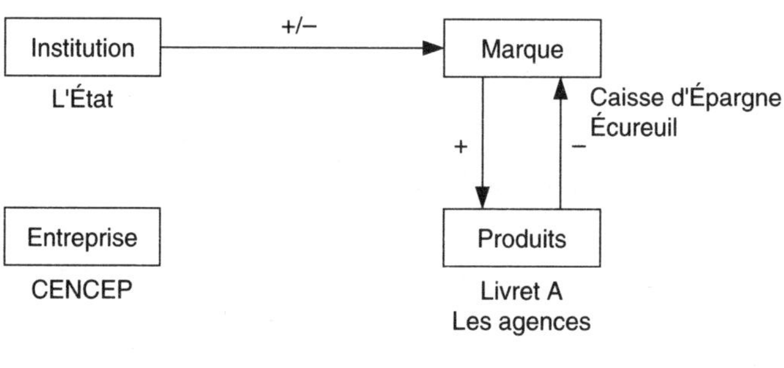

Figure 13.5. – *Les Caisses d'Épargne ou le géant caché*

Combien de gens connaissent l'envergure réelle des Caisses d'Épargne ? Leur dynamisme ? Leur rénovation profonde ? Leur ouverture sur l'extérieur à travers des accords avec les Caisses d'Épargne d'Europe ? La dimension du réseau (6 000 agences !). Cette méconnaissance tient à plusieurs facteurs et en premier lieu la réduction de l'image des Caisses d'Épargne au seul produit : le Livret d'Épargne. Ce dernier, présent chez presque tous les ménages, offert dès le plus jeune âge aux enfants qui plus tard l'oublient pour le retrouver une fois retraités donne une image fausse des Caisses d'Épargne, en leur déniant le statut de véritable institution financière, capable de répondre aux besoins quotidiens de son public.

Peu rémunéré, peu valorisé, non choisi mais reçu le plus souvent, le Livret d'épargne il est vrai ne construit pas un émetteur compétent et tourné vers le service. Il fait écho à la facette institutionnelle des Caisses d'Épargne, bras séculier de l'État, dont on pressent qu'elles jouent un rôle dans la collecte de l'Épargne des Français. À l'inverse, la présence de l'État en filigrane donne une coloration protectrice à cette institution, presque en marge du système bancaire, donc source d'attraction pour tous ceux que l'argent effraie ou inquiète. D'où l'association souvent faite entre Caisses d'Épargne et jeunes, personnes à revenus modestes ou personnes âgées. À cela s'ajoute le fait que la marque infantilise le client par sa facette animalière (le petit écureuil) et que par son nom elle encourage à l'épargne et non à la dépense. Or la rentabilité d'une institution financière et la capacité de maintenir un tel réseau de proximité supposent que les Caisses d'Épargne soient aussi présentes sur le crédit à court terme aux ménages (pour acheter une télévision ou une motocyclette par exemple), sur les SICAV, la gestion des liquidités, etc.

La stratégie suivie par les Caisses d'Épargne a consisté à mettre en sourdine la facette institutionnelle et à médiatiser fortement tous les produits et les besoins quotidiens auxquels l'offre existante permettait en fait de répondre, tout en faisant évoluer le reflet de la marque, c'est-à-dire l'image projetée de sa clientèle.

La SNCF fournit une variante intéressante de cette difficulté de communication par l'émergence d'un de ses produits. En effet, l'essentiel de la communication institutionnelle de la SNCF est *de facto* réalisé par le TGV. C'est ce superbe train qui porte en lui toutes les facettes positives de l'institution, celles de vitesse, de progrès, de dynamisme et performance. La dimension institutionnelle du TGV fait que les responsables opérationnels de l'exploitation du TGV ont paradoxalement du mal à communiquer dessus pour ravir des parts de marchés à l'avion et à l'automobile : en effet, à la SNCF, le TGV est jugé du ressort de la communication « corporate », ce qui rend impossible des messages très concurrentiels comme on est en droit de les attendre dans une perspective de luttes pour la part de marché. La récupération institutionnelle du TGV a longtemps abouti à des films qui en fait souvent ne vendaient rien. C'est une des conséquences de la double nature de la SNCF tiraillée de droit entre son statut de service public pour une partie de ses activités et véritable entreprise commerciale pour tout le reste de ses activités.

UNE STRATÉGIE GLOBALE : LE CAS LECLERC

Le schéma EIMP, distinguant les quatre pôles de l'action stratégique en communication, permet de comprendre pourquoi, dans le conflit qui les oppose à la grande distribution concentrée, les producteurs ont, à ce jour, perdu la bataille de la communication. En effet, par les stratégies d'enseignes spécifiques et les actions concertées, la distribution a réussi à occuper sur l'échiquier EIMP les pôles de la légitimité collective et de la rationalité.

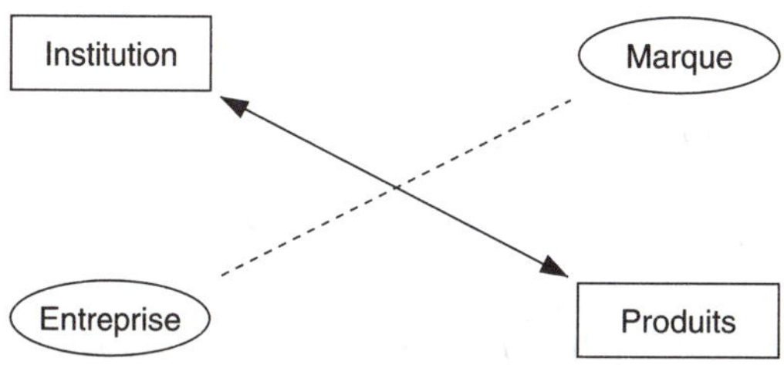

Figure 13.6. – *Deux stratégies de communication comparées : producteurs (- - - -) et distributeurs (———)*

Le talent de la grande distribution en termes de communication stratégique a consisté, en effet, à se positionner fortement sur les pôles produit et institution.

Le terrain de la légitimité sociale et du civisme a été gagné par le fait que des enseignes – agissant à titre personnel – ont fait en réalité un travail de campagne collective. Cela commença par l'enseigne Carrefour, dont la campagne des « Produits Libres » à partir de 1976, par le choix même du concept de liberté, présentait les grandes enseignes comme sources de libération des consommateurs. Depuis cette époque, toutes les campagnes de Carrefour, fondées sur l'hymne à la rationalité (« Je positive ») contribuent à accaparer celle-ci au profit de la distribution en général. Cela est poursuivi par l'enseigne Leclerc, dont la stratégie de communication reflète une profonde compréhension des leviers de pouvoir et des enjeux. Leclerc fait très peu de publicité nationale : l'essentiel des budgets de publicité est au service de chaque magasin et décline l'avantage prix dans la zone de chalandise des points de vente, par affichage, presse quotidienne régionale et prospectus. En revanche, Leclerc achète périodiquement quelques pages dans *Le Monde* ou Libération et quelques panneaux d'affichage à Paris. Ces actions déclinent systématiquement le même thème : il existerait des « blocages » dans la société française (sous forme de cartels, de corporatismes, de lois désuètes). Il faut les supprimer car ils entraveraient la concurrence et empêcheraient de baisser les prix, donc seraient un frein à l'intérêt collectif, celui de la nation. Chaque compagne fustige un de ces « blocages » : les pharmaciens, les pétroliers, les libraires, le groupement des Cartes Bancaires, l'industrie du luxe, les banques... Pourquoi ces publicités sont-elles limitées au journal *Le Monde* ou *Libération* et à quelques affiches bien placées dans Paris ? Tout simplement parce que la cible visée est celle qui a le levier d'action dans notre pays : le ministère des Finances, le ministère de l'Industrie et du Commerce, le Conseil Économique et Social, le Conseil National de la Concurrence, la haute administration, les sièges des principaux mouvements de consommateurs ainsi que le Secrétariat d'État à la consommation. L'important est de sensibiliser ces leviers de décision (par le pouvoir qu'ils exercent sur les conditions de fonctionnement de l'industrie et du commerce).

L'émoi créé dans la cité par ces campagnes à tonalité politique (posant les problèmes au nom du bien public) conduit à l'interview des auteurs dans les médias télévisuels. Michel-Édouard Leclerc peut alors s'adresser à l'ensemble des Français et présenter leur enseigne comme la pointe avancée du combat consumériste pour le bien public : les prix les plus bas dans tous les secteurs.

Les actions de Leclerc fonctionnent *de facto* comme une campagne collective : elles travaillent certes pour doper l'identité de l'enseigne, mais on pourrait remplacer la signature Leclerc par « Les Distributeurs Réunis », sans que ces campagnes ne perdent leur sens et leur force. Ainsi, l'action individuelle de quelques enseignes fait un travail de légitimation pour l'ensemble du secteur de la distribution. Se présentant à partir de 1976 comme le vrai défenseur des consommateurs, de la liberté, de la vraie concurrence, la grande distribution a réussi à occuper désormais le pôle de la légitimité auprès des décideurs économiques et de la haute administration. En multipliant les communications anti-marques nationales (déclarées asservir les consommateurs, fausser les règles de la concurrence et supposées créatrices de vie chère) en communicant fortement sur leurs marques de distributeur – bien moins chères et prétendues de qualité égale –, la grande distribution a aussi occupé fortement le pôle produit, celui de la rationalité.

Cette stratégie est accompagnée par l'action remarquable d'un organisme collectif de lobbying sectoriel, l'ICC, Institut du Commerce et de la Consommation. Ce dernier suscite, fait réaliser et diffuse auprès des leaders d'opinion et des leviers de décision, des études, monographies, et recherches visant à démontrer – sous forme académique – la véracité des thèses avancées par les porte-parole de la grande distribution. Même si elles ne sont pas lues, suivant le vieil adage « le médium c'est le message », l'existence de ces études et leur forme cautionnent l'hypothèse de légitimité des thèses avancées.

Habitués à communiquer au sein de chaque segment, entreprise contre entreprise, marque contre marque, les producteurs – qui disposent sur le fond d'un dossier en fait plus légitime sur un plan macro-économique, celui de la croissance et du progrès – n'ont pas perçu les enjeux stratégiques de la communication, ni les cibles prioritaires. Faute de stratégie de communication, les producteurs se retrouvent *de facto* sur l'autre diagonale de l'échiquier EIMP : l'entreprise et la marque. En effet, quand entend-on les producteurs ? Essentiellement dans la publicité et périodiquement pour annoncer que leurs bénéfices d'entreprises sont en hausse – image boursière oblige. De plus, pour des raisons analysées dans un autre ouvrage (Kapferer et Thoenig, 1989), la publicité française a cessé d'argumenter sur les produits au profit d'une recherche du spectaculaire, du ludique, de l'imaginaire pur, du code pour le code. Tranchant avec les communications de la distribution focalisées sur la réalité du produit, la publicité des marques nationales a oublié le pôle rationnel qui fonde toute valeur de marque. En privilégiant le spectacle à la communication des performances du produit de marque nationale – dont les marques de distributeurs s'inspirent pour les copier souvent jusqu'à la contrefaçon – les producteurs ont laissé se détériorer l'image de marque de la Marque, le capital de Marque. Une partie croissante des consommateurs aime certes les grandes marques mais n'est plus prête à payer plus cher pour celles-ci, ce qui démontre que l'attachement à la marque nationale tend à devenir purement affectif et à perdre son assise rationnelle. Compte tenu de la réalité des comparaisons de performances, cet état de fait traduit l'échec de la communication des producteurs. Paradoxalement la distribution qui a toujours fustigé la publicité des marques nationales s'est, en fait, révélée bien meilleure stratège de communication que les producteurs, en identifiant les cibles-leviers, en raisonnant communication globale et en préemptant le thème de la défense des consommateurs ou de la lutte pour les prix bas.

Les résultats de cette stratégie sont notoires : critiquée il y a quelques années encore pour son écrasement du petit commerce de proximité, la distribution sut reconquérir une crédibilité et une légitimité auprès des décideurs politiques. Elle sut acquérir une proximité publique, une image de défenseur des consommateurs, des automobilistes, au point que les Associations de consommateurs sont désormais devenues silencieuses.

Forts de la leçon, les fabricants ont su se porter eux aussi sur le terrain institutionnel, celui de l'apport à la collectivité. En effet si les bénéfices de la grande distribution au niveau individuel sont clairs (le prix le plus bas) on a su faire prendre conscience des coûts induits de la grande distribution. Ceux-ci invisibles et collectifs n'en existent pas moins : la dévitalisation des centre villes, la désertification du tissu commercial de proximité. Obsédée par la priorité donnée aux prix bas, pesant sur les filières de production, la grande distribution a joué un rôle majeur dans la perte des repères qualitatifs de l'alimentation moderne. Y aurait-il eu par exemple la crise de la « Vache folle » sans la spirale suicidaire liée à l'obsession de la rentabilité et du prix le plus bas ? Les fabricants trop longtemps muets ont su rétablir une vision plus équilibrée, en attirant l'attention sur les coûts sociaux énormes de la grande distribution, sur les comportements systématiques de concurrence déloyale (copies de marque, importation de contrefaçons...), voire sur les comportements contestant ouvertement les lois que la République venait de se donner au printemps 1996 pour mieux équilibrer les rapports entre l'industrie et le commerce, et limiter la vente à perte.

C'est pourquoi Leclerc a revitalisé sa propre communication institutionnelle en préemptant le thème de la défense de l'environnement ; levier sensible de l'opinion publique et de la jeunesse, ses meilleurs alliés. Critique de la loi Galland qu'il estimait trop en faveur des producteurs, il lança en 1997 sa marque de distributeur, au nom très symbolique : la marque Repère !

GÉRER UNE CRISE

Il arrive que l'image d'une marque brûle. Rares sont les secteurs où les marques sont *a priori* à l'abri d'une crise éventuelle. Les secteurs les plus exposés sont ceux où le risque technologique ne pourra jamais être réduit à zéro : l'alimentaire (on l'a vu avec le cas Perrier, les problèmes du Vacherin suisse, les attaques contre des marques fromagères françaises en RFA), les produits d'entretien, la pharmacie et parapharmacie, les services de transport, l'automobile, le pétrole, la chimie, etc. Mais du fait que le citoyen est aussi un consommateur et réciproquement, les faits relatifs à l'entreprise elle-même peuvent altérer la relation du public à ses produits.

Ainsi, la critique des ventes de lait maternisé Nestlé aux femmes du tiers-monde suscita une mise en cause de l'institution de Vevey, secrète et donc inquiétante. Cela entraîna aux États-Unis et en Europe un mouvement de boycott. Celui-ci n'atteint jamais une forte ampleur : l'image de la marque Nestlé est trop liée à l'archétype de la vie : la mère. Elle protégea les produits, mais une autre société à marque moins mythique eût plus pâti de cette situation de crise. En général, l'impact des crises de l'entreprise transite jusqu'à ses produits : c'est pourquoi Procter & Gamble maintient un périmètre de sécurité autour de ceux-ci.

Comme Henkel ou Unilever, Procter & Gamble ne pratique pas le « corporate branding » : les noms de marque sont totalement dissociés du nom de société. Ce dernier ne figure que de façon microscopique sur le packaging des marques. De plus, P & G suit une politique de marques-produits : ainsi, un accident menant aux USA au retrait du marché de la marque de tampons Rely n'eut aucune incidence sur les autres produits de P & G. Cette politique de cloisons étanches eut l'avantage de protéger les ventes des marques de P & G, lors du développement de la rumeur suspectant cette société même de verser une partie de ses bénéfices à la secte Moon, dont l'origine des ressources considérables reste toujours un mystère. Les avantages de la synergie et de la capitalisation des investissements lorsque marque et entreprise ont le même nom engendrent un risque lié à cette identité : les accidents de l'entreprise affectent la marque et réciproquement. C'est pourquoi, après la crise lors de la reprise des actions de communication, il importe de bien choisir sur quelle case de l'échiquier EIMP on doit se placer. Celle-ci n'est pas forcément la même que celle qui fut à l'origine de la crise. L'exemple de Chaumet en atteste.

L'affaire Chaumet avait éclaté au mois de mai 1987, lorsque, après enquête, il était apparu que la prestigieuse bijouterie Chaumet, connue internationalement, deux fois centenaire, avait un passif de deux milliards de francs, lié à des activités illégales et des pratiques frauduleuses. Les chefs d'entreprise, MM. Jacques et Pierre Chaumet furent poursuivis pour « banqueroute, escroquerie, abus de confiance et exercice illégal d'activités d'établissement de crédit ». Le 3 novembre 1987, l'entreprise moribonde changea de propriétaire : Investcorp, banque d'investissement, fondée à partir de capitaux levés dans les émirats, racheta le « pas de porte » pour 93 millions de francs. Outre le droit au bail et les ateliers, cette cession inclut la valeur financière des marques Chaumet et Breguet (les stocks faisant l'objet d'une négociation séparée). On nomma un nouveau P-DG. Mais où devait-on recommuniquer ? Sur l'entreprise nouvelle, les produits, la marque et ses attributs ou sur l'institution ?

Le diagnostic fut clair : d'une certaine façon, la crise de l'entreprise ouvrait une opportunité qu'il fallait exploiter pour faire évoluer Chaumet et ainsi le débarrasser des pesanteurs d'image dont il souffrait bien avant la crise. En effet, l'entreprise Chaumet, avant l'affaire, semblait enfermée dans les lourdeurs d'une conception trop traditionnelle, élitiste, hexagonale de la haute joaillerie, teintée d'immobilisme. En 1988, le terrain était préparé : la révolution de palais avait insufflé l'idée d'une rupture avec l'image classique, celle « d'avant la crise ». Si quelqu'un a repris Chaumet, c'est forcément pour changer et non pas pour faire la même chose moins bien. Pour que Chaumet continue, il fallait donc que ce soit autre chose. L'imitation de l'ancien style eût été illégitime. C'était donc le moment idéal pour innover au niveau des produits et de parler de ceux-ci.

Néanmoins, cette innovation ne devait pas signifier une quelconque perte d'identité, Chaumet restant alors un nom, une coquille vidée de sa substance légitime. On sait que les organisations focalisent leur identité sur l'un des trois pôles suivants : un homme, un principe de gestion ou un produit ou métier. La disparition des porteurs du nom, les frères Chaumet, menait à une nouvelle focalisation ne pouvant qu'être celle du produit. Ainsi, d'une certaine façon, l'innovation produit était doublement nécessaire.

Mais plus Chaumet évoluait (dans ses créations, dans son management), plus il était important d'affirmer la permanence et la fidélité à la tradition Chaumet, et à l'institution qu'est la place Vendôme. La campagne internationale « Chaumet sera toujours Chaumet » proclamait fièrement l'inaltérabilité, la continuité institutionnelle, la permanence et l'enracinement dans la tradition de la haute joaillerie, ce qui légitimait la nouvelle collection, même si elle est folle, voire surtout si elle est folle. Cette proclamation rejoignant l'éternité propre au luxe autorisait un double décodage selon la cible. Elle répondait aux sceptiques, à ceux qui étaient prêts à faire courir la rumeur que Chaumet n'est plus, percevant le nouveau P-DG comme un usurpateur. Elle intégrait le scandale et le dépassait, s'y référait implicitement et le tuait. Mais de plus, à la majorité du public international, ceux qui n'ont pas connu la crise, la proclamation « Chaumet sera toujours Chaumet » vendait la création nouvelle. Elle rappelait la vocation et l'identité profonde qui différencie Chaumet des créateurs sans passé. Plus la collection était créative, plus il fallait la légitimer en rappelant les valeurs de l'institution.

Maintes crises de la communication globale naissent aussi d'une confusion des genres, d'une mauvaise appréciation du système E.I.M.P. L'exemple de Mc Donald's et Chevignon en atteste.

MARQUE OU INSTITUTION : LE CAS MC DONALD'S

Après avoir annoncé leur intention d'ouvrir un restaurant à proximité immédiate de la Tour Eiffel, les dirigeants de Mc Donald's, surpris de l'émotion soulevée par cette nouvelle, ont renoncé au projet. Juridiquement cependant, rien ne s'opposait à cette ouverture, puisque le Port de Paris est une entreprise autonome, autorisée par le législateur à entretenir des relations avec d'autres entreprises. En outre, il se serait agi d'un restaurant installé sur une barge, non visible de la Tour Eiffel. C'est la mairie de Paris – qui en principe n'a pas autorité sur les berges de la Seine – qui a été la plus virulente dans la contestation.

De fait, ce geste était une erreur. Beaucoup de marques refusent de prendre conscience qu'elles sont plus que des marques, mais des institutions, c'est-à-dire des acteurs sociaux dominants, et qu'à ce titre elles doivent avoir un comportement public responsable. Chevignon, en son temps, avait commis la même faute de diagnostic. En droit, le célèbre fabricant de blousons et la Seita étaient inattaquables dans leur projet de lancer une cigarette Chevignon. Mais une marque aussi en vogue auprès des jeunes ne relève plus tout à fait du droit commercial. Elle est devenue une sorte de phare, un symbole. Peut-elle, moralement, servir à encourager les jeunes à fumer au moment où la République, les institutions médicales, le ministère de la Santé et celui de l'Éducation se mobilisent pour réduire la publicité des cigarettes et la consommation de tabac ? Michel Rocard lui-même alors Premier ministre, était intervenu pour s'opposer à ce lancement. Quand une décision, même prise dans un cadre légal, engendre la réaction du deuxième personnage de l'État, c'est qu'on a vraiment affaire à une « institution », laquelle, comme l'« instituteur », possède de fait un pouvoir d'éducation et une valeur d'exemple. S'il s'était agi d'une marque peu connue, qui y aurait trouvé à redire ? Le cas Mc Donald's est similaire. Cette marque est encore gérée selon les règles du marketing privé, alors que, par sa position dominante, elle relève désormais du marketing public. Le premier s'intéresse à l'opportunité de chiffre d'affaires qu'offre la proximité de la Tour Eiffel, visitée par les touristes du monde entier justement parce qu'il s'agit d'un monument national et symbolique. Mais Mc Donald's, lui, symbolise la culture américaine triomphante, comme Coca-Cola (d'où l'énorme signification de l'ouverture du premier Mc Donald's à Moscou). Bien plus : cette marque signifie une acculturation, une uniformisation des goûts, voire une conception du monde. Le choc des deux symboles – Mc Do et Tour Eiffel – semblait une sorte de défi à l'identité nationale, dont la culture alimentaire, on le sait, est une des composantes essentielles. Cette dimension « sacrée » a échappé aux dirigeants de la firme américaine.

Ils auraient pu raisonner par l'absurde : après la Tour Eiffel, pourquoi pas un Mc Do près du Mur des Lamentations ou sur le Golgotha, pour les touristes du lieu ? La Tour Eiffel est, elle aussi, d'une certaine façon, un « temple ». Il n'est pas étonnant que la présence des marchands y pose problème.

Les crises graves sollicitent essentiellement l'institution, la facette collective et citoyenne de la marque, celle qui rend compte à la nation et pas uniquement aux actionnaires. Il faut donc savoir utiliser le bon ton, le registre de communication approprié pour y répondre, quitte à s'éloigner des codes de la communication de marque. C'est ce que fit Charal pour réagir en pleine crise de vache folle. Cette marque se trouvant, comme McDonald's ou Quick au cœur du cyclone par son activité exclusive liée à la viande, a communiqué sur les ondes radio pour rappeler que sa dédication à la qualité n'avait pas attendu l'éclosion de la crise pour se manifester. Cette conception responsable, maîtrisant la qualité de l'amont à l'aval de la filière, grâce à une traçabilité totale était ce qui avait fait de Charal la marque de qualité qu'elle avait su devenir, seule dans un marché jusqu'alors sans marques. La campagne radio témoignait de la confiance des consommateurs en Charal.

Paradoxalement les crises peuvent être l'occasion pour bien des marques de gagner en ampleur et en affectivité. Amenées à révéler leur comportement responsable, soucieuses depuis toujours de respecter la confiance que le public leur porte, les marques se révèlent comme des acteurs d'envergure. Ainsi McDonald's révéla dans ses points de vente français que la chaîne avait cessé de s'approvisionner en Grande-Bretagne dès 1989, au profit exclusif de la viande de qualité française.

Chapitre 14

Évaluation financière et traitement comptable de la marque

L'évaluation financière et le traitement comptable des marques sont devenus l'objet d'une considérable effervescence, comme en témoignent les innombrables articles parus sur le sujet tant en France qu'à l'étranger, en Angleterre surtout, et les nombreuses commissions *ad hoc* créées un peu partout par les institutions comptables nationales. Cet engouement pour le sujet a des ressorts multiples, techniques, économiques et fiscaux, mais il reflète surtout la découverte de l'importance prise par les investissements immatériels dans les entreprises modernes et du levier de croissance que peut représenter, dans certaines circonstances, une marque. Les débats sont de suite devenus internationaux car ils concernent l'information financière des grands groupes multinationaux détenteurs de marques fortes ou présumées telles. Or d'un pays à l'autre des disparités existent sur le traitement comptable des marques, sur leur activation au bilan. Ceci peut considérablement affecter la lecture de la santé desdites sociétés. De plus au sein d'un même pays, les textes et règles comptables sont parfois contradictoires, laissant ouvertes des possibilités, saisies par certaines entreprises innovantes, ce qui a fait dire à ce sujet que la pratique était en avance sur les règles voire même devait façonner le réglementaire.

Le caractère soudain du débat – on en parlait peu avant 1985 – tient à la multiplication des OPA sur des entreprises à marques, et cela dans la perspective européenne de 1993. L'importance des « goodwills » ou écarts de première consolidation à affecter posa des problèmes nouveaux dont les incidences financières et fiscales étaient considérables.

LA DÉCOUVERTE DE LA VALEUR FINANCIÈRE

Paradoxalement ce sont les financiers qui ont révélé les premiers la valeur monétaire des marques d'une entreprise. Pas n'importe quels financiers : ceux d'une entreprise hostile effectuant un raid sur la première, ou d'entreprises se battant pour racheter des sociétés dont l'examen du bilan révélait soit un modeste actif net soit même un actif net négatif compte tenu des dettes accumulées. De fait on a assisté à partir de 1985 à une multiplication de fusions et acquisitions selon des normes totalement nouvelles. Jusqu'alors les niveaux de prix d'acquisition étaient justifiés par les résultats financiers de l'entreprise convoitée. La norme était de payer celle-ci 8 à 10 fois[1] ses bénéfices. Si cette société disposait de marques, on considérait que celles-ci et leurs effets étaient en réalité incorporés dans les bénéfices. La valeur de la marque était jugée incluse dans les résultats. Si l'entreprise faisait des pertes, pensait-on, c'est que ses marques avaient peu de valeur. C'est cette norme qui explique que des entreprises en difficulté financière aient été rachetées pour quelques francs symboliques ; ainsi en juillet 1983, pour 1 franc, Bernard Tapie prenait le contrôle de 66 % du capital de la société Look, célèbre pour ses fixations dans le monde du ski, mais accusant un déficit de 53 millions de francs pour un chiffre d'affaires de 133 millions. Six années plus tard, Bernard Tapie Finance revendait Look à un tandem américano-suisse, Ebel-Jellinek, pour 250 millions de francs, alors que la société affichait encore à son dernier bilan une perte supérieure à 41 millions et un endettement voisin de 250 millions. Seul son chiffre d'affaires était passé de 133 à 350 millions grâce à une diversification réussie dans les pédales automatiques et les cadres de vélo en composites, vendus internationalement. Pour justifier ce prix élevé compte tenu des mauvais résultats financiers, John Jellinek déclara : « La marque a conservé un fort potentiel ; nous misons sur le boom du marché du cyclisme aux États-Unis. » Cette phrase-clé témoignait d'une conception nouvelle de la marque : elle n'est plus incluse dans les résultats actuels mais garante des résultats à venir. Le futur justifiait son prix.

Pernod-Ricard avait acheté Orangina quelques centaines de millions de francs. En 1998, Coca-Cola en proposa cinq milliards de francs. Entre temps, Pernod-Ricard en avait fait une marque mondiale.

Ce cas n'est pas unique. En 1985, le financier italien Carlo de Benedetti rachetait pour quelques centaines de millions l'entreprise Buitoni. BSN, qui pourtant convoitait Buitoni depuis plusieurs années ne renchérit pas : les performances économiques de l'entreprise étaient mauvaises, les garanties de passif incertaines et les produits étaient jugés de qualité médiocre. Trois

1. On appelle ces coefficients le « multiple ».

années plus tard, de Benedetti revendait Buitoni au groupe Nestlé 8 milliards de francs soit 35 fois ses bénéfices ! Entre-temps, ce financier avait fait de Buitoni une vraie marque européenne, leader des plats cuisinés, et se diversifiant bien au-delà de ses métiers d'origine (l'apertisé et l'Italie) : Buitoni – marque-ombrelle – recouvrait désormais avec succès aussi bien des couscous, des paellas que des gratins dauphinois bien français, en boîte et en surgelé. En tout, de par le monde, cela représentait plus d'une centaine de références ayant toutes un point commun : un même logo Buitoni dessiné de façon rigoureusement identique et imposé par de Benedetti à toutes les filiales après son rachat de la société.

Le talent de ce financier est d'avoir acheté Buitoni selon les anciennes normes – focalisées sur la valeur comptable de l'entreprise – alors qu'il avait parfaitement identifié que la vraie valeur de Buitoni n'était écrite nulle part mais était néanmoins une certitude pour qui saurait exploiter les potentialités liées au nom de marque Buitoni déjà bien implanté dans les principaux pays européens. C'est d'ailleurs ce qu'il fit en pratiquant systématiquement l'extension de marque et la globalisation européenne. En trois années Buitoni, de simple potentialité, était devenue une marque leader, jouissant du privilège des marques européennes installées, privilège dont l'accès clés en main fut estimé 8 milliards de francs par Nestlé, compte tenu de la pénurie de telles marques sur le marché. En 1985, alors que les autres offreurs avaient calculé leurs propositions comme s'ils ne rachetaient qu'une entreprise fabriquant des conserves et des pâtes italiennes, de Benedetti savait qu'il rachetait bien plus : un fantastique capital de marque prêt à être développé pour délivrer ses fruits !

Ces deux cas ne sont pas isolés. Au contraire, on assiste depuis 1986 à une frénésie de fusions et acquisitions dont les enjeux réels sont les marques, ce qui explique la surenchère et les multiples atteints lors d'OPA et de raids. Il n'était plus rare de voir proposer comme multiple plus de 25 fois les résultats, deux ou trois fois le cours de l'action en bourse. En 1998, Adidas racheta Salomon Worldwide 37,6 fois le bénéfice net consolidé. Nestlé acheta le groupe anglais Rowntree (aux marques célèbres KitKat, Polo, Quality Street, After Eight) en avril 1988, 2,4 milliards de livres, alors que la capitalisation boursière n'était que de 1 milliard de livres. Ces sommes furent atteintes car Nestlé ne faisait que réagir à l'offre faite en premier le 13 avril 1988, par le groupe Jacobs Suchard, proposant d'acheter les actions jusque-là valant 450 pence au prix de 630 pence. Le 26 avril, Nestlé offrit 890 pence. Le 26 mai Suchard surenchérit à 950 pence ce qui conduisit Nestlé à proposer 1075 pence l'action.

La perspective européenne et la nécessité de prendre de suite des positions dominantes expliquent cette surenchère. Pour pouvoir rivaliser avec le groupe Mars dans le marché des confiseries et du chocolat, la création de marques est désormais exclue : le marché ne croît plus et les marques anciennes (Mars, Nuts, Treets, KitKat) sont sources de fidélité. Recréer une marque de toutes pièces coûterait des sommes folles, prendrait des années et serait probablement un échec ! Suchard et Nestlé n'avaient donc d'autre choix que la croissance externe. Mais les candidats sont rares de par le monde : Cadbury et Rowntree en Grande-Bretagne, Hershey aux États-Unis ou le concurrent suisse. Faute d'offre et de marché liquide, il était normal que les deux entreprises suisses fassent monter très haut les enchères : leur intérêt stratégique était en jeu. Même achetées très cher, les marques mondiales de Rowntree revenaient bien moins cher que l'improbable réussite de marques propres. De plus, outre l'accès immédiat à des parts de marché existantes, cet achat fournirait de considérables économies liées à la synergie des activités. Ces économies tiennent aux bienfaits de toute fusion : maintien d'une seule direction générale au lieu de deux, d'une seule force de vente, remises supplémentaires auprès des fournisseurs, meilleure position face à la distribution.

Le montant atteint par ces transactions fournit une indication sur la valeur financière de la marque, du moins aux yeux de l'acquéreur. Cette valeur est – au maximum – égale à la différence entre le prix payé et la valeur de l'actif net, la valeur comptable de la société. En effet, toute cette « survaleur » ne correspond pas forcément à la valeur de la marque. Une partie tient souvent aux effets de surenchère. Ainsi, en juin 1989, Hermès proposa de racheter la société des Cristalleries de Saint-Louis pour 27 millions de francs. Comme l'actif net était négatif, on peut considérer que ce prix correspondait à la valeur estimée de la marque Cristal Saint-Louis. Mais face à une offre concurrente de l'Américain Brown Forman (Whisky Jack Daniels, porcelaine Lenox), Hermès alla jusqu'à proposer 250 francs par action, soit 68 millions de francs. La différence de 150 francs entre les deux offres rémunère cet effet de surenchère. Le prix payé incorpore aussi le prix de l'éloignement d'un concurrent. Ainsi, commentant le prix payé par BSN pour l'achat de Nabisco Europe (2,5 milliards de dollars et un multiple de 27), le *Financial Times* écrivait (7 juin 1989) : « Comme Nestlé, BSN paye deux fois : une fois pour obtenir les marques, et une autre pour qu'elles ne se retrouvent pas dans le portefeuille des marques des concurrents. »

L'isolation de la valeur spécifique des marques achetées se fait lors de la présentation des comptes consolidés. Ainsi en France, les règles comptables (Agefi, 1990) stipulent que le « goodwill », la survaleur doit être inscrite à l'actif du bilan et amortie sur cinq années. Néanmoins les entreprises peuvent affecter partie de ce goodwill à des actifs intangibles (tels que les brevets, les fonds de commerce, les marques). L'imputation d'une partie du goodwill aux marques permet de les amortir sur une plus longue période voire même de ne pas les amortir (comme BSN a décidé de le faire). En Grande-Bretagne, la coutume veut que le goodwill dans sa totalité soit éliminé en le déduisant la même année des réserves, ce qui évite de faire peser sur le compte de résultats le poids de l'amortissement (conduisant à une réduction des bénéfices). Cette coutume fut rompue par Reckitt & Colman. Après son rachat du groupe Airwick (et ses marques) à l'entreprise Ciba-Geigy, en mars 1985, pour 165 millions de livres (soit un multiple record de 41 fois les bénéfices), Reckitt & Colman décida de porter à l'actif de son bilan 55,8 millions de livres comme valeur des marques achetées. La différence entre le prix de 165 millions et cette valeur correspondant à des actifs matériels (usines, machines, stocks) et à la survaleur non affectée aussi appelée écart de consolidation. Cet écart, le goodwill non imputé, continuait à être déduit des réserves. Par cette mesure technique, Reckitt & Colman tenait à rendre visible à tous l'augmentation de l'actif de la société, en l'occurrence ici par l'acquisition d'actifs incorporels : des marques notoires.

Un pas supplémentaire fut franchi en 1988, toujours en Grande-Bretagne lorsque le groupe Rank Hovis Mc Dougall décida d'inscrire à l'actif de son bilan une valeur estimée de ses propres marques créées et développées par lui-même. Bien que non strictement interdite, cette décision fut une première et lança ce qu'il convient bien de reconnaître comme une bataille d'Hernani sur la capitalisation des marques au bilan. Le débat parti de Grande-Bretagne (du fait de son traitement spécifique du Goodwill, consistant à le faire disparaître), s'est étendu à l'Australie et à l'Europe du fait de la nécessaire harmonisation des pratiques comptables. La décision de Rank Hovis Mc Dougall suivie par d'autres en Grande-Bretagne est en opposition avec les pratiques européennes et américaines, interdisant la réévaluation des actifs incorporels achetés (et *a fortiori* l'inscription au bilan des actifs incorporels créés par l'entreprise).

Au-delà d'un débat comptable, cette décision posait un vrai problème de fond : pourquoi les sociétés acquérant des marques ont-elles le droit de les faire figurer au bilan accroissant ainsi aux yeux de tous leur actif, alors que les sociétés qui, préférant la croissance interne, développent leurs propres marques, ne le peuvent pas, donnant ainsi une impression sous-évaluée de leur actif ? Les conséquences de cette non inscription des marques internes pourraient être une fragilisation de la société, proie désignée des raiders. En effet, le marché sous-évaluant la société, la valeur de l'action rendrait possible une OPA à prix bas, avec un espoir certain de rentabilité. L'affaire Rowntree fut le déclencheur de cette argumentation : la capitalisation boursière en mars 1988 n'était que de 1 milliard de livres. Nestlé acheta tout Rowntree pour 2,4 milliards en juillet. Le marché n'avait-il pas sous-évalué les marques et leur potentiel pour le futur ? De fait, sous le coup d'une menace d'OPA, le groupe Rank Hovis Mc Dougall préféra prendre les devants et souligner ouvertement non seulement la présence de marques (ce que chacun savait) mais leur valeur estimée, ce qui eut pour résultat de gonfler l'actif de la société, aux yeux des actionnaires et des investisseurs.

Le débat sur l'inscription de toutes les marques, acquises ou créées, soulève des questions de fond sur l'essence même de la comptabilité. Quelle est la fonction des bilans et des comptes sociaux ? Est-elle de donner une appréciation de la réalité de la valeur économique de la société (ce qui est très subjectif) ou par prudence de n'enregistrer que des données objectives et faire le bilan des seules transactions passées et constatées ? Jusqu'à présent dans tous les pays, la seconde voie a été choisie : à ce titre les transactions de marques externes sont enregistrées. Si l'on devait enregistrer les marques internes, le principe de réalité serait respecté au prix d'une perte de fiabilité et de cohérence de la comptabilité. En effet que penser d'un bilan obéissant à des méthodes d'évaluation non homogènes et parfois subjectives. L'inscription d'une marque achetée ne viole pas le principe de l'enregistrement des coûts historiques qui fonde la comptabilité. Mais comment évaluer des marques internes ? Comme nous le verrons, les méthodes d'évaluation reposant sur les coûts historiques ou les coûts de remplacement ne sont pas valides. Il ne reste que les évaluations financières fondées sur des projections de revenus futurs, hautement subjectives : leur prise en compte dans les bilans introduirait un élément d'incertitude et d'hétérogénéité contraire à la règle de prudence.

À moins de rappeler que la fonction de la comptabilité est de proposer un cadre pour identifier et traiter des dépenses commerciales de l'entreprise qui s'accumulent sous forme d'actifs incorporels développés de manière interne, ces dépenses sont pour l'instant traitées en charges et déduites du résultat de l'entreprise de l'année en question, ce qui réduit le montant de l'impôt sur les sociétés. Or le fisc lui-même commence à effectuer des redressements en France considérant par exemple que les coûts de création de films publicitaires n'étaient pas des charges mais des investissements, et refusant donc leur déductibilité fiscale.

La comptabilité comme le fisc s'intéressent donc à l'enregistrement des coûts (en charges ou en investissements). L'analyse financière, elle, estime la valeur actualisée de certains actifs en fonction de la probabilité des résultats futurs qu'ils sont censés produire. Il n'y aurait donc pas une valeur unique de la marque : les méthodes d'évaluation dépendent des buts poursuivis. Les principes comptables existent déjà et peuvent accommoder sous certaines réserves les coûts cumulés de création de marque. À la finance d'estimer la valeur de marché de ces actifs, suivant ses propres méthodes. Le raisonnement s'applique déjà aux immeubles, il peut aussi s'appliquer aux marques.

Ainsi se dessine une première conclusion concernant la valeur monétaire des marques : idéalement une méthode d'évaluation, pour être acceptable, devrait pouvoir s'appliquer aussi bien aux marques à acquérir qu'aux marques propres, à un but financier qu'à un but comptable. Or ce n'est pas possible.

La notion de valeur dépend intimement du point de vue où l'on se place. Pour les actionnaires de Rowntree, celle-ci valait 1 milliard de livres pour Nestlé 2,4 ! Pour la Midland's Bank, Lanvin valait 400 millions ; pour Henri Racamier et L'Oréal, elle en valait 500. De plus la comptabilité est régie par un principe de prudence, d'objectivité et de cohérence dans le temps. Par définition, un raider dans son évaluation réagit très différemment : il ne tient pas à être prudent, il est subjectif. L'évaluation de marques dans le contexte de fusions-acquisitions est ponctuelle : elle vise à fixer un prix de départ compte tenu des intentions et synergies attendues par l'acquéreur en puissance. L'évaluation de marques à des fins de comptabilisation devrait souscrire à d'autres normes, à d'autres points de vue. En effet, en l'absence de transaction, la marque interne serait évaluée soit en fonction de l'accumulation des coûts soit en fonction de son « usage courant et actuel » (et non de ce qu'un autre pourrait en faire) : il y aura donc nécessairement un écart entre la valeur capitalisée d'une marque achetée et celle d'une marque créée. De plus la nécessité de réévaluer en permanence de façon assez subjective, à la hausse ou à la baisse, la valeur des marques si elles sont légitimement inscrites au bilan, introduit des fluctuations sapant la fiabilité des comptes sociaux. À cela on peut répondre que la valeur d'inventaire, annuelle, inscrite sur un compte séparé ne produit pas cet effet en France. On comprend alors que les experts-comptables de la London Business School, consultés sur le dossier de l'inscription de toute marque à l'actif du bilan aient rendu un avis défavorable (Barwise *et al.*, 1989).

Paradoxalement, ceux qui applaudirent le plus à l'hypothèse d'une comptabilisation de la valeur des marques furent les hommes de marketing. En effet, ils pourraient enfin disposer d'un outil – légitimé par les comptables et les financiers – évaluant les effets à long terme des décisions de marketing. Or rappelons-le, même si verbalement chacun s'accorde par exemple à penser que la publicité a des effets à court et à long terme, les pratiques de comptabilité des marques sont régies par le court terme. Les chefs de produits ou chefs de marques doivent produire des comptes d'exploitation annuels positifs, des P & L bénéficiaires. L'évaluation et le contrôle sont donc *de facto* annuels. Ceci conduit à privilégier toutes décisions dont les résultats sont bénéficiaires à court terme. Les hommes de marketing disposeraient enfin d'un contrepoids à cette dérive vers le court terme qui certes gonfle les résultats de l'année mais éventuellement sape le capital de marque : promotions rapides, extensions de marque trop loin du cœur de celle-ci. À l'inverse, la poursuite de gains de notoriété à tout prix ne contribue peut-être plus à l'accroissement marginal du capital de marque et devrait donc être freinée au profit d'autres allocations de ces fonds.

Plus généralement, si la valeur d'une marque peut être mesurée c'est que les sources de cette valeur sont repérées : mesurer c'est comprendre. C'est donc moins le chiffre résultant de l'évaluation qui intéresse le marketing que le processus par lequel il est acquis, c'est-à-dire la compréhension du fonctionnement de la marque, de sa croissance, de sa prise ou perte de valeur. Cette compréhension est pédagogique et introduit des éléments de logique et d'analyse là où la pensée magique dominait. Elle fournit aussi les moyens d'une réelle communication entre hommes de marketing, comptables, financiers, fiscalistes et juristes. Enfin, même si pour des raisons tenant aux incidences fiscales ou au non-respect du principe d'objectivité et de cohérence de la comptabilité, l'inscription des marques internes au bilan restait peu recommandable elle n'en devrait pas moins être menée, à titre interne à l'entreprise pour ces seules raisons. En effet, même si elles captent l'attention des médias, les fusions et acquisitions sont exceptionnelles : l'approche de l'échéance de 1993 conduisit à des prises de position stratégiques mais le mouvement devait se ralentir. L'évaluation de la valeur des marques ne pouvant se limiter à ces seules occasions, elle se justifie par les bénéfices que l'on en tire du point de vue du management même, de l'aide à la prise de décision, du contrôle de gestion, du système d'information, de la formation au marketing et de la pédagogie des chefs de produits et de marques. En cette période où l'on parle beaucoup du « déclin » des marques, il est bon de se demander régulièrement quelle est la valeur réelle de ces notoriétés, images et scores d'estime accumulés et adulés en interne. La « brand equity » fondée sur des indicateurs psychologiques mesurés chez les consommateurs ne vaut que si elle produit du surprofit. Les exigences liées aux présentations des comptes sociaux, à l'information des actionnaires et investisseurs sont une chose, celles d'un système de contrôle de gestion interne sont autres. Les deux ne doivent pas être confondues car elles ne poursuivent pas les mêmes objectifs, ni ne subissent les mêmes contraintes.

La notion de « valeur » est ambiguë et source de maintes incompréhensions. Il importe de comprendre qu'il n'y a pas *une valeur* de la marque, mais *des valeurs* de la marque, car l'évaluation sera différente selon les buts poursuivis :

- valeur liquidative en cas de vente forcée
- valeur comptable pour les comptes sociaux
- valeur pour inciter les banques à prêter de l'argent à l'entreprise
- valeur pour évaluer les préjudices, les atteintes à la valeur de la marque

- valeur pour estimer les prix des licences
- valeur pour le contrôle de gestion, elle-même dépendant des comportements que l'on veut encourager chez les managers
- valeur pour des cessions partielles d'actifs
- valeur en cas de raids, de fusions et acquisitions.

Dans ce dernier cas l'acheteur ne se pose qu'une seule question : en quoi l'acquisition de l'entreprise à marques fortes accroîtra-t-elle les résultats actuels ? Il examinera pour répondre le potentiel des synergies entre entreprises, les économies de coûts (de production, de logistique, de distribution, de marketing), les capacités supplémentaires d'imposer sa loi aux distributeurs, l'extension de marque réalisable, l'internationalisation, etc. Ces questions fonderont le prix proposé pour le rachat de l'entreprise. Aucune de ces questions ne pèse en revanche dans le cadre de l'évaluation comptable de la marque elle-même.

Quelles conclusions tirer à ce stade ? L'évaluation financière des marques fournit l'occasion d'une rencontre pluridisciplinaire de toutes les fonctions de l'entreprise : marketing, comptabilité, finances, production, fiscalité, etc. Elle introduit une perspective de capitalisation donc de long terme, contrepoids aux logiques d'évaluation calendaires. Elle rappelle que désormais ce ne sont plus seulement les terrains, les immeubles, ni même les machines qui font la richesse d'une entreprise, mais ses actifs immatériels (know-how, brevets et marques...).

Le débat sur la valeur des marques et leur comptabilisation à l'actif est essentiellement comptable. L'essentiel n'est pas là mais dans l'apport de la prise en compte de la valeur des marques pour juger les décisions de marketing et de publicité, jusque-là soumises au seul couperet du compte d'exploitation annuel de la marque. Avant d'entrer dans le détail des méthodes d'évaluation de marque elles-mêmes, il importe de rappeler que l'objectif même de l'évaluation (à des fins d'acquisition ou de présentation des comptes de la société ou de management) modifie les critères d'évaluation de ces méthodes. Selon cet objectif, on devra choisir entre des exigences hélas peu compatibles : plus de validité ou plus de fiabilité, plus de subjectivité ou plus d'objectivité, plus de valeur présente ou plus de coûts historiques.

FAUT-IL INSCRIRE LES MARQUES AU BILAN ?

L'inscription des marques au bilan suscite beaucoup d'enthousiasme dans les milieux du marketing et de la publicité, qui voient en cela la juste reconnaissance de leur tâche. Elle signe le passage des dépenses commerciales du statut de charges à celui d'investissement, d'actifs, productifs de résultats économiques futurs avec un fort degré de certitude.

Curieusement, la question n'intéresse pas trop les utilisateurs des comptes sociaux, les utilisateurs de l'information financière. Sinon le problème eût été posé de longue date. Les banquiers, dans leurs évaluations des bilans se méfient des actifs immatériels. Ils ont raison : le montant inscrit au poste marque dans les comptes consolidés et/ou dans les comptes sociaux reflète avant tout l'intérêt qu'a perçu l'entreprise à inscrire tel montant plutôt que tel autre. Allons plus loin, si en France, le poste marque ne bénéficiait pas du considérable privilège de ne pas être amortissable il susciterait bien moins l'intérêt des entreprises. On peut dire paradoxalement que ce sont les comptables qui ont donné naissance et visibilité à la marque. En refusant de suivre la doctrine américaine qui prévoit un amortissement du Goodwill (écart de consolidation) ou l'approche anglaise prévue par la norme SSAP 22, qui impute le goodwill aux réserves et conduit à une dégradation de la situation nette des entreprises britanniques, ce qui paradoxalement en faisait alors une cible rêvée des raiders, le Conseil National de la Comptabilité a créé une considérable incitation à affecter une grande partie du goodwill au poste « marque » qui est non amortissable. De façon cynique certains y affecteraient toute la différence entre le prix payé pour l'entreprise et la valeur de l'actif net, sans plus de justifications et comme toute méthode d'évaluation. Pour éviter ce travers, le CNC demande aux entreprises de fonder leur estimation sur une méthode qui servira à l'estimation annuelle de l'évolution de la valeur d'inventaire des actifs et donc des marques inscrites.

La décision du CNC résolvait la difficulté d'affectation des énormes goodwills dans les comptes consolidés en offrant la possibilité bienvenue de ne pas en amortir la plus grande partie. On le sait, en France les comptes consolidés n'ont pas d'incidence fiscale. En revanche, les comptes sociaux en ont une, majeure. C'est pourquoi les entreprises ont de très fortes réticences à vouloir inscrire dans leur bilan les marques qu'elles ont elles-mêmes créées, par le biais d'une activation de dépenses jusque-là considérées comme des charges, ce qui supprimerait la déductibilité fiscale de ces coûts. De plus à supposer que ces actifs créés donnent lieu à amortissement selon une recommandation de la Commission des Investissements Immatériels présidée par Mme I. de Kerviller, comme le fisc ne reconnaît pas le principe de la déductibilité de l'amortissement des marques, la sanction fiscale d'une activation dans les comptes individuels des sociétés serait encore plus lourde.

C'est pourquoi les seules entreprises souhaitant faire apparaître leurs marques créées dans leur bilan sont celles qui n'ont rien à y perdre. En période de crise économique beaucoup d'entreprises ont des capitaux propres peu florissants. Les marques peuvent constituer un moyen d'améliorer l'actif net comptable de façon fictive. Les entreprises faisant des pertes, en déficit comptable, n'auront à subir aucun impact fiscal de tels enregistrements qui auront au moins l'avantage de redorer leur blason, en tout cas leur bilan. Comme on le voit le traitement comptable des immatériels est loin d'être neutre et reflète parfois une intention manipulatrice, qui n'échappe pas aux analystes aguerris.

Faut-il donc inscrire les marques au bilan ? La question on va le voir est désormais dépassée. En ce qui concerne les marques acquises, on doit le faire, qu'il s'agisse des comptes consolidés ou des comptes sociaux. En ce qui concerne les marques créées, on le peut et le cadre comptable qui a permis d'activer une partie des dépenses de R & D, fournit la réponse à ceux qui s'interrogent sur l'activation des dépenses commerciales. Pour l'instant néanmoins les incidences fiscales tempèrent les enthousiastes de l'inscription des marques créées. Cela dit, le fisc va probablement conduire à hâter le processus. En effet, le fisc a beau jeu de signaler que si d'énormes goodwills apparaissent dans les comptes consolidés, c'est qu'ils n'existaient pas dans les comptes des sociétés-filles. En toute logique, il serait peut-être plus sain de les faire apparaître dans les comptes de celles-ci, ce qui ferait disparaître le goodwill. L'administration fiscale a raison de remarquer que l'entreprise ne saurait considérer les marques comme des actifs dans les comptes consolidés mais veiller à ce qu'elles ne le soient pas dans les comptes des sociétés-filles. D'où la pratique croissante de redressements fiscaux remettant en cause la déductibilité fiscale de certains coûts de communication. Comme on le voit si ce sont les comptables qui ont fait émerger les marques dans les comptes consolidés ce sera peut-être l'administration fiscale qui hâtera le processus d'activation des marques créées dans les comptes sociaux. Si l'on ne veut pas handicaper les entreprises françaises par rapport à leurs concurrentes dans d'autres pays, il restera à rendre l'amortissement de la marque fiscalement déductible. Pour l'instant, considérant que la marque a *a priori* une durée de vie infinie (elle se renouvelle juridiquement tous les dix ans), l'administration la refuse. Pourtant on ne voit pas très bien pourquoi on refuserait aux marques ce qui est accepté pour les immeubles qui eux aussi peuvent durer cent ou deux cents ans. D'une façon générale, on va le constater ci-dessous la méfiance continue de planer sur les actifs immatériels comme en témoignent les multiples conditions préalables à leur enregistrement comptable, conditions et questions que l'on se pose à peine dès qu'il s'agit de machines et d'immeubles.

Quand donc se pose la question de l'activation des marques et que précisent les textes et directives pour chacun des cas ?

Dans les comptes consolidés, le problème est posé lors de l'entrée d'une filiale dans le périmètre de consolidation. On dégage un écart de première consolidation ou goodwill qui doit être affecté. En ce qui concerne les comptes individuels, trois situations donnent ou peuvent donner lieu à activation : une acquisition de marque de manière isolée, la création d'une marque, et enfin une fusion ou l'apport partiel d'actifs. Comme on va le voir ci-dessous, dans chacune de ces situations il convient de bien distinguer les questions du traitement comptable des marques (Faut-il les inscrire au bilan ? Faut-il amortir et si oui pendant combien de temps ? Peut-on les réévaluer ?) et le problème de la méthode d'évaluation proprement dite utilisée par exemple pour affecter aux marques une partie de l'écart de première consolidation ou pour déterminer la valeur d'inventaire chaque année des marques inscrites au bilan.

Pour ce qui est du premier problème, les règles comptables existent déjà , rappelons-les (cf. Viale, 1994, 1991 ; Viale et Lafay, 1990).

A. En ce qui concerne les comptes consolidés, le CNC a rendu le 15 janvier 1990 un avis rendant « obligatoire l'affectation de l'écart de première consolidation à la valorisation d'éléments identifiables et notamment des actifs incorporels qui ne seraient pas inscrits dans les comptes individuels des entités consolidées ». Par « identifiable », le CNC signifie que l'élément doit avoir un « mode d'évaluation défini avec une précision suffisante qui permet de suivre l'évolution dans le temps de sa valeur ». Des textes similaires existent à l'étranger ; mais rappelons que seule la France ne prévoit pas un amortissement systématique des marques.

   Le fait donc que cet élément doive être distinct, identifiable et défini par une méthode permettant d'en suivre la valeur d'inventaire est l'alibi retenu par certaines entreprises pour ne pas isoler de poste « marque », prétextant que l'évaluation des marques ne répondait pas à ces critères. Elles préfèrent donc laisser non affecté l'écart d'acquisition, pour l'amortir sur une période représentant sa durée de vie utile, qui varie en pratique entre cinq et quarante années. Ce faisant elles laissent dans leurs bilans des goodwills substantiels, difficilement analysables.

B. En ce qui concerne les comptes sociaux, l'achat de marque isolé donne obligatoirement lieu à inscription : le coût de la transaction (quelle que soit la méthode d'évaluation retenue) respecte le principe comptable d'enregistrement des coûts. En France, rappelons-le, l'ambition du bilan n'est pas de décrire la valeur économique. Dans ce cas précis d'acquisition, coût et valeur économique coïncident. En cas d'apport partiel d'actifs lors de restructurations, la marque peut être inscrite à l'actif de manière distincte du fonds de commerce. Le cas le plus problématique est celui de l'inscription éventuelle des marques créées par l'entreprise. Les règles comptables n'excluent pas leur inscription au bilan. Ainsi la 4e Directive européenne le prévoit « pour autant que la législation nationale autorise leur inscription à l'actif ». Or en France, il existe un compte « dans lequel doivent être enregistrées les dépenses faites pour l'obtention de l'avantage que constitue la protection accordée sous certaines réserves... au bénéfice du droit d'exploitation d'un brevet, d'une licence, d'une marque, d'un procédé » (PCG, Q I-25). Le caractère imprécis de ce dernier texte en a limité l'étendue à des frais de dépôts, mais on peut s'interroger sur son extensibilité aux frais de recherche de nom, de logo, etc.

D'une façon générale, l'inscription des marques créées dans les comptes sociaux recueille des avis plutôt réservés sur le plan international, si l'on met à part le Canada et l'Australie. En France, les travaux menés en 1991 par la Commission des Investissements Immatériels du CNC ont jeté les bases opérationnelles de l'enregistrement des coûts de création de marque à l'actif. Nous consacrons une section particulière à cette question.

LA COMPTABILISATION DES MARQUES CRÉÉES

La Commission des Investissements Immatériels part du principe que la comptabilisation des marques dans les comptes consolidés « devrait logiquement s'accompagner d'une démarche similaire dans les comptes individuels » (juin 1991, p. 9). La marque est bien un actif à prendre en compte tel que le définit l'IASC :

- Il est probable qu'un avantage économique futur qui lui est lié viendra influer sur l'entreprise.
- L'article a un coût ou une valeur qui peut être évalué avec fiabilité.

Cette définition ne fait pas de distinction entre l'inscription dans les comptes consolidés et celle dans les comptes sociaux. De plus, le fait que seules les marques faisant l'objet d'une acquisition séparée soient inscrites à l'actif immobilisé crée un fait anormal : le mode d'obtention de la marque a une influence sur son traitement comptable. Ces disparités ne sont pas fondées. Pourquoi au sein d'une même entreprise serait-il possible de reconnaître la valeur des marques acquises et impossible de reconnaître celle des marques créées ?

Si la valeur des marques créées n'est pas portée à la connaissance du public (par quelque moyen que ce soit), il existe réellement une distorsion de l'information qui peut avoir de graves conséquences pour les sociétés qui ont choisi la voix de la croissance interne (Gelle, 1990). Mais les opposants à l'inscription des marques créées ont aussi des arguments.

- Les marques acquises sont comptabilisées à leur coût d'acquisition, lequel repose sur une rentabilité espérée. Dans un souci d'homogénéité, les marques créées et développées de façon interne devraient elles aussi être évaluées en fonction de leur rentabilité espérée. Le respect du principe d'homogénéité du traitement des deux types de marque crée alors une hétérogénéité au sein du bilan : les actifs corporels sont eux évalués au coût historique. Pour supprimer cette hétérogénéité, il faudrait alors n'évaluer les marques internes que par le coût.
- Outre que l'on ne sait pas à quel moment la commencer, la comptabilisation des marques internes ferait aussi entrer un élément d'incertitude élevée dans l'information. Elle conduirait à relaxer le sain principe de prudence et de raisonnable certitude. Les méthodes d'évaluation sont toutes, on l'a vu, extrêmement subjectives et peuvent donner lieu à contestation : compte tenu des valeurs prises par les marques, l'impact de cette incertitude sur la fiabilité de l'information financière serait grave.

Quand est-on sûr que des coûts de lancement de marque vont être couronnés de succès et conférer un avantage économique durable ? Cela dit, remarquons que l'on ne se pose guère ce genre de questions lorsqu'il s'agit de l'achat d'une machine ou de la construction d'une usine. Or rien ne garantit non plus le succès des produits qui vont en sortir. À ce titre, pourquoi soumettre les investissements immatériels à des critères que l'on n'impose pas aux immobilisations matérielles ?

- Si l'inscription à l'actif des marques créées de façon interne était autorisée, il serait incohérent d'interdire la comptabilisation d'autres éléments incorporels comme le savoir-faire, le capital humain. Mais on rencontrerait alors le formidable problème de la séparabilité car ces autres éléments sont souvent indissociables du succès de la marque. M. Nussenbaum a répondu à cet argument (1991) en rappelant que, par nature les actifs incorporels interagissent entre eux et avec les actif corporels. Donc évaluer les marques, c'est renoncer à évaluer d'autres types d'actifs incorporels. Dans le droit allemand d'ailleurs, on ne peut vendre la marque sans les actifs corporels et incorporels qui la sous-tendent.

- Pour l'ensemble de ces raisons il serait malaisé d'autoriser l'inscription de marques créées au bilan. Si l'objectif principal est l'information des actionnaires et des analystes, d'autres moyens existent. La loi comptable du 30 avril 1983 prévoit que « lorsque l'application d'une prescription comptable ne suffit pas pour donner une image fidèle (...), des informations complémentaires doivent être fournies dans l'annexe ». L'annexe fait partie des comptes annuels : elle est destinée à compléter le bilan et le compte de résultat. Toutefois il conviendra de rappeler que les montants ne sont que des évaluations. D'aucuns craignent que se développe alors une double comptabilité : l'une serait contrôlée, objective mais ne reflétant pas la réalité, l'autre plus valide mais subjective et libre. Comme on le voit, le passage à une économie où le capital n'est plus les terres, les immeubles ni les machines mais les intangibles, pose des choix cornéliens au système d'information sur l'entreprise, conçu à une époque où l'invisible ne comptait pas.

En juin 1991, la Commission des Investissements Immatériels remit ses recommandations en vue de l'inscription des marques créées à l'actif du bilan. L'intérêt de ce rapport est de définir une méthode comptable identifiant les dépenses commerciales créant des éléments d'actifs. La méthode retenue n'est pas *ad hoc* mais reprend les principes de l'enregistrement des dépenses de R & D, elles aussi créatrices d'actifs immatériels. Afin d'éviter quelques vaines polémiques, il importe de bien situer sa perspective. Son objectif est de s'insérer dans le cadre comptable existant qui régit les entreprises en France. Ce dernier commande de respecter le principe du coût historique et exclut la réévaluation des éléments incorporels. Aussi la Commission animée par I. de Kerviler a-t-elle abordé exclusivement le cas des nouvelles marques, celles qui seront créées dans le futur et non celui des marques créées il y a cinq, dix ou vingt années car cela équivaudrait à les réévaluer, ce qui est exclu par le cadre comptable général actuel. De même la Commission des Investissements Immatériels reprend-elle le principe du coût historique qui fonde dans notre pays toutes les écritures au bilan, ce dernier, à la différence des pays anglo-saxons n'ayant pas pour objectif de décrire la valeur économique à un instant t. En outre, le respect de la règle du coût historique coïncide avec l'inscription au bilan de la valeur des marques achetées coût historique et prix d'achat étant identiques en ce qui les concerne. Forts de ces principes respectés, il fallait répondre à deux questions :

– quels types de dépenses activer ?
– à partir de quand doit-on les immobiliser ?

En effet, compte tenu du caractère aléatoire des lancements de marques nouvelles, il était exclu de considérer comme immobilisations toutes les dépenses engagées depuis le début du projet et du processus de lancement. Encore fallait-il prouver qu'elles allaient bien contribuer avec une raisonnable certitude à la constitution d'un actif, d'un avantage économique futur pour l'entreprise. Comme cela est prévisible, plus on avance dans le temps et dans le projet, plus les probabilités de démonstration de création d'un avantage économique futur croissent. Les dépenses de conception, à l'aube du projet seraient donc considérées comme des charges car l'issue du projet est encore trop incertaine, on est trop dans l'aléatoire. Il est hors de question d'inscrire au bilan des charges qui n'auraient pas d'avenir. À l'inverse dès que l'on pourra prouver qu'une accumulation de coûts spécifiques (par exemple les dépenses de référencement national et de publicité), liés à un « projet » nettement individualisé (le lancement d'une marque nouvelle), est susceptible d'engendrer un avantage économique futur pour l'entreprise, avec une probabilité raisonnable, ces coûts doivent être traités comme des immobilisations incorporelles. Plus tard les dépenses dites d'entretien, comme les campagnes publicitaires qui maintiennent la part de marché seraient considérées comme charges, à moins qu'il puisse être démontré qu'une partie d'entre elles a contribué à l'augmentation durable de la part de marché cette même année et devrait donc être immobilisée et accroître ainsi la valeur de marque inscrite au bilan.

L'intérêt du rapport de la Commission des Investissements Immatériels est d'ouvrir un débat dont les éléments-clés sont fiscaux et concurrentiels :

– les entreprises n'ont aucun intérêt fiscal à ce que les dépenses publicitaires ne soient plus considérées comme charges mais comme immobilisations. Il faudra donc au préalable régler le problème fiscal de la non-déductibilité des amortissements. L'incertitude sur la durée de la période d'amortissement n'est pas pire que celle concernant des immeubles par exemple, dont la durée de vie dépasse largement la période d'amortissement.

– En second lieu, la réussite d'une marque ne s'apprécie qu'avec le temps. C'est au bout de plusieurs années que l'on constate la réussite ou l'échec de la création d'une marque. La jeune marque de luxe Lacroix existera-t-elle encore dans dix ans ? Certaines marques nécessitent un soutien publicitaire continu et intense, des années après leur lancement pour les asseoir définitivement. Comment alors parler de raisonnable certitude pour délimiter ce qui est charge et ce qui est immobilisation ? À moins de soumettre les actionnaires à une douche froide en affectant alors une forte provision pour dépréciation, attestant que la marque avait certes un coût mais peu de valeur. Outre ce risque de mouvements erratiques dans les bilans, ne risque-t-on pas de survaloriser les marques dernières nées – car les coûts de lancement augmentent avec le temps.

- Enfin, il ne faudrait pas qu'une décision française handicape les entreprises par rapport à leurs concurrentes, allemandes par exemple, où une telle pratique est exclue. En tout état de cause, face à ces hypothèques, il serait préférable de rester prudent, en laissant les entreprises libres d'inscrire, si elles le veulent, les nouvelles marques créées au bilan.

L'ÉVALUATION DE LA MARQUE PAR LES COÛTS

La détermination de la valeur d'une marque rencontre les difficultés inhérentes au concept même de la valeur. Il n'y a pas une valeur mais des valeurs : elles dépendent du point où l'on se place, de la perspective de l'évaluateur (en anglais : premise of value). La valeur est une notion subjective, liée aux sujets évaluants, donc changeante selon ceux-ci. Cette conception est alors aux antipodes des principes qui gouvernent la comptabilité et l'information financière : être vérifiable, objective et raisonnable. De ce point de vue, seules les méthodes fondées sur les coûts historiques ou de remplacement sont acceptables. Si elles ne sont pas totalement objectives elles ont l'avantage au moins d'être inter-subjectives, au sens où des évaluateurs indépendants ne pourraient qu'aboutir à des évaluations voisines. Ainsi, paradoxalement, pour la comptabilité, la contribution aux bénéfices futurs est une condition nécessaire à l'existence d'un actif, mais ne constitue pas une méthode de valorisation.

L'évaluation par les coûts historiques

La marque est un capital dont la valeur découle des investissements faits au cours du temps (même si la comptabilité ne leur reconnaît pas *stricto sensu* le statut d'investissement). L'approche logique serait alors de faire l'addition de ces coûts sur une période à déterminer : coûts de développement, coûts de marketing, coûts de publicité et de communication en général, etc. Ces coûts ont été constatés objectivement et ont fait l'objet d'enregistrements comptables.

Comme on le constate, cette approche règle le délicat problème de la séparabilité en isolant les coûts directs, imputables à la marque et en lui affectant les coûts indirects tels que ceux de la force de vente, des frais généraux,... En principe simple et logique, cette méthode soulève néanmoins les difficultés pratiques suivantes qui réintroduisent un facteur de subjectivité.

- Sur quelle période comptabiliser les coûts ? De nombreuses marques sont très anciennes comme nous l'avons vu : ainsi Coca-Cola remonte à 1887, Danone à 1919, Bull à 1933, Yves Saint Laurent à 1958, Dim à 1965... Faut-il comptabiliser les coûts depuis l'origine : chacun connaît des marques anciennes aujourd'hui défaillantes (Banania). L'approche retenue consiste à se demander en remontant le temps, à partir de combien de temps les effets de la publicité ne sont plus perceptibles aujourd'hui.
- Quels coûts prendre en compte ? Le marketing attire en effet l'attention sur le double rôle de l'investissement publicitaire : une partie engendre un supplément de ventes mesurable immédiatement. L'autre partie du budget bâtit la notoriété et l'image de la marque facilitant ses ventes futures. La difficulté empirique est d'estimer année par année la répartition de chacune de ces deux parties. De plus lorsque l'on parle de ventes futures, à quel horizon temporel maximale croit-on ? En d'autres termes il faut estimer la courbe d'érosion temporelle des effets publicitaires. Si l'on estime que celle-ci décroît linéairement – ce qui ressort des études sur la persistance temporelle des attitudes – par exemple sur cinq ans, on comptabilisera les dépenses engagées depuis les cinq dernières années, ne retenant que 20 % de celles de l'année n-5.
- Naturellement, il ne s'agit pas d'additionner simplement les coûts mais de tenir compte du coefficient d'actualisation qui restera à déterminer.

Au-delà du caractère malgré tout subjectif des réponses aux questions ci-dessus (d'autres méthodes le sont bien plus), l'évaluation par les coûts pose plusieurs problèmes fondamentaux liés à une compréhension partielle de la marque.

- Dans la création d'une marque, une grande partie des investissements à long terme n'implique pas de cash, donc n'est pas comptabilisée : les contrôles astringents de la qualité, le savoir-faire accumulé, le tour de main spécifique, l'implication du personnel... Ils sont essentiels pour le ré-achat, la réputation à long terme et le bouche à oreille. Une marque comme Weston n'a donné lieu à aucune trace comptable : elle ne fait pas de publicité.

- Un des investissements essentiels, créateur de valeur de marque, est le choix d'un prix de pénétration, égal à celui de la concurrence, bien que l'on propose un « produit augmenté » par rapport à celle-ci. L'exemple typique est celui de Swatch. La marque aurait pu opter pour un léger différentiel de prix (en anglais : price premium) pour rémunérer l'innovation et le « produit augmenté » qu'elle amène au marché. Au contraire, elle choisit un prix d'attaque, au même niveau que la concurrence générique, maximisant ainsi le rapport qualité/prix de la marque, son attractivité. C'est un des piliers de la réussite de Swatch : hélas il ne pourrait apparaître dans une méthode qui ne comptabilise que les coûts enregistrés, les sorties de cash.
- La méthode est donc biaisée en faveur des marques dont la valeur n'est due qu'à la publicité et au marketing et pratiquant un différentiel de prix important. Elle est impropre à l'évaluation de marques ayant peu communiqué (Rolls-Royce ou la marque St-Michael de Marks & Spencer). Enfin, en termes de validité, peut-on considérer que les dépenses passées sont annonciatrices de la valeur économique actuelle : il existe des marques qui se sont épuisées en publicité et qui n'ont plus guère de valeur ni de vie actuellement (la bière Mützig, Talbot, Continental Edison, Pathé-Marconi...).
- La méthode sied aux marques récentes et *a fortiori* aux marques en cours de création interne, comme on l'a vu précédemment.

L'évaluation par les coûts de remplacement

Pour tourner certaines difficultés liées à l'approche par les coûts historiques, ne serait-il pas préférable de se situer dans le présent et de poser le problème sous forme de l'alternative classique : faute de pouvoir acheter cette marque, combien cela coûterait-il à l'entreprise pour la recréer ? Considérant les différents paramètres de son profil (notoriété, pourcentage d'essayeurs, de ré-acheteurs, part de marché absolue et relative, distribution, image, leadership, qualité du dépôt juridique dans combien de pays), quelles sommes faudrait-il dépenser et sur quelle période pour obtenir une marque équivalente ?

Peut-on refaire Coca-Cola, Schweppes, Lu, Buitoni, Martell ? Probablement pas. Peut-on refaire Benetton, Bang & Olufsen, Saba, Amstrad ? Probablement. Pour un certain nombre de marques, la question ne se pose plus : on ne pourrait pas les recréer. Le contexte a trop changé :

- Elles sont nées à une époque où les investissements publicitaires étaient faibles et se sont nourries du lent bouche à oreille sur des années. Aujourd'hui, le coût de 1 % de part de voix rend prohibitif l'espoir de recréer rapidement une marque leader en notoriété spontanée. De plus, la notoriété spontanée fonctionne comme un cercle très fermé : pour y accéder, il faut qu'une marque concurrente en sorte. Cela est dû aux blocages mémoriels. Il n'y a aucune raison pour que les marques notoires aujourd'hui acceptent d'en sortir (cf. page 160).
- Le niveau de performance des marques leaders ne s'imite pas aisément : fondées sur la Recherche et le Développement et un savoir-faire certes immatériel mais néanmoins bien réel, elles disposent d'un avantage concurrentiel durable et de l'image de sécurisation qui en découle. Un challenger est porteur de risques. Si en plus il n'a pas accès à la technologie, ses chances sont nulles de susciter le réachat et la fidélisation.
- La grande distribution concentrée fait désormais office de couperet : elle privilégie ses propres marques et ne tient à conserver qu'une ou deux marques nationales (Thil et Baroux, 1983), demain internationales.
- Enfin quand on connaît le taux élevé d'échec des lancements de nouveaux produits, on mesure l'incertitude pesant sur les résultats des sommes gigantesques devant être investies sur une longue période. Tant qu'à payer cher, autant acheter de la certitude : d'où la floraison d'OPA, de raids, de fusions et d'acquisitions d'entreprises à marques fortes, déjà leaders dans leurs marchés.

En revanche lorsque ces facteurs figeant le marché sont absents, ce dernier est plus ouvert et la possibilité de créer de toutes pièces les marques leaders de demain cesse d'être théorique, même si elle ne supprime ni le facteur incertitude ni la période temporelle requise. Ainsi, il naîtra probablement de futurs Benetton : le système de la franchise permet d'étendre la pénétration sans passer sous les fourches caudines de la grande distribution. De plus la mode est un domaine ouvert à la nouveauté. Enfin le paramètre style est plus important que le facteur technologique. L'informatique et le hitech sont aussi ouverts à l'innovation. D'une façon plus générale, des nouvelles marques positionnées sur des niches, et internationales, naîtront dans le futur : elles cessent alors de poursuivre une notoriété globale mais briguent un leadership du segment.

L'évaluation des coûts de remplacement reste néanmoins très subjective : elle nécessite l'avis d'une combinaison d'experts et de procédures de type Delphi. De plus, il convient de rappeler que l'objectif de la démarche évaluatrice n'est pas en soi de produire une valeur mais de se rapprocher de la valeur économique de l'actif considéré, ici la marque. Les méthodes par les coûts se focalisent sur les inputs de la marque, sa valeur économique porte sur ses outputs, ce qu'elle produit et non ce qu'elle absorbe. Ce ne sont pas les investissements qui créent le profit, mais la domination des marchés, le leadership.

L'ÉVALUATION PAR LE PRIX DU MARCHÉ

Pourquoi ne pas considérer la valeur d'une marque à partir de la valeur de marques similaires sur le marché des marques ? À titre de comparaison, c'est ainsi que s'évaluent les appartements ou les voitures d'occasion. Chaque appartement ou voiture est analysé et positionné au-dessus, au même niveau ou en dessous du prix moyen du marché pour des modèles de ce type.

Bien que séduisante, cette démarche pose deux problèmes majeurs lorsqu'on l'applique aux marques. Le premier est que ce marché n'existe pas. Bien que les transactions défrayent les chroniques économiques, les acquisitions et ventes de marques ne sont pas légion. Les marques ne sont pas achetées pour être revendues. Considérant malgré tout que le nombre d'acquisitions réalisées depuis 1983 permet de se faire une idée sur les multiples appliqués à un secteur (de 25 à 30), un évaluateur pourrait être tenté par une telle approche.

Or il existe une différence de taille entre le marché immobilier et le marché actuel, même petit, des marques. Dans l'immobilier l'acheteur est « price taker » : le prix est fixé par le marché. Peu importe l'usage qu'il veut faire de l'appartement, le prix reste le même. Dans le cas des marques, l'acheteur est « price setter » : c'est lui qui fixe le prix de la marque. Chaque acheteur l'évalue en fonction de ses paramètres propres, ses synergies potentielles, ses intentions stratégiques. Pourquoi Unilever a-t-il payé Boursin, la prestigieuse marque de fromage, plus de 700 millions de francs ? Cela tenait à l'impérieuse nécessité pour ce groupe de faire une entrée dans un rayon de la grande distribution dont il était absent, grâce à une marque obligatoire, permettant probablement d'ouvrir la porte à d'autres spécialités à venir ? De même, bien que ce soient deux marques *a priori* très proches, Jean-Louis Scherrer a été acheté en avril 1990 trois fois moins cher que le prix payé par M. Chevalier pour Balmain deux mois plus tôt. Balmain était pour M. Chevalier, qui dut quitter le groupe LVMH, un ticket d'entrée – ou plutôt de rentrée – sur le marché du luxe. Hermès, qui y est déjà largement implanté, n'eut pas besoin de payer ce prix (Melin, 1990).

Le prix d'achat n'est donc pas celui de la marque *in abstracto*, mais de l'interaction marque-acquéreur. Utiliser comme référence le prix payé pour une marque similaire, sans connaître le but spécifique de cette acquisition, revient à oublier qu'une part essentielle du prix tenait à des synergies et intentions probablement exclusives de l'acheteur en question. Or chaque acheteur a ses intentions et paramètres : la valeur ne se détermine pas par procuration.

C'est ce qui différencie fondamentalement le « marché » des marques de celui de l'immobilier ou, par exemple, des agences de publicité. Dans ce dernier cas, compte tenu de l'offre, il existe des normes et des standards qui ne dépendent pas des intentions de l'acheteur (50 à 70 % de la marge brute en plus de l'actif net). Malgré cela, on constate que dans le marché du luxe, il est fréquent que les évaluations prennent en compte les transactions récentes et emploient un multiple du chiffre d'affaires (1,5 pour Yves Saint Laurent, 2 pour Lanvin et pour Balmain, 2,9 pour Martell, 2 pour la Bénédictine).

Compte tenu des difficultés inhérentes aux méthodes fondées sur les coûts ou sur la référence à un hypothétique marché, les évaluateurs se tournent plutôt vers les bénéfices attendus de la propriété de la marque. Ce troisième type d'approche comprenant de multiples variantes, nous lui consacrons une section particulière.

L'ÉVALUATION PAR LES BÉNÉFICES POTENTIELS

Puisque la marque aspire à être un actif, il convient de repartir de la définition d'un actif : un élément porteur de bénéfices futurs probables. Les évaluateurs ont donc défini des méthodes fondées sur les retours attendus de la propriété de la marque. Naturellement, ceux-ci sont intimement liés aux intentions de l'acquéreur. Si celui-ci veut internationaliser la marque, celle-ci aura plus de valeur qu'aux yeux d'un candidat qui souhaite la garder marque locale. La valeur par les bénéfices attendus est inséparable des caractéristiques de l'acquéreur futur et des plans qu'il élabore pour cette marque. C'est pour cela que l'évaluation boursière d'une société à marques sera toujours structurellement inférieure à celle d'un raider : la première est une évaluation dite « au fil de l'eau », en fonction des données courantes fournies par l'entreprise. La seconde naît de la survaleur créée par les perspectives qu'ouvrent des synergies, des complémentarités, des prises de positions stratégiques.

L'évaluation des bénéfices attendus de la marque se scinde en trois phases indépendantes (cf. figure 14.1.) :

a) La première est celle de la séparation, de l'isolation des revenus nets attribuables à la marque (et non à l'entreprise par exemple).

b) La seconde est celle de l'estimation de la pérennité de ces revenus nets, dans le futur. Cela nécessite une analyse stratégique de la marque dans son ou ses marchés.

c) La troisième phase consiste, dans l'approche financière classique à choisir un taux et une période d'actualisation, et dans l'approche dite du multiple à déterminer précisément ce multiple.

Nous aborderons tour à tour ces trois phases.

Le problème de la séparabilité

Comment isoler les revenus nets attribuables à la marque ? En effet, acheter un nom c'est acheter sa valeur. Si elle est vendue, la marque conserve-t-elle sa valeur ? Peut-elle être séparée de l'entreprise sans heurts pour sa valeur ?

Quelle que soit la méthode employée pour parvenir à l'évaluation d'une marque, le problème le plus difficile et le moins bien résolu est celui de la délimitation de la marque, de sa séparabilité du reste de l'entreprise et des autres actifs incorporels (brevets, know-how, relations commerciales...). Certes, juridiquement le droit d'usage du nom de marque peut être concédé et même vendu. Mais acheter le nom, est-ce acheter la marque ? Le nom signe une différence, il n'est pas l'artisan de cette différence mais son écho ou son accompagnateur. La marque se construit par l'accumulation dans le temps d'un savoir-faire et d'un savoir communiquer, les deux étant liés : grâce à la publicité, la marque permet d'accéder à une très large clientèle et de prendre ainsi les risques en R & D, en production et en développement, que l'espoir d'un retour sur investissement autorise. Grâce à l'image et à la confiance, nées des expériences satisfaites du public avec les produits de la marque, celle-ci peut s'avancer sur de nouveaux territoires, innover, risquer. Pour l'entreprise aussi la marque est une réassurance, une source de stabilité, de confiance.

La marque établie a une valeur économique : une entreprise avec marques vaut plus que la même entreprise sans marques. Néanmoins la

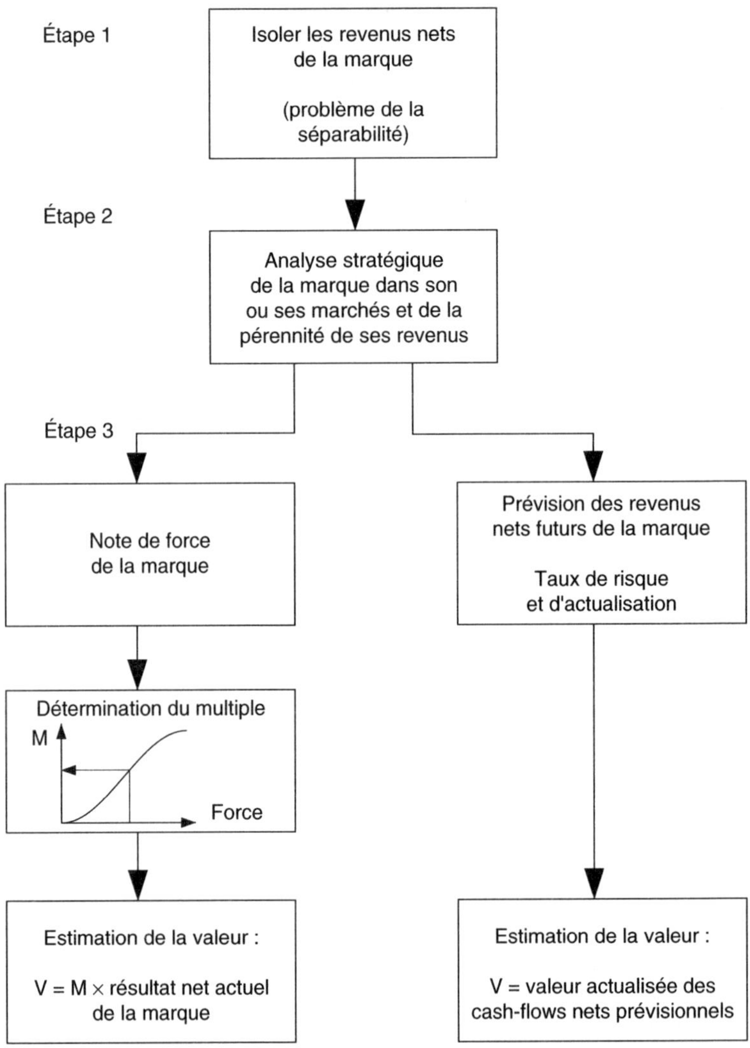

Figure 14.1. – *Processus de l'analyse financière de la valeur d'une marque*

mesure de la valeur de ces marques, de leurs apports marginaux en plus des autres actifs de l'entreprise – matériels et surtout immatériels – est rendue délicate par la difficulté de séparer la partie des bénéfices dus à la marque de ceux dus à ses autres actifs. Il est certes aisé de séparer l'effet marque des bénéfices liés aux immobilisations. Mais comment faire le tri entre la part du bénéfice due aux autres actifs immatériels ? Le succès d'Azantac est-il dû à sa marque ou à sa molécule révolutionnaire, la ranatidine ? La valeur des marques de services est-elle séparable du know-how immatériel mais pourtant bien réel des dirigeants qui la composent : acheter une agence de publicité au nom célèbre sans ses dirigeants, est-ce encore la même marque ?

En fait les actifs incorporels interagissent entre eux : l'évaluation de la marque signifie que l'on n'évaluera pas ces autres actifs. La marque prend en charge leur valeur. Ce serait une erreur de chercher à les additionner.

Comme on le devine, le souci comptable d'isoler la valeur économique spécifique de la marque *stricto sensu* débouche sur une impossibilité : ce sont les synergies qui font le pouvoir de la marque. Cette impossibilité n'est pas un problème dans le cas de fusions ou d'acquisitions : le plus souvent c'est la société tout entière qui est achetée avec tous ses actifs immatériels confondus. L'évaluation financière de la marque englobe tous ces actifs incorporels et ne crée de réelle différence qu'avec les actifs matériels, dont la valeur intrinsèque et le coût d'opportunité ne sont pas longs à établir. Après l'acquisition, la détermination de la partie de la survaleur affectée au poste marque devra cependant affronter le problème de la séparabilité, bien que les enjeux d'une erreur d'affectation soient moindres. De plus, des critères fiscaux et l'impact sur les comptes sociaux entrent en jeu. La quasi-impossibilité souvent de séparer la marque des autres actifs incorporels ne constitue pas un frein non plus à l'évaluation interne, à des fins de management car ce dernier consiste précisément à jouer de toutes les synergies pour donner plus de valeur ajoutée à la marque.

La séparabilité cesse d'être un problème comptable ou théorique dès lors que la marque est vendue séparément de l'entreprise ou fait l'objet de royalties. Ce fut le cas de la marque Buitoni, rachetée en 1989 par Nestlé, les autres éléments du patrimoine de la société Buitoni étant vendus séparément (usines, entrepôts, etc.). Il importe alors de bien examiner si, dans ce qui n'est pas vendu avec la marque, ne disparaissent quelques facteurs nécessaires à son succès, indispensables à la réussite de l'ensemble. La marque est séparable si, malgré son extraction de la société, elle reste la même. Ce n'est pas toujours le cas.

Vodka Smirnoff est une marque séparable. Le pastis Pernod l'est moins, IBM ne l'est pas. Il y a en effet peu de know-how spécifique dans la vodka. Un candidat qui n'achèterait que les droits de propriété exclusive de la marque (nom, étiquette, bouteille) et abandonnerait les usines pourrait néanmoins jouir de tout le pouvoir d'attraction de la marque, tant auprès des consommateurs que de la distribution. La réputation de Smirnoff ne tient pas à quelque particularité du liquide ou au support de la société qui le commercialisait. La vodka étant pratiquement une boisson générique, seule l'image de la marque fait sa différence : d'où le fait qu'il soit nécessaire et suffisant de posséder les seuls droits de propriété des images de la marque (bouteille, symboles, étiquettes, noms). Les contrefaçons ou les contremarques des distributeurs ne s'y trompent pas : elles reproduisent au mieux ces images.

Le Pernod se vendrait-il autant, ailleurs que chez Pernod-Ricard ? Certes la marque jouit d'une notoriété forte : elle est un des premiers noms qui vient à l'esprit lorsque l'on pense anis. Mais la force de la marque n'est-elle pas surestimée, une partie des ventes étant due au poids du groupe Pernod-Ricard, ce qui facilite les négociations commerciales avec la distribution donc la présence et la visibilité de la marque dans tous les points de vente ? Mars resterait-il Mars si la marque était vendue sans ses usines ? Non, car la fidélité à Mars tient à l'habituation à un goût, une texture, une onctuosité, un craquant très spécifiques qui font partie du know-how de la société. Mars est un produit générique solitaire, une marque-produit, un « branduct » (Swiners, 1979). Le kwow-how fait partie de la marque, il en est indissociable si celle-ci veut rester elle-même et conserver son capital. De plus seul Mars sait fabriquer sa barre à ce prix-là !

Se désengageant du marché des couches pour bébé, Colgate-Palmolive vendit en France sa marque Câline pour deux ou trois millions de francs. L'acquéreur, la Celatose fit faillite quelques années plus tard. La part de marché de Câline ne tenait pas à l'image de marque et au nom : elle était nourrie par un effort permanent et coûteux de R & D et le support corporate du groupe Colgate-Palmolive auprès de la distribution. Séparer Câline de l'entreprise, c'était acheter un homonyme mais pas vraiment la même marque. C'est *a fortiori* le cas dans tous les secteurs où la technologie compte, où la marque signe une différence réelle et observable. L'effet IBM ne peut être déconnecté de la société, de sa logistique, de sa puissance, supports de la promesse liée au nom : la sécurité.

Un actif est un élément porteur de bénéfices futurs probables dégagés par une entreprise à la suite de transactions ou d'événements passés. La marque est un actif : elle correspond à cette définition, recouvrant la marque acquise et celle développée au sein de l'entreprise. Comme les exemples ci-dessus le rappellent, la marque n'est pas un actif isolable dans toutes les sociétés : parfois elle n'est que le réceptacle d'une combinaison d'attributs exclusivement liés à d'autres actifs immatériels (brevets, savoir-faire, relations de clientèle), qui eux ne seraient pas forcément vendus. Un pas dans cette prise de conscience consiste à prendre conscience du système de la marque, de ses interrelations avec d'autres sources du « produit augmenté » et de ses liens à la part de marché et au profit (Figure 14.2.).

La figure 14.2. rappelle les trois sources essentielles de la valeur de la marque. Les profits dus à la marque proviennent soit d'un surprix rémunérant la qualité et la prime de risque soit d'une demande accrue par rapport à un produit générique, soit des coûts de production et de distribution réduits, du fait des économies d'échelles, des gains de productivité conférés par la courbe d'expérience. Ce gain de productivité permet de financer les demandes de la distribution dont dépendent la présence et la visibilité de la marque dans les points de vente ; il permet aussi de réduire les prix de vente courants ce qui augmente l'avantage concurrentiel de la marque et son rapport qualité/prix. La fidélité à la marque en est la conséquence dans la mesure où chaque réachat donne lieu à la même satisfaction – due à la performance du produit, à sa stabilité, à son prix et à son image. Du point de vue du consommateur, la marque devient un signal de repérage dans l'offre et de réduction des risques ou des efforts de recherche. Elle acquiert son sens par la communication et l'usage des produits, et devient promesse de performance, de qualité, de commodité, de service, de style et de mode, repère familier et rassurant.

Mais toutes les ventes d'une marque ne sont pas forcément imputables à la marque : l'essai d'un produit peut résulter d'une forte visibilité en magasin et d'un prix d'appel. Satisfait du produit, le consommateur peut mémoriser les repères visuels de la marque ou sa place dans le rayon : cela facilite sa quête lors d'une prochaine visite. En revanche il ne mémorise pas la marque s'il ne lui attache pas de spécificité propre, de sens particulier. En ce cas, malgré une part de marché élevée, la marque est faible. C'est le cas de William Peel, leader des whiskies vendus en hypermarché. Mais son leadership ne tient pas à un attachement à la marque : il résulte du fait que la société William Pitters achète littéralement sa présence en rayon et investit en « push » plutôt qu'en « pull ».

La figure 14.1. rappelle aussi que maintes marques ne jouiraient pas de leurs parts de marché sans le support et la réputation de l'entreprise. Lorsqu'un distributeur commande Pernod, il est en partie influencé par « l'image corporate ». L'argument peut être étendu aux marques-prénoms dont les ventes traduisent aussi l'influence de la marque-caution ou marque-mère. Jicky et Jicky de Guerlain ce n'est pas la même chose. Il en va de même d'Hello de Lu.

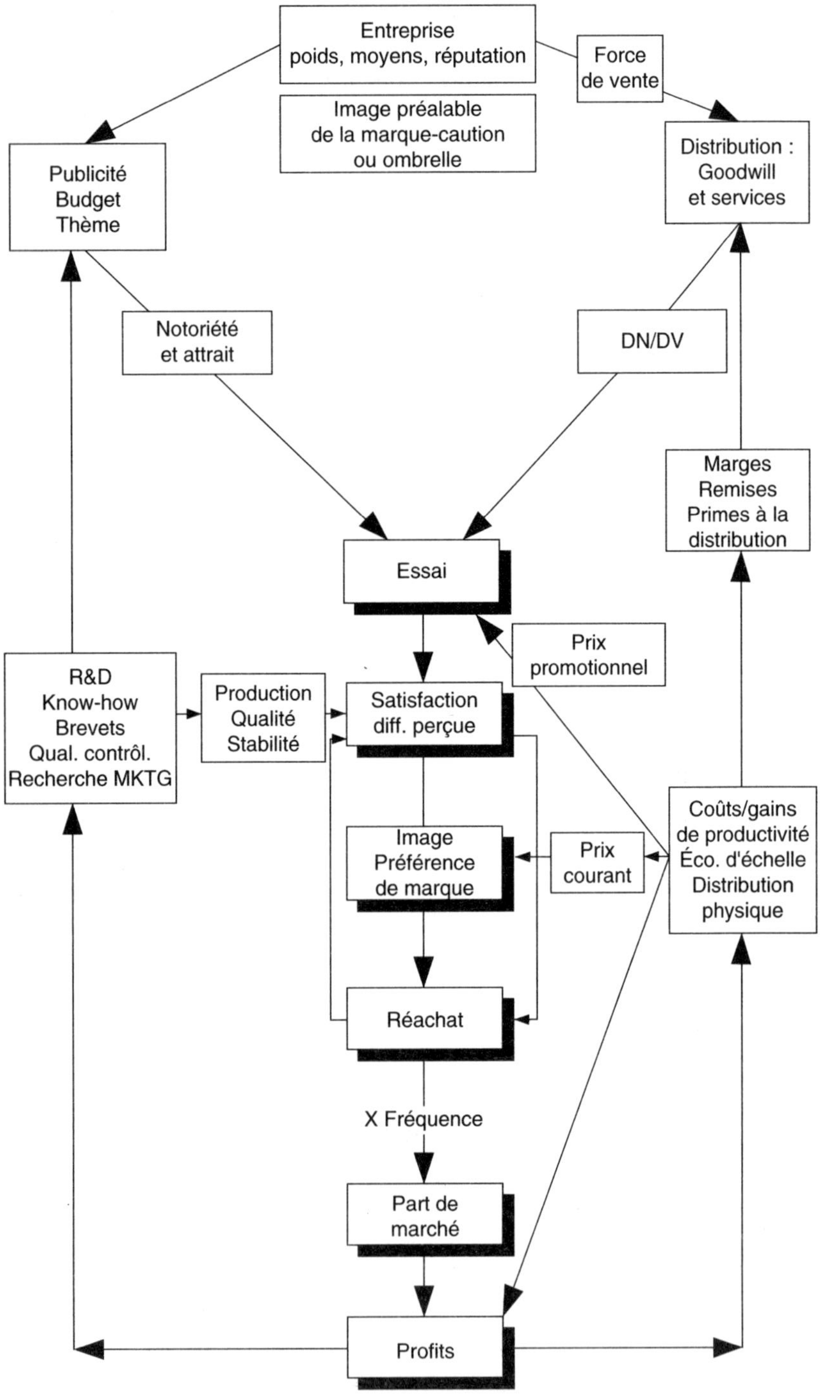

Figure 14.2. – *Le système de la marque et le problème de la séparabilité*

Les revenus marginaux découlant d'une politique de marque ont donc trois sources possibles :

- une demande QM supérieure à celle (Q) d'un produit identique de marque inconnue.
- un prix éventuellement PM supérieur au prix P d'un produit équivalent non marqué.
- un coût de production et de distribution CM inférieurs (du fait des économies d'échelle) à ceux C d'un produit non marqué.

Il faut soustraire à cela le coût de la politique de marque (marketing, publicité, etc.), le coût des R & D, les impôts (IMP) sur l'excédent de revenu et la rémunération du capital investi (INV). Tant que RM est supérieur à R la politique de marque se justifie. Le différentiel RM – R est la mesure du profit net attribuable à la marque.

Le surprofit attribuable à la marque
RM – R = QM(PM – CM) – Q(P – C) – MKTG – R&D – IMP – INV

Empiriquement quelles sont les méthodes utilisées pour estimer ce profit ?

1. La méthode du surprix (Price premium)

Celle-ci consiste à mesurer l'écart du prix entre la marque et un produit générique ou sans marque et à le multiplier par le volume des ventes de la marque pour obtenir ainsi le chiffre d'affaires dû à celle-ci. Par rapport à l'équation ci-dessus, cette approche fréquente fait l'hypothèse que les coûts sont les mêmes (CM = C) et que le volume vendu sans marque serait égal (QM = Q). Ces hypothèses sont parfois fondées : c'est le cas dans l'évaluation des marques de champagne. La méthode utilisée est celle du « price premium » car dans le champagne, pour une même marque, la différence entre le haut et le bas de gamme tient à la qualité des raisins dans l'assemblage, au millésime et à la période de maturation : le coût de revient est globalement identique (C = CM). De plus, face à une demande longtemps supérieure à l'offre, il n'y avait pas d'invendus : un champagne inconnu se vendait tout aussi bien qu'une bouteille de Veuve Clicquot (Q = QM) mais bien sûr pas au même prix (PM = 2P). Il était alors aisé de calculer le surprofit annuel imputable à la marque (les budgets de marketing sont réduits dans ce secteur et la R & D absente). Rémy-Martin a été évalué selon cette méthode : en actualisant sur 15 ans, sur la base des ventes moyennes actuelles, la différence de prix de vente départ société de production et le prix moyen d'un cognac de marque de notoriété faible.

Le problème de cette méthode tient à ses hypothèses : il n'existe pas toujours de produit générique de comparaison. Ainsi l'arrivée des « colas » génériques est récente sur le marché. Quel est l'équivalent générique de produits uniques comme Schweppes, la Suze, Mars ? La suggestion de prendre des génériques « notionnels » est peu réaliste. Plus grave est le fait que l'on privilégie une certaine politique de marque – reposant sur un différentiel de prix. La méthode surévalue donc les petites marques chères et sous-évalue les grandes marques aux prix agressifs, tirant leurs bénéfices des effets de volume sur les coûts et la productivité, telles que Swatch, KitKat, Bonne Maman, Bic, etc.

2. La méthode des royalties

Quelles seraient les royalties annuelles que la marque pourrait espérer, si elle concède par licence les droits à l'usage de la marque ? Celles-ci mesurent directement la contribution monétaire de la marque *stricto sensu* et règlent par la même occasion le problème de la séparabilité. Le chiffre obtenu sert ultérieurement dans les calculs de capitalisation sur plusieurs années (*cf.*, *infra*). La difficulté est que ces pratiques ne sont pas courantes dans la plupart des marchés. On les retrouve dans le luxe, le textile.

Sur un plan conceptuel strict, il n'est pas certain (Barwise, 1989) que cette méthode isole bien la seule valeur de la marque. En effet les licences sont souvent utilisées par des entreprises pour couvrir des pays dont la marque est absente. Mais les royalties ne rémunèrent alors pas uniquement l'usage de la marque : le concédant s'engage aussi à fournir un ensemble de matières premières, de know-how et de services pour permettre au licencié de maintenir le niveau de qualité de la marque.

3. La méthode de la sensibilité aux marques

Selon celle-ci, la force d'une marque ne se mesure pas au nombre de ses acheteurs mais au nombre de ceux qui sont sensibles à la marque (Kapferer et Laurent, 1983). Cette déclaration part d'un constat : une fraction des acheteurs de la marque X ne l'achète pas parce que c'est X. Ils achèteraient tout aussi bien Y ou Z, voire une marque inconnue. Leur comportement est imputable, pour l'essentiel au prix, ou au fait que c'est la seule en magasin, ou la seule dans ce format, ou la seule aussi facile d'accès, occupant une large part du rayon. En cas d'implication faible, le comportement en magasin est largement influencé par ces facteurs situationnels et peu par un attachement à une marque : c'est ainsi que la grande distribution arrive à placer ses marques propres et ses contremarques. Même déçu de ne plus trouver ses marques, l'acheteur ne partira pas.

Dans tout marché, un pourcentage des acheteurs est sensible aux marques. Cette sensibilité se mesure, indicateur indirect de l'influence de la marque dans la décision d'achat. Parmi ces consommateurs sensibles aux marques, une partie seulement connaît la marque donc peut être réellement influencée par elle.

La formule d'estimation du surprofit est alors :

Le surprofit attribuable à la marque SPM

$$SPM = [RM - (t \times ATM)] \times \text{Sensibilité} \times \text{Notoriété}$$

RM est le résultat dégagé par la marque, AT les actifs matériels utilisés pour l'activité à la marque, t le taux moyen de rémunération du capital. La sensibilité aux marques se mesure par une série de questions posées aux consommateurs quant au poids de la marque dans leurs décisions d'achat. La notoriété enfin, on le sait capte le pourcentage de consommateurs connaissant la marque en question, ne fût-ce que de nom.

Une variante de l'approche fondée sur un indicateur de sensibilité aux marques consiste à rendre explicite le mécanisme d'influence de la marque. Pour cela, on mesure l'intention d'achat ferme chez les consommateurs ayant une bonne ou moyenne image de la marque et chez ceux déclarant peu ou ne pas connaître la marque. La différence d'intention d'achat mesure la contribution nette d'une bonne ou moyenne image de la marque. L'analyse d'un échantillon représentatif d'acheteurs de la marque A permet alors d'isoler la contribution réelle de la marque. L'échantillon est divisé selon les gros, moyens et petits acheteurs. Les pourcentages de gros acheteurs ayant une bonne et une moyenne image, permettent de reconstituer les intentions d'achat théoriques, qui, pondérées par le volume moyen d'achat des gros consommateurs, déterminent chez ceux-ci, le volume dû à la marque. Un calcul identique est mené sur les moyens et petits acheteurs. Ainsi le volume global imputable à la marque peut être isolé (Frey, 1989).

4. Séparer les effets d'offre des effets de demande

Aujourd'hui, dans le domaine des biens de grande consommation, les ventes d'une marque dépendent intimement plus de l'attitude des distributeurs que de celle des consommateurs. Rares sont les consommateurs qui changeront de magasin si leur marque est absente, pour des produits d'implication faible. C'est pourquoi maintes enseignes ont fait disparaître les marques nationales de leurs rayons, protégées par l'inertie des comportements hebdomadaires des consommateurs à qui on ne demande pas leur avis.

Comment séparer, dans les ventes brutes d'une marque, la partie due à l'offre (à la disponibilité en magasin et à la visibilité en rayon) et la partie due à la marque. L'approche de la sensibilité aux marques repose sur des réponses verbales à un questionnaire, données généralement présentes dans les études faites par la marque. Lorsque des données de panel sont disponibles, il est possible d'obtenir une réponse comportementale à ces questions.

Le principe en est simple : supposons quatre marques ayant chacune 25 % du linéaire et vendues au même prix. L'espérance mathématique des ventes de chacune dues à l'offre, est donc de 25 % des ventes totales du rayon. Si les ventes sont supérieures ou inférieures à cette espérance mécanique, cela résulte de la marque.

Or, grâce aux banques de données, les panels peuvent mesurer l'incidence du pourcentage de linéaire alloué à une marque sur ses ventes, l'incidence du prix sur la demande, cela selon le type de magasin détenteur (hypermarché, supermarché). C'est l'écart entre les ventes brutes et celles prédites, compte tenu du prix, de la part de linéaire, etc. de la marque, qui est la vraie mesure de la force de la marque.

$$\text{Force de la marque} = \frac{\text{Ventes réelles}}{\text{Ventes dues à l'offre}}$$

Les méthodes de séparation, examinées ci-dessus, permettent de déterminer un résultat spécifiquement attribuable à la marque, exprimé soit sous la forme d'un surprofit, soit d'un flux de fonds net. Il reste à les faire porter sur les activités futures envisagées par l'entreprise pour la marque et qui justifient son acquisition ou en tout cas son intérêt. La marque a d'autant plus de valeur qu'elle offre à son détenteur un potentiel stratégique et des perspectives d'extension hors de ses produits d'origine (extension de marque) et/ou hors de ses frontières (globalisation).

La valeur de la marque dépend de l'exploitation qui en sera faite par l'entreprise acheteuse, des produits qu'on lui fera signer hors de son territoire d'origine, des marchés qu'ils devront pénétrer. Mais que valent ces prévisions ? Quelle est l'incertitude ? L'évaluation de leur probabilité suppose de soumettre la marque à une analyse stratégique, permettant d'en apprécier les forces, faiblesses, potentialités et capacités, à maintenir son leadership grâce à une série de critères pertinents et mesurables. Tout prix étant un pari sur le futur, est-ce que la marque est assez forte pour résister au futur ?

L'évaluation multi-critères de la force de la marque

L'acquéreur d'une marque cherche à tirer profit d'elle : il la destine souvent à des produits, des marchés, des activités dont elle était jusqu'alors exclue. Cette ambition pour la marque doit être réaliste et tenir compte des potentialités intrinsèques de celle-ci et de l'évolution structurelle de son marché. Quelle est la sûreté relative de la demande d'où émanent les cash-flows ? En pratique, cela passe par une auscultation en profondeur de la marque sur un ensemble de critères prédicteurs de ses potentialités futures dans son marché ou hors de celui-ci. L'ensemble de ces critères définit la force de la marque, la valeur stratégique de celle-ci.

Plusieurs listes de critères ont été proposées. Ainsi la société Interbrand note la marque sur sept facteurs et additionne alors les sept notes individuelles, pondérées par le poids du facteur : la note globale résultant est une mesure de la force de la marque. Sorgem propose une analyse plus fine distinguant la valeur du marché, les actifs de la marque, les leviers de croissance et les capacités de l'entreprise. Une synthèse de ces approches conduit à évaluer la marque sur les critères suivants :

1. Le leadership du marché

La marque est-elle leader de son marché ? Peut-elle le rester ?

Le lien entre la part de marché et la rentabilité est désormais connu, de même que l'avantage stratégique de la domination du marché mesurée par la part de marché relative (Buzzell et al., 1975 ; Porter, 1980 ; Jacobson et Aaker, 1985). Dans le domaine des biens de grande consommation, dans la mesure où la grande distribution ne tient à garder en linéaire que le ou les leaders du marché, ce critère devient encore plus important. Être numéro trois ou quatre avait de la valeur, cela n'en a plus guère.

Bien que la part de marché ait l'apparence d'une mesure simple et objective, elle nécessite un jugement subjectif pour définir ce que l'on entend par « marché ». Selon que l'on retient une conception étroite ou large du marché, la marque peut être perçue comme dominante ou dominée. On connaît trop les dangers d'une certaine myopie consistant à assimiler le produit et le marché : Franco-Russe doit-il être évalué dans le seul marché des pâtisseries-kit (prêtes à être réalisées à domicile) ou dans le vaste ensemble de la pâtisserie industrielle (face à Belin, Brossard, Vandamme), recouvrant même les surgelés ? Est aussi subjective la pondération affectée à la place de premier, de second et de troisième, la valorisation de la part de marché elle-même (60 % par rapport à 50 % et 40 %).

L'analyse ne se limite pas à l'examen de la part de marché actuelle mais aussi à ses potentialités de croissance. Prenons la comparaison des marques A et B (Tableau 14.1.), certes A commande actuellement une part de marché nettement supérieure à B mais le taux de fidélisation (réachat) de B est le double de A. La marque B dispose d'un fort levier de croissance : il ne reste plus qu'à l'exploiter en investissant en notoriété et disponibilité pour augmenter le taux de pénétration de la marque. Certains marchés sont plus fluides : les leaderships sont contestables ou de nouveaux segments apparaissent en permanence (c'est le cas du hi-tech ou de la mode). Ainsi, si l'entreprise en a les ressources, B est en fait plus prometteuse que A.

Tableau 14.1. – *Profils comparés de marques*

	Marque A	Marque B
Notoriété (% de personnes qui connaissent la marque)	50	40
×		
Essai (proportion de personnes ayant déjà acheté ou utilisé la marque parmi toutes celles qui la connaissent)	40	35
×		
Réachat (proportion d'essayeurs qui continuent d'utiliser)	20	40
×		
Indice de consommation (par rapport à la moyenne du marché)	110	100
×		
Disponibilité (% de personnes qui peuvent trouver la marque facilement)	70	20
=		
Part d'utilisation (équivalent de la part de marché)	3,1	1,1
Potentiel (à 100 % de notoriété et 100 % de disponibilité DN/DV)	8,8	14,0

2. Le caractère établi de la marque

La marque est un réducteur d'incertitude si elle a des clients fidèles. Ce facteur cerne la stabilité de la marque, son assise. Les marques anciennes, s'étant au cours du temps constitué une clientèle fidèle et satisfaite, font désormais partie intégrante du marché, en sont pratiquement la matière. Aux États-Unis, General Electric est pratiquement une valeur nationale, une institution au sein des familles, comme l'est la marque Javel en France, Hoover ou St-Michael en Grande-Bretagne, Bayer en Allemagne. Les Anglais ont un mot pour caractériser cette clientèle de marque : ils parlent de « brand-franchise ». Ce terme correspond bien au processus long et toujours recommencé par lequel une marque parvient à se bâtir un taux élevé de fidélité : en analysant les besoins des acheteurs, en investissant en R & D, en développant sa communication pour donner tout son sens au signal qu'est la marque.

3. La perspective du marché actuel

Au moment de l'évaluation, la marque est présente dans certains marchés. Quelles sont leurs perspectives intrinsèques ? Sont-ils stables, en déclin ou en croissance ? De nouveaux entrants sont-ils probables ? Le marché est-il protégé par des barrières à l'entrée (maîtrise de la technologie, effets de volume, distribution, ticket d'entrée publicitaire) ? Le marché peut-il devenir un marché de marques de distributeurs ? La sensibilité aux marques y est-elle forte ?

4. La qualité de l'image et de la notoriété

Il existe plusieurs mesures de la notoriété : « top of mind », spontanée, assistée. On privilégiera la notoriété spontanée, signe que la marque est spontanément considérée par les consommateurs comme une référence, un acteur-clé de son marché. Au niveau de l'image, trois dimensions sont à analyser :

- la réputation de qualité, clé de la survie à long terme, de la justification d'un prix supérieur aux marques de distributeur et de la fidélité des acheteurs.
- la différenciation. Combien de marques sont aimées, adulées, perçues comme sympathiques mais ne sont plus considérées comme différentes. Qui n'aime pas Sopalin ? Hélas, cette marque désormais minoritaire n'a pas su maintenir sa différence perçue, dont on rappellera qu'il est le facteur principal de la sensibilité aux marques.
- l'implication des consommateurs dans la marque. Le fait de dire « c'est une marque pour moi » témoigne de sa pertinence, de sa capacité à s'être adaptée au temps, d'avoir su évoluer avec ses consommateurs, tant dans les produits que dans la communication.

5. La force du produit

On ne saurait évaluer la marque indépendamment de la qualité de son support physique. Celui-ci est-il unique, est-il copiable ? Certes la marque, son image et sa notoriété contribuent à influencer les préférences, mais il importe d'être lucide ou prévoyant : quelle est la capacité du produit à provoquer une préférence dans les tests dits « en aveugle » (blind-tests) ? En ces années post-crise économique, après une décade où l'on a péché par excès de confiance dans l'immatériel, les acheteurs ont retrouvé une saine appréciation des vraies valeurs du produit. D'où la question : le know-how sur lequel repose l'avantage des produits est-il défendu et durable ? C'est le point fort de toutes les marques de Ferrero (Kinder, Nutella, Mon Chéri...) par exemple. C'était aussi celui d'Orangina, dont la formule, unique, plaisait dans les 60 pays où elle était vendue. C'est pourquoi Coca-Cola l'a acheté.

6. Le potentiel d'extension de la marque

Ce critère aborde la capacité de la marque à pénétrer avec succès d'autres marchés que ses marchés actuels, à se diversifier. Plusieurs critères permettent d'évaluer ce potentiel : la notoriété existante de la marque dans ces marchés dont elle est pourtant absente, la capacité de certains de ses traits d'identité de légitimer ces produits de diversification. Ainsi, Seiko est connu de tous les consommateurs. À travers les années et les montres, Seiko est devenu synonyme de précision, de minutie, d'esthétique et de modernité aussi. Seiko est intimement lié au temps, c'est là son fond conceptuel de marque, sa focalisation. La marque est légitime dans le marché des verres optiques, contre Essilor : les lunettes sont aussi intimement liées au temps, au vieillissement. Ce sont aussi des objets de précision et d'esthétique : rester beau est un idéal anti-temps. Par sa notoriété préexistante et son image, elle est prête à l'emploi.

7. Le potentiel d'internationalisation

En test aveugle Orangina plaît partout. Le soleil étant un humus d'imaginaire international. C'est pourquoi Buitoni jouissait aussi d'un fort potentiel dans tous les pays d'Europe. Au-delà de la simple internationalisation, Buitoni autorisait aussi un marketing global, paneuropéen. Ce fut le facteur déterminant de l'intérêt que porta Nestlé à Buitoni comme à Rowntree. Des facteurs juridiques doivent être pris en compte dans l'évaluation des potentialités internationales : en effet, compte tenu des disparités du droit entre les différents pays, il importe de bien vérifier la force et l'étendue de la protection de la marque dans les pays considérés (Chanterac, 1989).

8. Les investissements réalisés sur la marque

Les marques ayant fait l'objet d'un soutien sans failles ont plus de valeur que celles soutenues épisodiquement, par à-coups, sans cohérence temporelle. Les investissements publicitaires et les parts de voix sont des indicateurs de ce soutien. Les manifestations en sont la richesse et la profondeur de l'image, la netteté de l'identité, la saillance de la notoriété, la sympathie de marque et la reconnaissance des signes associés à la marque (couleurs, symboles, logos, personnages, slogans). Si la marque est une mémoire, ce critère cerne la qualité de cette mémoire.

9. La protection juridique de la marque

La marque a une valeur économique. À ce titre, elle intéresse les raiders mais aussi les contrefacteurs. Ces derniers sont désireux de détourner à leur profit une partie des flux de revenus créés par la marque (et ses signes distinctifs), du fait de la confiance qu'elle a su acquérir dans le temps. La protection juridique de la marque vise à limiter ces détournements. Les zones à risques, où la contrefaçon est fréquente, réclament une protection renforcée : il convient de déposer (lorsque cela est légal) en plus du nom, tous les signes de la marque (modèles, packaging, logo, codes). Ainsi Coca-Cola a déposé dans le monde entier deux noms (Coca Cola et Coke) et leur traité graphique particulier. La société tente aussi, partout où cela est possible, de déposer la forme distinctive de la bouteille. En cas de protection faible du nom de marque lui-même, la constitution d'une identité graphique repérable et distinctive augmente la sphère de protection de la marque car elle est déposable.

10. Les capacités de l'entreprise

La valeur de la marque dépend des moyens que l'entreprise pourra investir pour accélérer son développement. C'est pourquoi seul Coca-Cola pouvait développer les ventes internationales d'Orangina et espérer en vendre 800 millions de litres aux États-Unis. D'où le prix payé : 5 milliards de francs.

Le calcul de la valeur financière de la marque

En pratique, que faire du profil de marque multi-critères ainsi constitué ? Deux écoles s'opposent en la matière (Figure 14.1., page 524). La première, celle des analystes financiers, utilise le profil de marque pour établir son business-plan et la prévision des flux nets attendus dans le futur à partir du marché actuel de la marque, ou des nouveaux marchés auxquels on la destine. Le profil de la marque est comparé au profil d'autres marques du secteur ou à activité proche. Les analystes financiers utilisent le profil de marque comme élément de diagnostic et de réalisme dans les prévisions de cash-flow et dans la définition du coefficient d'actualisation, mesure du risque. La seconde école, plus empirique, fait une somme pondérée de chaque note partielle pour parvenir à une note globale, mesure de la force de la marque. Cette note de synthèse permet de définir le multiple à appliquer dans l'évaluation financière. Loin d'être un débat byzantin, cette différence recouvre deux philosophies différentes des problèmes d'évaluation, produisant nécessairement des valeurs différentes. Nous analyserons en premier l'approche par capitalisation des cash-flows puis la méthode du multiple.

1. La capitalisation des cash-flows

C'est l'approche classique de l'évaluation financière de tout investissement, qu'il soit matériel ou immatériel. L'analyste établit la prévision des revenus attribuables à la marque, année par année, sur une période de cinq, ou dix ans. Le taux d'actualisation retenu est le coût moyen pondéré du capital, augmenté si nécessaire pour tenir compte du risque si la marque est faible (pour réduire le poids des revenus lointains dans la valeur actuelle). Au-delà de cette période, la valeur résiduelle est estimée comme le résultat d'une rente perpétuelle, en supposant que le revenu est constant ou bien croît à taux constant (Nussenbaum, 1990). La formule s'établit ainsi :

$$\text{Valeur de la marque} = \sum_{t=1}^{N} \frac{RM_t}{(1+r)^t} + \frac{\text{Valeur résiduelle}}{(1+r)^N}$$

RM_t = Revenu futur prévu en année t, attribuable à la marque
r = Taux d'actualisation

$$\text{Valeur résiduelle au-delà de l'année } N = \frac{RM_N}{r} \text{ ou } \frac{RM_N}{r-g}$$

g = Taux de croissance des revenus

C'est la structure type de l'évaluation par les cash-flows prévisionnels nets actualisés, même s'il existe d'innombrables variantes selon les analystes (Maugières, 1990 ; Melin, 1990). Suivant cette méthode, le cognac Hennessy fut évalué 6,9 milliards de francs, sur la base d'une capitalisation des résultats nets, sur 25 ans, au taux de 6,5 % (Blanc et Hoffstetter, 1990).

Cette méthodologie fut suivie pour évaluer la marque Candia dans le cadre de restructurations. Le chiffre final, autour de 1 milliard 800, résultait d'un business plan où la discussion porta essentiellement sur deux questions :

- Quelle serait dans le futur la part du chiffre d'affaires de Candia réalisée par les produits marketing, débanalisés et fortement marqués qui justifient donc une prime de prix supérieure (les marques-filles telles que Viva, Croissance, etc.).
- À combien de centimes estimait-on la prime de prix que pouvait réclamer Candia sur les produits plus banalisés ? Dans ce marché très concurrentiel, quasi-générique l'écart ne se calcule qu'en centimes, mais ramené aux millions de litres cela crée un montant global significatif.

Les détracteurs de cette méthodologie (Murphy, 1990 ; Ward, 1990) lui reprochent ses trois sources d'incertitude : la prévision des flux, le choix de la période et celui du taux d'actualisation.

- Par définition, toute prévision est incertaine. Cela ne concerne pas uniquement la marque mais toutes les évaluations des investissements – matériels ou immatériels – faites d'habitude selon cette approche. Dans le cas de la marque, les prévisions de cash-flow pourraient être ruinées si un concurrent lance un produit supérieur, non prévu dans les calculs. Cet argument oublie que les prévisions furent faites après un solide diagnostic des forces et des faiblesses de la marque (sur la base des critères présentés *supra*). On peut penser que ceux-ci ont été intégrés dans les calculs de flux prévisionnels. D'autre part, le taux d'actualisation sert précisément à intégrer le facteur de risque perçu.

- La subjectivité liée au choix du taux d'actualisation constitue précisément une seconde critique. Mais, d'une part les analystes financiers procèdent à des tests de sensibilité des résultats aux variations de ce taux, d'autre part ce taux est fixé en tenant compte de données stables de l'entreprise : son coût moyen du capital... Seules la prime de risque et l'inflation sont subjectives. Remarquons que souvent, du point de vue du chef d'entreprise acheteur, le risque est nul : il achète avec la certitude de réussir.
- Enfin le choix de la période pour le calcul des flux a suscité des critiques : pourquoi dix années et non quinze ? Quel est le sens de prévisions faites à un horizon aussi lointain ? D'une part la marque peut disparaître au bout de quelques années seulement, d'autre part, dans certains secteurs volatils, trois années c'est déjà du long terme (dans la micro-informatique par exemple).

D'où l'idée pragmatique et réaliste de certains évaluateurs britanniques : ne fonder les calculs de la valeur de la marque que sur ce qui est certain, le revenu net de la marque actuel. C'est la base de la méthode du multiple. La valeur de la marque consiste à appliquer un multiple aux profits actuels de la marque, établis sur trois ans (t – 2, t – 1, t).

Le problème est alors de déterminer avec précision ce multiple. Beaucoup d'entreprises ont des normes : Pernod-Ricard utilise un multiple compris entre 7 et 10 lorsqu'il s'agit d'acheter une marque nationale et entre 10 et 13 pour une marque internationale. LVMH valorisa Dior 4 milliards soit 27 fois les bénéfices et deux fois le chiffre d'affaires. La FNAC fut vendue 3 milliards pour un résultat courant de 150 millions.

2. La méthode du multiple

Il est classique dans l'évaluation financière des entreprises d'examiner ce que l'on appelle le « price/earnings ratio » ou P/E. Celui-ci relie la capitalisation boursière de l'entreprise aux bénéfices nets de celle-ci. Un ratio élevé signale la confiance et l'optimisme des investisseurs dans la croissance future des bénéfices. La marque n'est pas l'entreprise mais on peut lui appliquer le même raisonnement.

$$\text{Entreprise : P/E} = \frac{\text{Valorisation boursière constatée}}{\text{Bénéfices constatés}}$$

$$\text{Marque : Multiple} = \frac{\text{Valorisation à déterminer}}{\text{Bénéfices nets de la marque}}$$

La seule différence est que, dans le cas de la marque, on ne dispose pas de données sur la capitalisation boursière car elle n'existe pas et que c'est précisément ce que l'on cherche à déterminer. Cette valorisation boursière « notionnelle » est le prix à payer pour racheter la marque (avant tout effet de surenchère). Pour la connaître, il faut donc déterminer M, le multiple équivalent d'un ratio P/E spécifique à la marque.

Cette approche est largement employée en Grande-Bretagne, sous l'impulsion de la société Interbrand. Elle procède en quatre étapes.

a) Détermination du bénéfice net de référence, du surprofit

Interbrand retient les bénéfices de trois années (t – 2, t – 1, t) afin de ne pas fonder l'évaluation sur une seule année que l'on pourrait toujours considérer comme atypique. Ceux-ci sont actualisés pour tenir compte de l'inflation. Une moyenne pondérée de ces trois bénéfices actualisés est calculée en fonction des années que l'on estime les plus ou les moins représentatives. Cette moyenne pondérée des bénéfices nets après impôts, imputables spécifiquement à la marque, sera la base de tous les calculs.

b) Détermination de la force de la marque

Dans cette approche, la marque, évaluée sur une batterie de critères marketing et stratégiques, reçoit une note globale. Ainsi Interbrand, ne retenant que sept facteurs, fait une somme pondérée des notes partielles de chacun des facteurs pour obtenir cette note globale, selon l'illustration du tableau 14.2. (Penrose, 1990).

c) Détermination du multiple

Il y a nécessairement une relation entre le multiple (cet indicateur de confiance dans le futur) et ce score de force de la marque. Si cette relation était connue avec précision, le multiple serait alors prédit par le score de force de marque. Interbrand a développé pour cela un modèle dit de « courbe en S », liant le multiple à la force de la marque.

Pour établir cette courbe, la société examina l'ensemble des multiples révélés par les nombreuses transactions récentes d'entreprises à marques – dans des secteurs proches de celui étudié. Faute de telles transactions, on utilise les P/E des sociétés à marques les plus comparables. Puis la société reconstitua le profil et le score de force des marques de ces sociétés. La mise en relation des multiples (ou P/E) et des scores reconstitués révélerait une telle courbe en S (cf. figure 14.3.).

Tableau 14.2. – *Une méthode d'évaluation de la force de la marque*

Facteur d'évaluation	Score maximal	Marque A	Marque B	Marque C
Leadership	25	19	19	10
Stabilité	15	12	9	7
Marché	10	7	6	8
Internationalité	25	18	5	2
Trend	10	7	5	7
Support	10	8	7	8
Protection	5	5	3	4
Force de marque	100	76	54	46

Source : « Brand Valuation » (Murphy Ed.), Hutchinson, 1990.

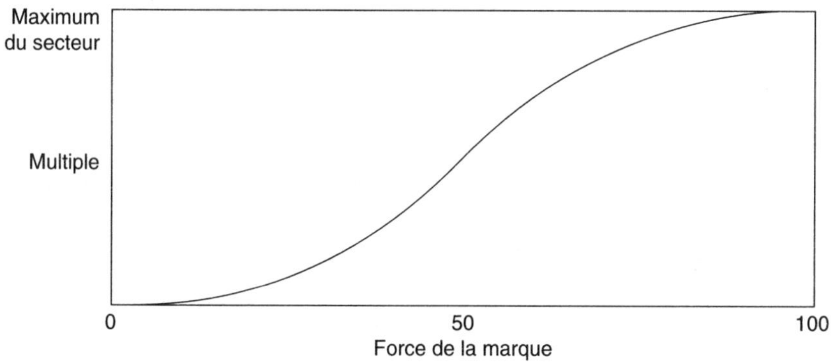

Figure 14.3. – *La courbe en S d'Interbrand. Relation entre force de marque et multiple*

d) Détermination de la valeur de la marque

Celle-ci consiste alors à multiplier le bénéfice de référence net de la marque au multiple ci-dessus.

Illustrons cette approche par un cas réel : Reckitt & Colman évalua ses marques en 1988. Il s'agit de marques de produits d'entretien et d'hygiène d'une part, où Reckitt & Colman occupe une position de leader, de produits alimentaires d'autre part (des condiments) où Reckitt & Colman est également en tête et de produits pharmaceutiques enfin, où la société occupe une position plutôt moyenne.

La situation spécifique des marques du premier groupe est la suivante :
- leadership dans le monde entier,
- marchés en croissance, peu d'entrants probables sauf des marques de distributeurs,
- notoriété spontanée des marques (Airwick) élevée au Royaume-Uni et dans les pays anglo-saxons, moins en France,
- fidélité de la clientèle aux marques,
- image de marque forte, porteuse de qualité,
- pour chacune des marques, peu de possibilités de diversification.

La société estime que 5 % de ses profits sur ces marques proviennent de ventes sous marques de distributeurs. Interbrand considère les 95 % restants comme le profit brut de la marque. Le revenu attribuable à la marque est obtenu en déduisant le taux de rémunération attendu de l'actif net. Sur cette base, après pondération et actualisation des trois dernières années, on obtint 53,8 millions de livres pour les marques d'entretien et d'hygiène, 24,7 pour les marques alimentaires et 17,1 pour les marques pharmaceutiques.

Quel multiple retenir ? Pour les premiers, on utilisa le multiple de l'acquisition d'Airwick par Reckitt & Colman en 1985. Pour les produits alimentaires ce fut 17, sur la base des transactions récentes dans ce secteur, au cours des dernières années, y compris l'OPA de BSN sur Nabisco. Enfin, le multiple des produits pharmaceutiques fut 20. En effet, les récentes transactions dans le domaine pharmaceutique s'étaient faites avec des multiples proches de 30. Étant donné la position relativement faible des marques de Reckitt & Colman dans ce secteur, on choisit d'appliquer un multiple inférieur. En appliquant ce chiffre au profit de référence, la valeur estimée de marques s'établit à :
- produits d'entretien et d'hygiène : 53,8 × 20 = 1076 millions L
- produits alimentaires : 24,7 × 17 = 420 millions L
- produits pharmaceutiques : 17,1 × 20 = 342 millions L

3. Comparaison des méthodes des cash-flows et du multiple

La méthode du multiple développée en Grande-Bretagne ambitionne de devenir le standard. C'est en effet celle qui fut utilisée par des sociétés telles que Rank Hovis Mc Dougall ou Grand-Métropolitan, dont l'inscription des marques au bilan déclencha une polémique non close à jour. C'est aussi la méthode qui communique le plus. Enfin elle jouit d'une simplicité et sort du strict giron de l'analyste financier. Pour autant, est-elle valide ?

Tout d'abord remarquons que la méthode du multiple n'est pas conceptuellement éloignée de l'approche classique des cash-flows actualisés. Elle en est un cas particulier.

Lorsque l'on attend un flux annuel constant et infini, la valeur actuelle de la marque s'écrit ainsi :

$$\text{Valeur actuelle de la marque} = \frac{RM}{(1+r)} + \frac{RM}{(1+r)^2} + \frac{RM}{(1+r)^3} + \ldots + \frac{RM}{(1+r)^\infty} = \frac{RM}{r}$$

Comme on le voit, le multiple n'est autre que l'inverse du coût du capital ajusté pour le risque (1/r). Si on attend un taux de croissance (g) constant du revenu annuel, le multiple est égal à :

$$M = \frac{1}{r - g}$$

Au-delà des équations, le point à retenir est que l'on ne peut reprocher à la méthode des cash-flows actualisés de faire des hypothèses, car l'approche par le multiple est elle-même une hypothèse particulière tout aussi contestable mais non explicitée. Elle tire sa validité faciale du fait que tous ses calculs se font sur la base des données suivantes :

- les bénéfices nets attribuables à la marque les trois dernières années,
- des données de marketing et le sentiment subjectif des managers consultés pour l'établissement des notes de force des marques,
- les multiples dûment constatés lors des transactions récentes sur des entreprises similaires,
- une courbe en S, issue d'une banque de données, reliant ces multiples (ou P/E ratios) aux scores de force des marques.

Mais la validité faciale[1] (ou d'apparence) ne saurait faire office de validité tout court. Dans son état actuel la méthode d'Interbrand soulève différents problèmes.

1) Les multiples du marché, retenus comme référence et pour paramètrer la courbe en S, ne sont pas des indicateurs valides de la force des marques qui faisaient l'objet de ces transactions. En effet le prix final de la transaction incorporait certes la valeur estimée de la marque mais aussi un effet de surenchère. Dans le cas du duel entre Jacobs Suchard et Nestlé, rappelons-le, on passa ainsi d'une offre à 630 pence à un prix final de 1075 pence ! Les prix du marché incluent l'effet de surenchère et surévaluent donc la marque. Il paraît alors conceptuellement curieux de chercher à relier ces multiples de marché et un score de force de la marque qui lui, n'incorpore pas cet effet de surenchère. Cela porte un doute sur l'usage de cette méthode pour évaluer et inscrire au bilan des marques non acquises, internes à la société : ce qui

1. En anglais « face validity ».

serait porté à l'actif excède la valeur de la marque et incorpore un pourcentage indéterminé de valeur de surenchère ! Le fait que des sociétés aient néanmoins employé cette méthode, pour faire figurer leurs marques internes à l'actif, ne change en rien l'argument.

Tableau 14.3. – *Une illustration d'évaluation financière de la marque (méthode des bénéfices actualisés*

	Année 0	Année 1	Année 2	Année 3	Année 4	Année 5
Ventes (M.F.)	**500**	**520,0**	**550,0**	**580,0**	**620,0**	**650,0**
Bénéfices	75,0	78,0	82,5	87,0	93,0	97,5
Capital investi	250,0	260,0	275,0	290,0	310,0	325,0
Coût du capital (5 %)	12,5	13,0	13,8	14,5	15,5	16,3
Bénéfices dûs aux intangibles	62,5	65,0	68,8	72,5	77,5	81,3
Bénéfices dûs à la marque (75 %)	46,9	48,8	51,6	54,4	58,1	60,9
Taux d'imposition	33 %	33 %	33 %	33 %	33 %	33%
Impôts	15,5	16,1	17,0	17,9	19,2	20,1
Bénéfices dûs à la marque, après impôt	31,4	**32,7**	**34,5**	**36,4**	**38,9**	**40,8**
Taux d'actualisation (15 %)	15 %					
Facteur d'actualisation	1,0	1,15	1,32	1,52	1,75	2,01
Bénéfices actualisés	31,4	**28,4**	**26,1**	**24,0**	**22,3**	**20,3**
Valeur cumulée	152,5 MF					
Valeur résiduelle avec un taux de croissance de 0 % après cinq ans	135,3 MF					
Valeur de la marque	287,8 MF					

Source : Haigh, 1997

2) Supposant même un marché sans surenchère, le multiple constaté mesure la valeur de la marque aux yeux de l'acquéreur potentiel. Il traduit donc sa vision, ses intentions stratégiques et ses synergies. Le fait qu'en 1985 BSN n'ait pas acheté Buitoni malgré son prix raisonnable, ne prouve pas que Buitoni valait peu mais peu aux yeux de BSN. Il en valut plusieurs milliards pour Nestlé en 1988. Il paraît à nouveau conceptuellement curieux de chercher à relier des multiples de marché, intimement liés à l'acquéreur, et des scores de force de marque, définis par un autre et qui n'incluent pas le facteur synergétique. Cela est particulièrement problématique pour l'inscription au bilan des marques créées par l'entreprise. En effet cette évaluation se fait dans le cadre du « going business », en fonction de l'usage qui est fait de la marque par l'entreprise qui tient à l'inscrire au bilan. Or les multiples fournis par le marché résultent d'un tout autre usage attendu !

3) Pour l'instant, dans l'état actuel des publications, une courbe en S a été présentée mais sans indications sur la variance. Cette variance mesure pourtant la qualité de la relation empirique entre les deux variables. La courbe présentée laisse croire (voir) à une variance nulle, ce qui est impossible. Probablement un même score de force de marque doit correspondre à plusieurs multiples ou du moins à une fourchette (au sein de laquelle on trouve la courbe en S). Une telle incertitude est problématique : en effet la valeur financière de la marque est extrêmement sensible à une variation même infime du multiple. Reprenant l'ensemble des marques d'entretien et d'hygiène de Reckitt & Colman, une variation d'un seul point du multiple correspond à 53,8 millions de livres en plus ou en moins ! On est loin des principes de prudence, de fiabilité, de raisonnable certitude qui gouvernent la pratique et l'information comptables.

4) On doit s'interroger sur la validité même de la courbe en S. Le raisonnement d'Interbrand est le suivant : une marque naissante croît de façon très modérée. Puis quand elle passe du niveau national à international, elle croît de façon exponentielle. Enfin quand elle passe du niveau international à mondial, la croissance redevient modérée. De fait, l'écart de prix d'achat et de revente de Buitoni signale le passage d'une marque locale au stade de marque européenne d'envergure.

L'expérience des marques révèle que celles-ci semblent désormais soumises à de forts effets de seuil. Elles acquièrent une force – auprès des clients ou auprès des distributeurs – par paliers. Ainsi aujourd'hui, une marque moyennement connue ne vaut guère plus qu'une marque peu connue. Mais au-delà d'un certain seuil, elle croît. La recherche sur la notoriété des marques a ainsi démontré que, dans les marchés intensifs en communication et en marques, une marque ne pouvait espérer voir croître sa notoriété spontanée, avant d'avoir atteint un seuil très élevé de notoriété assistée : c'est le résultat d'un facteur de blocage mémoriel. De même la grande distribution substitue d'autorité ses propres produits aux marques moyennes. Celles-ci sont vendues plus par un effet d'offre que par un effet de demande. Leurs ventes cesseraient si le distributeur les remplaçait par sa propre marque : leur statut est donc désormais fragile. Ceci conduit à penser que la relation entre la force d'une marque et le multiple (à condition que les deux aient été établis par le même acquéreur potentiel) est plutôt une courbe en paliers (Figure 14.4.).

Pour conclure, la diffusion de la méthode du multiple n'est pas une preuve de sa validité, nous venons de le voir, mais de sa simplicité et maniabilité par des non-spécialistes, donc de sa vertu pédagogique interne. Une variation minime du multiple choisi conduit à des différences considérables de valeur de marque. Or la méthode actuelle de choix du multiple est trop insatisfaisante, et du côté des multiples de référence, et du côté du score de force de marque. Que penser en effet d'un score global obtenu après une pondération subjective de facteurs parfois redondants ou en tout cas corrélés. La volonté de simplicité se fait au détriment de la validité. Dans sa modalité actuelle, la méthode du multiple est – malgré ses apparences de précision – tout aussi subjective que celle des cash-flows actualisés. On ne l'améliorera pas en proposant une centaine de critères plutôt que sept facteurs. Ce faisant, on introduirait de la redondance entre critères, ce qui implicitement revient à donner plus de poids à certains. Tant qu'à être subjectif, autant rester transparent : l'auscultation multi-critères de la marque ne gagne pas à être synthétisée dans un score global – plein d'hypothèses implicites sur les pondérations retenues. Elle doit servir de filtre de réalisme et de validité au business-plan établi pour la marque, matérialisé dans le flux des cash-flows actualisés. Le choix est donc entre une méthode précisément fausse et une autre vaguement juste.

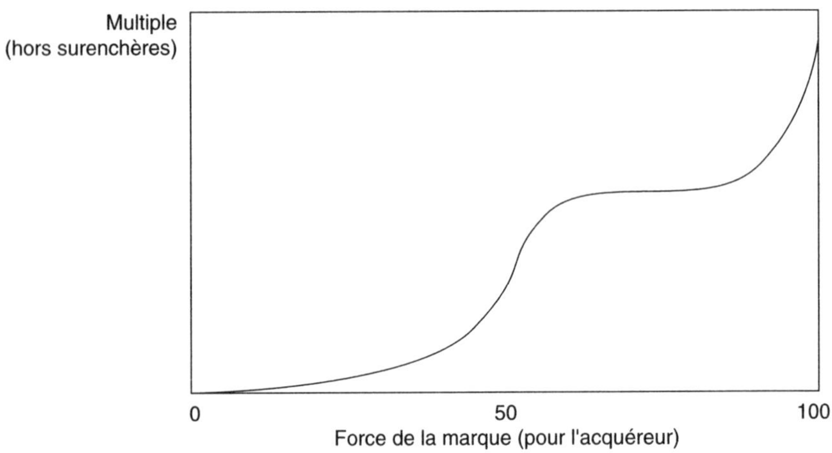

Figure 14.4. – *Courbe en paliers, relation entre la force de marque et le multiple dans la situation économique actuelle*

MARQUE, BILANS ET INFORMATION

L'analyse des diverses méthodes d'évaluation de la marque permet de réexaminer avec réalisme la question de l'inscription des marques au bilan. Cette question fut posée par les entreprises britanniques pour deux types de raisons.

- La première tient aux règles spécifiques concernant, en Grande-Bretagne, le traitement du goodwill, après fusion ou acquisition. La norme – bien que ce ne soit pas obligatoire – y est d'imputer directement le goodwill sur les capitaux propres, faisant ainsi disparaître du bilan la ou les marques acquises, incluses dans ce goodwill (différence entre la valeur d'acquisition de l'entreprise et sa valeur comptable). Ceci permettait aux entreprises britanniques de ne pas pratiquer l'autre traitement autorisé du goodwill : son amortissement. Ce dernier avait l'inconvénient de diminuer le résultat distribuable ce qui était gênant après une fusion ou acquisition. Avec le temps, il est apparu que l'imputation directe de la survaleur (goodwill) aux réserves produisait un effet pervers : certes cela laissait intacts les résultats, ce qui plaît aux actionnaires, mais on détériorait artificiellement la présentation financière de l'entreprise. En diminuant les réserves, donc les fonds propres de l'entreprise, on altérait la plupart des ratios financiers qui font intervenir les fonds propres. Par exemple, la capacité d'endettement s'évalue en examinant le ratio dettes/fonds propres. Or, l'acquisition de marques se fait précisément pour les développer, donc crée un besoin supplémentaire de financement des budgets de communication et de marketing. Pour financer ce développement, l'entreprise risque de ne pouvoir trouver prêteur, du fait de la baisse drastique de ses fonds propres, due à une convention comptable. Pour pallier cet effet pervers, les entreprises britanniques ont rompu avec la tradition et opté pour l'amortissement du goodwill. Ladbroke alla même jusqu'à réinscrire au bilan de 1988 la valeur de la marque Hilton International, alors même que le goodwill associé à son achat en 1987 avait été imputé aux réserves de cette année-là.

- Les entreprises n'ayant pas pratiqué d'acquisition de marque mais ayant en leur sein des marques fortes, jugèrent alors qu'elles étaient défavorisées. En effet une marque acquise pouvait être inscrite au bilan mais pas une marque interne. Ainsi les entreprises, créant des marques par leurs propres efforts mais n'étant pas autorisées à les comptabiliser, semblaient avoir un actif net inférieur aux premières. Ceci pouvait biaiser l'information des actionnaires et attirer l'attention de raiders. L'OPA de Nestlé sur Rowntree et l'écart entre la valeur de l'action avant OPA et la valeur payée par Nestlé furent souvent invoqués pour dénoncer une « inefficience du marché » : les actionnaires, faute de lire les marques dans l'actif de Rowntree, auraient sous-évalué la société et donc cédé bien vite à Nestlé. Pour éviter ce risque et se mettre à l'abri des raiders, Rank Hovis Mc Dougall décida d'inscrire au bilan une valeur pour ses marques créées et développées par lui-même : le Companies Act 1985 laisse aux entreprises le droit de le faire. De plus, en Grande-Bretagne, il est possible de réévaluer les actifs incorporels (donc les marques) quand on le veut (alors qu'en France, cet écart de réévaluation serait immédiatement imposable).

À ce stade, le débat devient international : en effet les méthodes de traitement du goodwill diffèrent selon les pays, ce qui introduit des disparités dans la présentation des sociétés après fusion ou acquisition. Ainsi, en France, le droit contraint les sociétés à amortir la survaleur. Mais depuis la septième directive européenne, il est admis que l'on puisse affecter la survaleur à des « actifs identifiables » : les marques sont des actifs idéaux car elles ne sont pas amortissables. C'est ce que fit Danone. À compter de l'exercice 1989, le groupe décida de valoriser les marques incluses dans les goodwills nés de ses acquisitions récentes et de ne pas pratiquer l'amortissement. Cette disposition eut une incidence positive de 99 millions de francs sur le résultat net de 1989. Ce non-amortissement des marques a un sens économique. Les entreprises ayant acheté des marques consacrent d'importants budgets de communication pour les soutenir. Ces budgets sont considérés comptablement comme des charges et viennent réduire le résultat. Il serait curieux d'aggraver encore plus ce résultat par l'amortissement de marques dont la publicité (entre autres) vise précisément à maintenir la valeur. À l'inverse, si l'entreprise cessait de soutenir la marque, son non-amortissement serait alors invalide : heureusement la loi prévoit la possibilité de déprécier une marque, dès lors que l'on anticipe une diminution de sa valeur.

Néanmoins le Code de commerce (article 12, alinéa 4), interdisant de réévaluer les immobilisations incorporelles, s'oppose à une inscription au bilan des marques déjà créées par l'entreprise, en France. Un écart subsiste donc avec la comptabilisation des marques internes pratiquée par plusieurs groupes britanniques. Cette disparité devra à terme disparaître. Il faudra des normes mondiales pour une concurrence qui est elle-même mondiale.

L'IASC a publié en juin 1995 un projet de norme portant sur la comptabilisation des actifs immatériels. Ce projet confirmait que les marques créées n'étaient pas admises et que les marques acquises devaient être amorties sur une période de 20 ans maximum. Mais le 14 juin 1996, sous la pression britannique et française, l'IASC amenda sa position. Les actifs incorporels devraient être amortis sur leur durée de vie économique, ce qui logiquement permettra d'introduire la notion d'amortissement sur une durée de vie indéterminée. Les marques ne seraient alors plus amorties, mais dépréciées quand leur évolution ne correspondrait plus aux données du business-plan initial justifiant leur valeur. Ce faisant, l'IASC penche donc plutôt pour la méthode de valorisation fondée sur un business plan et des cash-flows nets actualisés.

Conclusion

Désormais les entreprises sont conscientes que leurs marques sont l'essentiel de leur capital, même si cet incorporel, pour l'instant, ne figure pas au bilan. Considérer la marque comme un capital a des implications profondes pour le management. La ligne directrice est de capitaliser sur les marques. Ce sont elles qu'il faut nourrir, entretenir et faire fructifier par l'innovation permanente. Capitaliser signifie concentrer ses efforts sur les quelques marques viables à long terme et accroître leur potentiel et leur valeur. Maintes marques qui ont bercé notre jeunesse et traînent encore dans notre notoriété assistée vont disparaître. L'ère n'est plus à la dispersion.

L'emphase des années quatre-vingt sur la valeur financière des marques à donné une fausse idée de celles-ci, devenues des valeurs spéculatives à court terme. La fameuse survaleur ne se décrète pas *a priori*. Elle ne peut-être un acquis, mais se justifie par un travail permanent, n'hésitant pas à se remettre en cause régulièrement. C'est à ce prix que la reconquête des marchés par la marque est possible.

L'avenir est aux entreprises qui auront le sens de la marque et qui auront su l'insuffler du haut en bas de l'organisation. Alors que le projet d'entreprise et les débats de culture relèvent d'une préoccupation introvertie, le sens de la marque rappelle les priorités concurrentielles et le souci du dépassement permanent au service du marché par la création de produits nouveaux.

Avoir le sens de la marque, c'est avant tout être un vrai professionnel de sa marque : la connaître en profondeur, en intégrer les facettes, la richesse, la dynamique, la vivre intimement. Cela est d'autant plus nécessaire que, le turn-over aidant, des cohortes de managers se succèdent au service des marques. Intégrer la culture d'entreprise est bien, s'imprégner totalement du sens de la marque dont on est nommé responsable est mieux.

Le sens de la marque ne concerne pas uniquement les responsables du marketing. Chacun, de l'amont à l'aval, doit être un professionnel de sa marque, se vivre comme son support actif, une partie intégrante de celle-ci. Cela implique tous les intervenants dans le processus de production, en usines, en laboratoires, dont la conscience de la mission de la marque sur laquelle ils travaillent doit être entretenue et stimulée. Cela concerne aussi l'aval, jusqu'au vendeur en magasin et le service qui entoure la marque, bien après l'acte d'achat, où que ce soit dans le monde.

Avoir le sens de la marque, enfin, c'est situer son enjeu là où il se doit, au niveau de la direction générale, garante du long terme, de la gestion et de l'enrichissement permanent du capital de l'entreprise, qu'il soit humain, financier ou de marque.

Index des sujets

Index des principales marques analysées

Q

R

S

T

U

V

W

Y

Bibliographie

AAKER D. (1996), *Building Strong Brands,* Free Press, New York.

AAKER D., BIEL A. (1993), *Brand Equity and Advertising*, Lawrence Erlbaum, Hillsdale : New-Jersey.

AAKER D., KELLER K. L. (1990), « Consumer Evaluations of Brand Extensions », *Journal of Marketing, january*, Vol 54 (1), p. 27-41.

AAKER J. (1997), «Dimensions of Brand Personality », Journal of Marketing Research, august, 34, p. 347-356.

AGEFI (1990), « Le Goodwill, Objet de Controverse en Europe »,1er février.

ALBA J. W., CHATTOPADHYAY A. (1986), « Salience Effects in Brand Recall », *Journal of Marketing Research*, 23, p. 369.

ALMQUIST E., TURVILL I., ROBERTS K. (1998), «Combining Economic and Image Analysis », Journal of Brand Management, march, Vol 5 (4) p. 272-282.

ARNOLD T. (1989), « Accounting for the Value of Brands », *The Accountant's Magazine*, février, p. 12.

ATTALI F. (1994), « Quelle Devrait-Être la Fonction des Marques ? », Séminaire IREP : Les Marques et le Consommateur, p. 59-72.

AXELROD J. (1992), « The Use of Experimental Design in Monitoring Brand Equity », ESOMAR Conference Proceedings : The Challenge of Branding, p. 13-26.

BADOC M. (1990), *Banques et Assurances : Réussir l'Europe*, Éditions d'Organisation, Paris.

BAILLOT J. (1990), « La marque et l'automobile », *Humanisme et Entreprise*, n° 181, juin, p. 5-8.

BALDINGER A., RUBINSON J. (1996), «Brand Loyalty : The Link Between Attitude and Behaviour », Journal of Advertising Research, Vol 36 (6), p. 22-36.

BARWISE P,. ROBERTSON T.S. (1992), « Brand Portfolios », *European Management Journal*, 10, p. 277-285.

BARWISE P., al. (1989), *Accounting for Brands*, London Business School.

BARWISE P. (1993), « Brand Equity : Snark or Boojum ? », *International Journal of Research in Marketing*, Vol 10 (1), march, p. 93-104.

BEHAEGHEL J. (1994), *Voyage Symbolique dans la Marque*, Vif Éditions, Bruxelles.

BERARD C. (1990), « La marque : élément du patrimoine de l'entreprise », *Revue de l'ENA*, N° 202, mai, p. 24-25.

BERRY N. C. (1988), « Revitalizing Brands », *Journal of Consumer Marketing*, 5 (Summer), p. 15-20.

BIEL A. (1991), « The Brandscape : Converting Brand Image into Equity », *Admap*, october, p. 41-46.

BIRKIGT K., STADLER M. M. (1980), *Corporate Identity : Grundlagen, Funktionen, Fallbeispiele*, München, Verlag Moderne Industrie.

BIROL J., KAPFERER J.-N. (1991), « Les campagnes collectives », Document interne Agence Sicquier-Courcelles/HEC.

BLACKETT T. (1985), « The Role of Brand Valuation in Marketing Strategy », *Marketing and Research Today*, november, p. 245-247.

BLANC C., HOFFSTETTER P. (1990), « L'évaluation des marques », Mémoire de recherche HEC, sous la direction de Kapferer J.-N., juin, Jouy-en-Josas.

BODDEWYN J., SOEHL R., PICARD J. (1986), « Standardization in International Marketing : Is Ted Levitt in Fact Right ? », *Business Horizons*, p. 69-75.

BON J., MICHON C., OLLIVIER A. (1981), « Étude empirique de la démographie des marques : le rôle de la publicité », Fondation *Jours de France* pour la recherche en publicité, Paris.

BOTTON M., CEGARRA J.-J. (1990), *Le nom de marque*, Paris, Mc Graw-Hill.

BOUSH D. (1993), « Brands as Categories », *in Brand Equity & Advertising*, D. Aaker and A. Biel eds, New Jersey : Lawrence Erlbaum, p. 299-312.

BOUSH D., LOKEN B. (1991), « A Process-Tracking Study of Brand Extension Evaluation », *Journal of Marketing Research*, Vol. 28, february, p. 16-28.

BROADBENT S. (1983), *Advertising Works 2*, London, Holt, Rinehart and Winston.

BRODBECK D., MONGIBEAUX J. F. (1990), « *Chic et Toc : le vrai livre des contrefaçons* », Paris, Balland.

BRONIARCZYK S., ALBA J. (1994), « The Importance of The Brand in Brand Extension », *Journal of Marketing Research*, vol. 31 (may), p. 214-228.

BROWN T. J., DACIN P. A. (1997), «The Company and the Product », *Journal of Marketing*, Vol 61 (january), p.68-84.

BUCHAN E., BROWN A. (1989), « Mergers and Acquisitions », in Brand Valuation, (Murphy J., editor), London, Hutchinson Business Book, p. 81-94.

BURGAUD D., MOURIER P. (1989), « Europe : développement d'une marque », MOCI, n° 889, p. 125-128.

BUZZELL R. D. (1968), « Can you Standardize Multinational Marketing ? », *Harvard Business Review*, novembre-décembre.

BUZZELL R. D., GALE B. T., SULTAN R. G. (1975), « Market Share - A Key to Profitability », *Harvard Business Review*, january-february, p. 97-106.

BUZZELL R. D., QUELCH J. A. (1988), « *Multinational Marketing Management* », New York, Addison Wesley.

BUZZELL R. D., QUELCH J. A. (1990), *The Marketing Challenge of 1992*, New York Addison - Wesley.

CABAT O. (1989), « Archéologie de la marque moderne », in *La marque* (Kapferer J.-N. et Thoening J. C., eds), Paris, Mc Graw-Hill.

CALLER L. (1996), *Researching Brands*, ESOMAR.

CARPENTER G., NAKAMOTO K. (1990), « Competitive Strategies for Late Entry Into Market With a Dominant Brand », *Management Science*.

CARPENTER G., NAKAMOTO K. (1990), « La Formation des Préférences du Consommateur et l'Avantage Pionnier », *Recherche et Applications en Marketing*, vol. 5 (2), p. 15-43.

CARRATU V. (1987), « Commercial Counterfeiting », in Branding : *A Key Marketing Tool*, (Murphy J. editor), London, Mc Graw-Hill Book Company.

CARROLL J. M. (1985), « *What's in a Name* », New York, Freeman and Company.

CAUZARD D., PERRET J. et RONIN Y. (1989), « *Image de marque et marque d'image* », Paris, Ramsay.

CEGARRA J.J., MERUNKA D. (1993), « Les Extensions de Marque : Concepts et Modèles », *Recherche et Applications en Marketing*, vol. 8 (1), p. 53-76.

CHAIN C. (1993), *Distribution : La Révolution Marketing*, Éditions Liaisons.

CHANDON J.L., CHANGEUR C. (1995), « Le Territoire-Produit : Étude des Frontières Cognitives de la Marque », *Recherche et Applications en Marketing*, vol. 10 (3), à paraître.

CHANNON C. (1987), *Advertising Works 4*, London, Cassell.

CHANTERAC V. (1989), « La marque à travers le droit », in *La Marque*, (Kapferer J. N. et Thoenig J. C., eds), Mc Graw-Hill.

CHATEAU J. (1972), *Les Sources de l'Imaginaire*, Éditions Universitaires.

CHETOCHINE G. (1993), *Le Management Stratégique de la Distribution*, InterÉditions, Paris.

CHINARDET C. (1994), *Le Trade-Marketing*, Éditions d'Organisation, Paris.

CLARKE D. G. (1976), « Econometric Measurement of the Duration of Advertising Effect on Sales », *Journal of Marketing Research*, Vol XIII, november, p. 345-350.

CLAYCAMP H., LIDDY L. (1969), « Prediction of New Product Performance : an Analytical Approach », *Journal of Marketing Research*, vol. 6, november, p. 414-420.

COHEN J.B., BASU K. (1987), « Alternative Models of Categorization : Toward a Contingent Processing Framework », *Journal of Marketing Research*, vol. 13, n° 4, march, p. 455-472.

COLLA E., DUPUIS M. (1997), *Le Défi Mondial du Bas Prix*, Publi-Union, Paris.

CONSEIL NATIONAL DE LA COMPTABILITÉ (1989), « La formation du capital commercial dans l'entreprise », Rapport d'étape n° 27. A. 89. 16, septembre.

CONSEIL NATIONAL DE LA COMPTABILITÉ (1991), *La Comptabilisation et l'Évaluation des Marques Développées de Manière Interne*, Rapport de la Commission des Investissements Immatériels, juin.

CONSUMER BEHAVIOUR SEMINAR (1987), « Affect Generalization to Similar and Dissimilar Brand Extensions », *Psychology and Marketing*, vol. 4, n° 3, Fall, p. 225-238.

COOPER M. (1989), « Brand Valuation in the Balance », *Accountancy*, july, p. 28.

COOPER M. (1989), « The Basis of Brand Evaluation », *Accountancy*, march, p. 32.

CROSS R., SMITH J. (1994), *Customer Bonding*, NTC – Business Books.

CROZIER M. (1989), *L'Entreprise à l'Écoute : Apprendre le Management Post-Industriel*, Paris, InterÉditions.

DACIN P., SMITH D. (1994), « The Effect of Brand Portfolio Characteristics on Consumer Evaluations of Brand Extensions », *Journal of Marketing Research*, vol. 31. (may), p.229-242.

DAVIDSON J. H. (1987), *Offensive Marketing*, London, Gower Press.

DAWAR N., ANDERSON P. (1994), «The Effects of Order and Direction on Multiple Brand Extensions », *Journal of Business Research*, 30, p. 119-129.

DE CHERNATONY L., MC DONALD M. (1994), *Creating Powerful Brands*, Oxford, Butterworth-Heinemann.

DEFEVER P. (1989), « L'utilisation de la communication électronique sur les lieux de vente », *Revue française du marketing*, 123 (3), p. 5-15.

DEGON R. (1994), « La Société du Sens : Un Nouveau Regard sur les Prix », Séminaire Irep : Les Marques et le Consommateur, p. 73-96.

DHALLA N. K. (1978), « Assessing the Long Term Value of Advertising », *Business Review*, Vol 56, janvier-février, 1978, p. 87-95.

DIEFENBACH J. (1987), « The Corporate Identity as the Brand », in *Branding : a Key Marketing Tool*, (Murphy J. editor), London, Mc Graw-Hill Book Company.

DIMITRIADIS S. (1993), « L'Extension des Marques et des Enseignes : Cadre Conceptuel et Problématique Managériale », *Recherche et Applications en Marketing*, vol. 8 (3), p. 21-44.

DOWLING G. R. (1994), *Corporate Reputations*, Kogan Page, Londres.

DRU J.M. (1996), *Disruption*, Wiley & Sons, New York.

DUBOIS D. (1991), *Sémantique et Cognition*, Éditions du CNRS, Paris.

DURAND G. (1964), *L'Imagination Symbolique*, Paris : PUF.

DURAND G. (1969), *Les Structures Anthropologigues de l'Imaginaire*, Paris : Bordas.

DUVILLIER J.-P. (1987), « L'absence d'enregistrement à l'actif du fonds de commerce », *Revue française de comptabilité*, octobre, n° 183, p. 36.

EHRENBERG A., BARNARD N., SCRIVEN J. (1997), «Differentiation or Salience », *Journal of Advertising Research*, december, Vol. 37 (6), p. 7-14.

ELIADE M. (1952), *Images et Symboles*, Paris : Gallimard.

FARQUHAR P. (1994), « Strategic Challenges for Branding », *Marketing Management*, vol. 3 (2), p. 9-15.

FARQUHAR P. H. (1989), « Managing Brand Equity », *Marketing Research*, september, Vol 1 (3), p. 24-33.

FARQUHAR P., HAN J., IJIRI Y. (1991), *Recognizing and Measuring Brand Assets*, Marketing Science Institute, n° 91-119, Cambridge, Mass.

FERAL F. (1989), « Les signes de qualité en France à la veille du grand marché communautaire et à la lumière d'autres systèmes », CERVAC, Université d'Aix Marseille 3, octobre, N° 3.

FINANCIAL TIMES (1993), *Accounting For Brands*, London, F.T.B.I. Report.

FOMBRUN C. (1996), *Reputation*, Harvard Busines School Press.

FOURCADE A., CABAT O. (1981), « Anthropologie de la publicité », Fondation *Jours de France* pour la recherche en publicité.

FREY J. B. (1989), « Measuring Corporate Reputation and its Value », Marketing Science Conference, Duke University, march 17.

FRY J. N. (1967), « Family Branding and Consumer Brand Choice », *Journal of Marketing Research*, IV, august, p. 237-47.

FRY J. N., SHAW D., HAEHLING C., DIPCHAND C. (1973), « Customer Loyalty to Banks : A Longitudinal Study », *The Journal of Business*, 46, p. 517-525.

GALI J. (1993), « L'Évaluation des Extensions de Marque par les Consommateurs », Thèse Doctorale HEC, sous la direction de J.-N. Kapferer.

GAMBLE T. (1967), « Brand Extension », in *Plotting Marketing Strategy*, (Adler L. editor), New York, Interpublic Press Book.

GARBETT T. (1981), *Corporate Advertising*, New York, Mc Graw-Hill.

GEARY M. (1990), « Fusions et acquisitions : le problème du Goodwill », in *Séminaire : Le traitement du Goodwill*, 1er février, PF Publications Conférences, Paris.

GELLE T. (1990), « La comptabilisation des marques », Mémoire de recherche HEC, sous la direction de Collins L., mai, Jouy-en-Josas.

GLEMET F. , MIRA R. (1993), « The Brand Leader's Dilemma », *The Mc Kinsey Quarterly*, n° 2, p. 3-15.

GREENER M. (1989), « The Bomb in the Balance Sheet », *Accountancy*, août, p. 30.

GREIG I., POIYNTER R. (1994), « Brand Transfer : Building the Whirlpool Brand in Europe », ESOMAR Conference Proceedings : Building Successful Brands, p. 65-78.

GUEST L. (1964), « Brand Loyalty Revisited, A Twenty Years Report », *Journal of Applied Psychology*, 48 (2), p. 93-97.

HAIGH D. (1997), « Brand Valuation or Brand Monitoring », *Journal of Brand Management*, april, Vol 4 (5), p. 311-319.

HALLBERG G. (1995), *All Consumers Are Not Created Equal*, Wiley & Sons, New York.

HAMEL G., PRAHALAD C. (1985), « Do You Really Have a Global Strategy ? », *Harvard Business Review*, july/august.

HARDOUIN P., DUCROCQ C. (1993), *Le Commerce Indépendant Organisé*, Éditions Liaisons.

HEATHER E. (1958), « What's in a Brand Name », *Management Review*, june, p. 33-35.

HELLER R. (1986), « On the Awareness Effects of Mere Distribution », *Marketing Science*, V. 5, Summer, p. 273.

HITE R., FRASER C. (1988), « International Advertising Strategies of Multinational Corporations », *Journal of Advertising Research*, august/september, Vol 28 (4), p. 9-17.

HOCH S., DREZE X., PURK M. (1994), « Everyday Low Price, Hi-Lo, and Margin Arithmetic », *Journal of Marketing*, vol. 58 (4), p. 16-27.

HOUT T., PORTER M., RUDDER E. (1982), « How Globai Companies Win Out », *Harvard Business Review*, september/october.

JACOBSON R., AAKER D. (1985), « Is Market Share All that It's Cracked Up to Be ? », *Journal of Marketing*, 45, 4, Fall, p. 11-22.

JACOBY J., CHESTNUT R. (1978), *Brand Loyalty and Measurement*, New York : John Wiley.

JAUBERT M.-J. (1985), *Slogan, mon Amour*, Paris, Bernard Barrault Editeur.

JONES J. P. (1986), *What's in a Name : Advertising and the Concept of Brands*, Lexington, Lexington Books.

KAMAKURA W., RUSSEL G. (1991), *Measuring Consumer Perceptions of Brand Quality with Scanner Data*, Marketing Science Institute, n° 91-122, Cambridge, Mass.

KAPFERER J.-N. (1983), « Le Nom de L'Entreprise, Premier Véhicule de son Influence », 3e journée d'Études du CRCS, novembre, Paris, p. 105-118.

KAPFERER J.-N. (1984), *Les chemins de la persuasion*, Paris, Dunod Entreprise.

KAPFERER J.-N. (1985), « Réfléchissez au Nom de votre Société », *Harvard - l'Expansion*, Automne, p. 104-118.

KAPFERER J.-N. (1987), « Beyond Positioning, Retailer's Identity », *Esomar Seminar Proceedings*, Brussels, 4-6 juin, p. 167-176.

KAPFERER J.-N. (1988), « Maîtriser l'Image de l'Entreprise : le Prisme d'Identité », *Revue Française de Gestion*, novembre-décembre, p. 76-82.

KAPFERER J.-N. (1989), « Consommateurs : l'Étonnant Silence », *Le Nouvel Economiste*, 22 décembre.

KAPFERER J.-N. (1990), « La Marque est-elle encore à la portée des PME ? », in *Le Défi de la Moyenne et Petite Entreprise*, Paris, p. 193-196.

KAPFERER J.-N. (1990), « La Marque Malade de la Publicité », *Fortune*, avril, N° 25, p. 23.

KAPFERER J.-N. (1990), « Le Grand Commerce est-il Consumériste », *Revue Française de Gestion*, mai.

KAPFERER J.-N. (1990), « Marque de Fabrication ou Marque de Distributeur ? », *Le Monde*, jeudi 8 mars.

KAPFERER J.-N. (1990), « Marque, Consommation, Consumérisme », *Revue de l'ENA*, septembre-octobre.

KAPFERER J.-N. (1990), « Une opposition Idéologique : le Produit ou la Marque », *Revue Vinicole Internationale*, mars, p. 84-85.

KAPFERER J.-N. (1990), « Vraies Marques ou Fausses Marques », *Humanisme et Entreprise*, N° 181, juin, p. 17-26.

KAPFERER J.-N. (1994), « Dynamique de la Notoriété des Marques », Prodimarques, *La Revue des Marques*, n° 5, p. 7-8.

KAPFERER J.-N. (1994), « Stealing Brand Equity », ESOMAR Conference Proceedings : Building Successful Brands, p. 135-148.

KAPFERER J.-N., EUROCOM (1992), « How Global are Global Brands ? », ESOMAR Conference Proceedings : The Challenge of Branding, p. 199-216.

KAPFERER J.-N. et LAURENT G. (1983), *Comment Mesurer le Degré d'Implication des Consommateurs*, Paris, Institut de Recherches et d'Études Publicitaires.

KAPFERER J.-N. et LAURENT G. (1983), *La Sensibilité aux Marques*, Paris, Fondation *Jours de France* pour la Recherche en Publicité.

KAPFERER J.-N., LAURENT G. (1988), « Consumers' Brand Sensitivity : A New Concept for Brand Management », in « Defining, Measuring and Managing Brand Equity ». Marketing Science Institute - A Conference Summary, Report 88-104. Cambridge, MA : MSI.

KAPFERER J.-N., LAURENT G. (1992), *La Sensibilité aux Marques*, Éditions d'Organisation, Paris.

KAPFERER J.-N., LAURENT G. (1998), « Comment les Consommateurs Perçoivent-ils les Méga-marques ? » Rapport de Recherche, HEC (à paraître).

KAPFERER J.-N., THOENIG J.-C. (1989), *La Marque*, Paris, Mc Graw-Hill.

KAPFERER J.-N., THOENIG J.-C. *et al.* (1991), « Une analyse empirique des effets de l'imitation des marques par les contremarques : mesure des taux de confusion au tachystoscope », *Rapport de recherche*, Groupe HEC.

KAPFERER J.-N., VARIOT J.-F. (1984), « Le prisme d'identité : nouvel outil de diagnostic et de maîtrise de l'image », 4e journée d'études du CRCS, novembre, Paris, p. 17-36.

KAPFERER J.-N., VARIOT J.-F. (1985), « Les six facettes de l'image du distributeur », *Points de vente*, 15 octobre, N° 288, p. 44-47.

KELLER K.L. , AAKER D.A. (1990), « The Effects of Sequential Introduction of Brand Extensions », Research Paper n° 2002, Stanford University, Graduate School of Business.

KELLER K.L., AAKER D.A. (1997), «Managing the Corporate Brand », MSIReport N° 97-106, may.

KING S. (1973), *Developing New Brands*, New York, John Wiley and Sons.

KIRMANI A., SOOD S., BRIDGES S. (1997), « The Ownership Effect in Consumer Response to Brand Line Stretches », MSI Report N° 97-128, december.

KLEIBER G. (1990), *La Sémantique du Prototype*, Paris : PUF.

KOTLER P., DUBOIS B. (1991), *Marketing Management*, Paris, Publi-Union.

KRIEF Y. (1986), « L'entreprise, l'institution, la marque », *Revue française du marketing*, N° 109, p. 77-96.

KRIEF Y., BARJANSKY M. (1981), « La marque : nature et fonction », *Stratégies*, N° 260 et 261, p. 37-41 et p. 32-36.

KRIPKE S. (1980), *Naming and Necessity*, Cambridge, Harvard University Press.

LADWEIN R. (1994), « Le Jugement de Typicalité dans l'Évaluation de l'Extension de Marque », *Recherche et Applications en Marketing*, vol. 9 (2), p. 1-18.

LAFORET S., SAUNDERS J. (1994), « Managing Brand Portfolios : How the Leaders do it ? » *Journal of Advertising Research*, vol. 34 (5), p. 64-76.

LAKOFF G. (1987), *Women, Fire and Dangerous Things*, University of Chicago Press, Ill.

LANE V., JACOBSON R. (1995), « Stock Market Reactions to Brand Extension Announcements », *Journal of Marketing*, vol. 59 (1), p. 63-77.

LANE V., JACOBSON R. (1996), «Feedback Effects from Brand Extension », Marketing Letters, Vol 8 (3), p. 261-272.

LAURENT G., KAPFERER J.-N. (1985), « Measuring Consumer Involvement Profiles », *Journal of Marketing Research*, Vol XXII, février, p. 41-53.

LAURENT G., KAPFERER J.-N., ROUSSEL F. (1987), « Thresholds in Brand Awareness », *40th ESOMAR Marketing Research Congress Proceedings*, Montreux, september 13-17, p. 677-699.

LAURENT G., KAPFERER J.-N., ROUSSEL F. (1995), «The Underlying Structure of Brand Awareness Scores », Marketing Science, Vol 14 (3), p. 170-173.

LECLERC F., SCHMITT B. H., DUBE-RIOUX L. (1989), « Brand name à la française ? Oui, but for the right product ! », *Advances in Consumer Research*, Vol 16, Association for Consumer Research, p. 253-257.

LEUTHESSER L. (1988), *Defining, Measuring and Managing Brand Equity*, Marketing Science Institute, Report n° 88-104, Cambridge, Mass.

LEVITT T. (1967), « Market Stretching », in *Plotting Marketing Strategy*, (Adler L., editor), New York, Interpublic Press Book.

LEVITT T. (1979), « The Augmented Product Concept », in *The Marketing Mode : Pathways to Corporate Growth*. New York : Mc Graw-Hill.

LEVITT T. (1981), « Marketing Intangible Products and Product Intangibles », *Harvard Business Review*, 59 (3), may/june, p. 94-102.

LEVITT T. (1983), « The Globalization of Markets », *Harvard Business Review*, may/june.

LEWI C., KAPFERER J.-N. (1996), «Consumer's Preference for Retailer's Brands », ESOMAR Conference, Berlin, 9-11 octobre, p. 229-242.

LEWI G. (1996), *Sale Temps pour les Marques*, Albin-Michel, Paris.

LINDSAY M. (1990), « Establish Brand Equity Through Advertising », *Marketing News*, january 22, p. 16-17.

LODEN, D. (1992), *Megabrands*, Business One Irwin, Homeword : Ill.

LOKEN B., WARD J. (1990), « Alternative Approaches to Understanding the Determinants of Typicality », *Journal of Consumer Research*, vol. 17, september, p. 111-126.

MAC INNIS D. J., NAKAMOTO K. (1990), « Examining Factors that Influence the Perceived Goodness of Brand Extensions », Working Paper N° 54, University of Arizona.

MACRAE C. (1991), *World Class Brands*, Addison Wesley, London.

MACRAE C. (1996), *The Brand Chartering Handbook*, Addison Wesley, London.

MAGRATH A. J. (1990), « Brands Can Either Grow Old Gracefully or Become Dinosaurs », *Marketing News*, january 22, p. 16-17.

MALTZ E. (1991), *Managing Brand Equity*, Marketing Science Institute, n° 91-110, Cambridge, Mass.

MARCONI J. (1993), *Beyond Branding*, Probus editor, Chicago : Ill.

MARGOLIS S. E. (1989), « Monopolistic Competition and Multiproduct Brand Names », *Journal of Business*, Vol 62 (2), p. 199-210.

Marketing Mix (1987), « Monter une gamme : un problème majeur », N° 17, novembre, p. 40-46.

MARTENSON R. (1995), « The Role of Brands in European Marketing », *Journal of Brand Management*, march, vol. 2 (4), p. 243-253.

MARTIN D. N. (1989), *Romancing the Brand*, New York, American Management Association.

MAUGUÈRE H. (1990), *L'Évaluation des Entreprises Non Cotées*, Paris, Dunod Entreprise.

MAURICE A. (1989), « Enquête sur les contremarques : Les apprentis sorciers », *Références*, mai, p. 16-20.

MAZANEC J. A., SCHWEIGER G. C. (1981), « Improved Marketing Efficiency Through Multi-product Brand Names ? », *European Research*, january, p. 32-44.

MC KENNA R. (1993), *Relationship Marketing*, New York : Addison-Wesley.

MC WILLIAM G. (1989), « Managing the Brand Manager », *in Brand Valuation*, (Murphy J., editor), London, Hutchinson Business Books, p. 154-165.

MEFFERT H.,BKUIIN M. (1984), *Marken Strategien in Wettbewerb*, Wiesbaden, Gabler.

MELIN B. (1990), « Comment Evaluer les Marques », Mémoire de Recherches sous la direction de Kapferer J.-N., HEC, juin, Jouy-en-Josas.

MEYERS-LEVY J. (1989), « Investigating Dimensions of Brand Names that Influence the Perceived Familiarity of Brands », *Advances in Consumer Research*, Vol 16, Association for Consumer Research, p. 258-263.

MICHEL G. (1997), « La théorie du noyau central », thèse doctorale, IAE, Paris.

MONGIBEAUX J.-F. (1990), « Contrefaçons et contremarques », *Revue de l'ENA*, septembre-octobre.

MOORHOUSE M. (1989), « Brand Accounting », in *Brand Valuation*, (Murphy J., editor), London, Hutchinson Business Books, p. 143-153.

MULLER M., MAINZ A. (1989), « Brands, Bids and Balance Sheets : Putting a Price on Protected Products », *Acquisitions Monthly*, april, 24, p. 26-27.

MURPHY J. (1989), *Brand Valuation*, London, Hutchinson Business Book.

NEDUNGADI P., HUTCHINSON J. W. (1985), « The Prototypicality of Brands », in *Advances in Consumer Research*, Vol 12, (Hirschman E., Holbrook M., eds), Association fo Consumer Research, p. 498-503.

NEUHAUS C. F., TAYLOR J. R. (1972), « Variables Affecting Sales of Family – Branded Products », *Journal of Marketing Research*, 14 (november), p. 419-422.

NIELSEN (1992), *Category Management*, NTC Business Books, Chicago : Ill.

NUSSENBAUM M. (1992), « L'Évaluation des Marques », Séminaire IREP : Le Capital de Marque, p. 115-146.

NUSSENBAUM M. (1993), « La Marque, Levier de Création de Valeur » *Prodimarques, La Revue des Marques*, avril, p 36-38.

NUSSENBAUM M. (1990), « Comment évaluer les marques », *Option Finance*, 7 mai, N° 113, p. 20-22.

OC&C (1990), « L'Extension de marques : Génie ou Nécessité », Paris – Série Stratégies en Action n° 1.

OHMAE K. (1991), *L'Entreprise sans Frontières*, InterÉditions, Paris.

OLINS W. (1978), *The Corporate Personality*, New York, Mayflower Books.

OLINS W. (1989), *Corporate Identity*, Londres, Thames and Hudson.

OLIVER T. (1987), « The Wide World of Branding », in *Branding : a Key Marketing Tool*, (Murphy J., editor), London, Mc Graw-Hill Book Company.

PARIENTE S. (1989), « La concurrence dans les relations industrie-commerce », Institut du commerce et de la consommation, Paris.

PARK C. W., JAVORSKEY B. J., MAC INNIS D. J. (1986), « Strategic Brand Concept-Image Management », *Journal of Marketing*, 50 (october), p. 135-145.

PARK C., JAWORSKI B., MAC INNIS D. (1986), « Strategic Brand Concept-Image Management », *Journal of Marketing*, vol. 50, october, p. 135-145.

PARK C., MILBERG S., LAWSON R. (1991), « Evaluation of Brand Extensions : The Role of Product Feature Similarity and Brand Concept Consistency », *Journal of Consumer Research*, vol. 18, september, p. 185-193.

PASTOUREAU M. (1992), *Dictionnaire des couleurs de notre temps*, Éd. Bonneton, Paris.

PECKHAM J. O. (1981), *The Wheel of Marketiy*, Chicago, The Nielsen Company.

PENDERGRAST M. (1993), *For God, Country and Coca-Cola*, Charles Scribner's Sons, New York.

PENROSE N. (1989), « Valuation of Brand Names and Trade Marks », in *Brand Valuation* (Murphy J., editor), London, Hutchinson Business Book, p. 32-45.

PERRIER R. (1989), « Valuation and Licensing », in *Brand Valuation*, (Murphy J., editor), London, Hutchinson Business Books, p. 104-112.

PINE B.J., PEPPERS D., ROGERS M. (1995), « Do you Want to Keep your Customers Forever », *Harvard Business Review,* march-april, p. 103-119.

PORTER M. (1980), *Choix Stratégiques et Concurrence*, Paris, Economica.

POURQUERY D. (1987), « Mais où est donc passé Béatrice Foods ? », *Le Monde affaires*, samedi 7 novembre, p. 10-12.

Publicis (1988), Advertising in Europe, septembre, N° 1.

QUELCH J., HOFF E. (1986), « Customizing Global Marketing », *Harvard Business Review*, may/june.

QUELCH J., KENNY D. (1994), « Extend Profits, not Product Lines », *Harvard Business Review*, september-october, p. 153-164.

RAMSAY W. (1992), « The Decline and Fall of Manufacturer Branding », ESOMAR Conference Proceedings : The Challenge of Branding, p. 233-252.

RANGASWAMY A., BURKE R., OHVA T. (1990), « Brand Equity and the Extendibility of Brand Names », Working Paper n° 90-109, The Wharton School, University of Pennsylvania.

RANGASWAMY A., BURKE R., OLIVA T. A. (1990), « Brand Equity and the Extendibility of Brand Names », Working Paper N° 90-019, Marketing Department, The Wharton School, University of Pennsylvania.

RAPP S., COLLINS T. (1994), *Beyond Maxi-Marketing*, Mc Graw-Hill.

RASTOIN N. (1981), « Sortez vos griffes », *Coopération – distribution – consommation*, N° 5, p. 26-35.

REDDY S., HOLAK S., BHAT S. (1994), « To Extend or Not to Extend : Success Determinants of Line Extensions », *Journal of Marketing Research*, vol. 31 (may), p. 243-262.

REGE P. (1989), *A Vos Marques*, Lausanne, Favre.

REGOUBY C. (1988), *La Communication Globale*, Paris, Éditions d'Organisation.

RESNIK A.J., TURNEY P., MASON J.B. (1979), « Marketers Turn To Counter Segmentation », *Harvard Business Review*, Vol. 57.

Revue Française de Comptabilité (1989), « Le Débat sur les Marques en Grande-Bretagne », octobre, N° 205, p. 19.

Revue Française de Comptabilité (1990), « Incorporels identifiables : le projet australien », janvier N° 208, p. 11.

RIES A., RIES L. (1998), *The 22 Immutable Laws of Branding*, Harper & Collins, New York.

RIES A., TROUT J. (1987), *Le Positionnement*, Paris, Mc Graw-Hill.

RIEZEBOS H., SNELLEN M. (1993), « Brand Names Changes », Erasmus, Management Report Series n° 149.

RIEZEBOS H.J. (1994), *Brand-Added Value*, Eburon Publishers, Delft, Netherlands.

RIJKENS R. (1992), *European Advertising Strategies*, Cassel, London.

ROBERTS C., MC DONALD M. (1900), « Alternative Naming Strategies : Family vs. Individual Brand Names », *Management Decision*, 27 (6), p. 31-36.

ROEDDER-JOHN D., LOKEN B. (1993), « Diluting Brand Beliefs : When do Brand Extensions Have Negative Impact », *Journal of Marketing*, vol. 57, july, p. 71-84.

ROSCH E. (1978), « Principles of Categorization », in *Cognition and Categorization*, Rosch & Lloyd eds, New Jersey, Lawrence Erlbaum, p. 27-48.

ROSCH E., LLOYD B. (1978), Cognition and Categorization, New Jersey, Lawrence Erlbaum & Associates.

RUBINSON J. (1992), « Marketers Need New Research Tools to Manage the Complex Brand Portfolios of the 90's », *Marketing Research*, vol. 5 (3), p. 7-11.

RUTTEMAN P. (1989), « Mergers, Acquisitions, Brand and Goodwill », *Accountancy*, september, p. 27.

RUTTEMAN P. (1990), « Boosting the Profits of the Brands Industry », *Accountancy*, january, p. 26-27.

SAPOLSKY H. M. (1986), *Consuming Fears : The Politics of Product Risks*, New York, Basic Books.

SAPORITO B. (1986), « Has Been Brands Go Back to Work », *Fortune*, (april 28), p. 123-124.

SAPPINGTON D., WERNERFELT B. (1985), « To Brand of Not to Brand ? », *Journal of Business*, 58 (july), p. 279-93.

SATTLER H. (1994), « Der Wert von Marken », Institut für Betriebswirtschaftslehre, Report n° 341, januar.

SAUNDERS J., WATTERS R. (1993), « Branding Financial Services », *International Journal of Bank Marketing*, vol. 11 (6), p. 32-38.

SCHLOSSBERG H. (1990), « Brand Value can be Worth more than Physical Assets », *Marketing News*, march 5, p. 6.

SCHWEBIG P. (1988), *Les Communications de l'Entreprise*, Paris, Mc Graw-Hill.

SEGUELA J. (1982), *Hollywood Lave Plus Blanc*, Paris, Flammarion.

SELAME E., SELAME J. (1988), *The Company Image*, New York, John Wiley and Sons.

SEMPRINI A. (1992), *Le Marketing de la Marque*, Éditions Liaisons.

SICARD M.-C. (1998), *La Métamorphose des Marques*, Éditions d'Organisation, Paris

SIMON C. J., SULLIVAN M. W. (1989), « The Measurement and Determinants of Brand Equity : A Financial Approach », Working Paper, october, University of Chicago.

SIMON H., KUCHER E. (1992), « The European Pricing Time Bomb », *European Management Journal*, vol. 10 (2), p. 136-145.

SMITH D. (1991), *An Examination of Product and Market Characterictics that Affect the Financial Outcomes of Brand Extensions*, Marketing Science Institute, Report n° 91-103, Cambridge, Mass.

SRIVASTAVA R.K., SHOKER A.D. (1991), *Brand Equity : A Perspective on its Meaning and Measurement*, Marketing Science Institute, Report n° 91-124, Cambridge, Mass.

STOBART P. (1989), « Brand Valuation : A True and Fair View », *Accountancy*, october, p. 27.

SUDOVAR B. (1987), « Branding in the Pharmaceutical Industry », in *Branding : a Key Marketing Tool*, (Murphy J., editor), London, Mc Graw-Hill Book Company.

SULLIVAN M. (1988), « Measuring Image Spillovers in Umbrella Branded Products », Working Paper, The Graduate School of Business, University of Chicago.

SULLIVAN M. (1991), *Brand Extension and Order of Entry*, Marketing Science Institute, Report n° 91-105, Cambridge, Mass.

SUNE L., BRODIE R. (1993), « Consumer Evaluations of Brand Extensions : Further Empirical Results », *International Journal of Research in Marketing*, vol. 10 (1), march, p. 47-54.

SWINERS J.-L. (1979), « Bilan critique du rôle de la copy-stratégie dans la pratique publicitaire actuelle », IREP, juin, 19e Journée d'Études, Paris.

TAUBER E. (1988), « Brand Leverage : Strategy for Growth in a Cost-Control World », *Journal of Advertising Research*, august/september, Vol 28 (4), p. 26-30.

TAYLOR R. (1987), « The Branding of Services », in *Branding : a Key Marketing Tool*, (Murphy J., editor), London, Mc Graw-Hill Book Company.

THIL E., BAROUX C. (1983), *Un Pavé dans la Marque*, Paris, Flammarion.

THIOLON B. (1990), « La Marque et la Banque », *Humanisme et Entreprise*, N° 181, juin, p. 29-32.

THOENIG J.-C. (1990), « Les performances économiques de l'industrie de produits de marque et de la distribution », ILEC, Paris.

Touche Ross Europe (1989), *Accounting for Europe Success by 2000 A. D.*, Internal Report, London.

TUVEE L. (1987), « L'Histoire du Marketing Global : Bibliographie Commentée », *Revue Française du Marketing*, N° 114 (4), p. 19-48.

University of Minnesota Consumer Behavior Seminar (1987), « Affect Generalization to Similar and Dissimilar Brand Extensions », *Psychology and Marketing*, 4 (Fall), p. 225-237.

VALETTE FLORENCE P., (1994), *Les Styles de Vie*, Nathan, Paris.

VAVRA T. (1992), *After Marketing*, Irwin ed, Homewood, Ill.

VIALE F. (1991), « Les Marques : de la Théorie à la Pratique » *Revue Fiduciaire et Comptable*, n° 166 (juillet), p. 31-40.

VIALE F. (1991), « Les Marques : Quel Traitement pour Demain ? », *La Profession Comptable*, n° 100, 19 avril, p. 27-29.

VIALE F. (1994), « Faut-il Inscrire les Marques au Bilan ? » *Les Échos*, 11 novembre.

VILLE G. (1986), « Maîtriser et optimiser l'avenir d'une marque », Esomar Congress Proceedings, p. 527-541.

VILLEMUS P. (1996), *La Fin des Marques ? Vers un Retour au Produit*, Éditions d'Organisation, Paris.

WARD K. (i989), « Can the Cash Flows of Brands Really be Capitalized ? », in *Brand Valuation*, (Murphy J., editor), London, Hutchinson Business Books, p. 70-80.

WATKINS T. (1986), *The Economics of the Brands : A Marketing Analysis*, Maidenhead, Mc Graw-Hill.

WEIL P. (1990), *Communication Oblige*, Éditions d'Organisation, Paris.

WENTZ L. (1989), « How Experts Value Brands », *Advertising Age* (january 16), p. 24.

WERNERFELT B. (1988), « Umbrella Branding as a Signal of New Product Quality ». *Rand Journal of Economics*, 19, (Autumn), p. 458-466.

WERNERFELT B. (1990), « Advertising Content When Brand Choice is a Signal », *Journal of Business*, Vol 63 (1), p. 91-98.

WILSON R. (1997), «Corporate Branding », *Journal of Brand Management*, Vol 4 (5), p. 303-310.

WINRAM S. (1987), « The Opportunity for World Brands », in *Branding : a Key Marketing Tool* (Murphy J., editor), London, Mc Graw-Hill Book Company.

WOOD L. (1998), «Brand Value : The Future », *Journal of Brand Management*, Vol 5 (4), p. 245-255.

YENTIS A., BOND J. (1994), « Andrex Comes Out of the Closet : A Case History », ESOMAR Conference Proceedings : Building Successful Brands, p. 175-194.

YOSHIMORI M. (1989), « Concepts et stratégies de marque au Japon », in *La marque*, (Kapferer J.-N., Thoenig J.-C., eds), Paris, Mc Graw-Hill.

YOUNG R. (1967), « Multibrand Entries », in *Plotting Markering Strategy*, (Adler L, editor), New York, Interpublic Press Book.

YOVOVICH B. G. (1988), « What is Your Brand Really Worth ? », *Adweek's Marketing Week*, august 8, p. 18-24.

ZAICHKOWSKY J.L., SIMPSON R. (1993), « The Effect of Experience with a Brand Imitator on the Original Brand », Unpublished Working Paper, Simon Fraser University, april.

ZAREER P. (1987), « De la valeur des marques de commerce », *CA Magazine*, février, p. 72.

Composé par EDIE (Seine-et-Marne)
Achevé d'imprimer : JOUVE Paris
N° d'éditeur : 1959
N° d'imprimeur : 264854F
Dépôt légal : février 1999
Imprimé en France